ANDREA SOMMERAUER/HANNES SCHLOSSER

GRÜNDERZEITEN

SOZIALE ANGEBOTE FÜR JUGENDLICHE
IN INNSBRUCK 1970–1990

VERÖFFENTLICHUNGEN DES INNSBRUCKER STADTARCHIVS,

NEUE FOLGE 70

Andrea Sommerauer/Hannes Schlosser

GRÜNDERZEITEN

Soziale Angebote für Jugendliche
in Innsbruck 1970–1990

Universitätsverlag Wagner

Veröffentlicht mit freundlicher Unterstützung durch die Kulturabteilung des Landes Tirol und das Stadtarchiv der Stadt Innsbruck.

Bibliografische Information der Deutschen Nationalbibliothek
Die Deutsche Nationalbibliothek verzeichnet diese Publikation in der Deutschen Nationalbibliografie; detaillierte bibliografische Daten sind im Internet über http://dnb.dnb.de abrufbar.

ISBN 978-3-7030-6536-1

Buchgestaltung nach Entwürfen von: himmel. Studio für Design und Kommunikation, Innsbruck/Scheffau – www.himmel.co.at

Umschlagfoto: Verein zur Förderung des Jugendzentrums Z6 (Hg.): 10 Jahre Jugendzentrum Z6. 10 Jahre gegen Gewalt. Eine Dokumentation, Innsbruck 1979, S. 10.

Satz und Umschlag: Universitätsverlag Wagner/Maria Strobl – www.gestro.at

© 2020 Universitätsverlag Wagner, A-6020 Innsbruck
Email: mail@uvw.at
Internet: www.uvw.at

Das Werk ist urheberrechtlich geschützt. Jede Verwertung außerhalb der Grenzen des Urheberrechtsgesetzes ist ohne Zustimmung des Verlags unzulässig. Das gilt insbesondere für Vervielfältigungen, Übersetzungen, Mikroverfilmungen und das Einspeichern sowie Verarbeiten in elektronischen Systemen.

Inhaltsverzeichnis

Vorworte 9

1   Einleitung. 15
   1.1   Kritik an der Heimerziehung 15
   1.2   Der österreichische Heimskandal 19
   1.3   Die Studie „Gründerzeiten –
        Soziale Angebote für Jugendliche in Innsbruck 1970–1990". 22

2   Jugend im Aufbruch 27
   2.1   Von der Lebensphase zum normativen Maßstab 27
   2.2   Die Situation für Jugendliche in Innsbruck. 29
   2.3   Jugendarbeit in Tirol. 35
   2.4   Jugendpolitik in Tirol und seiner Landeshauptstadt 38
   2.5   Ein Haus der Jugend für alle. 45

3   Gesetzliche Rahmenbedingungen 51
   3.1   Gleichstellung unehelicher Kinder 51
   3.2   Diskriminierung von Müttern unehelicher Kinder 52
   3.3   Unterhaltsvorschutzgesetz. 54
   3.4   Jugendwohlfahrtsgesetz. 55
   3.5   Gewaltverbot statt Züchtigungsrecht 58
   3.6   Strafrecht und Bewährungshilfe 60
   3.7   Weitere Gesetzesmaterien 62

4   Jugendwohlfahrt 65
   4.1   Die Anfänge. 65
   4.2   Das Jugendamt Innsbruck in den 1970er und 1980er Jahren 68
   4.3   Heime, an die das Jugendamt Innsbruck zuwies 75
        4.3.1   Heime im Eigentum der Stadt Innsbruck 75
        4.3.2   Heime in Tirol und anderen Bundesländern 78
   4.4   Erste Schritte zur Veränderung 83
        4.4.1   Forschungsaufträge des Landes Tirol 83

		4.4.2	Das Ringen um Ausbildungsstandards.	86
		4.4.3	Familien- und Erziehungsberatung	90
		4.4.4	Nachbetreuung für aus Heimen entlassene Jugendliche	96
	4.5	Alternativen		97
		4.5.1	Unterbringung in Lehrlings- und SchülerInnenheimen	97
		4.5.2	SOS-Kinderdorf mit Vorbildcharakter.	101
		4.5.3	Wohngruppen und Wohngemeinschaften	105
		4.5.4	Jugendland: Rückkehr zur großen Einrichtung	116
		4.5.5	Ambulante Betreuung durch den Verein für Soziale Arbeit	124
	4.6	Veränderungen in der Jugendwohlfahrt und Ausblicke		128
		4.6.1	Kinderschutz und Krisenintervention	130
		4.6.2	Kinder- und Jugendanwaltschaft	132
		4.6.3	Neue Struktur und Organisation der Jugendwohlfahrt	134
5	Jugendkriminalität und Bewährungshilfe			139
	5.1	Annäherung an ein emotionalisiertes Thema		139
	5.2	Anfänge der Bewährungshilfe in Tirol.		145
	5.3	Vorgeschichte und Anfänge der Bewährungshilfe in Österreich/Wien.		148
	5.4	Etablierung der Bewährungshilfe in Tirol		158
	5.5	Heime der Bewährungshilfe		167
	5.6	Große Justizreformen und neue Aufgaben für die Bewährungshilfe...		170
	5.7	Zentralstellen für Haftentlassenenhilfe		173
	5.8	Die Periode der Projekte.		176
	5.9	Außergerichtlicher Tatausgleich		181
	5.10	Bewährungshilfe neu.		183
6	Jugendzentren			187
	6.1	Entwicklung der Jugendzentren		187
	6.2	Politik und Struktur: offene versus verbandliche Jugendarbeit.		192
	6.3	Kirchliche Jugendzentren		213
		6.3.1	Erstes modernes Jugendzentrum in Innsbruck: Die MK	213
		6.3.2	Arbeiterjugend im Keller, GymnasiastInnen im Haus: Das Jugendzentrum St. Paulus.	219
		6.3.3	Betreuung und Beratung: Das Jugendzentrum Z6	220
	6.4	Selbstorganisierte Jugendinitiativen.		234
		6.4.1	Desinfarkt – Versuch einer basisdemokratischen Selbstorganisation	235
	6.5	Die Innsbrucker Jugendzentren der öffentlichen Hand.		239
		6.5.1	Jugendwarteraum sowie Kinder- und Jugendtelefon	241
		6.5.2	Jugendtreff Pradl.	242
		6.5.3	Das Jugendzentrum O-Dorf	244
		6.5.4	Jugendzentrum Hötting-West	248
	6.6	Jugendliche mit Migrationshintergrund: Moslemische Jugendunion, ATIGF und Sternclub		249
	6.7	Bilanz über zwei Jahrzehnte offene Jugendarbeit		251

7 Drogen 257
   7.1 Zwischen Ignoranz und Alarmismus. 257
   7.2 Umgang mit Drogen in Innsbrucks Jugendzentren 259
      7.2.1 Drogenkonsum im Jugendzentrum MK 259
      7.2.2 Drogen als begleitendes Problem im Jugendzentrum Z6 261
   7.3 Sozialberatung für Alkohol- und Drogengefährdete 267
   7.4 Das KIT – Stationäre Drogentherapie. 285
   7.5 Vom Suchtgift- zum Suchtmittelgesetz 296
   7.6 Ausblick 299

8 Obdachlos, wohnungslos 307
   8.1 Sandlerdebatte im Gemeinderat 1979 – ein Sittenbild 307
   8.2 Begriffsbestimmung 312
   8.3 Der Durchgangsort für Wohnungs- und Arbeitssuchende –
      das DOWAS. 313
   8.4 Das DOWAS für Frauen. 330
   8.5 Die Brücke – Übergangswohnheim für männliche Haftentlassene . . . 338
   8.6 Verein für Obdachlose, Teestube, BARWO. 339
   8.7 Städtische Herberge, Notschlafstelle (NOST) 342
   8.8 Wandel im Innsbrucker Gemeinderat 346

9 Arbeitsprojekte 349
   9.1 Experimentelle Arbeitsmarktpolitik 349
   9.2 Jugendarbeitslosigkeit im Innsbrucker Gemeinderat 354
   9.3 Frühe Beschäftigungsprojekte im Aufbauwerk der Jugend. 358
   9.4 Die Arbeitsprojekte des Jugendzentrums Z6 363
   9.5 Ho & Ruck – Klienteninitiative mit Langzeitwirkung 368
   9.6 UNICEF-Jugend und Verein Jugendland 373
   9.7 WAMS – Altkleider und mehr 373
   9.8 Traumwerkstatt. 377
   9.9 KUKUK – ein Arbeitsprojekt auf dem Papier 378
   9.10 Pradler Kaufladen – Pionier der Direktvermarktung 379
   9.11 U. N. A. 84 (Umschulung, Nachschulung, Arbeitsbeschaffung) . . . 380
   9.12 WABE Tirol – kurzlebiges Forstarbeitsprojekt. 381
   9.13 Sozialökonomische Betriebe – eine Erfolgsgeschichte 383

10 Frauen- und Mädcheneinrichtungen 385
   10.1 Die Situation für Frauen und Mädchen in Tirol
       in den 1970er und 1980er Jahren. 385
   10.2 Männlich geprägte Jugendarbeit. 386
   10.3 Feministische Mädchenarbeit innerhalb der Frauenbewegung. 387
   10.4 Das Tiroler Frauenhaus. 407
   10.5 Anlaufstelle für Frauen und Mädchen als Opfer
       sexualisierter Gewalt. 411
   10.6 Gescheitert mangels Finanzierung: Mädchen im Mittelpunkt 416
   10.7 Feministische Mädchenarbeit: ein Stiefkind der Förderstellen 420

11	Dachverbände und Arbeitskreise	423
	11.1 ARGE Tiroler Jugendzentren	424
	11.2 Arbeitsgemeinschaft kritischer Sozialarbeiter Tirol (AKST)	426
	11.3 Tiroler Berufsverband diplomierter Sozialarbeiter (TBDS)	434
	11.4 Sozialforum Innsbruck	438
	11.5 Tiroler Arbeitskreis für Heimerziehung	441
	11.6 Dachverband der Tiroler Sozialprojekte und selbstverwalteten Betriebe (DASS)	447
	11.7 Sozialpolitischer Arbeitskreis – SPAK	449
12	Resümee	455

Quellen- und Literaturverzeichnis	467
Abkürzungen	489
Personenverzeichnis	495
Die Autorin und der Autor	500

Danksagung

Die Studie „Gründerzeiten – Soziale Angebote für Jugendliche in Innsbruck 1970–1990" konnte nur zustande kommen, weil diese Arbeit von sehr vielen Menschen tatkräftig unterstützt wurde.

Der Dank gilt insbesondere all jenen, die in Interviews und Gesprächen ihre Erinnerungen und Einschätzungen mit den AutorInnen teilten. Weiters gilt der Dank jenen, die Materialien zur Verfügung stellten. Dies bezieht sich auf öffentliche Archive genauso wie auf Archive von Einrichtungen und Privatpersonen. Danke auch für die Fotos, Grafiken und Flugblätter, die einen Bildteil ermöglicht haben.

Horst Schreiber ist zu danken für die Konzeption des Gesamtprojekts, in das diese Studie eingebettet ist, sowie die vertrauensvolle Zusammenarbeit. Und schließlich gilt ein Dank den Gremien der Stadt Innsbruck, welche die Finanzmittel für diese Studie bereitgestellt haben.

Andrea Sommerauer und Hannes Schlosser

Vorwort

„Schweigen kann die grausamste Lüge sein."
Robert L. Stevenson

Erinnern schmerzt, ist aber umumgänglich, will man nicht immer wieder die gleichen Fehler begehen. Das gilt für persönliche Fehler, aber ganz besonders für in einem System angelegte – systemische – Fehler, umso mehr, wenn dabei Dritte zu Schaden kommen. Das schulden wir den Opfern von damals, das schulden wir aber auch potenziellen Opfern von morgen.

In Tirol, aber auch ganz besonders in Innsbruck, wurden Kinder und Jugendliche, die eigentlich besondere Fürsorge gebraucht hätten, zwischen 1945 und 1990 in staatlichen und kirchlichen Heimen Opfer von systematischer Gewalt. Bereits traumatisierte Kinder wurden erniedrigt, gequält, geschlagen – vor den Augen anderer Kinder, aber auch vor den Augen von Erzieherinnen und Erziehern, geduldet oder gar im Auftrag weltlicher und kirchlicher Autoritäten. Wir haben das stillschweigend zugelassen, wir haben diese uns anvertrauten Kinder im Stich gelassen.

Dieses Buch von Andrea Sommerauer und Hannes Schlosser ist Teil eines dreiteiligen Großprojektes von Horst Schreiber innerhalb eines langjährigen Aufarbeitungsprozesses.

In einem ersten Schritt wurde das Schweigen gebrochen, indem man den Opfern Raum gab zu sprechen. Das war eine der zentralen Aufgaben – neben materieller Entschädigung und Vermittlung von Therapieangeboten – der 2011 eingerichteten Opferschutzkommission der Stadt Innsbruck.

Den Opfern Stimme zu geben, ihnen kollektiv Gehör zu verschaffen, stand im Mittelpunkt der ersten beiden Teile des Projekts. Andrea Sommerauer und Hannes Schlosser schließen das Projekt, indem sie den Blick in eine andere Richtung lenken: auf die Zeit zwischen 1970 und 1990, auf die Zeit, in der sich Veränderungen in der Sozialen Arbeit mit Jugendlichen durchsetzten, auf Initiative und geprägt durch das persönliche Engagement von SozialarbeiterInnen. Diesen PionierInnen wird in diesem sorgfältig recherchierten Buch ein kleines Denkmal gesetzt. Wir werden dadurch auch dauerhaft daran erinnert, dass wir alle es in der Hand haben, etwas zum Positiven zu verändern.

Georg Willi
Bürgermeister der Landeshauptstadt Innsbruck

Vorwort

Anfang 2010 wandte sich der Historiker Horst Schreiber an den damaligen Soziallandesrat Gerhard Reheis. Er schlug ihm vor, eine Kommission zu bilden, die sich mit den seit 1945 begangenen Menschenrechtsverletzungen an fremduntergebrachten Kindern und Jugendlichen in Tirol auseinandersetzen sollte. Im März 2010 wurde daher die „Steuerungsgruppe Opferschutz" gegründet. In den nächsten Wochen meldeten sich unzählige Geschädigte. Das Thema war gesetzt, das Schweigen gebrochen. Es begann ein Prozess ideeller und materieller Anerkennung der Folgen der Gewalt für die Betroffenen. Horst Schreiber erarbeitete zudem einen Themenkatalog zur wissenschaftlichen Aufarbeitung, den die Landesregierung anerkannte. Eine Reihe von Forschungsaufträgen wurden in den folgenden Jahren vergeben.

Um den gesellschaftlichen Aufarbeitungsprozess voranzutreiben, aber auch um den Handlungsdruck auf die Politik zu erhöhen, gab der Historiker aus eigener Initiative bereits 2010 eine breit angelegte Studie („Im Namen der Ordnung") über die Heimerziehung und die Rolle der Kinder- und Jugendpsychiatrie heraus. Dies trug ihm auf Landesebene den Vorwurf ein, wissenschaftliche Objektivität zu vernachlässigen und zu sehr als Opferanwalt aufzutreten. Eine derartige Vorhaltung tauchte in seinem anderen Forschungsfeld nie auf. Es gilt als selbstverständlich, dass sich bei der Aufarbeitung des Nationalsozialismus Wissenschaftlichkeit und eine Positionierung für die Opfer keineswegs ausschließen.

Dutzende ehemalige Heimkinder mailten und schrieben dem Wissenschafter oder riefen ihn an. Sie benötigten Unterstützung, weil sie rechtlich unerfahren waren oder weil man ihnen weiterhin die Einsicht in ihre Akten verwehrte. Viele brauchten Hilfe, um Schriftstücke der Behörden zu verstehen, Eingaben bei Ämtern zu machen oder von ihnen angeforderte Berichte zu verfassen. In der Forschungslandschaft fand Horst Schreiber für all diese Arbeiten zugunsten der Geschädigten keine MitstreiterInnen, ein derartiges Engagement schien den WissenschaftlerInnen durch ihren öffentlichen Auftrag nicht gedeckt zu sein und über das wissenschaftliche Mandat hinauszureichen. Auch die konfliktorientierte Medienarbeit des Historikers stieß auf Ablehnung, die Annahme von Forschungsaufträgen als Ergebnis des Drucks in Presse, Radio und Fernsehen allerdings nicht. Ohne evidenzbasierte Öffentlichkeitsarbeit und engagierte JournalistInnen wäre es aber nicht möglich gewesen, lange vernachlässigte Themen ins Bewusstsein der Gesellschaft zu bringen, EntscheidungsträgerInnen von einem Handlungsbedarf zu überzeugen und möglichst viele Formen von Wiedergutmachung für die Überlebenden in die Wege zu leiten.

Der Innsbrucker Stadtsenat beschloss am 23. Februar 2011, eine eigene Opferschutzkommission einzurichten, den Universitätsprofessor für Zivilrecht Heinz Barta und den Historiker Horst Schreiber nach ihrem Hinauswurf aus der Entschädigungskommission des Landes Tirol dafür zu gewinnen und zusätzlich die Psychotherapeutin und Fachärztin für Kinder- und Jugendpsychiatrie Doris Preindl. Bis zum Frühjahr 2020 führten die Kommissionsmitglieder mit allen 164 Menschen, die sich gemeldet hatten, einstündige Gespräche, um die Geschädigten zu würdigen, die Authentizität ihrer Erzählungen anzuerkennen und ihnen sowohl materielle Leistungen als auch Therapien zuzusprechen.

2015 arbeitete Horst Schreiber Kindheit und Gewalt in den Heimen der Stadt Innsbruck in Holzham-Westendorf, Mariahilf und im Pechegarten wissenschaftlich auf. In seinem Buch „Restitution von Würde" ging es zudem um Fragen der Anerkennung, um die Darstellung der Arbeit der städtischen Kommission sowie um die Reaktion der Betroffenen.

Wissenschaft ist jedoch nur eine Möglichkeit, um für Aufklärung zu sorgen, Ursachen für gewalttätiges Handeln zu ermitteln und Antworten anzubieten, wie Vergangenheitsschuld am besten begegnet werden kann. Um einer breiten Bevölkerung die systematischen Menschenrechtsverletzungen von Kindern in Heimen, auf Pflegeplätzen und heilpädagogisch-psychiatrischen Einrichtungen begreifbar zu machen, aber auch um sie in das kollektive Gedächtnis der Gesellschaft zu heben, bedarf es weiterer Kanäle. Horst Schreiber initiierte daher ein dreiteiliges Projekt zur Aufarbeitung und erinnerungskulturellen Vermittlung des Umgangs mit Kindern und Jugendlichen in öffentlicher Betreuung zwischen 1945 und 1990 in Tirol.

Gemeinsam mit Christian Kuen richtete er unter www.heimkinder-reden. at eine Homepage videografierter Interviews mit Frauen und Männern ein, die ihre Kindheit auf Pflegeplätzen, in Kinderheimen und Erziehungsanstalten der Stadt Innsbruck, des Landes Tirol und von katholischen Orden verbracht hatten. Die beiden erstellten überdies aus den vielstündigen Interviews eine Film-Dokumentation, die das Innsbrucker Leokino aufführte. Auf diese Weise durchbrachen Überlebende ihr jahrzehntelanges Schweigen, Folge von Traumatisierungen und der Ignoranz von Politik und Gesellschaft. Sie verließen die Opferrolle, zeigten sich vor der Kamera mit ihrem Gesicht und erzählten selbst ihre Geschichte. Unter der Leitung der Theaterpädagogin Irmgard Bibermann präsentierte die Gruppe nachtACTtiv ein biografisches Theater: „Jetzt wird geredet". „Heimerziehung auf der Bühne" löste intensive Empfindungen aus, weil theatrale Elemente wie Raum, Körper, Rhythmus, Ausdruck, Sprache, Szenen und Symbole einen verdichteten, vielschichtigen Erfahrungsprozess ermöglichten.

Nun liegt der letzte Teil des Großprojekts vor. Andrea Sommerauer und Hannes Schlosser haben jahrelang recherchiert und zahlreiche Menschen interviewt. In mühsamer Arbeit haben sie weit verstreute Quellen aus öffentlichen und privaten Archiven zusammengetragen. Vorausgegangen ist all dem ein Antrag von Horst Schreiber an die Stadt Innsbruck, eine Studie in Auftrag zu geben, welche die Veränderungen in der Sozialen Arbeit mit Jugendlichen zwischen 1970 und 1990 in den Mittelpunkt stellt.

Tirol war traditionell von einem dichten Netz von Großheimen überzogen, in denen von der Monarchie bis in die Zweite Republik körperliche, physische und sexualisierte Gewalt systemisch verankert war. Noch in den 1980er Jahren befanden sich hierzulande anteilsmäßig mehr Jugendliche, die auf soziale Unterstützung angewiesen waren, in Heimen, als dies in anderen österreichischen Bundesländern der Fall war. Doch seit Ende der 1960er Jahre entwickelten engagierte Einzelpersonen, Initiativen und Vereine moderne Sozialprojekte. Sie gründeten Einrichtungen, die alternative Wege beschritten, die Soziale Arbeit professionalisierten und die Angebotsstruktur wesentlich erweiterten, nicht nur im Bereich der Jugendwohlfahrt. Andrea Sommerauer und Hannes Schlosser dokumentieren und analysieren diesen Aufbruch in eine neue Ära. Sie bringen ihre fachwissenschaftlichen Kompetenzen in das Projekt ein, aber auch Erfahrungen als Praktiker der Sozialen Arbeit, Mitgestaltende des Veränderungsprozesses und als politische AktivistInnen. Herausgekommen ist ein Standardwerk zur Geschichte der Sozialen Arbeit in Tirol.

Sommerauer und Schlosser weisen empirisch nach, dass die Zeitspanne zwischen 1970 und 1990 als Gründerzeit für innovative Sozialprojekte in Tirol gelten kann. Die meisten waren und sind in Innsbruck beheimatet. Der Grund dafür liegt aber nicht im entschlossenen Handeln der damaligen Stadtpolitik. Die Mandatare und Politikerinnen bildeten in der Regel beharrende Kräfte und waren selten Motor der Veränderung. Sie hatten deutlich mehr Gestaltungsmöglichkeiten, als sie aktiv nutzten. Meist reagierten sie auf Initiativen Engagierter und auch im Vergleich zum Land Tirol fiel die Unterstützung neuer Projekte geringer aus. Dabei profitierte Innsbruck am nachdrücklichsten, differenzierten sich in der Stadt die Angebote im Feld der Sozialen Arbeit besonders aus. Die Ursachen für diesen überproportionalen Anteil lagen also weniger an der Politik als am hohen Bedarf, schließlich verdichten sich die Problemlagen in einer großen Stadt ganz speziell. Ausschlaggebend für die Innovationen waren SozialarbeiterInnen, die nicht nur helfen, sondern auch die gesellschaftlichen Verhältnisse ändern wollten, die Menschen in Armut, Not und Elend führten.

Andrea Sommerauer und Hannes Schlosser schreiben in ihrem Standardwerk die Geschichte von Einrichtungen, Vereinen, Zentren und Dachverbänden, die Motor des sozialpolitischen Aufbruchs waren. Vor allem würdigen sie die vielen Akteure und Akteurinnen, welche die Soziale Arbeit in Tirol von Grund auf erneuert haben, aber in Vergessenheit zu geraten drohen. Diese Pionierinnen und Pioniere stellten Machtstrukturen in Frage, waren bereit, hohes Risiko einzugehen, materiell wie existenziell, und bis zur Erschöpfung und Selbstausbeutung zu arbeiten. Diese Vorreiterinnen und Wegbereiter der Moderne glaubten daran, dass ein Engagement im Umfeld der Sozialen Arbeit und mit den Mitteln der Kultur gesellschaftsverändernd wirken würde. Auch wenn die neoliberale Wende diesem Vorhaben Grenzen setzte, revolutionierten sie innerhalb von zwanzig bis dreißig Jahren die Landschaft der Sozialen Arbeit im Land Tirol und seiner Landeshauptstadt.

Innsbruck, im September 2020   Horst Schreiber, _erinnern.at_ Tirol

1 Einleitung

1.1 Kritik an der Heimerziehung

1970 forderte die Gruppe Spartakus auf einem Plakat: „Öffnet die Heime". Konkret verlangte sie die Abschaffung aller geschlossenen Fürsorgeanstalten und im Besonderen die zum Teil auch als Strafvollzugsanstalten fungierenden Heime, die Bundeserziehungsanstalten Wiener Neudorf für Mädchen und Kaiser-Ebersdorf für Burschen mit ihrer Außenstelle Kirchberg am Wagram und das niederösterreichische Landeserziehungsheim Eggenburg. Die AkteurInnen des Protests empfahlen die Einsetzung von Jugendkommissionen, die gemeinsam mit sogenannten Zöglingen – also jenen, die in den Jugendheimen festgehalten wurden – die bestmögliche Lösung für deren Situation finden sollten. Die intensive Phase der österreichischen Heimbewegung währte von 1970 bis 1972.[1]

Die Gruppe Spartakus ging aus einer Jugendsektion der KPÖ hervor und war an der österreichischen Heimbewegung vorrangig beteiligt. Sie war in Ostösterreich aktiv. Ihre Proteste gegen die autoritären, gewaltvollen Verhältnisse in Kinder- und Jugendheimen entluden sich lautstark, beispielsweise im Landesfürsorgeheim Wegscheid in Linz, woran sich Studierende, Lehrlinge, SchülerInnen und katholische Kreise beteiligten. Aus dem Landesfürsorgeheim waren am Höhepunkt der Aktion 1971 rund zwei Dutzend Zöglinge geflüchtet, ein Jugendlicher suchte sogar in der Schweiz um Asyl an – Begründung war die schlechte Behandlung im Erziehungsheim. Auf die Proteste folgte eine gewisse Lockerung des repressiven Systems, es bestand aber weiter. Wegscheid blieb bis in die 1990er Jahre eine geschlossene Anstalt,[2] in der sich auch Kinder und Jugendliche aus Innsbruck befanden. So war beispielsweise der in Innsbruck geborene Matthias A. einer der letzten, der unter dem gefürchteten Erzieher Johann A. und dem Heimleiter Siegfried R. im geschlossenen Heim lebte, in dem brutale Disziplinierungsmethoden angewendet wurden.[3] Psychische und physische Gewalt übten nicht nur die Erzieher aus, sie instrumentalisierten auch die ihnen Anvertrauten für ihre drastischen Methoden. Matthias A. erinnert sich: „Wenn ein Zögling abgehauen ist, haben sie Kopfgeld auf ihn ausgesetzt. Wir Älteren haben den dann eingefangen und ihn uns vorgeknöpft."[4]

---

1 Michael John: Aus dem Erziehungsheim in die Kommune? Revolte und Experimente (1970 bis 1972), in: Michael John/Wolfgang Reder (Hg.): Wegscheid. Von der Korrektionsbaracke zur sozialpädagogischen Institution (Begleitpublikation zur Ausstellung), Linz 2007, S. 115–130, hier: S. 120.
2 Ebd., S. 127–128.
3 Tiroler Tageszeitung, Prügel für Zöglinge, Orden für Erzieher, 29.8.2010, S. 2–3.
4 Ebd., S. 3.

Heimkampagnen, die eine Öffnung der repressiven Erziehungsheime forderten, sind aus verschiedenen Ländern Europas bekannt.[5] Bereits in den 1950er Jahren übten PraktikerInnen und WissenschafterInnen im deutschsprachigen Raum Kritik an den Erziehungsmethoden in Kinder- und Jugenderziehungsheimen, wie etwa der SOS-Kinderdorf-Gründer Hermann Gmeiner. Er setzte der Fremderziehung in Großinstitution ein familienähnliches Prinzip entgegen. Ein Beispiel auf der wissenschaftlichen Ebene ist die Studie der deutschen späteren Soziologin und Kriminologin Lieselotte Pongratz mit dem Titel „Lebensbewährung nach öffentlicher Erziehung", die sie gemeinsam mit Hans-Odo Hübner 1959 verfasste. Die Untersuchung entstand auf der Grundlage von empirischen Daten – unter anderem wurden ehemalige Heimkinder interviewt – und beinhaltete Verbesserungsvorschläge für die Heimerziehung.[6] Speziell in der BRD spitzte sich die Kritik an den Anstalten ab Mitte der 1960er Jahre zu,[7] die Protestbewegung wurde zu einem wesentlichen Teil der StudentInnenbewegung. Zur Ausweitung und Verbreitung der Kritik spielten die Beiträge der Journalistin Ulrike Meinhof eine nicht unwesentliche Rolle.[8]

Auf Österreich schwappten die Proteste gegen autoritäre, repressive Erziehungsheime zeitverzögert über. Nahezu 20 Jahre früher gab es jedoch eine beispiellose Revolte in der Bundeserziehungsanstalt für Erziehungsbedürftige Kaiser-Ebersdorf, in der sich auch immer wieder männliche Jugendliche aus Innsbruck befanden. Am 19. November 1952 rebellierte die Mehrzahl der zu diesem Zeitpunkt rund 400 in Kaiser-Ebersdorf untergebrachten Burschen. Das ab 1929 als Erziehungsanstalt für straffällige Jugendliche, während des Nationalsozialismus als „Jugendschutzlager" genutzte Areal für kriminelle und als „asozial" Diffamierte, das heute die Justizanstalt Wien-Simmering beherbergt, übernahm 1945 die Justizwache der Republik Österreich und führte dort eine „Bundesanstalt für Erziehungsbedürftige". Kaiser-Ebersdorf war die Endstation für Burschen, derer sich Fürsorgeerziehungsheime in ganz Österreich entledigen wollten. Hier wurden auch Freiheitsstrafen vollzogen, männliche Straftäter konnten jedoch nach der Verbüßung ihrer Strafe weiterhin bis zu ihrem 21. Geburtstag angehalten werden. Das Pendant für weibliche Jugendliche lag nur wenige Kilometer entfernt in Wiener Neudorf, südlich von Wien. In Kaiser-Ebersdorf herrschten ein Kapo-System, militärischer Drill, Willkür, psychische und physische Gewalt. Fluchten waren alltäglich, die Aufgriffe erfolgten meist rasch. Nach ihrer Rückkehr drohte den Geflüchteten ein bis zwei Wochen Einzelhaft, Prügel und das Scheren einer Glatze. Als sich nach einer der-

---

5 Vgl. Reinhard Fatke/Walter Hornstein/Christian Lüders/Michael Winkler (Hg.): Erziehung und sozialer Wandel. Brennpunkte sozialpädagogischer Forschung (Zeitschrift für Pädagogik, 39. Beiheft), Weinheim/Basel 1999.
6 Lieselotte Pongratz/Hans-Odo Hübner: Lebensbewährung nach öffentlicher Erziehung. Eine Hamburger Untersuchung über das Schicksal aus der Fürsorge-Erziehung und Freiwilligen Erziehungshilfe entlassener Jugendlicher, Darmstadt 1959.
7 Vgl. Christian Schrapper: Systematisches Unrecht im sozialen Rechtsstaat? Zur Auseinandersetzung um die Heimerziehung der 1950er und 1960er Jahre in (West-)Deutschland, in: Michaela Ralser/Reinhard Sieder (Hg.): Die Kinder des Staates (Österreichische Zeitschrift für Geschichtswissenschaften 25/2014/1+2), Innsbruck/Wien/Bozen 2014, S. 331–344, hier: S. 334.
8 Der Film „Bambule. Fürsorge für wen?", an dem Ulrike Meinhof 1969/70 in einem Berliner Fürsorgeerziehungsheim arbeitete, strahlte die ARD nach der Beteiligung Meinhofs an der gewaltsamen Befreiung von Andreas Baader aus der Haft nicht mehr aus. Der Wagenbach-Verlag veröffentlichte schließlich das Drehbuch. Ulrike Marie Meinhof: Bambule. Fürsorge – Sorge für wen?, Berlin 1971.

artigen Flucht drei Burschen weigerten in getrennten Gruppen zur Arbeit auszurücken und in ihrer Zelle verbarrikadierten, solidarisierten sich andere mit ihnen. Erst nach vielen Stunden beschloss die Anstaltsleitung, die Zelle zu räumen. Nach einem gescheiterten Räumungsversuch gab schließlich ein betrunkener Justizwachebeamter mehrere Schüsse in die Zelle ab und beschädigte Lampen. Erst dann gelang die Räumung der Zelle und die drei Jugendlichen wurden in eine Korrektionszelle geprügelt.[9] Der damals in der Bundeserziehungsanstalt festgehaltene Heinz Karasek beschreibt den Ausbruch der Revolte drei Jahrzehnte später:

> „Ein Pistolenschuss, ein Aufschrei, Hilferufe und dumpfe Schläge ertönten. Das Gebäude bebte. Mit einem Aufschrei warf ich mich gegen die Zellentür. Einmal, zweimal, dreimal. Endlich gab sie nach und ich stürzte in den so genannten Tagraum der Strafgruppe. Es gab also nicht viel zum Zertrümmern, doch die wenigen Möbelstücke, die ich erreichte, demolierte ich mit Genuss und Freude. Mit jedem Stück, das ich unter meinen Händen zerbrach, ließ ich meinen unbändigen Hass gegen die Ausbeuter, Sadisten und Tyrannen, wie wir die Erzieher betitelten, freien Lauf."[10]

Jugendliche in Kaiser-Ebersdorf beschädigten das Mobiliar unter Schreien, Pfiffen und Johlen. Die Anstaltsleitung rief Feuerwehr, Rettung und ein Überfallkommando der Polizei zu Hilfe, doch die Burschen empfingen die erste Polizei-Einheit mit Wurfgeschoßen und erwirkten deren Rückzug. Ausgerechnet 140 mit Stahlhelmen und Gummiknüppel ausgerüstete Polizeischüler schlugen schließlich den Aufstand brutal nieder. Die fünf Rädelsführer wurden vor dem Jugendgerichtshof wegen des Verbrechens der öffentlichen Gewalttätigkeit zu Bewährungsstrafen zwischen drei und sechs Monaten Arrests verurteilt.[11] Die Ereignisse in Kaiser-Ebersdorf lösten medial und in der Öffentlichkeit ein großes, wenn auch zwiespältiges Echo aus. Auch die Justiz reagierte auf zweifache Weise. Einerseits verstärkte sie die Sicherheitsvorkehrungen in allen Justizanstalten aus Sorge vor weiteren Aufständen, andererseits wechselte sie Teile des Personals in Kaiser-Ebersdorf aus und stellte zusätzlich Pädagogen und Psychologen mit dem Auftrag ein, die Anstalt umzustrukturieren. Aber die Reformversuche nach innen zeitigten wenig Erfolg. Kaiser-Ebersdorf blieb bis zu seiner Schließung gefürchtet und in den Strukturen und Automatismen eine totale Institution.[12] Wie viele männliche Jugendliche aus Tirol sich in den knapp 30 Jahren ihres Bestehens in der Bundesanstalt für Erziehungsbedürftige befunden hatten, konnte nicht eruiert werden. Es ist aber von einer dreistelligen Zahl auszugehen.

Die Revolte der Jugendlichen in Kaiser-Ebersdorf hatte weitere, weitreichende Konsequenzen. Im Zuge der Überlegung nach Alternativen zu geschlossenen Anstal-

---

9 Hansjörg Schlechter: Revolte in der Erziehungsanstalt, Straßenzeitung Augustin, Heft 214, Oktober 2007. Unter Korrektionszelle wird ein Absonderungs- und Isolationshaftraum mit einem Minimum an Einrichtung verstanden, der oft nur mit einer Oberlichte ausgestattet ist oder überhaupt ohne natürlichem Licht auskommt.
10 Heinz Karasek: Der Ganove, Wien 1982, zitiert nach Schlechter 2007.
11 Vgl. Schlechter 2007.
12 Robert Schiestl: Probezeit – Geschichte des Vereins für Bewährungshilfe und Soziale Arbeit 1957–1989, hg. v. Herbert Leirer VBSA, Wien 1997, S. 10–11.

ten entwickelte sich in den 1950er und 1960er Jahren in Österreich die Bewährungshilfe – zunächst für jugendliche StraftäterInnen, um deren Wiedereingliederung in die Gesellschaft zu erleichtern. Die Bundeserziehungsanstalten wurden in der Amtszeit von Justizminister Christian Broda während der SPÖ-Alleinregierung Ende 1974 geschlossen.[13]

Für die Abschaffung der geschlossenen, repressiven Jugendheime wie insgesamt für die Reformen in der Kinder- und Jugendfürsorge setzte die Heimkampagne Ende der 1960er, Anfang der 1970er Jahre maßgebliche Impulse. 1971 lud das Amt für Jugend und Familie in Wien zu einer Enquete unter dem Titel „Aktuelle Fragen der Heimerziehung", aus der die Wiener Heimkommission hervorging, die schließlich Empfehlungen für Veränderungen in der Heimerziehung abgab. Dazu zählten die Einbeziehung der Eltern von Heimkindern, die Stärkung der Eigenverantwortung der betroffenen Kinder und Jugendlichen sowie eine Demokratisierung der Leitungsstrukturen in den Anstalten. Weiters plädierten die Angehörigen der Wiener Heimkommission für eine Abkehr von der Isolierungspolitik, der Schaffung von Intimsphären und die Orientierung an den späteren Lebenssituationen der Heimkinder. Für sinnvoll hielten sie zudem, die Erziehung zu individualisieren und einen multiprofessionellen MitarbeiterInnenstab zu etablieren, der unter anderem auch psychotherapeutische Angebote leisten konnte. Generell hielten die Mitglieder der Kommission eine Erweiterung der Fürsorgepolitik hin zur Dezentralisierung von Maßnahmen durch den Aufbau von ambulanten Betreuungsformen für sinnvoll.[14]

Die Vorschläge der Wiener Heimkommission leiteten zwar einen Umdenkprozess ein, doch die Umsetzung gestaltete sich zunächst schwierig. Die folgenden zwei Jahrzehnte waren geprägt von Versuchen, die Heime zu reformieren, das Qualifikationsniveau des Erziehungspersonals zu verbessern sowie ambulante und teilstationäre Strukturen für diverse Problemlagen aufzubauen. Letzteres geschah sowohl durch die öffentliche Hand als auch durch Vereine und die Initiative Einzelner. Ihren vorläufigen Abschluss fand diese Entwicklung in Österreich mit dem Jugendwohlfahrtsgesetz 1989, in Tirol mit dem am 1. Jänner 1991 in Kraft getretenen Ausführungsgesetz. Dieser Prozess in der Fürsorgeerziehung bedeutete eine Abkehr von autoritärer Disziplinierung und wendete sich hin zu demokratischen Erziehungsmethoden. Gleichzeitig verschob sich auch die Haltung gegenüber Jugendlichen, die zunehmend als Gesellschaftskraft mit spezifischen Bedürfnissen und Möglichkeiten wahrgenommen wurde. Die skizzierten Veränderungen lassen sich auch am Beispiel Innsbruck, unter Berücksichtigung landes- und bundesweiter Entwicklungen, nachzeichnen.

---

13 Vgl. Eintrag zur Erziehungsanstalt für Frauen Wiener Neudorf, Homepage Österreichisches Staatsarchiv, http://www.oesta.gv.at/site/cob__48866/currentpage__0/6644/default.aspx (abgerufen am 26.8.2016). Weiters auch Michael Genner, Wir Achtundsechziger, Artikelreihe, Homepage asyl in not, www.asyl-in-not.org/php/search.php?search=Wir+Achtundsechziger (abgerufen am 25.8.2016).
14 Horst Schreiber: Autoritäre Heimerziehung in der Zweiten Republik, in: Horst Schreiber (Hg.): Im Namen der Ordnung. Heimerziehung in Tirol, Innsbruck/Wien/Bozen 2010, S. 49–87, hier: S. 82.

1.2 Der österreichische Heimskandal

„Ich entwich zehnmal aus dem Heim. Nach einem Ausbruch im August 1965 wurde ich wieder festgenommen. Nach einer Woche wurde ich von der ‚Liesl' nach Eggenburg gebracht. In der Kanzlei bekam ich vom Heimleiter [...] zwei Ohrfeigen. Von den Erziehern [...] wurde ich zusammengeschlagen. Ich kam auf die Strafgruppe. Mir wurde eine Glatze geschoren. Vom diensthabenden Erzieher K[...] wurde ich zusammengeschlagen [...]."[15]

Protokolle von Heimerfahrungen wie das oben zitierte, in dem ein Jugendlicher seine Überstellung vom Wiener Polizeigebäude Rossauer Lände, das im Volksmund „Liesl" genannt wird, in die niederösterreichische Landeserziehungsanstalt Eggenburg darstellt, fertigte die Gruppe Spartakus Dutzende an. Sie dokumentierte die Gewalt und verwies auf die Täter, die sie bestraft wissen wollte.[16] Auch einzelne Betroffene publizierten ihre Erlebnisse aus den Kinder- und Jugendheimen.[17] Beispielsweise schilderte der aus dem Zillertal stammende Erwin Aschenwald erstmals 1981 in der Fachzeitschrift „Erziehung heute" (e.h.), die sich mehrfach mit der Problematik der strukturellen und personellen Gewalt in Heimen sowie den Folgen der Heimerziehung auseinandersetzte, seine Erfahrungen mit psychischer und physischer Gewalt in der Bubenburg St. Josef in Fügen, in der er einen Teil seiner Kindheit verbracht hatte. Die Bubenburg war ein Knabenheim, das heute noch vom Seraphischen Liebeswerk (slw Soziale Dienste) der Kapuziner als „Sozialpädagogisches Wohnheim und Schule für Buben, die besondere Aufmerksamkeit brauchen", geführt wird. Auch Aschenwald benannte die TäterInnen, wenn er etwa eine Begebenheit beim Mittagessen, bei dem absolutes Stillschweigen geboten war, erzählte:

„Bernhard A., der beim Essen schwätzte, mußte sich in die Mitte des Gruppenraumes stellen und wurde von R. W. mit einer Ohrfeige bedacht. Bernhard A. meinte daraufhin, R. W. sei nur zum Prügeln in die ‚Bubenburg' gekommen. Der Erzieher versetzte ihm einen Faustschlag in die Lebergegend und traktierte den am Boden Liegenden mit Füßen."[18]

Mit der Heimproblematik und ihren Folgen setze sich auch der Tiroler Komponist, Radio- und Filmemacher Bert Breit in seiner Arbeit auseinander. Sein Radiofeature über Jugendprostitution, „Der Fall Marina B.", entstand 1985.[19] Genaue Schilderungen von struktureller und personeller Gewalt in Tiroler Anstalten der Fürsorge, Behindertenhilfe und der Psychiatrie lieferte Kurt Langbein in seiner Dokumentation „Problemkinder", die der ORF am 18. September 1980 in der Fernsehsendung „Teleobjektiv" österreichweit ausstrahlte.[20] Die Negativbeispiele waren darin die gewaltvollen Vorgänge im St.-

---

15 Michael Genner: Ein Rückblick auf die Heimkampagne der Gruppe ‚Heimspartakus', 2.11.2011, Homepage Labournet Austria, www.labournetaustria.at/erziehungsheime-aus-asyl-in-not (abgerufen am 27.8.2016).
16 Ebd.
17 Vgl. Peter Brosch: Fürsorgeerziehung. Heimterror und Gegenwehr, Frankfurt am Main 1971.
18 Erziehung heute (e.h.), Nr. 3/4, April 1981, S. 8.
19 Vgl. Homepage bert breit, www.breit.biz; sowie Interview Andrea Sommerauer/Hannes Schlosser mit Edmund Pilgram am 15.4.2015.
20 Kurt Langbein: „Problemkinder", Dokumentarfilm, ORF-Teleobjektiv 1980, https://www.youtube.com/watch?v=FfZNnJv63sM (abgerufen am 29.8.2016).

Josefs-Institut in Mils bei Hall, welches Kinder und Jugendliche mit Behinderungen beherbergte, das repressive System im Fürsorgeerziehungsheim St. Martin sowie die grausamen und folgenreichen Praxen in der Innsbrucker Kinderbeobachtungsstation. Letztere war zwar eine selbstständige Abteilung im Krankenhaus Innsbruck, hatte aber eine direkte organisatorische und faktische Verbindung mit dem Tiroler Jugendamt, weil die Leiterin, die Psychiaterin und Heilpädagogin Maria Nowak-Vogl, beim Land Tirol als Fürsorgeärztin angestellt war.[21] Es ist zu vermuten, dass der Tiroler Arbeitskreis Heimerziehung, der sich seit 1979 kritisch mit der Heimerziehung in Tirol beschäftigte, für Langbeins Dokumentation wesentliche Informationen geliefert hatte. Der Fernsehbeitrag erfuhr in Tirol enormes Echo, aber auch harsche Kritik und löste gravierende Folgen für InformantInnen aus.[22]

Die mediale Thematisierung trug wesentlich zu den Veränderungen in der Jugendwohlfahrt und letztlich zur Schließung von Erziehungsheimen bei, eine strafrechtliche Verfolgung der TäterInnen blieb jedoch genauso aus wie eine Entschädigung der Betroffenen. Die gesamtgesellschaftliche Bereitschaft zur Aufarbeitung war letztlich noch nicht gegeben.

Erst 30 Jahre später wurde erstmals eine Zusammenschau von individuellem und institutionellem Fehlverhalten, Systemstrukturen und legitimierenden Diskursen sowie den Erfahrungen der betroffenen Kinder und Jugendlichen möglich.[23] Auch dabei war die Unterstützung der Medien maßgeblich. Der Anstoß zur Aufarbeitung kam aus dem Ausland: Der unter anderem mit dem Goldenen Löwen 2002 in Venedig ausgezeichnete Spielfilm des irischen Regisseurs Peter Mullan „Die unbarmherzigen Schwestern", der die Geschichte von Mädchen in einer irischen, von katholischen Klosterschwestern geführten Anstalt zeigt, rückte die Zustände in Kinder- und Jugendheimen verstärkt in die Öffentlichkeit und löste eine breite internationale Debatte über Gewalt und Missbrauch aus. Vorderhand konzentrierte sich die losgetretene Debatte auf die sexuelle Ausbeutung von Kindern und Jugendlichen, speziell durch katholische Priester und Ordensleute, erst in zweiter Linie kamen die Missstände in Erziehungsheimen öffentlich in Diskussion. In Deutschland wurde die Auseinandersetzung besonders heftig geführt. 2008 beschloss der Deutsche Bundestag nach einer Reihe von Petitionen die Einrichtung eines Runden Tisches „Heimerziehung in den 50er und 60er Jahren" (RTH), der seinen Abschlussbericht 2010 präsentierte. Darin brachten die VertreterInnen des RTH zum Ausdruck, dass die Verantwortung für die Missstände nicht ausschließlich in individuellem Fehlverhalten von ErzieherInnen zu suchen sei, sondern das System Heimerziehung

---

21 Vgl. Medizinische Universität Innsbruck (Hg.), Bericht der Medizin-Historischen Expertenkommission: Die Innsbrucker Kinderbeobachtungsstation von Maria Nowak-Vogl, 11.11.2013.
22 Die im St.-Josefs-Institut in Mils beschäftigt gewesene Brigitte Wanker etwa, die die brutalen Misshandlungen an behinderten Kindern in der von Barmherzigen Schwestern geführten Einrichtung aufdeckte, wurde gemobbt, gerichtlich verfolgt und musste letztlich Tirol verlassen. Vgl. Schreiber 2010, S. 319–326.
23 Zur Heimdebatte in Österreich siehe auch Ingrid Bauer/Robert Hoffmann/Christina Kubek: Abgestempelt und ausgeliefert. Fürsorgeerziehung und Fremdunterbringung in Salzburg nach 1945. Mit einem Ausblick auf die Wende hin zur Sozialen Kinder- und Jugendarbeit von heute, Innsbruck/Wien/Bozen 2013, S. 19–29. Weiters: Barbara Helige/Michael John/Helge Schmucker/Gabriele Wörgötter/Marion Wisinger: Endbericht der Kommission Wilhelminenberg, Juni 2013; Georg Hönigsberger/Irmtraut Karlsson, Verwaltete Kindheit – Der österreichische Heimskandal, Berndorf 2013.

vielmehr große Mängel aufwies, sowohl in fachlicher Hinsicht als auch in Bezug auf die Aufsichtspflicht der Träger. Sie betonten auch die Notwendigkeit einer grundlegenden gesellschaftlichen Auseinandersetzung mit der Heimerziehung und deren Folgen. Daraus ergab sich die Frage nach Entschädigung für erlittenes Unrecht, mangelnde sozialrechtliche Absicherung und vorenthaltene Bezahlung von Arbeitsleistungen.[24]

2010 erfasste die Heimdebatte schließlich Österreich. Auch hier war zunächst die Problematik des sexuellen Missbrauchs, vor allem durch Funktionsträger der Katholischen Kirche, dominant. Im März desselben Jahres beauftragte die Katholische Kirche Österreichs die vormalige Steiermärkische Landeshauptfrau Waltraud Klasnic (ÖVP) eine „Unabhängige Opferschutzanwaltschaft und -kommission" („Klasnic-Kommission") zu bilden, was als Wendepunkt im öffentlichen Umgang mit institutioneller Gewalt und Missbrauch im Bereich von Heimerziehung in Österreich gilt. Zur gleichen Zeit konnte der Historiker Horst Schreiber den damaligen Tiroler Soziallandesrat Gerhard Reheis (SPÖ) dazu motivieren, in seiner Funktion als politisch Verantwortlicher für Kinder- und Jugendfürsorge zu handeln. Dieser richtete eine Steuerungsgruppe „Opferschutz" sowie eine Opferstelle bei der Kinder- und Jugendanwaltschaft Tirol ein.[25] Nach dem Beschluss eines Maßnahmenpakets durch die Tiroler Landesregierung auf der Grundlage des Endberichts der Steuerungsgruppe, bat der Tiroler Landeshauptmann Günther Platter anlässlich einer Sondersitzung des Tiroler Landtages am 15. August 2010 die Opfer von Gewalt und Missbrauch „um Verzeihung für erlittenes Unrecht, für Gewalt und seelische Schmerzen, die von Menschen im Dienst des Landes verursacht wurden".[26] Er stand zudem zu einer lückenlosen Aufklärung der Sachlage und sagte den Missbrauchsopfern in außerkirchlichen Einrichtungen Entschädigungszahlungen zu. Mit diesem offiziellen und öffentlichen Bekenntnis, die Verantwortung für den Missbrauch an Kindern und Jugendlichen in Landeseinrichtungen zu tragen, nahm das Land Tirol in Österreich eine Vorreiterrolle ein. Im Juli 2011 gab die Tiroler Landesregierung schließlich die Erstellung einer Vorstudie zur „Geschichte der Tiroler und Vorarlberger Erziehungsheime und Fürsorgeerziehungsregime in der 2. Republik" in Auftrag, dieser Forschungsbericht liegt seit Juni 2012 vor.[27]

Wie die elf Mitglieder der Tiroler Steuerungsgruppe Opferschutz in ihrem im Juli 2010 vorgelegten Bericht an die Tiroler Landesregierung erwähnten, hatten sich bis Mitte Juli desselben Jahres 200 Personen, darunter 79 Betroffene gemeldet. Die Beschwerden über physische bzw. psychische Gewalt sowie sexuellen Missbrauch betrafen neben Heimen des Landes Tirol und kirchlicher Träger, Schulen, Internate und einzelne Vereine

---

24 Abschlussbericht Runder Tisch Heimerziehung in den 50er und 60er Jahren, Homepage Runder Tisch Heimerziehung, http://www.rundertisch-heimerziehung.de/documents/RTH_Abschlussbericht.pdf (abgerufen am 26.8.2016).
25 Vgl. Schreiber: Einleitung, in: Schreiber (Hg.) 2010, S. 13–22.
26 Zitiert nach Schreiber, ebd., S. 16.
27 Michaela Ralser/Anneliese Bechter/Flavia Guerrini: Geschichte der Tiroler und Vorarlberger Erziehungsheime und Fürsorgeregime der 2. Republik. Eine Vorstudie, Forschungsbericht Juni 2012, Homepage Land Tirol, https://www.tirol.gv.at/fileadmin/themen/gesellschaft-soziales/kinder-und-jugendliche/jugendwohlfahrt/downloads/Forschungsbericht_Erziehungsheime.pdf (abgerufen am 27.8.2016); überarbeitete Publikation unter Ralser/Bechter/Guerrini: Regime der Fürsorge: Eine Vorstudie zur Geschichte der Tiroler und Vorarlberger Erziehungsheime und Fürsorgeerziehungssysteme der Zweiten Republik, Innsbruck 2014.

sowie der Kinderpsychiatrische Beobachtungsstation von Maria Nowak-Vogl an der Innsbrucker Klinik auch die Heime der Stadtgemeinde Innsbruck. Dazu zählen das Erziehungsheim Westendorf für Burschen, das Kinderheim Arzl sowie die Kinderheime Pechegarten und Mariahilf in Innsbruck.[28] Am 23. Februar 2011 beschloss der Innsbrucker Stadtsenat, für die Tiroler Landeshauptstadt eine eigene Opferschutzkommission einzurichten. Die ExpertInnen führten mit allen Opfern, die sich gemeldet hatten, ein Gespräch. Die von ihnen festgelegten Entschädigungszahlungen lagen zwischen 5.000 und 25.000 Euro, die juristische Verjährungsfrist spielte dabei keine Rolle. Bei Bedarf konnte zusätzlich eine psychotherapeutische Unterstützung in Anspruch genommen werden.[29] Zu Jahresbeginn 2013 hatten 94 Personen insgesamt 1,3 Millionen Euro an Entschädigung bekommen.[30]

Die Stadt Innsbruck unterstützte auch Projekte zur Aufarbeitung der Geschichte. Dabei entstanden eine Homepage mit videografierten Berichten Betroffener und das Theaterstück „Jetzt wird geredet. Heimerziehung im Namen der Ordnung" der Gruppe nachtACTiv unter der Leitung von Irmgard Bibermann, das die Darstellung und die erinnerungskulturelle Vermittlung des Umgangs mit Kindern und Jugendlichen in öffentlicher Erziehung und Betreuung in Innsbruck zwischen 1945 und 1990 in den Fokus nahm.[31] Horst Schreiber setzte sich wiederum in seiner Publikation „Restitution von Würde" wissenschaftlich mit „Kindheit und Gewalt in Heimen der Stadt Innsbruck" auseinander.[32] Die vorliegende Publikation ist Teil der von der Stadt Innsbruck forcierten Aufarbeitung.

1.3 Die Studie „Gründerzeiten –
Soziale Angebote für Jugendliche in Innsbruck 1970–1990"

Die Studie „Gründerzeiten – Soziale Angebote für Jugendliche in Innsbruck 1970 bis 1990" rückt jene Einrichtungen, Organisationen und Institutionen in den Mittelpunkt, die sich im Zuge der Veränderungen in der Kinder- und Jugendfürsorge, der Jugendbetreuung sowie der Sozialen Arbeit zwischen 1970 und 1990 entwickelten und sich entweder ausdrücklich an Menschen zwischen 14 und 21 Jahren richtete oder diese Altersgruppe in ihrer Betreuung in besonderer Weise berücksichtigten. Relevante Impulse dazu kamen zunächst von der Bewährungshilfe, die in Tirol eine spezielle Entwicklung nahm. Zentral für den Umgang mit Jugendlichen, die mit Eltern, verschiedenen Teilen der Gesellschaft, dem Gesetz oder sich selbst in massiven Konflikt kamen,

---

28 Vgl. Bericht der Steuerungsgruppe „Opferschutz" zur Vorlage an die Tiroler Landesregierung, Juli 2010, Homepage erinnern.at, http://www.erinnern.at/bundeslaender/tirol/unterrichtsmaterial/heimerziehung-in-tirol/endbericht-pdf (abgerufen am 29.8.2016). Anlaufstelle für Opferschutz des Landes Tirol, Abschlussbericht 2010/2011, Homepage Kinder- und Jugendanwaltschaft Tirol, http://www.kija-tirol.at/uploads/media/Endbericht_Opferschutz_2010.PDF (abgerufen am 29.8.2016).
29 Innsbruck informiert, Abschlussbericht der Opferschutzkommission, 9.6.2011, S. 21.
30 Tiroler Tageszeitung, Stadt zahlte an Heimopfer bisher 1,3 Millionen Euro aus, 29.1.2013, S. 15.
31 Homepage Theater Verband Tirol, http://www.theaterverbandtirol.at/stuecke/9055 (abgerufen am 29.8.2016).
32 Horst Schreiber: Restitution von Würde. Kindheit und Gewalt in Heimen der Stadt Innsbruck, Innsbruck/Bozen/Wien 2015.

waren in Innsbruck die Jugendzentren, und hier wiederum vor allem das Jugendzentrum Z6.

Im Laufe der 20 Jahre, die die Untersuchungsperiode umfasst, wurde der geschlechtsspezifische Blick immer wichtiger, auch in Innsbruck und seiner Umgebung entstanden spezielle Einrichtungen für Frauen. Alternativen im Wohn- und Arbeitsbereich für beide Geschlechter entwickelten sich aufgrund der Initiativen von engagierten Gruppen und Einzelpersonen, die sich wiederum zu Vereinen zusammenschlossen, genauso wie auf Initiativen innerhalb der katholischen Kirche und der öffentlichen Hand. Von Belang für die vorliegende Arbeit waren die Gründungsgeschichten, die Erfahrungen von Erfolgen und Misserfolgen, die Fragen nach der Finanzierung der Einrichtungen sowie dem Verhältnis von privaten AkteurInnen und jenen der öffentlichen Hand. Um den Rahmen nicht zu sprengen, waren Einrichtungen für Jugendliche mit primär körperlichen oder geistigen Beeinträchtigungen nicht Gegenstand der Studie. Die Abgrenzungen sind jedoch nicht immer scharf zu ziehen, sodass an relevanten Stellen darauf Bezug genommen wird.

Ziel des Projekts war, die Landschaft der sich immer mehr ausdifferenzierten Angebote zu den Problemstellungen Fremderziehung, Wohnungslosigkeit, Arbeitslosigkeit, Gewalterfahrungen, Drogenabhängigkeit, Straffälligkeit etc. in Innsbruck darzustellen und ihre Entstehungsgeschichte sowie ihren Verlauf in die gesellschaftliche Entwicklung einzubetten, was für die einzelnen Angebote nur in unterschiedlicher Qualität und Quantität gelang, denn die Quellenlage ist sehr divers. Es ist bekannt, dass die Dokumente zur Jugendfürsorge in der Stadtgemeinde Innsbruck sowie dem Land Tirol sehr lückenhaft vorhanden sind. Umso wichtiger war es, AkteurInnen im Angebotsfeld zu befragen. Dazu wurden mit mehr als 50 Personen Interviews und Gespräche geführt. Außerdem konnte auch auf die Dokumente mancher Einrichtung zurückgegriffen werden. Die Dokumentationslage ist dort aber ebenfalls sehr unterschiedlich.

Die Zielgruppe für die untersuchten Einrichtungen, Organisationen und Institutionen sind Jugendliche, die potenziell gefährdet waren, von den Eltern, der Schule, der Jugendwohlfahrt oder anderen Teilen der Gesellschaft als „verwahrlost" oder „schwer erziehbar" eingestuft zu werden. Es geht um jene, die sich nicht anpassen wollten oder konnten, die auffällig wurden und denen eine Fremderziehung in einem Jugendheim drohte. Vielfach kamen diese Jugendlichen aus sozial schwächeren Familien, häufig hatten sie Erfahrung mit psychischer, physischer oder sexualisierter Gewalt. Sie wichen in irgendeiner Form von der Norm ab, was sich unterschiedlich ausdrücken konnte, wie etwa in Schulschwierigkeiten, Gesetzesübertretungen oder Drogenkonsum. Entscheidend dabei ist, dass ihr familiäres Unterstützungssystem nicht ausreichte.

Im Fokus der Studie stehen Jugendliche und junge Erwachsene in der Altersgruppe von 14 bis 21 Jahren. Diese Eingrenzung wurde auch vor dem Hintergrund von gesetzlichen Entwicklungen für die vorliegende Untersuchungsperiode getroffen. Mit 14 Jahren werden Kinder in Österreich mündig und damit in beträchtlichem Ausmaß selbstständig geschäftsfähig. Mit der Vollendung des 14. Lebensjahres ist auch die Strafmündigkeit verbunden. Ab diesem Zeitpunkt können Jugendliche strafrechtlich zur Verantwortung gezogen werden. Die besonderen Bestimmungen des Jugendgerichtsgesetzes gelten für die 14- bis 18-Jährigen, junge Erwachsene genießen bis zur Vollendung des 21. Lebensjahres strafrechtlich bescheidene Vorteile gegenüber den Erwachsenen jenseits des 21. Geburtstags.

Die Studie „Gründerzeiten – Soziale Angebote für Jugendliche in Innsbruck 1970 bis 1990" gliedert sich in zwölf Kapitel, von denen jedes einen thematischen Schwerpunkt aufarbeitet. Das an die Einleitung anschließende Kapitel 2 „Jugend" geht auf die Veränderungen im Jugendbegriff ein und skizziert die Lebenssituation Jugendlicher in Innsbruck in Bezug auf Wohnverhältnisse, Bildung, Arbeitsmarkt und kulturelle Angebote. Auf die Rahmenbedingungen für die Jugendarbeit in Innsbruck/Tirol hatten Ausgrenzungsstrategien gegen „Verwahrloste" und das langsame Aufkommen einer an den Bedürfnissen der Jugendlichen orientierten Sichtweise maßgeblichen Einfluss. Eingegangen wird auf Instrumente der Jugendpolitik wie das Landesjugendreferat und den Landesjugendbeirat. Ein weiteres Thema ist die bald nach dem Zweiten Weltkrieg und lange vor dem Untersuchungszeitraum entstandene Idee eines „Hauses der Jugend" in Innsbruck und seine Entwicklung unter den gegebenen politischen Rahmenbedingungen.

Kapitel 3 beschäftigt sich mit den gesetzlichen Rahmenbedingungen und deren Veränderungen im Zeitraum 1970 bis 1990. Es sind Jahrzehnte großer Justizreformen, welche die Rechte von Kindern und Jugendlichen massiv verändert und gestärkt haben. Dazu zählen die Gleichstellung unehelicher Kinder, die schrittweise Manifestierung eines Gewaltverbots und die Neuregelungen in der Jugendwohlfahrt.

Daran schließt das zentrale Kapitel 4 „Jugendwohlfahrt" an. Thematisiert werden die politischen und fachlichen Rahmenbedingungen des Untersuchungszeitraums und die sich langsam wandelnden Aufgaben des Jugendamts. Eingegangen wird auf Heime, in denen Innsbrucker Jugendliche im Kontext von Maßnahmen der Jugendwohlfahrt untergebracht waren. Ein Schwerpunkt ist den im Laufe der zwei Jahrzehnte entstandenen ambulanten und stationären Einrichtungen gewidmet, die bis 1990 qualitativ und quantitativ so weit entwickelt waren, dass sie die klassischen Fürsorgeerziehungsheime ersetzen konnten.

Über den Umgang mit Jugendkriminalität berichtet Kapitel 5 und kommt zum Ergebnis, dass dieser nicht immer rational, sondern häufig von „Moralpaniken" und Pauschalurteilen geprägt ist. Im Untersuchungszeitraum etablierte sich in Tirol die Bewährungshilfe, so sehr anfangs regionale Politik und Verwaltung diese gerichtliche Maßnahme auch als Einmischung in Verantwortlichkeiten des Landes sahen. Zugleich hat die Bewährungshilfe bemerkenswerte Tiroler Wurzeln, die bis 1955 zurückreichen.

Jugendzentren erlebten in den 1970er und 1980er Jahren eine Hochblüte. Kapitel 6 zeichnet die gegensätzlichen Herangehensweisen von offener und verbandlicher Jugendarbeit nach und widmet sich insbesondere den beiden großen, im kirchlichen Kontext entstandenen Innsbrucker Jugendzentren, MK und Z6. Einen weiteren Schwerpunkt bilden die von der öffentlichen Hand betriebenen Innsbrucker Jugendzentren. Ein wesentlicher Teil der Analyse bezieht sich auf die Konflikte in der offenen Jugendarbeit zwischen MitarbeiterInnen/Jugendlichen auf der einen, und kirchlich/politisch Verantwortlichen auf der anderen Seite.

In den 1970er Jahren wurde der Drogenkonsum von Jugendlichen in Innsbruck zu einem großen sozialen und gesellschaftlichen Thema. Kapitel 7 beleuchtet den Umgang mit drogenkonsumierenden Jugendlichen in den Jugendzentren und beschreibt die im Drogenkontext entstandenen Einrichtungen und deren Arbeitsweise. Der Schwerpunkt liegt auf der Drogenberatung des Landes und der stationären Therapieeinrichtung KIT. Auf Veränderungen in der gesellschaftlichen Reaktion, einschließlich der einschlägigen

Gesetzgebung, wird ebenso eingegangen wie auf Ergänzungen im Betreuungsangebot in den frühen 1990er Jahren.

Kapitel 8 ist der Wohnungs- und Obdachlosigkeit gewidmet. Kaum ein soziales Thema hat den Innsbrucker Gemeinderat häufiger beschäftigt als dieses, wobei sich die Debatten schwerpunktmäßig auf erwachsene Obdachlose bezogen. In den 1970er und 1980er Jahren entstanden in Innsbruck Einrichtungen für Jugendliche und junge Erwachsene beiderlei Geschlechts, die von Wohnungslosigkeit betroffen waren. Als mühsam erwies sich der Weg zu einem differenzierten Angebot mit Wohngemeinschaften und Betreutem Wohnen.

Als Folge der steigenden Arbeitslosigkeit in den 1980er Jahren entwickelten die öffentlichen Hände Beschäftigungskonzepte speziell für Jugendliche, etablierte Sozialvereine engagierten sich in den von ihnen gegründeten Arbeitsprojekten. Kapitel 9 beschreibt deren Entstehung, manche von ihnen gibt es bis heute, andere verschwanden bald wieder von der Angebotspalette.

In Kapitel 10 geht es um die Entstehung spezifischer Projekte für Frauen und weibliche Jugendliche in Innsbruck, die als konkreter Ausdruck der erstarkten Frauenbewegung im Untersuchungszeitraum zu interpretieren sind.

Ein zeittypisches Phänomen sind die im Kapitel 11 beschriebenen, im Untersuchungszeitraum entstandenen Dachverbände und Arbeitskreise. Dachverbände waren in der Regel auf die Mitgliedschaft von Organisationen und Einrichtungen ausgerichtet, während Arbeitskreise meist informell organisiert waren und auf die Mitwirkung einzelner Personen setzten. Gemeinsam sind die Ansätze der Solidarität und der Selbstorganisation sowie die Intention, die Lebensbedingungen von KlientInnen, aber auch die Rahmenbedingungen, unter denen Soziale Arbeit stattfindet, zu verbessern.

Die Studie schließt in Kapitel 12 mit einem Resümee.

2 Jugend im Aufbruch

2.1 Von der Lebensphase zum normativen Maßstab

In einer Umfrage unter 15- bis 17-Jährigen im Innsbrucker Jugendzentrum Z6 aus 1972/1973 stand bei den 50 befragten Jugendlichen in Bezug auf die Fragestellung, welche Maßnahme sie als PolitikerIn unterstützen würden, die Antwort „Friede" an erster Stelle, gefolgt von „Bildung", dann nannten sie „Jugend", „Freiheit" sowie „Umweltverschmutzung", „Abschaffung" bzw. „Verkürzung des Militärdienstes" und „Gleichberechtigung".[33] Die Umfrage ist zwar nicht repräsentativ, spiegelt aber einen gewissen Zeitgeist wider: Im Rahmen der Bürgerrechts- und StudentInnenbewegung in der westlichen Welt Ende der 1960er/Anfang der 1970er Jahre spielten Antikriegsbewegung und Bildungskampagnen eine zentrale Rolle, individuelle Werte wie Freiheit und Gleichberechtigung waren nicht nur Schlagworte von BürgerrechtsaktivistInnen, sondern schlugen sich auch auf die konkreten Situationen von Menschen in der Familie, am Arbeitsplatz, in der Freizeit oder im Verhältnis zum Staat nieder. Die Umweltbewegungen standen am Beginn ihrer Aktivitäten und die Verkürzung des Militärdienstes, vor allem die Einführung des Zivildienstes in Österreich wurden intensiv diskutiert. Die Kategorie „Jugend" hatte für die gesellschaftliche Entwicklung zunehmend an Bedeutung gewonnen. Ihr Einfluss auf Kunst, Musik, Lebensstile und -ziele sowie auf Werte im Allgemeinen hatte in der zweiten Hälfte des 20. Jahrhunderts immer stärker zugenommen, ab den 1970er Jahren etablierte sich „Jugendlichkeit" über die nationalen Grenzen hinweg als normativer Maßstab für ein gutes, erstrebenswertes Erwachsenenleben.[34]

Zu den Voraussetzungen für diese Entwicklung zählen die zunehmende Freistellung von Erwerbsarbeit und die arbeitsrechtliche Besserstellung Jugendlicher. In Österreich wurde bis 1975 beispielsweise die 48-Stunden-Woche schrittweise auf 40 Stunden reduziert. Außerdem blieben im Zuge der Bildungsoffensive immer mehr Jugendliche in Schulen und Ausbildungen. Auch die Lockerung von Familie- und Eheverpflichtungen sowie generell die Entbindung von Verantwortlichkeiten spielte eine wesentliche Rolle. Eine weitere Voraussetzung für die Durchsetzung von Jugendlichkeit als dominante gesellschaftliche Größe ist eine gewisse Autonomie in der Lebensführung, die durch allgemeinen Wohlstand, höhere Löhne und Gehälter sowie den Zugang zu Kon-

---

33 Ergebnis einer Umfrage unter 15- bis 17-Jährigen Jugendlichen (50), 1972/1973, Privatarchiv Windischer.
34 Vgl. Uwe Sander/Ralf Vollbrecht: Jugend im 20. Jahrhundert, in: Sander/Vollbrecht (Hg.), Jugend im 20. Jahrhundert. Sichtweisen – Orientierungen – Risiken, Neuwied/Berlin 2000, S. 7–31.

sumgütern möglich wurde. Im Gegenzug zu einer zunehmenden Abkoppelung von der Herkunftsfamilie boten Institutionen wie die Schule, vor allem aber außerschulische Organisationen, Einrichtungen und Zusammenschlüsse von Gruppen die Gelegenheit, Erfahrungen unter Gleichaltrigen auszutauschen. Diese Peergroups gewannen spürbar an Bedeutung. Sichtbarster Ausdruck dafür waren jene Jugendgruppen, die ihre Zugehörigkeiten an Musik-, Kleidungs- und Lebensstilen festmachten.[35] Auch in Innsbruck waren die Rocker mit ihren Motorrädern sichtbar. Einige fanden in den 1970er Jahren im Keller des Jugendzentrums Z6 Aufnahme.[36] In den 1980er Jahren ergänzten Punks und andere subkulturelle Gruppen das Innsbrucker Straßenbild.[37]

Die Vorstellung von Jugend als eine eigene Lebensphase war zu Beginn des 20. Jahrhunderts entstanden und hatte sich bis Ende der 1960er Jahre im Großen und Ganzen durchgesetzt, umstritten blieben die Ausformungen von jugendlichen Lebensstilen und Werten. Die Generationen führten in den 1950er und 1960er Jahren eine heftige Auseinandersetzung um hegemoniale gesellschaftliche Werte. Gesellschaftskritische Impulse kamen aus der Popularkultur, zunehmend hatten auch Menschen aus ärmeren Verhältnissen Zugang zu Mode, Literatur und Musik sowie zum Film – Ausdrucksformen, die im Nachkriegsösterreich vielfach aus den USA stammten. Diese neuen kulturellen Formen bildeten eine Antipode zu jener Vorstellung von Kultur, wie sie die Jugend-Fachabteilung des Landes Tirol sowie die Politik hegten und die sich an der Hochkultur genauso orientierten wie an traditionellen Formen der sogenannten Volkskultur. Die europaweiten Jugendproteste wie etwa in Berlin oder die „Globuskrawalle" in Zürich 1968[38] zählen zu den auffallendsten Zeichen, dass sich das konservative Kulturverständnis zugunsten eines Kulturbegriffs wandelte, der sich an den (jugendlichen) Lebensweisen orientiert. Deshalb drückte sich der kulturelle Generationenkonflikt weit alltäglicher im Kampf gegen „Schmutz und Schund" aus, zu dem Romanheftchen ebenso gezählt wurden wie der Rock'n'Roll und Filme wie „The Wild One" (dt. „Der Wilde") (1953), „Die Halbstarken" (1956) oder „Easy Rider" (1969). In Misskredit bei den VerteidigerInnen traditioneller Werte standen auch Partys und Tanzlokale als Manifestationen einer freizügigen Sexualität. Die Jugendschutzgesetze in den 1950er Jahren wiesen nachdrücklich darauf hin, dass auf öffentliche Tanzveranstaltungen besonderes Augenmerk zu legen sei.[39] Konflikte um gesellschaftliche Werte und Selbstbestimmtheit der Jugendlichen ließen sich bis in die 1990er Jahre am Umgang mit den Innsbrucker Jugendzentren ablesen, unabhängig davon, ob sie nun selbstorganisiert waren oder in

---

35 Ebd.
36 Vgl. etwa Josef Windischer, Jugend am Rande, 2. verbessertes Manuskript, Oktober 1978, unveröffentlicht, S. 23–32.
37 Vgl. Karin Fischbacher: Jugend in Tirol – Jugendkulturen und Jugendpolitik von den fünfziger Jahren bis zur Gegenwart. Eine historische Untersuchung mit besonderer Berücksichtigung der internationalen Entwicklung von Jugendkulturen, Diss., Innsbruck 1987, S. 170–179. Vgl. weiters: Gregor Sanders/Martin Haselwanter: Eine (kleine) Innsbrucker Bewegungsgeschichte, in: Alexandra Weiss/Lisa Gensluckner/Martin Haselwanter/Monika Jarosch/Horst Schreiber (Hg.): Gaismair-Jahrbuch 2011. in bewegung, Innsbruck/Wien/Bozen 2010, S. 25–33.
38 Der Protest der Jugendlichen richtete sich gegen die Entscheidung des Zürcher Stadtrats, das leerstehende Gebäude des Warenhauses Globus nicht für Jugendveranstaltungen zur Verfügung zu stellen. Siehe Angelika Linke/Joachim Scharloth: Der Zürcher Sommer 1968. Zwischen Krawall, Utopie und Bürgersinn, Zürich 2008.
39 Vgl. Martina Krenn: Schmutz – Sex – Drogen. Jugend und das Populäre 1955–1975, Wien 2009.

der Hand der katholischen Kirche oder des Landes Tirol und der Stadt Innsbruck lagen. Bis Ende des 20. Jahrhunderts zeigte sich ein Kräfteringen zwischen einem Jugendverständnis, das sich auf der einen Seite an angemessenen sozialen Verhältnissen, Selbstbestimmung und der Möglichkeit, die Interessen autonom zu vertreten, orientiert, auf der anderen Seite aber elterliche, polizeiliche und staatliche Gewalt zum Maßstab nimmt.[40]

„Jugend" wurde im 20. Jahrhundert nicht nur eine soziale und psychologische Kategorie im Sinne einer Entwicklungsphase, sondern auch Gegenstand der wissenschaftlichen Betrachtung. So befassten sich zum Beispiel PsychoanalytikerInnen wie Sigmund und Anna Freud, IndividualpsychologInnen wie Alfred Adler, EntwicklungstheoretikerInnen wie Jean Piaget und ReformpädagogInnen wie Célestin Freinet oder Maria Montessori mit der Entwicklung von Kindern und Jugendlichen. Hinter diesen Theorien stehen unterschiedliche Kinder- und Jugendbilder: Heranwachsende werden darin als Problem, als zu erziehende Größe, als entwicklungsmäßiges Moratorium, als Ergebnis der Verhältnisse und als Entwicklungsaufgabe gesehen. Ebenso vorhanden war das Bild des jungen Menschen als Motor für gesellschaftlichen Fortschritt und für Kreativität sowie Jugendlichkeit als labile Phase der Identitätsbildung. Die verschiedenen Bilder von „Jugendlichen" drückten sich auch in unterschiedlichen Methoden im Umgang mit ihnen in stationären und ambulanten Betreuungen aus. Für die Entwicklung der Jugendsozialarbeit sowie der Jugendpädagogik in Österreich wurde entscheidend, dass PsychoanalytikerInnen wie August Aichhorn ab den 1960er/1970er Jahren wieder rezipiert wurden. Wie die Arbeit der Wegbereiterin der Sozialen Arbeit in Österreich, Ilse Arlt, war auch jene von Aichhorn während und nach der Herrschaft des Nationalsozialismus ignoriert worden.

2.2 Die Situation für Jugendliche in Innsbruck

Nach dem Ende des Zweiten Weltkrieges wuchsen Jugendliche häufig in mehrfach belasteten Verhältnissen auf. Sie hatten Erfahrungen von Nationalsozialismus, Krieg und Zerstörung. In vielen Familien fehlte ein Elternteil, entweder waren die Mutter, oft der Vater während des Krieges verstorben oder aber die Eltern hatten sich nach dem Krieg scheiden lassen oder die Kinder wuchsen als unehelich Geborene ohne Vater auf. Allein schon wirtschaftlich stand das Überleben im Zentrum der Existenz, prekäre Wohnverhältnisse waren die Regel. Zwar stabilisierte sich die wirtschaftliche Situation Anfang der 1950er Jahre, dennoch blieb die Lage gerade für sozial Schwache angespannt.

Die Wohnsituation blieb sogar bis in die 1980er Jahre in Innsbruck sehr schwierig. Bis 1950 hatte die Kommune zwar praktisch alle kriegsbeschädigten Häuser und Wohnungen wiederhergestellt, aber der Wohnraum war für die steigende Zahl an EinwohnerInnen und die höheren Standardanforderungen zu knapp. Die Stadt Innsbruck wies für das Jahr 1951 eine Bevölkerungszahl von 95.055 aus, bis 1971 stieg diese auf 116.010. In der Folge verlangsamte sich das Wachstum, 1991 wurden 118.112 EinwohnerInnen gezählt.[41] Bereits in der Zwischenkriegszeit und während des Nationalsozialismus war es

---

40 Vgl. Sander/Vollbrecht 2000, S. 7–31.
41 Homepage Stadt Innsbruck, https://www.innsbruck.gv.at/page.cfm?vpath=verwaltung/statistiken--zahlen/bevoelkerung (abgerufen am 15.9.2016).

nicht gelungen, den Wohnraumbedarf in der Tiroler Landeshauptstadt zu decken. Dieses Defizit setzte sich nach dem Zweiten Weltkrieg, zunächst verschärft durch die Zerstörungen und die Anwesenheit der Besatzungstruppen fort. Notdürftige Unterkünfte hatten in Innsbruck lange Bestand. So wurden die von der Stadtgemeinde 1923/1924 errichteten Wohnbaracken in der Amthorstraße erst 1989 abgerissen. Der spätere Bürgermeister, Stadtrat (StR) Romuald Niescher (ÖVP), veranschaulichte am 24. Jänner 1972 im Gemeinderat mit drastischen Worten die Wohnverhältnisse:

> „Kleinwohnungen mit ein oder eineinhalb Zimmern, in denen 8 bis 10 Personen zusammengepfercht sind, Einzelräume mit einem Belag bis zu 5 Menschen, düstere und feuchte Löcher, zerbrochene Familien, wo auf Grund der desolaten und feuchten Wohnverhältnisse ein oder mehrere Familienmitglieder laut ärztlichem Gutachten an Tbc erkrankt sind."[42]

In diesem Jahr wohnten noch rund 200 Personen in Innsbruck in Baracken, obwohl die Stadtgemeinde seit Mitte der 1950er Jahre ein „Barackenbeseitigungsprogramm" verfolgte und laufend neuen Wohnraum schuf. Innsbruck bekam nach dem Zweiten Weltkrieg ein völlig neues Gesicht, es dehnte sich nach Osten und Westen gewaltig aus. Neue Stadtteile entstanden, neben Wohnraum fehlte es auch an Infrastruktur. Anfang der 1960er Jahre wurde der Stadtteil Sadrach gebaut, ab Mitte des Jahrzehnts erfolgte die Verbauung der Reichenau. Schließlich entstand mit der zunehmenden Verbauung der Höttinger Au und Hötting-West ein weitgehend geschlossenes Siedlungsgebiet am orographisch linken Innufer. Auch das 1938 eingemeindete Amras im Südosten der Stadt dehnte sich in der Nachkriegszeit kräftig aus. Entscheidende Impulse für den Wohnbau gaben die beiden Olympischen Spiele, die Innsbruck 1964 und 1976 ausrichtete und mit dem Olympischen Dorf einen neuen Stadtteil hervorbrachten. Zwischen 1983 und 1988 erfolgte erneut eine Wohnbauoffensive.[43] Schließlich entspannte sich der Wohnungsmarkt etwas, aber das Problem der hohen Mieten blieb trotz sozialem Wohnbau. Wenig Begüterte konnten sich die Neubauwohnungen kaum leisten, sie lebten an sozialen Brennpunkten wie dem Schlachthofblock, der ab 1922 anstelle des früheren Schlachthofes im Innsbrucker Stadtviertel Pradler Saggen/Dreiheiligen errichtet worden war. Einen weiteren sozialen Brennpunkt stellte das sogenannte Stalingrad dar – einem Wohngebiet, das ab den späten 1920er Jahren entlang der Burgenland-, Dr. Glatz-, Prem, Schullern- und Kaufmannstraße entstanden war. Kinder aus solchen Verhältnissen, vor allem wenn die Familien unvollständig oder die Kinder unehelich geboren waren, hatten eine höhere Wahrscheinlichkeit, mit der Jugendwohlfahrt in Kontakt zu kommen.[44]

Das Herkunftsmilieu spielte auch bei der Bildung eine große Rolle. Ende der 1960er Jahre stammten nur fünf Prozent der SchülerInnen in den Innsbrucker Gymnasien aus Arbeiterfamilien. Besonders unterrepräsentiert waren dabei Mädchen aus sozial schwächeren Familien. In Tirol wirkte sich das traditionelle Rollenbild noch stärker als in manch anderen Bundesländern auf die Schul- und Ausbildungsmöglichkeiten von

---

42 Zitiert nach: Klaus Lugger: Wohnbau Sozial. Innsbruck von 1900 bis heute, Innsbruck 1993, S. 65.
43 Vgl. Lugger 1993.
44 Bauer/Hoffmann/Kubek 2013, S. 46.

Töchtern aus. Der Anteil von Mädchen in Tirols Höheren Schulen lag unter dem österreichischen Durchschnitt. Dieses Missverhältnis zwischen den Geschlechtern glich sich erst in den 1990er Jahren aus.[45] Dies war auch ein Ergebnis der Bildungsoffensive unter Fritz Prior (ÖVP), der 1965 das Schulressort in der Tiroler Landesregierung übernommen hatte. Er erreichte einen Anschluss Tirols an die bundesweite Entwicklung, der Bildungsboom zeigte sich unter anderem im Bau neuer Schulen und dem Anstieg der Zahl von SchülerInnen zunächst in Haupt-, dann auch in Mittelschulen.

Wenig Auswirkungen hatte die Bildungsoffensive jedoch auf die Kinder und Jugendlichen in Erziehungsheimen.[46] Lediglich in den Innsbrucker Heimen Mariahilf und Pechegarten legten Heimleitung und Erzieherinnen Wert auf einen geordneten Schulbesuch und einen Schulabschluss. Die Kinder besuchten öffentliche Schulen.[47] Im städtischen Burschenheim Westendorf oder der Bubenburg des Seraphischen Liebeswerks in Fügen setzten die Träger hingegen weiter auf die Absonderung, die Heimkinder wurden dort in heimeigene Sonderschulen geschickt. Auch in den Fürsorgeerziehungsheimen des Landes Tirol, St. Martin in Schwaz für Mädchen und Kleinvolderberg für Burschen, boten sich nur sehr eingeschränkte Möglichkeiten für die weitere Schul- bzw. Berufslaufbahn, ein Pflichtschulabschluss schien dabei gar nicht unbedingt nötig und wurde daher nicht vorrangig verfolgt.[48]

Innerhalb des Bundeslandes stellte die Tiroler Landeshauptstadt den Konzentrationspunkt der Bildung dar. Weil hier Schul- und Ausbildungsstätten verdichtet vorhanden waren, zog es SchülerInnen, Studierende und Lehrlinge hierher, was wiederum einen erhöhten Bedarf an Unterbringungsmöglichkeiten bedeutete.

Stand das Überleben im unmittelbaren Nachkriegsösterreich im Vordergrund, so stabilisierten sich auch in Tirol die wirtschaftlichen Verhältnisse bis Mitte der 1950er Jahre. Das „österreichische Wirtschaftswunder" zwischen 1953 und 1962 war in allen Branchen spürbar. Die Bevölkerung wuchs in Tirol kräftig – von 427.465 im Jahr 1951 auf 544.483 zwanzig Jahre später, 1991 lag die EinwohnerInnenzahl bei 631.410.[49] Ebenso stieg die Zahl der Beschäftigten stetig. Bis 1974 entwickelte sich die Wirtschaftslage besonders günstig.

Dennoch war bereits Anfang der 1950er Jahre wie im restlichen Österreich und der BRD auch hierzulande eine Krise eingetreten, die sich in einer relativ hohen Arbeitslosenrate ausdrückte. Diese hatte in Tirol 1953 mit 7,3 Prozent ihren Höhepunkt erreicht. Ebenso hoch war damals die Jugendarbeitslosigkeit.[50] Ende der 1950er Jahre hatte sich der Arbeitsmarkt schließlich für circa zweieinhalb Jahrzehnte wieder stabilisiert, Arbeits-

---

45 Vgl. dazu Horst Schreiber, „Es entspricht der Mentalität des freiheitsliebenden Tirolers, immer klar Farbe zu kennen." Zur Geschichte, Struktur und Entwicklung der Tiroler Schule 1945–1998, in: Michael Gehler (Hg.), Tirol: „Land im Gebirge". Zwischen Tradition und Moderne (Geschichte der Österreichischen Bundesländer, Bd. 6/3), Wien/Köln/Weimar 1999, S. 487–566, hier: S. 510–511.
46 Schreiber 2010, S. 67 f.
47 Vgl. Schreiber 2015, S. 73–75.
48 Schreiber 2010, S. 67 f.
49 Homepage Stadt Innsbruck, https://www.innsbruck.gv.at/page.cfm?vpath=verwaltung/statistiken-zahlen/bevoelkerung (abgerufen am 15.9.2016).
50 Vgl. Hein-Jürgen Niedenzu/Max Preglau: Die demographische und sozioökonomische Entwicklung des Bundeslandes Tirol. Von 1918 bis Mitte der achtziger Jahre, in: Anton Pelinka/Andreas Maislinger (Hg.), Handbuch zur Neueren Geschichte Tirols, Bd. 2, Wirtschaft und Kultur, Innsbruck 1993, S. 7–87, hier S. 20.

kräfte wurden Mangel. Selbst die von der Bundesregierung seit Mitte der 1960er Jahre angeworbenen ausländischen Arbeitskräfte – sogenannte Gastarbeiter kamen ab Mitte der 1960er Jahre nach Tirol – konnten die Nachfrage nicht zur Gänze befriedigen. Deshalb einigten sich die Sozialpartner und die Bundesregierung schließlich 1969 auf ein Arbeitsmarktförderungsgesetz (AMFG), das die Vollbeschäftigung erhalten und Arbeitslosigkeit vermeiden sollte. Neben der prosperierenden Konjunktur trugen dazu in der Folge auch Maßnahmen zur Entlastungen des Arbeitsmarktes bei, wie die Einführung eines neunten Pflichtschuljahres, die Gewährung einer dritten Urlaubswoche oder die stufenweise Einführung der 40-Stunden-Woche, die ab 1975 schließlich als Normalarbeitszeit galt. Die Arbeitslosigkeit lag insgesamt bis Anfang der 1980er Jahre weit unter drei, zuweilen sogar unter zwei Prozent.[51] Aber ein Rückgang bei der Nachfrage an Arbeitskräften war bereits Mitte der 1970er Jahre spürbar. In der Folge machten Tiroler JugendsozialarbeiterInnen, Wirtschafts- und ArbeitnehmervertreterInnen eine steigende Jugendarbeitslosigkeit zum Thema.[52] So verwies der damalige Geschäftsführer des Innsbrucker Jugendzentrums Z6, Jussuf Windischer, in einem Interview für den ORF-Tirol 1977 auf 30 bis 40 arbeitslose Jugendliche, die das Z6 in dieser Zeit regelmäßig frequentierten.[53]

Anfang der 1980er Jahre stieg in Österreich in Folge der zweiten Ölpreiskrise die Arbeitslosigkeit kräftig an und ab Mitte des Jahrzehnts bekam sie einen neuen Charakter – sie blieb über Konjunkturzyklen hinweg erhalten. Insgesamt verlangsamte sich das Wirtschaftswachstum deutlich.[54] Auch die Arbeitsmarktpolitik änderte sich: Vollbeschäftigung war nicht mehr das Ziel. Die nachfrageorientierte Budgetpolitik, Arbeitszeitreduktionen und die Rückführung der GastarbeiterInnen zur Stabilisierung des Beschäftigungsniveaus wichen einer Politik, die der Konsolidierung des Budgets, der Privatisierung von verstaatlichten Betrieben, angebotsseitig orientierte Strukturreformen und einer Internationalisierung der Ökonomie im Vorfeld des EU-Beitritts, der schließlich 1995 erfolgte, den Vorzug gab.[55] Das wirkte sich besonders auf die Chancen von sozial Benachteiligten auf dem Arbeitsmarkt negativ aus. Die Entwicklung von Sozialprojekten, welche die (Re-)Sozialisierung auf dem Arbeitsmarkt zum Ziel hatten, ging in Innsbruck zunächst von der Zielgruppe der Jugendlichen aus. Rechtsgrundlage dafür bildete die Änderung des Arbeitsmarkförderungsgesetzes 1983.[56]

Seit den 1950er und 1960er Jahren hatten sich das Freizeitverhalten und die Bedürfnisse von Jugendlichen sehr verändert. Ab Mitte der 1960er Jahre begann sich auch in Tirol

---

51 Josef Nussbaumer: Wirtschaftlicher und sozialer Wandel in Tirol 1945–1996. Eine Skizze, in: Michael Gehler (Hg.), Tirol: „Land im Gebirge". Zwischen Tradition und Moderne (Geschichte der österreichischen Bundesländer, Bd. 6/3, Wien/Köln/Weimar 1999, S. 139–220, hier: S. 163.
52 Vgl. Gewerblichen Wirtschaft für Tirol, Arbeitsplätze in Tirol. Diskussionsunterlage zum Problem Jugendbeschäftigung, Innsbruck 1977.
53 Sendung ORF-Studio Tirol zum Problem der Jugendarbeitslosigkeit, ausgestrahlt am 1.5.1977, Privatarchiv Hannes Schlosser.
54 Homepage Demokratiezentrum Wien, www.demokratiezentrum.org/fileadmin/media/pdf/talos_fink_arbeitslosigkeit.pdf (abgerufen am 2.9.2016).
55 Roland Atzmüller: Entwicklung der Arbeitsmarktpolitik in Österreich, in: Kurswechsel 4/2009, S. 24–34, hier: S. 28–30.
56 61. Bundesgesetz vom 19. Jänner 1983, mit dem das Arbeitsmarktförderungsgesetz und das Arbeitslosenversicherungsgesetz 1977 geändert werden, Bundesgesetzblatt für die Republik Österreich (BGBl.) vom 9.2.1983. Siehe Abschnitt 9.1 zur experimentellen Arbeitsmarktpolitik, S. 349 ff.

die Auffassung von einem bürgerlichen hin zu einem modernen, an den Lebenspraxen der Menschen orientierten Kulturbegriff zu wandeln. Dazu trug unter anderem der Wechsel der Zuständigkeiten in der Tiroler Landesregierung bei. Fritz Prior übernahm zwischen 1965 und 1989 neben den Schul- auch die Kulturagenden. Die Kulturlandschaft fächerte sich langsam auf und Konflikte rund um den Kulturbegriff, um Kultureinrichtungen sowie Veranstaltungen warfen ein Licht auf den Kulturkampf, der auch ein Kampf um soziale Teilhabe war, der in der Tiroler Gesellschaft stattfand. Sehr kontrovers nahm diese etwa die zeitgenössischen Theaterstücke auf, die im Theater am Landhausplatz gezeigt wurden, das 1971 als gesellschaftspolitisch agierende Kleinbühne gegründet worden war. Sie beschäftigte sich auch mit tabuisierten Themen wie Sexualität, Schwangerschaftsabbruch und Drogenkonsum.[57]

Dennoch blieb das Kulturangebot in der Tiroler Landeshauptstadt bis Mitte der 1970er Jahre weitgehend von traditionellen Kunst- und Kulturformen dominiert. In Tirol fehlten Begegnungsorte für Jugendliche, aufsichtsfreie Räume, Clubs und Bars sowie Veranstaltungsorte für Konzerte. Lediglich die beiden katholischen Jugendzentren, die Marianische Kongregation (auch Mittelschülerkongregation, MK) der Jesuiten bereits ab Mitte der 1960er Jahre und das Z6 ab Beginn der 1970er Jahre fingen einen Teil des Bedürfnisses nach alternativer Freizeitgestaltung ab. Erst langsam entwickelten sich die Angebote in der Alternativkultur. 1973 gründete sich das Otto-Preminger-Institut, das bis heute mit dem Leokino und dem Cinematograph ein österreichweit renommiertes Programmkino betreibt.

Spartenübergreifende Veranstaltungszentren entstanden in Innsbruck schließlich Ende der 1970er/Anfang der 1980er Jahre. Die Initiative kam zunächst aus dem studentischen Milieu. Mit dem KOMM entstand ein selbstverwaltetes Veranstaltungszentrum und ein Treffpunkt für die Alternativszene in Innsbruck. 1978 stellte die Österreichische Hochschülerschaft (ÖH) in Innsbruck dafür einen Raum unterhalb der neuen Mensa zur Verfügung. Bald kam es zu Konflikten, zunächst mit dem Finanzamt und der Gewerbebehörde, ebenso gab es interne Auseinandersetzungen. 1984 führte vor allem die Konfrontation mit der ÖH-Leitung zu einem abrupten Ende des Veranstaltungszentrums. Die KulturaktivistInnen fanden zum Jahreswechsel 1984/85 die Schlösser ausgetauscht, später ihre Möbel im Sperrmüll vor. Das KOMM öffnete nicht wieder.[58]

Norbert Pleifer hatte schon Anfang der 1980er Jahre den Verein Kunstdünger gegründet. Er war die zentrale Figur in der Gründungsphase des KOMM gewesen, aber dort aus persönlichen Gründen ausgestiegen. Sein Treibhaus eröffnete er 1981 mit einem Jazzfestival. Zunächst konnte er Räumlichkeiten in Pradl mieten, übersiedelte aber Mitte der 1980er Jahre nach Konflikten mit Nachbarn in die Angerzellgasse, wo sich das mittlerweile etablierte Kulturzentrum nach wie vor befindet.[59]

Die Punk- und Subkulturszene traf sich in einem Lokal in den Viaduktbögen, dem Akt. Da die Punkszene sich auch am prominenten öffentlichen Ort Goldenes Dachl aufhielt, war sie ein Fall für Polizeieinsätze. Im Sommer 1984 veranstalteten sie die „Chaostage". Dabei gab es wieder Auseinandersetzungen mit der Polizei, die schließlich

---

57 Irmgard Plattner: Kultur und Kulturpolitik, in: Gehler 1999, S. 223–312, hier S. 273–277.
58 Vgl. Christian Hiltpolt: Das KOMM. Geschichte einer Subjektivität, Diss., Innsbruck 1984.
59 Vgl. Fischbacher 1987.

dazu führten, dass das Akt geschlossen wurde, weil es als Rückzugsort der Punks fungierte.[60]

Die Initiative eines Frauenzentrum geht von Frauen aus, die sich 1977 im Frauenforum zusammenschlossen. Da sie über keine eigenen Räume verfügten, trafen sie sich im KOZ (Kommunikationszentrum) oder im KOMM. Erst 1983 öffnete das Autonome Frauenzentrum (seit 1999 Autonomes FrauenLesbenZentrum) seine Türen, und zwar ausschließlich für Frauen und Mädchen. Das Kommunikations-, Bildungs- und Kulturzentrum in der Liebeneggstraße betreibt bis heute ein Café. Die Veranstaltungen und Aktivitäten haben einen feministischen Hintergrund.[61]

Der 1983 gegründete Verein Traumwerkstatt schuf in der Innsbrucker Tschamlerstraße Werkstätten für arbeitslose Jugendliche. Die InitiatorInnen begriffen Arbeit als eine Kombination von sozialen und kulturellen Faktoren. Im Keller des Hauses entstand in der Folge das Veranstaltungszentrum Utopia, das sich zu einem wichtigen Bestandteil im kulturellen Leben Innsbrucks entwickelte.[62] Nach einem finanziell missglückten Festival im Bergiselstadion 1987 sprangen Stadt und Land mit Subventionen ein, um einen drohenden Konkurs abzuwenden.[63] Ende der 1990er Jahre wurde das Utopia stärker zu einem Partybetrieb, ehe 2001 ein Konkurs die Schließung erzwang.[64] Seit 2005 fand unter dem Namen Weekender in diesen Räumen ein kommerzieller Veranstaltungsbetrieb statt, der 2017 seine Tätigkeit einstellte.[65]

Ende der 1980er Jahre entwickelte sich in der Alternativ- und Punkszene das „Haus am Haven". 1989 mietete sich dessen Trägerverein „Kultur Kontraste" (KK) in jenem Gelände ein, in dem heute das kommerziell betriebene Veranstaltungszentrum „Hafen" in der Nähe der Autobahnausfahrt Innsbruck-West liegt. Das Haus am Haven bot Menschen aus der Szene Wohnraum, gleichzeitig wurden die Räume kulturell genutzt. 1993 strich die öffentliche Hand die Subventionen für das Projekt, die Gebäude wurden geschliffen.[66]

Politisch war die ÖVP bis 1989 die unangefochtene Kraft in Tirol. Ihre Mehrheit im Tiroler Landtag lag seit 1945 bei einem Anteil zwischen 56 und knapp 70 Prozent der Stimmen. Erst 1989 rutschte sie erstmals unter die 50-Prozent-Marke.[67] Die Mehrheit der Konservativen im Innsbrucker Gemeinderat war aufgrund einer traditionell starken SPÖ zwar nicht ganz so komfortabel wie im Landesparlament, bis 1983 verfügte sie aber über eine absolute Mehrheit. Danach wurde sie vor allem vom Seniorenbund, der eine ÖVP-Teilorganisation darstellt, teilweise auch vom ÖVP-nahen Tiroler Arbeits-

---

60 Sanders/Haselwanter 2010, S. 26.
61 Tiroler Tageszeitung, Neues Frauenzentrum steht allen Frauen offen, 18.2.1984, S. 5. Vgl. zum Autonomen FrauenLesbenZentrum auch Lisa Gensluckner/Christine Regensburger/Verena Schlichtmeier/Helga Treichl/Monika Windisch (Hg.): vielstimmig. mancherorts. Die Neue Frauenbewegung in Tirol seit 1970, Innsbruck 2001.
62 Traumwerkstatt – Verein zur Entwicklung kreativer jugendgerechter Arbeitsmethoden im Handwerksbereich, Vereinsakt, SID-Verein, Vr 612/83–277/83, TLA. Vgl. weiters: Fischbacher 1987.
63 Vgl. Protokolle des Innsbrucker Gemeinderates 1988/89, StAI.
64 Vgl. Maurice Munisch Kumar: Eine vergessene Utopie, in: Mole, Oktober 2012, Homepage Mole, http://molekultur.at/ausgabe/mole10/mole10_eine-vergessene-utopie.php (abgerufen am 17.10.2016).
65 Homepage Weekender, http://www.weekender.at (abgerufen am 26.4.2018).
66 Vgl. Sanders/Haselwanter 2010, S. 26 f.
67 Homepage Der Standard, http://derstandard.at/3366946/Ergebnisse-der-Landtagswahlen-seit-1945 (abgerufen am 29.8.2016).

bundes (TAB) und dem Innsbrucker Mittelstand (IMS), der sich später von der ÖVP abspaltete, gestützt. 1983 zog erstmals eine Umweltpartei – die Alternative Liste Innsbruck (ALI) – mit 4 Prozent der Stimmen in den Innsbrucker Gemeinderat ein, 1989 erreichten ALI und Grüne Liste Innsbruck (GLI), die später fusionierten, bereits knapp 15 Prozent.[68]

2.3 Jugendarbeit in Tirol

Die außerschulische Jugenderziehung bildete sich als dritte Säule der Erziehung neben der familiären und der schulischen in der ersten Hälfte des 20. Jahrhunderts heraus. Nach Ende der nationalsozialistischen Herrschaft, in dem die Hitlerjugend (HJ) den einzigen legitimierten Jugendverband dargestellt hatte, formierten sich die früheren Jugendverbände wieder. Zu diesen zählten jene der Parteien – die Österreichische Jugendbewegung (ÖVP), die Sozialistische Jugend Österreichs, die Roten Falken und die Freie Schule-Kinderfreunde (alle SPÖ) sowie die Freie Österreichische Jugend (KPÖ) – und die konfessionell Gebundenen wie die Katholische Jugend. Bis Oktober 1947 gab es in Tirol mindestens 22 Jugendorganisationen, sie suchten Heime und Vereinslokale.[69] Mit rund 30.000 Mitgliedern war die Katholische Jugend die stärkste und wirksamste Jugendorganisation in Tirol. Die katholische Kirche versuchte ihren Einfluss in der Kinder- und Jugenderziehung, den sie während des Nationalsozialismus eingebüßt hatte, gerade in der außerschulischen Erziehung wiederzuerlangen.[70] Jugendliche, die über die Jugendorganisationen von Parteien und der Kirche nicht erfasst werden konnten, sollten über das 1947 wiedergegründete Tiroler Jugendrotkreuz erreicht werden.[71] Als Dachorganisation der Jugendverbände fungierte der 1953 gegründete Bundesjugendring.[72]

Neben dem Wiederaufbau der Jugendorganisationen lagen die Schwerpunkte der Jugendarbeit in der politischen Bildung und der Kulturarbeit. In Tirol spielte die Vermittlung traditioneller Werte über die sogenannte Volkskultur eine große Rolle. Darüber hinaus setzten die Verantwortlichen Maßnahmen gegen die Jugendarbeitslosigkeit und zum Schutz der Jugend. Die Gestaltung der Jugendschutzgesetze und die Bekämpfung von „Schmutz und Schund" waren bis in die 1970er Jahre Dauerthema.[73] Die Meinung, dass die Jugendlichen zu schützen, zu erziehen und zu formen seien, die Sorge

---

68 Homepage Stadt Innsbruck, https://www.innsbruck.gv.at/data.cfm?vpath=redaktion/ma_i/allgemeine_servicedienste/statistik (abgerufen am 15.9.2016).
69 Sieglinde Lechner: Die Jugendarbeit in Tirol in der Nachkriegszeit (1945–1955). Aus der Tätigkeit des Landesjugendreferates Tirol, Dipl.Arb., Innsbruck 1997, S. 25.
70 Vgl. Helene Maria Kraler: Kinder und Jugend in Tirol (1945–1980), Dipl.Arb., Innsbruck 2013, S. 21 f.
71 Lechner 1997, S. 25.
72 Österreichischer Jugend-Informationsdienst. Nachrichtenblatt des Bundesministeriums für Unterricht (Abt. Jugend) und der Jugendreferate in den Bundesländern, Österreichischer Bundesjugendring konstituiert, Jänner 1954, S. 11.
73 Vgl. Alexandra Weiss, Kapitel VI: Sexualität – Klasse – Geschlecht. Sozialhistorisch-feministische Kontextualisierung der Kinderbeobachtungsstation von Maria Nowak-Vogl, in: Elisabeth Dietrich-Daum/Michaela Ralser/Dirk Rupnow, Studie betreffend die Kinderbeobachtungsstation der Maria Nowak-Vogl – interdisziplinäre Zugänge, Innsbruck 2017, S. 314–379.

um die Beeinflussung der Heranwachsenden durch vermeintlich schädliche Literatur, Musik oder Filme, die Angst vor Drogen und generell die Bedenken, der Massenkonsum könnte sie verderben, war weit verbreitet. Diese Haltung untermauerten die Älteren unter anderem damit, die Jugendphase habe sich vor allem durch eine biologisch frühere Reifung – besonders in sexueller Hinsicht – verlängert.[74]

1978 hielt der Tiroler Landesjugendreferent Hermann Girstmair zwar „die vielen, vielen Vorzüge, die in der Jugendsituation heute festzustellen sind" zugute, seine „Gedanken zur Situation der Jugend", die im Tiroler Almanach publiziert wurden, kreisten dennoch um die negativen Seiten des damaligen Heranwachsens, weil es aus seiner Sicht gerade die Defizite waren, „die Maßnahmen, wie sie die Jugendarbeit enthält, notwendig" machten.[75] Er betrachtete die Jugendarbeit primär als Korrekturmaßnahme und Schadensbegrenzung. Seine gesellschaftliche Bestandsaufnahme charakterisierte er vor allem durch „den Verlust traditioneller Werte", „einer überschätzten Mündigkeit des einzelnen Menschen" und dem Verlust „mitmenschliche[n] Zusammenhang[s]", der einen „merkantile[n] Missbrauch der Jugend" befördere, welcher auf der Verlängerung der Jugendphase aufbaue. Die Verstädterung führe zudem zur Tendenz einer Entpersönlichung, die Demokratisierung aller Lebensbereiche zur Überforderung – gerade vom „noch unfertigen, unreifen Menschen". Hinter dieser Entwicklung vermutete Girstmair den Verlust von „religiöse[m] Selbstverständnis", der kompensatorische Handlungen forciere. Wer seine religiösen Bedürfnisse nicht befriedigen könne, sehe sich zu Ersatzhandlungen gezwungen, als deren sichtbare Ausdrucksformen er Sekten, Sexualität und Drogenkonsum vermutete:

> „Die Kirchen, die bis vor verhältnismäßig kurzer Zeit hier ein tragbares und glaubwürdiges Angebot an Lebensbewältigung auf religiöser Grundlage gebracht haben, sind soweit aus dem öffentlichen und privaten Leben zurückgedrängt worden, durch die früher aufgezählten Einflüsse und Tendenzen und durch viele andere Kräfte, die wir im letzten noch gar nicht durchschauen, daß in diesem Leerraum gewissermaßen alles wirksam werden kann, was der Mensch als Ersatz geboten bekommt. Dem Aberglauben in jeder Form steht Tür und Tor offen. [...] In diesem Zusammenhang muß man die neue Sicht des Sexuellen, des Erotischen sehen, in diesem Zusammenhang muß auch das Drogenproblem und vieles andere, was in unserer Jugend feststellbar ist, betrachtet sein."[76]

Bei allen berechtigten Sorgen um das Wohl der nachkommenden Generation, handelte es sich bei diesen gängigen Haltungen der Älteren auch um einen Ausdruck eines Misstrauens gegenüber einer Jugend, von der erwartet wurde, die junge Zweite Republik maßgeblich mitzugestalten. Diese wollte vielleicht gerade aus dieser Verantwortung heraus zunehmend selbstbestimmt leben und die hegemonialen Vorstellungen von Kultur nicht mehr teilen sowie die gesellschaftlichen Autoritäten nicht mehr per se anerken-

---

74 Vgl. Österreichischer Jugend-Informationsdienst, Jugend in Not, Juni/Juli 1958, S. 2.
75 Hermann Girstmair, Gedanken zur Situation der Jugend, in: Emil Juen (Hg.), Tiroler Almanach Nr. 31, Innsbruck 2001/2002, S. 52–55. Erstveröffentlichung in „Recht, Gewalt, Demokratie", Jg. 1978 (8).
76 Ebd., S. 55.

nen. Die Eliten fürchteten zu Recht, die Heranwachsenden würden sich nicht mehr in die traditionelle Ordnung fügen wollen, was den Verlust von Macht und Kontrolle bedeutete. Jene Jugendlichen, die in Teilbereichen nicht den bürgerlichen Normen entsprachen, gerieten schnell in Gefahr, mit der Fürsorge in Kontakt zu kommen, denn Devianz stellte den entscheidenden Faktor bei der Überstellung in die öffentliche Fürsorgeerziehung dar. Besonders betroffen von der sogenannten „Verwahrlosung" waren Kinder und Jugendliche aus dem Arbeitermilieu oder aus kleinbürgerlichen Familien. Für die Gutachten, die darüber mitentschieden, ob und in welcher Intensität Jugendliche in die Fänge der Behörden gerieten, wurden Kriterien für „Verwahrlosung" festgeschrieben, die vage und zum Teil sehr weit interpretierbar waren. Im Handbuch der Fürsorge und Wohlfahrtspflege von 1954 gehören Ausdrucksformen wie Arbeitsscheue, Herumstrolchen und Schulschwänzen, aber auch Frechheit, Trotz und Auflehnung gegen Autoritätspersonen dazu. Bei Mädchen gingen die Zuschreibungen stark ins Sexuelle, wie sexuelle Triebhaftigkeit und Hemmungslosigkeit, tendenziell wurde eine Neigung zur Prostitution unterstellt. Oder es wurden Verhaltensweisen beschrieben, die sich am Rand oder in der Kriminalität befanden. Dazu zählten zum Beispiel Lügenhaftigkeit, Diebstahl und Betrug sowie das Glückspiel oder der Besuch „schlechter" Lokale. Die Gründe wurden einerseits subjektiven Verhaltensweisen zugeschrieben und andererseits in den Lebens- und Umweltverhältnissen der Kinder und Jugendlichen gesucht. So wurden Minderjährige auch dafür verantwortlich gemacht, dass Erwachsene sie vernachlässigten, missbrauchten und misshandelten.[77] Die Tiroler Wirtschaftskammer wies in den 1950er Jahren den Jugendlichen sogar ein gewisses Maß an Selbstverschulden zu, wenn sie arbeitslos wurden, nachdem viele PflichtschulabgängerInnen das Lehrziel nicht erreicht hatten.[78]

Die Definition von „Verwahrlosung" hatte sich immer wieder verändert. So erweiterte sich der Begriff in den 1920er Jahren auf instabile familiäre Verhältnisse oder den Status eines unehelichen Kindes. Während des Nationalsozialismus wurde „Verwahrlosung" in „Asozialität" bzw. „Dissozialität", also als fehlende Anpassung uminterpretiert. Ende der 1950er Jahre erfolgte eine Bedeutungsverschiebung von einer primär medizinisch-gesundheitlichen hin zur psychischen „Verwahrlosung". Im Gegenzug dazu wich das „Verwahrlosungskonzept" von August Aichhorn, der in den 1920er Jahren psychoanalytisch mit männlichen „delinquenten und verwahrlosten" Jugendlichen arbeitete, stark von den üblichen Interpretationen seiner Zeit ab. Er wollte die individuellen Ursachen der „Verwahrlosung" ergründen, ging von der Verantwortung der Gesellschaft für Fehlverhalten aus und setzte auf das Gespräch statt auf Strafe. Sein Konzept wurde bis in die 1960er Jahre nur von einzelnen Fürsorgerinnen weitergeführt.[79]

Auch das Konzept der „sozialen Diagnose" von Ilse Arlt war an den Bedürfnissen des Individuums orientiert. Ihre spezifische Variante des Casework gab eine Anlei-

---

77 Vgl. Schreiber 2010, S. 52–55.
78 Die Tiroler Wirtschaftskammer ging von 40 % aus, tatsächlich verfehlten lediglich 15 % den Abschluss. Vgl. Sabine Pitscheider: Aufbauwerk der Jugend. Das Aufbauwerk der Jugend von der Gründung der Arbeitsgemeinschaft bis Ende der 1980er Jahre: Gründungsgeneration, Vernetzung und Aufgabenbereiche; Studie erstellt im Auftrag des Aufbauwerks der Jugend, Innsbruck 2013, S. 27.
79 Vgl. August Aichhorn: Die Verwahrlosung einmal anders gesehen, in: Thomas Aichhorn, August Aichhorn. Pionier der psychoanalytischen Sozialarbeit (Schriftenreihe zur Geschichte der Sozialarbeit und Sozialarbeitsforschung, Bd. 1), Wien 2011, S. 153–186.

tung zur Selbstermächtigung und beförderte damit ebenso prophylaktische Arbeit.[80] Die Methode des Casework kam aber zunächst mit zurückgekehrten EmigrantInnen wie Anne Kohn-Feuermann, die in die Entwicklung der Bewährungshilfe eingebunden war, aus den USA wieder nach Österreich. Bereits 1959 wurde das Casework als Modellversuch in einem Wiener Jugendamt erprobt und Anfang der 1960er Jahre auf alle Bezirksjugendämter der Bundeshauptstadt ausgedehnt.[81] Es wurde zur zentralen Arbeitsmethode der Sozialen Arbeit in westlichen Industrieländern und beförderte den Wandel von einer paternalistisch-protektiven Fürsorge zu egalitären Verhältnissen zwischen Klientel und SozialarbeiterIn, etwa aus dem Bereich der Fürsorge. Verglichen mit anderen Ländern erfolgte dieser Wandel in Österreich zeitverzögert. Ab den 1970er Jahren integrierten SozialarbeiterInnen und FürsorgerInnen verstärkt sozialpsychologische und psychotherapeutische Konzepte verschiedener Schulen. Fachkurse vermittelten neben der vertieften Einzelfallhilfe auch die nicht-direktive Gesprächsführung. Familientherapie sowie Gemeinwesenarbeit ergänzten die Arbeit und Supervision wurde als methodisch angelegte Beratung installiert.[82]

Der Ansatz an der Bedürfnisorientierung und die Anerkennung der individuellen Persönlichkeit des/der Klienten/Klientin war nicht nur in der Sozialarbeit bahnbrechend, sondern veränderte auch die Jugendarbeit. Für die Sozialarbeit galt das Motto „Hilfe zur Selbsthilfe", das Schlagwort für die Jugendarbeit war „Selbstorganisation". Während die Jugendarbeit in den 1950er und 1960er Jahren im Landesjugendreferat und den Jugendorganisationen verortet war, verlor in den folgenden Jahrzehnten die Jugendverbandsarbeit zugunsten der offenen Jugendarbeit immer mehr an Bedeutung. Die Jugendzentrumsbewegung zielte auf Autonomie ab und wendete sich gegen die geregelte, verschulte und überwiegend pädagogisch orientierte institutionalisierte Jugendarbeit in Verbänden.

2.4 Jugendpolitik in Tirol und seiner Landeshauptstadt

Jugendangelegenheiten wurden in Tirol primär in zwei politischen Ressorts verhandelt: dem Referat für Bildung und dem Referat für Soziales. Hinsichtlich der Zuständigkeiten zeigt sich ein Unterschied zwischen der Stadtgemeinde Innsbruck und dem Land Tirol. Die Jugendagenden lagen in Innsbruck in der politischen Kompetenz von ÖVP-Politikern, während die SPÖ in der Tiroler Landesregierung seit 1945 kontinuierlich den Sozialreferenten bzw. eine Sozialreferentin stellte – was jedoch nicht bedeutete, dass auch die leitenden Beamten in den Einflussbereich der SozialistInnen fielen.[83] Das Kultur- und Bildungsressort blieb hingegen auch im Land Tirol traditionell schwarz. In die Zuständigkeit des Kultur- und Bildungsressorts fiel das 1946 gegründete Landesjugendreferat, das Arthur Haidl als Landesangestellter bis Ende 1973 leitete. Hermann

---

80 Vgl. Maria Maiss (Hg.): Ilse Arlt. Pionierin der wissenschaftlich begründeten Sozialarbeit (Schriftenreihe zur Geschichte der Sozialarbeit und Sozialarbeitsforschung, Bd. 4), Wien 2013.
81 Bauer/Hoffmann/Kubek 2013, S. 285–291.
82 Gudrun Wolfgruber: Von der Fürsorge zur Sozialarbeit, Wien 2013, S. 116–147.
83 Das gilt bis zu den Landtagswahlen 2013, nach denen die SPÖ aus der Landesregierung ausschied. Mit einer Ausnahme – Christa Gangl, die die Sozialangelegenheiten von 2002–2005 inne hatte – handelte es sich hierbei um Männer.

Girstmair folgte Haidl nach, 1988 übernahm Edwin Klien die Leitung der Abteilung JUF(F) und damit auch die Jugendagenden[84]. Hier zeigt sich wiederum eine Besonderheit: Haidl und Girstmair waren für die ÖVP zusätzlich zu ihrem Job in der Landesverwaltung im Innsbrucker Gemeinderat vertreten, beide waren dort wie da mit Jugendangelegenheiten befasst. In der Gemeindepolitik waren sie als Obmänner des Ausschusses für Jugendfragen, der seit Ende der 1950er Jahre bestand,[85] oder als amtsführende Stadträte damit konfrontiert. Somit war die außerschulische Jugendpolitik der Stadt Innsbruck eng mit dem Landesjugendreferat verwoben, gleichzeitig waren die beiden Landesjugendreferenten klar der dominierenden Partei im Land zuzuordnen und garantierten einen ÖVP-Kurs in der Jugendpolitik im Land wie in der Stadt.

Der 1910 in Elbigenalp geborene Arthur Haidl prägte bis Mitte der 1970er Jahre die Jugendpolitik in Tirol, seit 1956 war er Gemeinderat in Innsbruck und von 1959 bis 1977 amtsführender Stadtrat für das Schul-, Kultur- und Sportwesen, von 1971 bis 1977 auch erster Bürgermeister-Stellvertreter. Von Beruf Lehrer – er war bis 1939 in verschiedenen Orten Tirols eingesetzt –, war er zudem in der außerschulischen Jugendarbeit tätig.[86] Bereits mit der am 14. Oktober 1930 in Innsbruck erfolgten Gründung der Ostmärkischen Sturmscharen, die eine „katholische kulturpolitische Erneuerungs- und Schutzbewegung"[87] sein wollte und dem „Reichsführer" und späteren Bundeskanzler des austrofaschistischen Ständestaates Kurt Schuschnigg unterstanden, übte Haidl die Funktion des „Landesjugendführers" und des „Reichsjugendführerstellvertreters" aus. Nach der Machtübernahme der NationalsozialistInnen in Österreich passte er sich der neuen politischen Situation an, beantragte die Mitgliedschaft zur NSDAP und wurde Mitglied des Fliegerkorps, der Hitlerjugend und einigen anderen NS-Unterorganisationen und Verbänden wie dem NS-Lehrerbund oder der NS-Volkswohlfahrt. Nach dem Kriegseinsatz in der Deutschen Wehrmacht geriet er in sowjetische Gefangenschaft, aus der er Ende Oktober 1945 zurückkehrte. Anschließend nahm er den Schuldienst wieder auf. Aufgrund seiner persönlichen Vorgeschichte und seinen politischen Aktivitäten vor 1938 war er gut in der ÖVP vernetzt und wurde als Verbindungsmann zur französischen Militärbehörde in Jugendfragen eingesetzt. Bis zu seiner Pensionierung mit Jahresende 1973 leitete Haidl das Tiroler Landesjugendreferat.[88]

Sein Nachfolger Hermann Girstmair entstammte einer Osttiroler Bauernfamilie. Er war 1929 in Lienz als jüngster von vier Kindern geboren und aufgewachsen. In seiner Geburtsstadt besuchte er die Hauptschule, dann arbeitete er auf Wunsch seines Vaters am elterlichen Hof, ehe er in Hall in Tirol das Gymnasium besuchte, das er

---

84 Ende der 1980er Jahre bürgerte sich das Kürzel JUF für „Jugend und Familie" ein, seit Einrichtung des Frauenreferats 1990 in derselben Abteilung wurde die Bezeichnung auf JUFF erweitert. Vgl. Landesrechnungshof Tirol, Bericht über die Abteilung JUFF, S. 4, 7., Homepage Land Tirol, www.tirol.gv.at/fileadmin/landtag/landesrechnungshof/downloads/berichte/2010/e2009juff.pdf (abgerufen am 13.5.2018)..
85 Vgl. Amtsblatt der Landeshauptstadt Innsbruck, Nr. 11, November 1959, S. 5.
86 Vgl. Kulturamt der Stadt Innsbruck, MA V: Broschüre zum Arthur-Haidl-Preis, Innsbruck 2014, Homepage Stadt Innsbruck, www.innsbruck.gv.at/data.cfm?vpath=redaktion/ma_v/kultur/dokumente33/preisestipendien/arthur-haidl-broschuere (abgerufen am 25.5.2019).
87 Zitiert nach Emmerich Tálos: Das austrofaschistische Herrschaftssystem. Österreich 1933–1938, Berlin 2013, S. 201.
88 Gaupersonalamtsleiter Braunsdorff an den Landeshauptmann von Tirol, 3.7.1939, Personalakt Haidl; zitiert nach Pitscheider 2013, S. 6–8.

1950 abschloss. Anschließend absolvierte er den Abiturientenkurs der Lehrerbildungsanstalt und legte die Lehrbefähigungsprüfung für Pflichtschulen ab. Er unterrichtete einige Jahre an Volks- und Hauptschulen, daneben studierte er an der Universität Germanistik und Latein. Nach Abschluss des Studiums Mitte der 1950er Jahre arbeitete Girstmair auch als Gymnasiallehrer. Schon früh war er Mitglied von Studentenverbindungen, zunächst im Mittelschülerkartellverband Sternkorona Hall und als Student in der Studentenverbindung Leopoldina. Dort kam er auch mit dem späteren Landesrat Prior in Kontakt, der ihn schließlich um 1972/73 ins Landesjugendreferat holte, um die Nachfolge Haidls anzutreten. Mit seinem Vorgänger verband Girstmair außer seinem Herkunftsberuf und einem ähnlichen politischen Karriereverlauf nach eigenen Angaben wenig. Mit der Übernahme der Leitung des Landesjugendreferates 1974 strukturierte er dieses um und arbeitete am neuen Jugendschutzgesetz, das im selben Jahr beschlossen wurde, mit. Ende 1988 ging Girstmair in Pension, Edwin Klien hatte er bereits als seinen Nachfolger im Landesjugendreferat aufgebaut. Schon als Lehrer hatte der im Arbeiter- und Angestelltenbund (AAB) organisierte Girstmair für die ÖVP kandidiert, Ende der 1970er Jahre zog er dann in den Innsbrucker Gemeinderat ein, wo er einige Jahre als Obmann des Jugendausschusses fungierte. Erst 1989, also nach seiner Pensionierung im Landesdienst, holte ihn Bürgermeister Niescher in den Stadtsenat. Auch hier hatte er die Jugendagenden inne. 1994 schied er aus der Politik aus.[89]

Jugenderziehung war im besetzten Österreich eine sensible Angelegenheit. Sie konnte nur im Einvernehmen mit der Besatzungsmacht erfolgen. Zu sehr waren sich alle politischen Kräfte der Beeinflussbarkeit von Kindern und Jugendlichen bewusst. Da der Zugriff auf junge Menschen während der NS-Zeit mit der Einrichtung einer Staatsjugend (Hitlerjugend) konsequent erfolgt war, legte die Militärverwaltung auf die Umerziehung auf Basis demokratischer Werte besonderes Augenmerk. Vor allem die Franzosen, die die US-amerikanischen Truppen im Juli 1945 in Tirol abgelöst hatten, setzten auf Kultur und Erziehung.[90] Den Parteien und der katholischen Kirche ging es darüber hinaus um die Wiedererlangung ihrer Einflussbereiche, die sie 1933/34 bzw. 1938 verloren hatten. Heranwachsende sollten auch in ideologischer Hinsicht (um-)erzogen werden. Ziel war, Kinder und Jugendliche von der Straße wegzuholen und in entsprechende Jugendgruppen einzugliedern.[91] In einem Erlass vom 9. November 1946 empfahl das Bundesministerium für Unterricht unter dem ÖVP-Minister Felix Hurdes die Bestellung von Landesjugendreferenten. Noch im Dezember desselben Jahres wurde Arthur Haidl zum Tiroler Landesjugendreferenten bestellt. Das Tiroler Landesjugendreferat in der Abteilung IVe wurde dem Bildungsressort zugeschlagen.[92] Bereits Ende 1945/Anfang 1946 hatte der Volksschuldirektor Arthur Haidl Jugendorganisationen kontaktiert, die vor 1933/34 bzw. 1938 bestanden hatten, und einen provisorischen Jugendbeirat gebildet. Darunter befanden sich die katholische Jugendbewegung, die

---

89 Interview Andrea Sommerauer mit Hermann Girstmair unter Anwesenheit seiner Frau Sieglinde am 10.8.2017.
90 Vgl. Klaus Eisterer, Französische Besatzungspolitik. Tirol und Vorarlberg 1945/46 (Innsbrucker Forschungen zur Zeitgeschichte, Bd. 9), Innsbruck 1991, S. 300–307.
91 Lechner 1997, S. 14.
92 Ebd., S. 19. Vgl. auch Pitscheider 2013, S. 5.

Pfadfinder, die Roten Falken, die Sozialistische Jugend und die überparteilich konzipierte Freie österreichische Jugend[93]. Zunächst wohnte den Sitzungen auch ein französischer Offizier bei. Im August 1947 beschloss die Tiroler Landesregierung dann offiziell, einen Jugendbeirat einzurichten.

Die Aufgaben der österreichischen Landesjugendreferate betrafen mehrere Dimensionen – eine formale, eine soziale, eine persönliche und eine normative. Formal sollten die dezentralen Referate zwischen dem Bund und den regionalen Jugendorganisationen vermitteln. Soziale Aufgaben stellten etwa die staatsbürgerliche Erziehung, die Koordination von Hilfsaktionen durch Jugendliche für Jugendliche sowie ein internationaler Austausch innerhalb der Jugendbewegung dar. Individuell sollten die Bildung, die Fortbildung und die körperliche Entwicklung schulentlassener Jugendlicher gefördert werden. Dabei sollte die außerschulische Erziehung zur Wahrung der kulturellen Normen beitragen. Die Kompetenzbereiche des Landesjugendreferates umfassten vor allem Medienerziehung, staatsbürgerliche Bildung, Jugendschutz und Sportförderung. Die Basis bildete dabei ein leistungsorientiertes Kulturverständnis, das eine Höherentwicklung der Zivilisation anstrebte. Das sollte mit Handarbeiten, Basteln, Musik, Malen und Sport erreicht werden. Zentrales Element in der Kultur bildete die Literatur. Gerade in Tirol wurden aber auch Sportveranstaltungen wie Treffen und Wettbewerbe von Skifahrenden, Alpinausbildungen oder Wandern forciert. Einen Fixpunkt im Jahreskreis der Jugendpolitik stellten die Jungbürgerfeiern dar, die die Stadt Innsbruck seit 1958 durchführte[94] und deren Gestaltung immer wieder diskutiert wurde.[95] Zu Beginn der 1970er Jahre forderten Gemeinderäte diverser Parteien nach einer offensichtlichen Abnützung einer jahrelang praktizierten Form die Einbeziehung der Jugendlichen in die Gestaltung. Dies wurde, wie Gemeinderat Haidl erklärte, bis dahin nicht effektiv verfolgt, hingegen seien aber die Wünsche der FührerInnen von Jugendorganisationen berücksichtigt worden:

„Als seinerzeit die Jungbürgerfeier im Gemeinderat beschlossen wurde, haben wir sämtliche Jugendorganisationen mehrmals zur Entwicklung des Programmes aufgerufen. Das heutige Programm wurde von den Führern der Jugendorganisationen erarbeitet. Wir haben seit dieser Zeit nach jeder Feier junge Menschen der verschiedensten Beschäftigungsgruppen zusammengeführt, um ihre Einstellung über die Art der Feier zu erfahren. An diesen Veranstaltungen nahmen durchschnittlich 50 Leute teil. [...] Bei ähnlichen Umfragen hinsichtlich des Theaters und der Konzerte mußten wir aber feststellen, daß damit nicht das gewünschte Ergebnis zu erzielen war."[96]

Das Kulturverständnis in Tirol baute einerseits auf bildungsbürgerlichen Normen und einer konservativ geprägten Kulturtradition auf, andererseits auch auf den Brauchtumstraditionen. Orchesteraufführungen wurden genauso gefördert wie der Volkstanz. 1950

---

93 Die Freie österreichische Jugend (FÖJ) wurde später eine Teilorganisation der KPÖ, trug aber deren politischen Kurs Ende der 1960er Jahre nicht mehr mit und machte sich von ihr unabhängig.
94 Vgl. Amtsblatt der Landeshauptstadt Innsbruck, Innsbrucker Jungbürgerfeier 1958, Nr. 3, März 1958, S. 1–5.
95 Vgl. Österreichischer Jugend-Informationsdienst, „Diskussion über Jungbürgerfeiern", März 1954, S. 11.
96 Protokoll des Innsbrucker Gemeinderates vom 27.7.1972, S. 543, StAI.

fanden zum ersten Mal die „Jugendkulturwochen" statt, die maßgeblich vom Landesjugendreferenten Arthur Haidl initiiert worden waren. Sie orientierten sich zunächst an konventionellen, heimatbezogenen, traditionellen, patriotischen und katholischen Werten und verfolgten erzieherische Ziele. Wettbewerbe in den Sparten Musik, Literatur und Malerei, später auch Architektur und Hör- bzw. Fernsehspiel standen im Zentrum jenes Kulturevents, an dem Menschen bis zum Alter von 30 Jahren mitwirken konnten und das vor allem in den frühen Jahren schwerpunktmäßig in Innsbruck stattfand. Da die Qualität immer wieder kritisiert wurde, entschieden sich die Veranstaltenden zu Diskussionen, Arbeitskreisen und Werkstätten, außerdem sollten interdisziplinäre Zugänge gefördert werden. Weiteres Ziel war, die Reputation Tirols durch eine Großveranstaltung von internationalem Rang zu erhöhen, was KünstlerInnen aus dem gesamten deutschen Sprachraum anlockte. Diese Öffnung machte die Diskrepanz zwischen konventionellem und avantgardistischem Kunst- und Kulturverständnis offensichtlich, was letztlich 1970 zur Einstellung der „Jugendkulturwochen" führte.[97]

Dennoch behielt das Land Tirol die Förderung kultureller Aktivitäten und Veranstaltungen für Kinder und Jugendliche als eines der Ziele des Landesjugendreferates bei. In seiner Broschüre aus dem Jahr 1981 sind weiterhin die Pflege der Jugendliteratur und des internationalen Jugendaustauschs, der Unterstützung von Schüler- und Jugendzeitungen sowie von Film- und Videoarbeit als zentrale Tätigkeitsfelder aufgelistet. Dabei wurden der Volkskultur zugerechnete Sparten nach wie vor besonders hervorgehoben. Neben der kulturellen wurde auch der politischen Erziehung spezielle Aufmerksamkeit gewidmet. Wandern und Reisen von Jugendlichen sollte ebenfalls weiterhin forciert werden. Einen wesentlichen Schwerpunkt aber bildeten mittlerweile der Aufbau, die Erhaltung und Führung von Einrichtungen, in denen Jugendarbeit betrieben wurde. Dazu zählten Jugendheime, Jugendclubs und Jugendzentren, Begegnungsräume und Jugendwarteräume. Auch auf die Einrichtung und den Ausbau der Jugendberatung wurde Wert gelegt und die offene Jugendarbeit berücksichtigt. Bei all diesen Aufgaben kam der Ausbildung sowie der Anstellung von Fachkräften Bedeutung zu.[98] Diese Veränderung bzw. Ergänzung der Aufgaben des Landesjugendreferates war der Forderung von jungen Menschen nach Jugendzentren, der Forcierung der offenen Jugendarbeit durch Hermann Girstmair und der Veränderung der auf die Sicht von psychosozialen Unterstützungsbedürfnissen geschuldet. Seit 1979 betrieb der Verein Jugend und Gesellschaft, der beim Landesjugendreferat angesiedelt war, eigene Jugendzentren und unterstützte weitere Initiativen finanziell. Im Jugendschutzgesetz 1974 verpflichtete sich das Land Tirol außerdem zur Einrichtung von Jugendberatungsstellen auf Bezirksebene.

Zu Beginn der Etablierung des Tiroler Landesjugendreferates standen Haidl die Jugendführer der Katholischen Jugend (Fridolin Dörrer), der Pfadfinder (Hermes Massimo) und der Sozialistischen Jugend (Ferdinand Obenfeldner) zur Seite. Obenfeldner (1917–2009), den eine NS-Vergangenheit nicht an einer politischen Karriere hinderte,[99] war langjähriger sozialistischer Gemeinderat sowie Vizebürgermeister in

---

97 Vgl. Plattner 1999, S. 262–269.
98 Amt der Tiroler Landesregierung (ATLR) – Landesjugendreferat (Hg.), Organisationen, Vereine, Institutionen, Ämter usw., Neuauflage 1981, S. 34 ff.
99 Zur NS-Vergangenheit Ferdinand Obenfeldners vgl. Wolfgang Neugebauer/Peter Schwarz: Der Wille zum aufrechten Gang. Offenlegung der Rolle des BSA bei der gesellschaftlichen Reintegration ehema-

Innsbruck und trug hier die Jugendpolitik Haidls und Girstmairs in vielen, aber nicht allen Fragen mit.[100] Der Führer der katholischen Jugend, der 1923 geborene Fridolin Dörrer, der viele Jahre später das Tiroler Landesarchiv leiten sollte, arbeitete die Statuten des Jugendbeirats mit aus. Dieser als „Arbeitsgemeinschaft der Tiroler Jugendverbände" gedachte Beirat stellte ein Austausch- und Beratungsgremium dar. Einladungen, Tagesordnung und Vorsitz waren dem Referatsleiter vorbehalten. Die im Beirat vertretenen Jugendorganisationen erhielten aber erstmals die Möglichkeit, ihre Meinungen und Forderungen direkt einzubringen. Sie erwirkten dadurch Einfluss und Subventionen, im Gegenzug aber waren sie von der Politik und der Landesverwaltung auch einfacher zu kontrollieren.[101] Jene Jugendlichen, die nicht Teil einer der im Beirat vertretenen Organisationen waren, blieben von der Teilhabe ausgeschlossen. Im Tiroler Landesjugendbeirat spiegelten sich auch die politisch-weltanschaulichen Verhältnisse in Tirol. Von den über dreißig im Jahr 1957 im Beirat vertretenen Jugendorganisationen können lediglich sieben dem sozialistischen Einflussbereich zugeordnet werden, der Rest kann überwiegend als ÖVP- bzw. kirchennah bezeichnet werden.[102] Der Jugendbeirat befasste sich mit aktuellen Fragen wie dem Schutz der Jugend, der staatsbürgerlichen Erziehung, der Organisation von Jugendschitreffen oder der Koordination von Ferienaktionen der einzelnen Jugendorganisationen. Ebenso stellten die Beiratsmitglieder Anträge an die Tiroler Landesregierung, um freien Eintritt für Jugendliche in Museen und die Einrichtung eines Jugendwerkraums zu erwirken. Behandelt wurden auch der Wunsch nach einem „Haus der Jugend" sowie die Situation des Jugendherbergswesens.[103] 1956 wurde im Bezirk Kufstein sogar ein eigener „Bezirksjugendbeirat" eingerichtet, den Ekkehard Kecht, späterer Leiter der Abteilung Jugendwohlfahrt im Land Tirol, leitete.[104] Das Landesjugendreferat und die Landesregierung legten ab Mitte der 1960er Jahre immer weniger Wert auf den Tiroler Landesjugendbeirat. Landesjugendreferent Girstmair machte in der Tiroler Tageszeitung zunehmende Rivalitäten, die vor allem auf der Verteilung von Subventionen basierten, für die Auflösung des Beirates verantwortlich:

„Der wesentliche Grund für diese Entscheidung ist in der Tatsache gegeben, daß sich der seinerzeitige Jugendbeirat für Initiativen in der Jugendarbeit und Problemlösungen nicht als förderlich, sondern hemmend, die einzelnen Jugendverbände eher trennend als verbindend erwiesen hat. Wie aus den Protokollen des

---

liger Nationalsozialisten, Wien 2005, S. 151–160. Christian Mathies: Immer auf der Seite der Demokratie? – Überlegungen zur Kontroverse um die NS-Vergangenheit von Ferdinand Obenfeldner, in: Lisa Gensluckner/Monika Jarosch/Horst Schreiber/Alexandra Weiss (Hg.): Gaismair-Jahrbuch 2008. Auf der Spur, Innsbruck 2007, S. 42–50.
100 Lechner 1997, S. 21.
101 Vgl. Pitscheider 2013, S. 3–5.
102 Lechner 1997, S. 57. Der 1957 auch im Landesjugendbeirat vertretene Bund Heimattreuer Jugend (BHJ) wurde in Österreich wegen NS-Wiederbetätigung wenige Jahre später verboten. Vgl. Homepage Dokumentationsarchiv des österreichischen Widerstandes, http://www.doew.at/erkennen/rechtsextremismus/neues-von-ganz-rechts/archiv/mai-2003/heimattreue-deutsche-jugend-in-oesterreich (abgerufen am 28.11.2016).
103 Lechner 1997, S. 52 f.
104 Österreichischer Jugend-Informationsdienst, Bezirksjugendbeirat im Bezirk Kufstein, Mai 1956, S. 14.

[...] Jugendbeirates ersichtlich ist, war in steigendem Ausmaß Hauptthema vieler Diskussionen und Auseinandersetzungen die Verteilung von Geldmitteln."[105]

SPÖ-Gemeinderat Hermann Linzmaier bedauerte in einem Leserbrief, dass der Landesjugendbeirat deshalb in Misskredit komme, weil es um die Verteilung des Geldes gehen könnte. Und er verdeutlichte seine Sicht der Entwicklung: „Die amtswegige Einschläferung des Beirates war nicht eine Folge der inneren Gegensätze, sondern der sachbezogenen Meinungsverschiedenheiten zum Jugendreferat."[106]

Prostest gegen die Einstellung des Jugendbeirates kam vor allem von der Gewerkschaftsjugend, aber auch der katholischen Arbeiterjugend, der Arbeiterkammer sowie SPÖ-MandatarInnen in Stadt und Land. Die Innsbrucker SPÖ drängte in den folgenden beiden Jahrzehnten immer wieder auf die Einrichtung eines ständigen Jugendbeirates in der Landeshauptstadt, um die Möglichkeit der Mitsprache für Jugendeinrichtungen, die sich nicht im katholisch-konservativen Umfeld befanden, zu ermöglichen. Konkrete Argumente der SPÖ für die Einrichtung eines Jugendbeirates waren das Fehlen einer Anlaufstelle in der Stadtverwaltung und die von Jugendorganisationen geforderten Räumlichkeiten. Landesjugendreferent und Innsbrucker Gemeinderat Hermann Girstmair lehnte dies jedoch regelmäßig mit der Begründung ab, die Struktur eines Jugendbeirates schließe jene Jugendlichen aus, die nicht verbandlich organisiert waren,[107] was auch zutraf und weswegen die VertreterInnen von Jugendzentren etwa die Forderung nach der Wiederbelebung des Landesjugendbeirates nicht unterstützten. Die Landes-ÖVP stand auf der Seite Girstmairs.[108] Die in den 1970er Jahren eingerichteten Jugendstammtische, die Landesrat Fritz Prior (ÖVP) als „private Kontaktaufnahmen zwischen Behörden und Jugendlichen" bezeichnete,[109] stellten wegen der sporadischen, anlassbezogenen Einladungen und der Unverbindlichkeit bei Ergebnissen eine Verschlechterung einer Mitsprache von Jugendlichen im Jugendbeirat dar. Am 6. April 1978 luden Girstmair und Prior schließlich landesweit 33 Jugendorganisationen, darunter auch die ARGE-Jugendzentren, zu einem Gespräch über die „Möglichkeiten der Zusammenarbeit aller mit Jugendarbeit Befaßten in Tirol". Dabei stellten die beiden das „Modell Tirol" vor, das eine Dezentralisierung der Jugendarbeit vorsah,[110] was nach eigenen Angaben der Ansicht des Landesjugendreferenten entsprach.[111] In allen Bezirken sollten unverbindliche Jugendforen gegründet werden, deren VertreterInnen zu Beratung ins Landhaus gerufen werden konnten. Gegenüber einem verbindlichen Landesjugendbeirat, in dem die Jugendorganisationen gemeinsam berieten, bedeuteten die Jugendforen aufgrund der Dezentralisierung ebenfalls eine Schwächung der Einflussmöglichkeiten, zumal die Subventionsvergabe weiterhin im Landhaus erfolgte.

---

105 Tiroler Tageszeitung, Jugendbeirat als ungeeignet erwiesen, 5.12.1977, S. 2.
106 Tiroler Tageszeitung, Leserbrief von Hermann Linzmaier 16.12. 1977, S. 6.
107 Vgl. Protokolle des Innsbrucker Gemeinderates vom 25.1.1972, S. 240 f.; 27.5.1982, S. 423 f., StAI.
108 Bernhard Pichler: Jugendarbeit zwischen Anspruch und Wirklichkeit. Analyse einer Jugendszene und Dokumentation des Entstehungsprozesses eines selbstverwalteten Jugendzentrums unter Berücksichtigung der Jugendpolitik in Tirol, Diss., Innsbruck 1986, S. 56.
109 Tiroler Tageszeitung, Die Jugend diskutiert mit LHStv. Dr. Prior, 30.1.1975, S. 3.
110 Vgl. Pichler 1986, S. 54–57.
111 Interview Girstmair 2017.

Interessant ist, dass seit 2009 wieder ein Tiroler Jugendbeirat existiert, dessen Aufgabe es ist, „die Landesregierung in allen jugendrelevanten Themenstellungen zu beraten".[112]

2.5 Ein Haus der Jugend für alle

Die Idee für ein einheitliches Jugendhaus für alle Jugendlichen und Jugendverbände in Innsbruck geht in die unmittelbare Nachkriegszeit zurück, als Räume rar sowie Familienverhältnisse schwierig waren und die Betreuung von Jugendlichen dringlich schien. Die Vorstellungen, wie ein derartiges „Haus der Jugend" aussehen könnte, divergierte bei den beiden Parteien ÖVP und SPÖ und passte sich den Erfordernissen der Zeit an. Die Geschichte des „Hauses der Jugend" in Innsbruck, die nicht in den eigentlichen Untersuchungszeitraum fällt, soll an dieser Stelle deshalb ausführlich erzählt werden, weil sie die Verflechtung von katholischen und ÖVP-Eliten sowie deren Dominanz in Tirol verdeutlichen. Die Entwicklung des Jugendhauses bis Ende der 1960er Jahre ist auch ein Lehrstück für den Ressourcentransfer von öffentlichem Geld in die Hände der Kirche.

Politik, Interessensvertretungen und das Landesjugendreferat hielten es nach Ende des Zweiten Weltkrieges für dringend, Räume für die Jugendarbeit zu schaffen. Bereits 1947 entstand die Idee für ein gemeinsames „Haus der Jugend". Doch finanzielle und räumliche Ressourcen waren knapp. So führte die Gewerkschaft noch im selben Jahr eine UNESCO-Sammlung durch, um die Unterbringung der Gewerkschaftsjugend in einem derartigen Jugendhaus zu unterstützen.[113] Der Arbeitsausschuss des Kinderhilfs-Appells Tirol, dem Arthur Haidl als Geschäftsführer vorstand, schlug dem Generalsekretariat des Kinderhilfs-Appells der Vereinten Nationen 1949 vor, die in Tirol aus diesem Titel zur Verfügung stehenden Mittel dem Vorhaben „Haus der Jugend" zu widmen. Begründet wurde die Dringlichkeit eines Jugendhauses folgendermaßen:

> „Die durch die Nachkriegszeit bedingte Gefährdung der schulentlassenen Jugend war der Anlass, dass schon seit zwei Jahren mit allen zur Verfügung stehenden Mitteln an der Schaffung eines eigenen Hauses der Jugend durch alle hiefür zuständigen Stellen gearbeitet wurde."[114]

Gedacht war an eine Einrichtung, die Studierende, SchülerInnen sowie Lehrlinge beherbergte und betreute, die aber darüber hinaus einen „kulturellen Mittelpunkt der gesamten Jugendarbeit in der Landeshauptstadt"[115] darstellte. Geplant war auch, das Haus als Jugendherberge zu nutzen. Insgesamt sollten 150 bis 200 Jugendliche Platz

---

112 Homepage Jugendbeirat Land Tirol, https://www.tirol.gv.at/gesellschaft-soziales/jugend/jugendbeirat/ (abgerufen am 13.5.2018).
113 Protokoll des Innsbrucker Gemeinderates vom 22.7.1964, S. 156, StAI.
114 Sammelakt StZ 3021 A10 1968, Geschäftsführer Haidl und Landesleiter Grossmann an das Generalsekretariat des Kinderhilfs-Appells der Vereinten Nationen vom 22.2.1949, Archiv der Innsbrucker Immobilien GmbH (Archiv IIG).
115 Ebd., Haidl und andere an das Generalsekretariat des Kinderhilfs-Appells der Vereinten Nationen vom 22.2.1949.

finden, etwa 1.000 sollten zusätzlich verpflegt werden können.[116] 1948 hatte sich Haidl als Leiter des Landesjugendreferates mit dem Vorschlag an die Stadtgemeinde gewandt, ein solches Haus in städtischen Räumen einzurichten oder auf einem ihrer Grundstücke neu zu bauen. Innsbruck sollte das Grundstück kostenlos zur Verfügung stellen.[117] Im Jahr darauf beschieden der Stadtsenat und der Gemeinderat dieses Anliegen positiv – allerdings unter der Voraussetzung, dass die Finanzierung gesichert war.[118] Der Tiroler Landtag sprach sich in den Entschließungen vom 31. März 1949 und vom 12. Juli 1950 für die Errichtung eines „Haus der Jugend" aus.[119] Da ein Neubau bevorzugt wurde, begab sich die Stadt auf die Suche nach einem Grundstück und fand schließlich 1951 am sogenannten Rideaurand an der Gumppstraße eine Möglichkeit.[120] Sie stellte zudem in Aussicht, dass der Architekt Theodor Prachensky, Oberbaurat im Stadtbauamt, für die Erstellung des Bauplanes zur Verfügung stünde.[121]

Zu Beginn der 1950er Jahre schien es auch aufgrund der zunehmenden Jugendarbeitslosigkeit opportun, Heime für junge, in Ausbildung stehende Menschen zu errichten. Obwohl eine Reihe von Stellen wie die Kammern von der Notwendigkeit des Vorhabens überzeugt waren, schleppte sich die Umsetzung dahin. Für die Finanzierung lagen zunächst nur rund 230.000 Schilling vor, darunter 224.500 Schilling vom Österreich-Komitee des Kinderhilfs-Appells der Vereinten Nationen, der Rest kam aus Spenden. Das Bundesministerium für Handel und Wiederaufbau bewilligte schließlich einen Kredit aus ERP-Mitteln[122] von letztlich 1,35 Millionen Schilling, an den Bedingungen geknüpft waren: Die Jugendherberge musste überparteilich und überkonfessionell geführt werden, außerdem war die Zusage mit 31. März 1955 befristet.[123] Bei einer Besprechung zwischen Landesrat Hans Tschiggfrey, Vizebürgermeister Heinrich Süß, Bundesrat Anton Haller, dem Vizepräsident der Tiroler Handelskammer, Franz Stoll, und dem Landesjugendreferenten Arthur Haidl – alle gehörten der ÖVP an – wurde vereinbart, in den jeweiligen Gebietskörperschaften Beschlüsse zur Bildung einer Gesellschaft herbeizuführen, in der diese mit gleichen Rechten und Pflichten vertreten wären. Die Gesellschaft sollte als haftender Kreditnehmer fungieren und die Verantwortung für die Restfinanzierung des Projekts übernehmen.[124] Die Tiroler Landesregierung beschloss Ende 1951, sich an den Baukosten des „Haus der Jugend" mit einem Drittel zu beteiligen.[125] Zur selben Zeit hielten der Innsbrucker Stadtsenat und in der Folge der Gemeinderat an der kostenlosen Zurverfügungstellung eines Grundstücks unter der Bedingung fest, dass das Land und die Handelskammer mindestens einen Barbetrag

---

116 Ebd., ATLR an Vizebürgermeister Flöckinger, 24.8.1950.
117 Ebd., Vizebürgermeister Flöckinger an Mag.Abt. IV vom 30.8.1948.
118 Ebd., Zl. IV – 4222/1949, Stadtratsbeschluss vom 31.3.1949; Protokoll des Innsbrucker Gemeinderates vom 5.4.1949, S. 223, StAI.
119 Ebd., Entschließungen vom 31.3.1949 und 12.7.1950.
120 Ebd., Stadtbauamt an Mag.Abt. IV, 6.12.1951.
121 Ebd., Bericht vom 11.11.1950.
122 Das „European Recovery Programm" (ERP), das den Marshall-Plan umsetzte, war das Wirtschaftshilfeprogramm für den Wiederaufbau Europas. Vgl. Günter Bischof/Dieter Stiefel: „80 Dollar". 50 Jahre ERP-Fonds und Marshall-Plan in Österreich 1948–1998, Wien/Frankfurt 1999.
123 Sammelakt StZ 3021 A10 1968, Österreichische Hotel- und Fremdenverkehrs-Treuhand-Gesellschaft, an G.m.b.H. Haus der Jugend, 14.4.1953, Archiv IIG.
124 Ebd., ATLR Zl. 18/4281/1951, 21.11.1951.
125 Ebd., Erklärung, Abschrift datiert mit 10.1.1951, vermutlich 10.1.1952.

in der Höhe des Grundstücksgegenwertes von 350.000 Schilling einbrächten. Weitere Finanzierungshilfen wurden nicht zugesagt,[126] vielmehr sollte der Gegenwert als Einlage der Ges.m.b.H. gelten.[127] Doch während Stadt und Land erwarteten, den Gesellschafterkreis noch erweitern zu können, um die zu diesem Zeitpunkt veranschlagten Mittel von 3,6 Millionen Schilling aufzubringen, stieg die Tiroler Handelskammer trotz eines positiven Grundsatzbeschlusses[128] wieder aus dem Vorhaben aus.

Rund drei Jahre später, zu Jahresbeginn 1955 – die Frist für den EPR-Kredit lief bald aus – knüpfte der Tiroler Landtag seine Bereitschaft, sich am Bau eines „Haus der Jugend" zu beteiligen unter anderem daran, dass die Stadt dieselbe Summe in die Gesellschaft einbrächte, wie es das Land zu leisten bereit war – das waren 600.000 Schilling.[129] In der Folge legte Vizebürgermeister Süß dem Stadtsenat sowie dem Gemeinderat einen Antrag vor, die Stadt möge sich unter Einrechnung des Grundstückspreises mit einer weiteren Bareinlage von 250.000 Schilling beteiligen.[130] Ohne einen Gemeinderatsbeschluss abzuwarten, beschloss der Stadtsenat mit 8. März 1955, den Bürgermeister zu ermächtigen, der Gesellschaft „Haus der Jugend" mit einer Einlage von 50.000 Schilling beizutreten, sofern SPÖ oder WdU zustimmten.[131] Zwei Tage später ging schließlich die Gründung der „Haus der Jugend (Jugendherberge) Gesellschaft m.b.H." über die Bühne. Den Vertrag unterschrieben Finanzlandesrat Hans Tschiggfrey und Vizebürgermeister Heinrich Süß, die beide dann auch das Land bzw. die Stadt in der Gesellschaft vertraten. Im Aufsichtsrat waren für die Stadt zunächst Franz Greiter und Anton Hradetzky (beide ÖVP) sowie Hans Flöckinger (SPÖ),[132] von 1957 bis 1960 Stadtrat Arthur Haidl, Richard Grummer und Hubert Lemmerer vertreten. Als Geschäftsführer zeichneten die (ehemaligen) Landesangestellten Hofrat Franz Thurner und Landesregierungsrat Anton Schützenhuber. 1958 wurde zudem ein Verwaltungsausschuss gebildet, der aus Schützenhuber, Haidl, Paul Flach und Platzgummer (alle ÖVP) bestand.[133]

Erst nachträglich, am 25. März 1955, segnete der Innsbrucker Gemeinderat den Beitritt zur Gesellschaft „Haus der Jugend (Jugendherberge)" ab.[134] Im April desselben Jahres verkaufte ihr die Stadtgemeinde das Grundstück an der Gumppstraße um 350.000 Schilling, was wiederum als Akontozahlung des Gesellschafters gegengerechnet wurde.[135] Das sei „aus steuerrechtlichen Gründen" so vereinbart worden, erklärte Obermagistratsrat Walter Kapferer. Auch beim Land Tirol war lediglich eine Summe von 50.000 Schilling als Einlage in der Gesellschaft ausgewiesen worden, der Rest von 550.000 galt als Subvention. Um mit dem Land hinsichtlich der Finanzierungssumme gleichzuziehen, fehlte von der Stadt ein Betrag von 200.000 Schilling.[136]

---

126 Ebd., Stadtsenatsbeschluss vom 18.12.1951.
127 Ebd., Amtsvermerk vom 12.1.1952.
128 Ebd., ATLR Zl. 18/4281/1951, 18.12.1951.
129 Ebd., Abt. IV an Süß Zl. IV-413/1955, 23.2.1955.
130 Ebd., Abt. IV Zl. IV-1413/1955, 23.2.1952.
131 Ebd., Stadtratsbeschluss vom 8.3.1955.
132 Ebd., Gesellschaftsvertrag, 16.3.1955.
133 Ebd., Amtsbericht der Abt. IV Zl.-7517/1960, 5.12.1960.
134 Protokoll des Innsbrucker Gemeinderates vom 25.3.1955, S. 16, StAI.
135 Sammelakt StZ 3021 A10 1968, Zl. IV-2641/1955 Kaufvertrag vom 25.4.1955, Archiv IIG.
136 Ebd., Abt. IV an Süß, 6.4.1955.

Der Bau begann schließlich 1956. Im zweiten Baujahr kaufte die Gesellschaft „Haus der Jugend (Jugendherberge)" das angrenzende Grundstück um 500.000 Schilling dazu.[137] Das Haus auf dem nun insgesamt rund 8000 m² großen Grundstück[138] an der Gumppstraße 71 fasste mindestens 130 Tiroler SchülerInnen und Lehrlinge, zudem fanden 70 Reisende in der Jugendherberge Platz. Der zunächst noch nicht ausgebaute Dachboden verfügte über 72 weitere Plätze im Massenlager. Letztlich beliefen sich die Baukosten auf nicht ganz 7 Millionen Schilling. Erneut bat die Gesellschaft um Finanzhilfe bei der Stadt. Der sozialistische Stadtrat Ferdinand Obenfeldner machte aus seinem Unmut über die Veränderungen der ursprünglichen Idee keinen Hehl:

„Leider müssen wir jetzt feststellen, daß der ursprüngliche Plan bzw. der Grundgedanke, der bei der Schaffung des Hauses der Jugend vorhanden war, nicht eingehalten worden ist. Es war ursprünglich der Plan vorhanden, daß man in Innsbruck ein Haus der Jugend schafft, in welchem die Jugend auch außerschulisch betreut werden kann."[139]

Denn während die Kosten entgegen der ersten Gemeinderatsbeschlüsse, lediglich das Grundstück kostenlos zur Verfügung stellen zu wollen, auf insgesamt 850.000 Schilling anwuchsen, blieb die Idee eines Zentrums für die Innsbrucker Jugend und Räumlichkeiten für Jugendorganisationen, die vor allem die Sozialistische Fraktion einforderte, auf der Strecke. Außerdem schränkte sich die Nutzung durch Auflagen von Subventionsgebern immer mehr ein. 1957 fanden Stadt und Land zwei weitere Gesellschafter. Der Tiroler Kriegsopferverband, der seinen Zahlungsverpflichtungen von 50.000 Schilling Gesellschafteranteil und 600.000 Schilling Subvention nachkam, bedingte sich zusätzlich aus, ein Viertel aller Betten an Kinder von Kriegsopfern zu vergeben. Das katholisch-konservativ orientierte Jugendherbergswerk wiederum, das nicht einmal annähernd den vorgesehenen Betrag zahlte, sollte das „Haus der Jugend" führen, wozu es aber nicht kam. Dem Roten Kreuz und der Schweizer Europa-Hilfe wurden für Subventionen wiederum die Unterbringung von ungarischen Studierenden garantiert, die Landeslandwirtschaftskammer erwartete ein gewisses Maß an Unterkünften für Gärtner-Lehrlinge.[140]

1960 begann jene Entwicklung, die die enge Verbundenheit zwischen ÖVP und katholischer Kirche in Tirol sowie den Ressourcentransfer trotz eindeutiger Auflagen des ERP-Kredits, der eine überparteiliche und überkonfessionelle Führung forderte, verdeutlicht: Die Apostolische Administratur Innsbruck-Feldkirch übernahm die Gesellschaftsanteile von Kriegsopferverband und Jugendherbergswerk. Im Aufsichtsrat waren nunmehr auch zwei Geistliche vertreten. Außerdem konnte die Apostolische Administratur das „Haus der Jugend" auf 25 Jahre pachten. Schützenhuber schied mit einer Abfertigung als Geschäftsführer aus.[141] Über all diese Veränderungen wurden der Innsbrucker Stadtsenat und der Gemeinderat nicht mehr informiert. Als die SPÖ, die seit

---

137 Ebd., Kaufvertrag vom 21.6.1957.
138 Ebd., Stadtbauamt an Mag.Abt. IV, 6.12.1951.
139 Protokoll des Innsbrucker Gemeinderates vom 10.7.1958, S. 98 f., StAI.
140 Sammelakt StZ 3021 A10 1968, Amtsbericht der Abt. IV Zl.-7517/1960, 5.12.1960, Archiv IIG.
141 Ebd., Abschrift der Handelsregistererhebung o.D.

1957 nicht mehr im Aufsichtsrat vertreten war, davon erfuhr, stellte sie eine Anfrage im Gemeinderat, doch die vollständige Beantwortung ließ auf sich warten. Heinrich Süß, der aus dem Gemeinderat ausgeschieden war, aber trotzdem offiziell weiterhin als städtischer Vertreter in der Gesellschaft geführt wurde, war offenbar nicht mehr greifbar, Protokolle von den beiden Geschäftsführern lagen nicht vor. Auch die Bedingungen für den Pachtvertrag konnten nicht vorgelegt werden.[142] Noch 1964 drängte der sozialistische Gemeinderat Herbert Salcher, der später das Sozialressort in der Tiroler Landesregierung führte und 1979 Bundesminister für Gesundheit und Umweltschutz wurde, auf eine Entscheidung, wen die Stadt in den Aufsichtsrat der Gesellschaft „Haus der Jugend" entsende.[143]

Am 5. März 1966 beantragte das Konsistorium der mittlerweile zur Diözese erhobenen Apostolischen Administratur Innsbruck-Feldkirch schließlich bei der Stadt, ihre Anteile an der Gesellschaft ablösen zu wollen. Nach einem Besuch des Gemeinderates bei Bischof Paul Rusch fällte der Stadtsenat einen Mehrheitsbeschluss, den der Gemeinderat unter Protesten von SozialistInnen und FPÖ bestätigte. Der Protest bezog sich unter anderem auf die Ablösesumme. Statt der insgesamt geleisteten 850.000 Schilling sollten aus Sicht der GemeinderätInnen zumindest 600.000 Schilling wieder in die Stadtkasse zurück fließen. Die Diözese bot jedoch lediglich 400.000 – das betraf die Stammeinlage von 50.000 Schilling und den ursprünglichen Gegenwert des Grundstücks. Alle weiteren Zahlungen sollten als Subventionen gelten.[144] Die ÖVP-Fraktion nahm diese Bedingungen an und die Stadt zog sich aus der Gesellschaft „Haus der Jugend" zurück.[145] Das Land Tirol überließ seine Anteile ebenfalls.

Was zunächst als überparteiliches, überkonfessionell geführtes Jugendhaus angedacht war, in dem auch alle Jugendorganisationen Platz finden sollten, wurde Mitte der 1960er Jahre in ein von der katholischen Kirche geführtes „Haus der Jugend" übergeführt. Aus den Unterlagen geht nicht eindeutig hervor, wieviel die Apostolische Administratur bzw. die Diözese effektiv an Ablösen bezahlte. Ein Teil der Einlagen dürfte jedenfalls mit dem Verkauf des Inventars in der Höhe von 600.000 Schilling gegengerechnet worden sein. Die Diözese kompensierte auch die Ablöse von 400.000 Schilling an die Stadt – mit den Patronatsleistungen für die Pfarren St. Jakob, St. Nikolaus und Dreiheiligen in den Jahren 1967 und 1968.[146] Die Übernahme des „Haus der Jugend" war vermutlich kein schlechtes Geschäft. Das SchülerInnen- und Lehrlingsheim sowie die Jugendherberge waren von Beginn an gut ausgelastet, wie der ehemalige Geschäftsführer Schützenhuber 1960 verdeutlicht hatte:

„Bisher konnten im Wesentlichen die Auslagen mit den jeweiligen Einnahmen gedeckt werden, so daß das Haus der Jugend keine Subventionen in Anspruch nehmen musste."[147]

---

142 Ebd., Abt. IV an Bürgermeister Alois Lugger, 29.4.1961.
143 Vgl. Protokoll des Innsbrucker Gemeinderates vom 22.7.1964, S. 136–138, StAI.
144 Sammelakt StZ 3021 A10 1968, Vollmacht Zl. II-3121/1968, 24.4.1968, Archiv IIG.
145 Vgl. Protokoll des Innsbrucker Gemeinderates vom 3.11.1966, S. 572–581, StAI.
146 Sammelakt StZ 3021 A10 1968, Amtsvermerk der Abt. IV, 27.3.1968, Archiv IIG.
147 Ebd., Zl. IV-7517/1960, Aktennotiz Schützenhuber, 2.12.1960.

Weiterhin forderte die Sozialistische Gemeinderatsfraktion die Unterstützung der Schaffung von Räumlichkeiten für Jugendorganisationen und meinte damit vor allem ihre eigenen Vorfeldorganisationen, denn der Ressourcentransfer in Richtung ÖVP-naher Organisationen sowie jener der Kirche war durch die dominierende Stellung der Mehrheitspartei ohnehin gegeben.[148] Im Gebäude an der Gumppstraße 71, das nach wie vor der Diözese gehört, fand sich schließlich das Integrationshaus, das 2016 abgerissen wurde, um einen Neubau zu errichten.[149]

---

148 Vgl. Protokolle des Innsbrucker Gemeinderates vom 22.7.1964, S. 146–157, bzw. 24.7.1986, S. 1235–1242, StAI.
149 Homepage Bezirksblätter, https://www.meinbezirk.at/innsbruck/lokales/das-neue-integrationshaus-ist-bisher-nur-plan-d2415889.html (abgerufen am 26.4.2018).

3 Gesetzliche Rahmenbedingungen

Die 1970er Jahre sind in Österreich geprägt von der Ära des Bundeskanzlers Bruno Kreisky. Nach dem Sieg der SPÖ bei den Nationalratswahlen am 1. März 1970 wurde die Alleinregierung der ÖVP durch eine 13 Jahre währende SPÖ-Dominanz ersetzt. Einer Minderheitsregierung mit Duldung der FPÖ folgte bei den Nationalratswahlen am 10. Oktober 1971 die Erringung der absoluten Mehrheit, welche die SPÖ bis zum 24. April 1983 halten konnte. Allenthalben ist bei der Charakterisierung dieser Ära von einer Modernisierung, Liberalisierung und gesellschaftlichen Öffnung die Rede, ein zuvor in den Jahrzehnten der Großen Koalition (durchwegs unter Führung der ÖVP) und der ÖVP-Alleinregierung von 1966 bis 1970 entstandener Reformstau, wurde nach und nach aufgearbeitet. Das gilt insbesondere auch für den Justizbereich, der mit dem Namen Christian Broda verbunden ist, welcher von 1970 bis 1983 allen Kabinetten Kreiskys als Justizminister angehörte.

Einige Justizreformen zielten besonders auf Kinder und Jugendliche aus marginalisierten und ärmeren Bevölkerungsgruppen ab, also Kinder aus Arbeiterfamilien, von Alleinerzieherinnen etc. Kinder und Jugendliche aus diesen vielfach benachteiligten Gruppen stehen im Zentrum der gegenständlichen Untersuchung.

3.1 Gleichstellung unehelicher Kinder

So erfuhren im Untersuchungszeitraum 1970 bis 1990 die Rechte unehelich geborener Kinder einen wesentlichen Wandel. 1970 erfolgten erste Schritte zur Gleichstellung von ehelich und unehelich geborenen Kindern.[150] Kern dieser Änderungen im ABGB[151] war die ersatzlose Streichung des alten § 155 mit der Bestimmung: „Die unehelichen Kinder genießen nicht die gleichen Rechte mit den Ehelichen." Allerdings blieben die unehelichen Kinder in ihren Rechten trotzdem weiter hinter jenen der ehelich geborenen zurück, insbesondere im Erbrecht. Die neu formulierten §§ 754–757 ABGB stellten das unehelich geborene Kind als Erbe nach seinem Vater in einen eindeutigen Nachrang gegenüber dessen Witwe und den ehelichen Kindern. Der gesetzliche Erbteil einer Witwe gegenüber ihrem Ehemann mit unehelichem Kind war demnach so zu bestim-

---

150 342. Bundesgesetz vom 30. Oktober 1970 über die Neuordnung der Rechtsstellung des unehelichen Kindes, BGBl. vom 3.12.1970. Die Bestimmungen traten am 1. Juli 1971 in Kraft.
151 Das Allgemeine Bürgerliche Gesetzbuch (ABGB) ist in den deutschen Erbländern des Kaisertum Österreichs 1812 in Kraft getreten. Es ist damit das älteste noch in Geltung stehende Gesetz des deutschen Sprachraums, auch wenn es sich durch schier unzähligen Novellen in seiner aktuellen Fassung vom ursprünglichen Gesetz dramatisch unterscheidet. Derzeit umfasst das ABGB über 1500 Paragraphen und regelt das Zivilrecht in Österreich.

men, „wie wenn das uneheliche Kind nicht vorhanden wäre".[152] Erst das Erbrechtsänderungsgesetz 1989 hob diese Ungerechtigkeit auf und stellte uneheliche mit ehelichen Kindern beim Erben gleich.[153]

Die Novelle von 1970 sicherte unehelich geborenen Kindern eine Gleichstellung beim Unterhalt mit ehelich geborenen zu, einschließlich der Versorgung, der Pflege und der Erziehung.[154] Im § 170 wurde eine Rangordnung festgelegt, wem das Recht zur Pflege und Erziehung eines unehelichen Kindes zusteht: In erster Linie der Mutter, nur wenn diese nicht dazu im Stande ist, dem Vater, schließlich den mütterlichen und zuletzt den väterlichen Großeltern. Im selben Paragraphen erhielt der Vater ein Recht zur Meinungsäußerung in wesentlichen Entscheidungen, die sein Kind betreffen. Genannt werden u. a. Fragen der (Aus-)Bildung, der religiösen Erziehung, die Verlegung des gewöhnlichen Aufenthalts ins Ausland oder eine Übergabe in fremde Pflege. Die Mutter wird verpflichtet, „die Äußerung zu berücksichtigen, wenn der von ihrem Willen abweichende Wunsch des Vaters dem Wohle des Kindes besser entspricht".[155]

3.2 Diskriminierung von Müttern unehelicher Kinder

Das Gesetz über die Neuordnung des unehelichen Kindes räumte Müttern 1971 die Möglichkeit ein, einen Antrag auf Zuerkennung der Vormundschaft einzubringen. Aber es dauerte bis 1989, ehe die Mütter unehelicher Kinder vom Generalverdacht befreit wurden, unfähig zu sein, ihre Kinder in wichtigen Fragen vertreten zu können. Bis zu diesem Zeitpunkt wurden unehelich geborene Kinder automatisch unter Amtsvormundschaft gestellt.

Das Jugendwohlfahrtsgesetz 1954 (JWG 1954) hatte die zuvor bestehende Gesetzeslage fortgeschrieben, wonach Frauen grundsätzlich nicht in der Lage seien, über rechtlich relevante Fragestellungen ihre minderjährigen Kinder zu entscheiden. Der § 17 im JWG 1954 lautete nüchtern: „Mit der Geburt eines unehelichen Kindes im Inland wird die Bezirksverwaltungsbehörde, in deren Sprengel der Geburtsort liegt, Amtsvormund dieses Kindes."[156]

Der Amtsvormund war ein ausübendes Organ der Jugendwohlfahrt. Diese Funktion übernahm häufig der Leiter des jeweiligen Jugendamtes bzw. sein Stellvertreter. Zentrale Aufgabenstellungen waren Fragen der Vaterschaft, des Unterhalts, der Erziehung und der Vermögensverwaltung. Amtsvormunde (meist männlich) arbeiteten dabei mit den jeweiligen Fürsorgerinnen (meist weiblich) zusammen, die bei unehelichen Kindern

---

152 Gesetz über die Neuordnung der Rechtsstellung des unehelichen Kindes, § 757 ABGB.
153 656. Bundesgesetz vom 13. Dezember 1989 über die Gleichstellung des unehelichen Kindes im Erbrecht und die Sicherung der Ehewohnung für den überlebenden Ehegatten (Erbrechtsänderungsgesetz 1989 – ErbRÄG 1989). Dieses Gesetz ist am 1. Jänner 1991 in Kraft getreten.
154 Gesetz über die Neuordnung der Rechtsstellung des unehelichen Kindes, § 166 ABGB.
155 Ebd.; vgl. Rainer Kulms: Österreich, Ausgewählte Probleme aus dem österreichischen Obsorge- und Unterhaltsrecht, in: Peter Dopffel: Kindschaftsrecht im Wandel, Zwölf Länderberichte mit einer vergleichenden Summe, Tübingen 1994.
156 99. Bundesgesetz vom 9. April 1954, womit Grundsätze über Mutterschafts-, Säuglings- und Jugendfürsorge aufgestellt und unmittelbar anzuwendende Vorschriften über die die Jugendwohlfahrt erlassen werden (Jugendwohlfahrtsgesetz – JWG.), BGBl. vom 18.5.1954.

ebenso unvermeidlich im Spiel waren. Ein uneheliches Kind war also ab dem Tag seiner Geburt aktenkundig, stand daher ebenso wie seine Mutter unter Beobachtung und war damit einem erhöhten Risikio ausgesetzt, unter Erziehungshilfe, Erziehungsaufsicht oder Fürsorgeerziehung gestellt zu werden.

Die frauendiskriminierende Haltung hinter dem § 17 JWG 1954 wird angesichts von Aussagen aus der Nationalratsdebatte zur Gesetzeswerdung des JWG vom 12. Oktober 1953 noch deutlicher:

„Denn es ist eine Erfahrungstatsache, daß die Mütter unehelicher Kinder teils wegen ihrer mangelnden Rechtskenntnisse, häufig aber auch wegen ihrer Einstellung zum Erzeuger der Kinder, die in der Hoffnung auf eine Heirat besteht und daher auf eine möglichste Schonung des Vaters gerichtet oder aber auch in Hassgefühle durch [sic!] den Vater umgeschlagen sein kann, niemals in gleicher Weise geeignet sind, die berechtigten Ansprüche der Kinder gegen ihren Erzeuger durchzusetzen wie die mit geschulten Kräften ausgestatteten und nur von sachlichen Erwägungen geleiteten Verwaltungsbehörden."[157]

Wie bereits erwähnt, bekamen uneheliche Mütter 1971 die Möglichkeit per Antrag der Amtsvormundschaft zu entkommen. Voraussetzung für die Zuerkennung der Vormundschaft war, dass die Mutter vom Jugendamt und vom zuständigen Gericht als dafür geeignet eingestuft wurde und sie schon mit der Sorge um Pflege und Erziehung des Kindes betraut war. Allerdings konnte auch in solchen Fällen die Bezirksverwaltungsbehörde zum „besonderen Sachwalter des Kindes" bestellt werden, etwa zur Feststellung der Vaterschaft oder der leichteren Durchsetzung von Unterhaltsansprüchen.[158] Entscheidungen, die einvernehmlich zwischen Müttern und Behörden getroffen werden konnten – oder auch nicht.

In der Budgetdebatte des Innsbrucker Gemeinderates vom 18. Dezember 1972 erklärte der nachmalige langjährige Sozialstadtrat Paul Kummer (ÖVP), dass im Laufe des Jahres 1972 vom Innsbrucker Vormundschaftsamt 2.815 Vormundschaften über minderjährige uneheliche Kinder und 49 über eheliche Kinder geführt worden seien. Kummer führte weiter aus:

„Seit dem Inkrafttreten des Unehelichenrechts am 1.7.1971 hat die Aufklärung aller betroffenen Mütter bewirkt, daß die Vormundschaften auch von den Müttern selbst für ihre eigenen Kinder übernommen werden können. Zur Sicherstellung des Unterhaltes können sie die Hilfe des Amtes durch Amtskuratelle in Anspruch nehmen."[159]

---

157 Stenografisches Protokoll des Nationalrates VII. GP S. 18, vom 12. Oktober 1953, zitiert nach: Paula Tiefenthaler: Vater Staat und seine Kinder. Die Entwicklung der öffentlichen Jugendwohlfahrt in Österreich von der Amtsvormundschaft zur gewählten Interessensvertretung. Dipl.Arb., Innsbruck 2003, S. 77.
158 Gesetz über die Neuordnung der Rechtsstellung des unehelichen Kindes, § 198 ABGB.
159 Protokoll des Innsbrucker Gemeinderates vom 19.12.1972, S. 1065, StAI.

Die Aussagen sind aber irreführend, weil sie den falschen Schluss nahelegen, es wäre die alleinige Entscheidung der Mütter, eine Vormundschaft zu übernehmen.

Die Dominanz der Amtsvormundschaft blieb unbeschadet der Gesetzesänderung von 1971. Unverhohlen frauenfeindliche Ansichten prägten auch 1977 einen in der Vereinszeitschrift der Amtsvormünder veröffentlichten Artikel:

„Je einfacher und ungebildeter eine Mutter ist, desto weniger wird ihr zu Bewusstsein kommen, dass viele Aufgaben zu bewältigen sind. Sie wird vieles versäumen und vergessen, was unter Umständen nicht mehr nachgeholt werden kann. [...] Es muss in aller Deutlichkeit gesagt werden, dass einem gewissen Prozentsatz der unehelichen Mütter mangelnde Lebensklugheit, Einsicht und Verantwortungsgefühl zu bescheinigen ist. [...] Die Abschaffung der Amtsvormundschaft widerspricht dem Willen der Frauen. [...] Es stellt sich nun die Frage, weshalb Bewährtes aufzugeben und Neues zu Schaden von Mutter und Kind geschaffen werden soll. Wir sollten der Bevölkerung gegenüber nicht von Mündigkeit sprechen um sie tatsächlich aber schutzlos zu machen."[160]

Es kann den Autoren dieser Zeilen zugute gehalten werden, dass sie aus einer Befangenheit im Interesse der Erhaltung ihrer Jobs und ihres Einflusses heraus argumentierten. Aber offenbar haben Geisteshaltungen wie diese dazu beigetragen, eine Gesetzesänderung zugunsten der Frauen noch einmal um mehr als ein Jahrzehnt hintanzuhalten.

Erst mit dem Jugendwohlfahrtsgesetz 1989[161] fiel die obligatorische Amtsvormundschaft für uneheliche Kinder ersatzlos. Seither sind Mütter unehelicher Kinder automatisch deren Vormünder. Die Amtsvormundschaft bleibt auf Kinder minderjähriger Mütter/Väter (jünger als 18 Jahre) beschränkt, weiters auf Kinder, deren Mütter/Väter unter Vormundschaft stehen, bzw. Kinder, deren Mütter vor oder bei der Geburt verstorben sind bzw. deren Väter verstorben oder unbekannten Aufenthalts sind.

3.3 Unterhaltsvorschussgesetz

Eine wesentliche Verbesserung für unterhaltsberechtigte Kinder brachte das Unterhaltsvorschussgesetz (UVG) 1976. Damit wurde es möglich, dass (vorwiegend) Müttern aufwändige und oft hoffnungslose Exekutionsverfahren gegen säumige Unterhaltsschuldner erspart blieben. Anträge auf einen Unterhaltsvorschuss können seither beim zuständigen Vormundschafts-/Pflegschaftsgericht eingebracht werden, dieses entscheidet über Höhe und Dauer des Unterhaltsvorschusses. Die Auszahlung erfolgt über die Gerichtskasse. Aufgabe der Bezirksverwaltungsbehörde (bzw. des zuständigen Jugendamtes) ist es, die geleisteten Zahlungen beim säumigen Elternteil einzutreiben.

---

160 Herwig Strauss/Otmar Brosch/Karl Amersdorfer: Gegenwart und Zukunft der Amtsvormundschaft, in: Der Österreichische Amtsvormund 9/1977, Folge 43/44, S. 134–139, zitiert nach Tiefenthaler 2003, S. 78.
161 161. Bundesgesetz vom 15. März 1989, mit dem Grundsätze über die Mutterschafts-, Säuglings- und Jugendfürsorge aufgestellt und unmittelbar anzuwendende Vorschriften in diesem Bereich erlassen werden (Jugendwohlfahrtsgesetz 1989 – JWG), BGBl. vom 11.4.1989. Das JWG 1989 trat am 1. Juli 1989 in Kraft.

3 Gesetzliche Rahmenbedingungen

Das Unterhaltsvorschussgesetz war und ist vor allem für sozial benachteiligte Kinder und jenem Elternteil, bei dem sie leben, ein Meilenstein für eine soziale Absicherung auf niedrigem Niveau.[162] Bereits sieben Wochen nach Inkrafttreten des UVG zog GR Paul Kummer im Rahmen der Budgetdebatte des Innsbrucker Gemeinderats eine positive Bilanz: „Durch die Möglichkeit einer Unterhaltsbevorschussung konnte bereits vielen Müttern die Last mit der Versorgung ihrer Kinder erträglicher gemacht werden."[163] Allerdings bedeute das neue Gesetz für die Jugend- und Vormundschaftsämter „eine erhebliche Mehrbelastung", ob deshalb beim Jugendamt der Stadt Innsbruck „eine Aufstockung des Personalstandes" notwendig sei, lasse sich in der kurzen Dauer des Wirksamwerdens des Gesetzes aber noch nicht absehen, betonte Kummer.[164]

Allerdings beschränken sich die Möglichkeiten des UVG auf jene Fälle, in denen ein gerichtlich festgelegter und exekutierbarer Anspruch auf Unterhalt vorliegt. Ist ein/e Unterhaltspflichtige/r krank oder erwerbsunfähig und bezieht auch keine entsprechenden Ersatzleistungen (Krankengeld, Pension), kann kein Unterhaltsvorschuss zugesprochen werden.[165] Mit der Einführung des Instruments des „vorläufigen Unterhalts" im Zuge der UVG-Novelle 1987 wurde die Möglichkeit zur materiellen Absicherung minderjähriger Kinder ausgedehnt und kann per einstweiliger Verfügung bis zur Höhe der Familienbeihilfe sehr rasch zugesprochen werden. Vom Ziel einer staatlichen Grundsicherung für Kinder ist Österreich allerdings auch 2020 noch weit entfernt. Kinder, deren Väter nicht leistungsfähig sind oder sich in ausländischer Strafhaft befinden, oder Kinder, bei denen keine Vaterschaft festgestellt wurde, sind weiterhin von den skizzierten Möglichkeiten ausgeschlossen. Mangelhaft abgesichert bleiben ebenfalls jene Kinder, deren Väter beschränkt leistungsfähig sind (etwa weil mehrere Kinder zu versorgen sind) und daher nur Unterhaltsvorschüsse gewährt werden können, die deutlich niedriger sind als notwendig wäre.

Auf die nach 1989 erfolgten weiteren Gesetzesänderungen bei der Rechtsvertretung von Kindern und Jugendlichen wird hier nicht weiter eingegangen.

3.4 Jugendwohlfahrtsgesetz

Wesentliche Teile der Gesetzgebung im Jugendwohlfahrtsbereich gliedern sich in ein Rahmenregelwerk des Bundes und einer Ausführungsgesetzgebung der Länder. Das erste Rahmengesetz in der 2. Republik wurde vom Nationalrat am 9. April 1954 beschlossen (JWG)[166] und durch das am 23. Mai 1955 vom Tiroler Landtag beschlossene Tiroler Jugendwohlfahrtsgesetz (TJWG) ergänzt.[167]

---

162 250. Bundesgesetz: vom 20. Mai 1976 über die Gewährung von Vorschüssen auf den Unterhalt von Kindern (Unterhaltsvorschußgesetz), BGBl. vom 15.6.1976. Das Gesetz trat am 1.11.1976 in Kraft.
163 Protokoll des Innsbrucker Gemeinderates vom 21.12.1976, S. 681, StAI.
164 Ebd.
165 Vgl. Tiefenthaler 2003.
166 JWG 1954.
167 28. Gesetz vom 23. Mai 1955 über die öffentliche Jugendwohlfahrtspflege in Tirol (Tiroler Jugendwohlfahrtsgesetz – TJWG).

Beide Gesetze wurden erst 1989 bzw. 1990 neu formuliert, das neue JWG trat am 1. Juli 1989[168], das TJWG am 1. Jänner 1991 in Kraft.[169]

Zeitgleich mit dem JWG hat der Bundesgesetzgeber auch das eng mit dem JWG verzahnte Kindschaftsrecht im Kindschaftsrecht-Änderungsgesetz – KindRÄG in wesentlichen Teilen erneuert.[170] Auf wichtige Aspekte in diesem Zusammenhang geht dieses Kapitel an anderer Stelle ein. Das gilt auch für die Änderungen bei der Rechtsstellung des unehelichen Kindes.

Ein zentraler Aspekt der Neuerungen war die Verankerung der Stärkung der Familien und der Subsidiarität der Jugendwohlfahrt. „Die öffentliche Jugendwohlfahrt darf in familiäre Bereiche und Beziehungen nur insoweit eingreifen, als dies zum Wohl des Minderjährigen notwendig ist", heißt es dazu im JWG 1989.[171] Das TJWG 1990 beschreibt als Aufgabe der öffentlichen Jugendwohlfahrt deren beratende und unterstützende Rolle gegenüber den Familien.[172] Im Falle der Gewährung von Hilfen verlangt das TJWG die Berücksichtigung der Entwicklungsmöglichkeiten des Minderjährigen bezüglich seiner Anlagen, Fähigkeiten, Neigungen und Bedürfnissen.[173] Explizit fordert der Landesgesetzgeber von der Jungedwohlfahrt das gesellschaftliche Umfeld des Minderjährigen einzubeziehen: „Dem Wohl des Minderjährigen dienende soziale Bindungen, die seiner persönlichen und sozialen Entfaltung dienen, sind zu erhalten und zu stärken oder erforderlichenfalls zu schaffen."[174]

Neu ist auch die Auflage an die Jugendwohlfahrt „allgemein anerkannte wissenschaftliche Erkenntnisse und darauf aufbauende Methoden" zur Grundlage ihre Arbeit zu machen[175] und die Selbstverpflichtung des Landes „die Forschung auf den Gebiet der Jugendwohlfahrt zu fördern".[176]

Die Mehrzahl der letztgenannten Punkte sieht bereits das JWG in ähnlicher Formulierung vor, das gilt auch für die Verpflichtung zur Verschwiegenheit[177] und die Sicherstellung der fachlichen Qualifikation für den jeweiligen Bereich der Tätigkeit von ErzieherInnen, SozialarbeiterInnen etc.[178] Das TJWG schreibt darüber hinaus Fortbildung, Teamsitzungen und Supervision als integrale Bestandteile von deren Tätigkeit fest.[179]

---

168 161. Bundesgesetz vom 15. März 1989, mit dem Grundsätze über die Mutterschafts-, Säuglings- und Jugendfürsorge aufgestellt und unmittelbar anzuwendende Vorschriften in diesem Bereich erlassen werden (Jugendwohlfahrtsgesetz 1989 – JWG), BGBl. vom 11.4.1989. Das JWG 1989 trat am 1.7.1989 in Kraft.
169 Gesetz vom 20. November 1990 über die öffentliche Jugendwohlfahrt (Tiroler Jugendwohlfahrtsgesetz). Das Gesetz trat am 1.1.1991 in Kraft.
170 162. Bundesgesetz vom 15. März 1989 über die Änderung des Kindschaftsrechts (Kindschaftsrecht-Änderungsgesetz – KindRÄG), BGBl. vom 11.4.1989. Das KindRÄG 1989 trat am 1.7.1989 in Kraft.
171 § 3 Abs. 3 JWG 1989.
172 § 2 Abs. 1 TJWG 1990.
173 Ebd., Abs. 3.
174 Ebd., Abs. 4.
175 Ebd., Abs. 6.
176 § 5 Abs. 1 TJWG 1990.
177 § 9, TJWG 1990, § 7 JWG 1989.
178 § 6 JWG 1989, § 8 Abs. 1 TJWG 1990.
179 § 8 Abs. 2 und 3 TJWG 1990.

Einrichtungen der freien Jugendwohlfahrt sind nach Prüfung ihrer Eignung anzuerkennen, ja es ist ihnen gegenüber einem öffentlichen Träger sogar der Vorzug einzuräumen, wenn der freie Anbieter „das Wohl eines Minderjährigen besser und wirtschaftlicher als der öffentliche Träger" gewährleistet.[180]

Die Schaffung eines umfassenden Netzes sozialer Dienste wurde ebenso festgeschrieben, wie die Auflage, dass deren Inanspruchnahme in der Regel unentgeltlich zu sein hat.[181] Die Aufgaben in diesem Netz sozialer Dienste blieben vage formuliert, bezogen auf Kinder und Jugendliche heißt es im TJWG, dass diese „bei der Bewältigung ihrer Probleme in der persönlichen und sozialen Entfaltung zu unterstützen" seien.[182] Unter jedenfalls anzubietenden „Arten der Hilfe" findet sich für Kinder und Jugendliche deren Beratung „insbesondere bei Meinungsverschiedenheiten und Auseinandersetzungen mit Erziehungsberechtigten über Pflege und Erziehung"[183]. Die Beratung von Erziehungsberechtigten nennt als Ziel u. a. die „Durchsetzung des Grundsatzes der gewaltlosen Erziehung".[184]

Bei den „Hilfen zur Erziehung" unterscheidet das TJWG 1990 zwischen „Unterstützung der Erziehung" und der „Vollen Erziehung". Dabei soll die „Volle Erziehung" dann zum Tragen kommen, „wenn die Erziehungsberechtigten nicht in der Lage sind, die zum Wohl eines Minderjährigen erforderliche Erziehung zu gewährleisten".[185] Verbunden damit ist eine Fremdunterbringung, wobei dafür Pflegefamilien, Kinderdorffamilien, Heime oder „sonstige Einrichtungen" genannt werden.[186] Bemerkenswert ist, dass das Rahmengesetz des Bundes ausdrücklich „sozialpädagogische Wohngemeinschaften" nennt,[187] während man im TJWG den Begriff „Wohngemeinschaften" vergeblich sucht, wenngleich diese zweifellos in den „sonstigen Einrichtungen" subsummiert sind. Sowohl für die „Unterstützung der Erziehung" wie die „Volle Erziehung" sieht das Gesetz entweder eine Vereinbarung mit den Erziehungsberechtigten oder – sofern diese nicht erreichbar ist – eine gerichtliche Entscheidung vor.[188]

Das TJWG 1990 schreibt einen Jugendwohlfahrtsbeirat verpflichtend vor. Dessen Aufgabe ist die „Beratung der Landesregierung in den Angelegenheiten der Jugendwohlfahrt". Neben dem zuständigen Mitglied der Landesregierung und leitenden Beamten der Jugendwohlfahrt gehören diesem Gremium u. a. je drei VertreterInnen der Bezirksjugendämter, der Wissenschaft, VertreterInnen der freien Jugendwohlfahrt Tirols an.[189] Soziallandesrat Fritz Greiderer (SPÖ) hatte auf freiwilliger Basis einen Jugendwohlfahrtsbeirat bereits 1988 eingerichtet, der im Prozess der Gesetzeswerdung eine wesentliche Rolle spielte und sich Verdienste um das Zustandekommen des Tiroler Jugendwohlfahrtsgesetzes 1990 erwarb.

---

180 § 8 Abs. 1 JWG 1989.
181 § 12 JWG 1989, § 9 TJWG.
182 § 10 b TJWG 1990.
183 Ebd., § 11 Abs. 1 b 1.
184 Ebd., § 11 Abs. 1 c 1.
185 Ebd., § 13 bzw. 14.
186 Ebd., § 14 Abs. 2.
187 § 12 Abs. 1 Zi. 5 JWG 1989.
188 § 15 TJWG 1990.
189 Ebd., § 30.

Insgesamt sind JWG 1989 und TJWG 1990 vom Bestreben gekennzeichnet, das Regelwerk den Veränderungen in gesellschaftlichen Verhältnissen und der Praxis der Jugendwohlfahrt anzupassen sowie deren Dienstleistungscharakter und Subsidiarität hervorzuheben. Zu den zentralen Überlegungen zählt auch, die Bedeutung freier Träger der Jugendwohlfahrt hervorzuheben und die Professionalisierung von Einrichtungen und entsprechende Qualifikation der MitarbeiterInnen verpflichtend einzuführen.[190]

Eine Neuerung sind auch die vom Bundesgesetzgeber vorgesehenen, in allen Ländern einzurichtenden Kinder- und Jugendanwaltschaften.[191] Tirol war es vorbehalten sich als letztes Bundesland auf eine diesbezügliche gesetzliche Regelung zu einigen, diese kam aufgrund von Widerständen in der Mehrheitspartei ÖVP erst vier Jahre nach dem Beschluss des TJWG zustande.[192]

3.5 Gewaltverbot statt Züchtigungsrecht

Das absolute Gewaltverbot gegenüber Kindern und Jugendlichen ist in Österreich seit 1989 gesetzlich verankert. 2011 wurde dieses Recht im Verfassungsrang fixiert. Seither gilt im „Bundesverfassungsgesetz über die Rechte von Kindern" die Regelung von dessen Artikel 5 Abs.1: „Jedes Kind hat das Recht auf gewaltfreie Erziehung. Körperliche Bestrafungen, die Zufügung seelischen Leides, sexueller Missbrauch und andere Misshandlungen sind verboten."

Damit hat Österreich in international beispielhafter Form die entsprechende Bestimmung des „UN-Übereinkommens über die Rechte des Kindes" in nationales Recht gegossen.[193] Der Weg zu dieser Eindeutigkeit war allerdings lang. Bis Mitte der 1970er Jahre hatten Eltern, Lehrer, Erzieher, Lehrherren etc. ein Züchtigungsrecht gegenüber Kindern, das lediglich Misshandlungen mit körperlichen Folgeschäden verbot. Im Strafgesetz 1852 (St.G.), das 1945 wiederverlautbart wurde und bis 31. Dezember 1974 in Kraft war, hieß es dazu wörtlich im § 413. „Mißhandlungen bei häuslicher Zucht":

„Das Recht der häuslichen Zucht kann in keinem Falle bis zu Mißhandlungen ausgedehnt werden, wodurch der Gezüchtigte am Körper Schaden nimmt. Daher sind dergleichen Mißhandlungen der Eltern an ihren Kindern, der Vormünder an Mündeln, eines Gatten an dem anderen, der Erzieher und Lehrer an ihren Zöglingen und Schülern, der Lehrherren an ihren Lehrjungen, und der Gesindehälter an dem Dienstvolke als Uebertretungen zu bestrafen."[194]

---

190 Vgl. Tiefenthaler 2003 sowie Amt der Tiroler Landesregierung (ATLR), Abteilung Jugendwohlfahrt in Zusammenarbeit mit dem MCI (Hg.): Geschichte der Tiroler Jugendwohlfahrt. Ergebnis eines Projektunterrichts am Fachhochschulstudiengang Soziale Arbeit unter der Leitung von Waltraud Kreidl, Innsbruck 2006.
191 § 10 JWG 1989.
192 Details zur Etablierung der Kinder- und Jugendanwaltschaft in Tirol im Abschnitt 4.6.2, S. 132 ff.
193 Die UN-Vollversammlung hat das „UN-Übereinkommens über die Rechte des Kindes" am 11. Dezember 1989 beschlossen, nach der Ratifizierung durch den Nationalrat ist das Übereinkommen am 5. September 1992 in Kraft getreten. (NR: GP XVIII RV 413 AB 536 S. 74. BR: AB 4303 S. 556.)
194 Strafgesetz (St.G.) 1852, wiederverlautbart 1945. Allgemeines Reichs-Gesetz und Regierungsblatt für das Kaiserthum Österreich 1852, S. 493 ff., Österreichische Nationalbibliothek.

Im Folgenden § 414 war geregelt, dass Eltern, welche die Grenze zur Misshandlung überschritten, beim ersten Mal zu ermahnen waren, beim zweiten Mal war ein Verweis und die Androhung, dass ihnen das Kind abgenommen werde, vorgesehen. ErzieherInnen und LehrerInnen, welche die ihnen Anvertrauten misshandelten, waren schon im ersten gerichtsanhängigen Verfahren mit Arreststrafen zwischen drei Tagen und einem Monat bedroht. Im Wiederholungsfalle hatte das Gericht die Möglichkeit, die Berechtigung als Lehrer bzw. Erzieher zu arbeiten abzuerkennen.[195]

Die Bestimmungen dieser beiden genannten Paragraphen waren im ab dem 1. Jänner 1975 geltenden Strafgesetzbuch (StGB 1974) ersatzlos gestrichen worden. Gleichzeitig fand das Schulunterrichtsgesetz 1974 (SchuG 1974) in seinem § 47 „Mitwirkung der Schule an der Erziehung" im Abs. 3 eine klare Regelung: „Körperliche Züchtigung, beleidigende Äußerungen und Kollektivstrafen sind verboten."

Beim ABGB war der Mut zu eindeutigen Aussagen gegen die Gewalt an Kindern deutlich weniger ausgeprägt. Der § 145 aF hatte körperliche Sanktionen mit der Formulierung legitimiert, Erziehungsberechtigte hätten das Recht, „unsittliche, ungehorsame oder die häusliche Ordnung störende Kinder auf eine nicht übertriebene und ihre Gesundheit unschädliche Art zu züchtigen". Die ab 1978 geltende Neuformulierung brachte keine wesentliche Änderung. Sie verpflichtete minderjährige Kinder dazu, die Anordnung der Eltern zu befolgen, und verlangte von den Erziehungsberechtigten, dass sie „bei ihren Anordnungen und deren Durchsetzung auf Alter, Entwicklung und Persönlichkeit des Kindes Bedacht zu nehmen haben".[196] Damit war die „verdiente Ohrfeige" weiterhin erlaubt, während Züchtigung im Sinne von Verprügeln und Verletzen ohnehin bereits verboten war.[197]

Dem augenzwinkernden Umgang mit Gewalt gegen Kinder und Jugendliche blieb damit bis weit in die 1980er Jahre Tür und Tor geöffnet. Im Dezember 1985 berichtete die Tiroler Tageszeitung vom Strafverfahren gegen zwei Erzieher des Landesjugendheims Kleinvolderberg. Ein 17-jähriger Heimbewohner hatte die beiden angezeigt, ihn durch Tritte und Schläge verletzt zu haben, nur durch einen Sprung aus dem Fenster hätte er sich vor schlimmeren Misshandlungen retten können. Die Erzieher verantworteten sich, auf den Jugendlichen lediglich eingeredet zu haben, ehe dieser durch den Sprung aus dem Fenster geflüchtet sei. Ein medizinischer Sachverständiger bescheinigte, dass die Beule am Hinterkopf des Jugendlichen und eine Schürfwunde nicht mit der flachen Hand oder durch Fußtritte zustande kommen konnten – und wohl eher vom Sprung aus dem Fenster stammten. Also sprach der Richter des Landesgerichts Innsbruck die beiden Erzieher frei. In sprachlicher und sachlicher Kumpanei zwischen Richter und Journalist heißt es obendrein: „Er (der Richter, HS) meinte zwar, daß es durchaus vorstellbar sei, daß den Erziehern bei diesem Markus mal die Hand ausgerutscht sei. Allerdings könnten dadurch sicher nicht die angeführten Verletzungen entstanden sein."[198]

Erst die Reform des Kindschaftsrechts 1989 schob derartigen Interpretationen einen Riegel vor und ergänzten die unscharfe Formulierung:

---

195 Ebd.
196 403. Bundesgesetz vom 30.6.1977 über die Neuordnung des Kindschaftsrechts, hier § 146a, BGBl. vom 29.7.1977.
197 Vgl. René Oetzbrugger: Verdiente Ohrfeigen bleiben erlaubt, in: Tiroler Tageszeitung, 2.7.1977, S. 4.
198 Tiroler Tageszeitung, Erzieher von Heimkind angezeigt – Freispruch, 17.12.1985, S. 4.

„Die Eltern haben bei ihren Anordnungen und deren Durchsetzung auf Alter, Entwicklung und Persönlichkeit des Kindes Bedacht zu nehmen; die Anwendung von Gewalt und die Zufügung körperlichen oder seelischen Leides sind unzulässig."[199]

Mit diesem Gesetzesbeschluss reihte sich Österreich nach Schweden (1979), Finnland (1983) und Norwegen (1987) als erst viertes Land in die Gruppe jener Staaten ein, die ein absolutes Gewaltverbot gegenüber Kindern gesetzlich verankerten.[200]

3.6 Strafrecht und Bewährungshilfe

Das Jugendgerichtsgesetz 1961 (JGG 1961) enthält in seinem § 1 eine bis heute gültige Begriffsbestimmung, wonach „Personen, die das vierzehnte Lebensjahr noch nicht vollendet haben" als „Unmündige" gelten und daher strafrechtlich nicht belangt werden können. Als „Jugendliche" definiert das JGG 1961 die Altersgruppe der 14- bis 18-Jährigen.[201] Zwischen 1988 und 2000 wurde diese Altersgrenze auf das vollendete 19. Lebensjahr ausgedeht, seit dem Jahr 2000 sind es wieder nur noch die 14- bis 18-Jährigen.[202] Hauptgrund für diese Reform der Reform war die zwischenzeitlich erfolgte Herabsetzung der Volljährigkeit auf 18 Jahre.

Jugendliche sind strafrechtlich nicht zur Rechenschaft zu ziehen, wenn ihnen „verzögerte Reife" attestiert wird, wenn sie also „nicht reif genug sind, das Unrecht der Tat einzusehen oder nach dieser Einsicht zu handeln".[203] Grundsätzlich gilt für Jugendliche das allgemeine Strafrecht, allerdings ist der jeweilige Strafrahmen auf die Hälfte reduziert.[204] Die Altersgruppe der unter 21-Jährigen („junge Erwachsene") wird im österreichischen Strafrecht traditionell weniger begünstigt als in vielen anderen Ländern. Im Strafgesetzbuch 1974 gilt ein Alter zwischen dem 18. (seit 1988 19.) und 21. Lebensjahr lediglich als „besonderer Milderungsgrund".[205] Die 19 Punkte umfassende Liste der „besonderen Milderungsgründe" (u. a. auch reumütiges Geständnis, ordentlicher Lebenswandel, achtenswerte Beweggründe bei der Tat) ist insofern wichtig, als ein Überwiegen von Milderungsgründen gegenüber Erschwerungsgründen sich bei der Strafzumessung günstig auswirkt.

---

199 § 146 a ABGB KindRÄG 1989.
200 Vgl. Ewald Filler: Vom „archaischen Züchtigungsrecht" zum „absoluten Gewaltverbot", Homepage Gewaltinfo.at, Bundeskanzleramt Abteilung V/2 – Kinder- und Jugendhilfe, http://www.gewaltinfo.at/betroffene/kinder/gesetzliches_gewaltverbot.php (abgerufen am 20.9.2016)
201 278. Bundesgesetz vom 26. Oktober 1961 über die Behandlung junger Rechtsbrecher (Jugendgerichtsgesetz 1961 – JGG 1961), BGBl. vom 27.11.1961.Das JGG 1961 trat am 1.1.1962 in Kraft.
202 599. Bundesgesetz vom 20. Oktober 1988 über die Rechtspflege bei Jugendstraftaten (Jugendgerichtsgesetz 1988 – JGG), BGBl. vom 18.11.1988. Das Gesetz trat am 1. Jänner 1989 in Kraft. Arno Pilgram: Wissen über Jugendkriminalität, öffentliche Debatten und Anzeigenentwicklung. Zur Entwirrung eines komplexen Zusammenhangs. Gutachten im Rahmen des KIRAS-Projektes: Peer Delinquency: Wahrnehmung und Bewertung typischer Jugenddelikte aus der Sicht Jugendlicher als Grundlage für Präventionsmaßnahmen. Wien 2015, S. 5.
203 § 10 JGG 1961.
204 Ebd., § 11.
205 60. Bundesgesetz vom 23. Jänner 1974 über die mit gerichtlicher Strafe bedrohten Handlungen (Strafgesetzbuch — StGB), BGBl. vom 29.1.1974. Das StGB trat am 1.1.1975 in Kraft. Hier: StGB § 34.

Eine Besonderheit des Jugendstrafrechts ist die im JGG 1961 vorgesehen Möglichkeit, dass sowohl der Staatsanwalt, als auch das Gericht ein Verfahren, in dem es um als geringfügig eingestufte Straftaten geht, ohne Urteil zu beenden und sich mit einer Ermahnung des Jugendlichen zu begnügen. Eine weitere Möglichkeit bietet der „Schuldspruch ohne Strafe", auch „echte bedingte Verurteilung" genannt. Die pädagogische Idee dabei ist, dass ein Jugendlicher am Ende eines ihn beeindruckenden Strafverfahrens vom Richter nachdrücklich auf das Unrecht seines Handelns hingewiesen wird, das Gericht – in Vertretung der Gesellschaft – darauf vertraue, dass der Jugendliche das nun verstanden habe und sich künftig wohlverhalten werde. Beim „Schuldspruch ohne Strafe" wird der Jugendliche schuldig gesprochen, das Gericht verzichtet aber unter Setzung einer Probezeit (meist drei Jahre) vorläufig auf die Festsetzung einer Strafe. Erst bei einer neuerlichen Verurteilung innerhalb der Probezeit entscheidet das Gericht, ob und in welchem Ausmaß für die Tat aus dem ersten Verfahren eine Strafe verhängt wird. Als weitere Möglichkeit kann das Gericht bei Jugendlichen die aus dem Erwachsenenstrafrecht bekannte und gebräuchliche „bedingte Strafnachsicht" anwenden. Dabei wird auf den Vollzug einer ausgesprochenen Strafe unter Setzung einer Probezeit vorläufig verzichtet. Gerichtlich angeordnete Bewährungshilfe hat zur Voraussetzung, dass eine Urteilsvariante mit einer Probezeit ausgesprochen wurde.

Das JGG 1961 enthielt auch die gesetzliche Regelung für die Einführung der Bewährungshilfe in Österreich und schuf damit eine wesentliche Voraussetzung dafür, vielen Jugendlichen Gefängnisstrafen und Heimeinweisungen zu ersparen. Die Regelungen des JGG 1961 waren auch der Startschuss für die Ausarbeitung eines eigenen Bewährungshilfegesetzes. Bis zu dessen Beschlussfassung sollte es allerdings noch acht Jahre dauern.[206] Ein Teil dieser Verzögerungen ist auf den Widerstand der Tiroler Landesregierung zurückzuführen. Diese betrachtete Bewährungshilfe als Angelegenheit der Jugendwohlfahrt und damit als Landessache. Der Verfassungsgerichtshof schloss sich aber der Meinung des Bundes an: Einrichtung und Durchführung der Bewährungshilfe sind Angelegenheit des Strafrechts und fallen daher in die Kompetenz des Bundes.

Die gesellschaftliche Tendenz, Jugendkriminalität primär als soziales Problem zu begreifen und harte strafrechtliche Konsequenzen auf schwere Straftaten und Wiederholungstäter zu begrenzen, fand Mitte der 1980er Jahre einen weiteren Ausdruck: Zunächst ab 1985 in einem Modellversuch und ab 1989 gesetzlich geregelt, wurde der „Außergerichtliche Tatausgleich" installiert.[207] Die Idee beim Außergerichtlichen Tatausgleich (ATA) geht weit über eine Schadensgutmachung hinaus. ATA ist der Versuch einen Rechtsfrieden wiederherzustellen, aber nicht mit Mitteln der Justiz, sondern der Sozialen Arbeit. Im günstigsten Fall werden auch die Opfer einer Straftat in diese Tätigkeit miteinbezogen.[208]

Das nach umfangreichen und kontroversiellen Diskussionen vom Nationalrat beschlossene und bereits erwähnte StGB 1974 ist im Kontext der Justizreformen der Ära Kreisky und seines Justizministers Christian Broda gesondert herauszustreichen.

---

206 146. Bundesgesetz vom 27. März 1969 über die Bewährungshilfe (Bewährungshilfegesetz BewHG), BGBl. vom 20.5.1969. Das Gesetz trat am 1. Juli 1969 in Kraft.
207 § 7 JGG 1988.
208 Weitere und vertiefende rechtlichen Aspekte im Zusammenhang mit dem Strafrecht im Kapitel 5 – Jugendkriminalität und Bewährungshilfe, S. 139 ff.

Es löste das völlig veraltete Strafgesetzbuch (StG) von 1852 ab, das 1945 wiederverlautbart worden war. Als gesellschaftspolitisch herausragende Reform ist die Fristenlösung zu erwähnen, die den straflosen Schwangerschaftsabbruch innerhalb der ersten drei Schwangerschaftsmonate ermöglichte.[209] Das StGB 1974 erforderte die Anpassung einer Reihe anderer Gesetze, darunter auch des JGG 1961. Bei dieser Gelegenheit wurden die umstrittenen Bundesanstalten für Erziehungsbedüftige Kaiser-Ebersdorf (Burschen) und Wiener Neudorf (Mädchen) aus dem Gesetz ersatzlos gestrichen.[210] Damit verschwanden nicht nur zwei verrufene und bei den betroffenen Jugendlichen verhasste und gefürchtete Erziehungs- und Strafvollzugsanstalten. Die Schließungen von Kaiser-Ebersdorf und Wiener Neudorf waren zugleich ein Signal, das den Bestrebungen zur Schließung der Großheime im Rahmen der Fürsorgeerziehung u. a. auch in Tirol Auftrieb gab.

3.7 Weitere Gesetzesmaterien

Das aus dem Jahr 1951 stammende Suchtgiftgesetz (SGG 1951) wurde 1971, 1978, 1980 und 1985 novelliert und schließlich 1997 durch das Suchtmittelgesetz (SMG 1997) ersetzt. Die gesetzliche Entwicklung spiegelt über die Jahre eine sich verändernde Sicht auf Drogenkonsum und Sucht wieder. Gestärkt wurden gesundheitsbezogene Aspekte gegenüber den strafrechtlichen. In diesem Sinne fand schon Ende der 1960er Jahre die Orientierung auf „Therapie statt Strafe" eine sprachlich griffige Formulierung. Detaillierter wird auf die Entwicklung der Gesetzgebung im Kapitel Drogen eingegangen.

1974 schuf das Parlament nach jahrelang verschleppten Verhandlungen die Möglichkeit zu einem Wehrersatzdienst. Bis dahin hatten für das Bundesheer taugliche junge Männer nur die Möglichkeit einer Waffendienstverweigerung (mit der Konsequenz, trotzdem zum Heer eingezogen zu werden, ohne Ausbildungen an Waffen mitmachen zu müssen) oder einer Wehrdienstverweigerung (mit strafrechtlichen Konsequenzen und dem hohen Risiko im Gefängnis zu landen). Das Zivildienstgesetz[211] setzte die Dauer des Zivildiensts mit acht Monaten fest. Voraussetzung für die Zulassung war es, vor einer Zivildienstkommission Gewissensgründe glaubhaft zu machen, wieso der Betreffende sich außerstande sah, seiner Wehrpflicht beim Bundesheer nachzukommen. Erst 1992 wurde die Zivildienstkommissionen abgeschafft und damit eine Wahlfreiheit zwischen Zivildienst und Bundesheer ermöglicht. In Sorge um die Attraktivität des Heers entschied sich der Gesetzgeber zeitgleich dazu, die Dauer des Zivildienstes von acht auf zehn Monate zu verlängern.

Das Zivildienstgesetz hat ab 1975 nicht nur für junge Männer einen Ausweg aus Gewissensnöten geschaffen. Innerhalb kurzer Zeit wurden Zivildienstleistende in unter-

---

209 § 97 StGB 1974.
210 425. Bundesgesetz vom 11. Juli 1974, mit dem das Jugendgerichtsgesetz 1961 an das Strafgesetzbuch angepasst wird (Jugendstrafrechtsanpassungsgesetz), BGBl. vom 30.7.1974. Das Gesetz trat am 1. Jänner 1975 in Kraft.
211 187. Bundesgesetz vom 6. März 1974, mit dem Bestimmungen über den Zivildienst erlassen werden (Zivildienstgesetz), BGBl. vom 4.4.1974. Das Gesetz trat am 1. Jänner 1975 in Kraft.

schiedlichen Bereichen des Sozial- und Gesundheitswesens zu tragenden Säulen in vielen Einrichtungen. Viele Sozialeinrichtungen, die in dieser Untersuchung vorgestellt werden, nutzten und nutzen erfolgreich die Möglichkeit, sich beim Landeshauptmann[212] darum zu bewerben, Zivildiener zugeteilt zu bekommen.

---

212 Ebd., § 4.

4 Jugendwohlfahrt

4.1 Die Anfänge

Das Jugendamt Innsbruck hat für österreichische Verhältnisse eine lange Tradition. Der Innsbrucker Gemeinderat beschloss die Etablierung einer derartigen Einrichtung am 27. November 1917. Der Oberlehrer August Reinisch kam ab Mai 1918 seiner Aufgabe als Berufsvormund[213] nach, im Jahr darauf nahmen vier Fürsorgerinnen ihre Tätigkeit auf. Das Jugendamt Innsbruck war in der Zwischenkriegszeit das einzige im Westen Österreichs. Denn während im Osten der neu entstandenen Republik öffentliche Institutionen der Jugendfürsorge eingerichtet wurden, beschritten die Bundesländer Tirol und Vorarlberg einen Sonderweg. Das war deshalb möglich, weil Kompetenzstreitigkeiten und Interessensgegensätze die in die Zeit der Österreich-Ungarischen Monarchie zurückreichende Initiative für die Etablierung einer österreichweiten Struktur verhinderten. In Tirol und Vorarlberg wurden die meisten Aufgaben der Jugendfürsorge privaten Trägern anvertraut.[214] Eine österreichische Besonderheit mit einem weit verzweigten Netz an öffentlicher Kinder- und Jugendfürsorge stellte wiederum die Wiener Jugendfürsorge dar, sie sollte weit über die Grenzen des Landes hinaus Bekanntheit erlangen.[215]

Erst die nationalsozialistischen Machthaber etablierten schließlich eine flächendeckende staatliche Jugendfürsorge, die mit Parteiorganisationen wie der Nationalsozialistischen Volkswohlfahrt (NSV) eng verwoben war. Neben dem nunmehrigen Stadtjugendamt entstanden Bezirksjugendämter und ein übergeordnetes Landesjugendamt, die mit der „Verordnung über Jugendwohlfahrt in den Alpen- und Donau-Reichsgauen vom 20. März 1940" in Kreisjugendämter sowie Gaujugendamt umbenannt wurden. Dem Tiroler Karitasverband (zuvor Landesverband „Barmherzigkeit"), der bis zur Machtübernahme der Nationalsozialisten – abgesehen von der Landeshauptstadt – in Tirol für Vormundschaften zuständig war, wurden die Jugendfürsorgeagenden entzogen, der ebenfalls private Jugendfürsorgeverein für Tirol und Vorarlberg, der Unterstützung in häuslicher Erziehung und Aufsicht, Erziehung in Anstalten und hinsichtlich der Vor-

---

213 Die Teilnovellierung des ABGB 1914 schuf die Möglichkeit, bei unehelichen oder vaterlosen Kindern Anstalts- und Generalvormünder einzusetzen, Ehrenamtliche konnten durch sogenannte Berufsvormünder ersetzt werden, was eine Professionalisierung beförderte. Vgl. Geschichte der Tiroler Jugendwohlfahrt 2006, S. 13–19.
214 Vgl. Michaela Ralser/Nora Bischoff/Flavia Guerrini/Christine Jost/Ulrich Leitner/Martina Reiterer, Heimkindheiten. Geschichte der Jugendfürsorge und Heimerziehung in Tirol und Vorarlberg, Innsbruck/Wien/Bozen 2017, S. 77 ff. Vgl. weiters: Geschichte der Tiroler Jugendwohlfahrt 2006, S. 29–34.
215 Zur Geschichte der Wiener Jugendwohlfahrt vgl. Wolfgruber 2013.

mundschafts- und Kuratelgerichtsbarkeit gewährte, wurde aufgelöst.[216] Fürsorgerinnen und weitere Angestellte der Jugendämter kamen in den Dienst einer Jugendfürsorge, die unter der Prämisse der Erb- und Rassenhygiene stand und jene aussonderte, die als „minderwertig" oder „asozial" galten.[217]

Die Kontinuitäten von Personen, die in leitender Funktion mit der Jugendhilfe in Tirol befasst waren, reichten vielfach über die NS-Zeit und den austrofaschistischen Ständestaat bis in die Erste Republik zurück. Franz Duregger, seit 1935 Leiter des städtischen Wohlfahrtsamtes, überdauerte die Machtwechsel bis in die Zweite Republik im städtischen Dienst. Er übernahm 1945 wieder die Leitung der für Sozialangelegenheiten zuständigen Abteilung. Alfons Dietrich, dem 1948 die Leitung des städtischen Jugendamtes in Folge einer Entlastungsmaßnahme für Duregger übertragen wurde, war ebenfalls bereits seit der Ersten Republik im Wohlfahrtsamt tätig gewesen. Er löste Duregger schließlich nach dessen Pensionierung 1954 als Leiter der Magistratsabteilung V ab.[218]

Im Land Tirol sah die Situation der personellen Entwicklung ähnlich aus, allerdings kamen die leitenden Beamten aus den privaten Fürsorgevereinen der Zwischenkriegszeit. Den zuvor an einer der führenden Stellen des Karitasverbandes tätigen Alfred Haindl übernahmen die Nationalsozialisten in den Dienst des Gaujugendamtes. Er verblieb nach Kriegsende im Landesjugendamt – als Stellvertreter von Aloys Oberhammer,[219] der seit 1925 im Karitasverband tätig und im austrofaschistischen Ständestaat Mitglied des Innsbrucker Gemeinderats gewesen war. Haindl übernahm schließlich von 1950 bis 1968 die Leitung der Tiroler Jugendwohlfahrt.[220]

Ende der 1960er/Anfang der 1970er Jahre erfolgten sowohl auf Landes- wie auf Stadtebene politische und personelle Wechsel. Unter dem politischen Sozialreferenten im Land Tirol, Herbert Salcher (SPÖ), sowie der SPÖ-Alleinregierung bzw. den SPÖ-dominierten Bundesregierungen kam es zu zahlreichen Reformen. Auf den von 1970 bis 1979 als Sozialandesrat tätigen Salcher, der von 1960 bis 1969 auch ein Mandat im Innsbrucker Gemeinderat ausgeübt hatte, folgte in der Landesregierung bis 1991 der ehemalige Innsbrucker Polizeichef Friedrich (Fritz) Greiderer, der die SPÖ zwischen Herbst 1971 und Herbst 1974 im Innsbrucker Gemeinderat vertreten hatte.[221] Dieser wurde schließlich von seinem Parteikollegen Walter Hengl abgelöst (Sozialandesrat bis 1994).

Die für Jugendwohlfahrt in Stadt und Land zuständigen Personen in Leitungsfunktionen trugen die bundes- und landesweiten Reformen mehr oder weniger mit. Paul

---

216 Vgl. Geschichte der Tiroler Jugendwohlfahrt 2006, S. 21–28.
217 Vgl. ebd., S. 43–49. Weiters: Ralser/Bischoff/Guerrini/Jost/Leitner/Reiterer 2017, S. 131 ff.
218 Vgl. Schreiber 2015, S. 20–22.
219 Aloys Oberhammer löste Robert Skorpil, ebenfalls ein vormaliger Vertreter des Austrofaschismus, 1947 als Leiter der Abt. Vb, Landesjugendamt ab. Oberhammer war Landesparteiobmann der ÖVP (1946–1948) und neben seiner Tätigkeit als Leiter des Landesjugendamtes von 1950 bis 1957 Abgeordneter zum Nationalrat und von 1957 bis 1961 Landesrat. Vgl. Schreiber 2015, S. 21; ferner Homepage Parlament Republik Österreich, https://www.parlament.gv.at/WWER/PAD_01067/index.shtml (abgerufen am 5.9.2017) sowie Homepage Landtagsevidenz Land Tirol, https://portal.tirol.gv.at/LteWeb/public/person/personDetails.xhtml?idperson=1123&mode=details&cid=32483 (abgerufen am 5.9.2017).
220 Schreiber 2015, S. 21.
221 Siehe dazu Amtsblatt der Landeshauptstadt Innsbruck, Nr. 11, November 1971, S. 6 sowie Nr. 4, April 1974, S. 5.

Lechleitner, der die Abteilung Vb, Jugendwohlfahrt, im Land Tirol 1968 bis 1983 führte und sein Nachfolger Ekkehard Kecht hielten die Heimstruktur in Tirol aufrecht,[222] bis sich diese aufgrund von jahrelanger Kritik und dem neuen österreichweiten Jugendwohlfahrtsgesetz von 1989 selbst überholte. Dabei erwies sich Lechleitner tendenziell als aufgeschlossener für Reformen als Kecht. Die beiden vom Land Tirol betriebenen Fürsorgeerziehungsheime Kleinvolderberg (für Burschen) und St. Martin in Schwaz (für Mädchen) schlossen 1990/91. Diese Entwicklung in der Jugendwohlfahrt ging mit einem personellen Wechsel auf der Beamtenebene einher: Ab Jänner 1991 leitete Manfred Weber die Abteilung Vb auf Basis des Tiroler Ausführungsgesetzes, das zur selben Zeit in Kraft trat. Weber, der wie seine Vorgänger Jurist war, kam zwar aus einer fachfremden Landesabteilung – er war vorher mit Baurecht, Planung und Wohnbauförderung beschäftigt gewesen –, hatte aber die Tätigkeit eines ehrenamtlichen Bewährungshelfers ausgeübt und war jahrelang im Vorstand, zeitweilig sogar Obmann des Jugendzentrums Z6 gewesen, wodurch er einen ganz anderen Erfahrungshorizont und damit Verständnis für Jugendliche und soziale Vereine mitbrachte.[223]

In Innsbruck waren auf der politischen Ebene die Sozial- und damit auch die Jugendwohlfahrtsagenden nach den Gemeinderats-Ergänzungswahlen 1962 von der SPÖ zur ÖVP gewandert. Dabei wurden die Sozialagenden in die Hände amtsführender Gemeinderäte gelegt, was einer Abwertung von sozialen Fragen in der Landeshauptstadt gleichkommt. Von 1962 bis 1971 übte dieses Amt Josef (Sepp) Hardinger aus, 1971 bis 1977 Paul Kummer, der schließlich die Agenden weitere zehn Jahre wieder als Sozialstadtrat weiterführte. Ihn löste 1987 Eugen Sprenger ab, der bis 2010 im Amt blieb. Auf der Beamtenebene stand in der Stadt Innsbruck ab 1970 Helmut Lagger der Magistratsabteilung V vor. In seine Amtszeit fiel die Schließung des Jugendheimes Holzham-Westendorf. Von 1976 bis 1995 leitete schließlich Hermann Schweizer das Sozialamt,[224] der zuvor bereits als Leiter des Jugendamtes aufgeschienen war. Nachdem Schweizer zum Leiter der Magistratsabteilung V aufgestiegen war, rückte Kurt Dornauer als Jugendamtsleiter nach.[225] Unter der Ägide von Schweizer und Dornauer erfolgte eine Umgestaltung der verbliebenen beiden städtischen Heime, Pechegarten und Mariahilf, die Initiative dazu kam aber primär von der Leiterin der Heime, Marianne Federspiel.[226]

Die Karrieren der Leitungspersonen in den Jugendämtern von Stadt und Land verdeutlichen, dass die Verantwortlichen nach Ende des Zweiten Weltkrieges personell vor allem auf die Zeit des austrofaschistischen Ständestaates zurückgegriffen hatten. Strukturell und organisatorisch hatten sie sich, gerade in Orten wie Innsbruck, die bereits in der Zwischenkriegszeit über ein Jugendamt bzw. eine Jugendwohlfahrtsstruktur verfügt hatten, auf zwei Traditionslinien berufen: auf jene in der Zwischenkriegszeit und auf die NS-Zeit, in der erstmals eine landesweite Struktur geschaffen worden war. Eine wesentliche Kontinuität in Bezug auf den Nationalsozialismus stellte die gesetzliche Grundlage dar. Trotz Drängens des Alliierten Rates, wurde das neue Jugendwohlfahrtsgesetz erst

---

222 Vgl. Schreiber 2015, S. 174. Weiters: Tiroler Tageszeitung, Hofrat Dr. Ekkehard Kecht feierte Vollendung des 65. Lebensjahres, 19.6.1990, S. 5.
223 Interview Andrea Sommerauer/Hannes Schlosser mit Manfred Weber am 11.8.2015.
224 Schreiber 2015, S. 22.
225 Vgl. Interview Andrea Sommerauer/Hannes Schlosser mit Waltraud Bäumel am 4.8.2015 und Interview Hannes Schlosser mit Christof Gstrein am 8.9.2015.
226 Schreiber 2015, S. 53.

1954 verabschiedet. Hintergrund der späten Gesetzesfindung war u. a. eine komplizierte Kompetenzverteilung.[227] Bis dahin wurden aus der nationalsozialistischen „Verordnung über Jugendwohlfahrt in den Alpen- und Donau-Reichsgauen vom 20. März 1940" nach Kriegsende lediglich einige ideologische Ziele herausgenommen – so stellte die deutsche Volksgemeinschaft nicht mehr den Bezugsrahmen dar –, die Formulierungen und Aufgabenbereiche blieben im Wesentlichen jedoch gleich.

Das Tiroler Jugendwohlfahrtsgesetz (TJWG) trat am 23. Mai 1955 in Kraft und stellte die rechtliche Grundlage für die Jugendfürsorge dar, bis in Tirol am 1. Jänner 1991 das neue Ausführungsgesetz auf Basis des österreichweiten Jugendwohlfahrtsgesetzes 1989 seine Gültigkeit erlangte. In den 1970er und 1980er Jahren brachten gesetzliche Neuregelungen auch in Bezug auf die Kinder- und Jugendhilfe diverse Veränderungen. So bei der Rechtsstellung unehelicher Kinder, bei der Vormundschaft, der Möglichkeit von Unterhaltsvorschüssen, dem Kindschaftsrecht und Züchtigungsverbot.[228]

4.2 Das Jugendamt Innsbruck in den 1970er und 1980er Jahren

Das JWG 1954 und seine Ausführungsgesetze in den einzelnen Bundesländern formulierten die verschiedenen Aufgaben der Jugendwohlfahrtspflege bis Ende der 1980er/Anfang der 1990er Jahre. Die Aufgabenfelder betrafen die Mutterschafts-, Säuglings- und Jugendfürsorge. In diesem Zusammenhang konnten Maßnahmen getroffen werden wie die Schaffung von einschlägigen Einrichtungen, darunter Fürsorgeerziehungsheime, oder die Aufsicht über Pflegekinder. Die Jugendämter auf Bezirksebene waren wiederum ermächtigt, unter anderem für die Durchführung von freiwilliger oder gerichtlicher Erziehungshilfe, von Erziehungsaufsicht sowie Fürsorgeerziehung zu sorgen. Außerdem übernahmen sie Amtsvormundschaften und Amtskuratele und waren Partner bei der Jugendgerichts- und Jugendpolizeihilfe.[229]

Das Jugendamt Innsbruck genoss gegenüber den anderen Bezirksjugendämtern eine gewisse Eigenständigkeit. Es hatte das Recht, Einrichtungen wie Erziehungsheime selbst zu errichten und zu betreiben, konnte die Aus- und Fortbildungen seines Fürsorgepersonals selbst durchführen, sofern es sich nicht um eine österreichweit geregelte schulische Ausbildung handelte, und hatte die Möglichkeit, die Zusammenarbeit mit Einrichtungen der freien Jugendwohlfahrtspflege selbst zu gestalten.[230] Die Kontrolle der Einrichtungen oblag jedoch – zumindest in den 1980er Jahren – der Landesbehörde.[231]

Eine wesentliches Argument für die Entscheidung der Angestellten des Jugendamtes, welche Erziehungsmaßnahme bei Kindern und Jugendlichen anzuwenden sei, bildeten Art und Grad einer (drohenden oder bereits erfolgten) „Verwahrlosung". Dabei hatten diese einen erheblichen Interpretationsspielraum. „Verwahrlosung" konnte auf viele Ver-

---

227 Ausstellung 90 Jahre Jugendamt Innsbruck, Tafel 4, Innsbruck 2008. Das Projekt ist Ergebnis eines dreisemestrigen Forschungsprojektes einer Studierendengruppe des Studienganges Soziale Arbeit am Management Center Innsbruck unter der Leitung von Waltraud Kreidl.
228 Siehe dazu Kapitel 3 – Gesetzliche Rahmenbedingungen, S. 51 ff.
229 Vgl. Rechtsgrundlagen der Jugendwohlfahrtspflege (Arbeitspapier ca. 1982), S. 2, 3, 7, 10, Privatarchiv Tilg.
230 Ebd., S. 6, 10, 11.
231 Telefongespräch Andrea Sommerauer mit Leopold Bittermann am 11.4.2018.

haltensweisen angewendet werden, die nicht der Norm entsprachen. Der Gesetzgeber nannte körperliche, geistige, seelische und sittliche Verwahrlosung.[232] Um die Art und den Grad der „Verwahrlosung" festzustellen, konnten externe GutachterInnen herangezogen werden. Das JWG 1954 sah bei dieser Bestimmung vor, dass eine Untersuchung des betreffenden Kindes oder Jugendlichen von einem Amts- oder Gerichtsarzt oder von einem Psychologen vorgenommen und jene dafür bis zu sechs Wochen in einer „für jugendliche Psychopathen geeigneten Anstalt" untergebracht werden konnten.[233] Das Jugendamt Innsbruck stand im Zusammenhang mit derartigen Gutachten zunächst vor allem in Verbindung mit der Psychodiagnostischen Station der Kinderklinik und der heilpädagogischen Kinderstation von Maria Nowak-Vogl,[234] die strukturell mit der Psychiatrisch-Neurologische Klinik am Landeskrankenhaus Innsbruck und organisatorisch mit dem Landesjugendamt verflochten war. Nowak-Vogl konnte bis 1979 weitgehend unabhängig und unkontrolliert agieren, nach massiver Kritik an ihren Praktiken stand sie dann aber bis zur Schließung der heilpädagogischen Kinderstation 1987 unter der Beobachtung des Leiters der Psychiatrisch-Neurologischen Klinik. Die Gutachten der Psychiaterin und Heilpädagogin Nowak-Vogl waren zentral für die Beurteilung der „Erziehungsfähigkeit und Erziehungsbedürftigkeit" der Kinder sowie die Wahl der Unterbringungsform und in vielen Fällen die einer Anstalt.[235] Später erfüllte auch der „Psychologische Dienst" des Landes Tirol eine Gutachterfunktion,[236] selten wurden Gutachten auch an der Kinderklinik der Universität Innsbruck verfasst.[237] 1981 stellte die Stadtgemeinde schließlich einen Psychologen an, der diese Aufgabe bis zu seinem Ausscheiden aus dem städtischen Dienst 1993 neben zahlreichen anderen Tätigkeiten wahrnahm.[238]

Für diverse Maßnahmen der Jugendwohlfahrt waren Gerichtsbeschlüsse nötig. So auch für eine „Erziehungsaufsicht", bei der die Kinder und Jugendlichen in ihrem gewohnten Umfeld verbleiben konnten und sie bzw. ihre Erziehungsberechtigten durch Fachkräfte des Jugendamtes überwacht und angeleitet wurden. „Erziehungsaufsicht" sollte dann angeordnet werden, wenn einer vermeintlichen körperlichen, geistigen, seelischen oder sittlichen „Verwahrlosung" von Minderjährigen entgegengewirkt werden sollte. Die vorliegenden Zahlen in Tätigkeitsberichten aus der ersten Hälfte der 1970er Jahre zeigen jedoch, dass das Innsbrucker Jugendamt diese Maßnahme zu dieser Zeit praktisch nicht wahrnahm.[239] Der Leiter der Landesabteilung Vb, Jugendwohlfahrt, Paul Lechleitner, erklärte diesen tirolweiten Umstand aus einem Engpass beim Personal:

„Von dieser Erziehungsmaßnahme kann aber deshalb nur in sehr beschränktem Ausmaß Gebrauch gemacht werden, weil das für solche Aufgaben geschulte

---

232 Vgl. Rechtsgrundlagen der Jugendwohlfahrtspflege, S. 30–32, 36, 39, Privatarchiv Tilg.
233 JWG 1954.
234 Protokoll des Innsbrucker Gemeinderates vom 19.12.1972, S. 1064, StAI.
235 Vgl. Die Innsbrucker Kinderbeobachtungsstation von Maria Nowak-Vogl. Bericht der Medizin-Historischen ExpertInnenkommission, 2013, S. 28–30.
236 Gespräch Andrea Sommerauer/Hannes Schlosser mit Waltraud Kreidl und Friedl Tilg am 9.3.2015.
237 Interview Andrea Sommerauer mit Erwin Steinmaurer am 22.2.2018 mit Ergänzungen am 25.2.2018.
238 Telefongespräch Bittermann 2018. Bittermanns Stellungnahmen und Gutachten bezogen sich auf Maßnahmen der Fürsorgeerziehung sowie der gerichtlichen Erziehungshilfe.
239 Vgl. Jahresberichte und Statistik des städtischen Jugendamts, V 10, StAI.

Fachpersonal fehlt. Die Fürsorgerinnen können mit diesen Aufgaben nicht mehr zusätzlich belastet werden."²⁴⁰

Die sogenannte freiwillige Erziehungshilfe erforderte die Zustimmung der Erziehungsberechtigten – ob diese nun freiwillig oder auf Druck der Behörden erfolgte, kann nicht überprüft werden. Sie benötigte keinen richterlichen Beschluss und sollte der Gefahr von „Verwahrlosung" entgegenwirken, hatte also vorbeugenden Charakter. Der Gesetzgeber sah Maßnahmen wie Erziehungsberatung oder die Einweisung in Kindergärten, Horte, Tagesstätten, Jugend- oder Erholungsheime etc. vor, allerdings nicht die Einweisung in Fürsorgeerziehungsheime. Insgesamt sollte das gelindeste Erziehungsmittel angewendet werden. Die dazu in Tätigkeitsberichten ausgewiesenen Zahlen sind sehr unterschiedlich. Die Bezirksbehörde Landeck berichtete 1967, dass im Bezirk „schon seit mehreren Jahren keine Anträge von Erziehungsberechtigten auf Gewährung der Erziehungshilfe mehr eingebracht wurden".²⁴¹ Hingegen weisen die Tätigkeitsberichte der Abteilung Vb, Jugendwohlfahrt, an anderer Stelle wiederum enorm hohe Zahlen an „Erziehungshilfe" aus,²⁴² was Lechleitner mit unterschiedlichen Auslegungen dieser Maßnahme durch die Bezirksbehörden erklärte.²⁴³ Das Innsbrucker Jugendamt meldete ebenfalls sehr unterschiedlich. Während Ende 1969 im Bereich des Jugendamtes Innsbruck gar kein/e MinderjährigeR unter „Erziehungshilfe" geführt wurde,²⁴⁴ waren es 1972 und 1973 deutlich über 1.500 Fälle. Nach einer Besprechung mit dem Landesjugendamt dürften die Zahlen jedoch den diesbezüglich ausgestellten Bescheiden angepasst worden sein. Zwischen 1974 und 1976 wies das Innsbrucker Jugendamt schließlich zwischen 102 und 71 Fälle von freiwilliger Erziehungshilfe aus, die Zahl war abnehmend,²⁴⁵ wenngleich sie sich im Verhältnis zu den gerichtlich angeordneten Erziehungsmaßnahmen erhöhte, d.h. immer mehr freiwillige gegenüber gerichtlicher Erziehungshilfe angewendet wurde.²⁴⁶ Die freiwillige Erziehungshilfe kam, wie die gerichtliche, vor allem für Kinder unter 14 in Frage.²⁴⁷

Die Zahl der von gerichtlicher Erziehungshilfe Betroffenen nahm im Laufe dieser Jahre kräftig ab. Mit Stand vom 31. Dezember 1969 erhielten im Bereich des Jugendamtes Innsbruck 45 männliche und 37 weibliche Minderjährige diese Form der Erzie-

---

240 Jugendwohlfahrt, Karton 005, Tätigkeitsberichte, Leistungsberichte, 466 h 1b, Jahresberichte der Jugendämter 1973–1977, Lechleitner an Wallnöfer, Leistungsbericht 1972, Abt. Vb, Zl. 466 g – 202/81, 12.3.1973, TLA.
241 BH Landeck, Abt. Jugendfürsorge, Zl. 421 – L/v, 4.12.1967, Jahresberichte und Statistik des städtischen Jugendamts, V/10, StAI.
242 Vgl. Jugendwohlfahrt, Karton 005, Tätigkeitsberichte, Leistungsberichte, 466 h 1b, Jahresberichte der Jugendämter 1973–1977, TLA.
243 Landesjugendamt, V/28; Protokoll der Tagung der Leiter der Abteilung für Jugendfürsorge, ATLR, Abt. Vb, Zl. 466 j /1) – 3/44, 27.10.1976, StAI.
244 Stadtmagistrat Innsbruck, Jahresberichte und Statistik des städtischen Jugendamts, V 10, Tätigkeitsbericht des Jugend- und Vormundschaftsamtes über das Jahr 1969, StAI.
245 Jugendwohlfahrt, Karton 005, Tätigkeitsberichte, Leistungsberichte, 466 h 1b, Jahresberichte der Jugendämter 1973–1977, Jahresbericht 1973 des Stadtjugendamtes Innsbruck, TLA.
246 Vgl. Interview Bäumel 2015; weiters: Bettina Hofer/Christina Lienhart, Entwicklungslinien der Pädagogik bei SOS-Kinderdorf zwischen 1949 und 1989, internes Arbeitspapier, Innsbruck 2013, S. 65–66.
247 Vgl. Interview Bäumel 2015.

hungshilfe, die einen richterlichen Beschluss erforderte und ohne das Einverständnis der Erziehungsberechtigten verfügt werden konnte. Im ersten Halbjahr 1974 waren gleichzeitig 66 bzw. 67 weibliche und männliche Jugendliche davon betroffen.[248] Der Gesetzgeber sah dabei wie bei der Erziehungshilfe diverse Maßnahmen vor, aber wiederum nicht die Einweisung in Fürsorgeerziehungsheime.

Diese waren vorwiegend für Kinder und Jugendliche ab 14 Jahren vorgesehen.[249] Ende 1969 befanden sich 108 Minderjährige, davon 63 männliche und 45 weibliche im Bereich des Jugendamtes Innsbruck in Fürsorgeerziehung. Davon waren 32 im Stadtgebiet, acht auswärts und 68 in Anstalten untergebracht. Die Fürsorgeerziehung bedeutete eine öffentliche Ersatzerziehung. Dabei wurden die Kinder und Jugendlichen aus der gewohnten Umgebung genommen und in anderen Familien oder Fürsorgeerziehungsheimen untergebracht. Als Voraussetzungen dafür machte der Gesetzgeber das Vorhandensein einer „Verwahrlosung", die Aussicht auf einen Erziehungserfolg sowie die Notwendigkeit der Maßnahme beispielsweise aufgrund eines verderblichen Einflusses eines Erziehungsberechtigten geltend. Auch hierfür war ein richterlicher Beschluss erforderlich.[250] Waltraud Bäumel, die von 1976 bis 2003 im Jugendamt Innsbruck als diplomierte Sozialarbeiterin tätig war, erklärt den Ablauf, in dem zunächst vor allem die/der mit der Sachlage betraute MitarbeiterIn des Jugendamts mit dem Gericht zusammenarbeiteten, das im Laufe der Jahre zunehmend auch Betroffene und das Umfeld bei der Entscheidung für oder gegen eine öffentliche Ersatzerziehung bzw. deren Form beizog:

„Das Jugendamt war der Sachgutachter mit der Befugnis, mit dem gesetzlichen Recht im Interesse des Jugendlichen, stellvertretend für die Eltern sozusagen, Anträge bei Gericht zu stellen. [...] Man hat den Antrag vorbereitet, musste die Lebensgeschichte des Kindes, die Begründung, warum kommt man zu dem Schluss, dass Fürsorgeerziehung besser wäre als bei den Eltern zu sein, [...] entsprechend formulieren, [...]. Sollte das nicht ausgereift genug gewesen sein, hat der Richter noch Gutachter beigezogen, Lehrer zum Beispiel wurden angehört, Eltern auch, der Jugendliche – das ist auch eine gleitende Sache [gewesen]."[251]

Bäumel erkannte in dieser Vorgangsweise eine Entwicklung. In früheren Jahren war die Einbeziehung der Betroffenen sowie des Umfelds offenbar nicht üblich:

„Viele Leute anhören war früher auch nicht so, was Jugendamt und Gericht machten, das war es. [...] Der Richter hat dann einen Beschluss gefasst, der wurde dann mit entsprechendem Text auch sofort in Vollzug gesetzt. Also keine aufschiebende Wirkung, allerdings konnten Beteiligte schon Einspruch erheben, aber die Durchführung war jetzt einmal gesichert."[252]

---

248 Stadtmagistrat Innsbruck, Abt. V, Jugendamt, Zl V/10, 15.7.1974, Jahresberichte und Statistik des städtischen Jugendamts, V 10, StAI.
249 Interview Bäumel 2015.
250 Tätigkeitsbericht des Jugend- und Vormundschaftsamtes über das Jahr 1969, Jahresberichte und Statistik des städtischen Jugendamts, V 10, StAI.
251 Interview Bäumel 2015.
252 Ebd.

Eine weitere Aufgabe des Jugendamtes war die „Nachbefürsorgung" von Jugendlichen, die aus Fürsorgeerziehungsheimen entlassen worden waren. Auch für diesen Tätigkeitsbereich galt die Eigenständigkeit des Jugendamtes Innsbruck, während in allen anderen Bezirken Tirols MitarbeiterInnen des Landesjugendamtes tätig waren.[253] In den 1980er Jahren betreute der im städtischen Jugendamt als Psychologe tätige Leopold Bittermann jene Jugendlichen und ihre Familien, die sich aufgrund von Fürsorgeerziehung und/ oder gerichtlicher sowie freiwilliger Erziehungshilfe in Heimen oder Wohngemeinschaften befunden hatten und entlassen worden waren.[254] Relevant für die Zuständigkeit war der Aufenthaltsort der aus den Heimen Entlassenen.[255] Die in die Verantwortlichkeit der Stadt Innsbruck fallenden Jugendlichen mussten vom Jugendamt Innsbruck allerdings auch dann nachbetreut werden, wenn sie außerhalb des Stadtbereichs wohnten und/oder arbeiteten. Die Abteilung Vb stellte 1975 klar, dass das Personal des Landesfürsorgeamtes ausgelastet sei. Außerdem habe das Jugendamt Innsbruck die notwendigen Kosten wie etwa für Kleidung zu übernehmen.[256] Die Zahl jener, die sich in Innsbruck in „Nachbefürsorgung" befanden, waren überschaubar: 1969 hatte das fünf Burschen und acht Mädchen betroffen.[257] Womöglich übernahm aber das Landesjugendamt in den 1980er Jahren auch die „Nachbetreuung" von Innsbrucker Jugendlichen aus der Fürsorgeerziehung.[258]

Das Jugendamt Innsbruck war auch für Maßnahmen zuständig, die hier nicht Gegenstand der Untersuchung sind, weil sie den Rahmen sprengen würden. Das betrifft das Pflegekindwesen und Adoptionen. An dieser Stelle kann nur angeregt werden, Untersuchungen dazu zu forcieren.

Die Übernahme von Vormundschaften unterlag aufgrund von veränderten Gesetzeslagen einem Wandel: Zum einen konnten ab 1971 Mütter außerehelich Geborener deren Vormundschaft selbst übernehmen, ein Recht, das nach und nach immer mehr Mütter in Anspruch nahmen. Zum anderen führte die Herabsetzung des Volljährigkeitsalters zu kürzeren Vormundschaftszeiten.[259]

JugendamtsmitarbeiterInnen wurden bestimmten Sprengeln mit einem umfassenden Aufgabenbereich zugeteilt,[260] der sich in den 1970er Jahren aber verringerte. Hausbesuche stellten zunächst eine Hauptaufgabe dar. Waltraud Bäumel erinnert sich jedoch, dass die Häufigkeit der Kontrollen vor Ort in der zweiten Hälfte der 1970er Jahre zurückgingen. In der Gestaltung ihrer Arbeit empfand sie sich relativ frei, die ergriffenen Maßnahmen standen in der Verantwortung des/der jeweiligen Jugendamtsmit-

---

253 Vgl. Abteilung Vb, Zl. 466 1 – 371/13, Büroverfügung, 29.9.1975, Anlage A, Diensteinteilung in der Abteilung Vb, S. 4, Privatarchiv Tilg.
254 Telefongespräch Bittermann 2018.
255 Vgl. Abteilung Vb, Zl. 466 1 – 371/13, Büroverfügung, 29.9.1975, Anlage A, Diensteinteilung in der Abteilung Vb, S. 4, Privatarchiv Tilg.
256 Landesjugendamt V/28, Nachbefürsorgung von Jugendlichen im Rahmen der Fürsorgeerziehung, Abt. Vb, Zl. 472 r (1) – 369/10, 4.11.1975, StAI.
257 ATLR, Abt. Vb, 466 h, Tätigkeitsbericht der Jugendämter, Jahresberichte 1968–1972, K. 5, Stadtmagistrat Innsbruck, Abt. V, 14.1.1970, l. V/11, Jahresbericht des Jugendamtes der Stadt Innsbruck 1969, TLA.
258 Telefongespräch Andrea Sommerauer mit Friedl Tilg am 26.3.2018.
259 Vgl. Jugendwohlfahrt, Karton 005, Tätigkeitsberichte, Leistungsberichte, 466 h 1b, Jahresberichte der Jugendämter 1973–1977, Jahresbericht 1973, BH Kufstein, Abt. für Jugendfürsorge, TLA.
260 Schreiber 2015, S. 139.

arbeiterIn. Unterstützung bei ihren Entscheidungen habe sie vom Abteilungsleiter, der Jurist war, KollegInnen – fallweise auch in anderen Bezirksjugendämtern –, aber auch von Externen bekommen: „Wir haben Fachleute von außen beigezogen. [...], wir haben Beratungsgespräche mit Ärzten, mit Lehrern, fallweise sogar Polizei, gar nicht so selten die Fremdenpolizei [geführt]."[261]

Klassische Teamarbeit habe es aber erst später gegeben, auch Supervision konnte in den fraglichen Jahren nicht in Anspruch genommen werden. Im Gegensatz zum Bezirksjugendamt Innsbruck-Land, wo Teams früher eingeführt worden waren, seien die SachbearbeiterInnen im Jugendamt Innsbruck „Einzelkämpfer" gewesen.[262] Überregionale Teambesprechungen, die für den Austausch zwischen Jugendamtsleitern und Fürsorgerinnen eingerichtet worden waren, wurden Mitte der 1970er Jahre wieder eingestellt, sehr zum Bedauern der MitarbeiterInnen in den Bezirksjugendämtern, die diese Besprechungen für einen großen Erfolg hielten und dieses Gremium mehrfach einmahnten.[263]

Auf der Ebene der Referatsleiter fanden regelmäßige Treffen statt, in denen häufig rechtliche Fragen etwa im Zusammenhang mit Gesetzesnovellen, aber auch Organisatorisches und Finanzielles besprochen wurde. So war 1980 die Unterbringung von drogenabhängigen Jugendlichen nach einem körperlichen Entzug Thema.[264] Konkrete Einzelfälle kamen nur dann auf die Tagesordnung der Referatsleitertreffen, wenn sie sich auf anderen Ebenen nicht klären ließen.[265] Auf der Referatsleitertagung 1976 wurde beispielsweise die temporäre Unterbringung von Jugendlichen nach einer Flucht aus einem Erziehungsheim besprochen. Fluchten kamen häufig vor. Landesjugendamtsleiter Lechleitner sah die Stadt Innsbruck in der Pflicht, eine spezielle Einrichtung für diese Jugendlichen zu schaffen, diese lehnte die Forderung jedoch ab.[266] Sie bot allerdings an, Mädchen bis zum 19. Lebensjahr und strafunmündige Buben vorübergehend im städtischen Kinderheim Pechegarten unterzubringen. Burschen über 14 Jahre wollte das Kolpingheim Innsbruck temporär aufnehmen. Bis Mitte der 1970er Jahre hatte die Bundespolizei die Geflüchteten bis zu ihrer Rückführung ins Elternhaus oder in ein Heim im Polizeigefängnis festgehalten. Das Innenministerium unterband diese Praxis nunmehr jedoch wegen rechtlicher Bedenken.[267] Die Zahl der Rückführungen von Minderjährigen durch die MitarbeiterInnen des Jugendamtes Innsbruck lag von 1972 bis 1976 jährlich zwischen fünf und zehn, die Zahl war steigend.[268] Das Jugendamt Innsbruck hatte bei den Rückführungen in der Zusammenarbeit mit der Bundespolizeidirektion Innsbruck und den zuständigen Bezirksbehörden, den Erziehungsberechtigten oder den Erziehungsheimen eine zentrale Rolle gespielt.

---

261 Interview Bäumel 2015.
262 Ebd.; vgl. Interview Gstrein 2015.
263 Vgl. Jugendwohlfahrt, Karton 005, Tätigkeitsberichte, Leistungsberichte, 466 h 1b, Jahresberichte der Jugendämter 1973–1977, Jahresbericht 1975, BH Kitzbühel, Abt. für Jugendfürsorge sowie Jahresbericht 1976, BH Lienz, Abt. für Jugendfürsorge, ferner Jahresbericht 1976, BH Kitzbühel, Abt. für Jugendfürsorge, TLA.
264 Landesjugendamt, V/28, Tagesordnung für die Jugendreferatsleitertagung, 16.10.1980, S.2, StAI.
265 Ebd., Schreiben ATLR, Abt. Vb, an Stadtjugendamt Innsbruck, Zl. 466 j (1a) – 3/67, 30.6.1977.
266 Ebd., Protokoll der Jugendreferatsleitertagung, 27.10.1976, S. 11.
267 V/A/4/4/, Verwahrung von aufgegriffenen Jugendlichen, Schreiben der Mag.Abt. V an die Magistratsdirektion, Zl. V/A-414/1978, 17.4.1978, StAI.
268 Ebd., Verwahrung von aufgegriffenen Jugendlichen, Mag.Abt. V an Magistratsdirektion, V-A/414/1976, 16.3.1977.

Bereits mit der Novelle des Kindschaftsrechts 1971 war die Notwendigkeit einer Beratung von ledigen Müttern offensichtlich geworden, weil ihnen zwar nunmehr erlaubt war, die Vormundschaft für ihre (unehelich geborenen) Kinder zu übernehmen, die geringe Zahl an Anträgen in der Anfangszeit jedoch zeigten, dass sie sich scheuten, diese Möglichkeit in Anspruch zu nehmen.[269] Der ab Anfang der 1970er Jahre für die Jugendamtsagenden politisch Verantwortliche Paul Kummer betonte diese beratende Funktion des Jugendamts. Er erkannte eine Grundproblematik in dessen Arbeit: „[...] dass der Sozialarbeiter meist erst mit dem Jugendlichen und seinen Erziehungsberechtigten in Verbindung kommt, wenn eine Konfliktsituation vorliegt. Das müßte aber keineswegs so sein".[270]

Deshalb wurden erste Beratungsangebote gemacht. Regelmäßig stand ein Psychologe des Landesjugendamtes für Gespräche mit Kindern und Jugendlichen sowie ihren Erziehungsberechtigten zur Verfügung.[271] 1974 lobte Kummer die Zusammenarbeit mit der kurz zuvor eingerichteten Erziehungsberatungsstelle des Landes Tirol, die bald in der Innsbrucker Anichstraße ihren Sitz hatte.[272] Für die 1980er Jahre dementierte der ab 1981 im Stadtjugendamt tätige Psychologe Leopold Bittermann diese Aussage. Er selbst stand für die psychologische/psychotherapeutische Beratung zur Verfügung, begleitete und beriet Eltern sowie SozialarbeiterInnen im Stadtjugendamt: Während es mit der Erziehungsberatungsstelle wenig Berührungspunkte gab, kooperierte er besonders gerne mit Brigitte Hackenberg, Leiterin der Kinder- und Jugendpsychiatrie an der Innsbrucker Universitätsklinik. Eine enge Zusammenarbeit pflegte er auch mit dem Landesjugendamt und der Bezirkshauptmannschaft Innsbruck-Land. Mit der Kinderbeobachtungsstation von Maria Nowak-Vogl sowie der Kinderklinik stand er ebenfalls in Verbindung. Außerdem hielt er Kontakt zu jenen Einrichtungen, in denen sich die Kinder und Jugendlichen befanden.[273]

Generell erweiterten sich die Aufgaben des städtischen Jugendamtes zwischen 1970 und 1990 mit den zum Teil bereits erwähnten gesetzlichen Änderungen im Zusammenhang mit der Kinder- und Jugendpflege. Beispielsweise sicherte die ab 1976 geltende Unterhaltsbevorschussung durch die öffentliche Hand vielen ledigen, sozial schwächeren Müttern und ihren Kindern das Überleben. Vorab prüfte das Jugendamt aber die finanzielle Leistungsfähigkeit aller subsidiär unterhaltspflichtigen Personen.[274] Bis 1991 wurde das gesellschaftliche Umfeld der Minderjährigen immer stärker beachtet und auf die Zusammenarbeit von Erziehungsberechtigten, Minderjährigen und Behörden gesetzt. Die Einbeziehung von wissenschaftlichen Erkenntnissen und die Einstellung von Fachkräften trugen zu dieser Entwicklung bei. Schließlich stellte – und so formulierte es auch der damalige Sozialstadtrat Eugen Sprenger (ÖVP) im Gemeinderat – das TJWG 1991 die Aufgaben des Jugendamtes „auf eine vollkommen neue gesetzliche Grundlage".[275] Schließlich kam der ambulanten Beratung eine besondere Bedeutung zu, die Unterbringung in einem Heim war nur mehr dann angemessen, wenn es unbe-

---

269 Vgl. Protokoll des Innsbrucker Gemeinderates vom 25.1.1972, S. 183–184, StAI.
270 Ebd., 19.12.1972, S. 1064.
271 Ebd.
272 Ebd., 17.12.1974, S. 602.
273 Telefongespräch Bittermann 2018.
274 Vgl. Protokoll des Innsbrucker Gemeinderates vom 25.1.1972, S. 183–184, StAI.
275 Ebd., 17.12.1991, S. 2210–2211.

dingt notwendig erschien. Außerdem sollte die Aufnahme in Pflegefamilien besonders gefördert werden.[276] Zu dieser Zeit befanden sich aufgrund von (gerichtlicher) Erziehungshilfe und Fürsorgeerziehung weiterhin 128 Innsbrucker Kinder in Heimen. Für Sprenger „eine viel zu hohe Zahl".[277]

4.3 Heime, an die das Jugendamt Innsbruck zuwies

4.3.1 Heime im Eigentum der Stadt Innsbruck

Die Verantwortlichen in der Jugendwohlfahrt hielten in Tirol im Vergleich zu anderen Bundesländern lange an einer Unterbringung in Heimen fest. 1980 waren noch immer mehr als die Hälfte der 358 Jugendlichen, die unter öffentlicher Erziehung standen, dort untergebracht. Aber die Entwicklung ging auch an den Heimen nicht spurlos vorüber. Zwischen 1970 und 1990 wurden dort die Gruppengrößen reduziert, außerdem erhöhte sich der Personalschlüssel – nicht zuletzt deshalb, weil es immer mehr ausgebildete Fachkräfte gab und sich die Zahl der aufgenommenen Kinder verringerte. Die Zuweisung in Kinder- und Jugendheime wurde trotz Bemühungen, die Heime zu reformieren, zunehmend unattraktiver. Die Stadt Innsbruck betrieb 1970 drei Kinderheime selbst: Mariahilf, Pechegarten und Holzham-Westendorf. Die Heime nahmen primär Kinder bis zu einem Alter von 15 Jahren auf, nur fallweise waren sie auch älter. Die Stadt betrieb seit 1947 in Holzham-Westendorf ein Heim für Burschen im Alter von sechs bis 14 Jahren. Das im November 1917 vom „Verein für Ferienkolonien" in Innsbruck erworbene Anwesen der späteren Jugendheimstätte Westendorf war nach dem Anschluss Österreichs an das Deutsche Reich 1938 in die Hände der NSV gelangt. Ab 1940 wurden dort minderjährige Nachkommen von Südtiroler UmsiedlerInnen, später auch Kinder untergebracht, die vor dem Bombenkrieg Schutz suchten. Nach Ende der NS-Herrschaft war die Liegenschaft zunächst in den Besitz des Bundes, ab Sommer 1945 dann in die Verantwortung des Landes Tirol gelangt. Weil sich der Verein für Ferienkolonien in Innsbruck nicht wieder konstituiert hatte und das Vereinsvermögen laut Statuten bei einer Auflösung an die Stadt fallen sollte, war die Stadt Innsbruck als Rechtsnachfolger in Frage gekommen. Die Besitzverhältnisse klärten sich zwar erst 1955 endgültig, aber die Stadt hatte schon vorher entschieden, die Gebäude in treuhändische Verwaltung zu übernehmen. Die baulichen Voraussetzungen in Holzham-Westendorf waren bis zur Schließung des Innsbrucker Burschenheims 1974 äußerst mangelhaft, das schlecht ausgebildete und zahlenmäßig zu geringe Personal neigte zu besonderer Gewalt. An die Tiroler Peripherie gelangten Leute, die in den zentral gelegenen, besser ausgestatteten Heimen keine Chance (mehr) hatten. Wer in den städtischen Kinderheimen aufgrund seiner Problemlage nicht erwünscht war oder von dort rausflog, kam in die Jugendheimstätte Holzham-Westendorf. 1966 beherbergte diese 50 Buben zwischen sechs und 15 Jahren, 1972 im Durchschnitt 36. Anfang der 1970er Jahre schickte das Jugendamt Innsbruck aber kaum noch Buben nach Holzham-Westendorf. Im März 1974 befanden sich lediglich sieben Innsbrucker Buben in der Jugendheim-

---

276 Ebd., 26./27.1.1990, S. 643.
277 Ebd., 17.12.1991, S. 2210–2211.

stätte, die anderen 14 stammten aus anderen Teilen Tirols bzw. aus Salzburg. Mit Ende des Schuljahres 1973/74 schloss die Einrichtung schließlich. Die Gründe für die Schließung waren primär wirtschaftliche, denn Holzham-Westendorf war im Vergleich zu den anderen beiden Innsbrucker Heimen weniger ausgelastet, was niedrige Einnahmen bedeutete, demgegenüber verursachte aber die Größe des Grundstücks einen erhöhten finanziellen Aufwand und benötigte dementsprechend viel Verwaltungspersonal. Die Schließung wurde auch durch die Heimdebatten und die zunehmende Veränderung in der Jugendwohlfahrtspraxis befördert.[278]

Ein weiteres Kinderheim, das die Stadt Innsbruck betrieb, war Mariahilf. Im ehemaligen Spielmannschlössl in der Höttinger Au 8 war bereits Ende des 19. Jahrhunderts eine Säuglingskrippe angesiedelt, die 1920 in den „Landesverein Kinderheimstätten" in Innsbruck überging. Aufgrund akuter Finanznot übertrug der Verein Haus und Grundstück der Stadt Innsbruck. Diese schloss die Krippe bald und richtete ein Kindertagesheim für Buben und Mädchen von erwerbstätigen Eltern ein, das erneut der Landesverein Kinderheimstätten in Innsbruck betrieb, der aber weiterhin unter Finanzproblemen litt. 1936 löste sich der Verein auf und der Innsbrucker Gemeinderat beschloss, das Kindertagesheim selbst zu führen. Nach der Machtübernahme der Nationalsozialisten kam auch dieses Heim in die Verwaltung der NSV. Es beherbergte weiterhin drei- bis 14-jährige Kinder beiderlei Geschlechts, die bei berufstätigen Müttern, in desolaten Wohnverhältnissen oder aus der Sicht der Jugendwohlfahrt unter mangelhafter Erziehung aufwuchsen. Später nutzte die NSV das Gebäude als Säuglingsheim und Nähstube. Nach der NS-Herrschaft nahmen im Gebäude alliierte Soldaten Quartier, sodass die Stadt Innsbruck den Betrieb des Kinderheims nur eingeschränkt weiterführen konnte. Zunächst waren Flüchtlingskinder dort untergebracht, erst im Frühjahr 1946 war wieder ein regulärer Betrieb als Kinderheim möglich. Die Kinder – zeitweise auch solche, die nicht älter als einenhalb Jahre alt waren – kamen vorwiegend aufgrund von „Gefährdung", „Verwahrlosung" und „Schwererziehbarkeit" nach Mariahilf. Solche, die unter körperlichen oder geistigen Beeinträchtigungen litten oder von denen gröbere Störungen zu erwarten waren, fanden hier keine Aufnahme. Die Einrichtung, die als Kinderheim und Tagesstätte geführt wurde und in den 1960er Jahren durchschnittlich 47 Heimkinder und 18 Tageskinder beherbergte, war bescheiden ausgestattet. Auch hier herrschten Personalnot, räumliche Enge und eine hohe Arbeitsbelastung, Gewalt zählte lange zu den Erziehungsmitteln. Bauliche, fachliche und pädagogische Veränderungen erfolgten erst in den 1970er Jahren, speziell ab 1973, als Marianne Federspiel die Leitung für die beiden Innsbrucker Kinderheime Mariahilf und Pechegarten übernommen hatte. 1988 beendete die Stadt den Betrieb des Kinderheims Mariahilf und wandelte es in eine Tagesstätte um. Damit trug sie der Tatsache Rechnung, dass eine Heimunterbringung immer seltener gefragt war, die Nachfrage von Tagesbetreuungsplätzen aber stieg.[279] Heute bietet der von der Stadt Innsbruck ausgelagerte ISD (Innsbrucker Soziale Dienste) im „Kinderzentrum Mariahilf" in der Höttinger Au 8 zwei Wohngruppen für Kinder und Jugendliche bis 18 Jahre an.[280]

---

278 Vgl. zur Jugendheimstätte Holzham-Westendorf: Schreiber 2015, S. 17–59.
279 Vgl. zu den Kinderheimen Mariahilf und Pechegarten: ebd., S. 59–85.
280 Homepage Innsbrucker Soziale Dienste (ISD), Kinderzentrum Mariahilf, http://www.isd.or.at/index.php/kinderzentren/zentrum-mariahilf (abgerufen am 21.3.2018).

1953 wurde das Kinderheim Pechegarten nach Ende der NS-Herrschaft neu eröffnet und organisatorisch mit dem Kinderheim Mariahilf zusammengelegt. Beide nahmen eine ähnliche Entwicklung. Die privat-karitative Säuglingskrippe im Pechegarten war wie jene in Mariahilf schon zu Beginn der 1920er Jahre auf die finanzielle Unterstützung der Stadt Innsbruck angewiesen gewesen, die die Krippe 1923 auflöste und in den Räumlichkeiten zunächst einen Jugendhort einrichtete, den sie bald schloss, um den angrenzenden Kindergarten zu erweitern. Da Bomben das Gebäude im Pechgarten völlig zerstört hatten, war eine Neuerrichtung nach dem Zweiten Weltkrieg notwendig. Die Einrichtung eröffnete wieder als Kinderheim, Jugendhort und Kindergarten. Der Neubau bot wesentlich bessere räumliche Voraussetzungen als die beiden anderen städtischen Kinderheime, die Ausstattung aber blieb bis in die 1970er Jahre dennoch bescheiden. Die Verantwortlichen in der Stadtgemeinde schoben Verbesserungen und Veränderungen häufig mit Verweis auf die mangelnden finanziellen Ressourcen auf die lange Bank. Mariahilf und Pechegarten stellten keine völlig geschlossenen Anstalten dar, denn im Gegensatz zu Holzham-Westendorf, das über eine heimeigene Sonderschule bzw. Sondererziehungsschule verfügte,[281] besuchten die Kinder der Heime Mariahilf und Pechegarten öffentliche Schulen. Bis 1983 veränderte Federspiel im Kinderheim Pechegarten die Struktur und richtete Wohngruppen ein, die Kinder wurden nunmehr in Kleingruppen von je zehn bis zwölf Mädchen und Buben betreut. In einer Broschüre der Stadt Innsbruck anlässlich des 40-jährigen Bestehens des Heimes Pechegarten wurden die Hintergründe dieser Entwicklung verdeutlicht:

„Die zunehmenden Schwierigkeiten, die in der Kindererziehung heute auftreten, haben dazu geführt, daß auch in der Heimerziehung die Tendenz weg von der Großgruppe und hin in familienähnliche Kleingruppe spürbar wird. Nur in der kleinen Gruppe ist es möglich, den Kindern die nötige Zuwendung und Förderung zuteil werden zu lassen. Und gerade unter dem Minus an Geborgenheit leiden Kinder und Jugendliche heute oftmals am meisten."[282]

1984 stellte die Stadt Innsbruck ein Angebot für Mädchen bereit, die die Pflichtschule beendet hatten. Für sie richtete die Leiterin der städtischen Kinderheime eine sozialpädagogisch betreute Wohngemeinschaft im ausgebauten Dachboden des Heims Pechegarten ein. Die Belegung schwankte von 1986 bis 1992 zwischen sechs und zwölf Mädchen im Alter von 15 bis 18 Jahren.[283] In der WG wurden auch Mädchen aufgenommen, die die Abteilung Vb, Jugendwohlfahrt, zuwies.[284]

Die Zahl der Heimkinder im Pechegarten ging seit 1980 generell deutlich zurück. Damals befanden sich 50 Kinder im Heim, während es zwölf Jahre später nur mehr 22 waren. Im selben Zeitraum schwankte die Zahl der Tageskinder zwischen 19 und 34.[285] Heute führt der ISD den Betrieb des nunmehrigen „Kinderzentrums Pechegarten", wozu eine Kindergrippe, eine Kindergartengruppe und ein Schülerhort sowie der Hort

---

281 Vgl. Schreiber 2015, S. 48.
282 Stadt Innsbruck, Magistratsabteilung V (Hg.), 40 Jahre Kinderheim Pechegarten, o.J., o.S, StAI.
283 Ebd.
284 Gespräch Kreidl/Tilg 2015.
285 Stadt Innsbruck, Magistratsabteilung V (Hg.), 40 Jahre Kinderheim Pechegarten, o.J., o.S, StAI.

„Hope" für Kinder mit besonderem Förderbedarf und sozialpädagogische Wohngruppen für Buben und Mädchen im Alter von drei bis zwölf Jahren gehören. Die Aufnahme in die Wohngruppen erfolgt wie im „Kinderzentrum Mariahilf" über die Jugendwohlfahrt im Rahmen der „vollen Erziehung".[286] Diese Maßnahme taucht erstmals im JWG 1989 auf und bedeutet erneut die Möglichkeit, Kinder und Jugendliche dann in Familien, familienähnlichen Einrichtungen oder in Heimen unterzubringen, wenn die Behörden die Erziehungsberechtigten nicht in der Lage sahen, ihre Erziehungspflicht zu erfüllen. Die „volle Erziehung" konnte entweder gemeinsam mit den Erziehungsberechtigten vereinbart, aber auch per Gerichtsbeschluss durchgesetzt werden.[287]

4.3.2 Heime in Tirol und anderen Bundesländern

Innsbrucker Kinder befanden sich aber nicht nur in den städtischen Heimen. In den Jahren 1970 bis 1990 verzeichnen die Nachschlagebücher der Jugendwohlfahrt Innsbruck in Bezug auf Kinder unter 14 Jahren beispielsweise eine Zusammenarbeit mit dem Kinderheim Arzl und dem Landes-Kinderheim Axams sowie dem Landeserziehungsheim Kramsach-Mariatal, das bis 1971 schulpflichtige Mädchen aufnahm.[288] Temporär waren Innsbrucker Kinder in der Kinderbeobachtungsstation der Psychiaterin Maria Nowak-Vogl untergebracht, die sich bis 1979 im Innsbrucker Stadtteil Hötting, anschließend bis zu deren Schließung 1987 als „Psychiatrie IV – Kinderstation" und damit Teil der Universitätsklinik für Psychiatrie auf dem Klinikgelände befand. In der Kinderbeobachtungsstation von Nowak-Vogl konnten Kinder von klein an bis zu sechs Wochen festgehalten werden.[289] Das Innsbrucker Jugendamt arbeitete auch mit geistlichen geführten Einrichtungen zusammen, wie der sogenannten „Bubenburg" des Seraphischen Liebeswerks in Fügen, das im Untersuchungszeitraum ca. 50 bis 100 männliche Kinder und Jugendliche bis zu einem Alter von 15 Jahren aufnahm (Zahl bis 1990 abnehmend) und heute sozial-pädagogische Wohngruppen führt.[290] Die BenediktinerInnen vom Mutterkloster Melchtal in der Schweiz wandelten das Mädchenerziehungsheim Scharnitz, das seit 1897 als Fürsorgeerziehungsheim fungierte, bereits 1972 zu einem Internat mit Internatsschule um, welche 2010/11 schlossen. Innsbrucker Kinder wurden auch im Kinderheim Martinsbühel untergebracht, das bis 2008 eben-

---

286 Homepage Innsbrucker Soziale Dienste (ISD), http://www.isd.or.at/index.php/kinderzentren/zentrum-pechegarten?id=312 (abgerufen am 5.2.2018).
287 Jugendwohlfahrt in Tirol. Hilfe für Kinder, Eltern und Familien, hg. v. ATLR, Abt. Vb, (Innsbruck) 1994.
288 Nachschlagebücher der Magistratsabteilung V/F, Fürsorgeamt, 1970–1990, StAI. Das Landeserziehungsheim Kramsach-Mariatal schloss 1971 und wurde anschließend zu einem Sonderschulinternat umfunktioniert. Vgl. zu Kramsach-Mariatal Ralser/Bischoff/Guerrini/Jost/Leitner/Reiterer 2017, S. 507–570.
289 Vgl. Bericht der ExpertInnenkommission 2013. Vgl. ferner Ralser/Bischoff/Guerrini/Jost/Leitner/Reiterer 2017, S. 225–228.
290 Vgl. Michaela Ralser/Anneliese Bechter/Flavia Guerrini, Geschichte der Tiroler und Vorarlberger Erziehungsheime und Fürsorgeerziehungsregime der 2. Republik – Eine Vorstudie, Forschungsbericht Juni 2012, erstellt im Auftrag der Länder Tirol und Vorarlberg, S. 37. Weiters: Soziale Dienste der Kapuziner (Hg.), Von Böse und Gut. Ein Versuch über Gewalt und Missbrauch. Bubenburg 1950–1980, Sonderausgabe des „slw derzeit", Axams August 2014.

falls von den BenediktinerInnen geführt wurde und für Kinder und Jugendliche mit besonderen Bedürfnissen vorgesehen war.[291] Mit diesem Argument kamen Innsbrucker Schützlinge der Jugendwohlfahrt auch ins St. Josefs-Institut in Mils bei Hall in Tirol.[292] Im Mutter-Kind-Heim St. Christoph in Vill wurden wiederum Frauen und Mädchen ab 15 Jahren mit ihren Kindern aufgenommen, die sich aufgrund von Eheproblemen, unehelicher Mutterschaft oder Scheidungen in einer Notlage befanden.[293]

Innsbrucker Kinder und Jugendliche wurden vom Jugendamt auch in Heime außerhalb von Tirol geschickt. Im Westen boten sich dabei unter anderem das Vorarlberger Landesjugendheim für schulpflichtige Buben Jagdberg an, das ab 1977 Schützlinge aufnahm,[294] oder die Stiftung Jupident in Schlins. Die Nachschlagebücher des Jugendamtes Innsbruck verzeichnen weiters Kontakte zum Haus Commonwealth von „Rettet das Kind" in Salzburg und zur „Pro-Juventute"-Kinderdorfvereinigung, die ab 1947 in Österreich Kinder in familienähnlichen Strukturen betreute. Erwähnt werden auch das Zentrum Spattstraße in Linz oder das oberösterreichische Erziehungsheim Steyr-Gleink.[295] Die Kongregation der „Schwestern zum Guten Hirten" betrieben wiederum innerhalb ihrer Klostermauern in Salzburg bis 1992 ein geschlossenes Erziehungsheim für weibliche Jugendliche, in das auch das Jugendamt Innsbruck zuwies.[296] In der oberösterreichischen Erziehungsanstalt Wegscheid befanden sich genauso Innsbrucker Jugendliche wie in den Bundeserziehungsanstalten Wiener Neudorf (für Mädchen) und Kaiser-Ebersdorf (für Burschen) mit deren Außenstelle Kirchberg am Wagram.

Das Land Tirol betrieb zwei Fürsorgeerziehungsheime – das Landeserziehungsheim für schulentlassene Buben in Kleinvolderberg und jenes für schulentlassene Mädchen St. Martin in Schwaz. Die Geschichten beider Heime weisen in das 19. Jahrhundert und auf eine Tradition der Armen- und Korrekturerziehung zurück. Während des Nationalsozialismus befand sich in den Gebäuden des ehemaligen Heims für „arme und verwahrloste Knaben" des nunmehr zur Selbstauflösung gezwungenen Katholischen Vereins der Kinderfreunde in Kleinvolderberg ein Gauerziehungsheim für schulpflichtige Mädchen. Nach Ende der NS-Herrschaft wurde es ab Sommer 1945 zu einem Landeserziehungsheim für schulentlassene Burschen von 15 bis 21 Jahren umgewandelt. Zunächst war der Standort lediglich als Provisorium gedacht, aber das Land fand keine Alternative. So blieb das Heim bis zu seiner Schließung 1991 in den Räumlichkeiten von Kleinvolderberg. Ab Mitte der 1960er Jahre waren aber räumliche Erweiterungen und später auch Sanierungen möglich geworden. Wie die baulichen waren auch die pädagogische Standards mäßig und die Gewaltpraxen der Betreuer weithin bekannt, 1969 wurde ein Karzer eingebaut. Die Heimerziehung orientierte sich an bürgerlicher Ordnung, die durch Kontrolle, Bestrafung und Absonderung hergestellt werden sollte.

---

291 Ralser/Bechter/Guerrini 2012, S. 31–32.
292 Vgl. Verzeichnis der Jugendheime und Internate in Tirol, Stand 1.1.1969, Bibliothek des Tiroler Landesmuseum Ferdinandeum (FB 39180).
293 Landesjugendamt, V28, ATLR, Abt. Vb, Zl. 469 e (1c) – 40/25, 18.12.1980, Verzeichnis der Jugendheime und Internate in Tirol, StAI.
294 Zum Landesjugendheim für schulpflichtige Buben – Jagdberg 1976 bis 1999 siehe Ralser/Bischoff/Guerrini/Jost/Leitner/Reiterer 2017, S. 484–498.
295 Vgl. Nachschlagebücher der Magistratsabteilung V/F, Fürsorgeamt, 1970–1990, StAI.
296 Homepage Der Standard, https://derstandard.at/1345165540339/Ehemaliges-Heimkind-wirft-Salzburger-Kloster-Freiheitsberaubung-vor (abgerufen am 7.2.2018).

Die Ausbeutung der Arbeitskraft von sogenannten Zöglingen erfolgte im Haus und in den heimeigenen Lehrwerkstätten. Kritik an den Zuständen im Landeserziehungsheim, die bereits vor 1970 laut geworden waren, führten zu keiner grundsätzlichen Haltungsänderung. Erst zu Beginn der 1970er Jahre, als die Heimdebatte auch Tirol erfasste, ließ das Land Tirol umstrukturieren.[297] Die Zahl der Zöglinge nahm ab. 1969 hatten sich noch 81 männliche Jugendliche im Heim befunden, 1975 waren es nur mehr 49. Außerdem wurden die Gruppengrößen verkleinert – 1977 war die Reduktion von 16 auf zehn erreicht und eine Wohngruppe eingerichtet worden. 1988 existierten drei Wohngruppen zu je zehn Jugendlichen.[298] Die von wissenschaftlicher Seite in den 1970er Jahren angestoßenen pädagogischen Veränderungen zeigten sich etwa in der besseren Schulung des pädagogischen Personals, im Ausbau von Freizeitangeboten für die Heimbewohner oder dem verstärkten Augenmerk auf Ausbildungen. Die 1980 eingerichtete „Therapiestation" wurde vom Landesrechnungshof scharf als Ersatz des Karzers kritisiert[299] und wahrscheinlich drei Jahre später wieder aufgelöst. Letztlich fiel die Ersatzerziehung im Heim in sich zusammen. Im Verlauf der späteren 1980er Jahre sanken die Einweisungszahlen aufgrund mangelnder Popularität in der Bevölkerung, aber auch bei den zuweisenden Institutionen deutlich, bis bei der Schließung zu Beginn der 1990er Jahre nur noch vier Burschen übrigblieben.[300]

Das Landeserziehungsheim für schulentlassene Mädchen St. Martin in Schwaz nahm eine ähnliche Entwicklung wie jenes für Burschen in Kleinvolderberg. 1896 beschloss der Tiroler Landtag die erste Anstalt für „verwahrloste Minderjährige" im Kronland. Sie ließen eine Besserungsanstalt für Mädchen in der „Zwangsarbeitsanstalt für Weiber zu St. Martin" einrichten. Nach dem Ersten Weltkrieg wurde daraus eine Erziehungsanstalt für Mädchen, die wegen ihres baulichen Zustandes und der pädagogischen Praxis der die Einrichtung führenden Barmherzigen Schwestern heftig kritisiert wurde. Es kam schließlich zu Umbaumaßnahmen, einem Wechsel von Personal und der Modifizierung von Erziehungspraktiken. In der NS-Zeit wurde die Anstalt als Gauerziehungsheim für schulentlassene Mädchen weitergeführt, das es mit einer kurzen Unterbrechung auch über 1945 hinaus blieb. Das von der Umwelt abgeschnittene, für 110 weibliche Jugendliche konzipierte Großheim wies einen geringen Personalstand auf, der von Disziplin und Strafe getragene Erziehungsstil war autoritär. Die Mädchen litten unter struktureller und personeller Gewalt, Karzerstrafen waren besonders gefürchtet. Es gab zwar eine Haushaltungsschule, aber auf Ausbildung wurde kein besonderer Wert gelegt. Die Mädchen wurden aber zu Hilfsdiensten herangezogen, vor allem in der hauseigenen Wäscherei oder in der Landwirtschaft. Sie arbeiteten auch für externe Auftraggeber. Ihre Leistungen, die nicht ins Sozialversicherungssystem eingebunden waren, wurden monetär kaum abgegolten. Erst Mitte der 1970er Jahre wurden entscheidende Veränderungen eingeleitet, Umbauten vorgenommen und die Zahl der Plätze auf etwa die Hälfte redu-

---

297 Zur Geschichte des Landeserziehungsheims für schulentlassene Buben in Kleinvolderberg vgl. Ralser/Bischoff/Guerrini/Jost/Leitner/Reiterer 2017, S. 571–693; weiters: Landesrechnungshof Zl.176, Bericht über die Einschau beim Landesjugendheim Kleinvolderberg sowie Stellungnahme, TLA.
298 Konzept des Landesjugendheimes Kleinvolderberg, August 1988, S. 10–12, Privatarchiv Tilg.
299 Tiroler Landtag, Landeskontrollamt, Zl. 196/109–1977, TLA.
300 Siehe Ralser/Bischoff/Guerrini/Jost/Leitner/Reiterer 2017, S. 571–693; weiters: Landesrechnungshof Zl.176, Bericht über die Einschau beim Landesjugendheim Kleinvolderberg sowie Stellungnahme, TLA.

ziert. Der Karzer wurde zwar offiziell 1979 abgeschafft, Strafisolierungen kamen aber noch eine Weile zur Anwendung.[301] Erst ab der zweiten Hälfte der 1970er Jahre hatten Mädchen alleine die Anstalt verlassen dürfen, nun wurde auch zunehmend auf die Unterbringung an externen Arbeitsplätzen und Lehrstellen Wert gelegt. Dennoch sank die Zahl der zugewiesenen Mädchen zwischen 1982 und 1987 rapide, 1989 waren nur mehr elf Mädchen in St. Martin untergebracht. Den eklatanten Rückgang der Heimbelegung kritisierte das Landeskontrollamt schließlich als unwirtschaftlich und regte die Schließung des Heims an. Die VertreterInnen der Bezirksjugendämter favorisierten die Unterbringung in kleineren, familiennahen Einrichtungen. Die mangelnde Akzeptanz durch die Fachkräfte führte zu Beginn der 1990er Jahre letztlich zur Schließung der beiden Landeserziehungsheime Kleinvolderberg und St. Martin.[302]

Während der Gesetzgeber klar zwischen den einzelnen Maßnahmen der Jugendwohlfahrt unterschied, kamen die Kinder und Jugendlichen in den Heimen oft wieder zusammen. So waren in den Landesfürsorgeerziehungsheimen nicht nur Jugendliche unter dem Titel „Fürsorgeerziehung" untergebracht, sondern auch Burschen und Mädchen, die sich aufgrund von gerichtlicher und freiwilliger Erziehungshilfe in öffentlicher Ersatzerziehung befunden hatten. Die erzieherische Praxis hatte sich dabei offenbar nicht unterschieden. Der Dienstordnung von St. Martin aus dem Jahr 1976 ist zu entnehmen, dass sich alle (weiblichen) Jugendlichen an die Grundsätze des Heimes zu halten hätten, ungeachtet dessen, welcher Jugendwohlfahrtsmaßnahme sie unterlagen, diesbezüglich differenzierte Erziehungsmaßnahmen waren nicht vorgesehen.[303] Die Abteilung Vb, Jugendwohlfahrt, machte deutlich, dass eine unterschiedliche Behandlung der Jugendlichen aus pädagogischen Gründen nicht vertretbar wäre.[304]

In Tirol wurden 1970 die Hälfte aller Kinder und Jugendlichen, die einer Erziehungsmaßnahme unterlagen, in Heimen untergebracht, 30 Prozent blieben in der Herkunftsfamilie, die restlichen 20 Prozent fanden in anderen Familien Aufnahme. Das ergab die höchste Heimquote in Österreich, deren Durchschnitt bei 27 Prozent lag. Bis Ende der 1970er Jahre nahm die Heimquote in Tirol sogar noch um zwei Prozentpunkte zu. Die Quote jener, die während einer aufrechten Erziehungsmaßnahme in der Herkunftsfamilie belassen wurden, nahm hingegen auf ein Viertel ab, während etwas mehr Kinder und Jugendliche in anderen Familien unterkamen als noch 1970. Damit entwickelte sich die Praxis in Tirol in den 1970er Jahren gegen den österreichischen Trend, denn in allen anderen Bundesländern nahm die Quote der Heimkinder ab oder stagnierte.[305] Die absoluten Zahlen revidieren das Bild allerdings, denn die Tiroler Jugendämter verhängten etwa im Gegensatz zum einwohnerschwächeren Salzburg deutlich weniger Erziehungsmaßnahmen.[306] Offenbar war die Praxis in den einzelnen Bundesländern sehr verschieden. Bei der Beurteilung dieser Praxen war nicht nur die Wahl des Unterbringungsortes relevant. Es ging auch um das Interesse von Verantwortlichen,

---

301 Ralser/Bischoff/Guerrini/Jost/Leitner/Reiterer 2017, S. 79.
302 Ebd., S. 707–890.
303 Landesjugendamt, V/28, ATLR an Stadtjugendamt, 8.1.1976, Anhang, Dienstordnung zur Führung und zum Betrieb des Landesjugendheimes Schwaz – St. Martin, StAI.
304 Landesjugendamt, V/28, ATLR an den Stadtmagistrat-Stadtjugendamt, Abt. Vb, Zl. 472 k – 208/2, 16.5.1978, StAI.
305 Vgl. Bauer/Hoffmann/Kubek 2013, S. 306–307.
306 Ebd., S. 434–435.

Lösungen für die auftretenden Problemlagen zu finden, und die Bereitschaft, dementsprechende Ressourcen für das Wohl jener Heranwachsenden, die für problematisch gehalten wurden, bereitzustellen.[307]

Dennoch verdeutlichen die oben genannten Zahlen den Stellenwert, den die Erziehungsheime in den 1970er Jahren in Tirol bei Verantwortlichen genossen. Jene JugendamtsmitarbeiterInnen, die an Heimstrukturen festhalten wollten oder keine Alternativen sahen, forderten in den 1970er Jahren noch Ersatz für jene Heime, die geschlossen worden waren, wie beispielsweise Holzham-Westendorf.[308] Der „bewahrenden Gegenbewegung" zum Trotz nahmen die Zuweisungen in Heime in den 1980er Jahren in Tirol deutlich ab, wie die Zahlen der Landeserziehungsheime, aber auch jene der städtischen Heime zeigen. Letztere entwickelten sich immer mehr zu Tagesheimstätten. JugendamtsmitarbeiterInnen in den Bezirkshauptmannschaften, der Stadt Innsbruck und dem Landesjugendamt sowie die Gerichte nahmen die Heime immer weniger in Anspruch.[309] Einen wesentlichen Anteil an der Haltungsänderung gegenüber der Heimerziehung im Bundesland hatte der aus SozialarbeiterInnen, PädagogInnen, PsychologInnen, Juristen, LehrerInnen, ErzieherInnen und Priestern bestehende Tiroler Arbeitskreis für Heimerziehung. Ab 1978 kritisierten diese scharf, hartnäckig und mit Unterstützung überregionaler Medien einige Jahre lang die Praxen in Tiroler Heimen, insbesondere der Landeserziehungsheime.[310]

Den Befund vom drastischen Rückgang der Einweisungen legte der Leiter der Abteilung Vb, Jugendwohlfahrt, Ekkehard Kecht dem Sozialandesrat Fritz Greiderer im Februar 1990 vor. Der Vorlage waren ein Symposium zum Thema „Heimerziehung in der Krise – Alternativen" sowie drei Treffen des daraus hervorgegangenen Arbeitskreises „Stationäre Versorgung im Bereich der Jugendwohlfahrt in Tirol" vorangegangen, in dem verschiedene AkteurInnen der Jugendwohlfahrt, des Landes Tirol und Anbieter alternativer Unterbringungsformen vertreten waren. Dieser Arbeitskreis war mehrheitlich zum Schluss gekommen, dass der Bedarf nach einer derartigen Heimunterbringung nicht mehr gegeben war.[311] In der Begründung seines Antrags auf Schließung von Kleinvolderberg und St. Martin nannte Kecht mehrere Gründe. Dazu zählten:

- Die gesellschaftliche Beurteilung der Verhaltensweisen, die zu Heimeinweisungen geführt hatten, hatte sich geändert.
- Im neuen Jugendwohlfahrtsgesetz wurde die familienähnliche Unterbringung gegenüber der Heimstruktur bevorzugt, Zwangsmaßnahmen waren nicht mehr vorgesehen, hingegen wurden die auf Freiwilligkeit basierenden Angebote von Beratung und ambulanter Betreuung sowie der sozialen Dienste favorisiert.
- Richter förderten ebenfalls zunehmend eine Unterbringung in Familien und wandten Fürsorgeerziehung und gerichtliche Erziehungshilfe immer weniger an.

---

307 Ebd., S. 307.
308 Jugendwohlfahrt, Karton 005, Tätigkeitsberichte, Leistungsberichte, 466 h 1b, Jahresberichte der Jugendämter, 1973–1977, Jahresbericht 1974, BH Kufstein, Abt. Jugendfürsorge, TLA.
309 Vgl. Ralser/Bischoff/Guerrini/Jost/Leitner/Reiterer 2017, S. 678–681.
310 Mehr über den Tiroler Arbeitskreis für Heimerziehung im Abschnitt 11.5, S. 441 ff.
311 Vgl. Ralser/Bischoff/Guerrini/Jost/Leitner/Reiterer 2017, S. 830–831.

- Die Landesjugendheime kämpften mit einem schlechten Image, in den Ausbildungsstätten von SozialarbeiterInnen wurden Heimerziehung und Zwangsmaßnahmen abgelehnt.
- Die Anordnung von Erziehungsmaßnahmen wurde als Strafe empfunden.

Kecht resümierte: „Da diese Entwicklung vorhersehbar war, war durch adäquate Alternativen bei einer möglichen Schließung der Landesjugendheime Vorsorge zu treffen. Diese Vorsorge ist insofern erfolgt, als sowohl die finanziellen Mittel als auch eine Reihe von privaten bzw. anderen öffentlichen Einrichtungen zur Verfügung stehen, um Jugendlichen die erforderlichen sozialpädagogischen Hilfen anzubieten."[312]

Im Frühjahr 1990 beschloss die Tiroler Landesregierung dann die Schließung der Landeserziehungsheime. Die letzten Heimbewohner verließen Kleinvolderberg im Laufe des Folgejahres, die Angestellten kamen zunächst nach St. Martin. Dieses Heim, aus dem die letzte Jugendliche schon im Juni 1990 ausgezogen war, wurde unter der Ägide des damaligen Leiters der Abteilung Vb, Jugendwohlfahrt, Manfred Weber umstrukturiert[313] und ab 1. Jänner 1992 als „Sozialpädagogisches Zentrum" geführt. Im November desselben Jahres lebten zehn Burschen im Alter von 14 bis 18 Jahren in zwei Wohngemeinschaften, sechs Erzieher kümmerten sich um sie, zudem gab es in jeder Einheit eine Haushälterin.[314] 1993 zogen Mädchen im selben Alter in eine Wohngruppe ein, außerdem standen Unterkünfte für schwangere Mädchen bzw. junge Mütter und ihre Kinder zur Verfügung. Die WGs waren offen geführt, die Jugendlichen besuchten öffentliche Schulen oder absolvierten eine Lehre.[315] Das „Sozialpädagogische Zentrum St. Martin" bietet heute je zwei WGs für Kinder und für Jugendliche beiderlei Geschlechts sowie eine Kurzzeit-WG im Rahmen der „vollen Erziehung".[316]

4.4 Erste Schritte zur Veränderung

4.4.1 Forschungsaufträge des Landes Tirol

Die wesentlichen Veränderungen in der Organisation, Struktur und Praxis der Jugendwohlfahrt gingen nicht von der Stadt Innsbruck aus – auch wenn sich die Veränderungen in den 1970er und 1980er Jahren auch im Jugendamt Innsbruck und den städtischen Heimen auswirkte. Es kamen sogar einige wenige Initiativen von dort, wie die Einrichtung einer Wohngemeinschaft für Mädchen im Kinderheim Pechegarten. Primär starteten verschiedene Initiativen auf Bundes- und Landesebene. Wie schon zu Beginn erwähnt, lud die Gemeinde Wien am 20. und 21. Jänner 1971 – angeregt durch die „Spartakus"-Aktionen – zur „Enquete für aktuelle Fragen der Heimerziehung" (bekannt

---

312 TLR, Vb-611/40, Zl. Vb-710/97, Schließung der Landesjugendheime St. Martin/Schwaz und Kleinvolderberg, Privatarchiv Tilg.
313 Vgl. Interview Weber 2015.
314 Tiroler Tageszeitung, Jugendliche lernen in St. Martin, wie man das Leben meistert, 11.11.1992, S. 16.
315 Sozialarbeit in Tirol (SIT), Sozialpädagogisches Zentrum St. Martin, Konzept 1992, Nr. 24, Juni 1992, S. 5–7.
316 Homepage Sozialpädagogisches Zentrum St. Martin, Land Tirol, https://www.tirol.gv.at/gesellschaft-soziales/sozialpaedagogisches-zentrum-st-martin (abgerufen am 28.2.2018).

auch unter „Wiener Heimenquete"). Daraufhin wurde die „Kommission für Fragen der Heimerziehung" unter dem Vorsitz von Walter Spiel, damals Leiter der Neuropsychiatrischen Abteilung für Kinder und Jugendliche der Universität Wien, eingerichtet. Die Kommission erarbeitete detaillierte Maßnahmen, um die Heime zu reformieren. Ziel war deren Öffnung, nicht deren Abschaffung. Diese Impulse griff der im Herbst 1970 zum neuen Landesrat für Gesundheit und Soziales ernannte Herbert Salcher auf und lud ExpertInnen zu Enqueten.[317] Im seit 1968 als Leiter der Abteilung Vb, Jugendwohlfahrt tätigen Paul Lechleitner traf er auf einen Beamten, der die Veränderungen nicht nur mittrug, sondern auch selbst initiativ wurde.

Herbert Salcher war am 3. November 1929 in Innsbruck geboren worden. Er arbeitete bei der Tiroler Gebietskrankenkasse, berufsbegleitend studierte er an der Universität Innsbruck Rechtswissenschaften. Früh engagierte er sich politisch, zunächst in der Sozialistischen Jugend. Von 1960 bis 1969 war er Mandatar der SPÖ im Innsbrucker Gemeinderat, dann wechselte er als Soziallandesrat in die Tiroler Landesregierung. Dort fungierte er auch als Landeshauptmann-Stellvertreter. Von 1969 bis 1981 führte er die Tiroler SPÖ als Parteiobmann. Im Herbst 1979 war er bereits in das Kabinett der Regierung Kreisky IV berufen worden, wo er die Funktion des Gesundheits- und Umweltministers ausgeübt hatte. Zwei Jahre später wechselte er ins Finanzministerium, das er als Minister bis Herbst 1984 politisch leitete.[318]

Im Tiroler Landtag berichtete Salcher im Dezember 1971 von einem Budgetposten für Forschungsaufträge in der Höhe von 100.000 Schilling für das darauffolgende Jahr. Primäres Ziel der Aufträge waren Bestandsaufnahmen und die Ausarbeitung von Veränderungsmodellen von Erziehungsmitteln und -praxen in den Tiroler Landeserziehungsheimen. Konkreter formulierte Salcher die Erwartungen der Jugendwohlfahrtsabteilung: „Wir erwarten uns von diesem Forschungsauftrag gewisse Entscheidungsmodelle, die uns die Frage beantworten, wie und welcher Art das Landesjugendheim Kleinvolderberg weiterzuführen wäre."[319]

1972 vergab das Land Tirol zwei Forschungsaufträge an die Universität Innsbruck – an das Institut für Erziehungswissenschaft und das Institut für Psychologie. Die Aufträge beinhalteten neben der Analyse vorliegender Literatur und Praxen der Heimerziehung auch die Erarbeitung von Vorschlägen zur Veränderung. Aus der Untersuchung des Instituts für Psychologie ergaben sich folgende Anregungen:

„Möglichst kleine Gruppen mit individuellen räumlichen und zeitlichen Rückzugsmöglichkeiten, wenig äußerer Druck, individuelle Verteilung der Aufgaben und der Verantwortung im Heim, konsequente aber transparente Erziehung, eventuelle medikamentöse Einstiegstherapie zu Beginn des Heimaufenthaltes, Beachtung der Berufsentscheidung und Berufsausbildung, verstärkte Beachtung der Depressionen im Heim. Möglichst Einbeziehung der Familie (der Heimatumgebung) der Jugendlichen in die Therapie."[320]

---

317 Stenographische Berichte des Tiroler Landtages, VII. Periode, 9. Tagung, 9.–11.12.1971, S. 84.
318 Homepage Parlament Republik Österreich, https://www.parlament.gv.at/WWER/PAD_01568/index.shtml (abgerufen am 22.2.2018).
319 Stenographische Berichte des Tiroler Landtages, VII. Periode, 9. Tagung, 9.–11.12.1971, S. 84.
320 Jugendwohlfahrt Vb 471 h, Forschungsaufträge und Grundlagenforschung auf dem Gebiete der Erzie-

Den dritten Forschungsauftrag vergab das Land Tirol 1973 an das Institut für Psychologie der Universität Salzburg, das österreichweit einen hervorragenden Ruf genoss. Auch hier ging es zunächst um eine Ist-Analyse der Landeserziehungsheime, darauf aufbauend wurde das „Salzburger Modell" entwickelt und in Form von Erziehertrainings in den beiden Landeserziehungsheimen St. Martin und Kleinvolderberg implementiert. Die WissenschaftlerInnen rieten erneut zur Schaffung von Kleingruppen „in Familie ähnlicher Form", zu räumlichen Veränderungen wie der Verkleinerung von Schlafsälen, aber auch der „Änderung des Karzers in seiner momentanen Form". Außerdem sollten unter anderem die Anzahl der Dienstposten angemessen erhöht und die ErzieherInnen einer Grundausbildung unterzogen werden.[321] In der Folge wurden kleinere Wohneinheiten geschaffen. Für Mädchen aus St. Martin, die bald entlassen werden sollten, richteten die Verantwortlichen eine Außenwohngruppe ein.[322] Außerdem arbeiteten die HeimerzieherInnen zunehmend mit den SozialarbeiterInnen in den Jugendämtern zusammen.[323] Trotz dieser Veränderungen blieben die wesentlichen Strukturelemente des Fürsorgeerziehungssystems – wie die Anstaltserziehung – jedoch aufrecht.[324]

Für ihre Untersuchungen war es WissenschaftlerInnen möglich, direkt in den Landeserziehungsheimen zu recherchieren. So befragten Forschende des Instituts für Psychologie an der Universität Innsbruck HeimleiterInnen sowie ErzieherInnen und wandten bei Jugendlichen psychologische Tests an.[325] Zwei DissertantInnen untersuchten wiederum im Rahmen des Forschungsauftrags des Instituts für Psychologie der Universität Salzburg jeweils drei Monate lang die Verhältnisse der Landeserziehungsheime vor Ort.[326] Was in den Heimen des Landes Tirol möglich war, scheiterte in jenen der Stadt Innsbruck. Bereits im Mai 1971 fragte ein Forscher des Instituts für Erziehungswissenschaft der Universität Innsbruck bei der Magistratsabteilung der Stadt Innsbruck an, ob er mit einer Gruppe von Studierenden „Kinder mit Verhaltensstörungen" in einem der städtischen Kinderheime Pechegarten oder Mariahilf beobachten könnte. Die Magistratsabteilung lehnte mit der Begründung ab, es gäbe in den Kinderheimen im Allgemeinen keine Kinder mit Verhaltensstörungen. Hintergrund waren Befürchtungen, die Erziehungsberechtigten könnten Einwände dagegen haben und die Studierenden den Heimablauf stören. Auch ein erneutes diesbezügliches Ansuchen lehnte die Abteilung ab.[327] ErzieherInnen in 16 österreichischen Erziehungsheimen befragte Heinz Zangerle für seine Dissertation am Institut für Erziehungswissenschaft, um deren berufliche Situation und damit eine strukturelle Komponente der Heimerziehung zu untersuchen. Zangerle konstatierte unter anderem extreme Ausbildungsdefizite – sowohl von der

---

hungsfürsorge 1971–1975, Schreiben TLR, Abt. Vb, Psychologischer Dienst, 7.12.1973, TLA.
321 Ebd., Psychologisches Institut der Universität Salzburg an ATLR, 10.3.1974, Bericht.
322 Gespräch Kreidl/Tilg 2015.
323 Interview Bäumel 2015.
324 Vgl. Ralser/Bischoff/Guerrini/Jost/Leitner/Reiterer 2017, S. 276.
325 Vgl. Jugendwohlfahrt Vb 471 h, Forschungsaufträge und Grundlagenforschung auf dem Gebiete der Erziehungsfürsorge 1971 bis 1975, TLA.
326 Vgl. Ralser/Bischoff/Guerrini/Jost/Leitner/Reiterer 2017, S. 795–796. Weiters: Christiane Mair, Negative Kontrolle und ihre Auswirkungen auf das Erleben verwahrloster weiblicher Jugendlicher in einer geschlossenen Fürsorgeerziehungsanstalt, Diss., Salzburg 1974, S. 111–112.
327 Kinderheim Mariahilf und Pechegarten VJ/12, Magistratsabteilung V, Zl. V/J 3745/29/344, 12.7.1971, Institut für Erziehungswissenschaft der Universität Innsbruck, StAI.

Grundausbildung her als auch in Bezug auf berufsbegleitende Fortbildungen. Eine auf mangelnde Qualifikationen und Kenntnisse basierende Anpassung an das Heimsystems sah er als eine Voraussetzung für dessen Funktionieren. Heime wiesen Züge einer das gesamte Leben umfassenden „totalen Institution" auf.[328]

4.4.2 Das Ringen um Ausbildungsstandards

Es war nicht nur das Ausbildungsniveau von HeimerzieherInnen in Österreich verglichen mit andern westeuropäischen Staaten sehr niedrig,[329] sondern auch jenes von FürsorgerInnen. In den 1960er Jahren herrschte zudem ein großer Mangel an Personen, die sich um diese Jobs überhaupt bewarben.[330] Diese Situation war auch im Land Tirol und der Stadt Innsbruck spürbar. Bürgermeister-Stellvertreter Hans Maier (ÖVP) konstatierte 1969 im Innsbrucker Gemeinderat:

„Seit Jahren herrscht im Berufsstand der Sozialarbeiter (Fürsorger, Fürsorgerinnen, Erzieher, Erzieherinnen u. a.) bekanntlich ein äußerst auffallender Mangel. Um dem nach wie vor anhaltenden Mangel an Erziehungspersonal in den Heimen einigermaßen zu begegnen, errichtete das Bundesministerium für Unterricht vor Jahren das Institut für Heimerziehung in Baden bei Wien."[331]

Die Beschäftigung mit der drohenden „Jugendverwahrlosung" gab dem Unterrichtsministerium 1960 den Anstoß, in Baden bei Wien Lehrgänge einzurichten, die schließlich zwei Jahre später in das „Bundeserziehungsinstitut für Heimerziehung" mündeten.[332] Die ursprünglich auf fünf Jahre angelegte Ausbildung blieb aufgrund der starken Nachfrage von AbsolventInnen bis 1980 verkürzt. PflichtschulabgängerInnen konnten ihre Ausbildung innerhalb von zwei Jahren, MaturantInnen innerhalb von einem Jahr abschließen, am meisten wurden aber die Externistenkurse genutzt, auch von TirolerInnen.[333]

Nach dem Zweiten Weltkrieg hatte die Ausbildung in Wien an jene der Zwischenkriegszeit angeknüpft. Bereits im Herbst 1945 hatten zwei Ausbildungsstätten wiedereröffnet: Im Oktober 1945 die 1938 geschlossene „Soziale Frauenschule des Caritasverbandes" und im November 1945 die „Fürsorgeschule der Stadt Wien".[334] In Tirol sorgte die Katholische Kirche sehr lange für die Ausbildung von ErzieherInnen und FürsorgerInnen, im Vergleich zu anderen österreichischen Bundesländern richtete sie Ausbildungsstätten früh ein. 1946 eröffneten zweijährige Fürsorgerinnenkurse in Innsbruck, aus denen die „Soziale Frauenschule der Caritas der Diözese Innsbruck" hervorging, die

---

328 Heinz Zangerle, Zur Berufssituation der Erzieher in österreichischen Fürsorgeerziehungsheimen, Diss. Phil., Innsbruck 1974.
329 Schreiber 2010, S. 70.
330 Wolfgruber 2013, S. 111.
331 Vgl. Protokoll des Innsbrucker Gemeinderates vom 18.12.1969, S. 557 f., StAI.
332 Vgl. Ralser/Bischoff/Guerrini/Jost/Leitner/Reiterer 2017, S. 262 f.
333 Schreiber 2010, S. 70.
334 Wolfgruber 2013, S. 86.

1948 als erster derartiger Schultyp das Öffentlichkeitsrecht erwarb.[335] Mit dem Schulorganisationsgesetz 1962 wurden die Fürsorgeschulen in „akademieverwandte" „Lehranstalten für gehobene Sozialberufe" umgewandelt, die zwar privat blieben, aber nunmehr mit einheitlichem Rahmenlehrplan versehen waren.[336] In der Folge war die Ausbildung auf vier Semester festgelegt, sie stand ab 1967 auch Männern offen.[337]

Diese grundlegenden Veränderungen fanden in den ersten Dienstjahren einer neuen Direktorin statt. 1961 hatte Maria Oberhauser die erste Direktorin Rosemarie Gassner abgelöst. Die 1928 geborene Oberhauser war Juristin, absolvierte aber nach ihrer Promotion von 1954 bis 1956 die Soziale Frauenschule der Caritas der Diözese Innsbruck, wo sie bereits während ihrer Schulzeit als Schulassistentin tätig war. Nur wenige Jahre nach ihrem Abschluss wurde sie als Direktorin der Sozialen Frauenschule und der Familienhelferinnenschule berufen. Sie übte diese Tätigkeit bis zu ihrer Pensionierung 1985 aus.[338]

Die Ausbildungsstätten konnten den Bedarf an ErzieherInnen und FürsorgerInnen aber bis in die 1970er Jahre nicht decken. 1964 hatten elf Frauen die Lehranstalten für gehobene Sozialberufe der Caritas Innsbruck absolviert, in den zurückliegenden 18 Jahren sollen es 149 AbsolventInnen gewesen sein, wovon aber lediglich 74 auch als Fürsorgerinnen gearbeitet hätten.[339] Die Zahl der Plätze in der Lehranstalt wurde sukzessive erhöht, in der zweiten Hälfte der 1970er Jahre schließlich von 44 auf 100 Plätze. Der Andrang zu Sozialberufen sei in Innsbruck verglichen mit anderen österreichischen Bundesländern hoch, betonte ein Vertreter des Unterrichtsministeriums beim Spatenstich zur Erweiterung der Schule 1977.[340] Damals hatten sich die Jobmöglichkeiten für AbgängerInnen von Ausbildungsstätten für Sozialberufe deutlich erhöht, sowohl in den Jugendämtern als auch in der Bewährungshilfe, privaten und öffentlichen Beratungsstellen sowie in der Jugendbetreuung. Der Personalmangel zeigte sich noch stärker in den Tiroler Landbezirken als in Innsbruck.[341] Das Jugendamt Innsbruck meldete bereits 1976, dass es in voller Besetzung arbeite und keine Nachwuchssorgen hatte.[342] Das gilt jedoch nicht für die weiter entfernten Bezirkshauptmannschaften.

Um auf den dringenden Bedarf von ausgebildeten ErzieherInnen zu reagieren, hatte die Diözese Innsbruck 1973 zusätzlich eine „Bildungsanstalt für Erzieher" eingerichtet. Die hatte zunächst ihren Standort in Baumkirchen, übersiedelte zwei Jahre später nach Pfaffenhofen und weitere zehn Jahre später nach Zams. Seit 1993 ist die Bildungsanstalt in Stams untergebracht.[343]

---

335 Schreiber 2010, S. 70.
336 Bauer/Hoffmann/Kubek 2013, S. 285.
337 Vgl. Elfriede Maria Frühauf, Praxisreflexion in der Ausbildung für Sozialarbeiter/innen. Studentinnen im 2. Semester über ihre Ausbildung an der Sozialakademie Innsbruck, Diss., Innsbruck 1986, S. 27 f.
338 Vgl. Verena Bechter/Gerhard Waibel: Maximilianstraße 41. Unser Schulgebäude und unsere Schule. Blitzlichter zur Geschichte, Innsbruck 2016, http://www.sob-tirol.tsn.at/ueber-uns/unsere-geschichte/
339 Tiroler Tageszeitung, 27 Sozialarbeiterinnen treten ihren Beruf an, 11.7.1964, S. 5.
340 Tiroler Tageszeitung, Deutlicher Trend zu „Sozialberufen" in Tirol, 11.7.1977, S. 3.
341 Vgl. Jugendwohlfahrt, Karton 005, Tätigkeitsberichte, Leistungsberichte, 466 h 1b, TLA.
342 Protokoll des Innsbrucker Gemeinderates vom 21.12.1976, S. 681, StAI.
343 Die nunmehrige „Private Kirchliche Pädagogische Hochschule Edith Stein" wurde zunächst als Kolleg, ab 2004 als „Institut für Sozialpädagogik" geführt. Vgl. Lydia Naschberger-Schober, 20 Jahre Sozialpädagogik Stams. Entwicklungen – Projekte – Perspektiven, in: ÖKUM 2/2015, S. 12–13, Homepage Diözese Innsbruck, https://www.dibk.at/Themen/Bildung-und-Religion/node_10492/OeKUM-2015-2/node_15208 (abgerufen am 24.5.2019).

Trotz vermehrter Angebote blieben die Ausbildungsstandards von ErzieherInnen und FürsorgerInnen bzw. MitarbeiterInnen in den Jugendämtern in den 1970er Jahren niedrig. Horst Schreiber konstatiert, dass die Ausbildungsmöglichkeiten, deren Standards und die real erworbenen fachlichen Qualifikationen sogar bis in die 1990er Jahre den Praxiserfordernissen nicht standhielten.[344] Viele ErzieherInnen in Tirol konnten in den 1960er und 1970er Jahren, wenn überhaupt, dann berufsbegleitende Kurse wie etwa die Erzieherfachdienstkurse des Landes vorweisen. Die mangelnden Standards seien aber nicht nur den bescheidenen Angeboten geschuldet, so Schreiber. Er sieht die Gründe auch im mangelnden Willen der Heimträger, qualifiziertes Personal einzustellen, weil sich dieses schlechter unterordnete, sowie an der geringen Fortbildungswilligkeit der HeimerzieherInnen selbst.[345] Eine weitere Kritik an der Ausbildung betrafen deren Umfang und Qualität. Zwar waren die Lehranstalten für gehobene Sozialberufe seit 1976 in „Akademien für Sozialarbeit" umgewandelt worden, dennoch hielt die österreichische Ausbildung dem Vergleich mit den Standards in den westeuropäischen Ländern nicht stand. Während die Ausbildungsdauer in Österreich lediglich zwei Jahre betrug, dauerte sie in anderen Ländern drei bis vier Jahre, bei Master-Abschlüssen sogar bis zu fünf Jahre. Dieses Verhältnis spiegelt sich besonders bei der Praxisausbildung wider: Während diese in Österreich vier Monate betrug, hatten angehende SozialarbeiterInnen in anderen Ländern rund zehn Monate Praxisausbildung zu absolvieren.[346]

Pflichtpraktika wurden in Österreich etwa an den Jugendämtern geleistet. Deshalb war eine Zusammenarbeit zwischen der Lehranstalt für Sozialberufe der Caritas Innsbruck und den Tiroler Jugendämtern gegeben. Zu Beginn der 1970er Jahre wurde an der Durchführung der Praktika gefeilt, um das Niveau der Ausbildung und das Image der JugendamtsmitarbeiterInnen zu heben. So wünschte sich Oberhauser 1970 vom Landesjugendamt die Supervision der PraktikantInnen durch zwei Fürsorgerinnen. Sie sah Entwicklungsmöglichkeiten für beide Teile:

„Die Schule erwartet sich davon nicht nur, dass die künftigen Sozialarbeiter besser ausgebildet in die Praxis gehen, sondern dass auch bei den bereits tätigen Fürsorgerinnen die Bereitschaft erwacht, durch Supervision ihre Arbeit zu verbessern."[347]

Wenngleich PraktikantInnen vielfach wenig Interesse an den Praktika am Jugendamt zeigten, war der Bedarf nach praktischer Ausbildung und selbstständigem Arbeiten bei den SchülerInnen bzw. Studierenden sehr hoch. Dies verdeutlicht ein Konflikt 1976/77, der den von lehrenden SozialarbeiterInnen fünf Jahre zuvor eingeführten Projektunterricht betraf. Dieser wurde drastisch gekürzt. Es kam zu einer heftigen Auseinandersetzung, vor allem zwischen Studierenden und Direktorin Oberhauser, die die Qualität des Projektunterrichts bemängelte und mehr Kontrolle über die Inhalte erlangen wollte.[348]

---

344 Schreiber 2015, S. 34.
345 Schreiber 2010, S. 70.
346 Vgl. Frühauf 1986, S. 115–117.
347 Fürsorgerinnen, Fürsorger, Praktikantinnen, Sozialberater, V/29,I. Band bis 100, bis zum 16.9.1969, Zl. 103 F 1930, Lehranstalt für Sozialberufe der Caritas Innsbruck an ATLR, 27.10.1970, StAI.
348 Mehr über diesen Konflikt im Abschnitt 11.2, S. 426 ff.

Bei den Praktika hatte Oberhauser den Aufwand der Vorbereitung gesteigert und im Gegenzug eine verstärkte Anleitung der PraktikumsbetreuerInnen und laufende Gespräche mit den PraktikantInnen gefordert. Vor- und Nachbesprechungen mit den BetreuerInnen von Lehranstalt und Praktikumsstelle wurden intensiviert, die Anforderungen bei den Praktika erhöht und ausdifferenziert. Mitte der 1970er Jahre mussten eine Bestätigung über die geleisteten 168 Stunden Praktikumsarbeit beigebracht, ein Praktikumsheft geführt, ein Bericht mit den Angaben über die Aufgaben und Methoden, dem Tagesablauf und Falldarstellungen verfasst und darüber reflektiert werden, außerdem hatte die verantwortliche Betreuungsperson an der Praktikumsstelle eine Beurteilung zu schreiben.[349] Zu dieser Zeit zählten zu den „Praxisanleitern" neben Fürsorgerinnen der Mütterberatung und SozialarbeiterInnen der Jugendämter, so auch des Jugendamtes Innsbruck, unter anderem auch ein Mitarbeiter der Alterssozialarbeit der Stadt Innsbruck, der Leiter der Kinderklinik des Landeskrankenhauses Innsbruck sowie ein Jugendbetreuer des Jugendzentrums Marianische Kongregation bzw. Mittelschülerkongregation (MK). In den vorliegenden Protokollen zu den Besprechungen zwischen VertreterInnen der Sozialakademie und der Praktikumsstellen, die zwischen 1974 und 1976 stattfanden, werden auch VertreterInnen der städtischen Kinderheime, des Landeserziehungsheimes Kleinvolderberg, der Erziehungsberatungsstelle des Landes Tirol, der Caritas-Beratungsstelle für Suchtkranke, der Therapeutischen Pflegefamilien, der Sozialberatung und des Jugendhauses St. Paulus erwähnt.[350] Darüber hinaus sind auch Praktikumsstellen in der Bewährungshilfe und dem Jugendzentrum Z6 bekannt.[351] Der Wunsch, die Praktika mögen verlängert werden, wurde vielfach geäußert.[352] Aber noch mehr als zehn Jahre später bemängelte der Vorsitzende der Österreichischen Arbeitsgemeinschaft der Direktoren bei einer Tagung für Lehrende an deutschen, österreichischen und Schweizer Ausbildungsstätten für SozialarbeiterInnen, die 1987 in Innsbruck stattfand, die Qualität der Ausbildung in Österreich im Vergleich zu den beiden anderen deutschsprachigen sowie den angloamerikanischen Ländern: „Sowohl was die Ausbildungsdauer als auch die Inhalte und Methoden anlangt, bildete Österreich bislang das Schlusslicht." Im Herbst desselben Jahres wurde die langjährige Forderung auf Verlängerung der Ausbildung von zwei auf drei Jahre schließlich umgesetzt und unter anderem der Praxis mehr Raum gegeben.[353]

Bereits ab den 1970er Jahren bereicherten auch immer mehr AbsolventInnen der Institute Psychologie und Erziehungswissenschaft der Universität Innsbruck soziale Berufsfelder. An beiden Instituten hatte die Zahl der Studierenden ab Mitte der 1960er

---

349 Fürsorgerinnen, Fürsorger, Praktikantinnen, Sozialberater, V/29,I. Band bis 100, bis zum 16.9.1969, Zl. 103 F 1930, Lehranstalt für gehobene Sozialberufe der Caritas Innsbruck, Protokoll über die Auswertung der Jugendamtspraktika, 15.5.1974, StAI.
350 Ebd., Protokolle über die Besprechungen zwischen den Praxisanleitern und der Lehranstalt für gehobene Sozialberufe vom 9.1.1975 und 8.1.1976.
351 Vgl. Interview Pilgram 2015 sowie Interview Andrea Sommerauer/Hannes Schlosser mit Jussuf Windischer am 9.4.2015.
352 Fürsorgerinnen, Fürsorger, Praktikantinnen, Sozialberater, V/29,I. Band bis 100, bis zum 16.9.1969, Zl. 103 F 1930, Lehranstalt für Sozialberufe der Caritas Innsbruck, Protokolle über die Besprechungen zwischen den Praxisanleitern und der Lehranstalt für gehobene Sozialberufe vom 9.1.1975 und 8.1.1976, StAI.
353 Tiroler Tageszeitung, Bessere Schulung der Sozialarbeiter, 6.6.1987, S. 5.

Jahre kräftig zugenommen. Ab 1965 war ein Diplomabschluss am Institut für Psychologie möglich,[354] das Institut für Erziehungswissenschaft war überhaupt erst aus einem seit 1959 bestehenden pädagogischen Lehrstuhl hervorgegangen und hatte sich im Laufe der 1960er Jahre konsolidiert.[355] Zunächst auf die Schulpädagogik spezialisiert, kam mit der Berufung des Deutschen Horst Rumpf ein Vertreter der Kritischen Theorie an die Innsbrucker Erziehungswissenschaft. Dies bedeutete eine verstärkte Beschäftigung mit der Praxisrelevanz pädagogischer Forschung über die Schule hinaus,[356] was sich wiederum auf die Soziallandschaft Innsbrucks und Tirols auswirkte.

Die fortschreitende Professionalisierung und die gesellschaftlichen Veränderungen brachten immer mehr jüngere, ausgebildete Fachkräfte in soziale Berufe – sei es in den Jugendämtern oder den nach und nach entstehenden sozialen Einrichtungen. Das setzte nicht nur Veränderungskräfte frei, sondern führte auch zu Konflikten. Gudrun Wolfgruber weist für Wien einen Generationenkonflikt nach,[357] der sich auch auf Innsbruck übertragen lässt. Es handelte sich nicht nur um eine Situation von verschiedenen Ausbildungsstandards, sondern auch um eine Inhaltsverschiebung von der Fürsorge hin zur Sozialarbeit. So drückte sich der Generationenkonflikt in der Verwendung neuer Methoden aus, wenn es etwa um die Integration des Casework oder die Einführung von Teams oder Supervision ging. Oder er zeigte sich in den Auseinandersetzungen im Berufsverband, der sich österreichweit in der ersten Hälfte der 1960er Jahre gebildet hatte. In der Tiroler Regionalorganisation, die sich erst 1976 gründete, prallten die Haltungen der (vielfach älteren) Katholisch-Konservativen, unter ihnen Sozialakademie-Direktorin Maria Oberhauser, auf die (tendenziell jüngeren) Linksorientierten-Kritischen.[358] Weiteres Konfliktpotenzial bestand zwischen SozialarbeiterInnen, SozialpädagogInnen und ErziehungswissenschaftlerInnen. Außerdem zogen immer mehr Männer in die Frauendomäne Sozialarbeit ein, nicht nur in die Führungspositionen. Auseinandersetzungen zwischen Behörden wie den Jugendämtern und den freien Trägern, aber auch innerhalb der Behörden entzündeten sich unter anderem an der geforderten Auskunftspflicht, der eine Verschwiegenheitsverpflichtung hinsichtlich der Daten von KlientInnen gegenüberstand.[359]

4.4.3 Familien- und Erziehungsberatung

Auch innerhalb der Jugendwohlfahrtsbehörden erfolgten in den Jahren 1970 bis 1990 gravierende Veränderungen. Zunächst zogen in die Abteilung Vb, Jugendwohlfahrt, psychologische und pädagogische Fachkräfte ein. 1971 wurde der Psychologische

---

354 Vgl. Homepage Universität Innsbruck, https://www.uibk.ac.at/psychologie/geschichte (abgerufen am 6.3.2018).
355 Vgl. Homepage Universität Innsbruck, https://www.uibk.ac.at/iezw/home-iezw/geschichte.html (abgerufen am 14.9.2020).
356 Vgl. Gottfried Redolfi, Die Entwicklung der Erziehungswissenschaften an der Universität Innsbruck nach 1945, Diss. Phil., Innsbruck 1990.
357 Wolfgruber 2013, S. 125.
358 Mehr über den Tiroler Berufsverband diplomierter Sozialarbeiter im Abschnitt 11.3, S. 434.
359 Vgl. Wolfgruber 2013, S. 173 f.

Dienst (PD) etabliert.[360] Der Abteilungsleiter erwartete von dessen MitarbeiterInnen die „Organisation einer zeitgemäßen fachpsychologischen Betreuung im gesamten Bereich der öffentlichen Jugendhilfe" und die „Entwicklung, Anwendung und Überprüfung von diagnostischen Betreuungsmethoden" sowie die Beratung von Angehörigen und dem Fürsorgepersonal.[361] Darunter fielen auch offizielle gutachterliche Tätigkeiten im Rahmen der Jugendgerichtshilfe und in Fragen des Familienrechts, aber auch interne Stellungnahmen für SozialarbeiterInnen der Jugendwohlfahrt. Die MitarbeiterInnen des PD waren bei den Besprechungen der ErzieherInnen in den Landeserziehungsheimen anwesend, wirkten an deren Fortbildungen mit und gaben Stellungnahmen bei Gesetzesveränderungen und in Begutachtungsverfahren ab. Sie arbeiteten mit verschiedenen AkteurInnen der Jugendwohlfahrt zusammen und besuchten Familien, begutachteten die Kinder und Jugendlichen, sprachen mit den Eltern, eventuell auch mit LehrerInnen oder Lehrherren, berieten JugendamtsmitarbeiterInnen und entschieden in Zusammenarbeit mit diesen sowie dem Abteilungsleiter über die zu treffende Jugendwohlfahrtsmaßnahme. Die fixen Sprechtage in den einzelnen Bezirken, auch mit Eltern, waren auf konkrete Fälle bezogen und von den dortigen Jugendamtsleitern organisiert.[362] Im Jugendamt Innsbruck dürften diese Sprechtage zumindest zeitweise auch anlassbezogen abgehalten worden sein. Nachdem die Stadt Innsbruck 1981 mit Leopold Bittermann einen eigenen Psychologen angestellt hatte, übernahm dieser die Aufgaben des PD. Er war mit der Diagnostik der Kinder und Jugendlichen im Rahmen der Jugendwohlfahrt in Innsbruck, mit der Beratung von Eltern, SozialarbeiterInnen am städtischen Jugendamt sowie den Kinder und Jugendlichen beschäftigt, übernahm Nachbetreuungsaufgaben und hielt Kontakte zu diversen NetzwerkpartnerInnen. Sein Dienstposten war nicht zusätzlich geschaffen worden, sondern ersetzte einen der SozialarbeiterInnen. Mit seinem Ausscheiden aus dem Dienst der Stadt Innsbruck 1993 wurde sein Aufgabenbereich nicht nachbesetzt.[363] Mittlerweile war auch das neue TJWG in Kraft.

In seiner im Dezember 1971 vor dem Tiroler Landtag gehaltenen Rede hatte Soziallandesrat Salcher auch die Einrichtung eines „Erziehungsberatungszentrums" angekündigt.[364] Erziehungsberatung war nicht neu, sie war bereits unmittelbar nach dem Zweiten Weltkrieg an der Innsbruck Neurologisch-Psychiatrischen Klinik[365] wieder eingerichtet oder später am 1966 gegründeten „Zentrum für Ehe- und Familienfragen"[366] angeboten worden. Ab den frühen 1970er Jahren etablierten sich nun österreichweit Stellen der Länder, in denen üblicherweise PD und Erziehungsberatung in einer gemeinsamen Einrichtung zusammengefasst waren.[367] In Innsbruck war das anders:

---

360 Jugendwohlfahrt, Karton 005, Tätigkeitsberichte, Leistungsberichte, 466 h 1b, Jahresberichte der Jugendämter 1973–1977, Abt. Vb, Zl. 466 h (1) – 451/108, 9.12.1974, Lechleitner an LHStv. Salcher, TLA.
361 Büroverfügung, Abt. Vb Zl. 466 1 – 371/13, 29.9.1975, Privatarchiv Tilg.
362 Vgl. Interview Steinmaurer 2018.
363 Telefongespräch Bittermann 2018.
364 Stenographische Berichte des Tiroler Landtages, VII. Periode, 9. Tagung, 9.–11.12.1971, S. 84.
365 Tiroler Neue Zeitung, Die Innsbrucker Erziehungsberatungsstelle, 8./9.7.1947, S. 3. Erziehungsberatung war ab Beginn der 1940er Jahre an der Innsbrucker Kinderklinik angeboten worden, vgl. dazu UAI, Personalakt Friedrich Stumpfl und Rassenbiologisches Institut.
366 Tiroler Tageszeitung, Seit zwanzig Jahren Familienberatungsstelle, 9.11.1985, S. 10; vgl. Homepage Zentrum für Ehe- und Familienfragen, https://zentrum-beratung.at/ (abgerufen am 28.2.2018).
367 Telefongespräch Andrea Sommerauer mit Reimar Tomaschek am 8.6.2015.

Hier bot die Erziehungsberatungsstelle des Landes Tirol (EB) vom PD unabhängig Erziehungsberatung, diagnostische Untersuchungen, therapeutische Maßnahmen sowie Lernhilfe, später auch diverse Kurse und Vorträge für Eltern und ihre Kinder an. Die Erziehungsberatung blieb ein umkämpftes Feld,[368] je nach Träger war sie stärker medizinisch, psychotherapeutisch oder beratend, weltlich oder religiös, feministisch oder am traditionellen Familienbild ausgerichtet. Ab 1974 ermöglichte der Bund die Förderung von Familienberatungsstellen als Begleitmaßnahme zur Fristenlösung. In der Folge gründeten diverse Träger Beratungsstellen, die vielfach auch Erziehungsberatung beinhaltete.[369] Dazu gehörten in Innsbruck etwa der „Arbeitskreis Emanzipation und Partnerschaft" (AEP)[370], das „Institut für Sozialberatung"[371], die Beratungsstellen der „Gesellschaft für Psychohygiene"[372] und die „Kinder- und Jugendberatungsstelle"[373]. 1975 erließ das Land Tirol Richtlinien zur Durchführung von Ehe- und Familienberatungsstellen. Diese sollten Entscheidungshilfen in sozialen, rechtlichen und psychologischen Fragen bieten und die Grundsätze von Freiwilligkeit, Ernsthaftigkeit und der Wahrung der Anonymität beachten.[374]

Erziehungsberatung war bereits eine im Jugendwohlfahrtsgesetz 1954 verankerte Maßnahme im Rahmen der freiwilligen Erziehungshilfe.[375] Das Land Tirol wäre demgemäß längst verpflichtet gewesen, ein derartiges Angebot bereitzustellen.[376] Salchers Antrag an die Tiroler Landesregierung im Oktober 1972 berief sich nun auf diese Verpflichtung. Räume in der Innsbrucker Anichstraße 40, wo sich die Erziehungsberatungsstelle (EB) nach wie vor befindet, waren bereits mit 1. September angemietet worden, die Auslagen für den laufenden Betrieb sollten aus den „Kosten der gerichtlich angeordneten Fürsorgeerziehung" kommen. Das erschien möglich, weil das Budget im Jahr 1972 für die Heimunterbringung höher angesetzt worden war als sich der absehbare Aufwand darstellte. Die Räume in der Anichstraße sollten sich die Abteilungen Va und Vb im Verhältnis 1:2 teilen.[377] Die EB ging schließlich am 26. April 1973 in Betrieb.[378] Die Leitung übernahm Herta Jordan, die zuvor das erst seit 8. November 1971 als Landessonderschule mit Internat fungierende, frühere Landeserziehungsheim Kramsach-Mariatal seit der Strukturveränderung nur wenige Wochen geleitet hatte.[379]

---

368 Vgl. Interview Andrea Sommerauer mit Heinz Zangerle am 6.7.2015.
369 Homepage Familienberatung, Bundeskanzleramt, Familien und Jugend, https://www.familienberatung.gv.at/faqs (abgerufen am 28.2.2018).
370 Tiroler Tageszeitung, Neue Familienberatungsstelle in Innsbruck, 18.7.1975, S. 5. Vgl. Arbeitskreis Emanzipation und Partnerschaft e. V. (Hg.), Frauen melden sich zu Wort. Kritik – Konflikte – Konsequenzen. 15 Jahre AEP, Innsbruck 1990.
371 Tiroler Tageszeitung, Neue Familienberatungsstelle in Innsbruck, 14.12.1977, S. 4.
372 Vgl. vermutl. Entwurf einer Presseaussendung, Beratungsstellen – Konkurrenzkampf auf Kosten der Bevölkerung?, o.D. (ca. 1979), Privatarchiv Zangerle.
373 Tiroler Tageszeitung, Möglichkeiten der Beratung in familiären Konfliktsituationen, 16.1.1982, S. 4.
374 Tiroler Tageszeitung, Ehe- und Familienberatungsstellen in Tirol, 10.9.1975, S. 5.
375 § 9 JWG 1954.
376 Vgl. Tiroler Tageszeitung, Amtliche Hilfe bei Erziehungsschwierigkeiten, 5.4.1973, S. 3.
377 Antrag an die Tiroler Landesregierung, Zl. Vb 471g – 350/16, TLA.
378 Jugendwohlfahrt, Karton 005, Tätigkeitsberichte der Lds. Jugendheime, 1968–1977, 466 h, Erziehungsberatungsstelle, Tätigkeitsbericht für das Jahr 1973, 20.3.1974, TLA.
379 Ralser/Bischoff/Guerrini/Jost/Leitner/Reiterer 2017, S. 557.

Jordan umriss in ihrem ersten Tätigkeitsbericht die Aufgaben ihrer neuen Dienststelle, der EB, folgendermaßen:

> „Ihre Aufgabe ist es, Verhaltensauffälligkeiten und Schwierigkeiten sowie Entwicklungsstörungen im geistig-seelischen Bereich bei Kindern und Jugendlichen im Alter vom ersten bis zum neunzehnten Lebensjahr zu diagnostizieren, zu behandeln und ihrem Auftreten vorzubeugen."[380]

Den Hintergrund der Gründung legten Jordan und ihr Vorgesetzter Paul Lechleitner in einem Konzeptentwurf dar. Darin betonten die beiden die Sinnhaftigkeit eines frühen fachlichen Eingreifens, wenn Kinder und Jugendliche in Familie, Schule oder der Öffentlichkeit auffällig wurden. Sie favorisierten Prävention statt Reaktion und verdeutlichten damit die veränderte Haltung gegenüber den Heranwachsenden:

> „Bei kindlichen Verhaltensstörungen handelt es sich um Symptome einer bereits gestörten Entwicklung. Unbehandelt münden sie häufig in Leistungsversagen, nicht nur in der Schule sondern auch im Beruf, in psychische und psychosomatische Erkrankungen, in Frühinvalidität aufgrund nervöser und vegetativer Störungen und in persönlichkeitsbedingen Lernschwierigkeiten, in Alkoholismus, Suchtgiftmißbrauch, Selbstmord oder Kriminalität. Diese verhängnisvollen Folgen gilt es durch den Einsatz von Erziehungsberatungsstellen zu vermeiden."[381]

Die Prinzipien der Stelle waren Anonymität, Kostenlosigkeit und Freiwilligkeit. Die Zusammenarbeit mit den AkteurInnen der Jugendwohlfahrt, insbesondere mit dem PD dürfte deshalb nicht friktionsfrei gewesen sein.[382] Gutachten wurden nur vereinzelt erstellt wie etwa zur Unterbringung oder zum Besuchsrecht.[383] Die MitarbeiterInnen der EB bevorzugten das Gespräch, wie deren langjähriger Mitarbeiter und späterer Leiter Heinz Zangerle betont:

> „Das Gutachten hat immer [auch] das Problem [...], dass die Kinder dann fixiert sind auf eine bestimmte Diagnose und auf ein bestimmtes Symptom, [... dann hat man ...] eine Etikette, die sehr, sehr negativ wirken kann im Verlauf der Behandlung oder des weiteren Lebensweges. Auch schulisch und so weiter, weil die Schulen das auch immer gerne gehabt hätten. Könnten wir eine Bestätigung haben, eine Diagnose? Habe ich gesagt, nein, ich schreibe euch nichts, ich rede gerne mit dem betreffenden Lehrer [...]."[384]

1973, im ersten Jahr ihres Bestehens verzeichnete die EB 117 Fälle, die zu 42 Prozent von ÄrztInnen zugewiesen worden waren, 20 Prozent kamen über eine Empfehlung

---

380 Jugendwohlfahrt, Karton 005, Tätigkeitsberichte der Lds. Jugendheime, 1968–1977, 466 h, Erziehungsberatungsstelle, Tätigkeitsbericht für das Jahr 1973, 20.3.1974, TLA.
381 Konzeptentwurf zur Eröffnung einer Erziehungsberatungsstelle, 3.4.1973, Privatarchiv Zangerle.
382 Interview Zangerle 2015.
383 Vgl. Statistik 1988 und 1990, Material Erziehungsberatung.
384 Interview Zangerle 2015.

eines Jugendamtes. Mit 23 Prozent war die Anzahl der Anmeldungen aus eigener Initiative überraschend hoch und sie stieg laut den Angaben der Tätigkeitsberichte in den folgenden Jahren stetig. 1980 kamen die Initiativen von jenen, die sich in der EB erstmals meldeten, zu 67 Prozent von den Eltern der 214 Kinder und Jugendlichen.[385] Zehn Jahre später war die Zahl der Neuaufnahmen auf 392 gestiegen, davon kamen allerdings lediglich 187 in die Innsbrucker Beratungsstelle, der Rest kontaktierte die MitarbeiterInnen in einer der Außenstellen, die mittlerweile eingerichtet worden waren. Die Stelle in Imst eröffnete 1978,[386] jene in Landeck 1979,[387] ab 1982 gab es auch eine Dependance in Kufstein,[388] es folgten 1984 Kitzbühel[389] und 1989 Jenbach.[390] All die Jahre kamen die KlientInnen dennoch mehrheitlich aus Innsbruck, was bedeutet, dass die Bevölkerung der Landeshauptstadt auch am meisten von der EB profitierte. 1973 machten sie die Hälfte aus, ab Beginn der 1980er Jahre lag die Rate der InnsbruckerInnen dann bei rund 40 Prozent.[391]

Die Geschlechterverteilung blieb weitgehend konstant. Zu ungefähr zwei Drittel ging es um Buben, zu einem Drittel um Mädchen.[392] Die meisten Kinder, die mit der EB in Kontakt kamen, waren unter 14 Jahre alt. Aber immerhin fast 18 Prozent repräsentierten 1973 die Altersgruppe zwischen 14 und 18 Jahren.[393] Bis 1983 fiel der Anteil der Jugendlichen, die mit der EB in Kontakt kamen, auf neun Prozent,[394] um 1990 wieder auf rund 18 Prozent zu steigen. Acht Jugendliche waren dabei 19 bis 22 Jahre alt.[395]

Die EB wurde stärker vom Mittelstand angenommen als von ArbeiterInnen. Die Väter der die EB konsultierenden Eltern standen in den 1970er Jahren zu etwa der Hälfte in einem Angestelltenverhältnis, die Rate der Arbeiter lag meist um die 20 Prozent.[396] Die Mütter waren alle die Jahre mehrheitlich Hausfrauen. Deutlich mehr als 80 Prozent der Kinder stammte im ersten Jahrzehnt des Bestehens der EB aus ehelichen Verhältnissen,[397] später waren diese Angaben für die EB-MitarbeiterInnen offensichtlich nicht mehr relevant.

Die Tätigkeitsberichte der Einrichtung listen eine Vielzahl an Gründen auf, warum überwiegend Mütter – Väter kamen sehr selten in die EB –[398] und ihre Kinder die Stelle konsultierten. Diese Gründe wurden 1980 in Verhaltensstörungen (41,5 Prozent) und Leistungsstörungen (34 Prozent) zusammengefasst. Die Auffälligkeiten zeigten sich den EB-MitarbeiterInnen in „Kontaktstörungen, Bettnässen, aggressivem Verhalten, Schlafstörungen, Hyperaktivität und Angstzuständen" sowie im „Leistungsbereich" in

---

385 Vgl. Statistik 1980, Material Erziehungsberatung.
386 Tätigkeitsbericht 1978, Material Erziehungsberatung.
387 Ebd., Tätigkeitsbericht 1979.
388 Ebd., Tätigkeitsbericht 1982.
389 Ebd., Tätigkeitsbericht 1984.
390 Ebd., Statistik 1989.
391 Ebd., Statistik 1980 und 1983.
392 Tiroler Tageszeitung, Doppelt so viele Buben wie Mädchen werden zum Psychologen geschickt, 16.2.1990, S. 5.
393 Statistik der Erziehungsberatung 1973, Akt 477 e, TLA.
394 Statistik 1980, Material Erziehungsberatung.
395 Ebd., Statistik 1990.
396 Ebd., Statistik 1983.
397 Vgl. Statistik der Erziehungsberatung 1974 bis 1977, Akt 477 e, TLA.
398 Vgl. Interview Zangerle 2015.

„Lern- und Schulaversion, Konzentrationsstörungen und Prüfungsangst".[399] Die EB-MitarbeiterInnen betonten auch den Bedarf an Beratung der Eltern:

„Aber nicht selten (12 % der Neuaufnahmen) lag die Ursache der Erziehungsprobleme nicht am Kind oder Jugendlichen, dessen Verhalten durchaus altersgemäß und unauffällig war, sondern am unangemessenen Erziehungsverhalten bzw. an inadäquaten Erziehungsnormen der Bezugspersonen."[400]

Sehr bald richtete die EB deshalb auch nicht nur spezifische Angebote für Kinder, wie den Spielclub oder therapeutische Sommerlager ein, sondern auch Müttergruppen, Elternkurse und Selbsterfahrungsgruppen für Eltern ein.[401] Die Angebote der Einrichtung reagierten auch auf bestimmte Zeitphänomene. So waren in den Anfangsjahren Legasthenie,[402] später auch Scheidungen[403] und zu Beginn der 1990er Jahre die „Hyperaktivität" von Kindern – der sogenannte „Zappelphilipp" –[404] oder der „kleine Tyrann"[405] besonderes Thema.[406] Ein spezieller Schwerpunkt war die Beziehung von Kindern und Schule. Einzel- und Gruppentherapien wurden an der EB direkt angeboten, für die kurzzeitige Intensivbetreuung Co-Betreuer geholt.[407] Die Vernetzung mit den AkteurInnen im Feld der Erziehung reichte von den LehrerInnen, SchulsozialarbeiterInnen, den Ausbildungsstätten von Sozialarbeit, Schule und Erziehung, den Jugendämtern, einzelnen Gesundheits- und Sozialsprengeln, der Klinik, Pflegeeltern etc. Für SozialarbeiterInnen des Jugendamtes Innsbruck war eine Zusammenarbeit jedoch nur eingeschränkt sinnvoll, denn,

„das waren meistens Fälle, die noch nicht weit fortgeschritten waren, Schulproblematik, Verhaltensauffälligkeiten, wo die Eltern aufmerksam waren. Erziehungsberatung verlangt von den Eltern eine gewisse Fähigkeit Dinge nachzuvollziehen, sich sprachlich zu äußern, die Beratung zu verstehen und auch umzusetzen, also man konnte einiges Klientel dort gar nicht hinschicken."[408]

Bereits 1971 hatten die Tiroler Landesregierung und der Landtag drei Dienstposten für die Erziehungsberatung vorgesehen.[409] 1973 standen neben der Leiterin eine Sozialarbeiterin und eine Kinderärztin, die zur Untersuchung der Kinder und Jugendlichen

---

399 Tätigkeitsbericht 1980, Material Erziehungsberatung.
400 Ebd., Tätigkeitsbericht 1978.
401 Tiroler Tageszeitung, Kurse für Erziehungsberatung, 3.10.1990, S. 7; Tiroler Tageszeitung, Selbsthilfe wegen überaktiver Kinder, 6.6.1991, S. 5. Ferner: Entwurf für das Herbstprogramm 1984, o.D., Privatarchiv Zangerle.
402 Vgl. Osttiroler Bote, Erziehungsberatungsstelle des Landes hat sich bewährt, 15.11.1979, S. 26.
403 Vgl. Kursprogramm der EB 1989/90, Privatarchiv Zangerle.
404 Vgl. Tiroler Tageszeitung, Selbsthilfe wegen überaktiver Kinder, 6.6.1991, S. 5; Tiroler Tageszeitung, Seit 15 Jahren Beratungsstellen für Erziehungsfragen, 2.2.1987, S. 7.
405 Kurier, Chronik Tirol, Bewußter Umgang mit den kleinen Tyrannen, 1.10.1989, S. 16.
406 Tiroler Tageszeitung, Selbsthilfe wegen überaktiver Kinder, 6.6.1991, S. 5.
407 Amt der Tiroler Landesregierung, Abt. Vb (Hg.): Wir stellen uns vor ..., Erziehungsberatung. Beratung in Erziehungs- und Schulfragen, Broschüre, Innsbruck 1979. Privatarchiv Zangerle.
408 Interview Bäumel 2015.
409 Antrag an die Tiroler Landesregierung, Zl. Vb 471g – 350/16, TLA.

herangezogen wurde, zur Verfügung.[410] Ende der 1970er Jahre arbeiteten drei Sozialarbeiterinnen, vier PsychologInnen/PädagogInnen und zwei Sekretärinnen in der EB.[411] Nach dem jähen Tod der Gründungschefin Herta Jordan 1977[412] gab es keine formale Leitung. Erst 1991 übernahm Heinz Zangerle die Funktion des Geschäftsführers unter ausdrücklicher „Wahrung sämtlicher Aufgaben im Einvernehmen mit dem Abteilungsvorstand sowie mit dem Ziel der Erarbeitung eines Konsenses mit den Mitarbeitern".[413] In den 1990er Jahren erfolgte ein weiterer Ausbau der regionalen Strukturen. Bis 2013 wuchs die Belegschaft auf 15 Beraterinnen und Berater, eine Leiterin und zwei Sekretärinnen an.

4.4.4 Nachbetreuung für aus Heimen entlassene Jugendliche

Paul Lechleitner organisierte als Leiter der Jugendwohlfahrt die Nachbetreuung völlig neu.[414] Von 1973 bis 1990 war in der Landesabteilung eine Nachbetreuungsstelle angesiedelt,[415] die mit SozialarbeiterInnen besetzt war. Mit dem neuen TJWG kam die Aufgabe ab 1. Jänner 1991 den Bezirksverwaltungsbehörden zu. Die Zielgruppe für die Nachbetreuung, die bis dahin bei der Abteilung Vb, Jugendwohlfahrt, angesiedelt war, waren jene Minderjährigen, die im Rahmen der Fürsorgeerziehung aus Heimen beurlaubt, probeweise oder ganz entlassen worden waren. Sie sollten durch die Unterstützung von SozialarbeiterInnen zu einer „möglichst selbständigen und normengerechten Lebensführung" kommen. Das bedeutete beispielsweise:

> „Die Nachbetreuer, die im Auftrag des Landes tätig waren, knüpften bereits im Heim Kontakte zu jenen jungen Leuten, denen sie später helfen sollten: bei der Suche nach Unterkunft und Arbeit, bei der Eröffnung eines Bankkontos, bei der Beschaffung von Personaldokumenten und dergleichen."[416]

Neben der Rückführung in die Ursprungsfamilie war die Unterbringung in einem anderem Heim wie einem Lehrlings- bzw. SchülerInnenheim oder in einer Wohngemeinschaft möglich. Die Nachbetreuung umfasste Maßnahmen zur Integration in die Gesellschaft, und speziell ins Arbeits- sowie Berufsleben sollte die Unterstützung auch bei persönlichen, familiären und sozialen Schwierigkeiten erfolgen. Die NachbetreuerInnen sollten bereits bei Entlassungen aus den Heimen eingebunden werden, hatten ständig Kontakt mit den Jugendlichen zu halten sowie das soziale Umfeld miteinzubeziehen. Konkret waren Fragen der Schulausbildung und des Schulbesuchs, der Lehr-

---

410 Tiroler Tageszeitung, Amtliche Hilfe wegen Erziehungsschwierigkeiten, 5.4.1973, S. 3.
411 Broschüre Erziehungsberatung 1979, Privatarchiv Zangerle.
412 Tätigkeitsbericht 1977, Material Erziehungsberatung.
413 Vgl. Abteilungserlaß Nr. 23, Abt. Vb, Zl. Vb-102/33, 25.1.1991, Privatarchiv Zangerle. Siehe weiters: Interview Zangerle 2015.
414 Gespräch Kreidl/Tilg 2015.
415 Vgl. Christian Posch, Vorwort, in: Werner Schreyer, Selbst Ständig Werden. Die Nachbetreuungsstelle des Sozialpädagogischen Instituts des österreichischen SOS-Kinderdorfes. Sozialpädagogisches Institut, Innsbruck 1991, S. 4.
416 Tiroler Tageszeitung, Schwieriger Lebensstart der Heimkinder, 28.12.1990, S. 7.

ausbildung und des Lehrplatzes, der Ort der Unterkunft sowie die Finanzierung des Lebensunterhalts zu klären.[417] Die finanziellen Leistungen durch die öffentliche Hand unterlagen dem Gebot der Sparsamkeit. So wurde für Bekleidung, Schulmittel, Lehrwerkzeug, Pflegegeld, medizinische Betreuung sowie für Freizeitgestaltung Geld bereitgestellt. Starthilfen mussten beim Abteilungsleiter beantragt werden. Eigenleistungen der Schützlinge wurden miteingerechnet.[418] Während dem/der NachbetreuerIn weitgehende Freiheit in der Wahl der Betreuungsmethoden gewährt wurde, war in strittigen Fragen, wie etwa bei einer Rückeinweisung in ein Heim der Vorgesetzte hinzuzuziehen.[419] In den „Grundsätzen bei der Durchführung der Erziehungsfürsorge" aus dem Jahr 1981 stellte die „Förderung der Jugendlichen" schließlich einen der zentralen Aspekte dar. Darunter wurde ideelle Förderung und finanzielle Absicherung verstanden. Eine Einschränkung gab es bei Aussichtslosigkeit auf Erfolg:

„Nicht vertretbar dagegen erscheinen Förderungsmaßnahmen aller Art in jenen Fällen, die trotz aller möglichen und fachlich noch sinnvollen Versuche und Bemühungen als aussichtslos erkannt werden müssen."[420]

Anonymität wurde in der Nachbetreuung nicht gewahrt. Führungsberichte und Helferberichte konnten an Gerichte und zuständige Behörden weitergeleitet werden, den Betroffenen hingegen wurde die Einsicht in diese Schriftstücke verwehrt.[421] Die Nachbetreuung der Abt. Vb, Jugendwohlfahrt, des Landes Tirol betraf ausschließlich Jugendliche, die in Tirol ihren Wohnsitz hatten. Jugendliche, die aus der gerichtlichen Erziehungshilfe entlassen wurden, waren in der Nachbetreuung nicht erfasst und konnten sich allenfalls an die Bezirksverwaltungsstellen wenden.[422] Im Jugendamt Innsbruck wurden jene, die ab 1981 aus der gerichtlichen oder freiwilligen Erziehungshilfe bzw. auch aus der Fürsorgeerziehung entlassen worden waren, mit ihren Familien vom stadteigenen Psychologen betreut.[423]

4.5 Alternativen

4.5.1 Unterbringung in Lehrlings- und SchülerInnenheimen

Ab den 1960er Jahren nahm der Bedarf an Unterbringungsmöglichkeiten für Jugendliche, die in der Tiroler Landeshauptstadt – aus anderen Bezirken kommend – ihre Lehre absolvierten oder eine weiterführende Schule besuchten, enorm zu. Die Bildungsoffensive trug dazu bei, dass vor allem Plätze für SchülerInnen besonders gefragt waren. In einigen Lehrlings- oder SchülerInnenheimen konnte die Jugendwohlfahrt einzelne

---

417 Dienstanweisung für die Durchführung der Nachbetreuung, 31.5.1977, Abt. Vb Zl. – 471 k, Privatarchiv Tilg.
418 Ebd., Abteilungserlass Nr. 6, 25.8.1981, Abt. Vb Zl. – 466 1 (2).
419 Ebd., Dienstanweisung für die Durchführung der Nachbetreuung, 31.5.1977, Abt. Vb Zl. – 471 k.
420 Ebd., Abteilungserlass Nr. 3, 25.8.1981, Abt. Vb Zl. – 466 1 (2).
421 Ebd.
422 Telefongespräch Tilg 2018.
423 Telefongespräch Bittermann 2018.

Schützlinge unterbringen, die sie dafür als geeignet betrachtete. So vermittelte das Jugendamt Innsbruck Burschen beispielsweise ins Kolpingheim, Mädchen ins sogenannte Caritas-Heim oder das Mädchenheim der Arbeiterkammer Tirol.

Das frühere Waisenhaus der Scheuchenstuel'schen Stiftung wurde erst nach dem Zweiten Weltkrieg als Caritas-Heim bekannt. Das Gebäude in der Museumstraße 30 wurde 1843 als Jesuitenkonvikt errichtet. Josefine Scheuchenstuel, Gattin des Präsidenten am Landesgericht in Innsbruck, Anton Ambros von Scheuchenstuel, erwarb es 1868 und richtete eine Stiftung ein, die wiederum ein Waisenhaus im neu erworbenen Haus betrieb. Die Nationalsozialisten lösten es 1939 auf, nach Ende der NS-Herrschaft gründete sich die Stiftung erneut und betrieb im rückgestellten Gebäude ab 1949 ein Heim für weibliche Berufstätige und Lehrlinge, bald stand das Haus auch Schülerinnen offen. Weil sich die Caritas-Zentrale bis 1978 ebenfalls dort befand und diese sehr eng mit der Scheuchenstuel'schen Stiftung verflochten war, bürgerte sich der Name „Caritas-Heim" ein. Eine enge Verbindung gab es auch mit der Katholischen Arbeiterjugend (KAJ), die ebenfalls in den Räumlichkeiten in der Museumstraße 30 untergebracht war. 1958 übernahm die ehemalige Leiterin der KAJ, Paula Jungmann, die Leitung des Mädchenheimes. 1966 befanden sich insgesamt 121 Mädchen im Heim, darunter 47 Schülerinnen, 33 Lehrmädchen, 32 Berufsschülerinnen und 19 Berufstätige. Die Zielgruppe wurde in der Heimordnung definiert, die wiederum mit den Zielen der Stiftung übereinstimmen mussten. 1960 sah diese Folgendes vor:

> „Unser Heim will Mädchen von 14 bis 21 Jahren, die sich noch in Ausbildung befinden oder berufstätig sind und fern von ihren Familien in der Stadt leben müssen, Ersatz für die Geborgenheit eines guten Elternhauses gewähren. Unser Mädchenhaus ist kein bloßes Schlaf- oder Speisehaus, sondern will den Halt und die Atmosphäre einer Familiengemeinschaft bieten, um zur Formung des jungen Menschen in den entscheidungsreichsten Jahren seiner Entwicklung Wesentliches beizutragen. Heimleitung und Erzieherinnen haben daher auch weiterhin erzieherische Aufgaben im Sinne elterlicher Stellvertretung. [...]"[424]

Stipendien und Förderungen konnten vom Direktorium des Hauses, der Caritas und durch öffentliche Einrichtungen lukriert werden. Kriterien dafür waren eine Bedürftigkeit und das Verhalten in den ersten drei Monaten, überprüft wurde dies im Einzelfall. Die Jugendämter, auch das Jugendamt Innsbruck bezahlten für die wenigen Schützlinge, die hier untergebracht werden konnten, den gesamten Heimbeitrag. Dieser lag 1971 bei 1.100 Schilling monatlich. Ein großes Problem stellte insbesondere in den 1960er Jahren der Mangel an pädagogischen Fachkräften dar, was sich auch in einer geringen Intensität der Betreuung niederschlug. Die Einrichtung legte dennoch auf begleitete Freizeitgestaltung Wert. Die Erzieherinnen gingen mit den Mädchen ins Kino, boten Einkehrtage an und veranstalteten Feste im Heim. Fernbleiben über Nacht oder Rauchen und Trinken war strengstens verboten und konnte die Entlassung bedeuten. Die Heimbelegung nahm bis zum Schuljahr 1972/73 dramatisch ab. Zu diesem Zeit-

---

424 Zitiert nach: Thomas Schwaiger: Die Geschichte der Scheuchenstuel'schen Stiftung. Josefine Scheuchenstuel und ihre Stiftung. Von der Gründung des Waisenhauses (1869) bis zum Abbruch des Mädchenheimgebäudes (1979), Innsbruck 2013, S. 244.

punkt befanden sich nur mehr 44 Mädchen im Heim. Der Hintergrund war, dass immer mehr Zimmer wegen baulicher Mängeln aufgegeben werden mussten. Letztlich schloss das Heim mit Ende des Schuljahres 1976/77, das Gebäude wurde abgerissen. Der Neubau eröffnete Ende Oktober 1980 und bot 72 Mädchen Platz. Zielgruppe waren Mädchen aus ärmeren Verhältnissen aus den Bezirken, die in Innsbruck zur Schule gingen. Ab 1982 firmierte das Heim unter dem Namen „Mädchen- und Erziehungshaus unter dem Schutze des heiligen Josef".[425] Heute nimmt das Mädchenheim Scheuchenstuel 81 Schülerinnen im Alter zwischen 14 und 20 Jahren auf.[426]

Die Tradition der Kolpinghäuser weist ebenfalls ins 19. Jahrhundert. Sie gehen auf den Deutschen Priester Adolph Kolping zurück, der 1849 in Köln den „Katholischen Gesellenverein" gegründet und damit den Grundstein für den Bau von Häusern gelegt hatte, die bis heute jungen Menschen in bedrängten Situationen Unterstützung anbieten. Das internationale Kolpingwerk umfasst gegenwärtig Kolpingsfamilien in 65 Ländern. Am 9. Mai 1852 gründete sich ein „Katholischer Gesellenverein" in Innsbruck. In der Dreiheiligenstraße 9 errichtete dieser von 1869 bis 1871 ein Gesellenhaus, das in der Zwischenkriegszeit umgebaut wurde und dann 100 Plätze anbot. Während des Nationalsozialismus beschlagnahmt, wurde das ausgeräumte Haus nach dem Zweiten Weltkrieg mit Unterstützung der Apostolischen Administratur Innsbruck-Feldkirch renoviert, die offizielle Rückstellung erfolgte erst Anfang der 1950er Jahre.[427] 1970 wurde das Lehrlingsheim erneut erweitert. Die Innsbrucker Kolpingsfamilie fühlte sich immer mehr für junge Menschen in diversen Problemlagen zuständig – sei es aus der Haft Entlassene oder Menschen mit Suchtproblemen.[428] Es waren auch Jugendliche darunter, die unter Fürsorgeerziehung standen oder für die Bewährungshilfe angeordnet worden war. 1975 berichtete die Tiroler Tageszeitung:

„Rund 20 Prozent der Bewohner des Innsbrucker Kolpinghauses sind junge Leute, die keine Verwandten oder Bekannten haben, die sich um sie kümmern. Einige wurden vom Landesjugendamt, von der Fürsorge oder von anderen Sozialhilfestellen überwiesen, manche finden ihren Weg von selbst hierher."[429]

Das Jugendamt Innsbruck vermittelte ebenfalls Jugendliche ins Kolpingheim.[430] Mitte der 1970er Jahre nahm die Kolpingsfamilie erstmals auch junge Frauen auf. 1977 befanden sich 53 Burschen und 18 Mädchen im Heim.[431] Wenige Jahre später wurde entschieden, das Lehrlingsheim zu verkaufen und einen Neubau zu errichten. Der Innsbrucker Stadtsenat beschloss den Ankauf der Räume in der Dreiheiligenstraße 9 im Herbst 1982. Mit dem ebenfalls von der Stadt erworbenen angrenzenden ehemaligen

---

425 Ebd.
426 Homepage Scheuchenstuel Stiftung, https://www.scheuchenstuel.at (abgerufen am 8.3.2018).
427 Werner Höflinger, Unser altes Kolpinghaus in der Dreiheiligenstraße. Ein historischer Rückblick, in: Kolpinghaus Innsbruck Hötting-West, hg. v. der Kolpingfamilie Innsbruck, Innsbruck 1988.
428 Vgl. Homepage Kolping Innsbuck, https://www.kolpinghaus-innsbruck.at/kolpingfamilie (abgerufen am 9.3.2018).
429 Tiroler Tageszeitung, Junge Leute helfen jugendlichen Außenseitern, 30.1.1975, S. 5.
430 Nachschlagebücher der Magistratsabteilung V/F, Fürsorgeamt, 1970–1990, StAI.
431 Homepage Kolping Innsbuck, https://www.kolpinghaus-innsbruck.at/kolpingfamilie (abgerufen am 9.3.2018).

Forum-Kino ergab sich ein größerer Komplex, der für Jugend- und Sozialinitiativen vorgesehen war. Das Jugendzentrum Z6 zog am 26. Oktober 1985 in die umgebauten Räumlichkeiten des ehemaligen Kinos ein, das ehemalige Kolpingheim wurde nach längerer Diskussion 1992 zu einer Notschlafstelle umfunktioniert. Heute befindet sich darin die Obdachloseneinrichtung „Alexihaus".[432] Das neue Kolpinghaus wurde im Oktober 1988 im Innsbrucker Stadtteil Hötting-West eröffnet. Es stellte nunmehr Platz für 165 junge Männer und Frauen bereit.[433] Das Haus blieb weiterhin auch Veranstaltungsort und bot diverse Freizeitaktivitäten an. Heute beherbergt das Jugendwohnheim bis zu 100 junge Menschen, die eine Schule oder Lehre absolvieren, in Innsbruck studieren oder arbeiten. Minderjährige werden pädagogisch betreut. Darüber hinaus wird das Haus zur touristischen Unterbringung genutzt, die Veranstaltungsräume können gemietet werden.[434]

Einzelne Mädchen, die unter der Obhut der Jugendwohlfahrt standen, kamen auch im Mädchenwohnheim der Arbeiterkammer Tirol in der Innsbrucker Schöpfstraße 2 unter. Diese Möglichkeit war dem Verständnis und Engagement der Heimleiterin Ulrike Jussel geschuldet. Sie leitete das Mädchenwohnheim von 1979 bis 1988. Dann wurde es geschlossen, weil der Sanierungsbedarf zu hohe Kosten verursacht hätte, denn das Haus war für ein Internat nicht mehr zeitgemäß. Zu diesem Zeitpunkt eröffnete das Kolpingheim in Hötting-West. Die Arbeiterkammer Tirol beteiligte sich an den Baukosten, im Gegenzug konnte sie 40 Plätze im Internat an ihr Klientel vergeben.[435] Nach wie vor handelt es sich um 70 Heimplätze, über die die AK Tirol dort verfügt.[436] Die AK hatte das Mädchenwohnheim vermutlich 1972 eingerichtet. Es stand Schülerinnen und weiblichen Lehrlingen offen, die ihre Ausbildung in Innsbruck absolvierten und aufgrund der großen Entfernung zu ihrem Herkunftsort nicht täglich pendeln konnten. Die Mädchen waren älter als 14 Jahre alt und stammten aus ganz Tirol. Voraussetzung war die Kammermitgliedschaft eines Elternteils, auch eine besondere Bedürftigkeit wurde berücksichtigt. Zur Finanzierung trugen neben den Eltern auch die AK Tirol bei.[437] Jussel erinnert sich, dass eine Mitarbeiterin des Jugendamt Innsbruck bei ihr angefragt habe, ob sie ein Mädchen im Wohnheim aufnehmen könnte, das aufgrund ihres Alters – sie war 15 Jahre alt – nicht mehr im städtischen Kinderheim Pechegarten bleiben konnte. Dessen Mutter sei schlicht mit der Erziehung überfordert gewesen. Für das Jugendamt bedeutete die Unterbringung im Mädchenheim der AK auch einen finanziellen Vorteil: Während die Kosten eines Platzes dort pro Mädchen damals bei 2.000 Schilling lag, betrug der Platz in einem Erziehungsheim ein Vielfaches davon.[438] Insgesamt nahm das AK-Mädchenwohnheim in den knapp zehn Jahren der Ära Jussel rund zehn Mädchen mit Jugendwohlfahrtshintergrund auf. Die meisten kamen über das Jugendamt Innsbruck, zwei bis drei auch aus dem SOS-Kinderdorf, weil es in den

---

432 Mehr über das Jugendzentrum Z6 im Abschnitt 6.3.3, S. 220.
433 Innsbrucker Stadtnachrichten, Das neue Kolpinghaus: Eine Bereicherung für Hötting West, Jg. 1990, Nr. 5, S. 7.
434 Homepage Kolping Innsbuck, https://www.kolpinghaus-innsbruck.at/jugendwohnheim (abgerufen am 9.3.2018).
435 Vgl. Telefongespräch Andrea Sommerauer mit Erwin Niederwieser am 28.9.2017.
436 Tiroler Arbeiterzeitung Nr. 82, Februar 2016, S. 3.
437 Telefongespräch Andrea Sommerauer mit Helmut Muigg am 26.9.2017.
438 Vgl. Tiroler Tageszeitung, Kind kostet pro Monat bis zu 28.000 S, 1.9.1989, S. 3.

dortigen Jugendeinrichtungen an Platz mangelte. Eines der Mädchen, die das Jugendamt Innsbruck vermittelte, übersiedelte direkt vom Elternhaus ins Mädchenwohnheim, ein anderes war vorher auf einem Pflegeplatz untergebracht gewesen. Jussel betont, sie habe auf diese Mädchen in besonderer Weise Acht gegeben, auch wenn diese keine spezielle Auffälligkeit aufgewiesen hätten.[439]

4.5.2 SOS-Kinderdorf mit Vorbildcharakter

Eine Alternative zu den Erziehungsheimen stellten die SOS-Kinderdörfer dar. Sie waren 1949 explizit als Gegenentwurf zur Heimerziehung gegründet worden und kleinteilig strukturiert. Ihr Konzept orientierte sich an vier Prinzipien: der Kinderdorf-Mutter als primäre Bezugsperson, den Geschwistern beiderlei Geschlechts als emotionale Stütze, dem Haus als sozialem Übungsfeld und dem Dorf, das ein Dorfleiter als männliches Vorbild leitete. Die Kinderdörfer nahmen Kinder über die Jugendwohlfahrt auf. Auch Innsbrucker Kinder waren dort untergebracht – nicht nur im ersten Kinderdorf in Imst, sondern auch in Nussdorf-Debant (Osttirol), in Dornbirn, dem Salzburger Seekirchen, in Altmünster (Oberösterreich) und dem Steirischen Stübing sowie in Moosburg (Kärnten) und im niederösterreichischen Hinterbrühl. Diese Dörfer hatten sich alle bis Mitte der 1960er Jahre entwickelt. Dort konnten Kinder zunächst bis zu einem Alter von 14 Jahren bleiben. Die Angebotserweiterung für SOS-Kinderdorfkinder über das Pflichtschulalter hinaus beschloss die SOS-Leitung bereits wenige Jahre nach der Gründung des Vereins.[440] Seit seinem Bestehen gab es übrigens eine enge Verbindung mit der Sozialen Frauenschule der Caritas in Innsbruck. Auf Anregung von Bischof Paul Rusch arbeitete deren erste Direktorin Rosmarie Gassner im Vorstand von SOS-Kinderdorf mit, sie beriet den Verein bei der Konzepterstellung und unterrichtete wie ihre Nachfolgerin und weitere Lehrerinnen der späteren Lehranstalt für gehobene Sozialberufe (ab 1976 Sozialakademie) in der SOS-eigenen Mütterschule. AbsolventInnen der Lehranstalt bzw. Sozialakademie arbeiteten wiederum in SOS-Kinderdorf-Einrichtungen.[441]

Bei den männlichen Jugendlichen, die den SOS-Kinderdörfern entwachsen waren, verließ SOS-Kinderdorf zunächst das Prinzip der kleinen Einheiten genauso wie jenes der Koedukation. Für jene, die in Innsbruck eine Lehre oder eine weiterführende Schule absolvierten, errichtete SOS 1955 in der Innsbrucker Egerdachstraße ein Jugendhaus, das einen Heimcharakter aufwies und bis zu 100 Plätze bot. Dort wurden zunächst Burschen aus ganz Österreich untergebracht. 1967, als ein weiteres Jugendhaus in Hinterbrühl eröffnete, lag der Höchstbelag in Innsbruck bei 96. Es entstanden weitere Jugendhäuser in Österreich, ab 1976 gab es auch kleinere Einheiten.[442]

Mädchen sollten hingegen zunächst in den SOS-Kinderdörfern verbleiben und in den Haushalt sowie die Kindererziehung eingebunden werden, fallsweise konnten

---

439 Telefongespräch Andrea Sommerauer mit Ulrike Jussel am 20.10.2017.
440 Nachschlagebücher der Magistratsabteilung V/F, Fürsorgeamt, 1970–1990, StAI. Vgl. zur Entwicklung der SOS-Kinderdörfer: Horst Schreiber/Wilfried Vyslozil, SOS-Kinderdorf. Die Dynamik der frühen Jahre. Eine Spurensuche jenseits des Klischees, Innsbruck/München 2001.
441 Hofer/Lienhart 2013, S. 37.
442 Ebd., S. 22. Vgl. Schreiber/Vyslozil 2001, S. 230–235.

sie auch weiterführende Schulen besuchen oder eine Ausbildung absolvieren. In Imst standen sie vielfach in der näheren Umgebung des SOS-Kinderdorfs in Haushalten im Dienst.[443] 1966 wurde schließlich das erste Mädchenheim in der Innsbrucker Blasius-Hueber-Straße 16 eingerichtet, das als betreute WG geführt wurde und für 25 Mädchen im Alter von 14 bis 21 Jahren konzipiert war. Die ersten 15 weiblichen Jugendlichen zogen im Juli des Gründungsjahres ein. Die Form der Wohngemeinschaft war österreichweit innovativ. SOS-Kinderdorf adaptierte zwei Stockwerke eines Innsbrucker Wohnhauses und richtete ein Wohnzimmer statt eines Speisesaals und Zweibettzimmer statt Schlafsäle ein. Die Betreuung erfolgte zunächst durch zwei, später drei Erzieherinnen, die nahezu rund um die Uhr im Einsatz waren. In den ersten 16 Jahren wurden 110 Mädchen betreut. Die Leitung übernahm bis 1983 Henriette (Penker) Rieder, die im Mädchenheim auch wohnte. Sie war sich der Vorreiterrolle der Einrichtung bewusst, schließlich hatte sie sich für das Konzept des Mädchenheims diverse Einrichtungen für Jugendliche angesehen und nichts Vergleichbares gefunden:

> „Wir waren damals wirklich sensationell. Wir hatten zwei Stockwerke in einem Wohnhaus, mit Nachbarn, mit einem Kino gleich vis-a-vis und einem Caféhaus im Parterre. Sehr viele Besucher aus der österreichischen Soziallandschaft und auch aus vielen SOS-Kinderdörfern der Welt sind zu uns gekommen."[444]

Die 1935 in eine Kärntner Eisenbahnerfamilie hineingeborene Rieder arbeitete ab 1955 im Kolpingheim in Villach, wo sie im Büro, aber auch für pädagogische Aufgaben eingesetzt wurde. Gemeinsam mit einer Freundin entschied sie sich, ab 1962 die Soziale Frauenschule der Caritas der Diözese Innsbruck zu besuchen. Um ihren Lebensunterhalt zu bestreiten, arbeitete sie daneben als Erzieherin im Caritasheim der Scheuchenstuel'schen Stiftung in Innsbruck. Von der dortigen Heimleiterin Paula Jungmann konnte die junge Erzieherin profitieren. 1964 bekam diese schließlich über eine ehemalige Schulassistentin der Sozialen Frauenschule Kontakt zu Hermann Gmeiner, der für sein Vorhaben, ein Mädchenheim zu eröffnen, eine geeignete Mitarbeiterin suchte. Henriette Rieder war Mitte der 1960er Jahre eine der wenigen ausgebildeten Sozialarbeiterinnen, die zudem über einen Abschluss eines Fachkurses über „Vertiefte Einzelfallhilfe" verfügte.

In die Gestaltung des Innsbrucker Mädchenheims band Rieder jene Mädchen, die für das Heim bereits vorgesehen waren, schon im Vorfeld ein. Ein Grundprinzip der pädagogischen Haltung war Wertschätzung. Die Mädchen so anzunehmen, wie sie waren, bedeutete Stärken und Schwächen genauso zu integrieren wie die Geschichte ihrer Herkunftsfamilien. Rieder brachte auch die Bedeutung der Elternarbeit bei SOS ein.[445] Sexualität und Partnerschaften machte sie ebenfalls zum Thema. Zudem legten sie und ihre Mitarbeiterinnen Wert auf das Schaffen einer Berufsperspektive, eine bürgerliche Mädchenerziehung sowie Angebote zu einer kreativen Freizeitgestaltung für die Jugendlichen. Unter anderem wurde Jazz und Ballett getanzt, im Chor gesungen, Feste wurden gefeiert und Schauspielhäuser besucht. Die Mädchen studierten Theaterstücke

---

443 Bettina Hofer/Christina Lienhart, Idealistisch und wagemutig, Pionierinnen im SOS-Kinderdorf, Innsbruck 2006, S. 264.
444 Ebd., S. 266.
445 Vgl. Hofer/Lienhart 2013, S. 64.

ein und führten sie vor Lehrherren, MitarbeiterInnen der Bezirkshauptmannschaften und von SOS-Kinderdorf auf. Die jährlichen Urlaube waren Bestandteil des Jahresrhythmus.[446]

Mitte der 1980er Jahre gab es österreichweit erste Ansätze von SOS-Jugendeinrichtungen, die koedukativ geführt wurden.[447] 1991 löste sich das Mädchenheim auf, weil zu wenig weibliche Jugendliche aus dem SOS-Kinderdorf Imst Interesse daran hatten, dort zu wohnen. In die Räumlichkeiten übersiedelten die Burschen aus der Egerdachstraße, bis zwei Jahre später die Jugendwohngemeinschaft in Telfs eröffnete, die bis 1997 ausschließlich für Burschen vorgesehen war, dann zogen dort auch Mädchen ein. Nach der Schließung dieser WG eröffnete im Dezember 2012 eine sozialpädagogisch-therapeutische Wohngruppe am Innsbrucker Sebastian-Kneipp-Weg, die bis zu acht männliche und weibliche Jugendliche ab 14 Jahren aufnimmt.[448]

Bei SOS-Kinderdorf übten mehrere Einrichtungstypen die Nachbetreuung von ehemaligen SOS-Kinderdorfkindern aus. Dazu zählten die Mütter in den Kinderdörfern, die BetreuerInnen in den Jugendhäusern bzw. Mädchenheimen, die SozialarbeiterInnen in einer der Nachbetreuungsstellen und der „Club Wir", der sich aus ehemaligen SOS-Kinderdorfkindern zusammensetzt(e) und zum Ziel hat(te), sich gegenseitig zu unterstützen[449]. Diese Einrichtungs- bzw. Betreuungstypen standen in einem gewissen Konkurrenzverhältnis zu einander, auch wenn dies verschiedentlich bewusst und reflektiert gehandhabt wurde.[450] Auf den „Club Wir" sowie das Interesse Hermann Gmeiners, eine Art Anlaufstelle für in Not geratene junge Menschen einzurichten, ging die institutionalisierte Nachbetreuung bei SOS zurück. Die erste Stelle dafür war im Sozialpädagogischen Institut (SPI) von SOS-Kinderdorf angesiedelt und wegen des Standorts in der SOS-Zentrale in Innsbruck nicht gerade niederschwellig. Alfred Rieder, Ehemann Henriette Rieders, übernahm die Konzeption und Koordination der Nachbetreuung. Das erste Konzept aus dem Jahr 1975 sah vor, ein ehrenamtliches Team aufzubauen, von denen jede/r eine/n Jugendliche/n zur Betreuung übernahm. Ziel war, die ökonomische Situation der Jugendlichen zu verbessern, Unterstützung im Umgang mit Behörden und bei Konflikten anzubieten sowie Hilfe zur Selbsthilfe zu leisten. Zielgruppe blieben die von Gmeiner genannten in Not geratenen jungen Menschen. Während Rieder die Nachbetreuungsstelle in Innsbruck neben anderen Aufgaben betrieb, übernahm sie Friedl Tilg 1980 schließlich hauptamtlich. Ihm und seinen KlientInnen stand nunmehr ein eigenes Büro in der SOS-Zentrale als Anlaufstelle zur Verfügung. Die Finanzierung sicherte die Einrichtung eines Hermann-Gmeiner-Unterstützungsfonds, ein Gremium, das aus ehemaligen SOS-Kinderdorfkindern sowie MitarbeiterInnen des SPI bestand, entschied über die Mittelvergabe. Tilg charakterisierte seinen Tätigkeitsbereich 1988 folgendermaßen:

---

446 Vgl. Hofer/Lienhart 2006, S. 262–271.
447 Vgl. Hofer/Lienhart 2013, S. 22 f.
448 E-Mail von Bettina Hofer an die AutorInnen vom 19.8.2015. Vgl. ferner: Homepage SOS Kinderdorf, https://www.sos-kinderdorf.at/so-hilft-sos/wo-wir-helfen/europa/oesterreich/wg-innsbruck (abgerufen am 8.3.2018).
449 Homepage Club Wir, http://www.clubwir.at/about (abgerufen am 8.3.2018).
450 Vgl. Hofer/Lienhart 2006, S. 266 f. und Hofer/Lienhart 2013, S. 86.

„Meine Aufgaben als hauptamtlicher Nachbetreuer waren hiebei vor allem, die jeweilige Korrespondenz zu führen, zu recherchieren, andere Institutionen einzuschalten, Rückzahlungen zu überwachen und die einzelnen Aktionen protokollarisch festzuhalten. Der überwiegende Teil meiner hauptamtlichen Tätigkeit betraf jedoch die Einzelfallbetreuung, die gemeinsame Arbeit mit dem Klientel."

Die Problemlagen vervielfältigten sich mit den Jahren, was sich in den konkreten Tätigkeiten niederschlug:

„Besuche von Inhaftierten, Gespräche mit Sozialarbeitern im Gefängnis, Hilfe bei Zimmer- und Arbeitssuche, bei Übersiedlungen, stützende Gespräche mit Betroffenen und deren Partnern, Klärung finanzieller Angelegenheiten, Gespräche mit Psychiatern, Polizei, Drogen/Alkoholberatung, Bewährungshilfe, Rechtsanwälten, Richtern, mit Kinderdorfmüttern, Dorf- und Jugendhausleitern, Kontakte mit diversen Behörden etc."[451]

Tilg wechselte 1983 in die Nachbetreuungsstelle des Landes Tirol. Erst ein Jahr später wurde die SOS-Nachbetreuungsstelle wieder besetzt, zuerst mit Eva Dubsek-Putzer (bis 1986), dann mit Werner Schreyer, der die Stelle 1996 verließ.[452] Im Herbst 1992 war sie in die Karl-Innerebner-Straße, später ans Lohbachufer in Innsbruck gezogen.[453] Damit war auch die Schwelle bei der Kontaktaufnahme gesunken. Gerade in der Nachbetreuung fiel zu Beginn der 1990er Jahre ein Manko auf: Die jahrzehntelange mangelnde Elternarbeit bei SOS-Kinderdorf, die erst in den 1980er Jahren etwas stärker forciert wurde, hatte dazu geführt, dass unterstützende Familiennetze kaum vorhanden waren. Die Verantwortlichen bei SOS standen nicht nur der Arbeit mit den Eltern lange skeptisch gegenüber, auch Rückführungen in die Herkunftsfamilie war sehr zögerlich betrieben worden. Erst als SOS-intern 1986 festgestellt wurde, dass immer mehr Kinder auf der Grundlage der freiwilligen Erziehungshilfe in einer SOS-Einrichtung betreut wurden, erwies sich der Kontakt mit der Herkunftsfamilie als zunehmend relevant. Der Hintergrund war, dass Rückführungen dann auch ohne Parteistellung der Einrichtung, in der die öffentliche Ersatzerziehung stattfand, möglich waren. Dennoch blieb eine Rückkehr in die Herkunftsfamilien bis zur Einführung des neuen Jugendwohlfahrtsgesetz 1989, in dem die Zusammenarbeit mit den Eltern gesetzlich verankert wurde, eher selten. Zwischen 1983 und 1987 lag die Rate derer, die aus SOS-Kinderdorffamilien wieder zu leiblichen Eltern(teilen), Großeltern, anderen Verwandten oder Adoptiveltern zurückkehrten, bei 7,5 Prozent.[454]

---

451 Aufzeichnung von Friedemann Tilg, SOS-Kinderdorf. Nachbetreuung, 14.11.1988, Privatarchiv Tilg.
452 Hofer/Lienhart 2013, S. 89.
453 E-Mail Hofer 19.8.2015.
454 Vgl. Hofer/Lienhart 2013, S. 65 f.

4.5.3 Wohngruppen und Wohngemeinschaften

Die Forderung nach der Einrichtung von kleineren Einheiten, der Schaffung von Intimbereichen und familiennahen Bezugssystemen sowie die Herstellung realitätsnaher Umfelder zogen sich bei den Forschungsergebnissen der ExpertInnen hinsichtlich der Unterbringung von Kindern und Jugendlichen, die sich in verschiedenen Problemlagen befinden, durch. Vorbilder für alternative Wohnformen gab es bereits aus der Arbeit des österreichisch-US-amerikanischen Arztes und Psychiaters Jacob Levy Moreno, der als Begründer der therapeutischen Methoden von Psychodrama, Soziometrie und Gruppenpsychotherapie gilt. Er hatte bereits in der ersten Hälfte der 1930er Jahre erste therapeutische Wohngruppen mit Mädchen in Erziehungsheimen bzw. später mit Straffälligen eingerichtet. Im Zuge der Antipsychiatriebewegung in den 1960er und 1970er Jahren entstanden aufbauend auf das Konzept von Maxwell Jones, das dieser für therapeutische Wohngemeinschaften ausgearbeitet hatte, eine Reihe derartiger WGs, in denen die Heilung von PsychiatriepatientInnen durch die Einbettung in ein geschütztes, aber gesellschaftliches Umfeld außerhalb der Psychiatrie gelingen sollte. Zu den Prinzipien zählten unter anderem, dass die PatientInnen zu gegenseitigen TherapeutInnen werden und die demokratische Organisation in einer WG die hierarchische im Krankenhaus ablöst. Die Beziehung von PatientInnen zu ihren ÄrztInnen, den MitbewohnerInnen und zum Alltag spielten eine zentrale Rolle. Im Zuge der deutschen Heimkampagne während der 1968er-Bewegung entwickelten sich wiederum in der BRD Jugendkollektive, in denen sogenannte „Heimbefreite" mit studentischen „Beratern" zusammen wohnten. Die Ziele umfassten dort neben der politischen Dimension – der Befreiung von bürgerlichen Zwängen – auch eine psychosoziale. Die ehemaligen Heimkinder sollten durch Vorbildwirkung und die gemeinsame Organisation des Alltags lernen, ihre Leben selbstständig in die Hand zu nehmen. Zentral sind hier ebenfalls die Beziehungen, die zu Emanzipation und psychosozialen sowie politischen Veränderungen führen sollten, relevant dabei war auch das Moment der eigenständigen Lebensführung.[455]

Das österreichische Beispiel für eine Wohnform zwischen „Beratern" und „Heimbefreiten" stellte das 1970 gestartete Experiment von Studierenden der Hochschule für Sozial- und Wirtschaftswissenschaften in Linz dar. Sie nahmen in ihrer WG, bekannt unter dem Namen „Rote Lokomotive", männliche Fürsorgezöglinge auf. Formal war die WG an das „Jugendwohnheim Spattstraße" angebunden, das bereits 1966 eine WG für Mädchen eingerichtet hatte, die aus dem Jugendheim langsam entlassen werden sollten. Das Projekt der „Roten Lokomotive" wurde nach etwas mehr als einem Jahr im Frühjahr 1972 eingestellt. Grund waren die mangelnden Qualifikationen und das fehlende Know-how der Studierenden sowie die unterschiedlichen Interessen von den Zöglingen und den angehenden AkademikerInnen.[456]

In dieser Zeit schafften auch Vereine und Gebietskörperschaften die ersten kleineren Wohneinheiten. Zunächst begann der „Verein für Bewährungshilfe und soziale Jugend-

---

[455] Vgl. Gernot Vormann/Wolfgang Heckmann, Zur Geschichte der therapeutischen Wohngemeinschaften in Deutschland, in: Hilarion Petzold/Gernot Vormann, Therapeutische Wohngemeinschaften. Erfahrungen, Modelle, Supervision, München 1980, S. 24–57.
[456] Vgl. Homepage Diakonie, Zentrum Spattstraße, http://www.spattstrasse.at/wir-ueber-uns/geschichte (abgerufen am 27.11.2017). Ferner: John 2007, S. 116–118.

arbeit" kleinteilige Bewährungshilfeheime einzurichten.[457] Im Bundesland Salzburg etablierte der Verein „Pongauer Jugendhilfe" ein Pilotprojekt für „gefährdete Jugendliche", Lehrlinge und Schüler des Polytechnischen Lehrgangs und berufsbildender Schulen in St. Johann im Pongau. Die WG bestand von 1974 bis 1981. An dieser Erfahrung orientierte sich später das Land Salzburg, als es weitere WGs einrichtete.[458] In der Gemeinde Wien entstanden erst 1979 am Handelskai zwei WGs für Kinder.[459] Der PD in der Abteilung Vb, Jugendwohlfahrt, im Land Tirol wies österreichweit bis Anfang der 1980er Jahre rund 30 sozialpädagogische WGs aus, fünf davon in Tirol.[460]

Wie schon diese wenigen Beispiele zeigen, entwickelten sich kleinteilige Wohnformen im Bereich der Jugendwohlfahrt erst langsam, ihr Charakter war sehr verschieden. Es entstanden Kleinstheime, an Heime angeschlossene Wohngruppen mit pädagogischer Betreuung, Wohngruppen in Heimen, therapeutische und sozialpädagogische WGs sowie die Unterbringung von mehreren Jugendlichen in Familien. Nicht alle fußten auf jenen Grundprinzipien, von denen die Heimbewegung oder die VertreterInnen der therapeutischen WGs ausgegangen waren. Dazu zählten die Freiwilligkeit der Aufnahme, der Verzicht auf disziplinarische Befugnisse sowie die weitgehende Selbstverwaltung und Selbstversorgung. Hingegen war fast allen gemeinsam, die Jugendlichen in ihrer Entwicklung zu Selbstbestimmung, Eigenverantwortung und Selbstversorgung zu begleiten und ihnen die Integration in die Gesellschaft zu erleichtern.[461]

Bereits 1971 brachte Soziallandesrat Salcher die Bildung einer „offenen Wohngemeinschaft" in Kleinvolderberg in die Diskussion um die Heimerziehung in Tirol ein und berief sich dabei auf ein Modell der Caritas:

„Die Schwererziehbaren sollen in Gruppen von acht bis zwölf betreut von drei bis vier Erziehern in normalen Wohnsiedlungen untergebracht werden; der Personalbedarf wäre nicht größer als in einem Jugendheim."[462]

Die Umsetzung einer ersten sozialpädagogischen Wohngemeinschaft sollte in Tirol jedoch noch vier Jahre dauern und wurde schließlich auf eine Initiative von außen hin eingerichtet. Um 1972 begann beim Ehepaar Elisabeth und Walter Ringer die Idee zu reifen, der Heimerziehung eine dezentrale, familienähnliche, aber professionell begleitete Wohnform entgegenzusetzen. Walter Ringer studierte Psychologie und sammelte in Kleinvolderberg Erfahrungen in der Heimerziehung. Dort betreute er eine erste Wohngruppe. Zudem besuchte er diverse Wohngemeinschaften und Wohngruppen in Linz und in der BRD, speziell in München, um Modelle von WGs kennenzulernen. Beson-

---

457 Vgl. Schiestl 1997, S. 150–160. Mehr über die Bewährungshilfeheime im Abschnitt 5.5, S. 167.
458 Vgl. Bauer/Hoffmann/Kubek 2013, S. 310–317.
459 e.h., ein jahr wohngemeinschaft, handelskai für kinder und jugendliche, Nr. 2/3, April/Mai 1980, S. 19.
460 Wohngemeinschaftskonzept der Arbeitsgemeinschaft Jugendhilfe (Kurzfassung des Referates), o.D. (1983), Material Steinmaurer.
461 Vgl. Renate Munter, „Wohnen als Helfen". Erfahrungen einer Mitarbeiterin in einer sozialpädagogischen Wohngemeinschaft für arbeits- und obdachlose Jugendliche (Männer), Dipl.Arb., Innsbruck 1989, S. 12–18.
462 Tiroler Tageszeitung, Tiroler Sozialhilfegesetz im Frühjahr 1971, 12.5.1971, S. 3.

deres Vorbild sollte aber das Mädchenwohnheim von SOS-Kinderdorf in Innsbruck werden, denn hier arbeitete die aus Niederösterreich stammende Elisabeth Ringer, die zuvor eine einjährige Ausbildung im Bildungsinstitut für Heimerziehung in Baden bei Wien absolviert hatte.[463] Das Ehepaar arbeitete ein Konzept aus, das auf den Prinzipien eines familiennahen Angebots sowie einer sozialpädagogischen Betreuung fußte:

„Die Form der Wohngemeinschaft (WG) besteht aus einer Gruppe von ca. 8 Jugendlichen und 2–3 (pädagogisch ausgebildeten) Betreuern, die durch gemeinsame Interessen, das Gelten gleicher Lebensbedingungen, sowie durch weitgehend delegierte Rechte und Pflichten der Mitglieder, und das Streben auf ein gemeinsames Ziel gekennzeichnet ist."[464]

Ziele der WG waren der Abbau psychischer, ökonomischer und sozialer Probleme, die Ausbildung sowie die Stärkung der individuellen Persönlichkeit der Jugendlichen, die Beförderung eines „kollektivistischen" Denkens, soziales Lernen und die Entwicklung einer Sichtweise, dass Arbeit und Beruf gesellschaftlich und individuell notwendig sind. Außerdem wollte das Ehepaar dazu beitragen, dass die Burschen ein vernünftiges Konsumverhalten entwickelten und demokratische Verhaltensweisen erlernten. Methodisch lehnten sie sich an die Verhaltenstherapie und die Gesprächstherapie an, sie berücksichtigten weiters die Prinzipien der Gruppendynamik und des Modell-Lernens. Es sollte für die Jugendlichen ein Klima emotionaler Sicherheit entstehen. Dieses Konzept reichten sie beim Land Tirol ein, das dieses nach einiger Zeit bewilligte.[465]

Die WG eröffnete im Februar 1975. Elisabeth und Walter Ringer zogen mit den ersten vier Jugendlichen in eine, vom Land Tirol angekaufte, rund 240 m² große Wohnung ein, die für das Betreuerpaar eine abgeschlossene Garçonnière bot, die auch als Dienstzimmer fungierte. Die Wohnung lag in einem Neubaugebiet, in der Innsbrucker Cranachstraße.[466] Die Kosten für den Betrieb trug das Land Tirol, sie wurden per Tagsatzsystem abgerechnet, die Jugendlichen mussten aber auch einen Teil ihres Verdienstes bzw. ihrer Lehrlingsentschädigung abgeben. Wer mehr zur Verfügung hatte, musste auch mehr bezahlen. Vorgesehen war die WG für bis zu neun männliche Jugendliche zwischen 14 und 18 bzw. 19 Jahren. Der jüngste der insgesamt an die 30 Jugendlichen, die in den kommenden Jahren in der WG wohnten, war bei seiner Aufnahme 13 Jahre alt. Die Burschen, die in der Cranachstraße lebten, stammten aus Innsbruck und dem Raum Kitzbühel, aus dem Stubai-, dem Ziller- und dem Lechtal und kamen meist direkt aus dem Landeserziehungsheim Kleinvolderberg, einer war zuvor im Vorarlberger Landeserziehungsheim Jagdberg gewesen. Das Land Tirol übernahm Elisabeth und Walter Ringer in den regulären Landesdienst, die Arbeitszeiten waren mit diesem aber schwer kompatibel – die WG wurde die Nacht über, an Wochenenden und in der Urlaubszeit betreut –, was auch zu Konflikten mit der Landesverwaltung führte. Ringers legten Wert auf ein gemeinsames Sonntagsfrühstück, sie wanderten und fuhren mit den Jugendlichen auf Ferien. Sie campierten unter anderem am Achensee, den Reintaler Seen, am oberöster-

---
463 Interview Andrea Sommerauer mit Elisabeth Ringer am 17.7.2016.
464 Konzept „Wohngemeinschaft – Cranachstraße", o.D., Material Ringer; Kommasetzung im Original.
465 Ebd.
466 Zeitungsartikel ohne nähere Angaben, handschriftlich datiert mit 24.2.1975, Material Ringer.

reichischen Irrsee, dem Kampsee in Niederösterreich und waren mit den Burschen sogar im Ausland, was organisatorisch einen großen Aufwand bedeutete. Elisabeth Ringer erinnert sich: „Und das waren die nächsten Hindernisse, dass das Land mit dieser Gruppe von Jugendlichen auch ins Ausland fährt. Allein, dass man Papiere bekommt [...]."[467]

Elisabeth Ringer schildert die Arbeit mit den zum Teil schwer belasteten Jugendlichen als große Herausforderung, aber auch als Bereicherung. Die Beziehungsarbeit war individuell und intensiv, wichtig erschienen männliche und weibliche Bezugspersonen und das Leben in einer Art Großfamilie. Die Jugendlichen brachten FreundInnen mit, es wurden Feste gefeiert. Als die WG voll belegt war, erhielt das Ehepaar Ringer Unterstützung durch eine/n MitarbeiterIn. Eine Köchin sorgte für das leibliche Wohl. Elisabeth Ringer stieg nach der Geburt ihres zweiten Sohnes endgültig aus der Betreuungsarbeit aus, ihr Mann betrieb die WG noch bis zu seinem Studienabschluss und wechselte 1983 in die Erziehungsberatungsstelle des Landes Tirol. Die WG für männliche Jugendliche in der Cranachstraße wurde damit aufgelöst.[468]

Landesrat Salcher hatte medial angekündigt, die Betreuungsform der WG weiterzuführen, wenn sie sich bewährte, was sich offenbar rasch als gegeben herausstellte.[469] Die MitarbeiterInnen der Abteilung Vb, Jugendwohlfahrt, suchten weitere geeignete Personen, die bereit waren, Jugendliche mit Heimerfahrung aufzunehmen. Allerdings entwickelten sie eine neue Organisationsstruktur und Finanzierungsvariante.[470] Die wohl zu kostspielige und mit den Folgen einer Fixanstellung im Landesdienst verbundene Konstruktion einer WG, deren Räume im Eigentum des Landes standen und mit deren BetreuerInnen das Land Tirol ein Dienstverhältnis einging, wurde nicht weiterverfolgt.[471] Stattdessen gründeten die Beschäftigten der Abt. Vb, Jugendwohlfahrt, den Verein Arbeitsgemeinschaft für Jugendhilfe, dessen Nichtuntersagung die Vereinsbehörde mit 10. August 1976 datierte. Unter den Proponenten befand sich auch der Leiter der Abt. Vb, Paul Lechleitner. Zweck des Vereins war „Jugendlichen bei der Bewältigung ihrer Lebens- und Existenzprobleme durch Einübung einer selbstständigen und eigenverantwortlichen Lebensführung behilflich zu sein." Besondere Zielgruppe stellten jene dar, die „aus Jugend- und Erziehungsheimen entlassen bzw. beurlaubt sind oder für die öffentliche Erziehungsmaßnahmen angeordnet sind". Der Verein wollte nicht nur Wohngruppen planen, errichten und betreiben, sondern auch für „Aufklärungsarbeit und Information über die Probleme und die Situation heimentlassener und unter öffentlicher Erziehung stehender Jugendlicher" leisten.[472] Letztlich erwies sich der Verein als Vermittler zwischen den Wohngruppen bzw. WGs und dem Land Tirol. Abgerechnet wurde über ein Tagsatzsystem, in dem die Kosten für Personal, Wohnraum, Betrieb und Sachaufwände für die Jugendlichen (etwa Kleidung und Taschengeld) sowie

---

467 Interview Ringer 2016.
468 Ebd.; vgl. Ralser/Bischoff/Guerrini/Jost/Leitner/Reiterer 2017, S. 278.
469 Vgl. Erziehung im Apartment statt im Heim, Zeitungsartikel ohne nähere Angaben (1974), Material Ringer.
470 Interview Steinmaurer 2018.
471 Vgl. Arbeitsgemeinschaft für Jugendhilfe, Fünf Jahre Arbeitsgemeinschaft für Jugendhilfe, 22.12.1981, Material Steinmaurer.
472 Arbeitsgemeinschaft Jugendhilfe, Vereinsakt, SID-Verein, Vr 394/76-140/76, TLA.

ihre Freizeitgestaltung beinhaltet waren.⁴⁷³ Die BetreiberInnen der Wohngruppen und WGs wurden angehalten, sparsam zu haushalten.

Die „Wohngruppenordnung" vom September 1976 dokumentiert erstmals die Bedingungen für eine derartige Wohn- und Betreuungsform. Darin wird festgeschrieben, dass die selbstständige und eigenverantwortliche Lebensführung der weiblichen und männlichen Jugendlichen durch eine Form der Betreuung erreicht werden sollte, die im Laufe der Zeit immer mehr Freiraum gewähre. Die Wohngruppe solle ein Übungsfeld darstellen, das lediglich durch eine Hausordnung begrenzt werde. Die Jugendlichen sollten zum selbstständigen Wirtschaften und zur eigenständigen Haushaltsführung hingeführt werden, ihnen sollte eine Lebenspraxis vom Behördenkontakt bis hin zur gesundheitlichen Versorgung sowie soziales Verhalten vermittelt und eine sinnvolle Freizeitgestaltung nahegelegt werden. Ausreichende räumliche Verhältnisse wurden ebenso gefordert wie eine Lage der Wohnung in einem Gebiet, das Freizeitmöglichkeiten eröffnet. Die Aufnahmebedingungen für Jugendliche waren – zumindest vorwiegend – die bisherige Unterbringung in einem Landeserziehungsheim, die Bereitschaft zur Berufstätigkeit und zur Kooperation, außerdem sollten jene zum Zug kommen, die „im Heim nicht wesentlich gefördert werden" konnten, denen eine selbstständige Lebensführung aber noch nicht zugetraut wurde.⁴⁷⁴ In einem Abteilungserlass verordnete der Leiter der Abteilung Vb, Jugendwohlfahrt, Ekkehard Kecht 1981 weiters, dass der PD eine Stellungnahme zur WG-Fähigkeit des betreffenden Jugendlichen abzugeben habe, die Abklärung über die Kompatibilität der Wohngruppe mit dem Jugendlichen geprüft werden musste und eine Rückführung ins Elternhaus nicht zielführend sei. Die Entscheidung, wer in einer Wohngruppe oder WG aufgenommen werden durfte, behielt sich Kecht selbst vor.⁴⁷⁵

In der Folge präzisierte der PD die Aufnahmekriterien weiter: Die Jugendlichen mussten die allgemeine Schulpflicht beendet haben und durften keine Neigung zu Gewalttätigkeit oder Diebstahl sowie keine Abhängigkeit von Alkohol und Drogen aufweisen. Ebenso erforderlich war ein positiv verlaufendes Kontaktgespräch zwischen Jugendlichen und Betreuer.⁴⁷⁶ Grete Hoideger, die ihre sozialpädagogische Mädchen-WG ab 1982 in Axams führte, ließ die Mädchen mitentscheiden, wer in die WG aufgenommen wurde.⁴⁷⁷ Tatsächlich kamen die Jugendlichen, die in den ab 1976 eingerichteten knapp zehn Wohngruppen und WGs lebten, vielfach aus den Landeserziehungsheimen, vereinzelt auch aus den städtischen Heimen und zunehmend häufiger von den Jugendämtern, aber auch direkt von Eltern oder Pflegeplätzen. Nicht alle entsprachen den von der Behörde genannten Aufnahmekriterien.

Auch die BetreuerInnen unterlagen Bedingungen. Sie mussten volljährig sein und sollten eine fachliche Ausbildung vorweisen können, „von der nur bei spezieller persönlicher Eignung abgesehen werden" konnte. Außerdem wurde zunächst erwartet, dass der/die BewerberIn vor der Aufnahme des Wohngruppenbetriebs ein Praktikum in

---

473 Interview Steinmaurer 2018.
474 Arbeitsgemeinschaft für Jugendhilfe, Wohngruppenordnung, September 1976, Material K.
475 Abt. Vb, Zl. 466-1 (2), Abteilungserlass Nr. 5, 25.8.1981, Privatarchiv Tilg.
476 Wohngemeinschaftskonzept der Arbeitsgemeinschaft für Jugendhilfe (Kurzfassung des Referates), ohne nähere Angaben (1983), Material Steinmaurer.
477 Telefoninterview Hannes Schlosser mit Grete Hoideger am 20.8.2015.

Tabelle: Wohngruppen und Wohngemeinschaften

Jahr	AG f. Jugend-hilfe	SOS WG weibl.	Ringer männl.	H.O. männl.	Familie K. männl.	Parz männl.	Hoideger weibl.	WG Cranach weibl.	Pflegenest Kranebitten gemischt	WG Peche-garten weib
1966		■								
1967		■								
1968		■								
1969		■								
1970		■								
1971		■								
1972		■								
1973		■								
1974		■								
1975		■	░							
1976	▒	■	░	■						
1977	▒	■	░	■					▨	
1978	▒	■	░	■					▨	
1979	▒	■	░	■	■				■	
1980	▒	■	░	■	■				■	
1981	▒	■	░	■	■				■	
1982	▒	■	░	■	■		■		■	
1983	▒	■	░	■	■		■		■	░
1984	▒	■	░	■	■		■		■	░
1985	▒	■	░	■	■		■	■	■	░
1986	▒	■	░	■	■		■	■	■	░
1987	▒	■		■	■		■	■	■	░
1988	▒	■		■	■		■	■	■	░
1989	▨	■		■	■	■		■	■	░
1990		■		■	■	■		■	■	░
1991		■		■	■	■		■	■	░
1992				■	■	■		■	■	░
1993				■	■	■		■	■	░
1994				■	■	■		■	■	░
1995				■	■	■		■	■	░
1996				■	■	■		■	■	░
1997				■	■	■		■	■	░
1998				■	■	■		■	■	░
1999						■		■	■	░
2000						■		■	■	░
2001						■		■	■	░
2002						■		■	■	░
> 2002						■		■	■	

■ privat geführte Einrichtungen   ▒ Dachverband   ░ öffentlich geführte Einrichtungen

einem Landesjugendheim oder einer anderen Wohngruppe absolviert habe, wobei dieses Praktikum als Probezeit gelten sollte, nur „unter besonderen Umständen kann davon abgesehen werden".[478] Diese Bedingungen erfüllten die BetreiberInnen der Wohngruppen nur eingeschränkt. Zumindest eine Betreiberin verfügte über gar keine Ausbildung, sie wurde aber aufgrund ihrer vierfachen Mutterschaft für geeignet erachtet. Eine andere war ausgebildete Volksschullehrerin, übte ihren Beruf aber wegen ihrer fünf Kinder nicht aus. Eine Dritte verfügte über eine Ausbildung als Diplomkrankenschwester, war aber ebenfalls aufgrund eigener kleiner Kinder nicht berufstätig. Alle drei hatten keine Praktika absolviert. Ihre Ehemänner waren in Kleinvolderberg beschäftigt – zwei als Erzieher, einer als Koch. Eine weitere WG-Betreiberin war hingegen ausbildete Bewährungshelferin und hatte bereits rund drei Jahre lang in einem Bewährungshilfeheim für Mädchen in Wien, später in der Bewährungshilfestelle in Innsbruck gearbeitet. Auf formale Qualifikationen legte die Arbeitsgemeinschaft für Jugendhilfe letztlich aber weniger Wert als auf menschliche Qualitäten. Kontrolle gab es über regelmäßige Kontakte, Besuche in den Wohngruppen und WGs, außerdem mussten die BetreiberInnen schriftlich berichten.[479]

Die ersten drei männlichen Jugendlichen, die über den Verein Arbeitsgemeinschaft für Jugendhilfe 1976 vermittelt worden waren, übersiedelten am 1. November 1976 zur Familie O. in Vomperbach. 22 Jahre lang nahm diese bis zu sechs Burschen im Alter zwischen 15 und 18 Jahren auf. Die Hauptarbeit lag bei H. O., ihr Mann war berufstätig. Ihre Motivation, die Jugendlichen bei sich aufzunehmen, war das negative Image des Landeserziehungsheimes Kleinvolderberg, wo ihr Mann als Erzieher tätig war. Sie ging davon aus, dass den Burschen der Start ins Leben leichter gemacht würde, wenn sie sagen könnten, sie kämen aus einer Familie und nicht aus einem Erziehungsheim. Zunächst bekam H. O. über ihren Ehemann Kontakt mit Jugendlichen aus Kleinvolderberg, später meldeten sich auch MitarbeiterInnen von Jugendämtern bei ihr. Es gab viele Anfragen, aber selten Platz. Die Burschen blieben, bis sie ihre Lehre abgeschlossen hatten. Sie stammten ursprünglich aus Innsbruck, Kitzbühel, Osttirol, aus Ober- und Niederösterreich. Die Familie O. beherbergte bis 1998 insgesamt 58 männliche Jugendliche, bis H. O. schließlich aus Altersgründen aufgab. 1989, als sie die Anzahl der Jugendlichen auf sechs erhöhte, hatte sie einen ihrer Söhne als Erziehungskraft und halbtätig eine Haushaltshilfe beschäftigt, weil für sie die Arbeit alleine nicht mehr zu schaffen war.[480]

Ende des Jahres 1981 arbeitete die Arbeitsgemeinschaft für Jugendhilfe mit vier Wohngruppen und sozialpädagogischen WGs zusammen, in denen im Laufe der zurückliegenden fünf Jahre 35 Jugendliche Platz gefunden hatten.[481] 1985 war die Zahl der in Wohngruppen und WGs betreuten Jugendlichen auf 59 angewachsen, davon waren 32 männlich und 27 weiblich. Insgesamt standen 35 davon unter Fürsorgeerziehung, fünf unter gerichtlicher und 19 unter freiwilliger Erziehungshilfe. 15 kamen direkt von den Eltern, davon überwiegend Mädchen (13). Die Burschen hingegen wurden mehrheitlich aus den Heimen zugewiesen. Von Pflegeplätzen kamen ausschließlich Mädchen (6)

---

478 Arbeitsgemeinschaft für Jugendhilfe, Wohngruppenordnung, September 1976, Material K.
479 Interview Steinmaurer 2018.
480 Telefongespräch Andrea Sommerauer mit H. O. am 20.2.2018.
481 Fünf Jahre Arbeitsgemeinschaft für Jugendhilfe 1981, Material Steinmaurer.

in Wohngruppen bzw. WGs. Dort lebend, gingen Mädchen wie Burschen überwiegend in eine Lehre oder verrichteten Hilfsarbeiten. Während das Verhältnis von Lehre und Hilfsarbeit bei den Mädchen annähernd gleich war, lag es bei den Burschen im Verhältnis 2:1.[482] Burschen wurden demnach stärker unterstützt, eine Lehre zu absolvieren.

Diese Unterstützung bekamen sie beispielsweise vom Ehepaar K. im Innsbrucker O-Dorf. Diese nahmen zwischen 1979 und 1985 insgesamt sechs bis acht männliche Jugendliche auf, die alle eine Lehre absolvierten. Die Burschen waren über 16 Jahre alt, kamen aus dem Landeserziehungsheim Kleinvolderberg, wo Herr K. als Erzieher tätig war und jenen Burschen einen Platz in seiner Familie anbot, zu denen er eine besondere Beziehung hatte. Ursprünglich stammten die Jugendlichen, die primär von Frau K. betreut wurden, aus Osttirol, vom Achensee, aus dem Wipptal, aus Oberösterreich, Aldrans und Innsbruck.[483] Diverser gestaltete sich die Zusammensetzung der ebenfalls männlichen Jugendlichen, die die Familie Parz ab 1989 in ihrem Haus in Vomperbach aufnahm. Die Streuung der Herkunftsbezirke der Burschen war zwar mit Innsbruck, Kufstein, Klagenfurt, Salzburg und Innsbruck-Land ebenso groß wie bei der Familie K., allerdings nahm die Familie Parz auch jüngere Buben. Sie waren zwischen elf und 18, der jüngste bei seiner Aufnahme sogar erst acht Jahre alt. Sie wurden über die Jugendämter vermittelt, einen übernahm die Familie direkt von der Innsbrucker Kinderklinik. Elisabeth Parz betrieb die Wohngruppe neben fünf eigenen und zwei Pflegekindern, stundenweise stand ihr eine Betreuungshilfe zur Seite. Ihr Ehemann war ebenfalls im Landeserziehungsheim Kleinvolderberg beschäftigt. Im Jahr 2000 gab Elisabeth Parz die Wohngruppe aus gesundheitlichen Gründen auf. Dem Konzept ihrer WG war wie jene der Familien K. und O. die Einbettung in die Familie zu Grunde gelegt. Schulische Hilfestellung waren ebenso wichtig gewesen wie die Kontakte zur Herkunftsfamilie.[484] Zu diesen Kontakten ermutigten im Laufe der Jahre auch die MitarbeiterInnen der Abteilung Vb, Jugendwohlfahrt.[485]

Wohl auch deshalb konnten in den Jahren 1976 bis 1985 insgesamt 19 Jugendliche nach ihrem Aufenthalt in einer Wohngruppe oder WG in ihr Elternhaus entlassen werden. Davon waren zehn Burschen und neun Mädchen. Insgesamt 22 lebten anschließend selbstständig. Einige von ihnen wurden auch wieder in ein Heim gebracht.[486]

Mitte der 1980er Jahre bestanden drei alternative Wohnmöglichkeiten für Mädchen. Eine „therapeutische Pflegefamilie" befand sich am Beginn des Halltals und hatte Platz für zwei Mädchen.[487] Eine weitere Betreiberin im Innsbrucker O-Dorf betreute zwei bis drei weibliche Jugendliche zusätzlich zu Babys und Kleinkindern, die sie beaufsichtigte, weil ihre Eltern die Nacht über arbeiteten.[488] Grete Hoideger verfügte in ihrer Wohnge-

---

482 Übersicht 1976–1985, Stand Dezember 1985, Material Steinmaurer.
483 Telefoninterview Andrea Sommerauer mit Herrn K. am 15.2.2018.
484 Interview Andrea Sommerauer mit Elisabeth Parz am 26.2.2018. Vgl. ATLR, Abt. Vb, Zl. Vb-582/9, Bescheid zur Bewilligung des Betriebs einer stationären Einrichtung, 15.11.1991, Material Parz.
485 Wohngemeinschaftskonzept Jugendhilfe 1983, Material Steinmaurer.
486 Ebd., Übersicht 1976–1985, Stand Dezember 1985. Telefongespräch Andrea Sommerauer mit Erwin Steinmaurer am 19.3.2018.
487 Gespräch Kreidl/Tilg 2015. Vgl. Fürsorgerinnen, Fürsorger, Praktikantinnen, Sozialberater, V/29, I. Band bis 100, bis zum 16.9.1969, Zl. 103 F 1930, Lehranstalt für gehobene Sozialberufe der Caritas Innsbruck, Protokoll vom 9.1.1976, StAI.
488 Interview Steinmaurer 2018.

meinschaft in Axams zunächst über sechs, nach einer Übersiedelung aber nur mehr über vier Plätze für Mädchen zwischen 15 und 19 Jahren. Sie arbeitete nach einem familialen Prinzip, was die Umsetzung von therapeutischen Zielen innerhalb einer familienähnlichen Struktur bedeutete. Dazu bedurfte es klarer Rollen und eine möglichst konstante Gruppe. Die mit den Mädchen gemeinsam entwickelten persönlichen Ziele sollten unter den Prämissen selbstständiger Lebensführung und konstruktiver Konfliktbewältigung umgesetzt werden. Dazu wurden die sozialen und kommunikativen Kompetenzen innerhalb und außerhalb der WG gefördert.[489] Die ausgebildete Bewährungshelferin und ihr Partner übernahmen auch Nachbetreuungsaufgaben. Nach der Entlassung aus der Axamer WG unterstützte das Paar die Mädchen unter anderem bei der Wohnungssuche. Erst in den 1990er Jahren verfügten die Jugendlichen bei ihrer Entlassung aus der WG über etwas höhere finanzielle Ressourcen, weil die Betreiberin erwirkt hatte, dass die Lehrlingsentschädigung nicht mehr einbehalten werden musste. Hoideger und ihr Partner gaben die Mädchen-WG schließlich 2002 auf. Die Zusammenarbeit mit den Jugendämtern in den Bezirken war für Hoideger nicht in allen Fällen zufriedenstellend, mit dem Jugendamt Innsbruck jedoch sehr. Sie erzählt ein Beispiel:

„Ich habe ein ziemlich schwieriges Mädchen aus einem Kinderheim der Stadt [...] zu mir übernommen und habe zum [Jugendamtsmitarbeiter, A.S.] gesagt, wenn ich [euch] jetzt schon dieses schwierige Mädchen [...] abnehme, dann seid bitte so nett, für sie einen Lehrplatz zu suchen. Der hat mir dann tatsächlich einen Lehrplatz bei der Stadtgärtnerei für dieses Mädchen besorgt, die hat dort ihre Gärtnerlehre auch abgeschlossen."[490]

Nicht alle WG-BetreiberInnen haben die Zusammenarbeit mit dem Jugendamt Innsbruck ausschließlich positiv in Erinnerung. Die Erziehungswissenschaftlerin und spätere Psychotherapeutin Margret Aull, die die am 3. August 1987 eröffnete sozialpädagogische Mädchen-WG in der Innsbrucker Cranachstraße leitete,[491] sah die Kooperation mit dem städtischen Jugendamt nur bedingt konstruktiv und abhängig von den jeweiligen JugendamtsmitarbeiterInnen, mit denen die BetreuerInnen der Mädchen-WG zusammenarbeiteten. Aull hatte die Mädchen-WG initiiert, weil sie selbst im Landeserziehungsheim Kleinvolderberg aufgewachsen war – ihr Vater war dort Erzieher und später Leiter der Anstalt gewesen –, und sie speziell für Mädchen eine Alternative zum Erziehungsheim bieten wollte. Unter anderem holte sie sich Know-how von Grete Hoideger. Teil des ersten Vorstands des Vereins Sozialpädagogische Wohngemeinschaft für Mädchen war außerdem Walter Ringer, der mit seiner Frau die erste sozialpädagogische WG in Innsbruck eingerichtet hatte. Das früheste Konzept der Mädchen-WG sah vor, weibliche, vom Jugendamt zugewiesene Jugendliche aufzunehmen und ihnen eine familiale Struktur zu bieten, die sich aber nicht mit einer Familienstruktur deckte. Vielmehr begleiteten Profis – SozialarbeiterInnen, PsychologInnen, PädagogInnen und später auch SozialpädagogInnen – die in einer sozialen Einheit agierenden Mädchen in die

---

489 Schriftliches Interview Hannes Schlosser mit Grete Hoideger am 3.8.2015.
490 Telefoninterview Hoideger 2015.
491 SIT, Sozialpädagogische Wohngemeinschaft für Mädchen Cranachstraße 5a, Nr. 6, September 1987, S. 15.

Selbstständigkeit und Eigenverantwortung. Wesentlicher Teil der Arbeit war die Auseinandersetzung mit Sexualität, Partnerschaft und Schwangerschaft. Die Einrichtung verstand sich als feministisch. Bis 1991 wurde das Konzept dahingehend erweitert, dass offensiv nachbetreut wurde. Mädchen wurden auf Probe entlassen, aber für einige Zeit ein Platz in der WG freigehalten. In dieser Zeit zahlte das Land Tirol einen reduzierten Tagsatz.[492] In die WG aufgenommen wurden sechs bis acht weibliche Jugendliche zwischen 12 und 19 Jahren.[493] Dabei gab es keine Unterscheidung zwischen jenen, die unter Fürsorgeerziehung oder gerichtlicher sowie freiwilliger Erziehungshilfe standen. Die pädagogisch-psychologische rund-um-die-Uhr-Betreuung sowie die Alltags- und Haushaltsorganisation übernahmen zunächst vier Frauen und ein Mann, später kam eine weitere Kraft hinzu. Es bedurfte offenbar großer Überzeugungskraft, dass das Land Tirol diese Mädchen-WG unterstützte und die landeseigene Wohnung in der Cranachstraße zur Verfügung stellte, die seit der Schließung der Burschen-WG von Walter Ringer leer gestanden war. Während Aull den Leiter und manche Mitarbeiter in der Abteilung Vb, Jugendwohlfahrt, als bremsend empfand, erfuhr sie bei Landesrat Fritz Greiderer bei ihrem Vorhaben Unterstützung. Die Mädchen-WG blieb viele Jahre in der Cranachstraße, bis sie in den 2010er Jahren aus Platzgründen nach Mils übersiedelte.[494] Nunmehr steht bis zu neun Mädchen von 13 bis höchstens 21 Jahren, die sich in „voller Erziehung" befinden, ein 500 m² großes Haus zur Verfügung.[495]

Die Sozialpädagogische Wohngemeinschaft für Mädchen Cranachstraße hatte nie mit dem Verein Arbeitsgemeinschaft für Jugendhilfe zusammengearbeitet und war dort auch nicht – wie andere WG-BetreiberInnen – Mitglied gewesen. 1987 beriefen die Mitglieder des Vereins zum letzten Mal eine Generalversammlung ein. Die Vereinsbehörde löste den Verein schließlich 1995 behördlich auf, weil angegeben wurde, dass Vereinstätigkeit durch den Austritt von Mitgliedern und durch die Tatsache, dass der Vereinszweck nunmehr durch andere Träger erfüllt werde, obsolet geworden sei.[496] Es gibt allerdings auch die Vermutung, dass der Verein seine Aufgaben nicht weiterverfolgte, weil die Tiroler Landesregierung den MitarbeiterInnen der Abteilung Vb, Jugendwohlfahrt, die Tätigkeit im Verein untersagte.[497] Parallel dazu bildete sich gegen Ende der 1980er Jahre die „Interessensvertretung sozialpädagogischer Wohngruppen für Kinder und Jugendliche IVSWG",[498] die es bis heute gibt. Die IVSWG versteht sich als Vernetzungspartner für Einrichtungen, die „volle Erziehung" anbieten, forciert fachliche Weiterentwicklung und hält Kontakt zu den Behörden der Kinder- und Jugendhilfe.[499]

---

492 Interview Andrea Sommerauer/Hannes Schlosser mit Margret Aull am 4.10.2017.
493 Vgl. Tiroler Tageszeitung, Wohngemeinschaft für schwierige Mädchen in Innsbruck eröffnet, 4.8.1987, S. 5.
494 Interview Aull 2017.
495 Homepage Cranach WG, http://www.cranach-wg.at (abgerufen am 15.3.2018).
496 Arbeitsgemeinschaft für Jugendhilfe, Vereinsakt, SID-Verein, Vr 394/76–140/76, TLA.
497 Vgl. Interview Steinmaurer 2018.
498 Telefoninterview Andrea Sommerauer mit Dietmar Mutschlechner am 26.3.2018; vgl. Interview Aull 2017, Hoideger 2015 sowie Interview Hannes Schlosser mit Reinhard Halder am 10.6.2015.
499 Homepage Interessensvertretung Sozialpädagogischer Wohngruppen für Kinder und Jugendliche in Tirol (IVSWG), http://www.ivswg.at/index.php/informationen/5-informationen (abgerufen am 20.3.2018).

Zwei weitere Wohngemeinschaften bzw. Kleinheime gab es bereits ab den 1970er Jahren in Innsbruck, mit denen die Jugendwohlfahrtsbehörden von Stadt und Land in Verbindung standen. Eine WG für Burschen bestand am Rennweg 19 und trug deshalb den Namen R 19. Träger war das Seraphische Liebeswerk, das auch das Knabenheim Bubenburg in Fügen betrieb.[500] Das zweite war ein Kleinheim in Kranebitten.

Bereits seit 1974 bestand in Kranebitten ein „Kinderhotel", das von einem Ehepaar geführt wurde. Es handelte sich um eine Aufenthaltsmöglichkeit für 16 Kinder und Jugendliche zwischen vier und 19 Jahren. Sie konnten dort stunden-, halbtage- und tageweise oder in Vollpension untergebracht werden.[501] Auch die Stadt Innsbruck vermittelte dorthin.[502] 1977 übernahm ein anderes Paar das Kinderhotel, zog dort ein und stellte zusätzliches Personal ein. Zwei Jahre später veränderte das Betreiberteam den Grundcharakter der Einrichtung, machte daraus eine therapeutische Wohngemeinschaft für Kinder und Jugendliche, die von Jugendwohlfahrtsmaßnahmen betroffen waren, und benannte diese in „Pflegenest" um. Die Stadt Innsbruck behielt ihre Zusammenarbeit mit der nunmehr veränderten Einrichtung bei. Beide BetreiberInnen konnten zunächst keine fachliche Qualifikation vorweisen. Er hatte eine Gärtnerlehre abgeschlossen und später bei der Katholischen Arbeiterjugend gearbeitet, wo er sich vorwiegend um Lehrlinge und Schüler des Polytechnischen Lehrgangs gekümmert hatte. Sie war ausgebildete Modistin, holte aber zwischen 1980 und 1984 eine Ausbildung als Erzieherin in der „Bildungsanstalt für Erzieher" in Pfaffenhofen nach. Ein Erziehungskonzept gab es nicht, vielmehr sollte eine stabile Beziehung zwischen Kindern bzw. Jugendlichen und den BetreuerInnen die Grundlage zu einer positiven Entwicklung der Schützlinge führen.[503] Die Beurteilung des Psychologen im Psychologischen Dienst der Magistratsabteilung V der Stadt Innsbruck fiel 1981 wohlwollend aus:

„Aufgrund der Exploration und der eigenen Beobachtung kann gesagt werden, daß die Pflegestelle ‚Pflegenest Kranebitten' eine Förderung für das geistige und körperliche Wohl der Kinder bedeutet. Die Kinder haben hier den Vorteil, in einer familienähnlichen Situation aufzuwachsen. Sie können ein Vertrauensverhältnis zu einer psychologischen Bezugsperson aufbauen [...] Die Kinder haben im ‚Pflegenest Kranebitten' ein Heim gefunden, in dem sie Geborgenheit, Sicherheit und Zuwendung erfahren."[504]

Zwischen 1979 und 1988 wurden im Pflegenest 44 Kinder und Jugendliche betreut. In dieser Zeit gab es vier hauptamtliche BetreuerInnen und weitere vier ehrenamtliche MitarbeiterInnen. Die Kosten wurden mit der zuweisenden Behörde über einen Tagsatz verrechnet, der 1988 660 Schilling betrug.[505] Wie bei allen Wohngruppen und

---

500 Vgl. Gespräch Kreidl/Tilg 2015; siehe ferner: Ralser/Bischoff/Guerrini/Jost/Leitner/Reiterer 2017, S. 273.
501 Monika Danhofer, Psychologische Analyse der Erziehungsstruktur der Wohngemeinschaft für Kinder und Jugendliche im Pflegenest Kranebitten, Diss., Innsbruck 1988, S. 1.
502 Vgl. Nachschlagebücher der Magistratsabteilung V/F, Fürsorgeamt, 1975–1979, StAI.
503 Vgl. Danhofer 1988, S. 2 f.
504 Zitiert nach Danhofer 1988, S. 2.
505 Ebd., S. 4 f.

Wohngemeinschaften waren auch hier die Plätze begehrt und selten zu bekommen. Es mussten zuweilen Wartezeiten in Kauf genommen werden.[506]
Mitte der 1990er Jahre kam die Vorzeigeeinrichtung schließlich unter Verdacht der Ausübung sexualisierter Gewalt. Ein ehemaliger Schützling wandte sich an eine Sozialarbeiterin der Bewährungshilfe und beschuldigte den Leiter des Pflegenests des sexuellen Missbrauchs. Die Sozialarbeiterin zeigte den Fall bei der Staatsanwaltschaft an, diese legte ihn aber nieder, nachdem der ehemalige Pflegenest-Bewohner die Anzeige zurückgezogen hatte. Die Abteilung Vb, Jugendwohlfahrt, ließ die Einrichtung zwar nicht schließen, kündigte aber die Zusammenarbeit mit dem Leiter auf, worauf seine ehemalige Partnerin diese Position einnahm.[507] Erst nachdem 2011 bekannt wurde, dass der abberufene Leiter immer noch mit dem Pflegenest in Kontakt stand, musste das Pflegenest seine Tätigkeit beenden.[508] Zuletzt waren noch sieben Kinder im Heim untergebracht.[509] Es verfügte zu diesem Zeitpunkt über elf Plätze für Kinder und Jugendliche von fünf bis 18 Jahren und zusätzlich zwei Außenwohnplätzen.[510]

4.5.4 Jugendland: Rückkehr zur großen Einrichtung

Ab Mitte der 1980er Jahre gab das Land Tirol einer Einrichtung den Vorzug, die Angebote an einem, mittlerweile an zwei Orten bündelt(e).[511] Ausgangspunkt war die Nachnutzung des ehemaligen Landessäuglings- und Kinderheims Innsbruck-Arzl. An diesem Standort bestand kein Bedarf mehr für ein derartiges Heim und das Kontrollamt hatte bereits dessen mangelnde Auslastung kritisiert. Im Laufe des Jahres 1986 richtete das Land Tirol eine Arbeitsgruppe ein, um ein Nutzungskonzept zu entwickeln.[512] Reinhard Halder, Präsident des Vereins „Jugendland – Organisation zur Betreuung von Kindern und Jugendlichen" erfuhr von dieser Arbeitsgruppe und reklamierte sich erfolgreich als zusätzlichen Teilnehmer in dieses Gremium hinein.[513]
Der Verein Jugendland war im Oktober 1985 mit dem primären Ziel gegründet worden, eine Basis für Projekte zur Beschäftigung arbeitsloser Jugendlicher zu schaffen.[514] Dabei löste der Verein Jugendland den seit 1983 bestehenden Verein „Jugendor-

---

506 Interview Bäumel 2015.
507 Vgl. ECHO, Tatort Pflegenest, 2.11.2011, Homepage Echo Salzburg, http://www.echosalzburg.at/index.php?option=com_content&view=article&id=3341:tatort-pflegenest&catid=21:chronik&Itemid=50 (abgerufen am 17.3.2018).
508 Vgl. ECHO, Aus für Pflegenest, 09/2011, Homepage Echo Salzburg, http://www.echosalzburg.at/index.php?option=com_content&view=article&id=3578:aus-fuer-pflegenest&catid=21:chronik&Itemid=50 (abgerufen am 17.3.2018).
509 Homepage Der Standard, https://derstandard.at/1310512074943/Uebergriffe-Tirol-schliesst-nach-Missbrauchsvorwuerfen-Kinderheim (abgerufen am 17.3.2018).
510 Vgl. Homepage Land Tirol, https://www.tirol.gv.at/fileadmin/themen/gesellschaft-soziales/kinder-und-jugendliche/jugendwohlfahrt/downloads/Heimver_2007.doc_195.PDF (abgerufen am 7.8.2015).
511 Vgl. Homepage Jugendland, http://www.jugendland.at/wp-content/uploads/2014/01/Jugendland.-Jugendhilfe.Konzept.pdf (abgerufen am 18.3.2018).
512 Tiroler Tageszeitung, Neue Widmung für Kinderheim Arzl, 28.1.1987, S. 3.
513 Interview Halder 2015.
514 Statuten Verein Jugendland – Organisation zur Betreuung von Kindern und Jugendlichen in der Fas-

ganisation des Österreichischen Komitees für UNICEF" ab.[515] Dieser führte die Kurzbezeichnung „(Österreichische) UNICEF-Jugend", hatte seinen Sitz in Innsbruck und wollte gemäß seiner Statuten österreichweit zur Propagierung und Umsetzung der Ziele der Kinderrechtsorganisation beitragen.[516] Die Aktivitäten des Vereins erstreckten sich allerdings primär auf Innsbruck und kamen über Tirols Grenzen nie hinaus.[517] Präsident der UNICEF-Jugend war von Anfang an Reinhard Halder.[518] In der Innsbrucker Universitätsstraße betrieb die kleine Gruppe ein Vereins- und Verkaufslokal, verkauft wurden anfangs UNICEF-Grußkarten. Im März 1984 verlagerte der Verein seinen Schwerpunkt auf ein Beschäftigungsprojekt für benachteiligte Jugendliche mit schlechten Chancen auf dem Arbeitsmarkt, darunter behinderte und vorbestrafte Jugendliche, SonderschülerInnen, Schul- und LehrabbrecherInnen. Die erste Werkstätte wurde unweit des Verkaufslokals eingerichtet und übersiedelte im Frühjahr 1985 nach Pradl. Produziert wurde vor allem Holzspielzeug.[519] Im ersten Jahr fanden 22 Jugendliche für durchschnittlich drei Monate eine halbtägige Anstellung.[520]

Halder war hauptberuflich als Jurist beim Stadtmagistrat Innsbruck beschäftigt und langjähriger Obmann der Jungen ÖVP. Sein Vater Jakob hatte die ÖVP von 1962 bis 1979 im Nationalrat vertreten und war beruflich als Kammeramtsdirektor in der Landwirtschaftskammer tätig.[521] Reinhard Halders gute Vernetzung in die ÖVP war sicher kein Nachteil, denn trotz bescheidener fachlicher Voraussetzungen bekam die UNICEF-Jugend vom Arbeitsamt Jugendliche zur Arbeitserprobung zugewiesen und auch Förderungen durch Stadt, Land und Arbeiterkammer flossen. Im Herbst 1985 mietete der Verein ein Gebäude am Innrain 157, dem heutigen Hafen-Gelände. Dort entstanden eine Holz- und eine Nähwerkstatt, neben Holzspielzeug wurden nun auch Plüschtiere produziert.[522] Gleichzeitig erfolgte die bereits erwähnte Gründung des Vereins Jugendland, der die „Förderung und Betreuung von arbeitslosen jungen Menschen" im Unterschied zur UNICEF-Jugend auch im Vereinsstatut anführte.[523] Einige Zeit bestanden die beiden Vereine noch parallel, ehe sich die UNICEF-Jugend im März 1986 auflöste und das (vermutlich bescheidene) Vereinsvermögen dem Verein Jugendland überließ.[524]

---

sung der Vereinsgründung im Oktober 1985. Teil des Gesamtkonzepts Kinder- und Jugendheim Arzl, Archiv Jugendland.
515 Jugendland – Organisation zur Betreuung von Kindern und Jugendlichen, Vereinsakt, SID-Verein, Vr 487/83–226/93, Nichtuntersagungsbescheid vom 15.11.1983, TLA.
516 Ebd., Statuten der Jugendorganisation des Österreichischen Komitees für UNICEF.
517 Interview Halder 2015.
518 Jugendland – Organisation zur Betreuung von Kindern und Jugendlichen, Vereinsakt, SID-Verein, Vr 487/83–226/93, konstituierende Vereinsversammlung am 9.12.1983, TLA.
519 Tiroler Tageszeitung, Neugegründete Jugendorganisation für UNICEF mit Sitz in Innsbruck, 14.12.1983, S. 5; Hilfe für arbeitslose Jugendliche – UNICEF-Laden ergänzt die Werkstatt, 13.10.1984, S. 5; Werkstätte der UNICEF-Jugend: Hilfe für arbeitslose Jugendliche, 27.3.1985, S. 5.
520 Z6-Zeitung, April 1985, S. 4.
521 Interview Halder 2015; Homepage Parlament Republik Österreich, https://www.parlament.gv.at/WWER/PAD_00493/index.shtml (abgerufen am 16.2.2018).
522 Tiroler Tageszeitung, „Jugendland" für junge Arbeitslose, 19.10.1985, S. 5.
523 Statuten Verein Jugendland 1985, Zweck des Vereins § 2 d, Archiv Jugendland.
524 Arbeitsgemeinschaft für Jugendhilfe, Vereinsakt, SID-Verein, Vr 487/83–226/93, Mitteilung der UNICEF-Jugend an die Sicherheitsdirektion des Bundeslandes Tirol vom 26.3.1986 betreffend die freiwillige Auflösung des Vereines Jugendorganisation des Österr. Komitees für UNICEF, TLA.

Die Zahl der im Jugendland-Arbeitslosenprojekt Beschäftigten erhöhte sich im Laufe des Jahres 1986 massiv. Von Februar bis Jahresende 1986 stieg die Zahl der Jugendlichen (inklusive einiger junger Erwachsener bis 25 Jahre) von 25 auf 55. In der Holzwerkstatt arbeiteten 30 Burschen, 20 Mädchen nähten und produzierten Plüschtiere, fünf weitere arbeiteten in Küche und Verwaltung. Die Zuweisung der Jugendlichen erfolgte fast ausschließlich durch das Arbeitsamt, das Konzept sah nun eine Verweildauer im Projekt von drei bis 18 Monaten vor. Zur Betreuung waren sechs Personen angestellt, zwei TischlerInnen, eine Arbeitslehrerin, ein Elektriker, ein Maler und ein Absolvent der Handelsakademie. Halder hatte ehrenamtlich die pädagogische, wirtschaftliche und organisatorische Leitung inne, unterstützt von Vereinsmitgliedern in deren Freizeit. Die Finanzierung erfolgte auch in dieser Projektphase hauptsächlich aus Bundesmitteln der Arbeitsmarktverwaltung. Nicht zuletzt um den hohen Materialaufwand zu finanzieren, behalf sich Jugendland mit Bankkrediten.[525] Pädagogisch/sozialarbeiterische Fachkräfte fehlten im Projekt. In Tulfes hatte der Verein für Freizeitaktivitäten mit den Jugendlichen und für Workshops einen Bauernhof angemietet.[526] Das Interesse, zusätzlich ein Wohnprojekt zu betreiben, entstand nicht zuletzt aus Erfahrungen im Beschäftigungsprojekt, wie Halder erzählt:

„Wir haben dann, weil sie in der Nacht unterwegs waren und am nächsten Tag nicht zur Arbeit erschienen sind, haben wir sie zum Teil am Abend aufgesammelt in Lokalen in Innsbruck, haben gesagt, sie müssen mitkommen."[527]

In einem Nebenraum der Werkstatt gab es einen mit Schlafsäcken und Matratzen ausgestatteten provisorischen Schlafsaal, in dem diese Jugendlichen übernachten konnten und am Arbeitsplatz am nächsten Morgen sicher nicht fehlten.[528]

Für die Übernahme des Kinderheims Arzl entwickelte Jugendland ein umfangreiches Konzept, das der erwähnten Arbeitsgruppe vorgelegt wurde. Vorsitzender der erwähnten Arbeitsgruppe zur weiteren Nutzung des Kinderheims Arzl war Ekkehard Kecht, Leiter der Jugendwohlfahrt des Landes Tirol, im Auftrag von Soziallandesrat Fritz Greiderer (SPÖ).[529] Dieses Jugendlandkonzept für ein „Kinder- und Jugendwohnheim Arzl" enthielt eine Vielzahl an Nutzungen. Dazu zählte eine reduzierte Weiterführung des Kinderheims (zwei Wohngruppen mit bis zu acht und eine Therapiegruppe mit bis zu sechs Kindern), eine Wohngruppe für junge Mütter mit Kindern und zwei Wohngruppen für weibliche bzw. männliche Jugendliche im Alter zwischen 14 und 19 Jahren mit je zwölf Plätzen.[530] In diesem Konzept sprach sich Jugendland dafür aus, privaten Trägern mehr Aufgaben der Jugendwohlfahrt zu übertragen. Diese seien in der Erfüllung sozialer Aufgaben „flexibler, effizienter und wirtschaftlicher" als die öffentliche Hand,

---

525 Vgl. Tiroler Tageszeitung, Beilage Innsbruck Aktuell, Jugendarbeitslosigkeit vermeidbar, 25.2.1986, S. 2; Tiroler Tageszeitung, Damit Jugendliche nicht im Nichtstun verkommen, 10.10.1986, S. 5; Tiroler Tageszeitung, Beilage Innsbruck Aktuell, Eine Chance für arbeitslose Jugendliche 2.12.1986, S. 9.
526 Interview Halder 2015.
527 Ebd.
528 Ebd.
529 Ebd.
530 Jugendland, Kinder- und Jugendheim Arzl, Gesamtkonzept, Unser Nutzungsvorschlag, S. 7/8, September 1986, Archiv Jugendland.

überdies sei eine private Einrichtung beim Personal „weit günstiger und kostensparender". Nicht zuletzt wurde damit argumentiert, wonach Menschen mit „persönlichen und sozialen Konflikten und Anliegen" eher bereit seien, sich einer privaten Einrichtung anzuvertrauen, als einer staatlichen Institution.[531]

Die Befähigung, das Heim in Arzl zu übernehmen, unterstrich Jugendland insbesondere mit seinem Beschäftigungsprojekt und den dabei gemachten pädagogischen und organisatorischen Erfahrungen.[532] Im umfassenden, dem Land vorgelegten Konzept, hob Jugendland die Kombination von Wohn- und Beschäftigungsprojekt als besonderes Merkmal hervor. Zugleich blieben die pädagogischen Grundsätze im Wesentlichen vage:

> „Der junge Mensch wird nicht nach einzelnen Verhaltensweisen, sondern stets nach seiner gesamten Persönlichkeit betrachtet und beurteilt. [...] Unter Jugendbetreuung verstehen wir die Verpflichtung, den Kindern und Jugendlichen uneingeschränkt ‚die Treue zu halten'. Grundlage dieser Treue sind Gefühle der Sympathie und Liebe und der Umstand, daß man die Kinder und Jugendlichen einfach gern haben soll."[533]

Überdies nannte das Konzept „familienähnliche Gruppen" und „feste Bezugs- und Vertrauenspersonen" für jedes Kind und jede/n Jugendliche/n.[534]

Im Interview, drei Jahrzehnte nach der Übernahme des Heims in Arzl, bekannte sich Halder dazu, dass er und sein Team damals Quereinsteiger ohne praktische Erfahrung in der Arbeit mit Jugendlichen in einem Wohnprojekt waren: „Wir haben uns mit der Heimproblematik nicht sehr beschäftigt."[535] Halder schöpfte aus der Literatur und einem Buch, das er sich in der Stadtbibliothek ausgeborgt hatte: über das Projekt Boys Town, 1917 von dem aus Irland stammenden Priester Edward Flanagan in Nebraska (USA) mit den Eckpfeilern Wohnen, Beschäftigung, Schule, Freizeit gegründet. Auch die 1956 ebenfalls von einem Pater entwickelte spanische Kinderrepublik Benposta war ein Vorbild. Aus diesen beiden Projekten entnahm Halder wesentliche Prämissen für das eigene Vorhaben, darunter „schlechte Kinder gibt es nicht, Kinder ernst nehmen, die Würde des Kindes, Kinder einbeziehen".[536] Zum umfangreichen Konzept gehörte auch ein Finanzplan, der bei maximal 54 Plätzen im Arzler Heim von einer durchschnittlichen Auslastung von 35 Personen ausging und einen Tagsatz von 600 Schilling auswies, der als kostengünstig bezeichnet wurde.[537]

Die Ausgangslage für eine Umwidmung des Landessäuglings- und Kinderheimes Innsbruck-Arzl war kompliziert. Das betreffende Grundstück hoch oberhalb des Innsbrucker Stadtteils Arzl war einmal im Eigentum der Stadt Innsbruck gestanden. Am 18. Juli 1962 hatte es die Stadt dem Land Tirol in Form einer Schenkung unter der

---

531 Ebd., Neue Wege der Jugendwohlfahrt, S. 1.
532 Ebd., Die Eignung von Jugendland.
533 Ebd., Grundsätze der Betreuung und Erziehung, S. 11; Unterstreichungen im Original.
534 Ebd.
535 Interview Halder 2015.
536 Ebd.
537 Jugendland Kinder- und Jugendheim Arzl, Gesamtkonzept 1986, Die Berechnung des Pflegesatzes, S. 37/38, Archiv Jugendland.

Bedingung überlassen, dort ein Säuglings- und Kinderheim zu führen. Zugleich enthielt der Schenkungsvertrag eine Verpflichtung des Landes, Innsbruck den „vollen ortsüblichen Grundpreis" zu bezahlen, sollte es zu einer anderen Verwendung kommen.[538] Politisch und sachlich war man sich im Land Tirol darüber einig, eine primäre Nutzung für Jugendliche aus dem Kreis des Fürsorgeerziehungs-Klientels anzustreben. Letztlich musste die Entscheidung auf Landesebene in der Landesregierung fallen. SPÖ-Soziallandesrat Fritz Greiderer neigte zu einem alternativen Vorschlag, während maßgebliche Kreise der ÖVP (namentlich Finanzlandesrat Luis Bassetti) das Jugendlandkonzept forcierten.[539] In einem Brief an Greiderer sprach sich der Sozialpolitische Arbeitskreis (SPAK) gegen Jugendland als Betreiber des Heims in Arzl aus. Als Begründung wurde der Mangel an qualifiziertem Personal genannt.[540]

Am 27. Jänner 1987 beschloss die Tiroler Landesregierung (mit Greiderers Stimme) das Areal des Landessäuglings- und Kinderheimes Innsbruck-Arzl dem Verein Jugendland für „Zwecke der freien Jugendwohlfahrt und Rehabilitation prekaristisch auf die Dauer von vorläufig drei Jahren zur Verfügung zu stellen".[541] Gleichzeitig ersuchte das Land Tirol „daß seitens der Stadtgemeinde Innsbruck die Änderung der Nutzung des Kinderheimareals zustimmend zur Kenntnis genommen wird".[542] Selbst Halder schließt nicht aus, dass die Entscheidung zu seinen Gunsten auch parteipolitische Motive hatte. Er sei damals nicht mehr für die Junge ÖVP aktiv gewesen, „aber doch noch bekannt, vielleicht hat das mit hereingespielt". Er bemühte sich allerdings nach eigenen Angaben auch um gute Beziehungen zu Greiderer.[543]

Während Jugendland umgehend mit Vorbereitungsarbeiten zur Übernahme des Heims begann, entwickelte sich in Innsbruck ein monatelanges Tauziehen um die Nutzung des Areals. Gesundheitsstadtrat Franz Meisinger (SPÖ) forcierte die Schaffung eines Altenpflegeheims[544], auch Finanzstadtrat Hermann Knoll (ÖVP) soll sich für die Idee eines „gehobenen Altenheims" stark gemacht haben, erinnert sich Halder.[545] Arzler BürgerInnen organisierten eine Unterschriftenaktion gegen das Jugendheim, aber nicht zuletzt durch massive mediale Unterstützung seitens der Tiroler Tageszeitung[546] stimmte

---

538 Ziffer 4 des Übergabsvertrages vom 18.7.1962, abgeschlossen zwischen der Stadtgemeinde Innsbruck als Übergeberin und dem Land Tirol als Übernehmer, mit welchem die Stadtgemeinde Innsbruck dem Land Tirol geschenkweise die Bauparzelle 358 KG Arzl im Ausmaß von 579 m² und die neugebildete Gp. 2097/11 KG Arzl im Ausmaß von 3.192 m² geschenkweise überlassen hat, zitiert nach Protokoll des Innsbrucker Gemeinderates, Sitzung vom 26.3.1987, Beilage zu S. 479, S. 1, StAI.
539 Interview Halder 2015.
540 SPAK-Protokoll vom 12.2.1978, Archiv DOWAS.
541 Schreiben des Amts der Tiroler Landesregierung vom 9.2.1987, zitiert nach Protokoll des Innsbrucker Gemeinderates vom 26.3.1987, Beilage zu S. 479, S. 2, StAI. Vgl. auch: Tiroler Tageszeitung, Neue Widmung für Kinderheim Arzl, 28.1.1987, S. 3.
542 Schreiben des Amts der Tiroler Landesregierung vom 9.2.1987, zitiert nach Protokoll des Innsbrucker Gemeinderates vom 26.3.1987, Beilage zu S. 479, S. 2, StAI.
543 Interview Halder 2015.
544 Tiroler Tageszeitung, Beilage Innsbruck Aktuell, Tauziehen um Kinderheim, 17.3.1987, S. 2.
545 Interview Halder 2015.
546 Vgl. Tiroler Tageszeitung 28.1.1987, S. 3; Tiroler Tageszeitung, Beilage Innsbruck Aktuell 3.2.1987, S. 2; Tiroler Tageszeitung 9.3.1987, S. 5, Tiroler Tageszeitung 11.3.1987, S. 5; Tiroler Tageszeitung, Beilage Innsbruck Aktuell 17.3.1987, S. 2; Tiroler Tageszeitung 8.4.1978, S. 3.

der Stadtsenat schließlich der Umwidmung zu. Jugendland konnte endgültig beginnen, sein Projekt umsetzen.

Am 1. Mai 1987 konnte Jugendland das vormalige Säuglings- und Kinderheim des Landes übernehmen. Von den wenigen, in den Monaten zuvor noch im Heim lebenden Kindern war ein einziger Bub im Alter von fünf Jahren übrig geblieben. In einem Nebengebäude, dem sogenannten Schweizerhäusl waren einige volljährige Mütter mit ihren Kindern verblieben, denen das Land günstigen Wohnraum bot. Jugendland begann mit dem Aufbau einer Kindergruppe, nach und nach entstanden Wohngemeinschaften für männliche und weibliche Jugendliche. Dieser Prozess nahm eineinhalb bis zwei Jahre in Anspruch, bis die 50 vorhandenen Plätze belegt waren. In der Folge gab es immer wieder Phasen mit mehr Jugendlichen als Kindern, dann war es wieder umgekehrt. „Der Beginn war abenteuerlich, schwierig und zum Teil unprofessionell. Wir waren auch unbedarft, wir haben echt nicht gewusst, wie es geht", bekennt Halder im Rückblick.[547]

Über die Jahre hinweg blieb die Relation zwischen den Geschlechtern immer annähernd ausgewogen. Die Zuweisung von Kindern und Jugendlichen erfolgte ausschließlich durch die Jugendämter, entweder handelte es sich um gerichtliche oder freiwillige Erziehungshilfe. Zum Selbstverständnis des Heimes gehörte, Kinder und Jugendliche nach Möglichkeit weiter die bisherige Schule besuchen zu lassen. Für VolksschülerInnen wurde dazu ein Transportdienst eingerichtet, der die Kinder zu den auf Innsbruck verteilten Schulen brachte und wieder abholte. Kinder von auswärts besuchten in der Regel die nahegelegene Volksschule in Arzl.

Mehr und mehr setzte Jugendland auf fachlich qualifiziertes Personal, überwiegend ErzieherInnen und SozialpädagogInnen, mit der Zeit auch DiplompädagogInnen und PsychologInnen, aber kaum SozialarbeiterInnen. Dazu kamen von Anfang an Zivildiener und HelferInnen, die intern aus- und weitergebildet wurden. Halder blieb bis 1992 ehrenamtlich tätiger Präsident des Vereins Jugendland und wechselte dann als hauptberuflicher Heimleiter nach Arzl.

Speziell in den ersten Jahren gab es eine hohe Personalfluktuation. Ein Grund war, dass Jugendland von Anfang an sehr schwierige Kinder und Jugendliche zugewiesen bekam und „mit dem, wie wir das letztendlich auch angegangen sind, konnten nicht alle gut mitmachen", betont Halder.[548] Ein anderer Grund war ein aus dem Boys-Town-Konzept übernommenes Prinzip:

> „Unsere Leitlinie war, die Kinder die wir haben, die bleiben. Egal wie sie sind, das ist unser Job, und wenn sie so schwierig sind, dass Betreuer sie nicht mehr bewältigen können oder das nicht mehr aushalten, dann müssen die Betreuer gehen, aber sicher nicht die Kinder."[549]

Im Laufe der Jahre gab es Abstriche von dieser Haltung, weil es relevanter wurde, ob die Kinder zur jeweiligen Gruppe passten.[550]

---

547 Interview Halder 2015.
548 Ebd.
549 Ebd.
550 Ebd.

Die Kritik, wonach Jugendland von der Politik bevorzugt behandelt würde, riss noch einige Jahre lang nicht ab. Etwa im Mai 1987, als in einer Gemeinderatsdebatte der ALI-Mandatar Franz Klug die von der Stadt gewährte Startsubvention von 500.000 Schilling kritisierte und mit bescheidenen Unterstützungen für andere private Vereine in Relation stellte: „Da ist die Parteipolitik im Spiel, das möchte ich ganz klar hier deponieren."[551] Unvergleichlich massiver waren derartige Vorwürfe, als der Verein Jugendland Ende 1988 in eine existenzbedrohende Schuldenkrise stürzte. Ursache dafür war nicht das Heim in Arzl, das über Tagsatzfinanzierungen passabel abgesichert war, sondern das Beschäftigungsprojekt. Jugendland war pleite, nachdem die Bank beim Rahmenkredit des Vereins von 1,5 Millionen Schilling einen Überziehungsrahmen von vier Millionen Schilling zugelassen hatte, ehe sie den Kredit kurzfristig fällig stellte.[552] Die eigentliche Ursache für die schließlich auf sieben Millionen angewachsene Verschuldung war ein verfehltes Konzept bei den in den Werkstätten hergestellten Produkten. Das von 50 Jugendlichen in hohen Stückzahlen hergestellte Holzspielzeug und die Plüschtiere konnten in keiner Phase in ausreichendem Umfang verkauft werden. Weder im vereinseigenen Laden, noch bei sonstigen Anlässen. Anfangs waren sich Spitzenpolitiker von ÖVP und SPÖ einig, dass der einzig mögliche Ausweg ein Konkurs sei. Landesrat Greiderer (SPÖ) sprach von einem typischen Fall fahrlässiger Krida und Wirtschaftslandesrat Christian Huber (ÖVP) meinte, „ein ordentlicher Geschäftsmann" hätte schon im ersten Jahr Zahlungsunfähigkeit anmelden müssen. Land Tirol und Stadt Innsbruck einigten sich schließlich darauf, Mittel für einen 20%igen Zwangsausgleich im Verhältnis 2:1 beizutragen.[553] Als jedoch kurz vor Weihnachten in der Landesregierung weitere Mittel auf Antrag der ÖVP zur Jugendlandsanierung beschlossen werden sollten, platzte Greiderer der Kragen. Er betonte, dass „höchste ÖVP-Kreise" bereit seien, diese Pleite zu sanieren, und warnte vor einer Vorbildwirkung: „Wenn dieses Beispiel Schule macht, dann müßten sämtliche in finanziellen Schwierigkeiten steckenden Sozialprojekte derart großzügig bedacht werden."[554] Die beiden Dachverbände „Sozialpolitischer Arbeitskreis" (SPAK) und der „Dachverband zur Koordinierung und Beratung der Tiroler Sozialprojekte und selbstverwalteten Betriebe" (DASS) kritisierten eine „ausschließlich politische Motivation" in den großzügigen Sanierungsplänen und forderten eine „Objektivierung bei der Vergabe von öffentlichen Geldern".[555]

Monatelang war die Schuldenkrise von Jugendland Thema der Medien, letztlich gelang ein außergerichtlicher Ausgleich, zu dem das Land Tirol 1,6 Mio. und die Stadt Innsbruck 800.000 Schilling beisteuerten.[556] Der Preis für die Sanierung war die Bereitschaft von Jugendland seine unwirtschaftlichen Werkstätten zu schließen und sein Beschäftigungsprojekt zu beenden.

---

551 Protokoll des Innsbrucker Gemeinderates vom 22.5.1987, S. 693, StAI.
552 Tiroler Tageszeitung, Jugendland-Boß Reinhard Halder von der Bank mit Millionen verwöhnt, 14.2.1991, S. 4.
553 Tiroler Tageszeitung, Land und Stadt finanzieren Jugendlandausgleich – Gerichte sollen mögliche Fahrlässigkeiten beurteilen, 19.10.1988, S. 3.
554 Tiroler Tageszeitung, „Höchste ÖVP-Kreise sanieren Pleite", 23.12.1988, S. 3.
555 Entwurf einer gemeinsamen Presseaussendung von SPAK und DASS, nicht datiert (vermutlich Ende 1987 oder Anfang 1988), Archiv DOWAS.
556 Vgl. Tiroler Tageszeitung 14.10.1988, S. 3; 18.10.1988, S. 3; 19.10.1988, S. 3; 22.10.1988, S. 3; 28.10.1988, S. 6; 6.12.1988, S. 5; 23.12.1988, S. 3; 28.12.1988, S. 5; 9.1.1989, S. 3; 1.2.1989, S. 3.

Der Beschluss des Innsbrucker Gemeinderats vom 26. Jänner 1989 zur Jugendlandsanierung 800.000 Schilling beizutragen, wurde nach einer stundenlangen Debatte einstimmig (bei Stimmenthaltung der FPÖ) angenommen.[557] Die Mehrzahl der RednerInnen begründeten ihre Zustimmung damit, dass ansonsten das Heimprojekt in Arzl nicht zu retten wäre. Zugleich gab es heftige Kritik an den unverhältnismäßig hohen Subventionen, die dem Verein Jugendland im Vergleich zu anderen Sozialprojekten von ÖVP-geführten Regierungen in Stadt und Land gewährt worden waren. Als weitere Voraussetzung für die Zustimmung der einzelnen Fraktionen führten die RednerInnen wiederholt das vereinbarte „Gesundschrumpfen" von Jugendland an. Rainer Patek (ALI) kritisierte in diesem Zusammenhang die mangelnde Auseinandersetzung mit der Arbeit der Sozialvereine und der daraus resultierenden Konsequenz,

> „daß wir in Notsitzungen in relativ kurzer Zeit über relativ hohe Summen zu beschließen haben, weil eben die Vereine unter äußerst schlechten Bedingungen und ohne jegliche beratende Unterstützung von seiten der Stadt in Schwierigkeiten kommen".[558]

Sozialstadtrat Sprenger verortete einen Teil der Probleme von Jugendland, aber auch anderer Sozialprojekte, in der Förderpolitik des Bundes, namentlich der „Aktion 8000":

> „Der Bund hat schwer vermittelbare Jugendliche ein halbes Jahr oder auch ein ganzes Jahr finanziert, in gewissen Fällen auch noch ein zweites Jahr. Dann ist diese Förderung ausgelaufen. [...] Der Bund hat sich damals keine Gedanken gemacht, wie es sich weiterentwickeln soll. Die Träger dieser Sozialprojekte haben Strukturen geschaffen, Organisationen aufgebaut, die nach Auslaufen dieser Förderung von heute auf morgen nicht wieder abgebaut und zerstört werden konnten."[559]

In der Folge mussten häufig Stadt Innsbruck und Land Tirol einspringen. Deshalb, so Sprenger, sei es künftig notwendig, bei neu zu gründenden Sozialprojekten von Anfang an langfristige Finanzierungen zwischen Bund, Land und Stadt zu diskutieren.[560]

Ein Jahr nach dem Aufbrechen der Finanzkrise, dem erfolgreichen Ausgleich und der Schließung der Werkstätten, schrieb Jugendland schwarze Zahlen und beschränkte sich auf die Kerntätigkeit in der Führung des Kinder- und Jugendheims Arzl.[561] Jugendland ist seit damals aus den Schlagzeilen verschwunden und hat sozialromantische Vorstellungen durch eine schrittweise Professionalisierung ersetzt.

---

557 Vgl. Protokoll des Innsbrucker Gemeinderates vom 26.1.1989, S. 8–41, StAI.
558 Ebd., S. 11.
559 Ebd., S. 25.
560 Ebd.
561 Tiroler Tageszeitung, „Jugendland" in den schwarzen Zahlen, 18.10.1989, S. 3.

4.5.5 Ambulante Betreuung durch den Verein für Soziale Arbeit

Am 11. November 1983 gründete sich in Innsbruck der "Verein für Pflegefamilien und Soziale Arbeit in Tirol".[562] Initiator und Gründungsobmann des Vereins war der hauptamtliche Bewährungshelfer Klaus Madersbacher, der in den Jahren zuvor den "Tiroler Arbeitskreis für Heimerziehung" aufgebaut und geprägt hatte.[563] Durch ambulante Familienbetreuung Kindern und Jugendlichen weitgehend Heimaufenthalte zu ersparen, war eine der Erkenntnisse der rund vierjährigen (sozial-)politischen Aktivitäten im Arbeitskreis. Die Verlagerung von Kräften in den Aufbau eines Angebots an ambulanter Familienarbeit bedeutete gleichzeitig ein langsames Ende für den Arbeitskreis.[564] Erste Betreuungen fielen in die Zeit vor der Gründung des Vereins.

Weil die ursprüngliche Namensgebung zu Missverständnissen über die primären Ziele des Vereins geführt hatten, kam es schon nach einigen Monaten zu einer Umbenennung in "Verein für Soziale Arbeit und Pflegefamilien in Tirol". Anfang 1988 verschwanden die Pflegefamilien gänzlich aus dem Vereinsnamen, dieser lautete dann "Verein für Soziale Arbeit" (VsA).[565] Tatsächlich spielten Pflegefamilien in der Arbeit des Vereins nur eine untergeordnete Rolle. Ende 1985 betreuten MitarbeiterInnen zwei Pflegeelternrunden in Hall und Schönberg.[566]

Im Herbst 1985 waren die ersten hauptamtlichen MitarbeiterInnen angestellt worden, ab März 1986 waren es vier FamilienberaterInnen. Bis August 1986 erhöhte sich die Zahl der betreuten Familien auf 17 (gegenüber neun im März) in denen 45 Kinder und Jugendliche lebten. Zwölf dieser Familien wurden bis zu vier Stunden wöchentlich betreut, drei Familien vier bis acht Stunden und zwei Familien mehr als acht Stunden. Die meisten Anregungen zu Betreuungen kamen in dieser Phase von der Bezirkshauptmannschaft Innsbruck Land, das Stadtjugendamt Innsbruck spielte nur eine untergeordnete Rolle.[567]

Ab 1986 gab der Verein die Zeitschrift "Soziale Arbeit in Tirol" heraus, nicht zu verwechseln mit "Sozialarbeit in Tirol", der Zeitschrift des Tiroler Berufsverbands Diplomierter Sozialarbeiter[568], die ebenfalls 1986 erstmals erschienen ist. Im Impressum von "Soziale Arbeit in Tirol" hieß es: "Grundlegende Richtung: Überparteiliches Forum für Bestrebungen der ambulanten sozialen Arbeit in Tirol."[569] Von dieser Zeitschrift erschienen 27 Ausgaben, die letzte im Mai 1993. Schwerpunkt der Inhalte waren Informationen aus dem VsA, inhaltliche Auseinandersetzungen mit Themen der Jugendwohlfahrt, Interviews mit deren ExponentInnen und immer wieder auch Beiträge, in denen sich andere (mehr oder weniger jugendwohlfahrtsnahe) Einrichtungen präsentierten. Im Leitartikel des ersten Hefts stand die grundlegende Orientierung des Vereins im Vordergrund:

---

562 Sozialpolitische Arbeitskreis (SPAK) (Hg.): 1983–2004, Verein für Soziale Arbeit in Tirol geschlossen, S. 19,, Privatarchiv Madersbacher.
563 Mehr über den Arbeitskreis Heimerzeihung im Abschnitt 11.5, S. 441 ff.
564 Interview Hannes Schlosser mit Klaus Madersbacher am 5.6.2015.
565 Soziale Arbeit in Tirol, Nr. 1, 1986; Nr. 8, April 1988.
566 Tiroler Tageszeitung, Kinder in Heimen sollte der letzte Ausweg sein, 10.12.1985, S. 5.
567 Soziale Arbeit in Tirol, Nr. 3, Oktober 1986, S. 8/9.
568 Siehe Abschnitt 11.3. über den Tiroler Berufsverband diplomierter Sozialarbeiter (TBDS), S. 434 ff.
569 Soziale Arbeit in Tirol, Nr. 1, 1986, S. 2.

„Unser Verein hat sich das Ziel gesetzt, durch ambulante Familienarbeit die Fremdunterbringung von Kindern überflüssig zu machen bzw. auf ein Minimum zu reduzieren. Unsere bisherigen Erfahrungen zeigen deutlich, daß die gezielte Arbeit auch mit sehr problematischen Familien in sehr kritischen Situationen durchaus diesem Anspruch gerecht werden kann."[570]

Der Jugendwohlfahrt in Österreich warf Madersbacher vor, sich mit ambulanter Familienarbeit hauptsächlich nur theoretisch, aber kaum in der praktischen Umsetzung beschäftigt zu haben. Der Aufbau eines „effizienten Systems der Familienarbeit in Tirol" hätte daher Signalwirkung für ganz Österreich und darüber hinaus. In dieser frühen Phase des Projekts war die Unterstützung durch Landesrat Fritz Greiderer (SPÖ) ein entscheidender Faktor. Diese drückte sich nicht nur in einer Jahressubvention von 315.000 Schilling für 1986 seitens des Landes Tirol,[571] sondern auch inhaltlich aus. Greiderer bekannte sich dazu, Unterbringungen in Heimen nur als „letzte Konsequenz" vorzunehmen und „jede andere Art der Versorgung" dieser vorzuziehen.[572] Darüber hinaus erklärte der Landesrat ambulanten gegenüber stationären Strukturen den Vorzug einräumen zu wollen und propagierte diesen Paradigmenwechsel auf unterschiedliche Ebenen (etwa auch den Bereich der Psychiatrie). Pragmatisch nahm Greiderer den Standpunkt ein, dass neue Betreuungsformen wie jene der Ambulanten Familienarbeit nur in einem schrittweisen Übergang alte Formen ersetzen könnten – vorausgesetzt die Kosten blieben dabei im Rahmen. Zugleich hob er hervor, die budgetären Voraussetzungen dafür geschaffen zu haben, wonach der VsA im abgegrenzten Gebiet der Stadt Innsbruck und des Bezirks Innsbruck Land die Gelegenheit erhalten hätte, „unter Beweis zu stellen, was er kann und wozu er imstande ist". Sobald dieser Beweis erbracht sei, stellte er eine Erhöhung der Mittel für einen schrittweisen Ausbau des Tätigkeitsbereichs in Aussicht.[573]

Bei dieser Neuorientierung sah sich Greiderer beharrenden Kräften bei „maßgeblichen Leuten" in Politik, Verwaltung und den entsprechenden Einrichtungen gegenüber, „die sind für die stationären Einrichtungen und wollen sich eigentlich nicht den Kopf zerbrechen, was man daneben noch anderes machen könnte". Zugleich verwies er aber auch darauf, dass ein Prozess des Umdenkens bereits in Gang gekommen sei.[574] In den Folgejahren vertieften sich die guten Beziehungen zwischen Greiderer und dem Verein für Soziale Arbeit weiter.[575]

Differenzierte Zahlen nach Alter und Geschlecht über die in den Familien betreuten Kinder und Jugendlichen liegen nicht vor, allerdings lag der Schwerpunkt immer auf Kindern. Es wurde sogar explizit in Frage gestellt, ob es sinnvoll sei, Jugendliche, die sich in einem Ablösungsprozess von der Familie befinden, wieder in diese „hineinzutherapieren".[576] Zugleich wurde aber auf erfolgreiche Betreuungen verwiesen,

---

570 Ebd., S. 3.
571 Ebd.
572 Soziale Arbeit in Tirol, „Neue Wege in der Sozialpolitik". Interview mit LR Fritz Greiderer, Nr. 1, 1986, S. 7.
573 Ebd., S. 7 f.
574 Ebd., S. 8 f.
575 Soziale Arbeit in Tirol, Nr. 24, März 1992, S. 19.
576 Ebd., Nr. 3, Oktober 1986, S. 7.

die Konflikte zwischen Eltern und Jugendlichen reduziert und das Verständnis zwischen beiden verbessert hätten. Der VsA kritisierte das Fehlen von Unterbringungsmöglichkeiten, in denen sich Jugendliche zu „verantwortungsbewusster Selbständigkeit" entwickeln können. Er sah sich aber nicht in der Rolle, diese Lücke im Betreuungsangebot zu schließen.[577] Zeit seines Bestehens hat der VsA keine stationären Angebote geschaffen.

Bis Ende 1989 dehnte der Verein für Soziale Arbeit sein Angebot der ambulanten Familienarbeit auf ganz Tirol (ausgenommen Osttirol) aus. Zum Stichtag 1. Dezember 1989 betreute er 83 Familien mit 231 Kindern und Jugendlichen, davon 17 Familien (20,5 Prozent) mit 37 Kindern und Jugendlichen in Innsbruck. Als häufigste „Einsatzgründe für die Betreuung von Familien" nennt die Statistik zum gleichen Stichtag Schulprobleme, Überlastung in der Alltagsbewältigung, Beziehungsprobleme zwischen Eltern und Kindern sowie soziale Verhaltensauffälligkeit. Ein Jahr später betreute der VsA 133 Familien mit insgesamt 334 Kindern und Jugendlichen.[578]

Ende 1989 war das Team auf 22 hauptamtliche MitarbeiterInnen angewachsen. Explizit nannte der Tätigkeitsbericht 88/89 eine nicht zu überschreitende Höchstzahl von 30 MitarbeiterInnen, die aufgeteilt auf vier bis fünf regionale Teams tätig sein sollten. Zeitgleich sah sich der VsA auch in der Annahme bestätigt, wonach in der überwiegenden Zahl der Fälle nach einer intensiveren Betreuungsphase zu Beginn eine deutliche Reduktion der in den Familien verbrachten Stunden möglich war: „Unter ‚Hilfe zur Selbsthilfe' ist ja schließlich zu verstehen, daß die Betroffenen befähigt werden müssen, mit ihren Problemen selbst umgehen und diese lösen zu können."[579]

Es wurde auf ein multiprofessionelles Team mit SozialarbeiterInnen, PsychologInnen, LehrerInnen, SozialpädagogInnen, TherapeutInnen und JuristInnen gesetzt, die überwiegend in frühen Jahren ihrer Berufsausübung zum VsA gestoßen waren. Entsprechend der Erfahrungen von Obmann Madersbacher in der Bewährungshilfe waren wöchentliche Teamsitzungen, Supervision und Fortbildungsmöglichkeiten ein zentraler Teil des Konzepts. Auch das Arbeitszeitmodell der freien Dienstzeit wurde von der Bewährungshilfe übernommen.[580]

Wiederholt positionierte sich der VsA durch die Organisierung von Tagungen mit Schwerpunkten aus dem Feld der Jugendwohlfahrt, die sich an breit gestreute InteressentInnenkreise wandten. 1988 unter dem Titel „Anforderungen an eine zeitgemäße Jugendwohlfahrt", ein Jahr darauf mit „Lebenswelt Unterschicht – Hilfen im sozialen Netzwerk"[581] und 1990 hieß der Tagungsschwerpunkt „Kinder in speziellen Lebenslagen".[582]

Widersprüchlich blieb über die Jahre hinweg das Verhältnis zur Abteilung Vb, Jugendwohlfahrt, und den Jugendämtern in den Bezirken. Geprägt von Initiator Madersbacher, waren öffentliche und veröffentlichte Aussagen in Bezug auf Jugendwohlfahrt meist sehr kritisch, bisweilen auch polemisch. Im Dezember 1987 schrieb Madersbacher:

---

577 Ebd.
578 Soziale Arbeit in Tirol, Nr. 15, Dezember 1989, S. 4–7; Vgl. auch: Tiroler Tageszeitung, Ambulante Arbeit mit Problemfamilien, 4.12.1990, S. 7.
579 Soziale Arbeit in Tirol, Nr. 15, Dezember 1989, S. 3.
580 Vgl. Interview Madersbacher 2015.
581 Soziale Arbeit in Tirol, Nr. 8, April 1988; Nr. 14, Oktober 1989.
582 Tiroler Tageszeitung, Tiroler Jugendwohlfahrt im Aufbruch, 19.6.1990, S. 7.

„Verschiedene Vorgänge im Bereich der Jugendwohlfahrt in den letzten Jahren legten die Vermutung nahe, daß die Interessen der betroffenen Kinder, Jugendlichen und ihrer Familien so ungefähr an letzter Stelle rangierten. Ein gewaltiger bürokratisch verkalkter Apparat war mit immensem finanziellem Aufwand tätig und werkelte dahin, konnte aber in keiner Weise die in ihn gesetzten Erwartungen erfüllen."[583]

Zugleich war der Verein aber nicht nur von den Subventionen des Landes sondern auch von der unmittelbaren Kooperationsbereitschaft der Bezirksjugendämter bzw. einzelner SozialarbeiterInnen der Jugendämter abhängig. Die Aufträge, also die Zuweisung von Familien zur Betreuung an den VsA, erfolgte ausschließlich über die Jugendämter. Mit den zuständigen JugendamtssozialarbeiterInnen galt es, Vereinbarungen über Betreuungsaufwand (Stunden pro Woche oder pro Monat) und die Häufigkeit von Besprechungen am Jugendamt festzulegen. Die Abrechnung der geleisteten Stunden erfolgte nach standardisierten Sätzen über das Jugendamt unter Anwendung des Tiroler Jugendwohlfahrtsgesetzes (TJWG), wonach „einem Minderjährigen unter 18 Jahren, dem es an der nötigen Erziehung fehlt [...] Erziehungshilfe zu gewähren" ist.[584] Der VsA pochte in diesem Zusammenhang mit wachsendem Erfolg auf eine Bestimmung des TJWG: „Bei der Gewährung der Erziehungshilfe ist jeweils das gelindeste, noch zur Bewahrung des Minderjährigen vor Verwahrlosung ausreichende Erziehungsmittel anzuwenden."[585]

Zumindest am Jugendamt Innsbruck hatten die SozialarbeiterInnen einen individuellen Handlungsspielraum, wen sie mit ambulanten Betreuungen beauftragten. In Frage kamen dabei neben dem VsA auch Einzelpersonen, die sich für derartige Aufgaben bewarben. Manche SozialarbeiterInnen der Jugendämter bervorzugten derartige individuelle Lösungen, u. a. mit dem Argument, die betreuende Person selbst aussuchen zu können, während bei einem Auftrag an den VsA dieser entschied, welche Person(en) in einer Familie tätig wurden.[586]

Gegen Ende der 1980er Jahre legten sich die Spannungen zwischen Jugendwohlfahrt und VsA. Das lag nicht zuletzt daran, dass sich der VsA gut in den Prozess um das neue Jugendwohlfahrtsgesetz einbringen konnte und durch die Mitarbeit in Arbeitskreisen und durch fachlich fundierte Papiere einen nicht unbedeutenden Einfluss auf die Gesetzeswerdung nehmen konnte.[587] Wenige Wochen vor der Beschlussfassung des Tiroler Landtags über ein neues Jugendwohlfahrtsgesetz ging der VsA mit einem Forderungspaket an die Öffentlichkeit, das u. a. die Schaffung eines „Instituts für angewandte Jugendwohlfahrt", ein Kriseninterventionszentrum und eine effektive Kinder- und Jugendanwaltschaft vorsah.[588] Schließlich attestierte Madersbacher, als über Jahre größter Kritiker der Tiroler Jugenwohlfahrt, fundamentale Fortschritte:

---

583 Soziale Arbeit in Tirol, Nr. 7, Dezember 1987.
584 § 24 Abs. 1 TJWG 1955, zitiert in Soziale Arbeit in Tirol, Nr. 8, April 1988, S. 3.
585 Ebd.
586 Vgl. Interview Bäumel 2015.
587 Vgl. Klaus Madersbacher: Jugendwohlfahrt in Tirol auf dem Weg ins Jahr 2000, in: Soziale Arbeit in Tirol, Nr. 18, August 1990, S. 3–14.
588 Ebd.; Vgl. weiters: Tiroler Tageszeitung, Verein für soziale Arbeit stellt ein Konzept zur Kinderwohlfahrt vor, 1.9.1990, S. 9.

„Eine konsequente Weiterführung der bisherigen Entwicklung läßt erwarten, daß Tirol in absehbarer Zeit über ein Jugendwohlfahrtswesen verfügen wird, das dem der anderen Bundesländer weit voraus sein wird und sich auch international in jeder Beziehung sehen lassen kann."[589]

Auch wenn diese positive Einschätzung bei Madersbacher nicht von Dauer war, spiegelt sie gravierende Änderungen in der Tiroler Jugendwohlfahrt ebenso wider, wie eine Etablierung der Ambulanten Familienarbeit als Mittel der Erziehungshilfe. Allerdings geriet der VsA Anfang der 1990er Jahre selbst in eine existenzbedrohende Finanzkrise, verschuldet durch den eigenen Geschäftsführer. Madersbacher übernahm in der Folge diese Funktion selbst. Es gelang eine Sanierung, allerdings um den Preis einer teilweisen Verschlechterung der Arbeitsbedingungen, etwa in Bezug auf die Möglichkeit zu Fortbildungen. In der Folge schied Madersbacher 1993 aus allen Funktionen im VsA.[590] Mit 1. April 2004 stellte der Verein für Soziale Arbeit seine Tätigkeit gänzlich ein. In einer vom Sozialpolitischen Arbeitskreis (SPAK) herausgegebenen Abschiedszeitschrift unter dem Titel „1983–2004, Verein für Soziale Arbeit in Tirol geschlossen" heißt es im vom SPAK gezeichneten Editorial:

„Nach zahlreichen Verhandlungen, von der JUWO nicht akzeptierten Vorschlägen des Vereins zur Absicherung der Weiterarbeit einerseits und Vorschlägen von Seiten der JUWO andererseits, die nicht auf den tatsächlichen finanziellen Bedarf gerichtet waren, entschied der Vorstand verantwortungsvoll, das finanzielle Risiko nicht mehr tragen zu können und den Verein aufzulösen. [...] Die Auflösung des Vereins für Soziale Arbeit sieht der SPAK als sozialpolitischen Rückschritt. Es ist eine Aufkündigung der Solidarität mit Sozialeinrichtungen und mit Menschen in psychosozialen Notlagen."[591]

Die Angebote der ambulanten Familienarbeit im Auftrag der Tiroler Jugenwohlfahrt/Kinder- und Jugendhilfe werden seither von SOS-Kinderdorf Österreich wahrgenommen.[592]

4.6 Veränderungen in der Jugendwohlfahrt und Ausblicke

Bereits am 26. Juli 1988 – also noch vor der Ausarbeitung und des Inkrafttretens eines neuen Jugendwohlfahrtsgesetzes – fasste die Tiroler Landesregierung einen Grundsatzbeschluss, wonach sie einen Jugendwohlfahrtsbeirat einrichtete. Im Herbst desselben Jahres bestellte sie dessen Mitglieder. Den Vorsitz übernahm der zuständige Landesrat, Fritz Greiderer (SPÖ), bestellt waren auch VertreterInnen der Kinderklinik, der

---

589 Soziale Arbeit in Tirol, Nr. 15, Dezember 1989, S. 3/4.
590 Interview Madersbacher 2015.
591 Sozialpolitische Arbeitskreis (SPAK) (Hg.): 1983–2004, Verein für Soziale Arbeit in Tirol geschlossen, S. 3, Privatarchv Madersbacher.
592 Homepage SOS Kinderdorf, https://www.sos-kinderdorf.at/so-hilft-sos/wo-wir-helfen/europa/oesterreich/afa-tirol (abgerufen am 28.2.2018).

Universitätsinstitute Erziehungswissenschaft und Soziologie sowie der Justiz. Der Leiter der Innsbrucker Sozialabteilung, Hermann Schweizer, vertrat mit zwei Kollegen die Bezirksverwaltungsbehörden. In diesem, die Landesregierung in Angelegenheiten der Jugendwohlfahrt beratendem Gremium waren PraktikerInnen wie SozialarbeiterInnen, ErzieherInnen etc. nicht repräsentiert,[593] was der Berufsverband dann auch einmahnte.[594] Schließlich konnte dieser ein Mitglied entsenden.[595] 1990 wurden die Beiräte neu bestellt und das Gremium erweitert. Unter dem Vorsitz von Greiderer und dem Geschäftsführer Ekkehard Kecht, Leiter der Jugendwohlfahrt, fanden sich auch Delegierte des Vereins für Soziale Arbeit, des Vereins Heilpädagogische Pflege- und Adoptivfamilien sowie des SOS-Kinderdorfs. Der Beirat wurde vom Vorsitzenden nach Bedarf einberufen, eine Sitzung konnte aber auch von vier seiner Mitglieder gefordert werden.[596] Der Jugendwohlfahrtsbeirat wurde schließlich im TJWG 1991 verankert. Die Streuung der Mitglieder in diesem beratenden Organ war beachtlich. Dazu gehörten der/die zuständige Landesrat/Landesrätin, die LeiterInnen der Abteilungen Vb (Jugendwohlfahrt) und IVe (Jugend und Familie), je drei VertreterInnen der Bezirksverwaltungsbehörden, der Wissenschaft und der freien Träger sowie ein Vertreter der Justiz, des Tiroler Gemeindeverbandes und des Tiroler Berufsverband Diplomierter Sozialarbeiter (TBDS). Außerdem der/die LeiterIn der Kinder- und Jugendanwaltschaft und der/die Vorsitzende der Landesschülervertretung.[597]

Wesentlicher Diskussionspunkt des Jugendwohlfahrtsbeirats Ende der 1980er/Anfang der 1990er Jahre waren die Entwürfe des neuen Jugendwohlfahrtsgesetzes, wofür eine eigene Arbeitsgruppe eingesetzt wurde.[598] Die Abteilung Vb setzte dazu ebenfalls Arbeitsgruppen ein: Es handelte sich um drei Regionalteams – in Tirol-Mitte, dem Ober- und dem Unterland –, die sich an der Erarbeitung des neuen Jugendwohlfahrtsgesetzes beteiligten. Daraus entstand ein Regierungsantrag, den Kecht vorlegte.[599] Am 1. Jänner 1991 trat das neue Jugendwohlfahrtsgesetz endlich in Kraft. Es war von vielen AkteurInnen der Jugendwohlfahrt lange erwartet worden. In einigen Bereichen hinkte das Gesetz der Praxis längst hinterher. Waltraud Bäumel erinnert sich:

„Das Gesetz war [...] wie eine Schnecke hinterher. So endlos langsam. Also wie das Gesetz kam, ist der Vollzug in der praktischen Tätigkeit eigentlich längst gelaufen. Die Jugendamtsarbeit war überhaupt nicht mehr so, wie es früher war oder wie es noch im Gesetz gestanden ist."[600]

Sozialstadtrat Sprenger betonte im Innsbrucker Gemeinderat die neue Haltung hinter dem Gesetz: „Das Jugendwohlfahrtsrecht wurde an die gesellschaftlichen Bedürfnisse unserer Tage angepasst."[601] Gleichzeitig veränderten sich die Aufgaben der Jugendwohl-

---

593 Tiroler Tageszeitung, Jugendwohlfahrtsbeirat, 19.9.1988, S. 5.
594 Tiroler Tageszeitung, Keine Sozialarbeiter im Wohlfahrtsbeirat. LeserInnenbrief, 23.9.1988, S. 7.
595 SIT, Rede des Häuptlings – Jugendwohlfahrts-Beirat, Nr. 11, Dezember 1988, S. 2.
596 SIT, Informationen aus dem Jugendwohlfahrtsbeirat, Nr. 15, Februar 1990, S. 12–13, hier S. 12.
597 § 30 TJWG 1990.
598 SIT, Informationen aus dem Jugendwohlfahrtsbeirat, Nr. 15, Februar 1990, S. 12–13, hier S. 12.
599 SIT, Interview mit Hofrat Kecht, Nr. 16, Juni 1990, S. 12–14, hier S. 12.
600 Interview Bäumel 2015.
601 Protokoll des Innsbrucker Gemeinderates, 17.12.1991, S. 2210, StAI.

fahrt, was manche (ältere) MitarbeiterInnen mit Skepsis erfüllte.[602] Dazu gehörten auch Qualifizierungstendenz und Supervision. Gerade das hatte auch der TBDS eingefordert. Zudem verlangte dieser unter anderem die Einrichtung einer Tiroler Kinder- und Jugendanwaltschaft beim Landesvolksanwalt, die zwar verspätet eingerichtet, aber nicht an den Landesvolksanwalt angebunden wurde. Außerdem wollte der TBDS, dass der Beirat vor der Übertagung von Jugendwohlfahrtsaufgaben an einen freien Träger angehört werde.[603] Das war nach der Jugendbeiratsverordnung vom 23. Mai 1991 letztlich der Fall, aber für die Landesregierung nicht bindend.[604] Die Schließung der Landeserziehungsheime stellte ebenfalls eine Forderung des TBDS dar, die dann auch erfolgte. Darüber hinaus forderten die SozialarbeiterInnen der Bezirksverwaltungsbehörden Tirols, auch des Jugendamtes Innsbruck, die Aufstockung des Personals mit diplomierten SozialarbeiterInnen sowie die weitere Einrichtung von sozialpädagogischen WGs und einer Kriseninterventionsstelle,[605] denn die bisher entstandenen WG-Plätze waren rar, entsprachen nicht immer den fachlichen Standards und stellten Dauerplätze, aber keine Krisenplätze bereit. Hin und wieder kam eine Jugendliche, die sich in einer Krise befand, in der Mädchen-WG von Grete Hoideger unter.[606] In einer Bedarfsumfrage einer späteren WG-Betreiberin, die 1992 durchgeführt wurde, meldete vor allem das Jugendamt Innsbruck einen signifikanten Bedarf an Krisenplätzen zurück.[607]

4.6.1 Kinderschutz und Krisenintervention

Die Betonung der Familie, wie sie sich im JWG 1989 bzw. dem TJWG 1991 fand, das Gewaltverbot und eine veränderte Haltung Kindern und Jugendlichen gegenüber, zeigte die Notwendigkeit von Krisenplätzen verstärkt auf. Bereits 1988 hatte sich unter der Ägide einer Mitarbeiterin des Tiroler Sozialdienstes und ÖVP-Bundesrätin eine Initiative gegründet,[608] die zwar offenbar über Räume verfügte, nicht jedoch über einen ordentlichen Betrieb. Diese Tatsache nahmen VertreterInnen sozialer Einrichtungen zum Anlass und gründeten im Oktober 1990 den „Unabhängigen Verein Kinderschutz in Tirol",[609] zwei Jahre später entstand das Kinderschutzzentrum Tangram in Innsbruck. Eine der InitiatorInnen und MitarbeiterInnen war Margret Aull, die zuvor die sozialpädagogische Mädchen-WG in der Cranachstraße geleitet hatte. Das Tangram entwickelte sich zu einer österreichweit geschätzten Beratungsstelle für Kinder und Jugendliche, die Opfer von physischer, psychischer und sexualisierter Gewalt wurden. Gefördert wurde die Einrichtung zu 60 Prozent vom Land Tirol, je 20 Prozent kamen von der Stadt Innsbruck und dem Bund. Ein Streit um die Qualität von Angebot und MitarbeiterInnen,

---

602 Interview Bäumel 2015.
603 SIT, Informationen aus dem Jugendwohlfahrtsbeirat, Nr. 15, Februar 1990, S. 12–13, hier S. 13.
604 SIT, Jugendwohlfahrtsbeirat des Landes Tirol, Nr. 69, 2005, S. 21.
605 SIT, Aktuelles aus dem Jugendwohlfahrtsbereich, Nr. 17, Oktober 1990, S. 2–4, hier S. 3.
606 Telefoninterview Hoideger 2015.
607 Vgl. Presseinformation des Teams der Kinder und Jugend-Wohngemeinschaft AGORA, Privat (Kopie bei der Autorin).
608 Tiroler Tageszeitung, Zufluchtsort für mißhandelte Kinder, 19.4.1988, S. 5.
609 Tiroler Tageszeitung, Verein will Kinder schützen, 11.10.1990, S. 5.

in dem es vor allem aber ums Geld ging, endete 2002 mit der Übernahme des Tangrams durch einen „Verein Kinderschutz in Tirol", dessen Obmann Manfred Weber, Leiter der Abteilung Vb, Jugendwohlfahrt, wurde.[610] Das Kinderschutzzentrum ist mittlerweile in der Tiroler Kinder und Jugend GmbH, ebenfalls beim Land Tirol angesiedelt. Die Einrichtung zog von der Schöpf- in die Museumstraße um.[611]

Ebenfalls 1992 eröffnete das Kriseninterventionszentrum (KIZ) seine Pforten in der Innsbrucker Jahnstraße. Die Initiative kam aus dem Arbeitskreis „Jugendwohlfahrt 2000", den Landesrat Fritz Greiderer 1990 einberufen und Manfred Weber geleitet hatte,[612] um die Jugendwohlfahrt weiterzuentwickeln. In der konstituierenden Sitzung vom 16. September 1991 wurde der Vorstand mit Vertretern der öffentlichen Hand, des Krankenanstaltenträgers TILAK und Fachkräften aus anderen Sozialeinrichtungen besetzt. Das Jugendamt Innsbruck war gemeinsam mit dem Land Tirol, der Kinder- und Jugendpsychiatrie und der Kinderklink, dem Verein für heilpädagogische Familien, dem Verein für Soziale Arbeit, dem Tangram, dem Jugendzentrum Z6, der Bewährungshilfe, SOS-Kinderdorf und der Telefonseelsorge ebenfalls in diesem Vorstand vertreten.[613] Das KIZ stellte sich die Aufgabe, Kinder und Jugendliche in Krisensituationen zu betreuen. Dazu gehörten gewaltsame Familienkonflikte, Misshandlungen, Vernachlässigung und sexualisierte Gewalt oder Situationen, die es Kindern und Jugendlichen unmöglich machte, zuhause zu leben. Die Arbeit gestaltete sich auf drei Ebenen: erstens mit einer ambulanten Intervention per Telefon oder persönlichem Gespräch, zweitens mit der kurzfristigen Unterbringung von Jugendlichen in der Notschlafstelle und drittens durch Kooperation, Koordination und Vernetzung von Unterstützungsmöglichkeiten.[614] Zielgruppe waren und sind 12- bis 16-Jährige. Die Prinzipien laute(te)n Freiwilligkeit, Vertraulichkeit und Transparenz, aktiver Schutz, Hilfe statt Strafe, Vernetzung und die Arbeit mit dem Umfeld der Kinder und Jugendlichen. Zu Beginn standen zwei, später bis zu vier Plätze zur Verfügung. 1993 hatten 108 Kinder und Jugendliche für maximal eine Woche einen Unterschlupf bekommen,[615] 1999 waren es 115. Davon waren 77 Mädchen und 38 Burschen. Im Jahr darauf übersiedelte das KIZ in die Pradler Straße und konnte dort das Bettenangebot auf acht verdoppeln. Mit der räumlichen Erweiterung auf 370 m² wurde auch das Konzept erweitert. Neben der Krisenintervention etablierte sich nun auch eine Clearingphase von sechs Wochen, in der KIZ-MitarbeiterInnen die Entscheidung über die weitere Unterbringung trafen. Zu diesem Zeitpunkt wurde die Einrichtung ausschließlich vom Land Tirol gefördert, die Stadt Innsbruck trug nichts zur Finanzierung bei, „obwohl das KIZ mehrheitlich von

---

610 20er, Land übernimmt Kinderschutz, Februar 2002, S. 5.
611 Tiroler Tageszeitung, Viel zu lange nur zugeschaut, 23.11.2017, S. 24.
612 Vgl. Interview Weber 2015.
613 KIZ. Hilfe für Kinder und Jugendliche in Not, Konzept des Kriseninterventionszentrums für Kinder und Jugendliche – KIZ, Stand Mai 1995, S. 2–3. Vgl. ferner: Angelika Weber, Krise Jung Sein. Bewältigungsformen im Kriseninterventionszentrum für Kinder und Jugendliche in Innsbruck, Dipl.Arb., Innsbruck 2006, S. 51–65.
614 SIT, Ab Herbst ein neues Hilfsangebot für Kinder und Jugendliche in Not – KIZ Innsbruck, Nr. 25, September 1992, S. 9.
615 Weber 2006, S. 67.

Kindern und Jugendlichen aus Innsbruck in Anspruch genommen wird".[616] Auch das KIZ war im Laufe seines Bestehens immer wieder in finanzieller Bedrängnis.[617]

4.6.2 Kinder- und Jugendanwaltschaft

Konfliktreich und langwierig gestaltete sich Installierung eines Tiroler Kinder- und Jugendanwalts. Im Entwurf zum TJWG 1991 hatte Soziallandesrat Fritz Greiderer (SPÖ) eine derartige Anwaltschaft vorgesehen, die nicht zuletzt ein Auftrag der Grundsatzgesetzgebung des JWG war.[618] Mit ihrer Mehrheit im Ausschuss konnte es sich die ÖVP erlauben, im zur Abstimmung vorgeschlagenen Text die Bestimmungen über den Kinder- und Jugendanwalt aus Greiderers Entwurf zu streichen. In der Begründung für diese Vorgangsweise stach die Wortmeldung ihres Abgeordneten Dietmar Bachmann hervor: „Ein solcher Kinder- und Jugendanwalt ist nichts anderes als die Eröffnung der Möglichkeit der ‚Denunziation' des zu erziehenden Kindes gegenüber seinen Eltern", er wolle keinen „Denunziationsanwalt als Untergraber jeglicher elterlicher Autorität".[619] Einhellig kritisierten die Abgeordneten von SPÖ, FPÖ und Grünen die Vorgangsweise der ÖVP und argumentierten u. a. damit, dass diese zwar der Einrichtung eines Landesumweltanwaltes zugestimmt hätte, Kindern als schwächsten Gliedern der Gesellschaft eine derartige Vertretung aber verweigern würden. Greiderer empfahl daher, diesem abgeänderten Entwurf nicht zuzustimmen. Die Mandatare von SPÖ, FPÖ und Grünen folgten dieser Empfehlung, konnten aber nicht verhindern, dass die ÖVP mit ihrer Mehrheit das TJWG in der von ihr eingebrachten Version beschloss.[620]

Sozialeinrichtungen hatten mit der Idee des Kinder- und Jugendanwalts Konzepte verbunden, die zu keiner Zeit eine Chance auf Umsetzung hatten. Das galt für die Forderungen, diesen Anwalt verpflichtend einzuschalten, sobald es um „schwerwiegende Eingriffe in den Lebenslauf von Kindern", insbesondere öffentliche Ersatzerziehung gehe. Auch die Idee, den Kinder- und Jugendanwalt als „fachliche Kontrollinstanz im Jugendwohlfahrtsbereich" vorzusehen, stand auf politischer Ebene nie ernsthaft zur Debatte.[621]

Es sollte vier Jahre und mehrere Anläufe dauern, ehe Tirol als letztes aller Bundesländer einen Kinder- und Jugendanwalt bekam. Obwohl sich Soziallandesrat Greiderer (kurz vor seinem Ausscheiden aus der Regierung) und Landeshauptmann-Stellvertreter Helmut Mader (ÖVP) bereits im Juni 1991 auf einen Kompromiss geeinigt hatten, gelangte erst im März 1993 ein ausformulierter Gesetzentwurf in den Tiroler Landtag.[622] Allerdings hatte der in der Landesregierung beschlossene Kompromiss im Sozial-

---

616 20er, Fast alles neu im KIZ, Juli/August 2000, S. 9.
617 Vgl. Der Standard, Netzwerk droht Zusammenbruch, 7.12.2005, S. 11.
618 § 10 JWG 1989.
619 Tiroler Tageszeitung, SP, FP und GAL reklamieren Kinderanwalt, 21.11.1990, S. 3.; vgl. weiters: Stenographische Berichte des Tiroler Landtags, XI. Periode, 4. Tagung, 2. Sitzung am 20.11.1990, S. 30.
620 Vgl. Stenographische Berichte des Tiroler Landtags, XI. Periode, 4. Tagung, 2. Sitzung am 20.11.1990, S. 20–43.
621 Vgl. Soziale Arbeit in Tirol, Nr. 18, August 1990, S. 11.
622 Regierungsvorlage an den Tiroler Landtag, eingebracht am 10.2.1993. Homepage Landtagsevidenz Land Tirol, https://portal.tirol.gv.at/LteWeb/public/ggs/ggsDetails.xhtml?id=11656&cid=251535 (abgerufen am 6.5.2018).

ausschuss des Landtags seitens der ÖVP-Mehrheit eine weitere Abschwächung erfahren, die Parteienstellung und die Möglichkeit zur Begutachtung von Gesetzen war gestrichen worden. Trotzdem hatte die SPÖ im Vorfeld der Landtagssitzung Zustimmung signalisiert, nach dem Motto „lieber einen schwachen Anwalt als keinen".[623] Der Landtag debattierte vier Stunden und am Ende gab es eine Überraschung: Nicht nur die Abgeordneten von SPÖ, FPÖ und Grünen (denen die Rechte des Kinder- und Jugendanwalts zu dürftig ausgestaltet waren), sondern auch zwei ÖVP-Abgeordnete (die den Anwalt als zu mächtig betrachteten) stimmten gegen den Entwurf, weshalb dieser mit einem Stimmverhältnis von 17:19 keine Mehrheit fand.[624]

Im November 1994 gelang schließlich der Durchbruch, weil die ÖVP die Zustimmung zu einem Konzept gab, wonach der weisungsfreie Kinder- und Jugendanwalt seine Aktivitäten nicht ganz eng auf den Bereich der Jugendwohlfahrt beschränken musste, sondern die Erlaubnis erhielt, „Maßnahmen zur Verbesserung der Lebensbedingungen für Kinder und Jugendliche anzuregen" und „Entwürfe von Gesetzen und Verordnungen des Landes, die Interessen von Kindern und Jugendlichen berühren können, mit zu begutachten".[625] VP-Klubobmann Klaus Madritsch hatte im Vorfeld der Landtagsdebatte den jahrelangen Widerstand seiner Partei damit begründet, dass die Sorge, ein derartiger Anwalt würde in die Erziehungsarbeit der Eltern eingreifen, mit der Ideologie der ÖVP nicht vereinbar gewesen sei.[626] Der letztlich einstimmig gefasste Beschluss löste bei keiner Partei Euphorie aus, zu sehr haftete der Einigung der Charakter eines Kompromisses an. Selbst ÖVP-MandatarInnen befanden in der Landtagsdebatte, dass Tirols Kinder- und Jugendanwalt im Vergleich zu den acht anderen Bundesländern lediglich „nicht der schlechteste" wäre. VertreterInnen aus allen Parteien kritisierten Schwächen, darunter die unklare finanzielle Ausstattung, die mangelnde Verankerung von Öffentlichkeitsarbeit als Aufgabe der Anwaltschaft oder das fehlende Recht bei aufgezeigten Missständen in angemessener Frist eine Antwort bekommen zu müssen.[627]

Aber immerhin war es gelungen, das TJWG vier Jahre nach seiner Beschlussfassung zu vervollständigen. Erst dem dritten mit der Causa befassten Soziallandesrat (Greiderer, Hengl, Prock – alle SPÖ) hatte einen mehrheitsfähigen Kompromiss zustande gebracht. Zugleich steht diese schier endlose Debatte symbolisch für gesellschaftspolitische und ideologische Hindernisse in der Jugendwohlfahrt. In Summe stärkte das TJWG 1991 die Rechte von Kindern und Jugendlichen, ebenso jene von AlleinerzieherInnen und unehelich geborenen Kindern. Den großen, zeitgemäßen Durchbruch stellten aber weder das JWG 1989 noch das TJWG 1991 dar.

In den Diskussionen des Innsbrucker Gemeinderats spielte die Neuordnung des Jugendwohlfahrtrechts auf Bundes- und Landesebene nur insofern eine Rolle, als Sozialstadtrat Sprenger im Zuge der Budgetdebatten für die Jahre 1990, 1991 und 1992 über

---

623 Tiroler Tageszeitung, Kinder und Jugendliche bleiben ohne Anwalt, 18.3.1993, S. 9.
624 Vgl. Stenographische Berichte des Tiroler Landtags, XI. Periode, 9. Tagung, 1. Sitzung am 17.3.1993, S. 25–53.
625 Abs. 10a und 10b des als § 6a in das bestehende TJWG eingeschobenen Regelwerks.
626 Tiroler Tageszeitung, VP-Klub gibt Kinderanwalt „grünes Licht", 11.11.1994, S. 5.
627 Vgl. Stenographische Berichte des Tiroler Landtags, XII. Periode, 2. Tagung, 2. Sitzung am 24.11.1994, S. 25–35.

die Auswirkungen von JWG und TJWG auf die städtische Verwaltung informierte.[628] Sprenger sprach von einer „grundlegende[n] Änderung der Jugendwohlfahrtspflege" und hob die erhöhte Bedeutung der ambulanten Dienste, die „Stärkung der Erziehung in der Familie" und die Einschränkung der rechtlichen Möglichkeiten Heimerziehung anzuordnen hervor.[629] Als Wegfall „staatliche(r) Fürsorge und Bevormundung" begrüßte er, dass alleinstehende Frauen endlich das Recht erhalten hätten, ihre Kinder selbstständig zu erziehen.[630]

4.6.3 Neue Struktur und Organisation der Jugendwohlfahrt

Die sozialen Dienste der öffentlichen Jugendwohlfahrt umfassten ab 1989 bzw. 1991 neben der Unterstützung im Eltern- und Säuglingsbereich auch jene im Familien- sowie dem Kinder- und Jugendbereich. Minderjährigen sollten beratende Angebote bereitgestellt werden, vor allem bei Konflikten mit ihren Erziehungsberechtigten, außerdem war die Hilfestellung bei der Freizeitgestaltung verankert. Die Unterstützung der Erziehungsberechtigten sollte ebenfalls durch Beratung erfolgen und eine Gewaltlosigkeit in der Erziehung durchgesetzt werden. Eine wichtige Prämisse war das Bekenntnis zur Förderung der Entwicklung von Minderjährigen. Sollten die Behörden jedoch zum Schluss kommen, Erziehungsberechtigte könnten ihrem Auftrag nicht nachkommen, bestand die Möglichkeit der Fremdunterbringung durch die Maßnahme der „vollen Erziehung".

Trotz vieler Neuerungen war die Organisation der Tiroler Jugendwohlfahrt, wie sie sich aus dem TJWG 1991 ergab, in vielen Bereichen bereits grundgelegt worden, bevor das Gesetz verabschiedet worden war. Das betrifft vor allem die Bereitstellung von kleinen Betreuungseinheiten für Kinder und Jugendliche im Fall einer öffentlichen Ersatzerziehung, auch wenn die vorhandenen Plätze damals den Bedarf nicht abdecken konnten. Dazu entwickelten freie Träger zusätzliche Angebote für Jugendliche. Während sich die Landschaft der Anbieter zu Beginn ebenfalls kleinteilig präsentierte bzw. die JugendamtsmitarbeiterInnen individuelle Einzellösungen fanden – wie mit der Unterbringung in SchülerInnen- oder Lehrlingsheimen –, etablierte sich gegen Ende der Untersuchungsperiode zusätzlich zu den kleinen Anbietern wieder ein größerer Träger, der Wohngruppen für Kinder und Jugendliche sowie betreutes Wohnen für Jugendliche und junge Erwachsene bereitstellte. Abgesehen von den Pflegefamilien, die in diesem Beitrag nicht behandelt werden, verschwanden die Wohngruppen in Familien immer mehr zugunsten professioneller Betreuung in sozialpädagogischen Wohngemeinschaften, die neben einzelnen Vereinen auch von den Kinderdorf-Vereinigungen SOS und Pro Juventute angeboten wurden. Zunehmend wurden diese auch koedukativ geführt. Bei der ambulanten Betreuung ist ebenfalls eine Tendenz zur Anbindung an einen großen Träger zu bemerken: Die Aufgaben des Vereins für Soziale Arbeit übernahm nach der Jahrtausendwende SOS-Kinderdorf.

---

628 Vgl. Protokolle des Innsbrucker Gemeinderates vom 26.1.1990, S. 643; 13.12.1990, S. 2841; 17.12.1991, S. 2210, StAI.
629 Ebd., 26.1.1990, S. 643.
630 Ebd., 13.12.1990, S. 2841.

Noch in der Ausarbeitungsphase des neuen Jugendwohlfahrtsgesetzes formulierten in der Praxis Tätige die Notwendigkeit von Krisenplätzen für Kinder und Jugendliche. 1992, also ein Jahr nach dem Inkrafttreten des neuen TJWG, wurden zwei Einrichtungen geschaffen, die den Schutz von Kindern und das Angebot von Krisenplätzen in den Vordergrund stellten. Es standen jedoch immer zu wenig Krisenplätze zur Verfügung, zudem erwies sich eine Lücke beim Angebot von Wohnmöglichkeiten für Jugendliche, die eine Überbrückung brauchten, bis eine dauerhafte Lösung gefunden wurde. Diese Lücke schloss die Wohnungsloseneinrichtung DOWAS 1999 mit dem „Chill Out" in der Innsbrucker Heiliggeiststraße, die weiblichen und männlichen Jugendlichen neben Beratung auch zehn Übergangswohnplätze für eine Dauer von bis zu drei Monaten anbietet.[631] Die Angebote von betreutem Wohnen, also der professionellen Unterstützung einer den Möglichkeiten der Jugendlichen entsprechenden eigenständigen Lebens- und Haushaltsführung, bedeutete eine weitere Ausdifferenzierung des Angebotsfeldes.[632]

Erst vier Jahre nach dem Inkrafttreten des TJWG 1991 etablierte das Land Tirol eine Kinder- und Jugendanwaltschaft. Diese Anwaltschaft geht zurück auf die Kinderrechtskonvention der Vereinten Nationen (UN), die die UN-Generalversammlung am 20. November 1989 verabschiedete und allen Kindern auf der Welt das Recht auf Überleben, Entwicklung, Schutz und Beteiligung einräumt. Österreich ratifizierte die Kinderrechtskonvention bereits als eines der ersten Länder. Sie trat schon am 4. September 1992 in Kraft.[633] Tirol war das letzte österreichische Bundesland, das eine Kinder- und Jugendanwaltschaft einrichtete.

In einer Informationsbroschüre, die die Abteilung Vb, Jugendwohlfahrt, 1994 herausgeben hatte, finden sich die neuen AkteurInnen der Kinder- und Jugendhilfe. Dazu zählten die Referate der Bezirkshauptmannschaften und das Stadtjugendamt, denn die Jugendamtsagenden waren zwar nach wie vor beim Land Tirol angesiedelt, aber die Bezirksverwaltungsbehörden hatten die Hilfen zur Erziehung zu gewähren und Pflegeplätze sowie Adoptiveltern zu vermitteln. Zudem waren sie für die Erteilung von Bewilligungen für Pflegeeltern und Tagesmütter zuständig. Bei Gefahr in Verzug hatte ebenfalls die Bezirksverwaltungsbehörde die vorgesehenen Maßnahmen einzuleiten.[634] Weiter bestehen blieben die Angebote der Landeseinrichtungen Erziehungsberatung und Psychologischer Dienst, wenngleich letzterer einen veränderten Aufgabenbereich vorfand. Freie Träger boten für Jugendliche damals bereits ausdifferenzierte Angebote: Das KIZ bot Krisenplätze und der Verein für Soziale Arbeit in Tirol ambulante Familienbetreuung. Stationär konnten Jugendliche im Sozialpädagogischen Zentrum St. Martin, dem städtischen Kinderheim Pechegarten und dem Jugendland Innsbruck untergebracht werden. Auch die Kinder- und Jugendbetreuungseinrichtungen von SOS-Kinderdorf und der seit 1985 aktiven Pro-Juventute-Einrichtung in Kirchbichl standen nach wie

---

631 Vgl. Homepage Verein zur Förderung des DOWAS, Chill Out, http://www.dowas.org/index.php/home/chill-out (abgerufen am 21.3.2018). Näheres zum Chill Out im Abschnitt 8.3 über das DOWAS, S. 329.
632 Vgl. Homepage Jugendwohnstart, http://www.jugendwohnstart.at/images/Downloads/JWS_Konzept_05-2014_web.pdf (abgerufen am 21.3.2018). Die Einrichtung hatte sich 1993 für Jugendliche zwischen 15 und 18 Jahren entwickelt.
633 Vgl. Homepage Unicef Österreich, https://unicef.at/kinderrechte/die-un-kinderrechtskonvention (abgerufen am 21.3.2018).
634 § 32 TJWG 1990.

vor, wenn auch in veränderter Form zur Verfügung. Wohngruppen und WGs boten das Pflegenest Kranebitten und die sozialpädagogische Mädchen-WG in der Cranachstraße, die Wohngruppen in den Familien O. und Parz in Vomperbach sowie die WG von Grete Hoideger in Axams. Außerdem hatten sich einige weitere WGs bzw. Wohngruppen gebildet. Betreutes Wohnen wurde in den Einrichtungen Nestwärme für schwangere Mädchen mit Kleinkind und dem Jugendwohnstart entwickelt, der Verein Heilpädagogische Familien – zunächst unter dem Namen „Heilpädagogische Pflege- und Adoptivfamilien in Tirol" – nahm sich bereits seit 1982 Kinder und Jugendlichen mit Beeinträchtigungen an.[635] Weiters standen Außenwohnungen zur Verfügung, es gab weiterhin Nachbetreuung. Die Abteilung Vb, Jugendwohlfahrt, sah es in den 1990er Jahren als eine ihrer Hauptaufgaben, die Gründung derartiger Einrichtungen zu befördern.[636] Seit Anfang der 1990er Jahre bot das Jugendzentrum Z6 auch Streetwork an, das Jugendliche dezentral in der Innsbrucker Innenstadt betreute. Dieses Projekt unterstützte die Stadt Innsbruck gemeinsam mit dem Land Tirol. Das „Zentrum Frauen im Brennpunkt" vermittelte Tagesmütter für Minderjährige bis 16 Jahren und das Tiroler Frauenhaus sowie der Verein Frauen helfen Frauen kümmerte sich um misshandelte Frauen und ihre Kinder.[637] Bis heute hat sich diese Struktur nicht wesentlich verändert, allerdings unter der Prämisse von veränderten Jugendwohlfahrtsgesetzen. Das Angebot von ambulanter und stationärer Betreuung und Beratung hat sich seither ausgeweitet, vor allem in die Bezirke ausgedehnt und insbesondere Unterbringungsmöglichkeiten für Kinder sowie im Bereich des betreuten Wohnens erhöht. Erst deutlich später kam schließlich eine Problematik aus der Dringlichkeit heraus hinzu: die Betreuung unbegleiteter minderjähriger Flüchtlinge (UMF). Als Anbieter für all diese Betreuungsangebote fungiert nach wie vor unter anderem die öffentliche Hand – wie die Innsbrucker Soziale Dienste GmbH mit den Zentren Mariahilf und Pechegarten oder das Land Tirol mit dem Landessäuglings-, Kinder- und Jugendheim Axams oder dem Verein Kinderschutz in Tirol. Darüber hinaus gibt es eine Reihe von privaten Trägern. Hier finden sich größere Institutionen wie SOS-Kinderdorf und Pro Juventute sowie der regionale Großanbieter Jugendland, kirchliche Träger wie die Caritas, Don Bosco oder das Seraphische Liebeswerk sowie private Vereine wie die Sozialpädagogische Wohngemeinschaft für Mädchen oder das DOWAS.[638]

Eine große Anzahl dieser Einrichtungen befand und befindet sich in Innsbruck und wurde und wird vielfach von seinen BewohnerInnen in Anspruch genommen. In der gesamten Periode von 1970 bis 1990 waren ideologische sowie Kostenfragen in den Debatten zentral und sie blieben es auch über 1990 hinaus. Die Erziehungs- und Kulturwissenschaftlerin Hildegard Müller-Kohlenberg sieht das als durchgängiges Moment für die deutschen Kinder- und Jugendhilfe: Der Kostenfaktor überlagert zu allen Zeiten

---

635 Vgl. Homepage Heilpädagogische Familien gGmbH, http://www.hpfamilien.at/contao3/index.php/geschichte.html (abgerufen am 19.3.2018).
636 Interview Weber 2015.
637 Jugendwohlfahrt in Tirol. Hilfe für Kinder, Eltern und Familien, hg. v. ATLR, Abt. Vb, 1994.
638 Homepage Sozialpädagogische Einrichtungen Land Tirol, https://www.tirol.gv.at/gesellschaft-soziales/kinder-jugendhilfe/stationaere-einrichtungen und Homepage Private Kinder- und Jugendhilfeeinrichtungen Land Tirol, https://www.tirol.gv.at/gesellschaft-soziales/kinder-jugendhilfe/einrichtungen (abgerufen am 21.3.2018).

die pädagogische Argumentation.[639] Das lässt sich auf Österreich, Tirol und Innsbruck übertragen. Waltraud Bäumel beschreibt den Stellenwert der JugendamtsmitarbeiterInnen innerhalb der Innsbrucker Stadtgemeinde folgendermaßen:

„[...] die Soziale Arbeit war bei der Stadt immer nebensächlich, sage ich einmal so. Wir waren geduldete Leute, relativ sagen wir einmal, starke Berufsgruppe vom Durchsetzungsvermögen, von Versuchen etwas zu ändern, aber ansonsten waren wir ungeliebte Kinder der Stadt (lachend), weil wir haben viel Geld gekostet, unsere Arbeit hat sehr, sehr viel Geld gekostet und Laien haben keine Erfolge gesehen oder fast keine."[640]

Dennoch bleibt unbestritten, dass die öffentliche Hand die Veränderung von Struktur, Haltung und Organisation der Jugendwohlfahrt mitgestaltete und mitfinanzierte. Zahlreiche Einrichtungen, die es heute noch gibt, entstanden bis in die 1990er Jahre.

---

639 Hildegard Müller-Kohlenberg, Alternativen zur Heimerziehung, in: Herbert Colla/Thomas Gabriel/Spencer Millham/Stefan Müller-Teusler/Michael Winkler (Hg.), Handbuch Heimerziehung und Pflegekindwesen in Europa, Heidelberg 1999, S. 129–137, hier: S. 133.
640 Interview Bäumel 2015.

5 Jugendkriminalität und Bewährungshilfe
5.1 Annäherung an ein emotionalisiertes Thema

Kriminalität gehört zu den Themen, die häufig abseits von Fakten emotional diskutiert werden und weltanschaulich überfrachtet sind. Während gegenwärtig in weiten Teilen der Bevölkerung zunehmendes Unsicherheitsgefühl herrscht, ist die Gesamtzahl der strafgerichtlichen Verurteilungen in Österreich tatsächlich dramatisch gesunken: von 110.324 im Jahr 1970 auf 71.722 (1990) und 30.450 im Jahr 2016.[641] Zu diesem Rückgang haben geänderte rechtliche Voraussetzungen wie das Strafgesetzbuch 1974 und der „Außergerichtliche Tatausgleich" (ab 1985 für Jugendliche, seit 1999 auch für Erwachsene) beigetragen.

Besonders bei der Jugendkriminalität ist die Diskrepanz zwischen Fakten und (ver)öffentlich(t)er Meinung hoch. Die Schwierigkeit zur realistischen Einordnung von Daten zur Jugendkriminalität ergibt sich insbesondere bei Vergleichen über Jahrzehnte aus sich verändernden rechtlichen und formalen Rahmenbedingungen, etwa durch neue oder adaptierte Straftatbestimmungen (z. B. im Zusammenhang mit Drogenkonsum) oder durch Änderungen in der altersmäßigen Zuordnung zum Begriff „Jugendliche". Die Zahlen der gerichtlichen Verurteilungen liegen immer unter jenen der polizeilichen Anzeigen, weil nicht jede Anzeige zu einer Verurteilung führt. Während der vieldiskutierten Welle der Jugendkriminalität in der zweiten Hälfte der 1950er Jahre sind die statistischen Kurven von polizeilichen Anzeigen und gerichtlichen Verurteilungen einander sehr ähnlich. Anfang der 1970er Jahre stiegen die polizeilichen Anzeigen dramatisch an, während die absoluten Zahlen der gerichtlichen Verurteilungen zeitgleich sogar sanken.[642] Der österreichische Kriminalsoziologe Arno Pilgram wies auf den sozialen und politischen Kontext hin, in dem sich Anzeigen und Verurteilungen bewegen:

„Wieviel an und als was Jugendkriminalität offiziell registriert und kolportiert wird, hängt vom Ausmaß der Mobilisierung staatlicher Instanzen zur Kriminalitätskontrolle ab. [...] Strafanzeigen gegen Kinder und Jugendliche sind keine selbstverständliche Reaktion auf Straftaten und nur auf diese allein, sondern immer auch auf den sozial und politisch definierten Kontext, in dem sie erschei-

---

641 Tabellenband Gerichtliche Kriminalstatistik, Statistik Austria, Wien 2016, S. 54; Homepage Statistik Austria, http://www.statistik.at/web_de/statistiken/menschen_und_gesellschaft/soziales/kriminalitaet/index.html (abgerufen am 1.5.2018).
642 Vgl. Arno Pilgram: Jugendfeindlichkeit und Jugendkriminalität, in: Birsak Johann/Karl Dvorak/Gerhard Grimm/Herbert Leirer/Franz Lingler/Sabine Stadler (Hg.): Betrifft: Bewährungshilfe. Materialien und Berichte aus einem Arbeitsfeld, Wien 1979, S. 1–24, hier S. 17.

nen. [...] Wie sehr Medien, Politik und Strafverfolgungsinstitutionen Kriminalisierungsprozesse in Schwung bringen können, hängt auch davon ab, ob und wie sehr sich Bevölkerungsgruppen ihrerseits einbinden und bewegen lassen, jugendliches Problemverhalten entsprechend zu beantworten."[643]

Um eine Kampagne zur Skandalisierung von Jugendlichen Anfang der 1960er Jahre zu charakterisieren, führte der britische Soziologe und Vertreter der Kritischen Kriminologie Stanley Cohen (1942–2013) 1972 den Begriff der „Moral-Paniken" ein.[644] Im damaligen Großbritannien ging es um Mods und Rocker sowie andere Gruppen von Jugendlichen, die sich auflehnten. Im deutschsprachigen Raum wurden die „Halbstarken" der 1950er Jahre für den starken Anstieg der Jugendkriminalität verantwortlich gemacht. Bei der Entwicklung einer Moralpanik spielen die herrschenden Eliten sowie die öffentliche Meinung eine zentrale Rolle. Kampagnen richten sich gegen die von dominanten gesellschaftlichen Kräften identifizierten „Kriminellen". Themen sind dabei sowohl die Entrüstung über wie auch die Sorge um die nachfolgende Generation. Gerade diese doppelte Botschaft von der „gefährdeten und gefährlichen Jugend" sieht die deutsche Soziologin Helga Cremer-Schäfer als Grundmuster des öffentlichen Diskurses über Jugendkriminalität. Der Konflikt, der diesem Diskurs zugrunde liegt, kann „pragmatisch mit Beteiligung von Jugend und durch Kompromissbildung reguliert [...] oder machtvoll gegen (einen Teil der) Jugend" gerichtet werden. Letzteres wiederum kann Disziplinierung und Kontrolle, Ausschließung oder Strafe bedeuten.[645]

Die Produktion von Feindbildern im Zusammenhang mit Jugendkriminalität richtete sich damals wie heute gegen untere soziale Schichten, in den 1970er Jahren waren diese gegen „Arbeiterjugendliche" gerichtet. Ein bis heute gängiges Klischee taucht (unbesehen vom Wahrheitsgehalt) bereits in den frühen 1970er Jahren auf, wonach die „Täter immer jünger und immer brutaler" würden.[646]

Jugendkriminalität ist ein männliches Phänomen. Zwischen 1970 und 1990 lag der Anteil weiblicher Jugendlicher an allen Verurteilungen stets unter 20 Prozent.[647] Der Anteil von Frauen an der Erwachsenenkriminalität bewegte sich auf ähnlichem Niveau.

Aussagekräftige Daten über Jugendkriminalitätsentwicklungen im Bundesland Tirol und in der Stadt Innsbruck liegen nur bruchstückhaft vor. Die von Arno Pilgram beschriebene Tendenz zur Überinterpretation von Daten, grobe Vereinfachungen zur Bestätigung von vorgefassten Meinungen und die Kriminalisierung von unterprivile-

---

643 Pilgram 2015, S. 2. Arno Pilgram und der 2011 verstorbene Heinz Steinert haben über Jahrzehnte die Arbeit des Instituts für Rechts- und Kriminalsoziologie geprägt und zählen damit zu den wichtigsten österreichischen Kriminalsoziologen. Vgl. Homepage Institut für Rechts- und Kriminalsoziologie, http://www.irks.at/ (abgerufen am 1.5.2018).
644 Vgl. Stanley Cohen: Folk Devils and Moral Panics, 3. Auflage, London 2004.
645 Helga Cremer-Schäfer, Die „gefährliche und gefährdete Jugend". Über öffentliche Debatten und was wir zu beachten haben, wenn sie gerade nicht stattfinden. Erweiterte Fassung eines Vortrages bei der Fachtagung zur 10-Jahres-Feier des KIZ (Kriseninterventionszentrum Hilfe für Kinder und Jugendliche in Not): Ein sozialpädagogisches Jahrhundert. Integration und Ausschließung – Zur Geschichte und Funktion von Jugendwohlfahrt, in: SIT 63, Oktober 2003, S. 40–54, hier S. 44.
646 Ebd.
647 Vgl. Tabellenband Gerichtliche Kriminalstatistik, Statistik Austria, Wien 2016, S. 78; Homepage Statistik Austria, http://www.statistik.at/web_de/statistiken/menschen_und_gesellschaft/soziales/kriminalitaet/index.html (abgerufen am 1.5.2018).

gierten Gesellschaftsgruppen sind trotzdem fallweise fassbar. Das soll im Folgenden an drei Beispielen verdeutlicht werden.

1. Im Zuge der Budgetdebatte des Innsbrucker Gemeinderates am 17. Dezember 1974 berichtete Sozialstadtrat Paul Kummer (ÖVP) im Zusammenhang mit der Jugendkriminalität von einer Steigerung der „Deliktsfälle" gegenüber 1973 von 1.348 auf 1.547, also um 14,7 Prozent. Als besonders auffallend charakterisierte Kummer die Steigerung bei den Eigentumsdelikten von 169 auf 305, „somit eine ungewöhnliche Steigerung um 80 Prozent".[648] Diesen Zahlen folgend läge der Anteil der Eigentumsdelikte an den gesamten Delikten nur bei 12,3 bzw. 19,7 Prozent. Das widerspricht den Fakten, denn über Jahrzehnte bewegt sich der Anteil der Eigentumsdelikte sowohl bei den Anzeigen als auch bei den Verurteilungen um die 50 Prozent, meist sogar deutlich darüber. Der behauptete dramatische Anstieg der Eigentumsdelikte von Jugendlichen ist demnach entweder ein Irrtum oder er bezieht sich auf einen willkürlich herausgegriffenen Teilaspekt der Eigentumskriminalität.

Offensichtlich stammen die von Kummer genannten Zahlen aus der Statistik der Anzeigen der Polizei und nicht aus jener der gerichtlichen Verurteilungen – einer Differenzierung, die in der ersten Hälfte der 1970er Jahre besonders wichtig war. Zum Beispiel stiegen österreichweit die polizeilichen Anzeigen gegen Jugendliche zwischen 1970 und 1974 um 23 Prozent, während die gerichtlichen Verurteilungen gleich blieben. Man kann es auch so formulieren: Die Gerichte hatten eine an sie gerichtete Frage, ob die Jugendkriminalität steigt, glatt verneint.[649]

Die vom Stadtrat behauptete Steigerung der Jugendkriminalität im Allgemeinen und bei den Eigentumsdelikten im Besonderen war ohne jegliche sachliche Substanz erfolgt. Es ist ein winziges Beispiel für die Erzeugung einer Moralpanik, aus der Kummer die Forderung nach einem vermehrten Engagement der Jugendwohlfahrt ableitete, „um diesen Tendenzen einigermaßen entgegenwirken zu können".[650]

2. 1975 erhielt das Innsbrucker Jugendamt im Zuge eines Strafverfahrens gegen einen 17-jährigen Innsbrucker Jugendlichen vom Landesgericht Innsbruck den damals üblichen Auftrag zu einer Erhebung. Diese Erhebung mündete in einen vierseitigen Fragebogen und lag in der Folge dem Gerichtsakt bei. Gefragt wurde nach Schulbesuch, Lehrverhältnis, Einkommen, geistiger und körperlicher Entwicklung, strafbaren Handlungen etc. Bei dem genannten Jugendlichen beantwortete das Jugendamt drei Fragen folgendermaßen:[651]

Frage 21. „Ist sein Dienstgeber mit seinen Leistungen und seiner Aufführung zufrieden?" Antwort: „Ja, der Lehrherr spricht sich lobend den Jugendlichen aus." [sic!]

Frage 23. „Sind (Waren) seine Eltern, Geschwister oder andere nahe Verwandte geisteskrank (epileptisch, hysterisch) oder trunksüchtig?" Antwort: „Nichts bekannt."

Frage 27. „Wie ist sein sittliches Verhalten? Hat er sich schon strafbarer Handlungen schuldig gemacht? Vorstrafen?" Antwort: „Mit Ausnahme einer Sachbeschädi-

---

648 Protokoll des Innsbrucker Gemeinderates vom 17.12.1974, S. 603, StAI.
649 Pilgram 1979, S. 17.
650 Protokoll des Innsbrucker Gemeinderates vom 17.12.1974, S. 603, StAI.
651 Fragebogen Jugendgerichtshilfe, Privatarchiv Schlosser.

gung im Alter von 4 Jahren (Anzeige d. Bundes-Pol.dion v. 21.2.1961 Zl. E/1, St/1) noch nie nachteilig in Erscheinung getreten. – Keine Vorstrafen."

Der Jugendliche war in einem Stadtteil aufgewachsen, der auf Arbeiter- und Unterschicht hinwies. Das Jugendamt kannte den Jugendlichen offenbar schon sehr lange. Im ihn betreffenden Jugendamtsakt wurde eine polizeiliche Anzeige wegen Sachbeschädigung – weil er als Vierjähriger einmal eine Fensterscheibe eingeschlagen hatte – fein säuberlich aufbewahrt. 13 Jahre später wurde dieses Dokument benutzt, um den Jugendlichen, der ansonsten „noch nie nachteilig in Erscheinung getreten" war, in ein schiefes Licht zu rücken und zu kriminalisieren.

3. Eine Analyse von Beispielen der Gerichtsberichterstattung der Tiroler Tageszeitung im Zeitraum 1970 bis 1990 über Strafgerichtsverhandlungen gegen Jugendliche unterstreicht die von Helga Cremer-Schäfer genannte Diskurscharakterisierung über die „gefährdete und gefährliche Jugend".[652] Es fanden sich verstreut über die relativ häufigen Beiträge zum Thema viele Klischees und Zuschreibungen, die kriminelles Handeln erklären sollen. Häufig war von belasteten Elternhäusern, vaterlosen Kindheiten und schlechten Einflüssen durch falsche Freunde die Rede. Die eingenommene Perspektive war in der Regel jene des Richters, gelegentlich kamen noch die Pflichtverteidiger der Jugendlichen zu Wort. Die Jugendlichen selbst degradierte die Berichterstattung zu sprachlosen Objekten, über sie wurde verhandelt und über ihr weiteres Schicksal entschieden: Milde und bedingte Strafen, solange es das Gericht für vertretbar hielt, bei der zweiten oder dritten Tat, die als unvermeidlich angesehene Härte des Gesetzes und Haftstrafen. BewährungshelferInnen kamen nie zu Wort, sie wurden entweder als Aufpasser bestellt oder sie waren gescheitert.

Ein beliebtes Motiv der Berichterstattung waren aus geschlossenen Heimen geflüchtete Jugendliche, die auf der Flucht Diebstähle und Einbrüche begangen hatten und deshalb vor Gericht landeten. Detailreich wurden die einzelnen Straftaten aufgezählt, die von der Plünderung von Opferstöcken, entwendeten Fahrzeugen, mehr oder weniger unergiebigen Einbrüchen bis zum Diebstahl von Schokolade reichten. Was die Berichterstattung verschwieg, waren die Motive für die Flucht aus dem Erziehungsheim, zugleich wurden manche Jugendliche als „nicht erziehbar" charakterisiert. Weibliche Jugendliche, die aus Heimen geflüchtet waren, tauchten in den Zeitungsartikeln nicht als angeklagte Diebinnen oder Einbrecherinnen auf, sondern als Opfer von Zuhältern, die sie nach ihren Fluchten als Zwangsprostituierte in deutsche oder niederländische Bordelle verschleppt hatten.

Manche Berichte über männliche jugendliche Straftäter waren durchaus in freundlich-verständnisvollem Ton gehalten, andere sogar entschuldigend, etwa wenn die Motive für die Taten in einer kindlichen Abenteuerlust gesehen wurden. Die Berichterstattung konnte aber auch extrem verächtlich sein, wie beispielsweise im Fall einer Jugendgruppe, die Einbrüche begangen hatte: Zwei Schüler wurden wegen mehrere Einbrüche aus der Untersuchungshaft dem Gericht vorgeführt.

---

652 Vgl. jeweils Tiroler Tageszeitung: 21.1.1970, S. 16; 2.4.1971, S. 4; 22.6.1972, S. 4; 1.8.1972, S. 4; 17.11.1972, S. 4; 5.9.1973, S. 4; 30.10.1973, S. 4; 20.6.1979, S. 3; 18.9.1979, S. 3; 9.6.1980, S. 4; 5.2.1981, S. 4.; 17.4.1986, S. 5; 9.5.1986, S. 4.

„Beide machten nach ihrer körperlichen Verfassung den Eindruck von halben Kindern. Ein dritter mitbeteiligt gewesener 15-jähriger Schüler beging inzwischen Selbstmord. Die Angeklagten verübten gemeinsam zahlreiche Einbrüche in Innsbruck; der Wert der gestohlenen Gebrauchsgegenstände war gering."[653]

Der tote Jugendliche wurde im Artikel nicht mehr erwähnt, sein Suizid war ein nüchtern erwähntes Faktum, nicht einmal ein bedauerlicher Kollateralschaden der Justiz.

In Österreich wird Jugendkriminalität weder von der Wissenschaft noch von der Politik als drängendes soziales Problem wahrgenommen. Dementsprechend spärlich sind die Forschungsergebnisse.[654] Die Untersuchungen stützen sich durchwegs auf Daten der Polizei und der Gerichte. Eine in anderen Ländern angewandte Dunkelfeldforschung[655] existiert in Österreich nicht. Die Methoden der Untersuchungen sind fast ausschließlich quantitativ und gehören der empirischen Sozialforschung an. Interaktionen der Jugendlichen untereinander sowie mit AnzeigerInnen, Polizei und Gericht werden nicht thematisiert.

Bemerkenswert ist, dass die umfangreichste Veröffentlichung zur Jugendkriminalität zugleich die älteste ist. Die Studie ist 1968 erschienen und stammt vom Psychologen Sepp Schindler.[656] Dieser ist eine zentrale Persönlichkeit in der Geschichte der österreichischen Bewährungshilfe und hat 1957 die „Arbeitsgemeinschaft Bewährungshilfe" in Wien gegründet. Als Anlass für seine Auftragsarbeit zur Jugendkriminalität nannte Schindler deren starken Anstieg nach dem Zweiten Weltkrieg in den meisten Ländern Europas. So hatte sich in Österreich zwischen 1952 und 1958 die Zahl der jährlich gerichtlich verurteilten Jugendlichen von 5.696 auf 11.558 mehr als verdoppelt. Bis 1964 war die absolute Zahl der Verurteilungen wieder auf 8.546 gesunken. Schindlers Forschungsergebnisse relativierten diese Zahlen, weil er etwa darauf aufmerksam machte, dass zwischen 1952 und 1958 die Gruppe der 14- bis 18-Jährigen stark gewachsen war, weshalb die Kriminalitätsbelastung in diesem Zeitraum nicht um 100, sondern lediglich um 60 Prozent gestiegen sei.[657] Außerdem zog er eine Parallele zwischen Jugendkriminalität und den beiden Weltkriegen. Sowohl nach dem Ersten wie nach dem Zweiten Weltkrieg fielen 14 Jahre nach Kriegsende, also 1932 und 1959, Spitzen bei der Jugendkriminalität auf. In beiden Fällen war der am stärksten auffällige Jahrgang

---

653 Tiroler Tageszeitung, Jugendliche: Hintergründe krimineller Entwicklung, 17.11.1972, S. 4.
654 Walter Fuchs: Zwischen Deskription und Dekonstruktion: Empirische Forschung zur Jugendkriminalität in Österreich von 1968 bis 2005. Eine Literaturstudie, Institut für Rechts- und Kriminalsoziologie, Wien 2007, S. 7.
655 Kriminalstatistiken spiegeln nur das sogenannte Hellfeld wider, also als kriminell angesehene Handlungen, die durch Anzeigen Polizei und Gericht bekannt werden. Weil die Bereitschaft zu Anzeigen großen Schwankungen unterliegt, erlaubt das Hellfeld nur einen sehr beschränkten Rückschluss auf eine realistische Kriminalitätsentwicklung. Mit Dunkelfeldforschung kann diesem Ziel näher gekommen werden, meist geschieht dies durch Befragungen von TäterInnen bzw. Opfern, die einen qualitativen und quantitativen Einblick in ein Tatgeschehen bringen soll, das den Behörden verborgen bleibt. In der Alltagssprache wird das Dunkelfeld zu einem bestimmten Tatbestand oft mit dem geläufigeren Terminus „Dunkelziffer" erklärt.
656 Sepp Schindler: Jugendkriminalität. Strukturen und Trend in Österreich, 1946–1965, hg. v. Österreichischen Institut für Jugendkunde, Wien/München 1968.
657 Ebd., S. 19, 22.

bei Kriegsende drei Jahre alt. Ähnliche Ergebnisse zitierte Schindler aus einer britischen Untersuchung über die Jahre nach dem Ersten Weltkrieg. In seiner Argumentation wies Schindler die in der Öffentlichkeit gängigen Deutungen zurück, wonach für die „Halbstarkenwelle" Faktoren wie Industrialisierung, mehr Freizeit, Ansätze zur Konsumgesellschaft und beginnende Motorisierung verantwortlich seien. Seine These war vielmehr, dass in der genannten Altersgruppe die Kindheit vieler Buben durch vorübergehende (Kriegsgefangenschaft) oder dauernde Vaterlosigkeit (gefallene Soldaten) geprägt war und deshalb in entscheidenden Entwicklungsphasen die männliche Identifikationsfigur fehlte.[658]

Nachdem in Österreich der Anstieg der Jugendkriminalität verspätet ins Bewusstsein einer breiteren Öffentlichkeit gerückt war, setzten in den 1950er Jahren Moralpaniken ein. Sie führten unter anderem dazu, dass einzelne Journalisten forderten, den Tätern mit aller Härte bis zur Anwendung des polizeilichen Gummiknüppels zu begegnen. Gleichzeitig fand aber auch eine differenzierte mediale Auseinandersetzung über die Ursachen des Anstiegs der Jugendkriminalität statt. Dabei spielten auch „Ansichten über zu harte und zu nachsichtige Erziehung, über Bandenbildung und Luxusverwahrlosung, über den Zusammenhang von mangelnder Religiosität und Jugendkriminalität, über ‚Schundlektüre und Schundfilme', über das passende Verhalten der Polizisten, Psychiater, Psychologen und Pädagogen sowie über den angemessenen Strafvollzug eine Rolle".[659]

Tatsächlich mündete die „Halbstarkenwelle" der 1950er Jahre nicht in eine Verschärfung des Jugendstrafrechts, sondern es wurde nach geeigneteren Mitteln gesucht und im JGG 1961 und der nachfolgenden Etablierung der Bewährungshilfe auch gefunden. Zwischen 1965 und 1975 entstand eine neue Milde der Strafjustiz im Umgang mit Jugendlichen, im deutlichen Unterschied zu jener für Erwachsene.[660]

Die beiden KriminologInnen Arno Pilgram und Mechthild Rotter konstatierten für die Zeit um 1980 einen „Trend zur Dekriminalisierung und Deinstitutionalisierung in der strafrechtlichen Reaktion auf Jugendkriminalität". Als praktische Beispiele nannten sie die Zurückdrängung der öffentlichen Erziehung in Form von Fürsorgeerziehung und den gleichzeitigen rasanten Bedeutungsgewinn der Bewährungshilfe. Zugleich würde allerdings „der Anteil der Jugendlichen, der in ständigem Kontakt zu Institutionen der öffentlichen Erziehung steht, nicht abnehmen". Pilgram und Rotter boten auch eine neue Sichtweise auf die Jugendkriminalitätsspitze Ende der 1950er Jahre an. Sie betrachteten diese als Symptom der Generationenkonflikte, „die mit dem Abschluss der Rekonstruktionsperiode der Nachkriegszeit aufbrachen".[661]

Einen ganz anderen Hintergrund hatte wiederum die vermeintlich steigende Jugendkriminalität in den frühen 1980er Jahren, die der österreichische Kriminalsoziologe Heinz Steinert 1984 in einem Aufsatz widerlegte. Weil besonders viele polizeiliche Anzeigen nur Tatbestände mit Bagatellcharakter zum Inhalt hatten, führte nur die Hälfte der Anzeigen zu gerichtlichen Verurteilungen. „Was uns als Entwicklung

---

658 Ebd., S. 27 ff.
659 Ebd., S. 98, 102.
660 Vgl. Arno Pilgram/Mechthild Rotter: Jugendkriminologie in Österreich. Materialien zur Kriminalitätsentwicklung und -theorie. Forschungsbericht, Ludwig Boltzmann Institut für Kriminalsoziologie, Wien 1981. Zusammengefasst nach Fuchs 2007, S. 25.
661 Ebd.

der ‚Kriminalität' präsentiert wird, ist also tatsächlich eine Entwicklung der Anzeigen." Trotzdem kam es in der ersten Hälfte der 1980er Jahre wieder einmal zu einer öffentliche Moralpanik mit Punks, Fußballrowdys und Hausbesetzern als Hauptdarstellern.[662] Tatsächlich lag in den frühen 1980er Jahren der Anteil von Jugendlichen unter allen registrierten StraftäterInnen bei 11 Prozent, sank 1988 auf 8 Prozent, erreichte in der ersten Hälfte der 2000er Jahre wieder 11 Prozent, stieg 2008 kurzfristig auf 15 Prozent und sank bis 2015 wieder auf 10 Prozent.[663]

5.2 Anfänge der Bewährungshilfe in Tirol

Die Bewährungshilfe in Tirol etablierte sich in den Anfangsjahren durch den regional tätigen „Arbeitskreis Bewährungshilfe". Bemerkenswert ist, dass die Aktivitäten in Tirol teilweise zeitlich sogar früher anzusetzen sind, als jene in Wien. Als Schlüsselfigur ist der Innsbrucker Strafrichter Richard Obendorf zu nennen. Obendorf war ehrenamtlicher Mitarbeiter im „Aufbauwerk der Jugend Tirol"[664], das sich vornehmlich der „Bekämpfung der Jugendarbeitslosigkeit" verschrieben hatte.[665] In dieser Rolle lernte er 1951 in Essen eine von der dortigen Stadtjugendpflegerin geleitete Versuchsgruppe für Bewährungshilfe kennen.[666] „Von da an ließ mich die Idee ‚Bewährungshilfe' nicht mehr los. Ich verfolgte mit Interesse ihre Entwicklung beim Nachbarn und in anderen Ländern",[667] schreibt Obendorf. 1955 richtete Obendorf mit anderen Interessierten innerhalb des Aufbauwerks einen Arbeitskreis Bewährungshilfe ein, dessen Vorstand die Aufgabenstellung folgendermaßen formulierte:

„Freiwillige und angeordnete Hilfe für jugendliche Rechtsbrecher, deren Strafvollzug zur Bewährung ausgesetzt wurde oder nach Vollziehung der Strafe, und Betreuung derselben zu ihrer Resozialisierung".[668]

Noch im Jahr 1955 ordnete Obendorf als Strafrichter am BG Kitzbühel im Verfahren gegen einen 14-jährigen Burschen Bewährungshilfe an. Obendorf war zum Schluss gelangt, dass der Jugendliche „von seinem mehrfach vorbestraften Vater zur Teilnahme an einem Einbruchsdiebstahl gezwungen worden war".[669] Mit Zustimmung des Staatsanwalts wurde dem Jugendlichen die Untersuchungshaft erspart und er erhielt den Geschäftsführer des Aufbauwerks Hermann Pepeunig als Bewährungshelfer, Unterkunft

---

662 Heinz Steinert: Jugendkriminalität unter den Bedingungen einer anhaltenden Wirtschaftskrise. Disziplinierungsdruck, Ausbruchsversuche, Soziale Reaktion, in: Kriminalsoziologische Bibliographie, Heft 43/44 Tübingen 1984, S. 96–107, hier S. 100.
663 Interview Pilgram 2015.
664 Mehr über das Aufbauwerk der Jugend im Abschnitt 9.3, S. 358 ff.; vgl. auch Pitscheider 2013.
665 Richard Obendorf: Die Anfänge der Bewährungshilfe in Tirol, in: Verein für Bewährungshilfe und Soziale Arbeit, Geschäftsstelle Innsbruck (Hg.): Bewährungshilfe Tirol – mehr als 25 Jahre, Innsbruck 1983, S. 3–4.
666 Ebd. sowie Schiestl 1997, S. 10 f.
667 Obendorf 1983, S. 3.
668 Ebd.
669 Ebd.

in einem Haus des Aufbauwerks und einen Lehrplatz bei einem Handwerksmeister, der in weiterer Folge auch sein Bewährungshelfer wurde.[670]

In den folgenden Jahren betreute dieser Kreis ständig fünf bis 15 Probanden, wobei Obendorf bis zur rechtlichen Regelung der Bewährungshilfe im Jugendgerichtsgesetz 1961 (JGG 1961) in Tirol der einzige Richter blieb, der Bewährungshilfe anordnete.[671] Eine Besonderheit stellt dar, dass sich Obendorf als einziger Richter in Österreich bei der Anordnung der Bewährungshilfe vor Erlassung des JGG 1961 nicht auf den Schutzaufsichtsparagraphen von 1920 stützte, sondern auf § 2 des JGG 1928 berief. Im Unterschied zur Schutzaufsicht, die primär als Kontrollmaßnahme gegenüber der straffällig gewordenen Person konstruiert ist, versteht sich § 2 JGG 1928 als Erziehungsmaßnahme des Gerichts und ist damit in ihrem Vollzug Landessache. Dieser Paragraph gab dem Gericht die Möglichkeit,

„wenn ein noch nicht Achtzehnjähriger eine mit Strafe bedrohte Handlung begeht und wenn das damit zusammenhängt, daß es dem Täter an der nötigen Erziehung fehlt, die zur Abhilfe erforderlichen, den Umständen angemessenen vormundschaftsbehördlichen Verfügungen zu treffen, unabhängig davon, ob der Täter bestraft wird oder nicht."[672]

Deshalb kooperierten der Arbeitskreis Bewährungshilfe und Richard Obendorf als Richter eng mit dem Landesjugendamt. Obendorf sprach 1996 davon, dass die Fälle vom Landesjugendamt zugewiesen worden wären, und zitiert Alfred Haindl als dessen Leiter: „[...] die sind mir zu schade für Kleinvolderberg".[673] Diese Aussage ist bemerkenswert, beinhaltet sie doch die Erkenntnis, wonach sich in der zweiten Hälfte der 1950er Jahre der oberste Landesbeamte der Jugendarbeit in Tirol offenbar dessen bewusst war, dass im Landesjugendheim Kleinvolderberg Strukturen und Methoden vorherrschten, die den eingewiesenen männlichen Jugendlichen in ihrer Entwicklung eher schadeten, denn nützten.

Ab dem 20. Juli 1957 wurde im Jugendheim des Aufbauwerks der Jugend in Rum bei Innsbruck eine eigene Bewährungshilfegruppe geführt.[674] In dieser „Bewährungsgruppe" waren maximal zwölf männliche Jugendliche, es gab einen Leiter und zwei Erzieher. Das Heim bestand aus einer nach 1945 errichteten Wohnbaracke auf dem Gelände eines ehemaligen Militärlagers außerhalb des Ortes und verfügte über insgesamt 50 Plätze. Das Niveau der Unterbringung ist als eher bescheiden einzustufen. Wände und Decken waren mit Dämmplatten isoliert,

---

670 Unveröffentlichtes Manuskript eines Interviews mit Richard Obendorf, das am 8.10.1996 im Zusammenhang mit der Publikation „Probezeit – Geschichte des Vereins für Bewährungshilfe und Soziale Arbeit 1957–1989" geführt worden war, Archiv Verein Neustart Wien.
671 Ebd.
672 Karl Lißbauer: Das Österreichische Jugendgerichtsgesetz vom Jahre 1928, in: Zeitschrift für die gesamte Strafrechtswissenschaft, hg. v. Ed. Kohlrausch und W. Gleispach, Berlin/Leipzig 1930, S. 265–338, hier S. 267.
673 Unveröffentlichtes Manuskript eines Interviews mit Richard Obendorf, das am 8.10.1996 im Zusammenhang mit der Publikation „Probezeit – Geschichte des Vereins für Bewährungshilfe und Soziale Arbeit 1957–1989" geführt worden war, Archiv Verein Neustart Wien..
674 Ebd.

„jedes Zimmer hat eine Fläche von mehr als 16 qm². In einem Zimmer werden höchstens vier Jungen untergebracht. Jedem Jugendlichen steht ein Bett mit Matratze (nicht Strohsack), Leintüchern, Decken und Polster, sowie ein eigener Kasten zur Verfügung. Die Kästen können versperrt werden. In jedem Zimmer steht ein Tisch, dem eine entsprechende Zahl Stühle beigegeben ist. Vorhänge und Bilder, die teils von Jugendlichen selbst gemalt wurden, schmücken die Zimmer."[675]

Eine ambulante Betreuung im Rahmen dieser frühen Bewährungshilfephase in Tirol war nicht vorgesehen. Die Betreuung war unabdingbar und per richterlicher Weisung mit der Unterbringung im Heim des Aufbauwerks verbunden und auf männliche Jugendliche beschränkt. Als Bewährungshelfer wurden meist die jeweiligen Lehrherren nominiert – also keine qualifizierten Kräfte.[676] In einem nicht datieren Protokoll berichtete der Leiter der Bewährungshilfegruppe N. Habermann:

„seelisch und moralisch Behinderte. Gegenwärtig 11 Buben; es fehlt an Erziehern, die pädagogische und psychologische Kenntnisse haben; wir brauchen bessere Lehrkräfte. Zuerst feststellen, wo der Fehler bei dem Einzelnen liegt."[677]

Die Zöglinge unterlagen einer Arbeitspflicht:

„Soweit ihr körperlicher und geistiger Zustand es zuläßt, sind die Bewohner des Heimes verpflichtet, einer ihnen von der Heimleitung im Einvernehmen mit Jugendwohlfahrtsbehörde und Arbeitsamt vermittelten Arbeit nachzugehen."[678]

1958 beschloss der Arbeitskreis die Einholung von Persönlichkeitsbildern der zugewiesenen Burschen durch einen Psychologen.[679] Ob, auf welche Weise und in welchem Umfang solche „Persönlichkeitsbilder" erstellt wurden, ist nicht bekannt.
Erziehungsberechtigte hatten mit einem Tagsatz von S 26,- zur Finanzierung des Heimes beizutragen, wobei dieser Tagsatz im Landesjugendheim Kleinvolderberg und in der Bundeserziehungsanstalt Kaiser-Ebersdorf mit S 45,- pro Kopf und Tag deutlich höher angesetzt war.[680] Weil der Betrieb mit diesen Elternbeiträgen und einer Subvention des Landes aber nicht kostendeckend zu führen war, wurde 1960 eine Übersiedlung des Heimes nach Innsbruck überlegt, weil man sich Einsparungen bei den Fahrkosten

---

675 Acht lose Blätter aus dem Archiv des Aufbauwerk der Jugend, dem Interview Obendorf 1996 angeschlossen, S. 1, Archiv Verein Neustart Wien.
676 Unveröffentlichtes Manuskript eines Interviews mit Richard Obendorf, das am 8.10.1996 im Zusammenhang mit der Publikation „Probezeit – Geschichte des Vereins für Bewährungshilfe und Soziale Arbeit 1957–1989" geführt worden war, Archiv Verein Neustart Wien..
677 Acht lose Blätter aus dem Archiv des Aufbauwerk der Jugend, dem Interview Obendorf 1996 angeschlossen, S. 5, Archiv Verein Neustart Wien.
678 Ebd., S. 1–2.
679 Ebd., S. 3.
680 Unveröffentlichtes Manuskript eines Interviews mit Richard Obendorf, das am 8.10.1996 im Zusammenhang mit der Publikation „Probezeit – Geschichte des Vereins für Bewährungshilfe und Soziale Arbeit 1957–1989" geführt worden war, Archiv Verein Neustart Wien.

der Jugendlichen zu ihren meist in Innsbruck angesiedelten Arbeitsplätzen versprach. Zu diesem Schritt kam es aber nicht mehr, weil sich der Arbeitskreis 1961 auflöste.[681] Zuvor hatte sich der Arbeitskreis Mitte des Jahres 1960 noch formal neu organisiert. In einem Brief an das Landesjugendamt suchte das Aufbauwerk mit Verweis auf die bisherige Zusammenarbeit um die Bewilligung zum Betrieb eines Heimes nach § 17 Tiroler Jugendwohlfahrtsgesetz.[682] Zeitgleich wurde das Stadtjugendamt Innsbruck brieflich um Kenntnisnahme ersucht,

> „daß sich das Aufbauwerk der Jugend Tirols, Arbeitskreis Bewährungshilfe, als Organisation der freien Jugendwohlfahrtspflege zur Mitarbeit im Sinne des Tiroler Landesgesetzes vom 23. Mai 1955 über die öffentliche Jugendwohlfahrtspflege bereit erklärt".[683]

Erste Kontakte mit der Arbeitsgemeinschaft Bewährungshilfe in Wien hatte es bereits 1958 gegeben. Ein erster Besuch der Einrichtungen in Tirol durch Sepp Schindler hatte 1958[684] oder 1960[685] stattgefunden. Der Arbeitskreis Bewährungshilfe beim Aufbauwerk der Jugend stellte schließlich seine Tätigkeit ein, was im Zusammenhang mit dem JGG 1961 zu sehen ist, das die Bewährungshilfe in Österreich neu regelte.

5.3 Vorgeschichte und Anfänge der Bewährungshilfe in Österreich/Wien

Die Idee, jugendliche Rechtsbrecher statt ins Gefängnis oder in eine Erziehungsanstalt zu stecken, durch individuelle Betreuung von weiteren Straftaten abzuhalten, war nach dem Zweiten Weltkrieg in Österreich kein völliges Neuland. Eine Möglichkeit bot das bereits 1920 beschlossene (und 1949 wiederverlautbarte) Instrument der Schutzaufsicht, das der Nationalrat ergänzend zum Jugendgerichtsgesetz 1919 am 23. Juli 1920 im Zusammenhang mit der Ermöglichung von bedingter Verurteilung und bedingter Entlassung in Anlehnung an das englische Bewährungshilfegesetz beschlossen hatte. Der Gesetzgeber war bemüht, den Zweck von bedingter Verurteilung und bedingter Entlassung nicht als Begünstigung von Straftätern erscheinen zu lassen, sondern in Verbindung mit Maßnahmen wie der Schutzaufsicht einen wirksamen Schutz der Gesellschaft vor der Gefahr von Rückfällen zu schaffen.[686] Tatsächlich kam das Instrument der Schutzaufsicht in der Ersten Republik mangels finanzieller Ressourcen kaum zur

---

681 Ebd.; vgl. auch: Acht lose Blätter aus dem Archiv des Aufbauwerk der Jugend, dem Interview Obendorf 1996 angeschlossen, S. 2, Archiv Verein Neustart Wien..
682 Acht lose Blätter aus dem Archiv des Aufbauwerk der Jugend, dem Interview Obendorf 1996 angeschlossen, Brief vom 2. Juni 1960 an das ATLR, Landesjugendamt, S. 6, Archiv Verein Neustart Wien
683 Ebd., S. 7.
684 Unveröffentlichtes Manuskript eines Interviews mit Richard Obendorf, 1996, Archiv Verein Neustart Wien..
685 Obendorf 1983, S. 3.
686 Vgl. Jonathan Kufner: Schutzaufsicht – zwischen totem Recht und reiner Kontrollfunktion, in: Soziales Kapital, wissenschaftliches Journal österreichischer Fachhochschulgänge Soziale Arbeit, Nr. 9, 2013 http://soziales-kapital.at/index.php/sozialeskapital/article/view/280/459 (abgerufen am 28.7.2016).

Anwendung.⁶⁸⁷ Auch nach der Wiederverlautbarung 1949 blieb dieses Gesetz weitgehend totes Recht. Schutzaufsichtsfälle wurden in Wien vorwiegend von Fürsorgerinnen der Wiener Jugendgerichtshilfe übernommen, die neben ihren sonstigen Tätigkeiten jeweils ca. 50 Fälle betreuten. In einem Umfeld von Überlastung und Überforderung ging die Zahl der Schutzaufsichtsfälle im Sprengel des Jugendgerichtshof Wien von 1949 bis 1952 von 1093 auf 529 zurück.⁶⁸⁸

Gebündelt fasste Elisabeth Schilder, die spätere langjährige Obfrau des Vereins für Bewährungshilfe und soziale Jugendarbeit, die Kritik an den Rahmenbedingungen der Schutzaufsicht zusammen: Es gab keine zentrale Behörde, die sich mit den Aufgaben der Schutzaufsicht befasste. Fürsorge, Jugendämter und Jugendgerichtshilfe waren überlastet und verfügten auch über viel zu wenig qualifiziertes Personal, um intensive Betreuungen durchführen zu können.

> „Die mit der Schutzaufsicht betrauten Institutionen übten daher eine reine Kontrollfunktion aus. Sie bestellten die [...] Schützlinge in sehr langen Abständen zu sich und verlangten bloß einen Arbeits- und Wohnungsnachweis."⁶⁸⁹

Die Unzufriedenheit mit den gesetzlichen Rahmenbedingungen und den fehlenden praktischen Möglichkeiten, jugendlichen Rechtsbrechern ein sozialarbeiterisches Angebot unterbreiten zu können, war eine maßgebliche Triebfeder für die Entwicklung eines österreichischen Modells der Bewährungshilfe. Ein wesentlicher Impuls entstand auch aus der bereits erwähnten Revolte in der „Bundesanstalt für Erziehungsbedürftige Kaiser-Ebersdorf" (BAfEB), die 1952 durch massive Polizeigewalt niedergeschlagen wurde.⁶⁹⁰ Die Justiz verstärkte danach die Sicherheitsvorkehrungen, stellte aber zugleich Pädagogen und Psychologen mit dem expliziten Auftrag an, die Anstalt umzustrukturieren. Reformversuche nach innen zeitigten wenig Erfolg, Kaiser-Ebersdorf blieb bis zu seiner Schließung 1974 in den Strukturen und Automatismen einer totalen Institution gefangen.

Erfolgreicher gestalteten sich die Überlegungen und Initiativen nach Alternativen zu geschlossenen Anstalten für jugendliche Rechtsbrecher. Federführend war dabei Sepp Schindler, der zum Reformteam in Kaiser-Ebersdorf gehörte und zeitgleich auch am 1949 in Wien gegründeten „Institut für Erziehungshilfe" tätig war. Dieses Institut stand in der Tradition von August Aichhorn, jenem Pädagogen und Psychoanalytiker, der mit seinem 1925 veröffentlichten Buch „Verwahrloste Jugend" die Grundlage für eine psychoanalytisch orientierte Sozialarbeit geschaffen hat. Aichhorn sah im (jugendlichen) Kriminellen „den schuldlos schuldig gewordenen Menschen", er stellte „das einzelne Individuum, das beschädigte Leben, dem es unabhängig von zukünftiger ökonomischer Effizienz, vor allem um seiner selbst willen, aber als eines gesellschaftlichen Wesens, zu helfen galt" in den Mittelpunkt.⁶⁹¹ Für Aichhorn hieß das, „den Verwahrlosten nicht

---

687 Vgl. Erlass des Bundeskanzleramts 1925, 116.609-8/125, zitiert nach Schiestl 1997, S. 6 f.
688 Schiestl 1997, S. 7.
689 Elisabeth Schilder: Strafvollzug in Freiheit. Die Entwicklung der bedingten Verurteilung und der Bewährungshilfe in Österreich unter Berücksichtigung der Entwicklung in Deutschland, in: Michael Neider (Hg.): Festschrift für Christian Broda. Wien 1976. S. 267–299, hier S. 276.
690 Details zur Revolte in Kaiser-Ebersdorf im Einleitungsabschnitt 1.1, S. 16 f.
691 Zitiert nach Thomas Aichhorn: August Aichhorn, „Der Beginn psychoanalytischer Sozialarbeit", in:

mehr vom Standpunkt einer sich durch ihn geschädigt fühlenden Gesellschaft, sondern als hilfsbedürftige Person anzusehen."[692]

Aichhorn war in den 1920er Jahren nach Absolvierung seiner Lehranalyse Mitglied der „Wiener Psychoanalytischen Vereinigung (WPV)" geworden. 1938 hatte diese Organisation 102 Mitglieder gehabt, wovon nur zwei nicht vertrieben oder ermordet worden waren.[693] Aichhorn war einer dieser beiden. 1946 gründete er die WPV neu.[694] Bereits nach dessen Tod ging daraus das Institut für Erziehungshilfe hervor, das im Karl-Marx-Hof im 19. Wiener Gemeindebezirk untergebracht war.[695] Eine zentrale Rolle als Fürsorgerin und Therapeutin spielte dort von Anfang an Rosa Dworschak. Als langjährige Wegbegleiterin Aichhorns setzte sie in den 1950er Jahren dessen Arbeitsansatz mit der Verbindung von Psychoanalyse und Sozialarbeit fort. Sie vermittelte ihren Kolleginnen die Methode des Casework zu einer Zeit, als diese noch keine besondere Rolle in der Sozialarbeit spielte.[696]

Das Institut für Erziehungshilfe hatte in den 1950er Jahren Modellcharakter. Es war Beratungsstelle und therapeutische Einrichtung, arbeitete mit Eltern und Kindern gleichermaßen, setzte neue Therapiemodelle und Methoden ein und das Team war mit Fürsorgerinnen, Psychologinnen sowie ÄrztInnen multiprofessionell zusammengesetzt.[697] Zu den Mitbegründerinnen des Instituts zählte auch die 1904 geborene Elisabeth Schilder. Sie stammte aus einem assimilierten bürgerlich-jüdischen Elternhaus[698], promovierte in Jus (1927) und Volkswirtschaftslehre (1931). An der Akademie für soziale Verwaltung hatte sie 1924 überdies ein Fürsorgediplom erlangt.[699] Sie engagierte sich in der Sozialdemokratischen Arbeiterpartei (SDAP), gehörte nach deren Verbot 1934 den Revolutionären Sozialisten an und emigrierte im März 1938 nach Frankreich. Nach

---

Soziales Kapital, wissenschaftliches Journal österreichischer Fachhochschulgänge Soziale Arbeit Nr. 12 (2014), S. 211, http://soziales-kapital.at/index.php/sozialeskapital/article/view/332/578 (abgerufen am 1.8.2016).

692 Zitiert nach Wolfgruber 2013, S. 33.
693 Schiestl 1997, S. 13 (andere Quellen bezeichnen ihn als „einzigen aktiven Psychoanalytiker in Wien" bei Kriegsende 1945); vgl. auch August Aichhorn: Erziehungsberatung und Erziehungshilfe. Zwölf Vorträge über psychoanalytische Pädagogik. Aus dem Nachlaß August Aichhorns, hg. v. Heinrich Meng, Reinbek bei Hamburg 1972, S. 183.
694 Aichhorn 1972, S. 183, bzw. Homepage der Wiener Psychoanalytischen Vereinigung, http://www.wpv.at/verein/geschichte (abgerufen am 1.8.2016).
695 Derzeit betreibt die Gemeinde Wien/Magistratsabteilung 11, Jugendwohlfahrt, unter dem Label Institut für Erziehungshilfe – Child Guidance Clinic vier über das Stadtgebiet verteilte Einrichtungen, welche „der Tradition folgend [...] vor allem jenen Bevölkerungsschichten zur Verfügung stehen, die sozial und ökonomisch zu den Randgruppen zählen". Dazu: Homepage Institut für Erziehungshilfe/Child Guidance Clinic, http://www.erziehungshilfe.org (abgerufen am 1.8.2016).
696 Wolfgruber 2013, S. 34.
697 Ebd., S. 110.
698 Trautl Brandstaller: Sozialpolitik als Gesellschaftsreform – Ein Gespräch mit Elisabeth Schilder, in: Sozialarbeit und Soziale Demokratie – Festschrift für Elisabeth Schilder, hg. v. Heinrich Keller/Herbert Leirer/Michael Neider/Heinz Steinert, Wien/München 1979, S. 209–228, hier S. 209.
699 Leopold Rosenmayr/Hans Strotzka/Hertha Firnberg (Hg.): Gefährdung und Resozialisierung Jugendlicher, Vorträge über Bewährungshilfe, gehalten auf einem Seminar des Soziologischen Instituts der Universität Wien, Wien 1968, S. 20.

ihrer Rückkehr nach Wien 1946 war Schilder bis zu ihrer Pensionierung 1965 leitende Beamtin im Jugendamt der Stadt Wien.[700]

Dworschak, Schilder und Schindler verbanden ähnliche Herangehensweisen und Ziele. Durch die Zusammenarbeit und den Austausch mit den beiden deutlich älteren Frauen erhielt Schindler wichtige Impulse bei der Entwicklung seines Konzepts einer österreichischen Bewährungshilfe. Zu den Grundlagen zählten die Konzepte in Deutschland und der Schweiz sowie die angelsächsischen „Probation"-Modelle. Parallel dazu begannen sich Wiener Jugendrichter und Juristen des Justizministeriums mit der Idee Bewährungshilfe zu beschäftigen. Bei der ersten Österreichischen Jugendrichtertagung befand der Richter Franz Hönigschmid, dass die rechtlichen Voraussetzungen für die bedingte Verurteilung von Jugendlichen gegeben sei, aber es würden Bewährungshelfer fehlen:

„Der Helfer muß das Vertrauen des Schützlings und seiner Familiengruppe erwerben. Die Erziehungsarbeit ist ja durch den Schützling selbst und seine Umgebung zu leisten, wobei der Helfer allerdings leitet und unterstützt. Daher muß er trachten, herauszufinden, woher die Schwierigkeiten seines Schützlings stammen. [...] Der Richter stellt die Autorität dar, die hinter der Einwirkung des Bewährungshelfers auf seinen Schützling steht. Er muß eingreifen, wenn die Erziehungsarbeit zu mißlingen droht." [701]

Schließlich gelang es Sepp Schindler, die pädagogisch/sozialarbeiterischen Überlegungen mit den juristischen zu verbinden. Er war federführend an der Gründung der Arbeitsgemeinschaft Bewährungshilfe am 4. Oktober 1957 beteiligt.[702] Als BewährungshelferInnen waren vor allem SozialarbeiterInnen, ErzieherInnen und FunktionärInnen der Gewerkschaftsjugend tätig.[703] Die Probanden[704] wurden in den ersten Jahren vom Wiener Jugendgerichtshof zugewiesen, die Psychologin Olga Haring[705] blieb bis 1964 die einzige hauptamtlich tätige Bewährungshelferin der Arbeitsgemeinschaft. Als eminent wichtig erwiesen sich in den Jahren der Arbeitsgemeinschaft deren Netzwerke in die Richterschaft, das BMJ und den Nationalrat. Bei der Ausarbeitung des Jugendgerichtsgesetzes und der damit verbundenen gesetzlichen Regelung der Bewährungshilfe kam erstmals auch eine Achse zum Tragen, die über mehr als zwei Jahrzehnte Implementierung und Ausbau der Bewährungshilfe prägen sollte: Elisabeth Schilder und den langjährigen Justizminister Christian Broda (SPÖ) verbanden partei-, sozial- und rechtspolitische Haltungen und eine persönliche Freundschaft.

Ende der 1950er Jahre ging es bezüglich der gesetzlichen Verankerung der Bewährungshilfe nicht mehr um das „Ob", sondern nur mehr um das „Wie". Am 26. Oktober 1961 wurde schließlich das Jugendgerichtsgesetz 1961 (JGG 1961) von ÖVP, SPÖ und FPÖ einstimmig beschlossen. Um einige Bestimmungen des Gesetzes im Allgemeinen

---

700 Vgl. Brandstaller 1979, S. 214 ff.
701 Schiestl 1997, S. 14.
702 Ebd., S. 18.
703 Olga Schändlinger/Elisabeth Schilder: Bewährungshilfe am Scheideweg, in: Verein für Bewährungshilfe und soziale Jugendarbeit (Hg.): 10 Jahre Bewährungshilfe, Wien 1974, S. 2.
704 Der Begriff „Proband" verweist auf die angelsächsischen Wurzeln der Bewährungshilfe.
705 Verehelicht Olga Schändlinger bzw. Schändlinger-Haring.

und jene der Bewährungshilfe im Speziellen wurde heftig gerungen, was sich nicht zuletzt darin zeigte, dass es im Zuge der Begutachtung elf immer wieder überarbeitete Entwürfe gab. Tatsächlich setzte sich in wesentlichen Punkten die ÖVP durch. Entgegen den ministeriellen Entwürfen fand folgende Formulierung Eingang ins Gesetz:

„Bis zur Erlassung eines Bundesgesetzes über die Bewährungshilfe sind zur Bewährungshilfe freiwillige, ehrenamtliche Helfer heranzuziehen."[706]

Der von Broda, Schilder u. a. forcierte Kompromissvorschlag, neben ehrenamtlichen Helfern professionelle Kräfte im Gesetz wenigstens zu erwähnen, scheiterte an der ÖVP. Damit war aber auch klar, dass als Träger der Bewährungshilfe private Vereine eher in Frage kamen als Dienststellen des BMJ. Bestimmt war die Haltung der ÖVP u. a. von der Angst vor ausufernden Kosten für die ambulante Betreuung von Straffälligen. Mit dem Kostenargument wurde auch der Wunsch Brodas abgelehnt, Bewährungshilfe ebenfalls für 18- bis 21-Jährige zu ermöglichen. Von grundsätzlicher Bedeutung war die Abneigung der konservativen Kräfte gegenüber professioneller Sozialarbeit und die Bevorzugung christlich-karitativer Wohltätigkeit. Auf parlamentarischer Ebene trat diesbezüglich vor allem der Tiroler Staatsanwalt Franz Hetzenauer in Erscheinung.[707] Er sprach sich für die Durchführung der Bewährungshilfe seitens privater Vereine aus, weil durch eine Verstaatlichung Verbürokratisierung drohe: „Wir sagen es heute schon deutlich: wir wünschen auch in Zukunft keine unnötige Verbeamtung der Bewährungshilfe [...]."[708] Richard Obendorf, jener Tiroler Richter der zwischen 1955 und 1961 über den Umweg des JGG 1928 Bewährungshilfe angeordnete hatte, bedauerte wiederum, dass den Kompromissen bei der Gesetzeswerdung auch ein vorgesehener § 9 zum Opfer gefallen war.[709] Dieser hätte eine Verfahrenseinstellung wegen „mangelnder Strafwürdigkeit" bei Bagatelldelikten ermöglicht.

Das JGG 1961 mit seiner gesetzlichen Verankerung der Bewährungshilfe trat am 1. Jänner 1962 in Kraft. Für Jugendliche konnte nun Bewährungshilfe angeordnet werden im Fall der „echten" bedingten Verurteilung (§ 13 JGG)[710] bzw. einem bedingten Strafnachlass nach dem Gesetz über die bedingte Verurteilung 1949. Beides unter Setzung einer Probezeit von ein bis drei Jahren, wobei es auch die ergänzende Möglichkeit gab, den Jugendlichen Weisungen zu erteilen. Die Anordnung von Bewährungshilfe wurde überdies zur Option bei der probeweisen Entlassung aus einer Bundesanstalt für Erziehungsbedürftige und der bedingten Entlassung aus einer Strafhaft. Eine juristisch originelle Möglichkeit bot das JGG 1961 mit der Anordnung von „vorläufiger Bewährungshilfe" noch vor einem Urteil durch das Gericht, vorausgesetzt der Jugendliche und die Erziehungsbe-

---

706 § 19 (3) JGG 1961.
707 Hetzenauer war Abgeordneter zum Nationalrat für die ÖVP von 1956 bis 1963, anschließend bis 1966 Staatssekretär im Bundesministerium für Justiz und in der ÖVP-Alleinregierung von 1966 bis 1968 Innenminister. Vgl. dazu: Homepage Parlament Republik Österreich, https://www.parlament. gv.at/WWER/PAD_00584/index.shtml (abgerufen am: 5.8.2016).
708 Parlamentsprotokoll IX. Gesetzgebungsperiode S. 3136, zitiert nach Schiestl 1997, S. 45.
709 Ebd. Eine derartige Bestimmung wurde erst 1988 ins JGG aufgenommen. Sie ermöglicht der Staatsanwaltschaft die Einstellung von Strafverfahren gegen Jugendliche vor allem bei Bagatelldelikten.
710 Mehr über die gesetzlichen Rahmenbedingungen der Bewährungshilfe im Abschnitt 3.6, S. 60 ff.

rechtigten stimmen dieser Maßnahme zu.[711] Die Bestimmung des § 21 erfüllt vor allem den Zweck, eine Untersuchungshaft zu vermeiden, bzw. eine Entlassung aus der Untersuchungshaft zu ermöglichen. Eine weitere Überlegung dabei war, dass Bewährungshilfe umso wirksamer ist, je früher (und zeitnäher am anlassgebenden Delikt) sie einsetzt.

Das Modellprojekt der Arbeitsgemeinschaft Bewährungshilfe war bis zuletzt auf Wien beschränkt geblieben. Daneben existierten in Österreich nur der Innsbrucker Arbeitskreis Bewährungshilfe und verschiedene Häftlingsfürsorgevereine. Mit Unterstützung von Rettet das Kind entstanden 1959 in Graz und Mödling zwei weitere Trägerorganisationen, die Bewährungshilfe für Jugendliche anboten und sich beide Arbeitsgemeinschaft Bewährungshilfe nannten.[712] In der Folge ging die Wiener Arbeitsgemeinschaft im Verein für soziale Jugendarbeit auf. Um die laufende Betreuung von Jugendlichen sicherzustellen, sicherte das BMJ ab 1962 eine entsprechende Subvention zu.[713]

Noch vor Beschlussfassung des JGG 1961 wurden auf Initiative von Ministerialrat Wolfgang Doleisch zwei „Betreuungsstellen für Bewährungshilfe" in den Bundesländern eingerichtet. Im August in Linz, am 1. September 1961 folgte Innsbruck, wo das BMJ Räumlichkeiten im Obergeschoß der Markthalle (Herzog-Sigmund-Ufer) anmietete und den Justizwachebeamten Hygin Tezzele zum Leiter ernannte.[714] Diese frühe Entscheidung für eine Geschäftsstelle in Innsbruck ist sicherlich auch so zu interpretieren, dass das Justizministerium eine österreichweit einheitliche agierende Bewährungshilfe anstrebte. Tatsächlich löste sich der Tiroler Arbeitskreis Bewährungshilfe beim Aufbauwerk der Jugend mit der Einrichtung dieser Geschäftsstelle auf. „Dies geschah ohne Wehmut, es sollte keine Nebenorganisation entstehen", betonte Obendorf Jahre danach. „Der Arbeitskreis verstand sich nie als Modell, das später erweitert werden sollte, das war eine spontane Sache und hatte keine methodischen Richtlinien."[715] Die zu diesem Zeitpunkt vom Arbeitskreis betreuten Burschen wurden entweder dem Fürsorgeerziehungsheim Kleinvolderberg übergeben oder nach Hause entlassen. Heimleiter Habermann und die beiden Erzieher wurden in den Landesdienst übernommen.[716]

Tezzeles Nominierung zum Leiter der „Betreuungsstelle für Bewährungshilfe" in Innsbruck dürfte eine Idee von Richter Obendorf gewesen sein, vermutet Edmund Pilgram, der 1969 als erster ausgebildeter Bewährungshelfer zur Geschäftsstelle stieß. „[Tezzele] hat natürlich keine Ausbildung gehabt in der Hinsicht. Null. Und war an sich ein interessierter Justizwachbeamter und von Obendorf protegiert."[717] Der Richter blieb der Geschäftsstelle von Anfang an eng verbunden, auch im Sinne eines kontinuierlichen

---

711 Franz Hönigschmid: Gesetzliche Grundlagen, Entwicklung – Erfolge – der Bewährungshilfe, in: Bewährungshilfe, Neue Wege der Rehabilitation junger Rechtsbrecher, Wien 1966, S. 6; sowie Viktoria Pölzl: Bewährungshilfe in Österreich. Eine aktuelle Bestandsaufnahme, Wien 2007, S. 30 f.; ferner Herta Firnberg: Bewährungshilfe aus der Sicht des Gesetzgebers, in: Rosenmayr/Strotzka/Firnberg 1968, S. 15.
712 Schiestl 1997, S. 33.
713 Ebd., S. 38 f.
714 Ebd., S. 35, bzw. Obendorf 1983, S. 3 f.
715 Unveröffentlichtes Manuskript eines Interviews mit Richard Obendorf, 1996, Archiv Verein Neustart Wien.
716 Ebd.
717 Interview Pilgram 2015.

Übergangs vom Arbeitskreis zur Geschäftsstelle. Nach eigenen Angaben hat er an den wöchentlichen Teams (jeweils Donnerstagabend) mit den ehrenamtlichen BewährungshelferInnen teilgenommen. Obendorfs Teilnahme an den Teamsitzungen reichte bis Ende 1972, so lange er Richter im Jugendschöffensenat war.[718] Ein weiterer regelmäßiger Teilnehmer war der spätere langjährige Gerichtspsychiater Heinz Prokop. Die Teams fanden im Verhandlungssaal des Landesgerichts statt.[719] Obendorf war bis 1974 auch Mitglied im Vorstand des Vereins für Bewährungshilfe und soziale Arbeit, dann habe er ersucht, aus Gründen der Arbeitsüberlastung nicht mehr aufgestellt zu werden.[720] Als treibende Kräfte beim Aufbau der Bewährungshilfe in Tirol ab 1962 nennt Obendorf Tezzele und Ministerialrat Doleisch. In den Mittelpunkt rückte Obendorf eine andere Fragestellung:

„Vor allem galt es, ehrenamtliche Bewährungshelfer zu finden und auf ihre Aufgabe vorzubereiten. Ein Zurückgreifen auf Personen aus der Jugendfürsorge war vorerst in Tirol nicht möglich, weil ihnen die Mitarbeit nicht erlaubt war."[721]

Die Aktivitäten des Arbeitskreises zwischen 1955 und 1961 hatten unter dem Dach der Jugendwohlfahrt stattgefunden und waren damit Landessache gewesen. Mit der Etablierung der Bewährungshilfe im JGG 1961 waren die BewährungshelferInnen (egal ob ehren- oder hauptamtlich) im Auftrag der Justiz tätig – und damit im Namen des Bundes. In Tirol betrachtete man das als Eingriff in eine Landeskompetenz und unerwünschte Konkurrenz. Ein Konflikt der noch Jahre schwelen sollte.

Anfang 1962 gab es in Österreich Bewährungshilfeangebote an vier Orten durch drei verschiedene Träger. In Wien durch den Verein für soziale Jugendarbeit und einer Dienststelle am Jugendgerichtshof, in Linz und Innsbruck durch die vom BMJ eingerichteten Geschäftsstellen und in Graz durch den steirischen Landesverband der Österreichischen Gesellschaft Rettet das Kind. Ende 1962 wurden in ganz Österreich 262 Probanden betreut, 17 davon in Innsbruck.[722] Im Laufe des Jahres eröffnete in Salzburg eine Geschäftsstelle auf Initiative von Doleisch, Mitte 1963 folgte eine in Klagenfurt, die mit jener am Wiener Jugendgerichtshof personell und konzeptuell verbunden war.[723]

Diese organisatorische und fachliche Zersplitterung war konfliktreich und dem Aufbau der Bewährungshilfe in Österreich nicht dienlich. Dazu kam, dass nach den Bestimmungen des JGG 1961 das BMJ nicht direkt als Träger von Einrichtungen der Bewährungshilfe auftreten durfte. Deshalb wurde der 1954 gegründete Österreichische Bundesverband der Gefangenen- und Entlassenenfürsorgevereine herangezogen, um als Mieter der Geschäftsstellen in Linz, Innsbruck, Salzburg und Klagenfurt aufzutreten.[724]

Im Laufe des Jahres 1963 fiel seitens des BMJ die Entscheidung, die Durchführung der Bewährungshilfe österreichweit ab dem 1. Jänner 1964 dem eigens dafür

---

718 Unveröffentlichtes Manuskript eines Interviews mit Richard Obendorf, 1996, Archiv Verein Neustart Wien.
719 Ebd., S. 3.
720 Ebd., S. 6 f.
721 Vgl. Obendorf 1983.
722 Schiestl 1997, S. 49, bzw. Hönigschmid 1966, S. 7.
723 Vgl. Schiestl 1997, S. 53 f.
724 Ebd., S. 54.

umbenannten „Verein für Bewährungshilfe und soziale Jugendarbeit" zu übertragen. Ausgenommen war die Steiermark, wo der Landesverband von Rettet das Kind Träger blieb.[725] Gleichzeitig bestellte der Verein für Bewährungshilfe Elisabeth Schilder zum Obmann,[726] die nach ihrer Pensionierung bei der Gemeinde Wien 1965 zum hauptamtlichen geschäftsführenden Obmann wurde und diese Funktion bis 1981 bekleidete.[727]

Mit dieser (weitgehenden) Vereinheitlichung der Trägerschaft waren die Weichen für den Ausbau der Bewährungshilfe und eine psychoanalytisch orientierte, am Casework-Konzept aufbauende Sozialarbeit gestellt. Obwohl das JGG 1961 nur ehrenamtliche Bewährungshelfer vorsah, waren sich Verein und BMJ einig, „daß die Hauptlast von hauptamtlichen, geschulten Sozialarbeitern getragen werden mußte".[728] Allerdings gab es einen gravierenden Mangel an qualifizierten, vor allem männlichen SozialarbeiterInnen. Mitte der 1960er Jahre konstatierte Schilder, dass in deutschen Sozialarbeiterschulen „mindestens ein Drittel der Absolventen Männer" seien, während es in Österreich Jahre gäbe, „in denen kein einziger männlicher Fürsorger das Fürsorgediplom erwirbt". Zugleich würden in Schweden, einem Land mit ähnlicher EinwohnerInnenzahl, jährlich 500 bis 600 diplomierte SozialarbeiterInnen die Schulen verlassen, in Österreich kaum 50.[729]

Explizit als Notmaßnahme deklariert, griff der Verein für Bewährungshilfe und soziale Jugendarbeit in Abstimmung mit dem BMJ zur Selbsthilfe und entwickelte ein in der Geschichte der österreichischen Sozialarbeit beispielloses Ausbildungskonzept. Von 1964 bis 1966 fand der erste Kurs in Form einer arbeitsbegleitenden Ausbildung (In-Service-Training) mit dem Ziel statt, hauptamtliche Bewährungshelfer heranzubilden, die keine ausgebildeten Sozialarbeiter waren. Die Mehrzahl der acht Kursteilnehmer hatte bereits in der Modelleinrichtung ehrenamtlich mitgearbeitet. Ab 1967 wurden fünf einjährige Kurse für hauptamtliche BewährungshelferInnen mit insgesamt 36 AbsolventInnen abgehalten. Parallel dazu erfolgte nach und nach die Errichtung von Geschäftsstellen am Standort aller Landes- bzw. Kreisgerichte. Mit der Deckung des dringendsten Bedarfs wurden ab dem Herbst 1972 zweijährige Ausbildungskurse durchgeführt.[730] Voraussetzung für die Teilnahme an allen Kursen waren die Vollmatura oder die sogenannte B-Matura (Beamtenaufstiegsprüfung), ein Einstellungsgespräch und ein psychologischer Test. Der letzte der zweijährigen In-Service-Trainings endete 1978. Mit der Absolvierung einer Dienstprüfung beim BMJ erwarben die Kursteilnehmer eine dienstrechtliche (und nur innerhalb der Bewährungshilfe gültige) Gleichstellung mit AbsolventInnen einer Lehranstalt für gehobene Sozialberufe.[731]

---

725 Ebd., S. 55, bzw. Elisabeth Schilder: Die Entwicklung und Organisation der Bewährungshilfe in Österreich, in: Bewährungshilfe, Neue Wege der Rehabilitation junger Rechtsbrecher, Wien 1966, S. 11; vgl. weiters Elisabeth Schilder: Bewährungshilfe im Rahmen der modernen Strafenpolitik, in: Rosenmayr/ Strotzka/Firnberg 1968, S. 31.
726 Schiestl 1997, S. 53. In allen Dokumenten bis in die 1980er Jahre werden durchgehend keine gegenderten Bezeichnungen verwendet, es wird daher auch in diesem Abschnitt darauf verzichtet, bis in den Dokumenten – wie bei Elisabeth Schilder – die Bezeichnung „Obfrau" auftaucht.
727 Rosenmayr/Strotzka/Firnberg 1968, S. 20.
728 Schändlinger/Schilder 1974, S. 4.
729 Schilder 1966, S. 11 f.
730 Schändlinger/Schilder 1974, S. 5, 16.
731 Betrifft: Bewährungshilfe, 1979, Vorwort ohne Seitenzahl.

Für seine hauptamtlichen MitarbeiterInnen bot die Bewährungshilfe von Anfang an Bedingungen, die beispielhaft für alle Bereiche der Sozialarbeit waren. Dazu zählten wöchentliche Teamsitzungen und die Beiziehung von Psychiatern für die Besprechung einschlägiger Fragestellungen. Ein weiteres Element war die Einzelsupervision, die in den ersten Berufsjahren verbindlich war, dazu kam die Option einer Gruppensupervision gemeinsam mit Teammitgliedern.[732] Spätestens ab 1973 hatten BewährungshelferInnen Anspruch auf eine bezahlte Fortbildungswoche in der Dienstzeit.[733]

1964 wurde die Geschäftsstelle Innsbruck in den Verein für Bewährungshilfe und soziale Jugendarbeit integriert. Die Fallzahlen entwickelten sich annähernd parallel zu den anderen Bundesländern. 1964 waren es 41 Probanden, fünf Jahre später 102.

Der Prozess bis zur Beschlussfassung des Bewährungshilfegesetzes erwies sich zäher als erwartet. Daran hatte die Tiroler Landesregierung Anteil, weil sie ebenso wie jene aus Vorarlberg im Begutachtungsverfahren verfassungsrechtliche Bedenken geltend machte. Wie erwähnt, betrachtete Tirol die Tätigkeit der Bewährungshilfe als Aufgabe der Jugendwohlfahrt und damit als Landessache. Die Auseinandersetzung fiel in die Zeit der ÖVP-Alleinregierung (1966–1970), war also in gewisser Weise VP-intern. Justizminister war der parteilose, vorher an der Universität Innsbruck tätige Professor für Öffentliches Recht, Hans Klecatsky. Als die Tiroler Landesregierung in dem seit Jahren schwelenden Konflikt einen Kompetenzfeststellungsantrag beim Verfassungsgerichtshof ankündigte, griff die Bundesregierung im Herbst 1967 selbst zu diesem Mittel. Damit wollte man vor der Beschlussfassung des Bewährungshilfegesetzes verfassungsrechtliche Unsicherheiten ausräumen.[734] Am 14. März 1968 trafen die Verfassungsrichter eine eindeutige Entscheidung, wonach die Einrichtung und Durchführung der Bewährungshilfe in Gesetzgebung und Vollziehung in die Zuständigkeit des Bundes fällt, da es sich um eine Angelegenheit des Strafrechts handelt.[735] Damit war die rechtliche Frage geklärt, Spannungen zwischen der Bewährungshilfe und der Tiroler Jugendwohlfahrt blieben im Alltagsbetrieb noch lange relevant. Schließlich wurde das Bewährungshilfegesetz (BewHG) am 27. März 1969 einstimmig angenommen und trat am 1. Juli 1969 in Kraft.

Ein zentraler Punkt des BewHG ist die Übertragung der Aufgaben der Bewährungshilfe an private Vereinigungen beim Aufbau der Bewährungshilfe.[736] Ausgenommen in der Steiermark, wurde weiterhin der Verein für Bewährungshilfe und soziale Jugendarbeit mit der Führung der Bewährungshilfe in Österreich betraut. Mit der Vereinslösung war eine andere zentrale Frage der Bewährungshilfearbeit eng verknüpft: die Anzeigepflicht. Schon am 7. Jänner 1963 hatte das BMJ in einem Erlass folgende Regelung fixiert:

„Die Geschäftsstellen der Bewährungshilfe, die im Rahmen einer privaten Organisation ihre Tätigkeit entfalten, haben nicht Behördencharakter, daher sind die

---

732 Vgl. Schilder 1966, S. 12 f.
733 Vgl. Schiestl 1997, S. 97 f.
734 Hans Klecatsky in einer Rede bei der Eröffnung des 3. Österreichischen Juristentages 1967, zitiert nach Schiestl 1997, S. 79.
735 Schiestl 1997, S. 79.
736 § 24 BewHG 1969.

dort arbeitenden Bewährungshelfer, obwohl sie Bundesbedienstete sind, nicht anzeigepflichtig."

Innerhalb der Bewährungshilfe gab es einen eindeutigen Konsens, dass die Herstellung eines Vertrauensverhältnisses zwischen BewährungshelferIn und KlientIn und erst recht eine psychoanalytische Übertragungssituation mit einer Anzeigepflicht unvereinbar sind. Bemerkenswert ist eine vom Verein für Bewährungshilfe im Zuge der Beschlussfassung des BewHG erreichte einstimmige Entschließung der drei Nationalratsparteien, wonach die Bewährungshilfe erst zu verstaatlichen sei, wenn die Anzeigepflicht der Bewährungshelfer und allenfalls der ihnen gleichzustellenden Personen gesetzlich neu geregelt war.[737]

Eine wichtige Abgrenzung zur Rolle der Bewährungshilfe anordnenden RichterInnen enthält § 5 BewHG. Demnach liegt die Verantwortung für die Führung des Falles bei den einzelnen BewährungshelferInnen. Aufgabe der DienststellenleiterInnen ist es, diese dabei zu unterstützen, zu überwachen und anzuleiten. Auch in Ausübung der Dienstaufsicht haben DienststellenleiterInnen kein Weisungsrecht bezüglich der Durchführung der Bewährungshilfe.[738] Vielfach blieben diese Regelungen auch in der Folge bei RichterInnen umstritten. Auch der der Bewährungshilfe aufgeschlossene Richard Obendorf, stellte sich die Bewährungshilfe so vor, „daß Betreuung und Führung des Menschen in den Bereich des Richters gehört, weil das dem Richter aber nicht möglich ist, ist ein verlängerter Arm nötig, das ist der Bewährungshelfer".[739] Zugleich bedauerte Obendorf, dass die Bewährungshilfe den RichterInnen oft nicht als Partner verstehen würden und forderte überdies: „Der Bewährungshelfer soll nicht Verteidiger des Probanden sein."[740]

In den Bestimmungen des BewHG 1969, befindet sich auch eine gesetzliche Verpflichtung zu Teamsitzungen. Demnach haben DienststellenleiterInnen mit den hauptamtlichen BewährungshelferInnen (mindestens) 14-tägig Teambesprechungen abzuhalten, mit den ehrenamtlichen monatlich.[741] Nicht durchgesetzt hat sich die Bewährungshilfe mit ihrem Wunsch, auch die Supervision gesetzlich zu verankern, offenbar primär deswegen, weil es nicht gelang, diese weitgehend unbekannte Methode den verantwortlichen Beamten des BMJ plausibel zu machen.[742] Nicht hoch genug kann die gesetzliche Festlegung einer Höchstzahl der zu betreuenden Fälle eingeschätzt werden, wonach hauptamtliche BewährungshelferInnen nicht mehr als 30 Schützlinge betreuen dürfen, Ehrenamtliche „in der Regel" nicht mehr als fünf.[743] Diese auf die einzelnen Hauptamtlichen abgestellte Obergrenze war eine beispielhafte gesetzliche Regelung zur Qualitätssicherung in einem Sozialberuf und ein Schutz für jede/n einzelne/n

---

737 Schändlinger, Schilder 1974, S. 6.
738 Ebd., S. 7.
739 Unveröffentlichtes Manuskript eines Interviews mit Richard Obendorf, 1996, Archiv Verein Neustart Wien.
740 Ebd.
741 Schändlinger, Schilder 1974, S. 7.
742 Schiestl 1997, S. 74.
743 §17 (3) BewHG 1969.

BewährungshelferIn. Allerdings hat diese Regelung den neoliberalen Umbau im Sozialbereich in den späten 2000er Jahren nicht überstand.[744]

Bei der Auswahl der GeschäftsstellenleiterInnen sieht das BewHG 1969 vor, dass nur hauptamtliche BewährungshelferInnen mit mindestens dreijähriger Berufspraxis bestellt werden dürfen.[745] Interessant ist die Bestimmung, wonach GeschäftsstellenleiterInnen auch ProbandenInnen betreuen sollen, offensichtlich mit der Intention, dass diese nicht den Bezug zur Praxis verlieren. Die Formulierung „soweit dies mit der Erfüllung seiner sonstigen Aufgaben vereinbar ist", lässt allerdings einen großen Interpretationsspielraum zu.[746]

In einem Interview für die Festschrift zu ihrem 75. Geburtstag hob Elisabeth Schilder die Eigenständigkeit der österreichischen Bewährungshilfe hervor, die es weder in der Bundesrepublik noch in den angelsächsischen Ländern gäbe:

„Wir empfinden uns als Sozialarbeiter ebenso wie die Bewährungshelfer in anderen Ländern und wollen den Menschen, die ein abweichendes Verhalten zeigen, die also mit den staatlichen Gesetzen in Konflikt gekommen sind, helfen, wieder mit der Gesellschaft zurechtzukommen. Wir kommen uns aber nicht als verlängerter Arm des Gerichtes vor. Der deutsche Richter kann dem deutschen Bewährungshelfer Weisungen geben, wie er den Schützling zu betreuen hat. Nach österreichischem Recht kann der Richter das nicht. Er kann ärgstenfalls, wenn er der Meinung ist, daß der Bewährungshelfer schlecht arbeitet, ihn abberufen. Das ist aber seit der Gründung der Bewährungshilfe noch nie geschehen. [...] wohl die Mehrheit der Bewährungshelfer meint, daß es vor allem die gesellschaftlichen Verhältnisse sind, die Menschen straffällig werden lassen, die zu einem abweichenden Verhalten führen. [...] Wir glauben nicht nur, daß wir den Schuldiggewordenen helfen müssen. Wir glauben viel mehr, daß die Gesellschaft in Richtung mehr Gerechtigkeit zu verändern ist."[747]

5.4 Etablierung der Bewährungshilfe in Tirol

Im Herbst 1968 übersiedelte die Geschäftsstelle der Bewährungshilfe Innsbruck von dem kleinen Raum in der Markthalle in eine Dreizimmerwohnung im 5. Stock des Hauses Müllerstraße 3.[748] Diese Übersiedlung wurde zum Anlass genommen, die Bewährungshilfe öffentlich zu präsentieren. Vier Zeitungsartikel[749] verdeutlichen die Arbeits- und

---

744 In der geltenden Fassung des § 17(3) des BewHG heißt es: „Für die Betreuung von durchschnittlich 35 Schützlingen neben den für Äußerungen nach § 15 erforderlichen Erhebungen soll ein Vollzeitäquivalent Sozialarbeit zur Verfügung stehen." Homepage jusline, https://www.jusline.at/17_Auswahl_des_Bew%C3%A4hrungshelfers_BewHG.html (abgerufen am 10.8.2016).
745 Diese Bestimmung wurde zwischenzeitlich auf fünf Jahre ausgedehnt.
746 § 5 (3) BewHG 1969.
747 Brandstaller 1979, S. 227 f.
748 An diesem Standort blieb die Geschäftsstelle mehr als ein Jahrzehnt, wobei im Laufe der Zeit zwei weitere Wohnungen im selben Haus angemietet wurden, um Platz für Verwaltung, einen Teamraum und Besprechungszimmer zu schaffen.
749 Tiroler Nachrichten, Bildunterschrift, 18.10.1968, S. 4; vgl. ferner: Tiroler Nachrichten, Bewährungs-

5 Jugendkriminalität und Bewährungshilfe 159

Denkweise von Geschäftsstellenleiter Tezzele, spiegeln aber auch den (medialen) Zeitgeist in Tirol wieder. In den Artikeln ist viel von Vertrauen die Rede und der aufopferungsvollen, selbstlosen Arbeit der ehrenamtlichen Bewährungshelfer. Die Begriffe „Kontrolle" und „Disziplinierung" fehlen zwar wörtlich, schwingen aber permanent mit. Eine professionelle sozialarbeiterische Beziehung zwischen BewährungshelferIn und ProbandIn kommt nicht vor, statt dessen wird ein karitativ aufgeladenes Helferbild und eine Rollenverteilung präsentiert, in welcher die HelferInnen ein Vorbild und einen vertrauenswürdigen, aufrichtigen Freund darstellen, der handfeste Anleitungen in allen Lebenslagen gibt. Bemerkenswert ist das im Artikel der Tiroler Nachrichten transportierte Frauenbild, wobei unklar bleibt, ob der Inhalt mehr von den Aussagen Tezzeles oder den Gedanken des Journalisten geprägt ist:

> „In Tirol gibt es derzeit 105 von dieser Organisation Betreute, davon sind nur sechs Mädchen. Sie machen ihre Minderzahl dadurch wett, daß sie weitaus schwieriger zu behandeln und zu lenken sind als die Burschen. Dieses Verhältnis ist auch nur fiktiv, denn die männlichen Jugendlichen werden bei Diebstählen, Betrügereien, Körperverletzungen und Einbrüchen sehr viel leichter erwischt, als Mädchen, die schon als Minderjährige einem gewissen heimlichen Gewerbe nachgehen."[750]

Ein Jahr, nachdem sich die Bewährungshilfe Innsbruck mit diesen Botschaften in der Öffentlichkeit präsentiert hatte, gelang es den Vereinsverantwortlichen in Wien, den Kärntner Edmund Pilgram nach Absolvierung des einjährigen Ausbildungskurses zu gewinnen, als hauptamtlicher Bewährungshelfer nach in Innsbruck zu gehen. „Tezzele war ja ein rotes Tuch für die Geschäftsführung in Wien und dann hat man mich überredet, ich war mein Leben vorher nicht in Tirol", erzählt Pilgram:[751]

> „Sozialarbeiterische Konzepte hat es in dem Sinn damals nicht gegeben, so wie der Tezzele gearbeitet hat. [...] pädagogisch kontrollieren, dahinter sein, schauen dass er [der Proband, H.S.] das macht, dass er arbeiten geht, [...] was man herkömmlich als ordentliche Erziehung verstanden hat. Sozialarbeit in dem Sinn war nichts da, gar nichts."[752]

Unter den 64 ehrenamtlichen BewährungshelferInnen im Dezember 1969 befanden sich auch neun Fürsorgerinnen und Fürsorger. Mehrheitlich waren es aber LehrerInnen.[753] Für sie organisierte der Verein Schulungen, Tezzele und Obendorf hielten diese

---

hilfe: Helfen ist besser als strafen, 19.10.1968, S. 3; Tiroler Tageszeitung, Eingliederung in die Gesellschaft ist das Ziel, 19.10.1968, S. 3; Volksbote, Helfen ist besser als nur strafen, 26.10.1968, S. 16.
750 Tiroler Nachrichten, Bewährungshilfe: Helfen ist besser als strafen, 19.10.1968, S. 3.
751 Interview Pilgram 2015.
752 Ebd.
753 Obendorf 1983, S. 4. Die von Obendorf genannte Zahl von 64 ehrenamtlichen BewährungshelferInnen weicht deutlich von jener der offiziellen Statistik des Vereins ab, der zum gleichen Stichtag 36 Personen nennt. Vermutlich ist die Differenz so zu erklären, dass der Verein die aktiven Ehrenamtlichen anführt, während Obendorf jene nennt, die in der „Liste" eingetragen sind. Der § 12 BewHG 1969 spricht von einem „Verzeichnis", das der Leiter der Dienststelle zu führen und jede Änderung dem

für sehr wichtig. Auch Pilgram beurteilt die Fortbildungsprogramme in den Jahren, bevor er nach Tirol kam, positiv:

„Da waren wirklich gute Ehrenamtliche dabei. Weil die auch immer wieder Schulungen gehabt haben, für die Schulungen haben sie dann externe Leute geholt, der Tezzele hat sie organisiert, da sind extern Psychologen hergeholt worden."[754]

Obendorf nahm an jedem Ehrenamtlichen-Team teil und verhielt sich dabei „recht konstruktiv", betont Pilgram. Es sei ihm als Richter ein Anliegen gewesen, Jugendlichen möglichst Haftstrafen zu ersparen, „sofern das Gesetz es erlaubt – das war immer ganz wichtig". Strenge Urteile mit unbedingten Haftstrafen habe Obendorf mit den Worten gerechtfertigt: „Ich kann nicht anders handeln."[755] Hingegen waren die Gegensätze zwischen Pilgram und Tezzele bald offensichtlich, aufgrund von inhaltlichen Differenzen kam es zu Konflikten. Aus der professionellen Sicht Pilgrams war Tezzeles Laienverständnis von Sozialarbeit

„einfach entsetzlich. Kontrolle, Druck. [...] Vor allem die devote Haltung gegenüber dem Gericht war ganz, ganz stark ausgeprägt, schöne Berichte, ordentliche Berichte, ordentliche Rechtschreibung, ja keinen Beistrichfehler machen und so weiter."[756]

1970 wurde das Team mit einer hauptamtlichen Bewährungshelferin verstärkt. Der Konflikt zwischen Pilgram und Tezzele eskalierte so lange, bis eine Zusammenarbeit nicht mehr möglich war. Als dies auch Obendorf erkannte, fiel die Entscheidung, sich von Tezzele zu trennen, der daraufhin an seinen Arbeitsplatz als Kommandant im landesgerichtlichen Gefangenenhaus zurückkehrte.[757] 1972 wurde Edmund Pilgram Leiter der Geschäftsstelle und blieb es bis 2003.

Rund 40 der 1971 von der Bewährungshilfe Innsbruck betreuten Jugendlichen waren Lehrlinge, die in einer Vielzahl an Berufen tätig waren: Installateur (8), Kaufmann (8), Maurer (7), Mechaniker (6), Elektriker (4), Koch, Friseur, Schlosser, Spengler, Tischler (je 3), Kellner, Konditor, Maler (je 2) und Metzger, Zimmermann, Schmid (je 1). Eine Differenzierung nach Geschlecht fehlt in dieser Auswertung, es gibt nur den Hinweis, dass fast nur männliche Probanden betreut wurden. Bei den Delikten der ProbandInnen dominierten zu diesem Zeitpunkt mit weitem Abstand der Diebstahl mit 106 Nennungen. Nächsthäufiges Delikt war in sechs Fällen die unbefugte Inbetriebnahme von Fahrzeugen. Alle anderen Tatbestände, die zur Anordnung von Bewährungshilfe geführt hatten, fanden sich Ende 1971 nur jeweils ein- bis zweimal in den Akten (Betrug, Raub,

---

zuständigen Gericht und dem BMJ zu melden hat. In das Verzeichnis aufgenommen werden konnten Personen die der Dienststellenleiter als geeignet erachtet und die bestimmte Kriterien erfüllen (älter als 24 Jahre, geeignet als Schöffe oder Geschworener, keine Angehörigen der Sicherheits- und Kriminalpolizei).
754 Ebd.
755 Interview Pilgram 2015.
756 Ebd.
757 Ebd.

Bewährungshilfe Geschäftsstelle Innsbruck STATISTIK										
Datum	Proban- den Σ	Jugend- liche Σ	Jug männl	Jug weibl	ha Bwh	ea Bwh	ha Fälle	ea Fälle	freiw. Bwh	Quelle	Anmer- kung
621231	17									1	
631231	41									1	
641231	55				1	22	22	33	0	2,4	
651231	42				1	19	14	28		4	Fallzahl sinkt wg. Amnestie
661231	77				1	35	16	61		4	
671231	114				1	55	17	97		4	
681231	102				1	46	13	89		2,4	
691231	80				1	36	7	73		4	
701231	99				2	36	44	55		4	
711231	151				2	57	61	90		4	
721231	140				3	65	46	94		2,4	
731231	164				5	50	88	76		4	
741231	171				5	43	112	59	0	5	
751231	217				6	48	148	69	0	5	
761231	247				9	54	152	85	10	2,5	
771231	284				10	44	204	58	22	5	
781231	287				12	35	216	43	28	5	
791231	286				12	43	219	43	24	5	
801231	273				12	48				2	
821000	232	142	121	21	11	30	186	46		3	
861200	265	130	111	19	12	58	186	79		6	
870301	269	131			12	51	192	77		7	
880400	278	127					220	58		7	
891231	273									8	

Quellen:
1 Elisabeth Schilder: Bewährungshilfe. Neue Wege der Rehabilitation junger Rechtsbrecher, Wien 1966, S. 7.
2 Verein für Bewährungshilfe und Soziale Arbeit, Geschäftsstelle Innsbruck (Hg.): Bewährungshilfe Tirol – mehr als 25 Jahre, Innsbruck 1983. S. 4.
3 Ebd., S. 9.
4 Verein für Bewährungshilfe und soziale Jugendarbeit (Hg.): 10 Jahre Bewährungshilfe, Wien 1974, S. 13–15.
5 Johann Birsak/Karl Dvorak/Gerhard Grimm/Herbert Leirer/Franz Lingler/Sabine Stadler (Hg.): Betrifft: Bewährungshilfe. Materialien und Berichte aus einem Arbeitsfeld, Wien 1979, S. IV–VII.
6 Monatsmeldung Geschäftsstelle Innsbruck, 31.12.1986, Archiv Verein Neustart Wien.
7 Cornelia Kohler: Die Aufgaben der Bewährungshilfe unter Berücksichtigung der Konfliktregelung, Diss., Innsbruck 1988, Anhang.
8 Bundesregierung (Hg.): Sicherheitsbericht 1989, Wien 1990, S. 304.

Erpressung, Körperverletzung, Prostitution, Schändung, Notzucht, Unzucht wider die Natur, Abtreibung und Delikte nach dem Suchtgiftgesetz).[758]

Damals gab es zwei hauptamtliche und 68 registrierte ehrenamtliche BewährungshelferInnen. Davon waren in Nordtirol 35 und in Osttirol 15 aktiv und betreuten jeweils zwischen einem und drei Probanden.[759] Von den 68 Ehrenamtlichen waren in ihrem Hauptberuf 32 LehrerInnen an Volks- oder Hauptschulen und 7 SozialarbeiterInnen. Der Rest verteilte sich auf eine Vielzahl an Berufen, etwa öffentlich Bedienstete, Gendarmen, Gemeindesekretäre, Angestellte. Auch ein Oberleutnant, zwei Priester und eine Hausfrau befanden sich darunter. Mit der Etablierung von Edmund Pilgram als Leiter der Geschäftsstelle Innsbruck setzte eine kontinuierliche und rasche Entwicklung ein. Bis Ende 1978 wuchs die Zahl der hauptamtlichen BewährungshelferInnen auf zwölf. Diese Zahl blieb für den Kernbereich der Bewährungshilfetätigkeit mit nur geringen Schwankungen bis in die 1990er Jahre stabil. Im Zeitraum zwischen 1972 und 1978 verdoppelte sich die Zahl der ProbandInnen von 140 auf 287 und hielt sich im folgenden Jahrzehnt auf diesem Niveau. Größeren Schwankungen war die Zahl der ehrenamtlichen BewährungshelferInnen unterworfen. Zumindest was die Zahl der aktiven Ehrenamtlichen betraf, war Ende 1972 mit 65 ein Höchststand erreicht. Mit Schwankungen ging ihre Zahl bis Ende 1978 auf 35 zurück und stieg (mit starken Schwankungen) bis 1987 wieder auf über 50 an. Analog dazu bewegt sich die Zahl der durch Ehrenamtliche betreuten ProbandInnen zwischen einem Höchststand von 90 (1972) und dem Tiefststand 30 (1982). Die vorliegenden Statistiken erlauben keine Rückschlüsse darauf, wie viele Probanden ihren Lebensmittelpunkt in Innsbruck hatten.[760]

1972 eröffnete eine Außenstelle der Bewährungshilfe in Wörgl im Tiroler Unterland, 1976 in Imst im Oberland, noch vor 1981 entstand auch eine Außenstelle in Lienz.[761]

Ebenso wie die leitenden Kräfte in Wien (Schilder, Schändlinger) prägte Pilgram über drei Jahrzehnte maßgeblich das Selbstverständnis der Tiroler Bewährungshilfe: Casework, als klassische Methode der Sozialarbeit mit einem analytischen Hintergrund. In Innsbruck machte Pilgram bald bei Eduard Grünewald, dem Leiter des Innsbrucker Arbeitskreises für Tiefenpsychologie eine Lehranalyse. Ein analytischer Hintergrund war für Pilgram eine wesentliche Hilfe zu einem besseren Verständnis von KlientInnen und Betreuungsarbeit. Der anfangs stark einzelfallbezogene Ansatz sei an der Geschäftsstelle Innsbruck im Laufe der Zeit durch eine stärkere Einbeziehung des Umfelds und Gruppenarbeit ergänzt worden. Der Bewährungshelfer Michael Halhuber-Ahlmann versuchte etwa ab 1975, den Ansatz der Gruppenarbeit mit Jugendlichen anzuwenden. Halhuber-Ahlmann hielt sich dazu mit diesen Gruppen mehrere Tage auf einer Skihütte auf, unternahm Fahrten nach Südtirol etc.[762]

Als wesentlichen Arbeitsansatz bezeichnet Pilgram den Aufbau von Netzwerken. Dazu zählt er u. a. auch den Arbeitskreis Heimerziehung, das Engagement einzelner

---

758 Anni Kalser/Adelheid Kraler/Heidi Passerini/Herbert Wessely: Bewährungshilfe, Projektarbeit an der Lehranstalt für gehobene Sozialberufe Innsbruck, Wintersemester 1971/72, Archiv Verein Neustart Wien.
759 Ebd.
760 Siehe Tabelle Statistik der Bewährungshilfe-Geschäftsstelle Innsbruck.
761 Schiestl 1997, S. 154–156.
762 Interview Pilgram 2015.

BewährungshelferInnen im Vorstand des Berufsverbands diplomierter Sozialarbeit, im Vorstand des Vereins für Bewährungshilfe und soziale Jugendarbeit oder in späteren Jahren im Sozialpolitischen Arbeitskreis.[763] Überwiegend fanden alle diese Aktivitäten der einzelnen BewährungshelferInnen in deren Arbeitszeit statt. Ein Teil dieser Vernetzungsaktivitäten mündete in gemeinsamen Aktivitäten mit anderen Einrichtungen. Deshalb haben auch eine Reihe von Innovationen in der regionalen Sozialszene ihre Wurzeln in der Bewährungshilfe, u. a. ist dabei das DOWAS zu nennen.

„Die Einheit in der Vielfalt",[764] charakterisierte Pilgram die Arbeitsweise seiner MitarbeiterInnen gegenüber der Leitung in Wien, die ihn mit der Forderung konfrontierte, dass in der Betreuungsarbeit nach einheitlichen methodischen Gesichtspunkten vorzugehen sei. Das von den Persönlichkeiten, aber auch den methodischen Ansätzen her sehr heterogene Team in Tirol war dafür aber nicht so einfach zu gewinnen. Deshalb war auch der Ruf Tirols im Rahmen der Geschäftsstellenleitertagung nicht allzu gut, erinnert sich Pilgram. Im Rückblick hält er es aber für gut und richtig, dass er in Übereinstimmung mit dem Team den Spielraum für methodische und berufspolitische Experimente groß hielt.[765]

Ein durchgehend relevantes Thema waren der Anteil ehrenamtlich betreuter ProbandInnen und die Rolle ehrenamtlicher BewährungshelferInnen innerhalb der Organisation bzw. in ihrer Außenwirkung. In Regionen Tirols, die weitab von Innsbruck liegen, wie die Bezirke Reutte und Lienz, stützte sich das Bewährungshilfeangebot bis in die späten 1970er Jahre ausschließlich auf ehrenamtliche Kräfte. Weil dafür kaum SozialarbeiterInnen zur Verfügung standen (schon gar nicht männliche), wurden sie überwiegend aus anderen pädagogischen Berufen rekrutiert. Wie gesetzlich vorgesehen, trafen sich die regionalen Teams ehrenamtlicher BewährungshelferInnen monatlich unter der Leitung eines/einer Hauptamtlichen. Am Ehrenamtlichen-Team in Innsbruck nahm lange Zeit auch Heinrich Hetzel, Psychiater und Chef des Landesnervenkrankenhauses Hall in Tirol teil. Jugendrichter Johann Mahlknecht[766] war lange Zeit in Osttirol, Landeck und Reutte dabei. Die Teams waren der primäre Ort, an dem die Ehrenamtlichen geschult wurden, bisweilen wurde dies durch spezielle Fortbildungsveranstaltungen ergänzt. Hauptamtliche BewährungshelferInnen, die ein Ehrenamtlichen-Team leiteten, erhielten dafür eine Fallzahlreduktion um drei Probanden.[767]

In der Tiroler Bewährungshilfe wurde auf einen nennenswerten Anteil an ehrenamtlichen Betreuungen auch in den späten 1970er Jahren und darüber hinaus Wert gelegt. Denn die Ehrenamtlichen waren auch in ihrem jeweiligen Umfeld als BotschafterInnen der Bewährungshilfe zu sehen, als Vermittler eines sozialen Menschenbildes, eines humanen Strafvollzugs etc. Zugleich ergab sich ein Dilemma: Die Möglichkeit, weitere

---

763 Ebd.
764 Ebd.
765 Ebd.
766 Johann Mahlknecht war ab 1.12.1972 Nachfolger von Richard Obendorf als Vorsitzender des Jugendschöffengerichts.
767 Bei der gesetzlich festgelegten Höchstzahl von 30 Probanden erhielten hauptamtliche Bewährungshelfer auch für andere Tätigkeiten Fallzahlreduktionen, etwa bei der Ausübung eines Verbindungsdienstes zum Gefangenenhaus, das Ausüben eines Vorstandsmandats im Verein für Bewährungshilfe etc.

Dienstposten für hauptamtliche BewährungshelferInnen zugeteilt zu erhalten, reduzierten sich, wenn zu viele Ehrenamtliche tätig waren.[768]

Im Laufe der Zeit hatte sich die Bewährungshilfe Innsbruck in der Müllerstraße 3 auf drei Wohnungen im vierten bzw. fünften Stock ausgedehnt. 1980 erfolgte ein jähes Ende, nachdem der Wohnungseigentümer auf Druck des Hausverwalters eine einvernehmliche Kündigung des Mietverhältnisses unter Androhung von gerichtlichen Schritten erzwang. Im Schreiben des Hausverwalters hieß es:

„[…] da die bei der Bewährungshilfe verkehrenden ‚Klienten, Bittsteller und Betreute', sich derartig im Hause benehmen, daß der geordnete Wohnbetrieb auf das Empfindlichste gestört wird. Insbesondere haben wir festgestellt, daß sowohl die große als auch die kleine Nothdurft im Stiegenhaus, im Lift als auch in den Kellerräumen verrichtet wird, der im Lift befindliche Aschenbecher, bereits des öfteren angezündet wurde, sodaß die Druckknöpfe der Kontaktanlage verbrannten, Bier und Colaflaschen im Stiegenhaus zerschlagen werden, das Glas der Hauseingangstüre mehrmals eingetreten wurde […]."[769]

Nachdem die Aufteilung der Büro- und Besprechungsräume auf drei Wohneinheiten ohnehin ungünstig war, gereichte der Konflikt eher zum Vorteil, nachdem sich rasch eine abgeschlossene und deutlich größere Büroeinheit im Erdgeschoss der Kaiser-Josef-Straße 13 fand, die über zwei Jahrzehnte zum Domizil der Bewährungshilfe Innsbruck wurde.

Das Verbot für MitarbeiterInnen der Jugendämter, als ehrenamtliche BewährungshelferInnen zu arbeiten, war zwar Ende der 1960er Jahre aufgehoben worden, das Verhältnis zwischen der Jugendwohlfahrt und der dort vielfach als Konkurrenz empfundenen Bewährungshilfe blieb aber schwierig. Zwei Beispiele aus den Jahresberichten der Bezirksjugendämter Reutte und Kitzbühel, jeweils aus dem Jahr 1969, belegen ablehnende Haltungen gegenüber dem Eindringling ins vermeintlich ureigene Revier. Im Bericht aus Reutte wird angeführt, dass das Landesgericht Innsbruck für zwei straffällige Jugendliche aus dem Bezirk Bewährungshelfer bestellt habe. Da sich vor Ort aber keine Ehrenamtlichen fanden, würde die „Bewährungshilfe von den Herren der Innsbrucker Geschäftsstelle geleistet". Am Jugendamt in Reutte hielt man das für eine falsche und unzureichende Maßnahme. Die Jugendfürsorge hatte für einen der Jugendlichen, der als „Alkoholiker und Arbeitsverweigerer" bezeichnet wurde, einen Antrag auf eine Einweisung nach Kaiser-Ebersdorf gestellt und damit begründet, dass der Jugendliche dort entwöhnt werden könnte und bei entsprechender Eignung die Möglichkeit hätte, einen Beruf zu erlernen. Der Jugendrichter in Innsbruck hatte dies aber zugunsten der Entscheidung für die Bewährungshilfe abgelehnt.[770]

Detaillierter fiel die Kritik gegenüber der Bewährungshilfe in Kitzbühel aus. Demnach gehörte es zu den „unerfreulichsten Erscheinungen im Berichtsjahr", dass das Jugendschöffengericht in Innsbruck (also der Senat, dem Richard Obendorf vorstand) zwar weiterhin die Erhebungsberichte der Jugendfürsorge angefordert hatte, die Vor-

---

768 Interview Pilgram 2015.
769 Brief der Hausverwaltung an den Wohnungseigentümer vom 17.3.1980, Privatarchiv Schlosser.
770 ATLR, Abt. Vb, 466 h, Jahresbericht zu 1969 der BH Reutte Jugendfürsorge, 13.1.1970, TLA.

schläge aber auch dann unbeachtet ließ, wenn sie ausführlich begründet gewesen waren. In seinem Bericht hielt der Leiter des Jugendamtes Kitzbühel fest:

„Es kann aufgrund einer ausreichend langen und umfassenden Erfahrung ohne weiters festgestellt werden, daß das Straflandesgericht bei Vorliegen eines Sachverhaltes, bei dem fast jedes Vormundschaftsgericht eine Fürsorgeerziehung oder eine gerichtliche Erziehungshilfe in Form einer anderweitigen Unterbringung anordnen würde, entweder überhaupt keine Maßnahme oder eine bloße Bestellung eines Bewährungshelfers anordnet."[771]

Der Bericht schildert in der Folge den Fall eines Bandendiebstahls, an dem ein Strafmündiger und zwei Strafunmündige beteiligt waren. Das Jugendamt sah sich genötigt, auf einen Antrag an das Vormundschaftsgericht auf Anordnung der Fürsorgeerziehung bei den beiden unter 14-jährigen Burschen zu verzichten. Denn es war absehbar, dass beim „Strafmündigen" seitens des Jugendgerichts nur Bewährungshilfe angeordnet und auf eine Heimunterbringung verzichtet würde. In der Bevölkerung wäre es nicht verstanden worden, wären „die Strafunmündigen" ihren Eltern abgenommen worden, der „Strafmündige" aber im Elternhaus verblieben wäre. „Eine Übereinstimmung der vormundschaftsgerichtlichen und der strafrichterlichen Praxis wird, wie die Dinge liegen, nicht zu erreichen sein."[772] Das Jugendamt wünschte sich eine „Beseitigung der Zweigleisigkeit", welche allerdings nur der Gesetzgeber schaffen könne. Im Klartext war damit die Entfernung der Bewährungshilfe aus dem Wirkungsbereich des Jugendamts Kitzbühel gemeint. Zwei Jahre später wiederholte dasselbe Amt seine Kritik, das Landesgericht würde Bewährungshilfe in Fällen anordnen, in denen das Jugendamt Fürsorgeerziehung beantragt hatte:

„Die bei der Ratskammer des Landesgerichtes anläßlich eines Strafverfahrens eingebrachten Anträge auf Anordnung der Fürsorgeerziehung werden in der Praxis mit der Bestellung eines Bewährungshelfers abgetan. Diese Maßnahme hat sich bisher als unzureichend erwiesen. Auf diesen Umstand wurde bereits vor Jahren hingewiesen, ohne daß in dieser Hinsicht eine Haltungsänderung der Ratskammer verzeichnet werden konnte. Es wird daher empfohlen, in dieser Richtung bei der Ratskammer zu intervenieren, um zumindest für den Bereich der Jugendämter eine Klärung in dieser Frage zu erwirken."[773]

Die Entscheidung des Verfassungsgerichtshofs und den Beschluss des Bewährungshilfegesetzes durch den Nationalrat ignorierten die Kitzbüheler Berichterstatter.
In anderen Bezirken gelang jedoch eine Kooperation zwischen Jugendamt und Bewährungshilfe. Ein Beleg dafür liegt aus dem Jahr 1976 im Zusammenhang mit der im Jahr zuvor eröffneten Außenstelle der Bewährungshilfe in Imst vor:

---

771 Ebd., Jahresbericht zu 1969 der BH Kitzbühel Jugendfürsorge, 27.1970.
772 Ebd.
773 Jugendwohlfahrt, Karton 005, ATLR, Abt. Vb, 466 h, Tätigkeitsbericht der Jugendämter (des Landesjugendamts und der Bezirks-Jugendämter), Jahresberichte 1968–1972, K. 5, Jahresbericht 1971, BH Abt. Jugendfürsorge Kitzbühel, TLA.

„Die Bewährungshilfe hat in Imst, Dr. Pfeiffenbergerstraße Nr. 11, einen Stützpunkt eingerichtet. Es werden alle zwei Monate Besprechungen mit den Bewährungshelfern abgehalten, zu denen auch die Abt. Jugendfürsorge eingeladen wird. Es ergibt sich dabei die Gelegenheit, die Arbeit der Bewährungshilfe im Bezirk zu verfolgen und anstehende Probleme mit straffälligen Jugendlichen zu besprechen. An den Zusammenkünften nimmt nämlich auch gelegentlich der Jugendrichter Dr. Johann Mahlknecht aus Innsbruck teil."[774]

Sobald Fürsorgeerziehung im Spiel war, blieb das Verhältnis der Bewährungshilfe zur Jugendwohlfahrt bis zur Schließung der Großheime besonders konfliktbeladen. Die angeführten Beispiele aus den Jugendämtern Reutte und Kitzbühel spiegeln eine Facette der Differenzen wieder. Eine andere ist darin zu sehen, dass die Bewährungshilfe als Institution, aber auch die weit überwiegende Mehrheit der BewährungshelferInnen, den Fürsorgeerziehungsheimen kritisch bis ablehnend gegenüberstand. Es ist kein Zufall, dass der zwischen 1979 und 1982 tätige Tiroler Arbeitskreis Heimerziehung eine Initiative des hauptamtlichen Bewährungshelfers Klaus Madersbacher war.[775]

Eine andere Facette der Spannungen steht in Zusammenhang mit der Nachbetreuung von Jugendlichen, die aus den Fürsorgeerziehungsheimen Kleinvolderberg und St. Martin entlassen wurden. Ab 1983 war Friedl Tilg in diesem Arbeitsfeld tätig und betont, Ekkehard Kecht, der Leiter der Tiroler Jugendwohlfahrt, habe „die Betreuung durch das Land gekappt, sobald Bewährungshilfe angeordnet" war. Auch der Versuch Tilgs, einen Verbindungsdienst zur Bewährungshilfe aufzubauen, kam aufgrund der Widerstände in der Abteilung Jugendwohlfahrt nicht zustande.[776]

Für Edmund Pilgram ist klar, dass es bei den Konflikten mit der Jugendwohlfahrt „nicht um Kompetenz[en ging], es ist um Aufdecken von Missständen in den Einrichtungen in erster Linie gegangen."[777] Er bestätigt auch, dass Kecht die Idee eines Verbindungsdienstes zwischen Jugendwohlfahrt und Bewährungshilfe scheitern ließ. Die Spannungen gingen so weit, dass BewährungshelferInnen die Heime Kleinvolderberg und St. Martin nicht mehr betreten durften, auch nicht, wenn es um Jugendliche mit gerichtlich angeordneter Bewährungshilfe ging. „Wir waren ja das rote Tuch für die – wir waren ja gehasst, vor allem einzelne Mitarbeiter waren gehasst."[778] Die Haltung der Jugendwohlfahrt war, dass es keine parallelen Betreuungen geben sollte und eine Jugendwohlfahrtsmaßnahme tunlichst als vorrangig zu betrachten sei. Mit dem ab Ende 1982 als Leiter in St. Martin tätigen Pädagogen Ulrich Pöhl gelang schließlich im Laufe der Jahre eine Einigung über die Aufteilung der Aufgaben zwischen Jugendwohlfahrt und Bewährungshilfe.[779]

Eine institutionelle Entspannung zwischen Jugendwohlfahrt und Bewährungshilfe sieht Edmund Pilgram erst 1991, als mit Manfred Weber ein langjähriger ehrenamtlicher Bewährungshelfer die Leitung der Jugendwohlfahrt in Tirol übernahm. Pilgrams

---

774 Ebd., Tätigkeitsberichte, Leitungsberichte, 466 h 1b, Jahresberichte der Jugendämter, 1973–1977, Jahresbericht 1976, BH Imst, Abt. f. Jugendfürsorge.
775 Mehr über den Arbeitskreis Heimerziehung im Abschnitt 11.5, S. 441 ff.
776 Gespräch Kreidl/Tilg 2015.
777 Interview Pilgram 2015.
778 Ebd.
779 Ebd.

Versuche mit Kecht eine Gesprächsebene zu finden, waren zuvor gescheitert. In die Konflikte mit der Jugendwohlfahrt schaltete sich bisweilen sogar Jugendrichter Johann Mahlknecht intervenierend ein, betont Pilgram und skizziert Mahlknecht als sozial engagierten Katholiken, der sich intensiv mit Randgruppen beschäftigte und gegenüber der Bewährungshilfe sehr offen war.[780]

Nicht nur mit Mahlknecht, sondern auch mit anderen RichterInnen und der Staatsanwaltschaft gelang es, aus Pilgrams Sicht, ein wesentlich entspannteres und konstruktiveres Verhältnis aufzubauen. Gleichzeitig gab es eine Reihe von RichterInnen, die Bewährungshilfe als Instrument des Strafrechts ablehnten und dementsprechend auch in Situationen unterließen, in denen die Anordnung von Bewährungshilfe eine sinnvolle Option gewesen wäre. Eine Zuspitzung in den Beziehungen zwischen Bewährungshilfe und Gericht entstand 1979/80 durch den sogenannten „Ziegelstadelskandal", in dem es um Folterungen im Landesgerichtlichen Gefangenenhaus „Ziegelstadel" ging und an dessen Aufdeckung die Bewährungshilfe Innsbruck maßgeblich Anteil hatte.[781]

Das Verhältnis der Bewährungshilfe Innsbruck gegenüber Teilen der Richterschaft wurde dadurch über Jahre belastet, während bei anderen RichterInnen die Bereitschaft zum Dialog und zur Auseinandersetzung mit Sozialarbeit durch die Ereignisse eher gewachsen war. Letztere wollten BewährungshelferInnen nicht als ihre verlängerten Arme betrachten, sondern Begegnungen auf Augenhöhe. Mitte der 1980er Jahre ging von der Bewährungshilfe Tirol eine Initiative zu einer Arbeitsgruppe aus, die mit RichterInnen und SozialarbeiterInnen besetzt war. Sie nahm damit eine Vorreiterrolle in Österreich ein. Zu den Schwerpunkten zählten neben Fragen der Zusammenarbeit zwischen Gericht und Bewährungshilfe auch soziale Schwierigkeiten in der Gesellschaft, interkulturelle Themen, die Sinnhaftigkeit von Bewährungshilfe etc.[782]

5.5 Heime der Bewährungshilfe

Die Kritik an den Bundesanstalten für Erziehungsbedürftige (BAfEB) in Kaiser-Ebersdorf (Burschen) und Wiener Neudorf (Mädchen) hatte dazu beigetragen, dass im Laufe der Jahre die Einweisungen zurückgingen und Kaiser-Ebersdorf 1970 mit 170 Zöglingen einen historischen Tiefststand erreichte. In einer parlamentarischen Anfragebeantwortung hatte Broda 1971 eine Schließung der beiden Großanstalten noch für undenkbar erklärt, sich aber gleichzeitig eine Hintertüre offen gehalten, indem er betonte, bei einem weiteren Rückgang der Zöglingszahlen könnten Schließungen notwendig werden.[783] Der Verein für Bewährungshilfe stand in dieser Situation bereit, an Stelle der Großheime Wohngemeinschaften und Kleinheime anzubieten. Dazu legitimierte das BewHG 1969, das in seinem § 13 ausführliche Regelungen für „Heime der Bewährungshilfe" enthält:

---

780 Ebd.
781 Vgl. Hannes Schlosser: Was war los im Ziegelstadel?, in: Gaismair-Jahrbuch 2011, S. 133–149.
782 Interview Pilgram 2015.
783 Beantwortung einer parlamentarischen Anfrage durch Justizminister Broda, XII. GP, 1465 d. Beil., zitiert nach Schiestl 1997, S. 90.

„Das Bundesministerium für Justiz hat jährlich auf Grund gutächtlicher Äußerungen der Leiter der Dienststellen für Bewährungshilfe, in deren Sprengel geeignete Heime bestehen oder die Einrichtung solcher Heime beabsichtigt ist, für das folgende Kalenderjahr festzustellen, bei wie vielen Schützlingen wegen des Fehlens einer geeigneten Unterkunft der Zweck der Bewährungshilfe voraussichtlich nicht erreicht werden könnte. Auf Grund dieser Feststellung hat das Bundesministerium für Justiz jährlich mit privaten Vereinigungen, die sich bereit erklären, Schützlinge in geeignete Heime aufzunehmen, Verträge abzuschließen."[784]

Die zur Verfügung stehenden finanziellen Mittel blieben aber immer sehr begrenzt. Der Verein für Bewährungshilfe gründete 1972 bzw. 1974 in Wien zwei Mädchenheime. Dies vor dem Hintergrund, dass das BMJ dem Verein die pädagogische Leitung der BAfEB Wiener Neudorf übertragen hatte. Eine widersprüchliche Aufgabe, bei der es kurzfristig um eine Änderung des Konzepts in diesem Heim ging. Mittelfristig war das Ziel, das Heim „geplant zugrunde zu richten".[785] Tatsächlich wurden die beiden Anstalten in Kaiser-Ebersdorf und Wiener Neudorf Ende 1974 endgültig geschlossen. Die gesetzliche Regelung erfolgte im Jugendstrafrechtsanpassungsgesetz 1974 mit dem das JGG 1961 dem Strafgesetzbuch 1974 angepasst wurde. Die gesetzliche Schließung der BAfEB erfolgte nicht explizit, sondern durch ersatzlose Streichung aller Paragraphen, die sich darauf bezogen haben.[786]

Konzeptuell wurde bei den beiden Mädchenheimen und dem „Fritz-Redl-Heim"[787] für 20 Burschen an der psychoanalytisch orientierten ambulanten Arbeit angeschlossen. Dazu wurden auch differenzierte Konzepte entwickelt, die an verschiedenen Kategorien der Dissozialität der zu betreuenden Jugendlichen anknüpften. Als Obergrenze für ein konstantes und überschaubares Beziehungsfeld wurde eine Gruppengröße von maximal acht Jugendlichen und eine Heimgröße von maximal drei Gruppen formuliert. In den Konzepten findet sich auch die Zielstellung, wonach „die psychische Gesundheit und die Weiterbildung der Mitarbeiter eine annährend ähnliche Bedeutung bekommen, wie die Behandlung der Jugendlichen".[788]

In der zweiten Hälfte der 1970er Jahre entstanden Bewährungshilfeheime auch in Katzelsdorf (NÖ), Linz, Salzburg und Innsbruck. 1979 wurde ein Vertrag mit der Österreichischen Jungarbeiterbewegung[789] abgeschlossen, Plätze in deren Heimen für Probanden der Bewährungshilfe zur Verfügung zu stellen. 1980 wurde ein Höchststand von acht Bewährungshilfeheimen erreicht, darunter eines für Mädchen in Wien.[790]

---

784 § 13 Abs. 1+2 BewHG 1969.
785 Anstaltsleiterin Olga Schändlinger in einem Interview für „Probezeit", zitiert nach Schiestl 1997, S. 91.
786 425. Bundesgesetz vom 11. Juli 1974, mit dem das Jugendgerichtsgesetz 1961 an das Strafgesetzbuch angepasst wird (Jugendstrafrechtsanpassungsgesetz), BGBl. vom 30.7.1974.
787 Fritz Redl (1902–1988), Kinderpsychoanalytiker, Mitarbeiter von August Aichhorn in den Jahren um 1930, 1936 Einladung in die USA von der Rockefeller Foundation, blieb in den USA, entwickelte die „Milieutherapie" und realisierte diese erstmals in einem Heim in Detroit 1946.
788 Helmut Haselbacher: Heimziehung, in: 10 Jahre Bewährungshilfe, 1974, S. 42–48.
789 Die 1946 gegründete Verein Österreichische Jungarbeiterbewegung sieht bis heute seine Hauptaufgabe darin Heimplätze für Lehrlinge und junge ArbeitnehmerInnen anzubieten.
790 Vgl. Betrifft: Bewährungshilfe 1979, S. 459–500.

Die Heime der Bewährungshilfe waren innerhalb der Organisation nicht unumstritten. Ein Aspekt war, dass diese nur einen verschwindenden Bruchteil jener Probanden aufnehmen konnte, bei denen ein Unterbringungsbedarf bestand. Eine österreichweite Schätzung Ende der 1970er Jahre ergab, dass etwa zehn Prozent akute Wohnprobleme hatten. Dazu kam eine hohe Zahl an Probanden, deren Wohnsituation unzufriedenstellend bis schwer problematisch war, weil sie beispielsweise in ihrer Entwicklung zur Selbstständigkeit behindert wurden, in einem gewaltvollen Elternhaus aufwuchsen oder unter extrem beengten und/oder desolaten Wohnverhältnissen litten. Ein weiterer Kritikpunkt an den Bewährungshilfeheimen lautete, dass deren beschränkte Budgets auch nur beschränkte Konzepte zuließen. Maximal konnte von einer therapeutischen Orientierung ausgegangen werden. Potentielle BewohnerInnen hatten ein Mindestmaß an Gruppenfähigkeit und Sozialisation zu erfüllen. Schwierige ProbandInnen mit einer ausgeprägten Alkohol-/Drogenproblematik oder erhöhter Aggressivität waren in diesen Konzepten von vornherein ausgeschlossen – obwohl dieses Klientel häufig den größten Unterkunftsbedarf hatte. Zu diesem Zeitpunkt wurden österreichweit über 4.000 ProbandInnen betreut, darunter rund 3.000 Jugendliche. Die wenigen Dutzend Plätze in den Bewährungshilfeheimen waren nicht mehr als der sprichwörtliche Tropfen auf den heißen Stein.

Tirols bis heute einziges Bewährungshilfeheim entstand Mitte der 1970er Jahre mit der Gründung des DOWAS (Durchgangsort für Wohnungs- und Arbeitssuchende).[791] Zentraler Ausgangspunkt für die Initiative war der steigende Bedarf an rasch verfügbaren vorübergehenden Unterbringungsmöglichkeiten für männliche Jugendliche und junge männliche Erwachsene. Nachdem sich diesbezüglich die Problemlagen von Bewährungshilfe und Jugendzentrum Z6 deckten, wurde die Anmietung des Hauses in der Völser Straße 19 in Innsbruck durch Jussuf Windischer (Z6) und Michael Halhuber-Ahlmann (Bewährungshilfe) gemeinsam in die Wege geleitet. Das Haus mit anfangs acht Plätzen wurde zunächst nur ehrenamtlich, dann mit qualifizierten Zivildienern geführt. Nach und nach ergänzten hauptamtliche MitarbeiterInnen das Team.

1978 übernahm der Verein zur Förderung des DOWAS die Anteile des Z6 an der Trägerschaft, 1985 auch jene der Bewährungshilfe und ist seither alleiniger Träger des DOWAS. Bis heute finanziert die Bewährungshilfe einen Teil des Budgets des DOWAS und hat dafür das Recht, einen festgelegten Anteil der Plätze zu belegen (etwa die Hälfte). Für die Bewährungshilfe Innsbruck bot und bietet das DOWAS eine wichtige Entlastung. Zugleich blieb die prekäre Wohnsituation vieler Probanden eine zentrale Aufgabenstellung. Eine Erhebung zum Stichtag 1. Dezember 1982 ergab, dass 8,4 Prozent der 223 ProbandInnen der Kategorie „unsicheres oder kein Dach" zuzuordnen waren.[792] Dazu kam ein hoher Prozentsatz mit dringendem Wohnbedarf aus den verschiedenen anderen erwähnten Gründen. Die Bewährungshilfe Tirol konstatierte: „Unser Hauptproblem auf dem Gebiet der Wohnungen ist einerseits die überdurchschnittliche Verknappung der Ware Wohnung und damit in Zusammenhang die häufig unbezahlbaren Mieten."[793]

---

791 Die detaillierte Geschichte des DOWAS siehe Abschnitt 8.3, S. 313 ff.
792 Verein für Bewährungshilfe und Soziale Arbeit, Geschäftsstelle Innsbruck (Hg.) 1983, S. 14–17.
793 Ebd., S. 16.

5.6 Große Justizreformen und neue Aufgaben für die Bewährungshilfe

Die Bereitschaft der SPÖ-Regierungen ab 1970, den Reformstau in Österreich auf vielen Ebenen anzugehen und Christian Broda als weitblickender Neuerer im Justizressort – das waren günstige Bedingungen für die Bewährungshilfe, zu ihrer Etablierung und dem rasanten Wachstum der Organisation, zur Verbreitung ihrer Ideen und zu Reforminitiativen in Gesetzgebung und Vollzug im Feld der (Jugend-)Kriminalität. Noch im Jahr 1970 mengte sich die Bewährungshilfe in die von der Regierung forcierte Reform des Suchtgiftgesetzes ein und forderte Straffreiheit für den Besitz kleiner Drogenmengen sowie „Therapie statt Strafe". Im März 1970 eröffnete der Verein für Bewährungshilfe in Wien Hernals die erste Drogenberatungsstelle Österreichs. Deren ärztlicher Leiter wurde Günther Pernhaupt, wobei sich die Beratungsstelle explizit an einen größeren Kreis als jenen der Probanden der Bewährungshilfe wandte.[794] Die Betreuung von ProbandInnen mit einer Drogenproblematik nahm ab Mitte der 1970er Jahre auch in der Bewährungshilfe Innsbruck einen wachsenden Stellenwert ein. Dabei ging es um Jugendliche, die wegen Drogendelikten bedingt verurteilt worden waren oder bedingt entlassene Erwachsene aus der 1975 neu geschaffenen „Anstalt für entwöhnungsbedürftige Rechtsbrecher" in Wien Favoriten.[795]

Die große Strafrechtsreform mündete am 23. Jänner 1974 im Beschluss des Strafgesetzbuchs (StGB 1974) durch den Nationalrat. Es war ein Beharrungsbeschluss, nachdem der Bundesrat den ersten Beschluss des Nationalrats beeinsprucht hatte. Das StGB trat am 1. Jänner 1975 in Kraft und legalisierte in seiner umstrittensten Bestimmung den Schwangerschaftsabbruch in den ersten drei Monaten der Schwangerschaft (Fristenlösung). Für die Bewährungshilfe kamen mit dem StGB 1974 Erwachsenenbetreuungen auf richterliche Anordnung nach einer bedingten Verurteilung oder bedingten Haftentlassung hinzu. Allerdings vermied der Gesetzgeber einen sprunghaften Anstieg von Fallzahlen, indem er die Anordnung von Bewährungshilfe bis Ende 1978 auf Personen beschränkte, die zum Tatzeitpunkt höchstens 21 Jahre alt waren. Bis Ende 1982 galt die Beschränkung bis zum 28. Lebensjahr. Vorgesehen war allerdings ab dem Inkrafttreten des StGB die Bestellung eines Bewährungshelfers altersunabhängig, wenn dies „aus besonderen Gründen geboten" war.[796]

Insgesamt entwickelten sich die Erwachsenen-Fallzahlen bei der Bewährungshilfe österreichweit – und in annäherndem Gleichklang in Tirol – langsam aber stetig. In den frühen 1980er Jahren wurden noch doppelt so viele Jugendliche als Erwachsene betreut, um 1990 waren die beiden Gruppen annähernd gleich groß. Allerdings setzte sich die Bewährungshilfe für Erwachsene fast ausschließlich bei bedingten Haftentlassungen durch. Die Anordnung der Bewährungshilfe im Zusammenhang mit einer bedingten Verurteilung blieb über all die Jahre eine Ausnahmeerscheinung und auf wenige RichterInnen begrenzt.

---

794 Günther Pernhaupt: „Change" – Beratungsstelle für Drogengefährdete, in: 10 Jahre Bewährungshilfe, 1974, S. 48–52, hier S. 48. Pernhaupt hat nach Auseinandersetzungen mit der Institutsleitung Kalksburg verlassen und gründete 1983 den „Grünen Kreis", einen in Niederösterreich tätigen Verein für die Rehabilitation von alkohol-, medikamenten- und drogenabhängigen Menschen.
795 Vgl. § 22 StGB 1974 „Unterbringung in einer Anstalt für entwöhnungsbedürftige Rechtsbrecher".
796 § 322 (3) StGB 1974.

Insgesamt gab es am 31. Dezember 1989 in Österreich 5.169 Personen mit angeordneter Bewährungshilfe, davon 273 in Tirol. Die Zahl der BewährungshelferInnen entwickelte sich kontinuierlich nach oben, Ende 1989 waren in Österreich 248 Haupt- und 626 aktive Ehrenamtliche tätig.[797] In Tirol standen zwölf Haupt- 51 Ehrenamtlichen gegenüber.[798] Bezogen auf die gesamten 1980er Jahre gilt für Österreich und Tirol, dass die Hauptamtlichen annähernd drei Viertel der Fälle betreuten.[799]

In Anpassung an die veränderten Aufgabengebiete erfolgte 1979 eine Umbenennung in „Verein für Bewährungshilfe und Soziale Arbeit (VBSA)". Im gleichen Jahr gründet der Verein eine eigene Zeitschrift: Sozialarbeit und Bewährungshilfe (sub), die in der Regel vier Mal jährlich erschien und sich zur wichtigsten Diskussionsplattform innerhalb der Organisation entwickelte.

Eines der prägenden Themen der 1970er Jahre in der Bewährungshilfe war die Auseinandersetzung um die gesetzlich festgeschriebene Verstaatlichung. Das BewHG 1969 hatte die „vorläufige Führung der Bewährungshilfe durch private Vereinigungen" gestattet und die Übernahme durch das BMJ („Verstaatlichung") mit dem Abschluss des Aufbaus der Bewährungshilfe in den einzelnen Bundesländern zeitlich unbestimmt, aber sachlich eindeutig festgelegt.[800] Im Zuge der Anpassung des BewHG an das StGB 1974, zu einem Zeitpunkt als der Aufbau der Geschäftsstellen in allen Bundesländern fast abgeschlossen war, legte der Gesetzgeber den 31. Dezember 1978 als spätesten Termin für die Verstaatlichung fest.[801]

Im Vorstand des Vereins, ebenso wie unter den BewährungshelferInnen, gab es zu diesem Thema eine klare Tendenz: Unter dem Dach eines Vereins waren Freiräume in der alltäglichen sozialarbeiterischen Tätigkeit und die innovative Weiterentwicklung der Bewährungshilfe viel leichter möglich als in Dienststellen des Justizministeriums. Diese Haltung konterkarierte in der Vereinsführung, aber auch bei den (zahlreichen) politisch links stehenden BewährungshelferInnen, ein zentrales politisches Selbstverständnis, wonach Sozialleistungen keine Almosen sein dürfen, sondern rechtlich abgesichert und von der öffentlichen Hand zur Verfügung zu stellen seien. Elisabeth Schilder löste diesen vermeintlichen Widerspruch auf:

„Wenn wir ehrlich sind, ist der Verein für die Bewährungshilfe ursprünglich eine reine Hilfskonstruktion gewesen, weil aufgrund des Widerstandes der Konservativen der Bund nicht die Kosten der Organisation einer staatlichen Bewährungshilfe übernehmen wollte. Und wir waren auch am Anfang sehr böse darüber. Erst im Lauf der Zeit sind wir daraufgekommen, daß die Vereinsform umso mehr, wenn der Staat zur Erhaltung verpflichtet ist – viel mehr Möglichkeiten zu individuellem Arbeiten und Experimentieren mit sich bringt. Anfang der 70er

---

797 Bundesregierung (Hg.): Sicherheitsbericht 1989, Wien 1990, S. 301–304.
798 Cornelia Kohler: Die Aufgaben der Bewährungshilfe unter Berücksichtung der Konfliktregelung, Diss., Innsbruck 1988, Anhang. Angeführte Zahlen zum Stichtag 1.3.1987.
799 Vgl. Tabelle Bewährungshilfe Geschäftsstelle Innsbruck STATISTIK (Quellen in Tabelle enthalten, eigene Berechnungen) S. 161.
800 § 24 (1) und § 27 BewHG 1969.
801 426. Bundesgesetz vom 11. Juli 1974, mit dem das Bewährungshilfegesetz an das Strafgesetzbuch angepaßt wird, BGBl. vom 30.7.1974, § 27.

Jahre sind wir zur Erkenntnis gekommen, daß die Vereinsform für die Arbeit der Bewährungshilfe günstiger ist als die staatliche Verwaltung und sie daher weiterexistieren soll und wir vertreten diese Meinung offen."[802]

Über weite Strecken war die Debatte von einer vereinfachenden Formel geprägt: Das BMJ sollte für die Dienstaufsicht, der Verein für die Fachaufsicht zuständig sein. Paul Mann, der in den 1970er und 1980er Jahren als zuständiger Ministerialrat im BMJ regelmäßig die Bundesländer bereiste und die Geschäftsstellen und die Arbeit der einzelnen BewährungshelferInnen prüfte, also den Part der Dienstaufsicht wahrnahm, sah in diesem Vorschlag des Vereins für Bewährungshilfe ein grundsätzliches Dilemma:

„Was der Vorschlag vermissen läßt, ist eine für die Praxis praktikable Abgrenzung ‚dienstlicher Bereich – fachlicher Bereich'. Der Praktiker weiß, daß hier das Kernproblem der Konstruktion zu suchen ist, das sich – wegen der unvermeidbaren Überschneidungen beider Bereiche – auch durch eine detaillierte gesetzliche Regelung kaum befriedigend lösen ließe."[803]

Über viele Jahre kulminierte der Konflikt um Dienst- und Fachaufsicht anhand der „Gelben Blätter" (so genannt aufgrund der Farbe des Papiers), das für die tagebuchartigen Eintragungen von BewährungshelferInnen für jeden Probanden zu führen war. Zu diesen reflektierenden Aufzeichnungen verpflichtete § 20 Abs. 4 BewHG, sie waren Teil des jeweiligen Aktes. Der Verein und sämtliche BewährungshelferInnen vertraten den Standpunkt, die „Gelben Blätter" würden gänzlich in den Bereich der Fachaufsicht fallen. Deshalb wurden vor den Kontrollen durch Ministerialrat Mann die „Gelben Blätter" immer aus allen Akten entfernt. Das BMJ akzeptierte diese Vorgangsweise. Es kam allerdings vor, dass RichterInnen mit den „Führungsberichten", die sie von BewährungshelferInnen halbjährlich zu erhalten hatten, nicht zufrieden waren und deshalb die „Gelben Blätter" einsehen wollten. In der Regel konnten diese Begehrlichkeiten im Gespräch (gegebenenfalls auch durch den Geschäftsstellenleiter) abgewendet werden. 1982 allerdings gab sich ein Richter des Bezirksgerichts Innsbruck damit nicht zufrieden und fasste einen Beschluss auf Ausfolgung der „Gelben Blätter". Der betroffene Bewährungshelfer verweigerte die Herausgabe. Schließlich hatte eine Beschwerde des Teams der Geschäftsstelle Innsbruck an das LG Innsbruck Erfolg, indem das LG den Rechtsstandpunkt der BewährungshelferInnen bestätigte.[804]

Auf parteipolitischer Ebene hatten sich die Positionen gegenüber den 1960er Jahren komplett gedreht: die konservativen Kräfte tendierten nun zur Verstaatlichung, die Linke stand hinter der Vereinslösung auf Dauer.[805] Am 15. Dezember 1980[806] erfolgte schließlich der ersehnte Beschluss des Nationalrats, in dem dieser die Übertragung der Führung der Bewährungshilfe durch private Vereinigungen unbefristet in das BewHG aufnahm.

---

802 Brandstaller 1979, S. 226 f.
803 Paul Mann: Verstaatlichung vertagt, in: betrifft: Sozialarbeit (bS) Nr. 24 (6/78), S. 15–16, hier S. 16.
804 Vgl. Hannes Schlosser: Are We the Champions? 25 Jahre – Grund zum Feiern?, in: sub 4/82, S. 32.
805 Vgl. Schiestl 1997, S. 106 f.
806 Kurz vor Ablauf der ursprünglichen Frist zur Verstaatlichung mit Ende 1978, war dieser Termin mit einem Beschluss des Nationalrates um zwei Jahre hinausgeschoben worden.

Damit war der VBSA in allen Bundesländern mit Ausnahme der Steiermark als Träger der Bewährungshilfe festgeschrieben, in der Steiermark blieb es der Verein Rettet das Kind. Unverändert blieb auch, dass hauptamtliche BewährungshelferInnen als Beamte oder Vertragsbedienstete des BMJ den privaten Trägern zur Dienstleistung überlassen wurden.

Im Diskussionsprozess vor dem Beschluss des BewHG 1980 fanden einige Kompromisse Eingang ins Gesetz, welche die Kontrollrechte des BMJ erweiterten, freiwillige Betreuungen wurden auf ein Jahr begrenzt und ein parlamentarischer Beirat zur Kontrolle der Bewährungshilfe installiert. Besonders schmerzlich empfanden die BewährungshelferInnen, dass die im Entwurf vorgesehene Stärkung des Vereins als Organ der Fachaufsicht in Bezug auf die Tagebuchaufzeichnungen der „Gelben Blätter" Einwänden der ÖVP zum Opfer fiel. Damit bestand bei strenger Auslegung weiterhin die Gefahr, dass das BMJ als Dienstaufsichtsbehörde Einsicht nehmen konnte. Was blieb, war die Zusicherung des BMJ, die Fachaufsicht weiter dem Verein überlassen zu wollen.[807]

Der Preis für die Nicht-Verstaatlichung war hoch und wurde zumindest von manchen als „Verbundlichung des Vereins" und als „tendenzielle Umwandlung des Vereins in eine nachgeordnete Dienststelle des BMJ" beurteilt.[808] Ein wesentlicher Einschnitt war auch, dass die starke Achse Elisabeth Schilder – Christian Broda aufhörte zu existieren. Schilder zog sich 1981 von der Vereinsspitze zurück und starb zwei Jahre später, Broda verließ 1983 nach insgesamt 19 Jahren als Justizminister die Bundesregierung und starb 1987.

5.7 Zentralstellen für Haftentlassenenhilfe

Zwischen 1978 und 1981 eröffnete die Bewährungshilfe „Zentralstellen für Haftentlassenenhilfe" in Wien, Linz, Salzburg und Klagenfurt. Im März 1985 war es schließlich auch in Innsbruck nach intensiven Vorbereitungsarbeiten so weit. Bewusst hatte man sich für von der Bewährungshilfe getrennten Räumlichkeiten in der Liebeneggstraße 7 entschieden. Leiterin wurde Waltraud Kreidl. Sie blieb dies bis 1993 und in der Folge als Teilzeitbeschäftigte neben ihrer Lehrtätigkeit bis 2010 Mitarbeiterin der Zentralstelle.

Das Aufgabenfeld der Zentralstelle für Haftentlassenenhilfe war die Betreuung von aus der Strafhaft entlassenen Männer und Frauen ohne angeordnete Bewährungshilfe – also freiwillig und ohne richterlichen Auftrag. Teilweise kamen die KlientInnen nach der Enthaftung aus dem Innsbrucker Gefangenenhaus/Justizanstalt Innsbruck oder nach einer Entlassung aus einem anderen österreichischen Gefängnis nach Innsbruck. Der weit überwiegende Teil der KlientInnen war männlich, der Anteil der Frauen lag meist unter fünf Prozent.[809] Bei einer Pressekonferenz anlässlich des fünfjährigen Beste-

---

807 Schiestl 1997, S. 107 ff.; 578. Vgl. ferner: Bundesgesetz vom 15. Dezember 1980, mit dem das Bewährungshilfegesetz geändert wird. BGBl. vom 30.12.1980. Maßgeblich die §§ 24, 27 und 28 sowie Artikel II; Günter Kunst: Zur Novelle 1980, in: sub 2/81, S. 5–9; sowie Elisabeth Schilder: Opfer für Einstimmigkeit, in: sub 2/81, S. 9–12.
808 Vgl. Interview mit Herbert Leirer, zitiert nach Schiestl 1997, S. 129; weiters: Herbert Leirer: Die Bewährungs- und Straffälligenhilfe im Spannungsfeld staatlicher Verwaltung und privater Durchführung, in: sub 2/91, S. 4 ff.
809 Vgl. Zentralstelle für Haftentlassenenhilfe Innsbruck (Hg.): 5 Jahre Zentralstelle für Haftentlassenenhilfe – Ein Bericht, Innsbruck 1990.

hens wurde die Gesamtzahl der in diesem Zeitraum betreuten KlientInnen mit 1.500 angegeben.[810] Die vorliegenden Statistiken weisen Jugendliche und junge Erwachsene unter den Klienten nicht extra aus, deren Anteil ist aber eher niedrig einzuschätzen. Im Vordergrund der Arbeit standen materielle Fragen:

> „Unsere erste Erfahrung war, daß KlientInnen nach der Haftentlassung vor allem materielle und finanzielle Probleme haben. Mittelpunkt der Erstgespräche waren also existenzsichernde Maßnahmen. Aufgrund der damals restriktiven Praxis am Sozialamt Innsbruck setzten wir uns zuallererst mit dem Sozialhilfegesetz auseinander."[811]

Wegen der wiederholt als ungerechtfertigt empfundenen Ablehnungen von Sozialhilfeanträgen der KlientInnen ergriff die Zentralstelle gemeinsam mit der Bewährungshilfe am 13. Mai 1985 die Initiative zur Gründung „eines sozialpolitischen Arbeitskreises mit dem Schwerpunkt Sozialhilfe".[812] Innerhalb des sich aus dieser Initiative entwickelnden Sozialpolitischen Arbeitskreises (SPAK) blieben MitarbeiterInnen der Zentralstelle in der Folge tragende und prägende Kräfte.[813]

Überwiegend bestand das Team der Zentralstelle Innsbruck aus vier SozialarbeiterInnen, einer Sekretärin, meist einem Zivildiener und einigen freien MitarbeiterInnen, wobei sich letztere ab März 1989 insbesondere um einen Clubbetrieb kümmerten. Zu den Aktivitäten zählten Kino- und Theaterbesuche, gemeinsames Kochen und Essen, Kegel- und Filmabende, eine Weihnachtsfeier etc. Diese Angebote waren für manche Haftentlassene eine Chance, ihrer sozialen Isolation für einige Stunden zu entkommen.[814]

Sosehr das Zentralstellenkonzept auf Krisenintervention ausgerichtet war, entwickelten sich immer wieder auch Langzeitbetreuungen, die auch über die vorgesehene Jahresfrist hinaus Bestand hatten.[815] 1988 übersiedelte die Zentralstelle Innsbruck in die Zeughausgasse 3, 1992 in die Sillgasse 15. Erst mit der großen Strukturreform im VBSA und der 2002 vollzogenen Umbenennung in „Neustart" wurde das Konzept aufgegeben, Bewährungshilfe und Haftentlassenenhilfe örtlich zu trennen. Seither werden alle sozialarbeiterischen Dienstleistungen des Vereins unter einem Dach in der Andreas-Hofer-Straße 46 angeboten.

Viele KlientInnen waren verschuldet, zwei Drittel hatten unterhaltspflichtige Kinder. Beim Thema Schulden wurde eng mit dem 1988 von der Bewährungshilfe initiierten Verein Sprungbrett, einer Schuldnerberatung für Straffällige, zusammengearbeitet.[816] Ein Schwerpunkt war von Anfang an die prekäre Wohnungssituation vieler KlientInnen. 1989 ergab eine Sozialdatenerhebung ein dramatisches Bild: Nach der Haft waren 44 Prozent obdachlos im engeren Sinn, 16 Prozent kamen in Notquartieren

---

810 Tiroler Tageszeitung, Haftentlassene suchen den Weg zurück ins „normale" Leben, 8.5.1990, S. 7.
811 Waltraud Kreidl: Ten Years after, in: sub 2/95, S. 32.
812 Einladungsbrief vom 13.5.1985, Archiv DOWAS.
813 Details über den SPAK im Abschnitt 11.7, S. 449 ff.
814 5 Jahre Zentralstelle für Haftentlassenenhilfe 1990, S. 11.
815 Ebd., S. 12.
816 Interview Pilgram 2015.

unter, 24 Prozent hatten eine eigene Wohngelegenheit alleine oder bei Verwandten. Der Rest verteilte sich auf Anstalten, Gasthäuser usw.[817]

Die Zentralstelle hatte nach § 17 Arbeitsmarktförderungsgesetz die Genehmigung zur unmittelbaren Arbeitsvermittlung. Darüber hinaus ging es aber auch um die Geltendmachung von Rechtsansprüchen gegenüber der Arbeitsmarktverwaltung (Arbeitslosengeld, Notstandshilfe, Pensionsvorschüsse), Berufsberatung, Ansuchen um Förderungsmaßnahmen und Beihilfen.[818] Im Jahresbericht 1986 findet sich der ernüchternde Satz: „Arbeitsvermittlung entwickelt sich zur Sozialarbeit mit Arbeitslosen."[819] Im Zeitraum 1985 bis 1990 ist der Anteil der Arbeitssuchenden unter den KlientInnen der Zentralstelle angestiegen, 1989 betrug er 89 Prozent. Festgestellt wurde auch, dass Haft häufig mit Dequalifizierung einhergehe. Mehr als die Hälfte aller, die in Haft kamen, hatten eine Facharbeiterausbildung, aber nicht einmal ein Drittel war zum Zeitpunkt der Erhebung im erlernten Beruf (oder an einer Arbeitsstelle mit gleich hoher Qualifikation) tätig. Der Rest arbeitete in Feldern mit geringerer Qualifikation. Durch die Haft verschärfte sich häufig die Dequalifikation, weil Fähigkeiten in der Haft verloren gegangen waren bzw. Berufsbilder und Anforderungen sich verändert hatten. Von den 220 im Laufe des Jahres 1989 hinzugekommenen KlientInnen der Zentralstelle konnten innerhalb des Jahres lediglich 52 an eine Arbeitsstelle vermittelt werden.[820]

Die Zentralstelle war 1985 Mitbegründerin des Vereins Erzeuger-Verbraucher-Initiative (E.V.I.). Ab April 1986 betrieb der Verein den Pradler Kaufladen in der Innsbrucker Pradler Straße 15. Neben zwei Transitarbeitsplätzen für junge Haftentlassene hatte das Projekt zum Ziel, gesunde und vollwertige Lebensmittel an StädterInnen zu verkaufen.[821] Den Pradler Kaufladen gab es bis Anfang der 1990er Jahre.[822]

Eine Passage aus dem Jahresbericht 1993 der Zentralstelle für Haftentlassenenhilfe ist eine Art Bilanz jahrelanger Erfahrung:

„Sozialarbeit bedeutet unserer Meinung nach nicht nur kurzfristige und punktuelle ‚Reparierfunktion', welche längerfristig frustrierend und substanzraubend ist. Die Krisen nach der Haftentlassung setzen sich aus sozialökonomischen und persönlichen Defiziten zusammen. Das Angebot hat dem Rechnung zu tragen. Wir verlangen von den KlientInnen Anstrengungen, allerdings nicht im Sinne von Leistungskontrollen. Wir wollen keine Lebensführungsänderung erzwingen, sondern die KlientInnen sozialarbeiterisch begleiten, mit ihnen einen gemeinsamen Lebensplan erarbeiten, der flexibel gehalten ist und auch immer wieder abgeändert werden kann. Leidvolle Erfahrungen jedes einzelnen und daraus resultierende dissoziale Handlungen können erst in einem sich langsam aufbauenden wechselseitigen Vertrauensprozeß bearbeitbar werden."[823]

---

817 5 Jahre Zentralstelle für Haftentlassenenhilfe 1990, S. 22.
818 Ebd., S. 6.
819 Zitiert nach Kreidl 1995, S. 33.
820 5 Jahre Zentralstelle für Haftentlassenenhilfe 1990, S. 23.
821 SIT, evi Erzeuger- Verbraucherinitiative „Pradler Kaufladen", Nr. 1, September 1986, S. 7.
822 Mehr über den Pradler Kaufladen im Abschnitt 9.10, S. 379 f.
823 Zitiert nach Kreidl 1995, S. 35.

5.8 Die Periode der Projekte

Anfang der 1980er Jahre verschärften sich die wirtschaftlichen Rahmenbedingungen unter denen Sozialarbeit im Allgemeinen und Bewährungshilfe im Speziellen stattfand. Ausschließungsmechanismen verstärkten sich qualitativ und quantitativ, Vorbestrafte gehörten zu den ersten Opfern der Krise. Die Rolle des Vermittlers war in zweierlei Hinsicht immer schwerer einlösbar. Einerseits gegenüber den ProbandInnen, weil es immer weniger zu vermitteln gab, sei es nun Arbeit, Wohnraum oder Geld. Andererseits gegenüber der Gesellschaft, die in Zeiten der Verunsicherung weniger bereit war, sich die Probleme von Randgruppen auch nur anzuhören, geschweige denn Spielräume zuzugestehen.[824] Die Beteiligung von BewährungshelferInnen an politischen, sozialen Bewegungen, die über die Sozialarbeit hinausdachten, stieg gegen Mitte der 1980er Jahre deutlich an.

Einzelfallhilfe, klassisches Casework also, stieß in diesen Jahren an immer engere Grenzen. Auf der anderen Seite war die Einzelfallbetreuung aber im BewHG verankert. VBSA-Generalsekretär Herbert Leirer verwies auf diesen Konflikt mit zeitlichem Abstand. Er betonte die Vernetzung mit anderen Einrichtungen:

„Zunehmend ist es, aufgrund der Lebenslagen ihrer Klienten für Bewährungshelfer notwendig, einzelfallübergreifende Ressourcen zu erschließen und zur Verfügung zu haben, die nur in Kooperation mit anderen Einrichtungen und Trägern bereitgestellt werden können, da ihre alleinige Finanzierung aus dem Titel Bewährungshilfe nicht möglich ist und an die Grenzen der im BewHG normierten dienstlichen Handlungsmöglichkeiten der bundesbediensteten Bewährungshelfer stößt."[825]

Die erste Hälfte der 1980er Jahre wurde in der Bewährungshilfe österreichweit zur Periode der Projekte. Neben den Heimen und Zentralstellen entstanden zahlreiche Arbeits-, Wohn- und Freizeitprojekte. Gruppenarbeit wurde in unterschiedlichen Facetten zu einem wesentlichen Element. Eine wichtige unterstützende Rolle spielte dabei der Vorstand des VBSA. In den 1980er Jahren setzte er sich aus 25 Mitgliedern zusammen. Eine Mehrheit von 13 Mitgliedern musste statutengemäß außerhalb der Bewährungshilfe beruflich tätig sein. Ein ausgeklügeltes Wahlsystem stellte zugleich sicher, dass die zwölf intern zu besetzenden Positionen Geschäftsführung, Fachbereichen und allen Bundesländern Sitz und Stimme sicherten. Bei den externen Mitgliedern wurde auf eine gesellschaftliche und berufliche Vielfalt Wert gelegt. Nach dem Ausscheiden von Elisabeth Schilder und der Vorstandswahl 1981 gehörten diesem Vorstand an externen Mitgliedern u. a. an: Rudolf Machacek (Obmann des VBSA, Rechtsanwalt und Verfassungsrichter), Udo Jesionek (Präsident des Jugendgerichtshofs Wien), Sepp Schindler (Mitbegründer der Bewährungshilfe, Psychologe, seit 1973 an der Universität Salzburg tätig), Arno Pilgram (Kriminalsoziologe), Kurt Langbein (Journalist), Willibald Sluga (Psychiater) und Ulrich Trinks (Historiker, langjähriger Leiter der Evangelischen Akademie).[826]

---

824 Vgl. Schlosser 1982, S. 33.
825 Leirer 1991, S. 8.
826 sub 1/83, S. 33.

5 Jugendkriminalität und Bewährungshilfe

Obwohl lange Zeit die Bewährungshilfe von Elisabeth Schilder und Olga Schändlinger geprägt worden war, war der Frauenanteil im Vorstand gering. 1981 waren es fünf von 25, also 20 Prozent. Alle diese Frauen war hauptberuflich in der Organisation tätig. Drei Jahre später übernahm der Psychiater Erwin Ringel die Obmannschaft. Nach dieser Wahl waren gar nur mehr vier Frauen im Vorstand. Eine Diskussionen darüber gab es im Vorfeld nicht.[827]

Die veränderten gesellschaftlichen und sozialpolitischen Rahmenbedingungen, steigende Arbeitslosenzahlen und die politische Abkehr vom Ziel der Vollbeschäftigung verschlechterten für alle Probandengruppen zusehends deren Chancen auf dem Arbeitsmarkt. Folgerichtig standen beim österreichweiten Projektboom in der Bewährungshilfe Arbeitserprobungs- und Arbeitsbeschaffungsprojekte im Mittelpunkt. Der 1981 eingerichtete Fachausschuss der Bewährungshilfe zog 1984 eine erste Bilanz über die höchst unterschiedlichen Projekte:

Positiv wurden folgende Punkte bewertet:

- bessere Befriedigung der Bedürfnisse der Probanden;
- Projekte verstärken Motivation und Prestige der Sozialarbeiter und erweitern ihre Kompetenzen;
- Projekte stellen mehr Gemeindenähe her und sind ein Mittel für Öffentlichkeitsarbeit;
- Projekte stärken die politische Position der Betroffenen und der Bewährungshilfe und geben damit auch die Chance für eine bessere Durchsetzbarkeit von Ansprüchen.

In der Bilanz fanden sich aber auch kritische Aspekte:

- hoher Aufwand für eine relativ geringe Probandenzahl;
- Übernahme von Zuständigkeit, wo die Bewährungshilfe nicht zuständig ist;
- Vernachlässigung der Fallführung;
- Ausübung von Tätigkeiten, für die Bewährungshelfer nicht ausgebildet sind;
- Abkehr von kriminalpolitischen Zielsetzungen gegenüber dem Strafvollzug.[828]

Eine Erhebung unter den 223 Tiroler ProbandInnen der Bewährungshilfe zum Stichtag 1. Dezember 1982 ergab 195 arbeitsfähige KlientInnen. 21 waren in Haft, Psychiatrie, KIT etc., zwei waren Schüler und fünf (erwachsene) Probanden Frühpensionisten. 116 standen in einem Arbeitsverhältnis (59,5 Prozent der Arbeitsfähigen), 79 waren arbeitslos (40,5 Prozent). Signifikante Unterschiede zwischen Jugendlichen und Erwachsenen bzw. männlichen und weiblichen ProbandInnen gab es nicht. Knapp die Hälfte der Arbeitslosen war dies bereits länger als drei, ein Drittel länger als sechs Monate. Gravierend war der Umstand, dass nicht einmal ein Viertel der arbeitslosen ProbandInnen auf Arbeitslosengeld oder Notstandshilfe Anspruch hatte. Von den 13 arbeitslosen Proban-

---

[827] Zu den Vorstandswahlen im Rahmen der Generalversammlungen am 20.11.1981 bzw. 25.5.1984 erschienen Sonderausgaben des sub ohne Datierung und fortlaufender Nummerierung.
[828] Zitiert nach: Bericht des Fachausschusses, Funktionsperiode 1981 bis 1984, in: sub 1/84, S. 20.

dinnen hatte lediglich eine Anspruch auf eine Unterstützung durch das Arbeitsamt.[829] Das waren die höchsten Arbeitslosenzahlen seit Bestehen der Bewährungshilfe, zwei Jahre zuvor war die Arbeitslosenrate unter den ProbandInnen um zehn Prozent gelegen. Die Geschäftsstelle Tirol machte in ihrer Jubiläumsschrift 1983 auf die sozialpolitische Relevanz aufmerksam:

„Diese Zahlen belegen auch die schon an anderer Stelle angeführte These, daß Vorbestrafte zu den ersten Opfern einer wirtschaftlichen Krise gehören. Die Entwicklung der Arbeitslosenrate bei unseren Probanden widerlegt aber auch das Vorurteil der sogenannten ‚Arbeitsscheu' von Vorbestraften. Wäre dieses Argument auch nur teilweise richtig, dürfte nicht ein derartig enger Zusammenhang zwischen gesamtwirtschaftlicher Situation und Arbeitslosenrate bei Vorbestraften bestehen."[830]

Seitens der Bewährungshilfe Innsbruck wurde unterstrichen, dass eine derart hohe Arbeitslosenrate sozialarbeiterische Möglichkeiten übersteige und nur mit politischen Maßnahmen entscheidend gesenkt werden könne. Dementsprechend formulierte die Belegschaft politische Forderungen:

- Vorbestrafte in den Öffentlichen Dienst
- 35-Stunden-Woche bei vollem Lohnausgleich
- Jugendeinstellungsgesetz

Über den Kreis des eigenen Klientels hinaus wurde darauf hingewiesen, dass die Zahl der Jugendlichen ohne Beschäftigung alleine im Raum Innsbruck um 500 liege. Diese Jugendlichen hätten mangels Beitragsmonaten fast durchwegs keinen Anspruch auf Arbeitslosengeld, die Mehrzahl der Betroffenen würde in den offiziellen Statistiken nicht einmal aufscheinen. „Soll eine beginnende Kriminalisierung eines beträchtlichen Teiles dieser Jugendlichen verhindert werden, müssen sie eine entsprechende Ausbildungs- oder Arbeitsmöglichkeit erhalten."[831]

Ausgehend von dieser sozialpolitischen Argumentation gründeten 1983 haupt- und ehrenamtliche BewährungshelferInnen den Verein „WABE – Tirol, Verein für Wohnungs-, Arbeitsbeschaffung und Betreuung" mit dem Ziel, ein Arbeitserprobungsprojekt ins Leben zu rufen. Bis zum Projektstart vergingen drei Jahre. 1986 startete die WABE mit einem Forst- und Sozialprojekt und der Idee, mit arbeits- und damit personalintensiven Arbeiten in Wäldern sechs bis acht langzeitarbeitslose Jugendliche und junge Erwachsene aus dem Kreis der Probanden der Tiroler Bewährungshilfe zu beschäftigen. Bereits nach einem Jahr musste das Projekt eingestellt werden, weil Fördermittel aus dem Sozialministerium ausblieben. Einen neuen Anlauf der Tiroler Bewährungshilfe für ein Arbeitsprojekt gab es in der Folge nicht mehr.[832]

---

829 Vgl. Bewährungshilfe Tirol 1983, S. 13.
830 Ebd., S. 14
831 Ebd., S. 16.
832 Die WABE-Projektgeschichte im Detail siehe Abschnitt 9.12, S. 381 ff.

Ende 1985 entstand auf Initiative von Edmund Pilgram der Verein Sprungbrett, eine Schuldnerberatung für Straffällige. Den Start ermöglichten Subventionen des Landes Tirol, einiger Banken sowie der Arbeiter- und Wirtschaftskammer.[833] Für die verschuldeten Klienten war es eine zentrale Aufgabe, Schuldenregulierungen zu erreichen, nachdem Pfändungen auf das Existenzminimum die Motivation, einer geregelten Arbeit nachzugehen, drastisch herabsetzen. Ausgehend von einem erfolgreichen Schweizer Konzept kamen zwei Modelle zur Anwendung: Das Dienstleistungs- und das Fondsmodell. Ersteres sieht vor, dass bei Klienten mit geringer Verschuldung mit Gläubigern verhandelt wird, um eine insgesamt erträgliche, relativ geringe monatliche Belastung zu erreichen. Beim Fondsmodell werden die Gläubiger durch eine einmalige Zahlung zu einem möglichst großen Forderungsverzicht bewegt. Danach zahlt der Klient seine stark reduzierten Verbindlichkeiten in verträglichen Raten zinsenlos an den Verein zurück.[834] Nach drei Jahren hatte der Verein Sprungbrett in 39 Fällen eine Gesamtregulierung durchgeführt. Verbindlichkeiten von knapp fünf Millionen Schilling auf ca. 1,5 Mio. Schilling reduziert und an 138 Gläubiger ausbezahlt. An 35 KlientInnen waren 1,2 Mio. Schilling an zinsenlosen Darlehen ausbezahlt worden.[835]

1988 konnte die Juristin und Sozialarbeiterin Herta Trummer angestellt werden, im ersten Jahr über eine Förderung der Arbeitsmarktverwaltung, dann über den Verein Sprungbrett. Die Anlaufstelle des Vereins übersiedelte 1989 von der Bewährungshilfe in die Angerzellgasse 4 und teilte sich dort die Räume mit dem Rechtladen.[836] Trummer verdeutlichte die Aufgaben des Vereins Sprungbrett:

„Durch die Arbeit des Vereins soll Rückfallskriminalität aus wirtschaftlicher Not verhindert und die Sicherung der Grundbedürfnisse gewährleistet werden. Da die Schuldnerberatung immer wieder mit den selben Gläubigern zu tun hat, nach bestimmten arbeitstechnischen Richtlinien vorgeht, hat sich bereits ein Erfahrungswert herausgebildet, der es ermöglicht, gezielte Verhandlungen führen zu können." [837]

Der Rechtsladen ging 1986 ebenfalls aus einer Initiative der Bewährungshilfe hervor. Der Grundgedanke war, eine niederschwellige Rechtsberatung anzubieten. Zu diesem Zweck trafen sich einige BewährungshelferInnen mit Juristen (darunter Karl Weber, Frank Höpfl und Georg Kathrein), um ein Konzept auszuarbeiten.[838] Anfangs wurden themenspezifische Informations- und Gesprächsabende im Innsbrucker Kulturzentrum Treibhaus veranstaltet, etwa zu Schulden, Patientenrechten, Verwaltungsrecht oder Sozialhilfe. Gelegentlich fanden die Veranstaltungen auch andernorts statt, so im März 1987 in der Hauptschule des Olympischen Dorfs zum Unterhaltsrecht.[839] 1988 bezog der

---
833 Erwin Aschenwald: Sprungbrett – Der Schuldenregulierungsverein, in: e.h. 3/89, S. 18–20.
834 Ebd., S. 19.
835 Ebd., S. 20.
836 Telefoninterview Hannes Schlosser mit Herta Trummer am 22.9.2016.
837 Herta Trummer: Schulden – was tun?, in: SIT 19, Februar 1991, S. 10 f.
838 Interview Pilgram 2015.
839 Tiroler Tageszeitung, „Rechtsladen" hilft zu besserem Rechtsverständnis, 22.11.1986, S. 5; Tiroler Tageszeitung, Rechtsberatung im Treibhaus, 9.2.1987, S. 5; Tiroler Tageszeitung, Verein gegründet: Rechtsladen hilft im Treibhauscafé, 10.3.1987, S. 5.

„Rechtsladen – Verein zur Förderung von Rechts- und Sozialberatung" Räume in der Angerzellgasse 4, die auch einen kontinuierlichen Bürobetrieb ermöglichten. Informationsabende fanden dort wöchentlich Dienstagabend statt. Die individuellen Beratungen führten in der Regel JuristInnen und SozialarbeiterInnen gemeinsam durch, „weil wir der Meinung sind, daß sich rechtliche von sozialen Problemen nicht trennen lassen".

Als Schwerpunkte der kostenlosen und anonymen Beratungen wurden Schuldnerberatung, Polizei-, Sozialhilfe-, Vereins- und Unterhaltsrecht genannt.[840] 1989 hatte der Rechtsladen einen hauptamtlich angestellten Juristen, der zu zwei Drittel über die Aktion 8000[841] und zu einem Drittel durch das Land Tirol finanziert wurde. Ehrenamtlich waren ca. 20 JuristInnen und SozialarbeiterInnen tätig. Den Sachaufwand trug überwiegend das Land, kleinere Subventionen kamen auch vom Sozialministerium und der Stadt Innsbruck, die Arbeiterkammer hatte einen einmaligen Zuschuss geleistet. Ende 1989 vereinbarten der Sozialpolitische Arbeitskreis (SPAK) und der Rechtsladen eine Intensivierung der Zusammenarbeit in Sozialhilfeangelegenheiten.[842]

1991 schlossen sich Sprungbrett, Rechtsladen und der Verein für Konsumenteninformation (VKI) zur ARGE Schuldnerhilfe zusammen, Sprungbrett und Rechtsladen blieben aber vorerst selbstständige Vereine. 1994 fusionierten sie auf Drängen von Soziallandesrat Herbert Prock (SPÖ) zum Verein Schuldnerberatung Tirol.[843] Damit ging die österreichweit einzigartige Einrichtung einer Schuldnerberatung speziell für straffällige KlientInnen verloren, ebenso verschwand das Beratungsangebot des Rechtsladens jenseits von Schuldenfragen. Nachdem im gleichen Zeitraum Schuldnerberatungsstellen auch in den anderen Bundesländern entstanden, wurde zeitnah ein Bundesdachverband gegründet, der ein einheitliches Berufsbild für die Schuldnerberatungen und gemeinsame Qualitätsstandards entwickelte.[844]

Die Bewährungshilfe hat sich in Innsbruck/Tirol im Untersuchungszeitraum zwischen 1970 und 1990 von einer kleinen, hauptsächlich ehrenamtlichen betriebenen Einrichtung zu einem professionellen Dienstleister im Feld der Sozialarbeit im Zusammenhang mit Straffälligkeit entwickelt. Für das Kernangebot der Arbeit mit bedingt verurteilten bzw. bedingt aus einer Strafhaft entlassenen Personen waren im Bereich der Geschäftsstelle Innsbruck zum Stichtag 31. Dezember 1968 ein hauptamtlicher und 46 ehrenamtliche BewährungshelferInnen tätig.[845] Knapp 20 Jahre später arbeiteten am 1. März 1987 zwölf hauptamtliche und 51 ehrenamtliche BewährungshelferInnen.[846] Bezogen auf die gleichen Stichtage stieg die Zahl der betreuten KlientInnen von 102 auf 269.[847]

---

840 SIT, Rechtsladen – Rechtsladen – Rechtsladen, Nr. 9, Juli 1988, S. 19.
841 Die Aktion 8000 war ein Teil der experimentellen Arbeitsmarktpolitik ab Mitte der 1980er Jahre. Ihr Ziel war es, durch entsprechende Förderungen 8000 Arbeitsplätze bei gemeinnützigen Organisationen, Gemeinden etc. zu schaffen. Mehr über die experimentelle Arbeitsmarktpolitik im Abschnitt 9.1.2., S. 349 ff.
842 SPAK-Protokoll vom 30.11.1989, Archiv DOWAS.
843 Telefoninterview Trummer 2016.
844 Ebd.
845 Bewährungshilfe Tirol 1983, S. 4.
846 Kohler 1988, Anhang.
847 Vgl. Bewährungshilfe Tirol 1983 bzw. Kohler 1988.

Im Zeitraum 1970 bis 1990 war die Bewährungshilfe Innsbruck bzw. einzelne ihrer MitarbeiterInnen an der Gründung innovativer Projekte (u. a. DOWAS, Zentralstelle für Haftentlassenenhilfe, Verein für Soziale Arbeit, Schuldnerberatung) und maßgeblich an kritischen Diskursen (u. a. Arbeitsgemeinschaft kritischer Sozialarbeiter Tirol, Arbeitskreis Heimerziehung, Sozialpolitischer Arbeitskreis) beteiligt.

5.9 Außergerichtlicher Tatausgleich

Die wichtigste rechtspolitische Veränderung im Jugendstrafrecht in der zweiten Hälfte der 1980er Jahre war die schrittweise Einführung der Diversion, besser bekannt unter dem Terminus „Außergerichtlicher Tatausgleich". Der Grundgedanke der Bewährungshilfe hat mit der Prämisse „Helfen statt strafen" gezielt daran angesetzt, (primär jugendlichen) Rechtsbrechern die destruktive Erfahrung eines Gefängnisaufenthalts zu ersparen. Allerdings hieß und heißt klassische Bewährungshilfe, dass das sozialarbeiterische Angebot in Verbindung mit einer Strafandrohung steht.

Die Idee des Außergerichtlichen Tatausgleichs (ATA) geht einen entscheidenden Schritt weiter oder besser gesagt: sie lässt als schädlich erkannte Schritte aus. ATA heißt auf eine einfache Formel gebracht die „Wiedervergesellschaftung der Konflikte". In der Regel bedeutet eine Gerichtsverhandlung, dass die durch eine Tat eingetretene Störung im Verhältnis zwischen TäterIn und Opfer an eine andere Instanz delegiert wird. Häufig sehen sich TäterIn und Opfer erstmals nach der Tat während der Verhandlung vor dem Strafgericht – als Angeklagte/r bzw. Zeuge/Zeugin. Dazu kommt, dass im Strafprozess der Wiedergutmachung eines Schadens nur eine sekundäre Bedeutung zukommt.

ATA setzt exakt an diesem Punkt an: Wiedergutmachung eines materiellen Schadens und der Versuch, einen Ausgleich zwischen TäterIn und Opfer auf einer persönlichen/ethischen/moralischen Ebene herzustellen. Dieser Versuch findet im Vorfeld zu einem möglichen Gerichtsverfahren statt und ersetzt es im Erfolgsfall. Gelingt der ATA, werden mögliche nachteilige Auswirkungen von Eintragungen in Strafregister verhindert: Wer eine begangene Straftat auf dem außergerichtlichen Weg bereinigt, ist nicht vorbestraft. Es versteht sich, dass ATA (= Diversion, Konfliktregelung) dort keinen Platz hat, wo Gewaltopfer in der Begegnung mit TäterInnen Gefahr laufen, retraumatisiert zu werden – auch dann nicht, wenn der Prozess von SozialarbeiterInnen und anderen ExpertInnen professionell begleitet und moderiert wird.

Mit Mitteln des Familienministeriums startete der VBSA den Modellversuch „Konfliktregelung für Jugendliche", der erste Fall wurde am 13. März 1985 in Linz abgeschlossen. In den folgenden Jahren wurde der Modellversuch ATA/J (Außergerichtlicher Tatausgleich für Jugendliche) erfolgreich auf andere Bundesländer ausgedehnt, 1987 war es auch in Innsbruck so weit.[848] Am 20. Oktober 1988 beschloss schließlich der Nationalrat das „Bundesgesetz über die Rechtspflege bei Jugendstraftaten (Jugendgerichtsgesetz – JGG 1988)".[849] Sein Herzstück baute auf dem Modellversuch der Bewäh-

---

848 Vgl. Schiestl 1997, S. 143, 157, 158.
849 599. Bundesgesetz vom 20. Oktober 1988 über die Rechtspflege bei Jugendstraftaten (Jugendgerichtsgesetz 1988 — JGG). BGBl. vom 18.11.1988. Das JGG 1988 trat am 1.1.1989 in Kraft.

rungshilfe zur Konfliktregelung auf und schuf einen neuen § 7 Außergerichtlicher Tatausgleich.

„§ 7. (1) Die Staatsanwaltschaft kann einen Verfolgungsverzicht nach § 6 davon abhängig machen, daß der Verdächtige Bereitschaft zeigt, für die Tat einzustehen und allfällige Folgen der Tat auf eine den Umständen nach geeignete Weise auszugleichen, insbesondere dadurch, daß er den Schaden nach Kräften gutmacht. (2) Die Staatsanwaltschaft kann in der Sozialarbeit erfahrene Personen und Stellen, insbesondere der Bewährungshilfe, ersuchen, den Verdächtigen über die Möglichkeit eines außergerichtlichen Tatausgleichs zu belehren und ihn, wenn er damit einverstanden ist, bei seinen Bemühungen um einen solchen Ausgleich anzuleiten und zu unterstützen. In diese Bemühungen ist der Verletzte, soweit er dazu bereit ist, einzubeziehen."[850]

Eine Ironie der Geschichte ist es, dass der § 7 im JGG 1961 die probeweise Entlassung aus einer Bundesanstalt für Erziehungsbedürftige geregelt hatte. Wie oben ausgeführt, hatte das Jugendstrafrechtsanpassungsgesetz 1974 alle Paragraphen in Zusammenhang mit den BAfEB gestrichen. 1988 konnte diese frei gewordene Paragraphenzahl neu befüllt werden. Eine diesen rechtspolitischen Meilenstein erfassende Stellungnahme stammt von Walter Geyer (Grüne) aus der Nationalratsdebatte zur Beschlussfassung des JGG 1988:

„Hier wird ganz bewußt – zumindest im Bereich der leichten und mittleren Kriminalität – ein Prinzip im Gesetz verankert, das bisher im Strafrecht eher in der Theorie abgehandelt wird und nur gelegentlich als Experiment versucht worden ist, nämlich das Prinzip, nicht durch mehr Strafrecht, nicht durch mehr staatliche Gewalt, nicht durch mehr Justizmaschinerie weniger Kriminalität zu erzeugen, sondern ganz im Gegenteil, durch eine Rücknahme des Strafrechts. Weniger Strafrecht, dafür mehr Befassung mit dem Täter ist gleich weniger Straftaten. Statt Vergeltung, Herstellung des sozialen Friedens, Täter-Opfer-Ausgleich."[851]

Ende 1988, also unmittelbar vor der gesetzlichen Einführung des ATA, wurde dieses Konzept auch in Tiroler Medien wahrgenommen und von Exponenten der Staatsanwaltschaft (Ulrich Paumgartten) und des Jugendrichters am Landesgericht (Ekkehard Planckh) mit fundierten Argumentationen begrüßt. Diese Interviews zeigen, dass sich manche JournalistInnen und vermutlich auch Teile der breiten Öffentlichkeit mit der vermeintlichen Nachsichtigkeit gegenüber jugendlichen StraftäterInnen noch schwer taten. „Heißt das, daß ein jugendlicher Tunichtgut eigentlich nichts mehr zu befürchten

---

850 Ebd.
851 Debattenbeitrag in der Nationalratssitzung vom 20.20.1988, NR XVII. GP, S. 8669, zitiert nach Schiestl 1997, S. 144 f. Walter Geyer war vor und nach seiner Abgeordnetentätigkeit (1986–1988) als Staatsanwalt in Wien tätig, ab 2009 war er erster Leiter der neu gegründeten Antikorruptionsstaatsanwaltschaft.

braucht, als ein paar Ratschläge des Staatsanwalts, sich doch zu bessern?", wurde Paumgartten in einem Interview gefragt.[852]

1989 war das österreichweite Netz von ATA-Angeboten bereits fertig geknüpft. Nach 1990 wurde es aus den jeweiligen Geschäftsstellen der Bewährungshilfe in den Bundesländern herausgelöst und selbstständige ATA-Einrichtungen mit eigenen Büros an anderen Standorten geschaffen.[853] Ein Schritt, der mit der Strukturreform 2002 wieder rückgängig gemacht wurde. Ab 1992 erfolgte die Erprobung des Außergerichtlichen Tatausgleichs in Modellversuchen auch für Erwachsene und ist seit 1999 auch im Strafrecht für Erwachsene verankert. In den 30 Jahren seit Beginn des Modellversuchs hat der VBSA/Neustart sich mit ca. 300.000 Konfliktregelungen befasst, an denen 168.000 Menschen entweder als Beschuldigte oder Opfer beteiligt waren. Bei Erwachsenen können die SozialarbeiterInnen in 70 Prozent der Fälle eine Einigung zwischen Beschuldigtem und Opfer herbeiführen, bei Jugendlichen liegt die Erfolgsquote sogar über 85 Prozent.[854]

5.10 Bewährungshilfe neu

Ende der 1980er Jahre setzte in der Bewährungshilfe ein Prozess tiefgreifender Strukturreformen ein, der die Organisation und ihre MitarbeiterInnen unter dem Kürzel „Bewährungshilfe neu" viele Jahre beschäftigte. Da diese Veränderungen weit über den zeitlichen Rahmen dieser Untersuchung hinausreichen, können hier nur stichwortartig Eckpunkte dieses Umbaus wiedergegeben werden.

1988 brachte eine neue Satzung des VBSA eine Trennung der Kompetenzen des Vorstands von jenen der Geschäftsführung mit sich. Die Funktion des Generalsekretärs wurde durch einen Geschäftsführer ersetzt. Am 1. Februar 1989 wurde der vormalige Generalsekretär Herbert Leirer zum Geschäftsführer bestellt. Das von ihm statutengemäß vorzulegende Geschäftsführungskonzept brachte die Schaffung von drei Fachbereichen mit sich: „Bewährungshilfe und Außergerichtlicher Tatausgleich", „Haftentlassenenhilfe" sowie „Dienste und Einrichtungen". Dem Geschäftsführer wurden zugleich vier ReferentInnen mit den Feldern „Öffentlichkeitsarbeit", „Aus-, Fort- und Weiterbildung", „Forschung und Planung" sowie „Zentrale Verwaltung" zugeordnet.[855]

Eine 1991 eingesetzte Arbeitsgruppe „Bewährungshilfe neu" nahm große Aufgaben in ihre Agenda auf, darunter: Privatisierung der Bewährungshilfe, Entflechtung der Aufgabenbereiche Verein – BMJ, Entflechtung von Vereinsmitgliedschaft und Dienstverhältnis beim Verein. Ab dem 1. Jänner 1992 erhielt der VBSA keine neuen Bundesbediensteten mehr. Das hatte zur Konsequenz, dass freie Dienstposten von MitarbeiterInnen besetzt wurden, die beim VBSA angestellt waren. Damit begann eine bis heute

---

852 Tiroler Tageszeitung, Jugendgericht: Mehr helfen als strafen, 12.10.1988, S.4; Tiroler Tageszeitung, Ausgleich statt Strafe, Versöhnung statt Rache, 24.12.1988, S. 4.
853 Schiestl 1997, S. 147.
854 Homepage Neustart, http://www.neustart.at/at/de/unsere_angebote/tatausgleich.php (abgerufen am 23.9.2016). Vgl. auch Wolfgang Bogensberger: Die Diversion in der Praxis des Jugendgerichtsgesetzes, in: sub 3/90, S. 2–9.
855 Vgl. sub 3–4/1995, Schwerpunkt: „Bewährungshilfe neu". Vgl. weiters: Herbert Leirer: Vernehmlassung zur Bewährungshilfe Neu und Chronologie noch laufender Ereignisse, in: sub 4/91, S. 5–9.

andauernde Herauslösung aus den dienst- und besoldungsrechtlichen Regelungen für den öffentlichen Dienst. Die im Juni 1993 beschlossenen Statuten sehen vor, dass MitarbeiterInnen nur mehr außerordentliche Mitglieder des VBSA sein können. Dem verkleinerten Vorstand gehörten ab diesem Zeitpunkt nur mehr extern tätige Personen an.

Am 1. Juli 1994 traten nach zweijährigen Verhandlungen zwischen dem VBSA und dem BMJ ein „Generalvertrag über die Durchführung der Straffälligenhilfe durch den VBSA" und die „Allg. Vertragsbedingungen über die Durchführungen der Straffälligenhilfe" in Kraft. Der Vertrag ist unbefristet abgeschlossen, mit einer zweijährigen Kündigungsfrist versehen und schließt alle zu diesem Zeitpunkt vom VBSA besetzten Arbeitsfelder ein. Zugleich verpflichtete sich das BMJ entsprechende budgetäre Mittel zur Verfügung zu stellen.[856]

Das Strafprozessänderungsgesetz 1993 brachte Klärung in wesentlichen Problemfeldern: § 84 StPO schränkte die Anzeigepflicht von BewährungshelferInnen stark ein, indem es heißt: „Keine Pflicht zur Anzeige besteht, wenn die Anzeige eine amtliche Tätigkeit beeinträchtigen würde, deren Wirksamkeit eines persönlichen Vertrauensverhältnisses bedarf." Überdies gesteht § 152 StPO allen psychosozialen Berufen ein Aussageverweigerungsrecht zu.[857]

1996 brachte das Strafrechtsänderungsgesetz zwei aus der Perspektive der Bewährungshilfe positive Änderungen. Erstens erfuhr die alte Regelung, wonach der Bewährungshilfe anordnende Richter namentlich festlegt, welche Person als BewährungshelferIn bestellt wird, eine, der gängigen Praxis entsprechende rechtliche Fixierung: Das Gericht ordnet nur mehr Bewährungshilfe an, die personelle Besetzung obliegt dem Geschäftsstellenleiter. Und zweitens wurde die halbjährliche Berichtspflicht der BewährungshelferInnen über den Betreuungsverlauf an das anordnende Gericht gelockert: Berichte haben in der Regel nur mehr nach den ersten sechs Monaten und am Ende der Probezeit zu erfolgen (§§ 50 und 52 StGB).[858]

In zwei Schritten wurde die Bestimmung des § 17 Abs. 3 BewHG geändert, in der es ursprünglich hieß, dass ein hauptamtlicher Bewährungshelfer nicht mehr als 30 Schützlinge betreuen darf. 2009 wurde diese Zahl im Budgetbegleitgesetz [sic!] auf 35 erhöht. Seit 2013 gibt es keine auf die einzelnen BewährungshelferInnen abgestellte Höchstbelastung mehr. Nunmehr hieß es: „Für die Betreuung von durchschnittlich 35 Schützlingen [...] soll ein Vollzeitäquivalent Sozialarbeit zur Verfügung stehen." Damit hat sich die Arbeitsbelastung für alle BewährungshelferInnen entscheidend erhöht, der Bewährungshilfe ist insgesamt ein zentrales Element der Qualitätssicherung abhandengekommen.[859]

---

856 Ebd.
857 Strafprozessänderungsgesetz 1993 (NR: GP XVIII RV 924 AB 1157 S. 129; BR: 4621 AB 4594 S. 573.).
858 Änderung der Strafprozessordnung 1975, des Strafgesetzbuches, des Jugendgerichtsgesetzes 1988 und des Finanzstrafgesetzes 2007 (NR: GP XXIII RV 231 AB 273 S. 37; BR: 7786 AB 7793 S. 750.), Strafrechtsänderungsgesetz 1996 (NR: GP XX RV 33 AB 409 S. 47; BR: 5306 AB 5307 S. 619), Änderung des Strafvollzugsgesetzes, der Strafprozessordnung 1975, des Jugendgerichtsgesetzes 1988 und des Bewährungshilfegesetzes 2013 (NR: GP XXIV RV 1991 AB 2089 S. 184; BR: AB 8846 S. 816.).
859 Budgetbegleitgesetz 2009 (NR: GP XXIV RV 113 und Zu 113 AB 198 S. 21. BR: AB 8112 S. 771.), Änderung des Strafvollzugsgesetzes, der Strafprozessordnung 1975, des Jugendgerichtsgesetzes 1988

2002 erfolgte als Zeichen der Organisationsreform nach außen eine Änderung des Namens „Verein für Bewährungshilfe und Soziale Arbeit" in „Neustart".

---

und des Bewährungshilfegesetzes 2013 (NR: GP XXIV RV 1991 AB 2089 S. 184. BR: AB 8846 S. 816.).
Gesamte Rechtsvorschrift für das Bewährungshilfegesetz, konsolidierte Fassung. Homepage Rechtsinformationssystem des Bundes (RIS), https://www.ris.bka.gv.at/GeltendeFassung.wxe?Abfrage=Bundesnormen&Gesetzesnummer=10002137 (abgerufen am 8.5.2018).

6 Jugendzentren

6.1 Entwicklung der Jugendzentren

In Innsbrucker Jugendzentren, die ab den 1970er Jahren entstanden, fanden sich zunehmend auch jene Jugendlichen, die mit verschiedenen Problemlagen zu kämpfen hatten und/oder für ihre Entwicklung ungünstige familiäre Hintergründe aufwiesen. An sie richteten sich JugendbetreuerInnen, die eine bedürfnisorientierte Jugendarbeit verfolgten, sogar explizit und entwickelten spezielle Angebote. Denn bei den Jugendlichen zeigten sich die Veränderungen und damit verbundene Problemlagen der Gesellschaft deutlich: Während die zunehmende Demokratisierung verschiedener Lebensbereiche Möglichkeiten aufzeigte, erlebten junge Menschen bei der Arbeit, in der Konsumwelt, im Wohnumfeld, in der Schule, der Familie und der Politik klare Grenzen und empfanden viele Bereiche als repressiv. Der Wahrnehmung von Bedürfnissen kam in der Jugendarbeit eine zentrale Rolle zu. Den Gegenpol im Generationenkonflikt bildete eine an Defiziten orientierte Sichtweise bei Erwachsenen. Statt die Pubertät als Entwicklungsphase zu sehen, galt sie als Problem, das mit möglichst geringem Schaden zu überstehen sei. Dieses Defizitdenken orientierte sich vor allem an Kriterien wie Sitte und Anstand. Generell ist zwischen 1970 und 1990 eine Verschiebung feststellbar: Zunehmend gelangten die Bedürfnisse von Jugendlichen in den Vordergrund, weil der Markt sie als kaufkräftige Gruppe erkannte und sich die Beziehung zwischen Eltern/ Erwachsenen und Kindern veränderte.

Jugendzentren hatten aus der Außen- sowie der Innensicht verschiedenen Funktionen zu erfüllen. Sie nahmen erzieherische, freizeitpädagogische, kulturelle, soziale und sozialpolitische Aufgaben wahr. Die Schwerpunkte setzten die AkteurInnen – Eltern, AnrainerInnen, PolitikerInnen, Beamte, Kirche, JugendbetreuerInnen, Jugendliche und die städtische Gesamtgesellschaft – unterschiedlich. Die Konzepte unterlagen in den jeweiligen Jugendzentren zudem einer Entwicklung. Die Wahrnehmung sozialer und sozialpolitischer Aufgaben war besonders umstritten, die herrschenden Eliten wünschten sich Gesellschaftskritik weitgehend dann, wenn es um die Thematisierung vermuteter oder real schädlicher Einflüsse durch Konsum, Massenkultur, Sexualität und Drogen ging. In diesen Feldern waren die Erwartungen in Bezug auf die Soziale Arbeit bei verschiedenen AkteurInnen groß. So formulierten SubventionsgeberInnen sowie PolitikerInnen von Stadt und Land bei der Unterstützung von Jugendzentren soziale Ansprüche. Sie erwarteten neben der Lenkung des Jugendfreizeitverhaltens und der Vermittlung der (moralischen) Normen der Eliten auch Effekte in der Drogen-, Alkohol- und Kriminalitätsprävention sowie ein Eingreifen in Krisen. Zugleich führten diese Erwartungen zu Konflikten mit den Ansprüchen und Möglichkeiten von BetreuerInnen. Diese Konflikte wurden bis zum Ende der Untersuchungsperiode vielfach autoritär geregelt.

In den 1990er Jahren reduzierte die Stadt die sozialen Ansprüche in den Jugendzentren der öffentlichen Hand und bevorzugte Konzepte, in denen Erziehung und Freizeitpädagogik im Vordergrund standen. Lediglich eine von der öffentlichen Hand und den Kirchen unabhängige Einrichtung, die ihren Betrieb ebenfalls durch Subventionen finanziert, hielt am sozialen und am sozialpolitischen Anspruch fest.

In den 1970er Jahren wuchs bei jungen Menschen das Bedürfnis nach selbstbestimmter Freizeitgestaltung in aufsichtsfreien Räumen. Aus vereinzelten Initiativen entstand schließlich eine breitere Bewegung, um dieses Anliegen durchzusetzen. International stellte die Jugendzentrumsbewegung einen Teil der sogenannten 68er-Bewegung dar, die ihren Höhepunkt 1973/1974 erlebte. In Deutschland oder den Niederlanden wies sie einen stärkeren Selbstverwaltungscharakter auf, als das in Österreich oder Tirol der Fall war. Die Bewegung erfasste besonders die infrastrukturell ausgetrocknete Provinz, ihre Forderungen lösten einen Generationenkonflikt aus. Jugendliche begannen sich von der erwachsenenorientierten Umgebung unter starker sozialer Kontrolle zu emanzipieren. Während die Erwachsenen tendenziell versuchten, die nachkommende Generation in traditionelle Bahnen zu drängen, suchten diese häufig nach Freiräumen und Experimentierfeldern. Die Forderung nach Jugendzentren war auch ein Ringen um eine von Erwachsenen unabhängige Jugendkultur in Kleinstädten und im ländlichen Raum.[860] In Tirol wurden Forderungen nach selbstverwalteten Jugendzentren Mitte der 1970er Jahre laut. Die Tiroler Tageszeitung berichtete darüber im Juli 1976 in ihrer Beilage Horizont und widmete darin dem Wunsch von Jugendlichen nach selbstverwalteten Jugendhäusern breiten Raum:

„In den letzten zwei Jahren wird der Ruf aktiver Jugendlicher nach Jugendzentren, die nicht von kirchlichen oder politischen Stellen geleitet werden, immer lauter. Unzufriedenheit mit den bestehenden Organisationen – wie Pfadfinder, Rote Falken, Katholische Jugend –, die Weltanschauungen mehr oder minder geschickt an den Mann bringen wollen."[861]

Bernhard Pichler führte in seiner 1986 verfassten Dissertation für Mitte der 1970er Jahre bereits elf bestehende Jugendclubs in Tirol an, in den folgenden Jahren kamen noch eine Reihe davon hinzu.[862] Beispiele für derartige Initiativen sind in Tiroler Bezirkshauptstädten der 1978 gegründete Verein zur Förderung von Kommunikation, Kultur und Sport in Imst mit seinem bis 1985 betriebenen Jugendzentrum,[863] das ebenfalls 1978

---

860 Vgl. Richard Münchmeier, Offenheit – Selbstorganisation – Selbstbestimmung. Die Politisierung reformpädagogischer Traditionen durch die Jugendzentrumsbewegung, in: Meike Sophia Baader/ Ulrich Herrmann (Hg.), 68 – Engagierte Jugend und kritische Pädagogik. Impulse und Folgen eines kulturellen Umbruchs in der Geschichte der Bundesrepublik, Weinheim und München 2011, S. 52–64, hier: S. 52–53.
861 Tiroler Tageszeitung, Beilage Horizont, Seite der Jungen: Ruf nach unabhängigen Jugendzentren, Nr. 28, 22.7.1976, S. 10.
862 Pichler 1986, S. 46, Fußnote 14.
863 Vgl. Gabriele Rangger, Das Jugendzentrum im Olympischen Dorf in Innsbruck. Von November 1981 – Mai 1984, Diss., Innsbruck 1987, S. 14.

gegründete RAZ (Reuttener Alternativ-Zentrum) im Außerfern[864] sowie der Jugendclub MOFF in Landeck und die Initiative Schwaz. In Kundl wurde das NOVA, in St. Johann die Aktion Neues Jugendzentrum St. Johann gegründet.[865] In kleineren Gemeinden entstanden Ende der 1970er Jahre etwa der Jugendklub Sellrain und jener in Oberperfuß[866]. In Innsbruck ergab eine Studie des Stadtplanungsamtes hinsichtlich des Freizeitverhaltens der InnsbruckerInnen, dass sich 44 Prozent der Befragten zwischen 16 und 20 Jahren Jugendzentren wünschten, in der Altersgruppe der 21- bis 25-Jährigen waren es 33 Prozent und unter Einbeziehung aller Befragten, auch der Erwachsenen, lag die Rate immerhin noch bei 19,7 Prozent – also einem Fünftel der Bevölkerung.[867]

Junge Menschen, die Jugendzentren in Tirol frequentierten oder initiierten, suchten dort zunächst vor allem alternative Kulturprogramme sowie aktive und kreative Freizeitgestaltung jenseits des Konsums. Itta Tenschert aus Kufstein betonte gegenüber der Tiroler Tageszeitung, dass gerade selbstverwaltete Klubs Jugendlichen eine Möglichkeit böten, „Aktivität und Eigeninitiative anzuregen und [sie] zu denkenden, kritisierenden Erwachsenen" zu befähigen.[868] Gegen das Bedürfnis nach Selbstverwaltung machte aber die (klein-)bürgerliche Öffentlichkeit mobil. Die Auseinandersetzung zwischen Jugendlichen und Eliten war auch in Tirol spürbar. Deshalb hatten alle Jugendinitiativen mit mehr oder weniger großen Schwierigkeiten von Seiten der BewohnerInnen, der PolitikerInnen sowie der Polizei zu kämpfen. Besondere Wellen schlug die Causa Wühlmaus-Club in Kufstein, dem der Kufsteiner Stadtrat per Grundsatzbeschluss vom 21. Dezember 1976 jede weitere Zusammenarbeit aufgekündigt und Räume sowie Subventionen verwehrt hatte.[869]

In Innsbruck stach zunächst die restriktive Haltung kirchlicher Autoritäten gegen die Entwicklung in katholischen Jugendzentren hervor. Konflikte entzündeten sich aber auch an den später entstandenen Innsbrucker Jugendtreffs, die bis in die 1990er Jahre organisatorisch in den Zuständigkeitsbereich des Land Tirols fielen, und erst recht an selbstverwalteten Jugendzentren. Einer der Konfliktpunkte waren die Öffnungszeiten, AnrainerInnen fühlten sich aber nicht nur in ihrer nächtlichen Ruhe gestört, die Aktivitäten der Jugendzentrumsbesuchenden erregten auch unter Tags den Unmut von Nachbarn – wie etwa durch Fußballspielen oder die Innengestaltung von Jugendräumen. Unstimmigkeiten verursachte zudem die Tatsache, dass Jugendliche dort auch über Nacht Zuflucht suchten. Anstoß erregten aber vor allem die Freiräume für Freundschaften, Liebe und Sexualität, weil sie die bürgerlichen Konventionen über Bord warfen.[870] Vermehrt rückten schließlich Drogen und Kriminalität ins Blickfeld der Öffentlichkeit.

---

864 Arbeitsgemeinschaft der Tiroler Jugendzentren, Kommunikationszentren, Clubs und Initiativgruppen, Vereinsakt, SID-Verein, Vr 344/77–176/77, TLA.
865 Pichler 1986, S. 46, Fußnote 14.
866 Arbeitsgemeinschaft der Tiroler Jugendzentren, Kommunikationszentren, Clubs und Initiativgruppen, Vereinsakt, SID-Verein, Vr 344/77–176/77, TLA.
867 Vgl. Christian Vogl, Einrichtungen für das „Soziale Forum", Dipl.Arb., Innsbruck 1979, S. 113 f.
868 Tiroler Tageszeitung, Beilage Horizont, Seite der Jungen: Ruf nach unabhängigen Jugendzentren, Nr. 28, 22.7.1976, S. 10–11.
869 Vgl. Benedikt Erhard: Der Kufsteiner Wühlmaus-Club. Eine Tiroler Jugend-Kultur-Initiative der 1970er Jahre, Dokumentation, Innsbruck o.J. (vermutlich 2006).
870 Vgl. Sigmund Kripp, Hören was die Jungen sagen. Begegnungen im Jugendzentrum, München 1984, S. 12.

Die Einrichtungen für Jugendliche wiesen unterschiedliche Merkmale auf, legten verschiedene Schwerpunkte und trugen diverse Bezeichnungen. Es konnten Jugendhäuser, Jugendzentren, Jugendtreffs, Freizeitstätten, Bildungshäuser, Teestuben, Häuser der offenen Tür, Kommunikationszentren oder autonome Kulturzentren sein. Ihre Organisationsstruktur war ebenfalls vielfältig. Sie waren von Jugendlichen selbst verwaltet oder mitverwaltet, sie standen in der Trägerschaft von Gemeinden, Ländern, Kirchen oder Vereinen. Die Betreuung übernahmen SozialarbeiterInnen, SozialpädagogInnen, Theologen, ErziehungswissenschaftlerInnen, ErzieherInnen, Zivildiener und PraktikantInnen oder Menschen ohne spezifische Ausbildung, zum Teil Ehrenamtliche. Die Größe der Räumlichkeiten war höchst unterschiedlich, und sie befanden sich in Dörfern, größeren oder kleineren Städten.[871]

In den Prinzipien und Ansprüchen ähnelten sich die Jugendhäuser aber. Ein essentielles Prinzip stellte die Offenheit dar. Sie betonte die Einbeziehung aller Jugendlichen ungeachtet ihres Herkunftsmilieus, des Geschlechts, ihrer Haltung zu Religionen und der ethnischen Zugehörigkeit. Im Gegensatz zu Jugendverbänden von Parteien und Kirchen setzten offene Jugendzentren nicht auf Mitgliedschaften und die Einbindung in eine Wertegemeinschaft, sie betonten vielmehr die Orientierung an individuellen Bedürfnissen und Problemlagen. Die Ausrichtung an verschiedenen Zielgruppen machte eine Programmvielfalt nötig, die ebenfalls offen und gestaltbar sein sollte. Dazu war ein entsprechendes Raumangebot nötig. Ein basisdemokratisches Prinzip stellte in manchen Jugendzentren die Mitbestimmung in diversen Gremien wie etwa eine Vollversammlung dar, in der dessen BesucherInnen mitentscheiden sollten.[872]

Die Pädagogik, auf die sich viele Jugendhäuser beriefen, fußte neben dem Prinzip der Offenheit auf drei weiteren Säulen: Erstens sollte die als einheitliche Gruppe begriffene gesellschaftliche Kraft „Jugend" idealtypisch soziale Gegensätze überwinden und die demokratische Entwicklung befördern. Zweitens erwuchs aus der Bedürfnisorientierung der Anspruch der Selbstorganisation heraus, der im Kontrast zur Angebotspädagogik der traditionellen Jugendverbände stand. Die Jugendlichen sollten motiviert und befähigt werden, sich ihrer Interessen bewusst zu werden, ihren Alltag zu gestalten und ihre Neigungen weiterzuentwickeln. Das Jugendzentrum stellte dazu das Erfahrungs- und Übungsfeld dar. Für dieses Empowerment mussten MitarbeiterInnen sich mit ihren eigenen Vorstellungen und Haltungen zurücknehmen. Aus den genannten beiden Punkten folgt die dritte Grundlage der Jugendzentrums-Pädagogik: die besondere Stellung der politischen Bildung.[873]

Diese Ansprüche der Jugendzentrumsbewegung konnten viele Jugendzentren allerdings nicht einlösen. Sie scheiterten schon an der Vorstellung von einer einheitlichen Jugend, die sich in der Praxis rasch als Irrtum herausstellte. Sie hatte zu Missverständnissen, Rivalitäten und Konflikten geführt. Der ehemalige Leiter des Jugendzentrums der Marianischen Kongregation (MK) in Innsbruck, Sigmund Kripp, zeigte diese Konfliktlinien in einem, seiner Meinung nach üblichen Verlauf eines Jugendzentrums auf: Der Gründungsgeneration, die primär aus Höheren Schulen kam, seien ArbeiterInnen und Lehrlinge gefolgt. Weil GymnasiastInnen und Lehrlinge ihre Bedürfnisse und Befind-

---
871 Vgl. Kripp 1984, S. 11.
872 Vgl. Münchmeier 2011, S. 58–64.
873 Ebd.

lichkeiten unterschiedlich ausdrückten, verstanden sie sich vielfach nicht. Zusätzlichen Konfliktstoff hätten Jugendgruppen wie Rocker, Punks und Skinheads gebracht, auch die Drogenszene fehlte nicht. Generell waren Jugendzentren auch ein Anziehungspunkt für Jugendliche, die mit sich selbst oder ihrer Umgebung in Konflikt geraten waren. Für die Öffentlichkeit galten die Jugendräume als Brutstätten von Kriminellen, sie verlangte nach Ordnung. So entließen die Träger MitarbeiterInnen, schlossen die Jugendzentren ganz oder vorübergehend und verlangten eine Revision der Konzepte.[874] Doch die neu eingestellten pädagogischen Kräfte standen in den wiedereröffneten Häusern vor ähnlichen Problemen, spätestens als Jugendliche mit Migrationshintergrund in den späten 1980er bzw. in den frühen 1990er Jahren kamen. Die Konfliktspirale begann sich nach innen und außen erneut zu drehen.

Auch die Einbeziehung der Jugendlichen in Entscheidungen, Programme und Aktivitäten stieß an Grenzen. Jugendliche machten der Gestaltungsanspruch und die zugeschriebene gesellschaftliche Rolle bald müde und delegierten an die bezahlten MitarbeiterInnen. Die BetreuerInnen wiederum sahen sich häufig mit unklaren Zuständigkeiten und Verantwortlichkeiten konfrontiert. Bei Konflikten setzten sich Träger und politische VertreterInnen nicht selten über alle Entscheidungsstrukturen hinweg, um die von ihnen definierte Ordnung wieder herzustellen. Ganz generell wich dem hehren Veränderungsoptimismus meist rasch ein realistischer Blick auf die Situation in den Jugendhäusern. Trotz des offenen Anspruchs sprachen die Verantwortlichen nach und nach bei groben Verstößen gegen Regeln oder aus Rücksicht auf andere BesucherInnen (temporäre) Verweise aus dem Jugendzentrum aus und forcierten mehr oder weniger fixe Angebote an bestimmte Gruppen.[875]

Der Widerspruch von Anspruch und Wirklichkeit aber blieb, denn Jugendzentren sind Symptomträger gesellschaftlicher Auseinandersetzungen. Sie verdeutlichen Klassenkonflikte, Geschlechterverhältnisse und ethnische Konflikte, zeigen gesellschaftliche Phänomene wie Gewalt, Diebstahl, psychische Krisen, Selbstmord, Arbeitslosigkeit und Drogenkonsum auf. Mit den Worten Kripps gesprochen, erzeugt ein Jugendzentrum keine Probleme, sie manifestieren sich lediglich dort: „Ein Jugendhaus spiegelt nur die gesellschaftliche Situation wider, macht versteckte Not nur einfach dadurch sichtbarer, daß es zum Treffpunkt von gesellschaftsgeschädigten Jugendlichen wird."[876]

Wie sich die Gesellschaft in den Jahren 1970 bis 1990 veränderte, so änderten sich auch die Bedürfnisse der Jugendlichen. Gegen Ende der Untersuchungsperiode, in den späten 1980er/frühen 1990er Jahren waren Sport und Fitness ein großes Thema und die Jugendlichen forderten stärker unverbindliche Angebote ein.[877] Kulturelle Bedürfnisse hingegen, die die Jugendlichen in den 1970er Jahren noch besonders befriedigt wissen wollten, wurden später durch ein breites Spektrum an Initiativen wie etwa dem Treibhaus, dem Cinematograph oder dem Utopia abgedeckt.

Der individuelle Zugang zu den Problemen und Bedürfnissen von Jugendlichen erfordert einen hohen Personalaufwand und verschiedene Fachkompetenzen. In dieser Hinsicht fehlten den Jugendzentren im Innsbruck der 1970er und 1980er Jahre auf der

---

874 Kripp 1984, S. 13.
875 Vgl. Münchmeier 2011, S. 63 f.
876 Kripp 1984, S. 14.
877 Vgl. Franz Hießböck, Grüner Apfel. Vorschlag zu einem Neukonzept des Z6 (1989/1990), S. 7, 9 f.

einen Seite ausreichende Ressourcen und gut ausgebildete MitarbeiterInnen. Auf der anderen Seite mangelte es zunächst an Anlaufstellen für die verschiedenen Problemlagen wie Drogenkonsum, psychische Krisen, Gewalt in der Familie, Arbeits- oder Wohnungslosigkeit, in die weiterverwiesen hätte werden können. Später waren zwar sukzessive einschlägige Einrichtungen entstanden, aber die Plätze waren oft knapp. Diese Mängel versuchten einzelne MitarbeiterInnen im Rahmen ihrer eigenen Kompetenzen und Möglichkeiten auszugleichen, das Jugendzentrum Z6 ging über diese individuelle Strategie hinaus und etablierte selbst fixe Unterstützungsangebote oder beteiligte sich an deren Gründung. Um die Anliegen der Jugendzentren gegenüber den Trägern, der Öffentlichkeit und den politischen Verantwortlichen besser artikulieren und den Forderungen mehr Gewicht geben zu können, schlossen sich die Jugendzentren und -initiativen tirolweit zur ARGE Tiroler Jugendzentren[878] zusammen. In Innsbruck war das Jugendzentrum Z6 Mitbegründer einer über Jugendzentren-Anliegen hinausgehenden sozialpolitischen Vernetzung, dem Innsbrucker Sozialforum[879].

6.2 Politik und Struktur: offene versus verbandliche Jugendarbeit

Wie anderswo wurden die Jugendzentren auch im Land Tirol nach anfänglichem Widerstand der (klein-)bürgerlichen Öffentlichkeit schließlich als Notwendigkeit bzw. als Chance (an-)erkannt, Zugriff auf Jugendliche zu erlangen, derer sie sonst nicht habhaft wurden. Im Jugendschutzgesetz 1974 schuf die Landespolitik eine gesetzliche Grundlage für die Einrichtung und Unterstützung von Jugendzentren in Tirol. Darin verpflichtete sich das Land Tirol, Jugendberatungsstellen in allen Tiroler Bezirken einzurichten und für deren Finanzierung zu sorgen. Im ersten Absatzes des Abschnitts betreffend den Jugendberatungsdienst hieß es dazu im Jugendschutzgesetz:

> „Das Land hat im Rahmen der Privatwirtschaftsverwaltung zumindest im Sprengel jeder Bezirksverwaltungsbehörde einen allgemein zugänglichen Jugendberatungsdienst einzurichten, der durch Aufklärung und Beratung Kinder und Jugendliche die Bewältigung der mit dem Heranwachsen verbundenen Probleme, Erziehungsberechtigten die Bewältigung ihrer erzieherischen Aufgaben zu erleichtern."[880]

Dazu gründete das Land Tirol den Verein Jugend und Gesellschaft. Im Rahmen dessen wurden JugendbetreuerInnen und -beraterInnen unterstützt und ausgebildet, Beratungsstellen gefördert und eingerichtet[881] sowie Angestellte von Jugendklubs bezahlt. 1977 schüttete der Verein Subventionen in Höhe von 450.000 Schilling aus, 1981 waren es bereits 1,6 Millionen und 1984/85 4,5 Millionen Schilling. Auch die ARGE Tiroler Jugendzentren erhielt eine Subvention aus dieser Dotierung. Die Finanzierung

---

878 Mehr über die ARGE Tiroler Jugendzentren im Abschnitt 11.1, S. 424 ff.
879 Mehr über das Sozialforum im Abschnitt 11.4, S. 438 ff.
880 ATLR – Landesjugendreferat (Hg.), Tiroler Jugendschutzgesetz. Eine Information des Landesjugendreferates Tirol o.D. (um 1980).
881 Vgl. Statuten des Vereins Jugend und Gesellschaft, abgedruckt in: Rangger 1987, Anhang 2.

der Jugendhäuser teilte sich das Land Tirol mit den jeweiligen Gemeinden. Das bedeutete, dass die Jugendinitiativen nicht nur von der Zustimmung des Landes, sondern auch der Gemeinde abhängig waren. Jene, die innerhalb der Gemeinde in Misskredit geraten waren – das betraf zuvorderst die selbstverwalteten Jugendzentren –, kamen rasch unter die Räder, mussten schließen oder wurden absorbiert, wenn die Finanzierung verwehrt blieb.[882]

Im Vorstand des Vereins Jugend und Gesellschaft befanden sich Landesbeamte, so etwa der Amtsvorstand der Abteilung Sozialhilfe und Jugendfürsorge. Den Obmann stellte der Landesjugendreferent, der von 1974 bis 1989 Hermann Girstmair hieß.[883] Die politische Zuständigkeit für den Verein teilten sich die Abteilungen Landesjugendreferat, Jugendfürsorge und Soziales.[884]

Die Haltungen der PolitikerInnen in der Stadt Innsbruck gegenüber der offenen Jugendarbeit waren uneinheitlich, unterlagen einer Entwicklung von 20 Jahren und verliefen oft nicht entlang der Fronten der politischen Parteien. Die Debatten im Innsbrucker Gemeinderat zeigen, dass sich die MandatarInnen aller politischen Fraktionen zunächst nur schwer für die offene Jugendarbeit begeistern konnten. Viele hielten bis weit in die 1980er Jahre an der Verbandslogik und der Förderung im Sinne des Proporzes fest. Die SPÖ sah in den Häusern mit offener Jugendarbeit nicht unberechtigt eine Konkurrenz zu den ihr nahestehenden Jugendorganisationen. All die Jahre verfolgten die sozialistischen StadtpolitikerInnen im Grunde das Ziel, ein gemeinsames Haus für Jugendorganisationen einzurichten, wie es zunächst im Haus der Jugend geplant war. Dabei nahmen sie immer wieder Bezug auf die Vorgehensweise der ÖVP, die Ende der 1960er Jahre zur Eigentumsübertragung dieses Hauses in der Gumppstraße in die Hände der Kirche geführt hatte.[885] Die Hintergründe für die Haltung der SPÖ waren, abgesehen von potenziell fehlendem Verständnis, mangelnde Raumressourcen, eingeschränkten Optionen die Finanzierungsflüsse zu beeinflussen sowie mangelnde Möglichkeiten bei der Gestaltung der Jugendarbeit im Land Tirol, dass Girstmair den Jugendbeirat, in dem auch SPÖ-nahe Jugendorganisationen vertreten gewesen waren, nicht mehr aktivierte. Als einen der Gründe, den Jugendbeirat nicht mehr zu beleben, gab der Landesjugendreferent und ÖVP-Politiker an, dass der Bereich der offenen Jugendarbeit darin nicht erfassbar war.[886] Die Frage der Ressourcen stellte sich für die ÖVP-nahen und katholischen Jugendorganisationen anders dar. Sie wurden ohnehin dementsprechend subventioniert.[887] In diesen Zusammenhang ist es auch zu stellen, wenn SPÖ-Gemeinderat Hermann Linzmaier Anfang der 1980er Jahre seine Sorge ausdrückte, die Zurverfügungstellung des ehemaligen Forum-Kinos in der Dreiheiligenstraße an das Z6, das in katholischer Tradition stand und offene Jugendarbeit machte, könnte bestimmte, nämlich katholisch-konservative Gruppen besonders bevorzugen:

---

882 Vgl. Münchmeier, S. 62, sowie Pichler 1986, S. 60 f.
883 Ebd., S. 51.
884 Waltraud Kindler, Untersuchung von Identitätsproblemen Jugendlicher am Beispiel eines Jugendzentrums, Diss., Innsbruck 1997, S. 16 f.
885 Details zum Haus der Jugend im Abschnitt 2.5, S. 45 ff.
886 Vgl. Tiroler Tageszeitung, Jugendbeirat als ungeeignet erwiesen, 5.12.1977, S. 2.
887 Protokoll des Innsbrucker Gemeinderates vom 11.12.1985, S. 1988–1990, StAI.

„Es wäre nicht im Sinne einer positiven und objektiven Jugendförderung, wenn dieses Haus nur auf eine Gruppierung zugeschnitten oder die eine oder andere Gruppe besonders bevorzugt wäre."[888]

Die SPÖ forderte zur gleichen Zeit ein landesweites Konzept für Jugendzentren. Dafür wollte sie Bedarf und Ziele klären. Die Finanzierung für den Bau von Jugendzentren sahen die SozialistInnen dadurch möglich, weil zu erwarten sei, dass die Bautätigkeit im Schulbereich zurückgehen werde.[889]

Es war Hermann Girstmair, der sowohl als Landesjugendreferent als auch als ÖVP-Stadtpolitiker die offene Form der Jugendarbeit gegenüber der Jugendverbandsarbeit bevorzugte. Er sagte selbst über seine Rolle im Innsbrucker Gemeinderat: „Die ganze Bedeutung der offenen Jugendarbeit ist durch mich auf die Tagesordnung gekommen."[890] Schützenhilfe bekam er ab 1983 von den Grünen Listen – Alternative Liste Innsbruck (ALI) und Grüne Liste Innsbruck (GLI) –, die nicht nur hinter den offenen Jugendzentren, sondern auch deren MitarbeiterInnen sowie Konzepten standen. Girstmair hatte hingegen mit Beschäftigten von landeseigenen Jugendzentren immer wieder heftige Konflikte. Seine Vorstellungen von offener Jugendarbeit unterschieden sich teilweise von jenen der Beschäftigten. Er, der sich beruflich und nebenberuflich landauf, landab mit Vehemenz für Jugendangelegenheiten einsetzte, verstand unter offener Jugendarbeit vor allem Erziehung und Freizeitgestaltung und sah aus einer gewissen defizitorientierten Haltung heraus auch die Notwendigkeit für Beratung.[891] Auf der einen Seite hielt er die Probleme, die sich mit Jugendlichen ergaben, weitgehend nicht für deren Probleme, sondern entlarvte sie als falsche Erwartungen der Erwachsenen,[892] auf der anderen Seite wetterte er gegen die „so viel beredete Demokratisierung in allen Lebensbereichen", die junge Menschen überfordere, weil sie sich noch nicht ihrer selbst, ihrer Rolle in der Gesellschaft sowie ihrer Rechte und Pflichten bewusst wären.[893] Er unterstützte weder selbstverwaltete noch aufsichtsfreie Jugendräume, sondern „druckfreie" Orte, an denen pädagogische Kräfte die Jugendlichen beaufsichtigten und berieten.[894] Girstmairs Ziel war die Einrichtung von „Begegnungsstätten", in denen auch Beratung durchgeführt wurde.[895] Er hielt Jugendzentren für ebenso notwendig wie Heime für alte Menschen,[896] als Orte für besondere Altersgruppen unter sozialen Prämissen. Sein Einsatz für die offene Jugendarbeit war auch kein Widerspruch zur katholisch-konservativen Haltung, denn die Selbstverwaltungsidee korrespondierte gut mit dem Ideal der Selbsterziehungsgemeinschaft „Jugend führt Jugend", das sich in der bürgerlichen Jugendbewegung findet.[897] Girstmair trat als Humanist in Erscheinung. Er setzte auf Vertrauen den Jugend-

---

888 Ebd., 18.11.1982, S. 673, StAI.
889 Vgl. Tiroler Tageszeitung, SP will Konzept für Jugendzentren, 29.10.1982, S. 3.
890 Interview Girstmair 2017.
891 Pichler 1986, S. 60.
892 Interview Girstmair 2017.
893 Tiroler Almanach Nr. 31, Innsbruck 2001/2002, S. 53-54.
894 Protokoll des Innsbrucker Gemeinderates vom 15.12.1980, S. 789, StAI.
895 Pichler 1986, S. 60.
896 Protokoll des Innsbrucker Gemeinderates vom 3.12.1982, S. 1017, StAI.
897 Münchmeier, S. 62.

lichen gegenüber,⁸⁹⁸ befürwortete aber auch den Ausschluss von Jugendlichen, die in den Zentren durch rüpelhaftes oder gewaltvolles Verhalten auffielen, die Regeln missachteten oder Drogen konsumierten. „Moralisches Verhalten" war ihm wichtig, „Selbstverwirklichung" hingegen ein ganz spezielles Reizwort, weil dadurch „die Grundrechte unseres Zusammenlebens auf dem Spiel" stünden.⁸⁹⁹

In der Formulierung der Zielgruppe öffnete sich der Landesjugendreferent und Stadtpolitiker hin zu sozial Schwächeren. Sie schloss auch jene ein, „die nicht das Glück hatten, eigentlich ein selbstverständliches Glück, in einer intakten Familie aufzuwachsen"⁹⁰⁰ und die seiner Meinung nach „gefährdet" waren, in problematische Lagen zu kommen. Aber er betonte auch das Recht der unauffälligen Mehrheit auf ungestörte Jugendarbeit:

„Die Verpflichtung der Gesellschaft der Jugend gegenüber besteht darin, daß sie nicht nur für die gefährdeten Jugendlichen, sondern in erster Linie für die normalen Menschen notwendige Hilfestellung bei seiner Identitäts- und Sozialisationsfindung bietet."⁹⁰¹

Zu Beginn der 1990er Jahre, als der Verein Jugend und Gesellschaft tirolweit bereits mehr als 20 Jugendhäuser betrieb, übertrug das Land Tirol deren Organisation an die Gemeinden und machte damit die Jugendarbeit wesentlich stärker zu einer Aufgabe der Kommunen als des Landes.⁹⁰² Auch bei diesem Prozess war Girstmair in seiner Doppelfunktion als Landesjugendreferent und Gemeinde- bzw. Stadtrat die treibende Kraft.⁹⁰³ Die Dezentralisierung entsprach völlig seiner Anschauung, wie er in der Gegenwart betonte.⁹⁰⁴ Am Finanzierungsanteil aus dem Landesbudget sollte sich zunächst nichts ändern. Aber von Seiten des Landes war es auf längere Sicht erwünscht, dass die Stadt Innsbruck die Verantwortung für die Jugendzentren selbst übernahm.⁹⁰⁵ Um die drei städtischen Jugendzentren zu organisieren und zu verwalten, gründete die Stadt 1990 den Verein „Jugendhilfe Innsbruck". Zweck des Vereins war „die Förderung und Pflege der gesunden geistig-körperlichen Entwicklung des jungen Menschen". Erreicht werden sollte dieses Ziel durch „Einrichtung und Betrieb von offenen Jugendzentren und -treffs", die „Förderung von Fachkräften und Beratern für die Jugendarbeit" sowie die „Durchführung von Veranstaltungen mit kulturellem, geselligem, sportlichem und sozialem Charakter in und außerhalb der vom Verein betriebenen Jugendzentren und Jugendtreffs".⁹⁰⁶ Der Verein war im städtischen Referat für Jugendkultur angesiedelt.⁹⁰⁷ Deren Leiterin Anna Maria Braunegger stand diesem Verein als Obfrau vor, ihr Stell-

---

898 Interview Girstmair 2017.
899 Vgl. Protokoll des Innsbrucker Gemeinderates vom 3.12.1982, S. 1015–1017, StAI.
900 Ebd., 15.12.1980, S. 789, StAI.
901 Girstmair in seiner Stellungnahme an den ÖGB-Innsbruck, Abt. Jugendreferat vom 28.1.1977, Zl. 428/77; zitiert nach Pichler 1986, S. 61.
902 Kindler 1997, S. 17.
903 Protokoll des Innsbrucker Gemeinderates vom 25.1.1990, S. 472–476, StAI.
904 Interview Girstmair 2017.
905 Vgl. Interview Andrea Sommerauer mit Ernst Gutschi am 14.9.2017.
906 Klaus Heitzinger, Offene Jugendarbeit in Innsbruck. Eine Standortbestimmung anhand des Beispiels Jugendzentrum Hötting-West, Dipl.Arb., Innsbruck 2004, S. 75.
907 Vgl. Innsbruck Informiert, Volles Programm für die Jugend, September 1998, S. 5.

vertreter war Ernst Gutschi aus dem mittlerweile zum „Referat für Jugend, Frauen und Familie" (JUFF) gehörigen vormaligen Landesjugendreferat.[908] Auch in den weiteren Vereinsfunktionen finden sich Angestellte von Stadt und Land. Gutschi erinnert sich, dass – analog zum landesweiten Pendant „Jugend und Gesellschaft" – geplant war, auch andere Abteilungen einzubinden, aber dazu habe zumindest zu Beginn wenig Interesse bestanden. Erst später sei die Kindergartenreferentin im Vorstand der „Jugendhilfe Innsbruck" präsent gewesen.[909] In den Innsbrucker Jugendzentren selbst setzte die Stadt auf Fachkräfte, die Zeit der Ehrenamtlichen sei vorbei, betonte Girstmair. Zur Aus- und Weiterbildung der Beschäftigten kamen Supervisionsangebote.[910] Für die Organisation der drei Jugendzentren setzte die Stadtgemeinde einen Koordinator ein.[911] Dieser unterstrich die Verlagerung der Zielsetzung, die sich stärker an Erziehung und Freizeitarbeit orientierte als der Landesverein Jugend und Gesellschaft: Jugendarbeit, hieß es nun, sei mehr als der Blick auf Probleme.[912] Die sozialen Aufgaben rückten dadurch in den Hintergrund.[913] 2013 wurden die Innsbrucker Jugendzentren des Vereins „Jugendhilfe Innsbruck" in die von der Stadt ausgegliederte Gesellschaft „Innsbrucker Sozialen Dienste (ISD)" integriert.[914]

Im Folgenden werden drei Kategorien von Jugendzentren in Innsbruck thematisiert, die bestimmte Grundhaltungen widerspiegeln – auch in Fragen der Sozialen Arbeit und des sozialpolitischen Anspruches. Erstens werden die kirchlichen Jugendzentren behandelt, von denen wesentliche Impulse für die Entwicklung der offenen Jugendarbeit ausgingen. Dort entzündeten sich erste Konflikte, vor allem mit der katholischen Amtskirche. Der Umgang der MitarbeiterInnen sowie der Einrichtungen mit diesen Auseinandersetzungen war schließlich richtungsweisend für die Entwicklung der Innsbrucker Jugendzentrumsszene und den Umgang mit Jugendlichen in verschiedenen Problemlagen. Die zweite Kategorie stellen die selbstverwalteten Jugendzentren dar. Sie sind im Hinblick auf ihre Zielsetzungen, Möglichkeiten und die Dauer ihres Bestandes interessant. Drittens zeigen die von Ende der 1970er bis Ende der 1980er Jahre entstandenen Jugendtreffs der öffentlichen Hand in Innsbruck auf, wohin sich die Jugendarbeit in diesen Jahren entwickelte und welche öffentlichen Auseinandersetzungen sie auslösten. Entscheidend für die Jugendzentrumsbewegung in Innsbruck waren auch die Solidarisierungen, die Zusammenschlüsse zur ARGE Tiroler Jugendzentren und zum Innsbrucker Sozialforum.

---

908 Heitzinger 2004, S. 108.
909 Interview Gutschi 2017.
910 Vgl. Protokoll des Innsbrucker Gemeinderates vom 25.1.1990, S. 472–476, StAI.
911 Heitzinger 2004, S. 76.
912 Gespräch Andrea Sommerauer mit Werner Sieber am 6.3.2015.
913 Vgl. Kindler 1997, S. 18.
914 Homepage Innsbrucker Soziale Dienste, Jugendzentren, http://www.isd.or.at/index.php/jugendzentren (abgerufen am 10.7.2017).

Haus der Jugend

Das Haus der Jugend in der Innsbrucker Gumppstraße eröffnete 1955, hier eine Aufnahme aus 1964.

Kinderheim Pechegarten

Das Innsbrucker städtische Kinderheim Pechegarten 1955 und 1982.

MK und Kennedy-Haus

oben: Im Juni 1964 wurde die Grundsteinlegung für den Neubau der MK, das Kennedy-Haus, feierlich zelebriert. Ehrengast dabei war der damalige Bundeskanzler Josef Klaus.

unten: Fassade des Kennedy-Hauses im Innenhof des Jesuitenkollegs in der Sillgasse. Foto 1997.

MK und Kennedy-Haus

Die Gestaltung der Innenräume des Kennedy-Hauses wurde bewusst nüchtern gehalten. Foto 1970.

Jugendzentrum Z6

In diesem Gebäude in der Innsbrucker Zollerstraße 6 entstand das bis heute tätige Jugendzentrum Z6 und blieb dort bis zum Rausschmiss durch Bischof Paul Rusch im Sommer 1974. Foto aus 1997.

Nach der Rückkehr aus dem Sommerurlaub 1974 fanden Jussuf und Vroni Windischer die Türen zum Jugendzentrum Z6 verschlossen vor. Links im Bild Benedikt (Benno) Erhard.

Ein Clubfestival im Z6 1973.

Jugendzentrum Z6

oben: Messfeier im Jugendzentrum mit dem langjährigen Innsbrucker Jugendseelsorger Meinrad Schumacher, in der Folge auch Obmann des Z6-Trägervereins. o.D.

unten: Nach der Trennung von der Kirche besiedelte das Z6 die Keller der Häuser Andreas-Hofer-Straße 11 und 13. An der Großbaustelle legten auch viele Jugendliche mit Hand an.

Broschüre des Z6 zu seinem 10. Geburtstag 1979. Die kritische Betrachtung der Lage der Jugend in Innsbruck und der eigenen Geschichte spiegelte sich auch in Karikaturen wider.

Jugendzentrum Z6

oben: 1985 übersiedelte das Z6 in die Räumlichkeiten des ehemaligen Forum-Kinos in der Dreiheiligenstraße. Das Foto zeigt die Fassade des Gebäudes im Sommer 1982.

links: Das Z6 besteht bis heute in der Dreiheiligenstraße. Traditionell gibt es einmal jährlich ein Straßenfest, mit dem die Verankerung im Stadtteil sichtbar gemacht wird. Hier das Plakat zum Z6-Straßenfest 1990.

Drogentherapiezentrum KIT

Die Ruine des Taxerhofs in Ampass nach einem Großbrand im September 1977. Nach der chaotischen Gründungsphase des KIT in der Innsbrucker Weingartnerstraße war die Einrichtung Mitte 1975 in den Bauernhof im östlichen Mittelgebirge gezogen.

Ende 1977 übersiedelte das KIT in eine ehemalige Landwirtschaftsschule in Steinach am Brenner und blieb dort bis zum Ende des Projekts im Dezember 2017. Das Foto entstand vermutlich nach 1999.

1982 bezog das KIT einen zweiten Standort oberhalb von Schwaz, das vormalige Gasthaus Egertboden. Das Foto entstand vermutlich nach 1999.

DOWAS

Im März 1975 startete das DOWAS seine Tätigkeit im Haus Völser Straße 19.
Das umgebaute und erweiterte Haus wird bis heute als Übergangswohnheim vom DOWAS genützt.
Foto vermutlich aus den späten 1970er Jahren.

DOWAS

Küche und Wohnräume des DOWAS in der Völser Straße waren sehr einfach und mit Altmöbeln eingerichtet. Alle Fotos aus den späten 1970er Jahren.

DOWAS

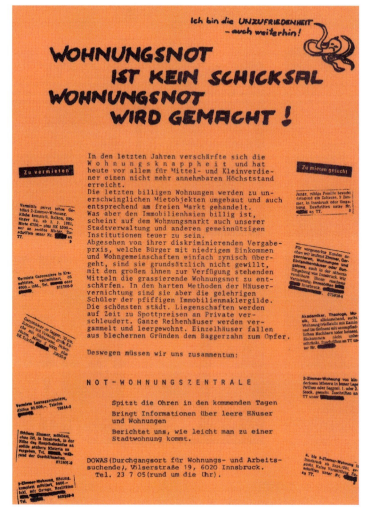

oben: Mit der Übernahme der Mitfahrzentrale in der Brixner Straße verfügte der Verein DOWAS 1984 erstmals über eigene Büro- und Beratungsräumlichkeiten. Das originale Schild erinnert in der heutigen DOWAS-Zentrale in der Leopoldstraße an diese frühen Jahre.

unten: Zum Selbstverständnis des DOWAS zählt seit seiner Gründung, auf sozialpolitische Probleme öffentlich aufmerksam zu machen.
Das Flugblatt stammt aus dem Jahr 1981.

Ho & Ruck

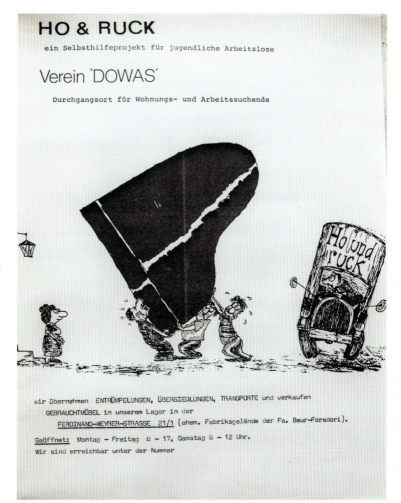

rechts: Als Selbsthilfeprojekt jugendlicher Arbeitsloser entstand das Ho & Ruck 1984 aus dem Verein DOWAS heraus.

unten links: Noch im Gründungsjahr 1984 bezog das Ho & Ruck für seinen Gebrauchtmöbelmarkt eine Halle in der Ferdinand-Weyrer-Straße. Foto ca. 1985.

unten rechts: Der legendäre erste Lkw des Ho & Ruck war bei seinem Kauf 1984 bereits 20 Jahre alt. Foto ca. 1985.

Ho & Ruck

links: Besuch von Sozialminister Alfred Dallinger im Ho & Ruck. Links die langjährige DOWAS-Obfrau Jolanda Brinning, ca. 1986.

4 Bilder unten: 1989 übersiedelte das Ho & Ruck innerhalb des Weyrer-Areals in Räumlichkeiten im Erdgeschoß, die für Schauräume und Werkstätten mehr Platz boten. Fotos 1997.

DOWAS für Frauen

Eine 160 m² große Wohnung in der Innsbrucker Adamgasse war ab Februar 1986 der erste Standort des DOWAS für Frauen. Fotos 1987.

Städtische Herberge

Angebote für wohnungs- bzw. obdachlose Menschen waren in der Innsbrucker Sozialpolitik eines der umstrittensten Themen. Ein Brennpunkt der Auseinandersetzungen war die Städtische Herberge in der Hunoldstraße. Foto 1982.

6.3 Kirchliche Jugendzentren

Die Geschichte der Jugendzentren in Innsbruck ist eng mit der katholischen Kirche verbunden. Die katholische Jugendarbeit genoss die Unterstützung der politischen Mehrheitsfraktion ÖVP, sie verfügte über eine lange Tradition, Strukturen, Know-how und Ressourcen. Nach dem Verbot während des Nationalsozialismus strebte die katholische Kirche die Wiedererlangung ihrer Bedeutung in der außerschulischen Jugendarbeit an. Speziell in Tirol nahm die ÖVP zugunsten der katholischen Kinder- und Jugendorganisationen zunächst Abstand vom effektiven Aufbau einer eigenen Vorfeldorganisation der Partei. Die Katholische Kirche büßte aber ihre Vormachtstellung in der Jugenderziehung in den 1970er Jahren ein. Für Bischof Rusch war die Jugendarbeit in der Diözese ein besonderes Anliegen.[915] Daher ist es kein Zufall, dass die Auseinandersetzungen um die veränderten Bedürfnisse von Jugendlichen und die Forderungen nach offenen Räumen gerade in den kirchlichen Jugendzentren als erstes sichtbar wurden.

6.3.1 Erstes modernes Jugendzentrum in Innsbruck: Die MK[916]

Die vom Jesuitenorden initiierte MK hat eine sehr lange Tradition. Die Gründung einer Studentenkongregation geht in Innsbruck auf das Jahr 1578 zurück. Da der Zulauf groß war, wurden die Erwachsenen von den Schülern getrennt. Später erfolgte bei den Schülern eine Klassifikation in Schulstufen, die bis in die 1960er Jahre beibehalten wurde.[917] Es gibt auch weibliche Kongregationen. Bis heute ist die MK dem Jesuitenorden unterstellt und nicht, wie die Katholische Jugend und die Katholische Jugendschar, der Diözese Innsbruck. Der Wiederaufbau der MK nach dem Verbot während des Nationalsozialismus begann 1946. Sie verstand sich als jener Ort, an dem die künftige gesellschaftliche Elite herangebildet werden sollte. Fixe Bestandteile des Erziehungskonzeptes in den Nachkriegsjahren stellten für die Schüler der Oberstufe verpflichtende Besuche von Gottesdienst und Gruppenstunde sowie die Geschlechtertrennung dar. Die politische Bildung ging zwar über die katholisch-konservative Wertewelt hinaus,[918] die Positionierung der MK-Mitarbeiter wies jedoch eindeutig in diese Richtung.[919] Als der Orden die Leitung der MK 1959 dem Jesuitenpater Sigmund Kripp übertrug, änderten sich das pädagogische Konzept und die Praxis langsam. Dem 1928 in Absam Geborenen, der 1951 in den Jesuitenorden eingetreten war, gelang es, trotz abnehmender Mitgliedszahlen in anderen verbandlichen Jugendorganisationen, junge Innsbrucker und Innsbruckerinnen vermehrt an sich und die MK zu binden. Seine Erziehungsarbeit war geprägt von seinen Erfahrungen als Erzieher an der „School for Juvenile Delinquents" in

---

915 Rudolf Fallmann, Katholische Jugend und Marianische Kongregation in Tirol 1938–1980. Ein Spannungsfeld zwischen Erbe, Anpassung und Fortschritt, Innsbruck/Wien/Bozen 2011, S. 11–58.
916 Zur Organisation und Geschichte der Innsbrucker MK vgl. etwa: Fallmann 2011.
917 Vgl. Rudolf Fallmann, Die Marianische Kongregation (MK) Innsbruck. Vom Ende der 40er Jahre bis in die frühen 70er Jahre des 20. Jahrhunderts – Streiflichter, Dipl.Arb., 2000, S. 7–9.
918 Vgl. Sigmund Kripp, Abschied von morgen. Aus dem Leben in einem Jugendzentrum, Düsseldorf 1973, S. 19–25.
919 Vgl. Fallmann 2000, S. 59–62.

Lincolndale in New York sowie den Jugendzentren von Santa Clara in Kalifornien und El Paso in Neu Mexiko.[920]

Die MK war das Jugendzentrum für die SchülerInnen der Innsbrucker Gymnasien. 1959 hatte sie rund 260 Mitglieder,[921] 1964 lag die Zahl bei rund 800,[922] 1973 war sie auf 1350 gestiegen.[923] In diesen Jahren wandelte sich die MK zu einem modernen Jugendzentrum, in dem Elemente aus der offenen Jugendarbeit angewendet wurden. Dennoch blieb sie ein katholisches Jugendzentrum, das den Jugendlichen Verpflichtungen auferlegte. 1963/64 wurde nach den Plänen des Tiroler Architekten Josef Lackner ein neues Gebäude errichtet, das den Erziehungsstil Kripps und die Bedürfnisse der Jugendlichen widerspiegelt. Rund 200 15- bis 18-Jährige beteiligten sich tatkräftig am Bau und benannten das neue Heim nach dem kurze Zeit vorher ermordeten US-amerikanischen Präsidenten John F. Kennedy. Das Kennedy-Haus verfügte über Klubräume, eine Bibliothek, Arbeits- und Studierzimmer, Musik-, Bastel- und Sporträume sowie einen Veranstaltungssaal mit 200 Sitzplätzen. In den Ferien standen die Räume als Jugendherberge zur Verfügung. 1969 richteten die Jugendlichen im Keller den „Club im Kennedy-Haus" (CIK) ein, in dem sie zu Discomusik oder Livebands tanzten und Veranstaltungen organisierten.[924] Die „Hochschüler im Kennedyhaus" (HIK) installierten eine Bar. 1973 wurde ein Hallenbad eingebaut.[925]

Die Gesamtkosten des Neubaus des Kennedy-Hauses Mitte der 1960er Jahre beliefen sich auf 5,5 Millionen Schilling. Die Diözese schoss 1,4 Millionen Schilling und das Land Tirol 1,32 Millionen Schilling zu. Die Stadt Innsbruck subventionierte den Bau letztlich mit insgesamt 1,14 Millionen Schilling,[926] die Zusage dürfte sich jedoch hingezogen haben, worauf ein Journalist des Volksboten in seinem Artikel von der Grundsteinlegung im Juni 1964 hinwies:

„[D]ie Stadt Innsbruck, die ja letztlich eine Hauptnutznießerin dieser Betreuungs- und Erziehungsstätte für die Jugend sein wird, dürfte wohl den verständnisvollen Worten die finanzielle Tat folgen lassen."[927]

Die SPÖ, die dem Bau von Jugendheimen grundsätzlich positiv gegenüberstand, rechnete diese Subvention allerdings der katholisch-konservativen Wertewelt zu und verlangte die proporzmäßige Aufteilung von Subventionen zwischen Schwarz und Rot.[928] Kripp pochte zwar auf parteipolitische Neutralität, die Verhältnisse stellten sich jedoch anders dar:

---

920 Vgl. Dietmar Larcher, Laudatio für Sigmund Kripp, o.D., Homepage Universität Klagenfurt, http://wwwu.uni-klu.ac.at/hstockha/tap/html/ipg-alt/publ/pgk/kripp.htm (abgerufen am 23.5.2019).
921 Andreas Hauser: Die große Familie, in: Echo, o.J., Homepage catbull.com, https://catbull.com/kulturraum/geschichte/geschichte-der-mk.html (abgerufen am 24.11.2016).
922 Volksbote, Selbsthilfe – Gemeinschaftshilfe – Staatshilfe, 6.6.1964, S. 14.
923 Kripp 1973, S. 14.
924 Tiroler Tageszeitung, CIK – eine „Unterwelt ohne Alkohol und Nikotin", 11.1.1969, S. 3.
925 Tiroler Tageszeitung, Jazzkeller wird in Hallenschwimmbad verwandelt, 5.1.1973, S. 4.
926 Kripp 1973, S. 155.
927 Volksbote, Selbsthilfe – Gemeinschaftshilfe – Staatshilfe, 6.6.1964, S. 14.
928 Vgl. Protokoll des Innsbrucker Gemeinderates vom 22.7.1964, S. 146–157, StAI.

„Obwohl unser Jugendzentrum sich parteilich nicht einstufen lassen will, dürfen wohl Kirche und Österreichische Volkspartei der Meinung sein, daß wir selbstverständlich ÖVP-konform zu sein hätten, es aber leider oft nicht sind."[929]

Kripp passte nicht in das über die Gesellschaft gestülpte Rechts-links-Schema in Zeiten des Kalten Krieges, das die politischen Fronten scharf und einfach abzugrenzen versuchte. Während der Innsbrucker Bürgermeister Alois Lugger (ÖVP) Kripp als „Linksradikalen" bezeichnete, verbot dieser die Agitation von linken Jugendlichen im Kennedy-Haus.[930] Es waren Kripps Nonkonformität, sein kritisches Denken und seine pädagogischen Innovationen, die ihn zum „Linken" machten. Seine Haltungen zu Pädagogik, Theologie und bürgerlichen Normen sowie der Praxis im Kennedy-Haus trugen ihm Konflikte mit der (klein-)bürgerlichen Öffentlichkeit, vor allem aber mit der Amtskirche ein.

Der Ansatz Kripps war nur scheinbar einfach: Er ging von den Bedürfnissen und Problemen der Kinder und Jugendlichen aus. In seiner Veröffentlichung „Abschied von morgen" aus dem Jahr 1973, die schließlich den endgültigen Bruch mit Bischof Paul Rusch hervorrufen sollte, beschreibt er den schwierigen Weg seiner pädagogischen Entwicklung, bei der er sich an den Fragen der Jugendlichen orientierte und seine Antworten an der Lebensrelevanz maß.[931] Er hielt sich an Grundsätze wie dem Primat des Dienstes an der Jugend, einer religiösen Erziehung im Sinne des Glaubens als Lebensgrundlage, Diskussionsfreiheit in der Jugendzeitung „Wir diskutieren", sexuelle Aufklärung, politische Erziehung sowie dem offenen Zugang für GymnasiastInnen ungeachtet ihres Religionsstatus.[932] Etwa zehn Prozent der Jugendlichen stufte Kripp als „sehr schwierig" ein, denen er keinesfalls die Hilfe verwehren wollte. Sie befanden sich in Problemlagen wie Alkohol- und Drogensucht, Depressionen, rissen von zuhause aus oder begingen Eigentumsdelikte. Psychisch Kranken ermöglichte er auf MK-Kosten psychiatrische Behandlung und monierte den Mangel an Fachleuten sowie an (öffentlicher) Finanzierung der psychosozialen Versorgung.[933] Er forderte eigene Jugendberatungsstellen,[934] die es damals in Innsbruck nicht gab, deren Verpflichtung zur Verwirklichung in jedem Tiroler Bezirk aber später im Jugendschutzgesetz des Landes Tirol von 1974 verankert werden sollte.

Die Grundlage von Kripps pädagogischem Konzept beinhaltete die Anleitung zu Reflexion und kritischem Denken, zum Einnehmen eines eigenen Standpunkts und zur Übernahme von Verantwortung. Den Jugendlichen standen Interessensgruppen (Sektionen) offen, in denen sie ihre Neigungen pflegen und ihr Wissen vermehren konnten. 1970 befanden sich unter den 44 Gruppen solche zu Rhetorik und Weltgeschehen, Kranken- und Bardienst, zu Film, Theater und Automechanik. Zur Leitung der Sektionen wurden auch ProfessionalistInnen herangezogen.[935] Eine schriftliche Heimordnung

---

929 Kripp 1973, S. 76.
930 Ebd., S. 77–79.
931 Ebd., S. 27.
932 Kennedy-Haus (Hg.): Kasiwai. Ein Bildband des Kennedy-Hauses in Innsbruck, Innsbruck 1970, S. 141 ff.
933 Vgl. Kripp 1973, S. 102 f.
934 Ebd., S. 90.
935 Kennedy-Haus 1970, S. 24 ff.

existierte im Kennedy-Haus nicht, aber ein Rauch- und Alkoholverbot.[936] Insgesamt veränderte sich die Methodik in der MK immer wieder ein wenig. Ende der 1960er Jahre/Anfang der 1970er Jahre scheint die apostolisch-elitäre Tradition endgültig von der Etablierung eines modernen Jugendclubs abgelöst worden zu sein. Das Gespräch mit dem Priester hatte die Beichte ersetzt, 1969 fusionierten Buben- und Mädchen-MK, 1970 waren Wochenenddiscos etabliert,[937] ein Jahr später schaffte Kripp den Pflichtbesuch des wöchentlichen Gottesdienstes ab. Er vertrat die Ansicht, die Kirche habe kein Recht, das Christentum anders zu verbreiten als durch ein Angebot,[938] und forderte eine zeitgemäße Vermittlung von Religion in der Liturgie und im Unterricht.[939] Von der Amtskirche verlangte er, die veränderten Lebenseinstellungen der Menschen zu berücksichtigen, und bewertete die vom Vatikan verpönten Verhütungsmittel positiv.[940]

Diese Haltungen und Veränderungen riefen Widerstand hervor – bei konservativen Eltern, Religionslehrenden, bei Politikern wie Landeshauptmann Eduard Wallnöfer und Innsbrucks Bürgermeister Alois Lugger. Kripp geriet auch mit den Jugendlichen in Konflikt, die ihm autoritäres Verhalten zuschrieben, als er ohne Rücksprache mit dem Leitungsgremium (Konsult), in dem auch MK-Mitglieder vertreten waren, Entscheidungen traf.[941] Die meiste Kritik kam jedoch aus den kirchlichen Reihen – vom Jesuitenorden und vor allem von Bischof Rusch. Bereits seit Anfang der 1960er Jahre stand dieser im Konflikt mit dem MK-Leiter.[942] Die Zeitung „Wir diskutieren" war ein häufiger Stein des Anstoßes. Darin konnten die Jugendlichen ihre Meinungen äußern und Erlebnisse austauschen. Sie kritisierten darin unter anderem das Bundesheer, das Schützenwesen, Kriegerdenkmäler und den Religionsunterricht, was schließlich zu einer Vorzensur hinsichtlich kirchlicher und religiöser Fragestellungen führte, die Kripp in der Auseinandersetzung mit Rusch sogar begrüßte. Er schlug dazu den damaligen Jugendseelsorger des Dekanats Innsbruck Meinrad Schumacher vor, der diese Aufgabe dann erfüllte.[943] Im September 1973 wurde die Zeitung endgültig eingestellt.[944]

Ein weiterer wesentlicher Konfliktpunkt zwischen Kripp und Rusch war der Umgang mit Körper und Sexualität. So machte der Bischof seine Zusage einer Subvention von 100.000 Schilling für das Kennedy-Haus davon abhängig, dass in den nach Geschlechtern getrennten Gemeinschaftsduschen Vorhänge zwischen den Brausen eingebaut würden. Denn das Duschen von Buben in einer Gemeinschaftsdusche erregte bei manchen Erwachsenen Anstoß. Kripp gab der Auflage des Bischofs nach: „Die Jugendlichen kamen gleich fragen, warum auf einmal das. Natürlich lachten sie über den Grund. Nach einem Jahr waren die Vorhänge zerrissen, und die Reste mußten entfernt werden."[945]

---

936 Kripp 1973, S. 24.
937 Fallmann 2000, S. 93.
938 Kripp 1973, S. 31 f., 132.
939 Zum Konflikt zwischen Sigmund Kripp und Paul Rusch siehe Helmut Alexander: Der „rote" Bischof. Paul Rusch und Tirol. Aspekte seines sozialen Engagements und gesellschaftlichen Selbstverständnisses, Innsbruck/Wien/Bozen 2005, hier: S. 127.
940 Kripp 1973, S. 130. In einer Reaktion auf die Erfindung der Pille verbot Papst Paul VI mit der Enzyklika „Humanae Vitae" 1968 die Schwangerschaftsverhütung mit künstlichen Hilfsmitteln.
941 Alexander 2005, S. 131.
942 Ebd., S. 117.
943 Ebd., S. 123–125.
944 Ebd., S. 164.
945 Kripp 1973, S. 113.

Der Umgang mit Körper und Sexualität war auch ein zentraler Inhalt von Ruschs Silvesterpredigt zum Jahreswechsel 1971/72, die den Konflikt mit dem MK-Leiter auf eine neue Eskalationsstufe stellte. Die meisten Eltern standen jedoch hinter Kripps Methoden. Denn im Laufe des größer werdenden Konfliktes mit dem Bischof hatte Kripp die Zusammenarbeit mit den Eltern verstärkt, von ihnen ließ er sich seine Zugänge sowie Methoden absegnen und initiierte gleichzeitig Gespräche zwischen den Generationen.[946] Er bereitete keinen Umsturz vor, sondern versuchte die Kirche von innen her zu reformieren. Dazu setzte er auf Diskussion und Bewusstseinsbildung.[947] Rusch aber ließ nicht mit sich reden. Er drängte immer stärker auf die Ablöse des MK-Leiters bei den Jesuiten in Innsbruck, Wien und Rom. Selbst der Papst war informiert. Das Erscheinen von Kripps Buch „Abschied von morgen", das die Zensurstelle der Jesuiten erfolgreich passiert hatte, brachte schließlich das Fass zum Überlaufen. Der Bischof erwirkte mit Unterstützung des Jesuitenordens die Absetzung des MK-Leiters mit 27. November 1973. Kripp verließ Ende des Jahres Innsbruck.[948]

Weder die breit angelegte Unterschriftenaktion „Gerechtigkeit für Pater Kripp" – ein zweiseitiges Inserat in der Tiroler Tageszeitung nennt rund 3.000 UnterzeichnerInnen –,[949] noch ein Protesttelegramm an den General der Jesuiten, Pedro Arrupe in Rom, das MittelschülerInnen absandten, noch eine Solidaritätsdeklaration[950] ließen die Entscheidung revidieren. Die Mitglieder der MK benannten das Kennedy-Haus kurzerhand in Sigmund-Kripp-Haus um. Die Stadt Innsbruck kommentierte den Sieg Ruschs, der auch ein Sieg über den Jesuitenorden war, im Dezember 1973 mit dessen Ernennung zum Ehrenbürger.[951] Ein Jahr später, bei der 10-Jahres-Feier des nunmehrigen Kripp-Hauses, würdigten geistliche und weltliche Würdenträger die Arbeit des abgesetzten MK-Leiters dann aber wieder.[952]

Die Nachfolge Kripps trat Pater Josef Aigner an. Er vereinbarte unter anderem regelmäßige Gespräche mit dem Bischof.[953] Doch es gab weiterhin Konflikte. 1976 zeigte die Theatergruppe das Stück „Magic Afternoon" von Wolfgang Bauer, und obwohl die Aufführung in eine Diskussion eingebettet war, verbot es Rusch wegen „Dekadenz, Sexualität und Brutalität".[954] In den 1980er Jahren folgte Pater Richard Plaickner auf Pater Johannes König. Die Mitgliederzahlen waren in dieser Zeit dramatisch gesunken. Gab es 1978 noch 1.000 Studierende und SchülerInnen,[955] waren es 1982 nur mehr 400.[956] Bereits einige Jahre zuvor war die Öffnung der MK für Haupt- und BerufsschülerInnen erfolgt. Thomas Egger, der 1982 bis 1984 in der MK als Betreuer arbeitete, betont, dass sich damals die familiären Hintergründe im Jugendzentrum erweitert hatten. Jugendli-

---

946 Vgl. Alexander 2005, S. 132–136.
947 Fallmann 2000, S. 117.
948 Alexander 2005, S. 172.
949 Tiroler Tageszeitung, Aktion „Gerechtigkeit für Pater Kripp", 12.12.1973, S. 10 f.
950 Ebd., Fallmann 2000, S. 131.
951 Tiroler Tageszeitung, Ehrenbürgerschaft für Bischof Paulus Rusch, 5.12.1973, S. 5. Vgl. Fallmann 2000, S. 115.
952 Fallmann 2000, S. 133 f.
953 Tiroler Tageszeitung, P. Aigner Nachfolger von P. Kripp, 3.1.1974, S. 5.
954 Tiroler Tageszeitung, Bischof verbot „Magic Afternoon" im Kripphaus, 20.11.1976, S. 17.
955 Tiroler Tageszeitung, Gags und viele Aktionen zum MK-Jubiläum, 14.6.1978, S. 3.
956 Tiroler Tageszeitung, Die MK – ein Treffpunkt für Jugendliche, 9.10.1982, S. 8.

che aus Arbeiterfamilien, auch solche aus zerrütteten Familienverhältnissen waren mit der MK in Beziehung getreten. Er erinnert sich an Gruppen, die für das Betreuerteam besonders herausfordernd waren:

„[E]ine Gruppe kann ich mich erinnern die ‚Cakers', so haben die geheißen, das war so eine, sage ich jetzt unter Anführungszeichen, eine Gruppe junger Desperados, die zum Teil zuhause schwierige Verhältnisse hatten. Die haben, zum Teil sind sie hereingekommen, haben die Vorhänge herunter gerissen (lacht) und sind wieder raus. Die haben auch so Aktionen gesetzt, weiß d', Autobahnbrücken, Stephansbrücke, von einem Bogen zum anderen hüpfen und ich weiß nicht, in 30 oder 40 Metern Höhe Klimmzüge zu machen, einer ist abgestürzt und war tot."[957]

Doch für die Intensivbetreuung von Jugendlichen in schwierigen Problemlagen fehlten die Ressourcen.[958] Plaickner sah sich lediglich in der Lage, eine begrenzte Anzahl Jugendlicher in Krisen aufzunehmen. Er verwies auf diverse Sozialeinrichtungen, die sich mittlerweile in Innsbruck etabliert hatten.[959] Ende der 1980er Jahre sprach der MK-Leiter von einer Identitätskrise der MK und konstatierte: „Die Zeit der Jugendzentren als Massentreffs ist überall vorbei."[960] Außerdem waren in der Zwischenzeit weitere Jugendzentren in Innsbruck eingerichtet worden. Das Bedürfnis nach Alternativkultur und kulturelle Begegnungsstätten deckten Kultureinrichtungen wie Utopia oder Treibhaus ab. Die MK kehrte zur katholischen Jugendarbeit zurück.[961]

Als Pater Markus Inama 1999 die Leitung der MK von Pater Martin Rauch übernahm, der sie zehn Jahre lang geleitet hatte,[962] war sie schon aus dem Sigmund-Kripp-Haus ausgezogen.[963] Das nicht mehr den Bauvorschriften entsprechende legendäre Gebäude wurde 2003 abgerissen, nachdem es einige Jahre leer gestanden hatte.[964] Zu Beginn des neuen Jahrtausends lag die Mitgliederzahl der MK bei rund 150.[965] Das jetzige, verkleinerte Jugendzentrum befindet sich im Altbestand des Jesuitenkollegs. 2005 hatte die Stadt Innsbruck auf Betreiben eines ehemaligen MK-Mitgliedes, Vizebürgermeister Michael Bielowski (Für Innsbruck), Sigmund Kripp die Ehrenbürgerschaft verliehen.[966]

Die MK-Mitglieder lernten bei Sigmund Kripp Prinzipien der offenen Jugendarbeit kennen, auch wenn das Kennedy-Haus kein offenes Haus war. Einige trugen ihre Erfahrungen weiter, erweiterten ihr Wissen und setzten es wiederum in der Jugend- und

---

957 Interview Hannes Schlosser mit Thomas Egger am 7.5.2015.
958 Tiroler Tageszeitung, MK Innsbruck nimmt nicht jeden als Mitglied, 10.10.1981, S. 8.
959 Tiroler Tageszeitung, Friedensbewegung als Modeerscheinung?, 17.6.1983, S. 7.
960 Tiroler Tageszeitung, Beilage Innsbruck Aktuell, MK mit wiedergefundener Identität, 12.1.1988, S. 3.
961 Vgl. Interview Gutschi 2017.
962 Homepage Jesuiten, https://jesuiten.at/project/rauch (abgerufen am 1.5.2018).
963 Hauser o.J.
964 Archiv-IT/Das Subkulturarchiv der Stadt Innsbruck, https://www.facebook.com/701625283242938/photos/pb.701625283242938.-2207520000.1480000834./1203038979768230/?type=3&theater (abgerufen am 24.11.2016). Vgl. auch Niederschrift des Innsbrucker Gemeinderates, 10.10.2002, S. 1319–1321 und 1323–1331, StAI.
965 Hauser o.J.
966 Alexander 2005, S. 172.

Sozialarbeit ein. Einen Impuls setzte Kripp auch für die Entwicklungshilfe, indem er jungen Menschen aus der MK, vorwiegend waren es Männer, die Möglichkeit für ein Auslandsjahr in einer Missionsstation im Globalen Süden gab.[967]

6.3.2 Arbeiterjugend im Keller, GymnasiastInnen im Haus: Das Jugendzentrum St. Paulus

Im neu entstandenen und bevölkerungsreichsten Stadtteil Reichenau im Osten Innsbrucks, in dem viele Familien mit Kindern und Jugendlichen wohnten, errichtete die Diözese Ende der 1960er Jahre einen Kindergarten und ein Jugendzentrum für Mädchen und Burschen. Besonders virulent erschien die Initiative nach der Eröffnung des Gymnasiums in der Reithmannstraße. Dort waren die beiden Leiter des Jugendzentrums St. Paulus, Adolf Karlinger und Oswald Stanger, als Religionslehrer beschäftigt.[968]

Architekt Franz Schönthaler konzipierte den Neubau des Kinder- und Jugendzentrums als Sechseck, um den Wünschen nach Rückzug und Gemeinschaft gleichzeitig Rechnung zu tragen.[969] Im Keller waren Räume für Musik, zum Basteln, eine Kegelbahn und eine Lehrküche untergebracht.[970] Die Eröffnung erfolgte am 8. Dezember 1968.[971] Die Stadt Innsbruck hatte den Bau mitfinanziert.[972] Bei der Eröffnung stellte Bürgermeister Lugger die Unterstützung einer kirchlichen „Privatinitiative" als Selbstverständlichkeit dar, wie im Volksboten zitiert wurde, in dem allerdings das Jugendzentrum nicht erwähnt wird:

> „Da die Stadtgemeinde allein nicht in der Lage sei, alle die vielen notwendigen gemeinschaftsbildenden Werke, Schulen, Kindergärten usw., [sic] zu schaffen, sei es absolut gerechtfertigt, daß die öffentliche Hand die Privatinitiative kräftig unterstütze."[973]

Bis zu 500 junge Menschen von Volksschulkindern bis zu Studierenden besuchten gleichzeitig das Jugendzentrum St. Paulus. Die Personalsituation für diese große Zahl an NutzerInnen war prekär, wie an den nebenbeschäftigten Leitern abzulesen ist. Nachmittags war das Heim drei Stunden lang für Gruppenstunden und Sektionen geöffnet, ab 19 Uhr hatten nur mehr Jugendliche ab 14 Jahren mit Mitgliedsausweisen Zutritt. Aufgrund des Einzugsgebiets des Jugendzentrum St. Paulus kamen nicht nur SchülerInnen des Reithmann-Gymnasiums, sondern auch erwerbstätige Jugendliche. Die Klassenunterschiede drückten sich in verschiedenen Bedürfnissen, Kommunikationsformen und Arten der Konfliktaustragung aus. Sichtbarer Ausdruck der Gegensätze waren die

---

967 Vgl. Andrea Sommerauer, Gewagte Mission. Der Missionshilfeeinsatz von Jugendlichen aus der Marianischen Kongregation Innsbruck in Rhodesien (1964–1976), Innsbruck 2019.
968 Vgl. Interview Rudolf Fallmann mit Oswald Stanger, abgedruckt in: Rudolf Fallmann, Episkopat, Priesteramt und katholische Kirche in Tirol. Im Spannungsfeld zwischen Erbe, Anpassung und Fortschritt (1938 bis 1980), Diss., Innsbruck 2003/2004, S. 242–245, hier: S. 242.
969 Kirchenblatt für Tirol, Jugendzentrum St. Paulus, 4.1.1970, S. 4.
970 Kirchenblatt für Tirol, Neues Jugendzentrum Innsbruck, 8.9.1968, S. 12.
971 Kirchenblatt für Tirol, Erstes pfarrliches Jugendzentrum in Innsbruck, 1.12.1968, S. 12.
972 Tiroler Tageszeitung, Ab heute neues Kinderparadies in Reichenau, 1.10.1968, S. 4.
973 Volksbote, Jugendzentrum in der Reichenau, 14.12.1968, S. 25.

Räume, die den Jugendlichen zugedacht waren und die sie sich nahmen: GymnasiastInnen bevölkerten tendenziell das Haus, Arbeitende fanden sich im Keller wieder. Die beiden Gruppen verstanden und vertrugen sich oft nicht, immer wieder schritt die Polizei bei Konflikten ein. Parallel zum Gegensatz der beiden Zielgruppen war auch das Konzept zweigeteilt: Im Haus verfolgten die Betreuenden eine geschlossene Jugendarbeit, die sich an den Prinzipien der Katholischen Aktion und an Gruppenstunden orientierte. Von Sigmund Kripp und der MK hatten sie das Modell der Sektionen übernommen, die jedoch kaum untereinander in Kontakt traten. Es gab auch ein Hausparlament. Weil aber nicht alle Jugendlichen über die Gruppenstruktur erfassbar waren, richteten die Verantwortlichen des St. Paulus im Keller ein Angebot ein, das den Prinzipien der offenen Jugendarbeit folgte. Eine Berührung zwischen Haus und Keller forcierte die Heimleitung aber nicht. Generell ging die Elitenbildung zugunsten der offenen Jugendarbeit zurück, die Arbeit mit Mädchen lag brach.[974]

Die Unklarheiten im Konzept übertrugen sich auch auf das Leitungsteam, das aus zwei Gruppenführern der katholischen Jugendgruppen aus der Pfarre, je einer Vertretung der Sektionen, des Hauses, der Liturgie und der Eltern bestand. Sie waren sich in der Aufgabenverteilung, den Prioritäten und den Konzepten uneinig. 1978 grenzten sie in einer Teamsitzung die Zielgruppe und das Konzept der offenen Jugendarbeit ein: „Jugendfürsorge in Grenzen: keine pathologischen Fälle, keine Dealer, keine Alkoholisierten, keine ‚gefährlichen Leute'."[975]

Die Unklarheiten, die aber weiter bestanden, waren denn auch ein wesentliches Ergebnis einer Glaubensmission, die in St. Paulus vom 9. bis 30. April 1978 durch einen externen Priester stattfand. Derartige Glaubensmissionen sollten Bischof Rusch in seiner Diözese Aufschluss über die Kirchentreue geben. Die Veranstaltung erfreute sich in St. Paulus weder großer Beliebtheit, noch großer Beteiligung. Der Bericht des externen Priesters empfahl dem Bischof eine Klarstellung über den Charakter des Jugendzentrums und eine Strukturierung im christlichen Sinne, strich aber auch den Sinn einer Jugendzentrumsarbeit mit Randgruppen hervor. Rusch zog seine Konsequenzen. Er entzog Stanger die Leitung und übertrug sie letztlich Karlinger, der das Zentrum im bischöflichen und im christlichen Sinne weiterführte.[976] Somit war die offene Jugendarbeit 1978 in St. Paulus Geschichte, das Jugendzentrum blieb aber weiterhin für kirchenferne Jugendliche geöffnet.[977]

6.3.3 Betreuung und Beratung: Das Jugendzentrum Z6

Das Bestreben, speziell für jugendliche ArbeiterInnen und Lehrlinge ein Jugendzentrum einzurichten, geht in die späten 1960er Jahre zurück. Im Dezember 1967 setzte Bischof Rusch für Innsbruck einen neuen Jugendseelsorger ein. In dieser Funktion organisierte

---

974 Fallmann 2003/2004, S. 219–224.
975 Protokoll der Teamsitzung des Jugendzentrums St. Paulus am 7.5.1978, zitiert nach Fallmann 2003/2004, S. 219.
976 Fallmann 2003/2004, S. 225–234.
977 Pichler 1986, S. 26.

der 1935 in Innsbruck geborene Kaplan Meinrad Schumacher[978] in den folgenden Jahren die „Aktion 14". Es handelte sich dabei um Einkehrtage für SchulabgängerInnen der Pflichtschulen, die in Kooperation mit Religionslehrenden am Achensee stattfanden. Buben und Mädchen der Abschlussklassen von Innsbrucks Haupt- und Sonderschulen verbrachten ein Wochenende mit intensiven Gesprächen über ihre Wünsche und Sorgen, mit Spielen und Lagerfeuerromantik.[979] Die Zahl der Teilnehmenden war hoch, nahm allerdings im Laufe der Jahre ab. Während 1971 noch 80 Prozent der weiblichen und 78 Prozent der männlichen PflichtschulabgängerInnen der Einladung Schumachers folgten, waren es 1974 nur mehr 57 Prozent der Mädchen und 62 Prozent der Burschen.[980]

Bereits bei den ersten Treffen am Achensee war klar geworden, dass sich die PflichtschülerInnen einen dauerhaften Treffpunkt in Innsbruck wünschten. So richtete Schumacher den „Club 456" für 14-, 15- und 16-Jährige ein, 1969 fand er dafür ein Lokal in Pradl. Da der Zulauf groß und allein kaum bewältigbar war, bat der Jugendseelsorger seine damalige Sekretärin Vroni Grimm (spätere Windischer), die Betreuung der Mädchen zu übernehmen.[981] Die Gruppen des Clubs 456 trafen sich dezentral – in Pradl, am Domplatz und in Hötting. Andere kamen in Arzl, dem Olympischen Dorf und eine Innsbruck-Land-Gruppe in der Maria-Theresien-Straße zusammen. Programm waren christliche und spirituelle Übungen genauso wie Freizeitaktivitäten. Dazu zählte miteinander Würstel zu grillen, Tischfußball zu spielen, Rad- und Bergtouren zu unternehmen. Eine weitere Initiative Schumachers stellte die wöchentliche Jugendmesse in der Spitalskirche dar. Ziel von Jugendlichen und Verantwortlichen war, ein großes, zentrales Jugendzentrum für arbeitende Jugendliche in Innsbruck einzurichten.[982] „Ob es uns gelingt, durch ein Jugendzentrum der Stadt ein neues Gesicht zu geben, liegt an uns", merkten die MitarbeiterInnen des Clubs bei einer Clubkonferenz Ende Oktober 1971 an.[983] Das sollte gelingen: Vom späteren Jugendzentrum Z6 gingen eine Reihe von heute nicht mehr wegzudenkenden Initiativen, Aktionen und Impulsen für die Jugend- und Sozialarbeit in Innsbruck aus.

Mit 1. Dezember 1971 gelang fürs Erste die räumliche Erweiterung und die Zusammenfassung von Jugendgruppen. Mit der Unterstützung der Kirche kam der Club 456 im wenig genutzten Jugendheim der Pfarre Wilten-West in der Zollerstraße 6 unter.[984] Von dieser Adresse leitet sich auch der Name des bis heute bestehenden Jugendzentrums Z6 ab. Bei der Nutzung der Räumlichkeiten in der Zollerstraße unterlagen die Betreibenden des Z6 einer Auflage der Diözese, die Jugendlichen aus der Pfarre Wilten-West zu integrieren.[985] Zusammen mit diesen verzeichnete der Club zu diesem Zeitpunkt rund 300 Mitglieder,[986] ein Jahr später waren es bereits 389. Zunächst trafen sich

---

978 Homepage der Altkatholischen Gemeinde Nordtirols, http://tirol.altkatholisch.info/personen.html (abgerufen am 11.5.2017).
979 Vgl. Interview Windischer 2015.
980 Kirchenblatt für Tirol, 21.7.1974, Abschlussbericht „Aktion 14", Privatarchiv Windischer.
981 Gespräch Andrea Sommerauer mit Vroni Windischer am 29.4.2015.
982 Vgl. Clubzeitung, November 1971, Privatarchiv Windischer.
983 Protokoll von der Clubkonferenz am 17.10.1971 vom 21.10.1971, Privatarchiv Windischer.
984 Clubzeitung, Dezember 1971, Privatarchiv Windischer.
985 Gespräch Vroni Windischer 2015.
986 Clubzeitung, Dezember 1971, Privatarchiv Windischer.

aber Gruppen auch weiterhin im Höttinger Jugendheim, in der Schrottstraße in Arzl, im Jugendheim O-Dorf und in der Maria-Theresien-Straße.[987] Die Heimordnung im Jugendzentrum in der Zollerstraße sah unter anderem Klubausweise vor, die den Zutritt ermöglichten.[988] Die dort zur Verfügung stehenden Räume bestanden aus zwei Bereichen: Der erste umfasste den ersten und zweiten Stock des Hauses, der zweite Bereich den Keller. Haus und Keller hatten verschiedene Eingänge. Damit teilte sich, wie in St. Paulus, der Betrieb in zwei Kategorien: Im Haus fanden sich die an Bildungsprogramm und Gruppenstunden Interessierteren ein, im Keller hielten sich die Unangepassteren auf. Tendenziell trafen sich die Burschen häufiger im Keller, die Mädchen mehr im Haus. Von Beginn an waren im Z6 weibliche Jugendliche gegenüber männlichen unterrepräsentiert.[989] 1974 verzeichnete das Jugendzentrum von den 389 Mitgliedern 224 Burschen und 165 Mädchen.[990]

Josef (Jussuf) Windischer wurde bereits 1971 angesprochen, beim Aufbau und dem Betrieb des Z6 mitzuarbeiten. Der 1947 in Innsbruck Geborene, der damals kurz vor dem Abschluss seines Theologie-Studiums stand, war selbst in der MK organisiert gewesen und hatte bereits ein wenig Erfahrung in der Betreuung von Randgruppen in Frankreich gewonnen. Nun sollte er mit den Jugendlichen den Ausbau des Kellers vornehmen. In seinem Manuskript „Jugend am Rande" aus dem Jahr 1978 erinnerte er sich an den Zustand der Kellerräume und die Jugendlichen, die er dort vorfand:

„Ein Haufen Gerümpel stand im Keller herum. Ein paar Beleuchtungen funktionierten noch – es handelte sich um einige rote Birnen. Hie und da war ein Matratzenlager eingerichtet. Irgendein Plakat an der Wand zeigte an, daß es in diesem Keller eine Polizei gab, eine sogenannte Bandenpolizei. Die Gruppierung im Keller, die als verwahrlost bezeichnet wurde, nannte sich offiziell: Ministranten der Pfarre. Die Gruppe bestand aus ca. 70 Leuten. [...] Es war eine Bande, wie man es sich in einem Bilderbuch vorstellt. Ein paar Leute waren durchwegs brav, sie ministrierten, beteten in der Kirche, taten bei diversen Sozialdiensten mit – aber daneben gab es den Untergrund, der den Ton angab. Es waren sogenannte Schläger, Zuhälter, Kleinkriminelle."[991]

Jussuf Windischer brachte eine neue Dimension ins Z6: die Betreuung von Jugendlichen, die unangepasst waren, die Probleme mit sich, den Eltern oder der Polizei hatten, die Opfer von Gewalt geworden waren, die aus zerrütteten Familienverhältnissen und/oder aus dem Jugendheim stammten. Im Vergleich zur MK, deren Mitglieder mehrheitlich einen (klein-)bürgerlichen Hintergrund hatten und tendenziell in einem behüteteren Umfeld aufgewachsen waren, stellten im Z6 Arbeits- und Wohnungslosigkeit, Alkohol- und Drogenkonsum sowie Sucht und Gewalt augenfällige Probleme dar.

---

987 Ebd., Dezember 1972.
988 Ebd., Dezember 1971.
989 Ebd., Verein zur Förderung des Jugendzentrums Z6 (Hg.), 10 Jahre Jugendzentrum Z6. 10 Jahre gegen Gewalt. Eine Dokumentation, Innsbruck 1979, S. 10.
990 Ebd., Clubzeitung, Dezember 1972.
991 Ebd., Josef Windischer, Jugend am Rande, 2. verbessertes Manuskript, Oktober 1978, unveröffentlicht, S. 8 f. Dieses Manuskript wurde von Windischer ungefähr 30 Mal kopiert und an Interessierte weitergegeben.

Während die MK-MitarbeiterInnen versuchten, die Anzahl Jugendlicher mit massiven Schwierigkeiten im Rahmen zu halten, lag die Linie des Z6 in der Einbeziehung aller Jugendlichen, die sich den grundsätzlichen Regeln im Jugendzentrum unterwarfen oder es zumindest vorgaben. Dazu zählten ein striktes Verbot von Alkohol- und Drogenkonsum in den Jugendzentrumsräumen, die Verantwortung für den Zustand der Räume, die Vermeidung von Ruhestörung vor dem Haus und die Beteiligung an der Jugendzentrumsarbeit.[992] Bald musste auch ein klares Waffenverbot ausgesprochen werden.[993] Wie in der MK war der Zugang zum Z6 über einen Klubausweis geregelt, grobe Zuwiderhandlungen gegen die Hausordnung ahndeten die Z6-Beschäftigten mit Zutrittsverbot. Die Beteiligung an den Angeboten des Jugendzentrums war der Auflage der MK, an Interessensgruppen teilzunehmen, ebenfalls ähnlich. Auch im Z6 beinhaltete die Mitgliedschaft die Verpflichtung bei Interessensgruppen mitzumachen oder selbst welche zu gründen sowie die Möglichkeit sich an der Z6-Struktur zu beteiligen. So tauschten sich die GruppenleiterInnen aller im Z6 stattfindenden Studios, Arbeitskreise und Gruppen aus, im „Zentralteam" waren neben zwei hauptamtlichen Betreuenden auch Interessierte geladen und die Vollversammlung fand ebenfalls regelmäßig statt.[994]

Die Rocker-Gruppen waren eine Zeitlang fixer Bestandteil des Z6. Dazu gehörten Jugendliche, die ebenfalls aus der Norm fielen. Die aus rund 30 jungen Menschen bestehende Gruppe „Satana" dockte im Februar 1972 ans Jugendzentrum an. Ihre Haltung war, wie Jussuf Windischer zusammenfasste, „gegen die Gesellschaft, gegen das Spießbürgertum, gegen Normen und Konventionen [gerichtet] – der Protest war im Vordergrund". Die Angehörigen von Satana wurden Mitglied im Z6. Mit ihnen gab es zwar immer wieder Konflikte – wie mit anderen Gruppen auch –, sie halfen aber bei Arbeiten im Keller, waren im Zentralteam vertreten, schrieben vereinzelt Beiträge in der Clubzeitung und organisierten Freizeitaktivitäten wie einen Ausflug nach München und an den Gardasee sowie ein Motorcross-Rennen im Innsbrucker Steinbruch, Diskussionen über das Spießbürgertum und mit dem Polizeipräsidenten. Interne Interessensgegensätze führten schließlich 1973 zur Spaltung in die „Outsider" und die „Riders". Drogen, Polizei und Gefängnis wurden in der Folge immer virulenter.[995] Das Z6 plante eine Ausgliederung der beiden Gruppen, die sich von der Jugendzentrumsarbeit immer weiter entfernt hatten. Eine eigene Motorrad-Werkstatt war in Zirl geplant, aber dazu kam es nicht mehr.[996]

Unter den Satana-Mitgliedern befanden sich auch Mädchen, die mit den Rockern befreundet waren und von diesen abfällig als „Pfannen" bezeichnet und von einigen äußerst grob – auch unter Anwendung von körperlicher Gewalt – behandelt wurden. Für die Betreuung dieser Mädchen war Monika Hitsch zuständig. Hitsch, die später eine Sozialarbeitsausbildung nachholte, war von Meinrad Schumacher als Mitarbeiterin für das Z6 angeworben worden, weil die gelernte Schneiderin als Führerin der Jungschar und der Katholischen Arbeiterjugend in der Pfarre Pradl tätig gewesen war. Zu

---

992 Ebd., Hausordnung von 1974.
993 mini upf Nr. 1, Oktober 1978, Subkulturarchiv.
994 Vgl. upf, Mai 1978, Privatarchiv Windischer.
995 Ebd., Jussuf Windischer, Festschrift anlässlich des Wiedersehens einiger Jugendzentrumsmitglieder, die folgenden Gruppen angehörten: Satana, Outsider, Riders, Mai 1976.
996 Vgl. Interview Windischer 2015 sowie ders. 1978, S. 29.

ihren Aufgaben im Z6 zählte auch die Bildungsarbeit. Ihr Ziel in der Betreuung der Rockerfreundinnen war, die Mädchen zu mehr Selbstbewusstsein zu ermuntern, sodass sie sich ihrer eigenen Wünsche bewusst würden und gegen die Burschen zur Wehr setzten könnten, wenn es nötig war. Außerdem unterstützte Hitsch sie beruflich und in Fällen sexualisierter Gewalt:

„Was bei den Mädchen noch dazu kommt ist [...], dass ich auch geschaut habe, dass sie eine Lehre machen, einfach sie unterstützt auch, und was noch gewesen ist, die sind auch gekommen mit sexuellen Sachen, es sind ein paar missbraucht worden von dem Arzt in Innsbruck, dem Dr. S[...], und ich war sozusagen im Z6 die, [zu der] sie gekommen sind und ich es ihnen geglaubt habe. [...] Wir haben eine Anzeige gemacht, aber das hat damals nichts [genutzt]."[997]

In den frühen 1970er Jahren war sexualisierte Gewalt in Tirol noch extrem tabuisiert, Anlaufstellen für Betroffene fehlten völlig. Aber das Bewusstsein, dass die Problemfelder sexuelle und sexualisierte Gewalt, ungewollte Schwangerschaft und Abtreibung sowie das Geschlechterverhältnis innerhalb des Jugendzentrums auch in die geschlechtsspezifische Jugendarbeit fallen, war im Z6 von Beginn an gegeben.

Auch nachdem sich ab Mitte der 1980er Jahre in Innsbruck Frauen-/Mädcheneinrichtungen etablierten, blieb die Frage nach den strukturellen Bedingungen im Jugendzentrum bestehen, die Mädchen den Zugang erleichterten. So bezeichnete es die Leiterin der Familien- und Partnerschaftsberatung im Z6, Andrea Ciresa, noch 1991 als augenfällig, dass Mädchen in der wichtigsten Gruppe des Z6, der Disco-Gruppe, völlig unterrepräsentiert seien. Mit den Geschlechterstereotypen konform gehend, würden sie, sofern sie der Gruppe angehörten, die Bar betreiben. Ciresa forderte die „NEU- und AUFWERTUNG weiblicher Kompetenzen und Eigenschaften sowie geschützte Räume", die sie als Grundprinzipien der feministischen Mädchenarbeit formulierte.[998] Seit dem Bestehen hatten Z6-MitarbeiterInnen versucht, Mädchen geschützte Räume anzubieten, nicht immer war es ihnen gelungen oder wurden diese von den weiblichen Jugendlichen angenommen. Schließlich wurde ein Perspektivenwechsel in Richtung Geschlechterarbeit vollzogen, indem auch das Verhalten der männlichen Jugendlichen Thema wurde.[999]

Ausgehend vom Club 456 verstand sich das Z6 als christliches Jugendzentrum. Zwischen 1971 und 1974 war es mit der Diözese nicht nur inhaltlich verbunden, sondern auch finanziell und strukturell. Diese trug etwa zum überwiegenden Teil die Kosten für den Betrieb und das Personal – so war Jussuf Windischer in dieser Zeit bei der Diözese angestellt.[1000] Die öffentliche Hand stellte nur wenige Mittel bereit, auch Spenden und Subventionen von Vereinigungen und Privaten hielten sich in Grenzen.[1001] Meinrad Schumacher äußerte sich zum Jahreswechsel 1973/74 anlässlich des 70. Geburtstags

---

997 Interview Andrea Sommerauer/Hannes Schlosser mit Monika Hitsch am 17.6.2015.
998 ZOFF Sommer 1991, S. 3–4, Subkulturarchiv.
999 Ebd., Z6-Zeitung, Mai 1987, S. 4.
1000 Interview Windischer 2015.
1001 Vgl. Protokoll der Finanzrat-Sitzung am 7.4.1972. Vgl. auch Z6-Zeitung, Dezember 1973/Jänner 1974. Beides Privatarchiv Windischer.

von Rusch aber differenziert über dessen Engagement und jenes der öffentlichen Hand beim Z6:

„Ich möchte unseren verehrten Politikern nicht weh tun – aber ihre Beiträge zur Jugendarbeit nehmen sich sehr bescheiden aus im Vergleich zur wirksamen Hilfe, die vom Bischof geleistet wird. Somit ist er für uns ‚Paul der Münzreiche' und wir sind sehr froh darüber – aber es tut uns leid, daß wir ihn nicht auch ‚Paul den Verständnisreichen' nennen können. Es ist schwer, mit ihm über Jugendfragen zu reden."[1002]

Wie schon die MK geriet auch das Z6 rasch in Konflikt mit Bischof Rusch. Ein Grund dafür lag in der liberalen Auffassung von Pädagogik. Die InitiatorInnen und MitarbeiterInnen des Jugendzentrums in der Zollerstraße übten einen partnerschaftlichen Erziehungsstil, stellten die Bedürfnisse der Jugendlichen ins Zentrum ihrer Arbeit, verstanden Religion und das christliche Leben als Angebot und sprachen über Sexualität sowie Politik. Eine ähnliche Herangehensweise hatte bereits Sigmund Kripp seinen Job als Leiter der MK gekostet. Der Konflikt zwischen Z6 und Rusch hatte aber noch eine weitere Dimension: Sie bezog sich auf die Arbeit mit sogenannten Randgruppen – den Rockern, Drogensüchtigen, Wohnungs- und Arbeitslosen. Rusch stand für eine elitäre Erziehung: „[W]ir brauchen elitäre Jugendarbeit und nicht eine Jugendarbeit, wo so viele faule Äpfel drinnen sind, dass sogar die guten Äpfel noch schlecht werden. Das war so ein Bild vom Rusch", erinnert sich Windischer an seinen Widersacher.[1003]

Die Möglichkeit einer Aussprache bot Rusch nicht. Zwar bemühte sich das Leitungsteam des Z6 an einem Einkehrtag um die Herstellung eines Gesprächs mit dem Bischof, was jedoch nicht gelang. Während das Z6-Team aus Platzgründen versuchte, das gesamte Haus in der Zollerstraße zu mieten – mittlerweile frequentierten rund 450 Mitglieder das Jugendzentrum –,[1004] bekam Rusch Ende Juni 1974 Schützenhilfe von Pfarrer Anton Eppacher. Dieser kündigte in einem Mitteilungsblatt der Pfarrgemeinde Wilten-West an, die Räume im Haus für seine Pfarre verwenden bzw. Räume an den Bund vermieten zu wollen. Der Plan für den Keller war die Vermietung an die Diözese, um dort eine elitäre kirchliche Jugendgruppe aufzubauen.[1005] Die sogenannten Randgruppen waren nicht mehr erwünscht.

Nachdem die Z6-Belegschaft einer von Rusch geforderten Schließung wegen „Reparaturarbeiten" im Juli 1974 nicht nachkam, sondern die notwendigen Arbeiten selbst durchführte, ließ der Bischof die Schlösser über Nacht austauschen.[1006] Eine Maßnahme, die er bereits bei der Katholischen Hochschulgemeinde (KHG) im Jahr zuvor angewandt hatte. Auch diese hatte ihre demokratischen Vorstellungen von einem christlichen Leben in ihre Arbeit übertragen, was für sie vor allem Mitbestimmung in den Gremien, Öffnung zu anderen Hochschulgruppierungen hin und Selbstverwaltung bedeutete. Am 19. Mai 1973 hatte die Österreichische Bischofskonferenz schließlich

---

1002 Ebd., Z6-Zeitung, Dezember 1973/Jänner 1974.
1003 Vgl. Interview Windischer 2015; ferner Alexander 2005, S. 193 f.
1004 Vgl. Windischer 1978, S. 103.
1005 Mitteilungsblatt der Pfarrgemeinde Wilten-West, 30.6.1974, Privatarchiv Windischer.
1006 Windischer 1978, S. 34.

die Auflösung der Innsbrucker KHG beschlossen, sie konnten die Räume ab dem darauffolgenden Tag nicht mehr betreten.[1007]

Die MitarbeiterInnen des Z6 standen im August 1974 ebenfalls vor verschlossenen Türen. Den Schlüssel bekamen sie nur mehr, um ihre Sachen auszuräumen. Die Mitarbeiterin Gabriela Kopp erinnert sich in einer Sondernummer der Clubzeitung im Herbst desselben Jahres an das überraschende Aus des Jugendzentrums in der Zollerstraße:

„[…] am selben nachmittag noch räumten wir das büro aus. ich brachte die wichtigsten sachen zu mir nach hause. an diesem nachmittag auch kam schon der erste reporter (vom ‚präsent'). die fr. dr. kripp vom sigmund-kripp-haus kam uns mit einer flasche cognac besuchen. sie konnte sich von den außenstehenden am besten in die traurige situation versetzen, ist doch zuvor ihr bruder, der ehem. leiter der MK abgesetzt worden. ich zeigt[e] ihr die räume, die sie damals zum ersten- und letztenmal gesehen hat. wir gingen durch den keller. […] es ist unfaßbar, ich habe hier ausgemalt, ich habe hier getanzt. ich habe hier tests verbrennen lassen, ich habe hier mit leuten geredet, gelacht, manchmal geweint, einmal ‚kellerrat' gemacht […] und nun: nichts! die herren tun, als ob alles falsch, unrichtig, sinnlos gewesen wäre. ich glaube, damals weinte ich das erstemal über die schließung des hauses."[1008]

Der erste Schock über die Schließung des Jugendzentrums wich rasch der Entscheidung, die Idee eines Arbeiterjugendhauses weiterzuverfolgen. Noch im August 1974 gründeten die ProponentInnen den „Verein zur Förderung des Jugendzentrums Z6 in Innsbruck". Zweck des Vereins war, „der Innsbrucker Jugend, besonders de[n] Berufstätigen, einen Treffpunkt anzubieten und Orientierungshilfen zu geben".[1009] Nach wie vor verstand sich das Z6 als christliches Jugendzentrum.[1010] Jussuf Windischer wurde als Geschäftsführer eingesetzt, ihm standen sechs weitere Hauptamtliche für ein geringes Entgelt zur Seite. Kaplan Meinrad Schumacher blieb als Jugendseelsorger weiterhin Teammitglied.

Rasch waren die Kellerräume einer ehemaligen Bäckerei in der Andreas-Hofer-Straße 11 gefunden, die jedoch renoviert und adaptiert werden mussten. Dabei legten Jugendliche kräftig Hand an. Bereits Ende November konnte die „Backstube" offiziell eröffnet werden. Nach einem inhaltlichen Klärungsprozess lief der Betrieb des Jugendzentrums weiter.[1011] Rund ein Jahr später konnten weitere Räume im Nachbarkeller der Andreas-Hofer-Straße 13 adaptiert werden, die offizielle Eröffnung fand am 24. Februar

---

1007 Vgl. Alexander 2005, S. 95–115.
1008 Z6-Zeitung, Sondernummer, 24. Juli 1974, Oktober/November 1974, Privatarchiv Windischer. Baronin Theresa von Kripp, geboren am 19.6.1926 in Absam, gestorben am 27.2.2015 ebenda, Schwester von Sigmund Kripp, über den Rauswurf ihres Bruders hinaus in der Verwaltung der MK tätig. Vgl. Homepage Tiroler Tageszeitung, Traueranzeigen, http://traueranzeigen.tt.com/traueranzeige/2157586-theresa-von-kripp.html (abgerufen am 17.5.2017).
1009 Z6-Zeitung, Sondernummer, 24. Juli 1974, Oktober/November 1974, Privatarchiv Windischer.
1010 Vgl. Interview Windischer 2015.
1011 upf, Nr. 1, Dezember 1974, Privatarchiv Windischer.

1976 statt.[1012] Die Jugendzentrumsarbeit in den kommenden elf Jahren fand letztlich auf 600 m² vor allem unter Tag statt,[1013] was für MitarbeiterInnen und NutzerInnen eine Herausforderung darstellte.

Probleme, die das Z6 in der Andreas-Hofer-Straße in den kommenden Jahren begleiteten, waren primär finanzieller sowie damit verbunden räumlicher und personeller Natur. Der Plan, die Zivilgesellschaft zur Unterstützung zu motivieren, ging zwar auf, das Budget blieb aber äußerst niedrig. Um die erforderlichen Mittel aufzubringen, berechneten die Z6-MitarbeiterInnen die Notwendigkeit von rund 500 Fördernden, wenn sie zwischen 70 und 100 Schilling monatlich zuschossen. Tatsächlich aber hatten sich im Herbst 1974 erst ein Zehntel gemeldet.[1014] Die Vereinsmitglieder seien mutige Menschen gewesen, erinnert sich Jussuf Windischer, die das finanzielle Risiko nicht scheuten.[1015] Ziel des Z6 war aber, Öffentlichkeit und Politik davon zu überzeugen, dass ein Jugendzentrum für erwerbstätige Jugendliche notwendig war, dass dafür Platz zur Verfügung gestellt und finanzielle Mittel freigemacht werden müssten.

Die öffentliche Hand hielt sich aber bei der Subvention des ersten Umbaus 1974, der rund 640.000 Schilling kostete, zurück. Die Stadt Innsbruck schoss lediglich 100.000 Schilling zu, während von der Kirche trotz aller Differenzen noch 145.000 Schilling kamen. Die Bundessubvention war besonders gering, sie lag in der Höhe von 20.000 Schilling, das Land Tirol hatte immerhin 150.000 Schilling zugesagt. Einen hohen Anteil der Kosten übernahmen SpenderInnen.[1016] Für den laufenden Betrieb subventionierte die Stadt Innsbruck das Z6 1978 mit 150.000 Schilling, während das Land 180.000 Schilling zugesichert hatte. Die Zuwendungen der Kirche waren überschattet von weiteren Konflikten: So etwa zog sie ihre Zusage einer Unterstützung in Höhe von 50.000 Schilling zurück, weil in der Zeitung des Z6 „upf – Unterm Pflaster" zu negativ über das Weihnachtsfest 1977 berichtet worden war.[1017]

Die Strategien für den Kampf um ausreichende Budgetmittel und neue Räumlichkeiten beinhalteten die Suche nach einer Öffentlichkeit, Solidarität von bzw. mit anderen Jugendzentren und sozialen Initiativen sowie das kontinuierliche Gespräch mit den PolitikerInnen. So luden die MitarbeiterInnen des Z6 im März 1975 zu einer Großveranstaltung im Innsbrucker Kongresshaus, in der sie auf die finanziellen sowie räumlichen Probleme aufmerksam machten und Konzepte wie das eines neuen Jugendzentrums in der Innsbrucker Badgasse präsentierten.[1018] Nachdem sie den führenden Politikern von Stadt und Land Petitionen übergeben hatten, erklärte sich Landesrat Fritz Prior bereit, sich gemeinsam mit der Stadt Innsbruck an der Errichtung eines Jugendzentrums zu beteiligen. Allerdings delegierte er die Hauptverantwortung an die Diözese, die als Bauträger fungieren sollte. Innsbrucks Bürgermeister Alois Lugger schlug in dieselbe Kerbe, indem er die Diözese an den Beschluss der Diözesansynode erinnerte, die bereits im Mai 1972 den Bau eines Familien- und Jugendzentrums in der Museumstraße beschlossen hatte:

1012 Ebd., Protokoll der Vereinssitzung am 11.12.1975.
1013 Windischer 1978, S. 104.
1014 Unterm Pflaster (upf), Nr. 1, Dezember 1974, S. 45, Privatarchiv Windischer.
1015 Interview Windischer 2015.
1016 upf, Nr. 2, Jänner/Februar 1975, o.S., Privatarchiv Windischer.
1017 Ebd., upf, Mai 1978, S. 32.
1018 Windischer 1978, S. 104; vgl. upf Nr. 4, 1975, Privatarchiv Windischer.

„Wenn nun der Verein zur Förderung des Jugendzentrums z 6 die Verwirklichung von Synodenbeschlüssen vorantreiben möchte, ist dies zunächst eine innerkirchliche Angelegenheit. Selbstverständlich steht die Stadtgemeinde aber gerne zu Gesprächen zur Verfügung, wenn die Diözese initiativ wird."[1019]

Ein zentrales Jugendhaus im Zentrum Innsbrucks, ob in der Badgasse oder der Museumstraße, blieb ein Wunschtraum von MitarbeiterInnen und Jugendlichen. Weder setzte die Diözese ihren Synodenbeschluss um, noch stellte die öffentliche Hand genügend Ressourcen zur Verfügung. Nach der sogenannten „Paddelbootaktion" am Inn im Juni 1977, bei der die DemonstrantInnen in Booten auf die prekäre Situation von Tiroler Jugendzentren aufmerksam machten,[1020] konstituierte sich das Innsbrucker Sozialforum als Zusammenschluss von Sozialinitiativen, die zum Teil im Z6 ihren Ursprung hatten. Vordringliches Ziel dieses solidarischen Dachverbandes war, dem Arbeiterjugendzentrum neue Räume zu verschaffen. Lugger sagte im Jahr darauf zu, sich für eine Erhöhung der städtischen Subventionen einzusetzen, das Sozialforum sollte sich aber weiterhin um Vorschläge und Gespräche mit Stadtverantwortlichen bemühen.[1021] Um sich ein Bild von der Lage zu machen, hatten im Vorfeld drei Gemeinderäte, die Mitglieder des Jugendausschusses waren, das Z6 besucht.[1022]

Die Vorschläge, die die VertreterInnen des Innsbrucker Sozialforums vorlegten, gingen über ein reines Jugendzentrum hinaus und sahen auch Räume für andere Initiativen vor, wie die Gruppe „Behinderte – Nicht-Behinderte" (Vorläufer des MOHI/ Mobilen Hilfsdienstes Innsbruck) inklusive Übergangswohnungen für Jugendliche mit Behinderung, die „Arbeitsgemeinschaft soziale Psychiatrie Innsbruck", ebenfalls mit Übergangswohngemeinschaften, sowie das von Z6 und Bewährungshilfe gegründete DOWAS (Durchgangsort für Wohnungs- und Arbeitssuchende). Doch weder das Projekt im Rhombergareal (heute Sillpark), noch jenes im ehemaligen Gaswerk gelangte zur Umsetzung.[1023] 1981 drohte das mittlerweile unter der Leitung von Franz Hießböck stehende Z6 mit Einstellung des Betriebes, sollte die Raumfrage weiterhin nicht gelöst werden. Er einigte sich mit der Stadt auf die Nutzung des für den Abbruch bestimmten Hauses in der Erzherzog-Eugen-Straße 46.[1024] Auch dazu kam es nicht. Zunächst erteilte die Stadt im Juni 1982 den Abbruchbescheid für die angrenzende sogenannte Adlerfabrik in der Erzherzog-Eugen-Straße 46a, die der SPÖ-Stadtrat Ferdinand Obenfeldner den Jugendlichen als Veranstaltungszentrum zugesichert hatte. Dieser Zusage standen Abbruchbeschlüsse des Gemeinderates und des Stadtrates entgegen. Nachdem das Z6 mit allen Fraktionen verhandelt und ein Nutzungskonzept vorgelegt hatte, wurde die alte Fabrik in einer Hauruck-Aktion unter dem Argument der unmittelbaren Gefahr für

---

1019 Ebd., upf, März/April 1975, S. 10.
1020 Windischer 1978, S. 103–104.
1021 Tiroler Tageszeitung, Delegation des „Sozialforums" im Rathaus, 16.9.1978, S. 9.
1022 upf, Mai 1978, S. 32, Privatarchiv Windischer.
1023 Vgl. Vogl 1979.
1024 Vgl. Protokoll des Innsbrucker Gemeinderates vom 30.6.1981, S. 546–547, StAI. Ferner: Kurier, Chronik Tirol, Jugendtreffs: Alle unter einem Dach, 15.11.1981, S. 9.

Menschen wegen Feuer- und Einsturzgefahr abgebrochen. Die Kosten für eine Instandsetzung waren der Stadt offenbar zu hoch.[1025]

Noch im selben Jahr bot sich der Stadt statt des Hauses in der Erzherzog-Eugen-Straße 46 eine günstigere Lösung an. Das Kolpingheim übersiedelte in einen Neubau nach Hötting-West. Im Herbst 1982 beschloss der Stadtsenat den Ankauf der freiwerdenden Räume in der Dreiheiligenstraße und jene des angrenzenden ehemaligen Forum-Kinos und sagte diese dem Z6 zu. Offen ließ die ÖVP, ob andere Jugendorganisationen, die sich in den vergangenen Jahren mit dem Z6 solidarisiert hatten, sowie weitere soziale und kulturelle Initiativen nach dem Freiwerden des ehemaligen Kolpingheims dort Platz finden könnten.[1026] Interesse an der Besiedelung dieser Räume hatten die Dachorganisation der Tiroler Jugendzentren (ARGE Tiroler Jugendzentren), die SPÖ-nahe Naturschutzjugend, der Cinematograph, der Verein Kunstdünger (Träger des Treibhauses), das Eltern-Kind-Zentrum, der Kindergarten interessierter Eltern, Amnesty International, das Kinderzentrum und die ÖVP-nahe Katholische Arbeiterjugend.[1027] Die SPÖ wiederum befürwortete ein Haus der Jugend für alle Jugendorganisationen, ein Ziel, dass sie seit den späten 1940er Jahren verfolgte, unter anderem weil diverse Jugendorganisationen, darunter auch SPÖ-nahe Organisationen, mit enormer Raumnot zu kämpfen hatten.[1028] SPÖ-Gemeinderat Dietmar Höpfl forderte ein Konzept für Jugendräume, denn: „Es ist noch nicht ausdiskutiert, daß dieses große einzige Jugendzentrum für die nächsten 10 Jahre das Allheilmittel für die Innsbrucker Jugend bedeutet."[1029]

Der SPÖ-Vorschlag, zumindest den Kinosaal des ehemaligen Forum-Kinos allen Jugendorganisationen als Veranstaltungsraum zur Verfügung zu stellen, stieß bei den Z6-MitarbeiterInnen auf Ablehnung.[1030] Während die VertreterInnen der ARGE Jugendzentren im Frühjahr 1983 mit der „Narzissendemonstration" in der Innsbrucker Altstadt den Verhandlungen zwischen Z6 und der Stadt Nachdruck verliehen,[1031] bekräftigte ÖVP-Gemeinderat Girstmair, dass die Räume dem Z6 zugesagt worden seien.[1032] Schließlich übersiedelte das Arbeiterjugendzentrum am 26. Oktober 1985 in die Räumlichkeiten des ehemaligen Forum-Kinos in der Dreiheiligenstraße 9.[1033] Das frühere Kolpinghaus ging jedoch nicht an andere Jugendgruppen, es bot später Obdachlosen Unterkunft. 1992 eröffnete die Stadt Innsbruck dort die von Sozialeinrichtungen

---

1025 Tiroler Tageszeitung, Politiker vergaßen eigenen Beschluß, 23.6.1982, S. 3. Vgl. Protokoll des Innsbrucker Gemeinderates vom 25.6.1982, S. 459–473, StAI.
1026 Vgl. Protokoll des Innsbrucker Gemeinderates vom 30.3.1983, S. 307–356, StAI.
1027 Innsbrucker Nachrichten, Jugendgruppen haben schon Gesamtplan für Großzentrum, 19.4.1983, S. 2.
1028 Vgl. Protokoll des Innsbrucker Gemeinderates vom 30.3.1983, S. 307–356, StAI.
1029 Ebd., S. 352.
1030 Innsbrucker Nachrichten, Interview der Woche. Sigrid Pilz, 10.4.1983, S. 2.
1031 Vgl. Astrid Gostner: An den Rändern der Ordnung, 35 Jahre Z6 Jugendsozial- und Kulturarbeit, in: Horst Schreiber/Lisa Gensluckner/Monika Jarosch/Alexandra Weiss (Hg.): Gaismair-Jahrbuch 2006, Am Rande der Utopie, Innsbruck/Wien/Bozen 2005, S. 142–153, hier: S. 147.
1032 Innsbrucker Nachrichten, Interview der Woche. Sigrid Pilz, 10.4.1983, S. 2.
1033 Tiroler Tageszeitung, Jugendzentrum Z6 feiert den Auszug aus dem alten Keller, 23.10.1985, S. 3. Vgl. Tiroler Tageszeitung, Beilage Innsbruck Aktuell, Jugendzentrum im Forum-Kino?, 3.1.1984, S. 1.

geforderte „Winterschlafstelle" (WIST), daraus entwickelte sich das „Alexihaus", das bis heute besteht und den Innsbrucker Sozialen Diensten (ISD) unterstellt ist.[1034]

Die soziale Betreuung der Jugendlichen konnte nur begrenzt innerhalb des Jugendzentrumsbetriebs geleistet werden. Da zu Beginn der 1970er Jahre in Innsbruck aber kaum soziale Angebote vorhanden waren, ergriffen die MitarbeiterInnen des Z6 selbst die Initiative. Der Problemlage Drogensucht begegneten sie mit der Initiierung einer Beratungs- und Therapieeinrichtung. Das KIT (Kontakt – Information – Therapie) wurde schließlich im November 1974 gegründet – in einer Phase, als das Z6 selbst gerade aus den Räumen der Zollerstraße vertrieben worden war und um seine Zukunft bangte.[1035] Parallel dazu erwies sich Wohnungslosigkeit als virulentes Problem für Jugendliche, die das Z6 frequentierten. Gemeinsam mit der Bewährungshilfe gründeten die MitarbeiterInnen des Jugendzentrums das DOWAS, das nur wenige Monate nach der KIT-Gründung, im April 1975 offiziell eröffnet wurde.[1036] Bei beiden Einrichtungen ging es vorrangig um die Schaffung problemadäquater Angebote für die betroffenen Jugendlichen. Die Gründungen verfolgten aber auch den Zweck, das Z6 vor einem Überhandnehmen von wohnungs- und arbeitslosen bzw. drogenabhängigen Jugendlichen zu bewahren. Der damalige Leiter Jussuf Windischer skizzierte 1976 gegenüber dem Z6-Leitungsteam ein für Jugendzentren alarmierendes Szenario, wenn sich deren Funktion verändere: Jugendzentren könnten zu Orten werden, an denen Jugendliche, von SozialarbeiterInnen und Gleichaltrigen lediglich wiederaufgerichtet würden.

„Jugendzentren werden so zu Resozialisierungsanstalten, deren Aufgabe es ist, durch gesellschaftliche Bedingungen zertrümmerte Jugendliche wieder aufzubauen. Das Jugendzentrum als Mullhaufen der Gesellschaft."[1037]

Windischer hielt diesem Ansatz eine gesellschaftsverändernde Funktion entgegen. Dafür sei Voraussetzung, dass die Jugendlichen Ziele formulierten und die Entwicklung des Jugendzentrums einem Plan folge. Als Entwicklungsmöglichkeiten für das Z6 sah er neben einer Vergrößerung des Raumangebotes für alle Jugendlichen und dem Versuch, in Innsbruck als Jugendlobby präsent zu sein, auch die Gründung erforderlicher Einrichtungen wie das KIT und das DOWAS.[1038]

Ab Ende der 1970er Jahre wurde schließlich die Problemlage Arbeitslosigkeit im Jugendzentrum immer virulenter. Das Z6 reagierte mit der Gründung von Arbeitsprojekten und schuf Stellen für Jugendliche für die Überbrückung von Erwerbslosigkeit.[1039] Den Anfang machte 1979 der Z6-Laden, es folgten 1983 der Eltern-Kind-Laden und 1984 das vegetarische Restaurant Philippine und die Z6-Schneiderei.[1040] Die Struktur

---

1034 Homepage Innsbrucker Soziale Dienste, Alexihaus, http://www.isd.or.at/index.php/wohnungslosenhilfe/alexihaus (abgerufen am 8.6.2017).
1035 Mehr über das KIT im Abschnitt 7.4, S. 285 ff.
1036 Mehr über das DOWAS im Abschnitt 8.3, S. 313 ff.
1037 Dokument: An das TZ (Anm. Zentralteam), betr.: Jugendzentrum wozu, ca. 1976, Privatarchiv Windischer.
1038 Ebd.
1039 Mehr über die Z6-Arbeitsprojekte im Abschnitt 9.4, S. 363 ff.
1040 Z6-Zeitung, Dezember 1984/1, S. 1.

der ersten Arbeitsprojekte in Innsbruck war gelegt, noch bevor das Z6 in das ehemalige Forum-Kino in der Dreiheiligenstraße übersiedeln konnte.

1983/84 hatte der Verein zur Förderung des Jugendzentrum Z6 die Sozialprojekte bereits in einen eigenen Verein zur Förderung von Sozial- und Kulturprojekten des Jugendzentrums Z6 ausgegliedert, den „Verein II". Dessen Geschäftsführung übernahm Franz Hießböck und überließ Sigrid Pilz die Leitung des „Verein I".[1041] 1988 gab es im Z6 wieder eine Diskussion um die Organisationsstruktur,[1042] was schließlich für den Verein II Ende 1990 in die Gründung des eigenständigen Vereins Insieme mündete.[1043]

Nach Windischers Ausstieg 1978 hatten die MitarbeiterInnen und LeiterInnen des Z6 den Ressourcenmangel zwar weiterhin auf der politischen Ebene problematisiert, ins Blickfeld waren nun aber auch die persönlichen Ressourcen gerückt. Selbstausbeutung, persönliche Grenzen und Professionalisierung im Sinne einer angemessenen Bezahlung, geregelte Arbeitszeiten und eine Trennung von Engagement und Job wurden vermehrt Thema.[1044] Damit reagierten die Z6-MitarbeiterInnen nicht nur auf ihre eigenen Befindlichkeiten, sondern auch auf eine Entwicklung innerhalb der Professionen im Zusammenhang mit psycho-sozialer Arbeit: Der deutsche Psychoanalytiker Wolfgang Schmidbauer beschrieb in seinem 1977 erschienenen Buch „Die hilflosen Helfer" zum ersten Mal das Zustandsbild eines „Helfersyndroms", das die seelischen Bedürfnisse und Belastungen von Menschen in im weitesten Sinne sozialen Berufen beinhaltete.[1045]

Die Beratungsangebote stellen neben der Jugendfreizeit-, der Jugendsozial- und der Jugendkulturarbeit die vierte Säule der Jugendzentrumsarbeit im Z6 dar. 1978 richtete es eine Familien- und Partnerberatungsstelle ein. Die MitarbeiterInnen boten damit Jugendlichen, die kaum Zugang zu anderen Beratungsstellen fanden, eine Möglichkeit, Probleme in Familie, Schule und Arbeitswelt zu thematisieren, sich über Sexualität und Verhütung zu informieren, in Konfliktsituationen bei Schwangerschaften, in Partnerschaften und im Scheidungsfall beraten zu lassen. Die Stelle war aber auch für andere offen, die ein niederschwelliges Beratungsangebot suchten. Anfang der 1990er Jahre standen den KlientInnen dafür ein Arzt, ein Jurist, eine Psychologin und eine Psychotherapeutin kostenlos zur Verfügung.[1046] Für das Z6 erwies sich die Familien- und Partnerberatung auch als Möglichkeit, zusätzliche Finanzquellen für das Jugendzentrum zu erschließen, denn diese wurde vom Bund finanziert.[1047]

Auch die Drogenberatungsstelle, die das Z6 1982 etablierte, hatte diesen zweifachen Effekt von Zusatzangebot und -finanzierung. Sie richtete sich primär an jene Jugendlichen, die einen problematischen Umgang mit Drogen hatten, aber auch an ratsuchende Eltern. Die Präventionsarbeit stellte einen wichtigen Teil der Tätigkeit dar, Jugendliche und Eltern konnten sich über drogenspezifische Fragestellungen informieren. Die Mit-

---

1041 Verein zur Förderung von Sozial- und Kulturprojekten des Jugendzentrums Z6 (Hg.), Ein neuer Verein stellt sich vor, Broschüre, Innsbruck o.D. (1984), Homepage Subkulturarchiv Innsbruck, https://subkulturarchiv.at/programme.php?kat=z6 (abgerufen am 19.8.2018)
1042 Z6-Zeitung, Herbst 1988, S. 7.
1043 Tiroler Tageszeitung, Insieme – Name und Ziele der Z6-Sozialprojekte neu, 12.12.1990, S. 8.
1044 Vgl. Sigrid Pilz: Jugendarbeit in der Arbeiterkultur, Diss., Innsbruck 1984, S. 154, sowie Interview Gstrein 2015.
1045 Wolfgang Schmidbauer: Hilflose Helfer, Reinbek 1977.
1046 Z6-Zeitung, August 1985, S. 2; sowie ZOFF 1991, Herbst, Subkulturarchiv.
1047 Ebd., Z6ische Allgemeine, Nr. 2, 1980, S. 9.

arbeitenden standen aber auch kostenlos im Fall von suchtbegleitender Betreuung zur Verfügung, sie versuchten, mit den Betroffenen Perspektiven zu entwerfen und vermittelten an andere Beratungsstellen und Therapieeinrichtungen.[1048] Der niederschwellige Zugang zu den Jugendlichen war in beiden Beratungsstellen zwar nicht einzigartig, wie das Beispiel von Heimen der Bewährungshilfe zeigt, aber zuweilen unorthodox, wie Christof Gstrein erzählte, der ab 1985 im Z6 beschäftigt gewesen war und nach Artur Habicher von 1988 bis 1990 die Leitung übernommen hatte:

„[W]ir [...] aber haben ganz stark versucht es so zu leben, dass wir sehr, sehr niederschwellig [...] sagen, wir bahnen unser Beratungsgespräch beim Tischfußballspielen an, da kommen wir in Kontakt mit dem Jugendlichen, der sonst nie in eine Beratungsstelle geht, und da können wir den erreichen und vielleicht gelingt es, was da an Beziehung aufgebaut wird, dass er uns zuhört, wir ihm Informationen geben können, dass er selber mit den Ambivalenzen, die er zum [Drogen-]Konsum hat, vielleicht was annimmt und man ihn ein Stück weit begleiten kann."[1049]

Die Z6-Drogenberatung fusionierte Anfang der 1990er Jahre mit der Familien- und Partnerschaftsberatung inklusive Rechtsberatung und wurde zur Beratungsstelle „Schwindelfrei", die sich noch expliziter auch an Außenstehende wandte.[1050]

Die dritte und älteste Beratungsschiene galt dem Zivildienst. Der Wehrdienst kann in Österreich seit 1975 aus Gewissensgründen verweigert und durch einen Zivildienst ersetzt werden.[1051] Seither bot das Z6 dazu Beratung an.[1052] Nach ihrer Gründung 1990 traf sich die ARGE für Friedenspädagogik und Zivildienst, die unter anderem in Innsbruck Beratungen übernahm, im Z6 in der Dreiheiligenstraße 9.[1053]

Der Wechsel in die Dreiheiligenstraße im Jahr 1985 brachte nicht nur größere, mit Tageslicht versehene Räume, sondern stellte das Z6-Team auch vor neue Herausforderungen. Einige Jugendliche machten die Übersiedelung nicht mit, die BesucherInnenzahl im Z6 sank und die Bedürfnisse der neuen Generation von Jugendlichen hatten sich gegenüber der vorigen verändert.[1054] „Am Wochenende kommen weniger Leute im neuen Jahr. Das Haus gefällt mir besser als der Keller", erklärte ein Z6-Mitglied in einem Interview für die Z6-Zeitung.[1055] Die Jugendlichen wollten nunmehr ihre Freizeit stärker unverbindlich gestalten, besonders gefragt waren Angebote in Richtung Sport, Bewegung und Fitness.[1056] Außerdem existierte mittlerweile eine Reihe weiterer Jugend-

---

1048 Ebd., Z6-Zeitung, August 1985, S. 2.
1049 Interview Gstrein 2015.
1050 ZOFF – Zeitschrift für offensive Jugendarbeit, Jugendzentrum Z6 – Situationsbericht, S. 6–8. Frühjahr 1991.
1051 Das Zivildienstgesetz wurde am 6.3.1974 beschlossen und trat am 1.1.1975 in Kraft. ZOFF widmete den Erfahrungen mit dem Zivildienst im Heft Herbst 1990 einen Schwerpunkt, S. 3–10, Subkulturarchiv.
1052 Ebd., Z6-Zeitung, Juli 1986, S. 6.
1053 Ebd., ZOFF, Herbst 1990, S. 6.
1054 Z6-Zeitung, Frühjahr 1989, S. 4–5.
1055 Z6-Zeitung, Herbst 1987, S. 11.
1056 Hießböck 1989/1990, S. 9. Vgl. auch Interview Gstrein 2015.

zentren in anderen Innsbrucker Stadtteilen. Eine Neuausrichtung war auch erforderlich geworden, weil sich die Hauptamtlichen in den Arbeitsprojekten im Verein II immer stärker wirtschaftlich ausrichten mussten, was die MitarbeiterInnen des Jugendzentrums als wachsenden Widerspruch zum sozialen Auftrag wahrnahmen.[1057]

1988 begannen Hauptamtliche und Ehrenamtliche der beiden Z6-Vereine den Planungsprozess „Z6-Zukunftswerkstätte". Damals kam Organisationsentwicklung erst allmählich in Mode, viele Non-Profit-Projekte machten diesen Prozess erst viel später durch.[1058] In der Z6-Zukunftswerkstätte wurden 90 Menschen zur Organisation des Z6 befragt, die Hälfte davon waren Angestellte und JugendzentrumsbesucherInnen, die andere Hälfte Menschen von außen. In allen Gremien und Projektteams war die neue Struktur Thema.[1059] Außerdem gab das Z6 eine Studie in Auftrag, bei der 250 Innsbrucker Jugendliche zu ihrem Freizeitverhalten befragt wurden. Der frühere Leiter Franz Hießböck, der nunmehr im Vereinsvorstand tätig war, arbeitete auf Basis dieser Daten das Konzept „Grüner Apfel" aus, mit dem er den Vorstand nicht überzeugen konnte. Sein zentrales Anliegen, das Bedürfnis der Jugendlichen nach Sport und Fitness in das Konzept des Jugendzentrums aufzunehmen, fand sich jedoch in der Neuausrichtung des Z6 wieder. Ins Programm wurden ab 1990 körper-, sport- und bewegungsbezogene Angebote wie Jazzdance, Funky-Jazz- und Improvisationskurse, Musikgymnastik, Konditionstraining und Stretchingkurse aufgenommen. Darüber hinaus gab es wieder Fotokurse, Meditationsangebote, eine Kochgruppe, eine Videogruppe und eine Mädchengruppe. Demgegenüber verkleinerte das Z6 seinen Bereich der offenen Jugendarbeit, die sich weitgehend im Cafe Ultimatum abspielte. Außerdem sollten wieder vermehrt politische Themen angesprochen und die Rolle des Z6 innerhalb der Jugendzentrumssowie Sozialszene Innsbrucks als Initiator für problemadäquate Angebote stärker betont werden.[1060] Die Mitgliedsausweise hingegen wurden abgeschafft. Sie hatten schon vorher wenig Rolle gespielt, wie ein Jugendlicher in der Z6-Zeitung bemerkte: „Mitglieder oder nicht, Unterschiede werden sowieso keine gemacht, [...]."[1061]

Auch die Zielgruppe änderte sich. Vermehrt kamen jungen Frauen und Männer im Alter bis Anfang 30. Das Alkoholverbot konnte damit nicht mehr aufrechterhalten werden, allerdings kontrollierten die Z6-MitarbeiterInnen den Ausschank an unter 16-Jährige, harte Getränke gab es im Cafe Ultimatum ohnehin nicht.[1062] Jugendliche mit Migrationshintergrund wurden im Z6 erst in den 1990er Jahren stärker Thema. Für die 1970er Jahre erinnert sich der ehemalige Leiter Jussuf Windischer lediglich an einen einzigen Burschen mit ex-jugoslawischem Hintergrund, einem sogenannten „Gastarbeiterkind".[1063] Auch in den 1990er Jahren stammten die Jugendlichen mit Migrationshintergrund vorwiegend von dort, nunmehr aber nach der Flucht aufgrund der Kriege im zerfallenden Jugoslawien.[1064]

1057 Z6-Zeitung, Frühjahr 1989, S. 4–5.
1058 Ebd.
1059 Ebd., S. 9–10.
1060 Ebd., S. 4–5; vgl. auch Interview Gstrein 2015.
1061 Z6-Zeitung, Herbst 1987, S. 10.
1062 ZOFF, Frühjahr 1991, S. 6.
1063 Interview Windischer 2015.
1064 Interview Gstrein 2015.

Die Neuausrichtung stellte sich also mit der Verstärkung des fixen Programmes teilweise als Rückgriff auf die Z6-Wurzeln heraus, die Betonung des sozialen Aspektes führte zur Abtrennung der Arbeitsprojekte, die den Verein Insieme gründeten. Andererseits reagierte das Arbeiterjugendzentrum auf die veränderten Bedürfnisse in der Freizeitgestaltung und der Betreuung. Mehr und mehr Jugendliche trafen sich auf der Straße, auch minderjährige DrogenkonsumentInnen nahmen zu und Skinheads richteten sich gewaltvoll gegen Jugendliche mit Migrationshintergrund. Daraufhin etablierte das Z6 1992 ein Streetwork, das mit einem Hauptamtlichen zu arbeiten begann. Im Dezember 1992 berichtete die Tiroler Tageszeitung, dass die Kosten dieser Stelle von der Stadtgemeinde, eine zweite Stelle vom Land Tirol getragen wurden.[1065] Das Z6-Streetwork übersiedelte 1999 in den Bogen 42 und ist mittlerweile nicht nur im Stadtzentrum, sondern auch in Hötting-West tätig.[1066] Das Jugendzentrum änderte nach einer Konzeptevaluation seinen Namen in „Zentrum für Jugendarbeit z6". Neue Schwerpunkte wie etwa Kulturproduktionen setzte es nach einer Neukonzeption 2013, im Jahr darauf wurden Drogenberatung und mda basecamp (Mobile Drogenarbeit) wie das Z6 Streetwork zur unabhängigen Einrichtung des Jugendzentrums.[1067]

Die finanzielle, räumliche, strukturelle und organisatorische Situation des Z6 ist mit jener der ersten Jahre als eigenständiger Verein im Keller in der Andreas-Hofer-Straße nicht zu vergleichen. Professionalisierung und strukturelle Ausdifferenzierung kennzeichnen den Betrieb der Gegenwart. Dennoch war die finanzielle Lage auch ab den 1990er Jahren immer wieder angespannt, wie etwa 1994, als die Z6-MitarbeiterInnen eine Erhöhung der Subventionen der Stadt Innsbruck forderten, die seit 1982 bei 500.000 Schilling pro Jahr eingefroren worden waren. Der Finanzierungsanteil der Stadt war dadurch von knapp 30 auf 12,5 Prozent gefallen.[1068] Auch im neuen Jahrtausend gehören ein enges Budget sowie (drohende) Budgetkürzungen zum Alltag des Jugendzentrums.[1069]

6.4 Selbstorganisierte Jugendinitiativen

Selbstorganisation gehörte zum Ideal der Jugendzentrumsbewegung ab den späten 1960er Jahren. Die VertreterInnen der autonomen Jugendzentrumsbewegung, die Ende der 1970er/Anfang der 1980er Jahre populär wurde, verfolgten diese Ziele besonders konsequent. Sie waren beeinflusst von der Punkkultur und der gesellschaftspolitisch anarchistisch zu verortenden Bewegung. Selbstverwaltung bedeutete für diese Jugendlichen nicht nur Beteiligung, sondern eine Selbstorganisation ohne Aufsicht. „Verwaltet" zu werden, lehnten sie ab. In einigen Städten Westeuropas wie etwa der Schweiz, Italien,

---

1065 Tiroler Tageszeitung, Kontakte zu jungen Außenseitern suchen, 16.12.1992, S. 14.
1066 Homepage Zentrum für Jugendarbeit Z6, https://www.z6online.com/history (abgerufen am 8.6.2017). Vgl. Maurice Munisch Kumar, 20 Jahre Z6-Streetwork: straßentauglich arbeiten am Rande der Gesellschaft, in: Martin Haselwanter/Elisabeth Hussl/Lisa Gensluckner/Monika Jarosch/Horst Schreiber (Hg.):Gaismair-Jahrbuch 2013, Blickwechsel, Innsbruck/Wien/Bozen 2012, S. 38–47.
1067 Homepage Zentrum für Jugendarbeit Z6, https://www.z6online.com (abgerufen am 8.6.2017).
1068 ZOFF 1994, Nr. 9, Schweigen können wir wenn wir tot sind, S. 2 f.
1069 Vgl. Gostner 2005, S. 152–153.

den Niederlanden, Deutschland und seltener auch in Österreich forderten Jugendliche Freiräume außerhalb der staatlichen bzw. kommunalen Strukturen. Sie gingen auf die Straße und besetzen Räume, in einigen Fällen wiesen ihnen Behörden und Politik Räumlichkeiten zu. Beispiele für derartige Jugendinitiativen stellten das KOMM in Nürnberg, das GAGA in der Wiener Gassergasse sowie das Autonome Jugendzentrum in Zürich dar. Von diesen dreien überlebte nur das KOMM nach der „Massenverhaftung" 1981, bei der anlässlich einer Demonstration infolge von Sachbeschädigungen über 140 vorwiegend junge Menschen verhaftet worden waren. Das KOMM wurde erst 1996 geschlossen,[1070] während Wiener StadtpolitikerInnen das GAGA nach nur zwei Jahren durch die Polizei im Juni 1983 räumen ließen.[1071] Auch das Autonome Jugendzentrum in Zürich wurde im Zuge der sogenannten Züricher Jugendunruhen 1981 behördlich geschlossen. Die meisten dieser autonomen Initiativen hielten sich nur für kurze Zeit. Politik, Behörden und (klein-)bürgerliche Öffentlichkeit machten mit Hilfe der Medien gegen sie mobil.

Das gilt auch für das Innsbrucker Beispiel eines autonomen, selbstverwalteten Jugendzentrums – das „Desinfarkt".

6.4.1 Desinfarkt – Versuch einer basisdemokratischen Selbstorganisation

In der Innsbrucker Altstadt trafen sich im Sommer 1981 rund 15 Jugendliche, die mit den Möglichkeiten der vielfach kommerziellen Freizeitgestaltung unzufrieden waren und ihre Interessen in den Jugendzentren MK, St. Paulus, Z6 oder dem Jugendtreff Pradl nicht abgedeckt sahen. Diesen Häusern lag trotz der unterschiedlich konzipierten und ausgeführten Beteiligungsformen eine hierarchische Struktur zugrunde und ein Leitungsgremium traf die Entscheidungen.[1072] „In der MK, im Z6 merkt ma [sic] einfach immer die Leitung von oben, wir wollen selbst was machen", erzählte Hermann in der MK-Zeitung „Intim".[1073] Außerdem monierten die Jugendlichen, dass diese Orte nicht offen für alle waren, sondern Beschränkungen in Bezug auf Verhalten, Alter und Zielgruppen unterlagen. Sie betonten den Wert der Selbstbestimmung, die sie in einer fixen Struktur nicht wiederfanden, und vermissten den Handlungsspielraum für spontane Aktionen.[1074]

Die Innsbrucker Altstadt war jedoch als Treffpunkt alles andere als ideal. Wohl lag sie zentral, was die Erreichbarkeit für alle Beteiligten erleichterte, sie war aber nur in der warmen Jahreszeit bei trockenem Wetter nutzbar. Außerdem kamen die Jugendlichen mit BürgerInnen und Geschäftstreibenden in Konflikt, die sich an ihrer Haartracht, ihrer Kleidung und ihrem Verhalten stießen. Das Bild der Altstadt prägten TouristInnen und Veranstaltungen der Fremdenverkehrswirtschaft, hier wurden primär Geschäfts- und

---

1070 Homepage Mittelbayerische, http://www.mittelbayerische.de/region/nuernberg-nachrichten/vom-legendaeren-komm-zum-kuenstlerhaus-21503-art1459912.html (abgerufen am 14.6.2017).
1071 Homepage Demokratiezentrum Wien, http://www.demokratiezentrum.org/index.php?id=496 (abgerufen am 14.6.2017).
1072 Vgl. Friedrich Melcher: Das „Desinfarkt" – eine „Bauhütte Autonomer Jugendkultur". Analyse des Scheiterns eines Innsbrucker Autonomen Jugendclubs, Diss., Innsbruck 1988, S. 8.
1073 INTIM, Zeitung des Jugendzentrums MK, Altstadt Jugend, Dez. 1981, S. 4.
1074 Vgl. Melcher 1988, S. 8–16.

Tourismusinteressen verfolgt. Dazu kam, dass das Establishment hinsichtlich öffentlich auffälliger Jugendlicher aufgrund der sogenannten Jugendunruhen sehr sensibel war. Hermann Girstmair deponierte im Dezember 1982 im Gemeinderat seine Sorge um die öffentliche Ordnung:

> „Es wäre ein großer Irrtum anzunehmen, daß dieser relativ kleine Prozentsatz – man spricht den Gesamtdurchschnitt der Jugend zugrundelegend von höchstens 8 %, für mich beängstigend viel – radikale Elemente, nun sozusagen das Handtuch geworfen hätte. Das ist nicht der Fall. Sie haben sich etwas zurückgezogen. Ich glaube, daß sie momentan im kleinen Kreise arbeiten."[1075]

Girstmair riet nicht zur Repression, sondern zur Kommunikation, „jedes Gespräch zu suchen, keinem auszuweichen, zuzuhören und nicht zu reglementieren, den jungen Menschen auch dann, wenn er für uns unvertretbar erscheinende Vorstellungen hat, zumindest gelten zu lassen".[1076]

In diesem, von Tiroler Medien weiter geschürten aufgeheizten Klima gegen Jugendliche, die Freiräume suchten, organisierten sich die Jugendlichen der Altstadt wohl nicht zufällig dort, wo sie auch wahrgenommen wurden. Den ersten Höhepunkt der medialen Diskreditierung bildete ein Artikel von Herbert Buzas in der Tiroler Tageszeitung, der den Titel „Unerwünschte Gäste" trug. Darin propagierte der Journalist, die Altstadt reinzuhalten – auch „von solchen Typen".[1077]

Die Altstadt-Jugendlichen stammten aus unterschiedlichen Milieus. Die meisten besuchten das Gymnasium bzw. hatten es bereits abgeschlossen. Sie hatten einen gesellschaftlich günstigen familiären Background, wie etwa einer der tragenden jugendlichen AkteurInnen, dessen Vater als Professor an der Universität Innsbruck arbeitete. Andere wiederum waren Lehrlinge oder Gelegenheitsarbeitende ohne Berufsausbildung, die teilweise keinen familiären Rückhalt aufwiesen.[1078] Ein zweiter tragender Akteur der Altstadt-Jugendlichen war ohne Eltern in einem Heim aufgewachsen, hatte keine Berufsausbildung abgeschlossen und bestritt seinen Lebensunterhalt aus Gelegenheitsarbeit.[1079]

Diese heterogene Gruppe verfolgte zwei Ziele: erstens einen für alle offenen Treffpunkt und zweitens einen Ort für kreative Freizeitgestaltung. Dazu suchten sie winterfeste Räume, die sie zunächst in einem Haus in Völs fanden. Die Miete war kostengünstig und konnte aus den Taschengeldern bezahlt werden. Doch bereits nach einem Monat mussten die Jugendlichen das Haus wieder verlassen, weil der einzige Nachbar den gemeinsamen Vermieter dazu bringen konnte, den Mietvertrag aufzukündigen. Mit der Erfahrung eines Hauses an der Peripherie, die die Jugendlichen als nicht günstig beurteilten, suchten sie nunmehr Räume im Innsbrucker Zentrum, die leicht erreichbar waren. Dazu gründeten sie den Verein „Autonome Jugend Innsbruck 1982, Arbeitsgemeinschaft zur Förderung Autonomer Jugendkultur, Junge Altstadt Innsbruck – Des-

---

1075 Protokoll des Innsbrucker Gemeinderates vom 2.12.1982, S. 956, StAI.
1076 Ebd.
1077 Tiroler Tageszeitung, Unerwünschte Gäste, 10./11.10.1981, S. 3.
1078 Vgl. Melcher 1988, S. 14.
1079 Ebd., S. 113.

infarkt 84", der ihnen die Anmietung eines Lokals erleichtern sollte. Der Name war inspiriert von Buzas Hetzartikel. Aus der ursprünglichen Idee eines „Desinfekt", weil die Altstadt von den Jugendlichen desinfiziert werden sollte, wurde auch aus sprachästhetischen Gründen „Desinfarkt".[1080]

Schon die Vereinsgründung spiegelte den Umgang der Altstadt-Gruppe mit den Behörden wider: Sie nahmen Formalita nicht ernst bzw. gingen kreativ damit um und formulierten erst einmal Juxstatuten im Dialekt, die zwar in der MK-Zeitung abgedruckt, aber von der Vereinsbehörde nicht angenommen wurden.[1081] Erst die fünfte Version der Statuten wurde behördlich anerkannt und führte am 26. Februar 1982 zur Nicht-Untersagung.[1082] Darin betonten die ProponentInnen die beiden zentralen Werte Unabhängigkeit und Selbstorganisation und grenzten sich von anderen Jugendzentren ab:

„Die Autonome Jugend versteht Jugendarbeit als Arbeit der Jugend. Dadurch fördert sie produktive und selbstständige Alternativen zu üblichen Arbeitsweisen von Institutionen wie Jugendzentren, wo bekanntlich Funktionäre (Pädagogen) Arbeit für die Jugend leisten."[1083]

Zum Zeitpunkt der Nichtuntersagung waren die DesinfarktlerInnen bereits in eine ehemalige Schlosserei in der Innsbrucker Badgasse 4 eingezogen. Der Mietvertrag lief seit 1. Jänner 1982, die Miete betrug satte 6.000 Schilling pro Monat und war nicht mehr mit Taschengeldern finanzierbar. Geplant war, diese durch den Verkauf von Selbstgebasteltem und Getränken an der Bar sowie durch Spenden aufzubringen.[1084] Den Umbau finanzierten die Jugendlichen aus den Einnahmen eines Flohmarkts und einer Spendensammlung, die Februarmiete erwirtschafteten sie über ein Einstandsfest am 24. Jänner 1982. Die erste Party brachte bereits eine Anzeige wegen Ruhestörung von einem Hausbewohner ein.[1085] Das Desinfarkt war nunmehr amtsbekannt. Von da an kontrollierte die Polizei das Lokal immer wieder. Auch die Gewerbebehörde hatte es im Visier. Die DesinfarktlerInnen wiesen ihre Mitglieder an, für Getränke nur Spenden einzuheben und keine Fixpreise zu verlangen sowie Mitgliederlisten zu führen.[1086]

Einen Monat nach der Eröffnung hatte das Desinfarkt bereits 300 Mitglieder. Der überwiegende Teil davon besuchte die Gaststätte, die immer mehr Relevanz bekam, nicht zuletzt deshalb, weil die Finanzierung des Lokals davon abhing. Da die Getränke günstig zu haben waren, zog das Desinfarkt immer mehr Leute an, für die der Alkohol im Fokus stand. Auch Drogenkonsum und -handel sowie Aggressionen wurden rasch Thema. Einer der AkteurInnen erinnerte sich Ende der 1980er Jahre, welcher Dynamik das Lokal vor allem in den Anfangsmonaten unterlag:

1080 Ebd., S. 29.
1081 Vgl. INTIM, Dez. 1981, S. 5.
1082 Melcher 1988, S. 56.
1083 Autonome Jugend Innsbruck 1982, Arbeitsgemeinschaft zur Förderung Autonomer Jugendkultur, Junge Altstadt Innsbruck – Desinfarkt 84, Vereinsakt, SID-Verein, Vr 99/82–509/1/85, TLA.
1084 Melcher 1988, S. 42.
1085 Vgl. Homepage Subkulturarchiv Innsbruck, https://subkulturarchiv.at/orte1.php?myid=8942&kat=desinfarkt (abgerufen am 12.4.2019).
1086 Melcher 1988, S. 150.

„[H]am mir's Desinfarkt aufgsperrt, [...] dann is des wia a Lauffeuer durch die ganze Stadt gangen, ja, es Desinfarkt hat wieder offn, dan sin almal alle Leit kommen, die ma habn wollten – i moan habn wollten tuan ma ja alle, aber de fein warn, mit de ma was machn hat können – und de sein eben kommen und ham ihr Bier trunken, zwoa drei Tag lang, oder vier, und dann hat sich des bei andre Leit a schon herumgsprochen, und dann sein irgndwelche Fremde kommen, und dann hat's de, de zerscht da warn, nimmer so gfalln, und nach die Fremdn sein a paar wilde Leit einerkemmen, de was hingmacht ham, na sein irgendwelche kloanen Medln und Popper draußn blieb, und nach die wilden Hund sein die Sandler kemmen, des war immer so oan-zwoa Tag, mir is des – i hab des irgndwie so beobachtet. Und dann ham de Sandler, sein de halt bsoffen dreinglegen, und dann is von die Jugendlichen praktisch überhaupt niamand mehr dreinwesen, außer de paar Punks, denen hat des nix gmacht, und dann is des immer wilder worn, bis ma gsagt ham, iaz miaß ma zuasperrn."[1087]

Die verstärkte Ausrichtung auf den Barbetrieb aufgrund der ökonomischen Situation schürte interne Konflikte, weil jene, die den Freizeitaspekt stärker verfolgten, immer weniger Raum vorfanden. Das Desinfarkt war bald voll von Tischen und Stühlen für die BesucherInnen der Bar. Der offene Zugang war aber nicht nur eine ökonomische Frage. Während die einen eine bedingungslose Öffnung für alle gesellschaftlichen Gruppen einschließlich Drogenabhängiger und AlkoholikerInnen aus einer gesellschaftspolitischen Position heraus präferierten, standen andere für eine Beschränkung der Mitglieder und richteten den Fokus auf die kreative Freizeitgestaltung. Dieser Gegensatz konnte nicht aufgelöst werden, die Freizeitfraktion zog sich allmählich zurück und das Desinfarkt avancierte zum Brennpunkt gesellschaftlicher Probleme.[1088] Die Gründungsgeneration blieb dem Desinfarkt zunehmend fern, was wiederum zu finanziellen Einbußen, aber auch zu Engpässen bei jenen führte, die bereit waren, den Ausschank zu übernehmen.[1089]

Der Umgang mit Konflikten hing auch mit einem naiven Verständnis von Basisdemokratie zusammen, das die DesinfarktlerInnen pflegten. Arbeitsversammlungen, die im Vorfeld der Öffnungszeit abgehalten wurden, waren für alle Interessierten zugänglich, wurden aber auch von GaststättenbesucherInnen genutzt, die so früher an Getränke kamen. Das behinderte die konstruktive Diskussion genauso wie die unstrukturierte Gesprächsführung, durch die Entscheidungsfindungen kaum möglich waren. Letztlich gelang es nicht, die BesucherInnen einzubinden und Arbeit sowie Verantwortung blieb an einigen wenigen hängen.[1090]

Neben diesen internen ungelösten Auseinandersetzungen blieben auch die Konflikte mit den Behörden, der Politik und der Öffentlichkeit Dauerthema. Während die StadtpolitikerInnen mit den Jugendlichen sprechen wollten, fürchteten diese um ihre Unabhängigkeit. Die Sorge, vereinnahmt zu werden, ging sogar so weit, dass sie auch die Unterstützung durch die ARGE Tiroler Jugendzentren ablehnten. Auch Subventionen

---

1087 Ebd., S. 67 f. Schreibweise im Original.
1088 Ebd., S. 107–116.
1089 Ebd., S. 71.
1090 Ebd., S. 71–76.

wollten die DesinfarktlerInnen zunächst nicht in Anspruch nehmen, stellten dann aber doch einen Antrag, nachdem die Einnahmen gestohlen worden waren und ein finanzieller Engpass drohte. Weil sie aber die Subventionen teilweise nicht widmungsgemäß verwendeten und Formalia nicht einhielten, verbauten sie sich diese Finanzierungsquelle. Im Sommer 1982 verstärkten sich die Probleme mit den Behörden. Die Gewerbebehörde ermittelte wegen unerlaubter Gewerbeausübung und die Lebensmittelpolizei unterband den fallweisen Verkauf von Broten. Nicht durchgesetzt werden konnte das behördliche Ansinnen von getrennten Toiletten für Frauen und Männer. Die Polizei war steter Gast im Desinfarkt, Ende des Jahres 1982 kamen vermehrt Drogenfahnder. Auch die Presse verstärkte den Druck, treibende Kraft dahinter waren die Altstadtkaufleute. Ruhestörungen von AnrainerInnen waren ebenfalls stete Begleiter.[1091] Maßnahmen der Öffentlichkeitsarbeit – wie Interviews für Medien oder Flugblätter –, die die Jugendlichen schließlich ergriffen, um eine Gegenöffentlichkeit zu erzeugen, zeigten nicht den gewünschten Erfolg.[1092] Immer mehr LokalbesucherInnen blieben aus, sodass die Miete nicht mehr bezahlt werden konnte. Schließlich nahmen die verbliebenen Jugendlichen das Angebot des Landesjugendreferates an: Sie schlossen das Desinfarkt, im Gegenzug wurde von einer Anzeige der Gewerbebehörde abgesehen und die Behörde übernahm die Mietschulden. Anfang März 1983 war das Desinfarkt Geschichte, das autonome Jugendzentrum in Innsbruck blieb ein kurzes Experiment.[1093]

Eingebettet in die autonome Jugendzentrumsbewegung, lag die Besonderheit des Desinfarkt in seiner kompromisslosen Haltung zu einem offenen Jugendzentrum und der Betonung des offenen Freiraums. Im Gegensatz zu anderen derartigen Initiativen in Westeuropa stellten sie aber keine politischen Forderungen. Trotzdem waren sie der Öffentlichkeit und der Politik ein Dorn im Auge. Diesen gelang es zwar nicht, das Desinfarkt unter Kontrolle zu bekommen, erwirkten aber mit Hilfe des Drucks von Polizei, Behörden und Medien eine Schließung nach etwas mehr als einem Jahr. Das wurde insofern erleichtert, als die DesinfarktlerInnen auf Unterstützung verzichteten und sich durch die ungelösten internen Konflikte schwächten.

6.5 Die Innsbrucker Jugendzentren der öffentlichen Hand

Die Voraussetzung für Jugendeinrichtungen der öffentlichen Hand schuf das Land Tirol 1976 mit der Gründung des bereits erwähnten Vereins Jugend und Gesellschaft. Schon von Beginn an schienen Jugendzentren und -klubs gut geeignet, die im Jugendschutzgesetz 1974 geforderten Jugendberatungsstellen am besten umzusetzen. Auch Aktivitäten in Jugendzentren sollten gefördert werden.[1094] Der zuständige Stadtrat für Schule, Kindergarten und Jugendwesen, Günther Schlenck (ÖVP), betonte in der Budgetsitzung im Dezember 1981, dass die politischen VertreterInnen der außerschulischen Jugendarbeit zunehmend Beachtung schenkten:

1091 Ebd., S. 86–101.
1092 Ebd., S. 77–81.
1093 Ebd., S. 102–104.
1094 Fischbacher 1987, S. 185.

„Die Stadt nimmt ihre Aufgabe aber auch durch die Errichtung und Förderung von Jugendtreffs wahr, die allen offenstehen, die Rat und Hilfe brauchen, die vielleicht nur einen anderen Menschen treffen wollen, um sich mit ihm auszusprechen. Trotz unseres großen Wohlstandes oder vielleicht gerade deshalb, haben viele Jugendliche nicht das Glück einer entsprechenden Familiengeborgenheit oder einer Vereinszugehörigkeit."[1095]

Allerdings stellte Girstmair hinsichtlich der Zielgruppe bereits 1977 klar, dass ein Jugendzentrum keine soziale Einrichtung im herkömmlichen Sinne sei, in der Probleme erörtert und nach Lösungen gesucht werde, sondern eine Beratungseinrichtung, die für alle Jugendlichen als Hilfestellung bei der persönlichen Entwicklung in Bezug auf deren Identität und Sozialisation fungiere.[1096] Wie schon erwähnt, geriet diese soziale Aufgabe gegenüber dem Freizeitaspekt nach der Übernahme der Jugendzentren durch die Stadt Innsbruck im Jahr 1992 weiter in den Hintergrund.

Girstmair setzte seine Position, die offene Jugendarbeit gegenüber der verbandlichen zu präferieren, gegenüber den VertreterInnen der eigenen Partei und jener anderer Parteien durch.[1097] Die folgenden Darstellungen der städtischen Jugendzentren wird aber verdeutlichen, dass das Personal dort knapp und die Konzepte mangelhaft waren und die Beschäftigten dadurch vielfach den Anforderungen nur schwer gerecht werden konnten. Der Wechsel der BetreuerInnen war aber nicht nur deshalb hoch. Vielfach jung, in Ausbildung und teilzeitbeschäftigt, suchten sie sich neue Jobs bzw. Arbeitsfelder. Die häufigen Konflikte mit dem Trägerverein, die oft in Kündigungen mündeten, trugen ebenfalls zu den Wechseln bei.[1098]

Die Stadt Innsbruck richtete bis 1990 in Zusammenarbeit mit dem Verein Jugend und Gesellschaft drei Jugendzentren ein: den Jugendtreff Pradl, das Jugendzentrum Olympisches Dorf und jenes in Hötting-West. Ernst Gutschi vom Landesjugendreferat wurde Ansprechpartner für die in den Jugendzentren Beschäftigten. Die Finanzierung teilten sich Stadt und Land: Während die Personalkosten sowie ein Teil des Betriebsaufwandes aus dem Budget des Vereins Jugend und Gesellschaft bestritten wurden, stellte die Stadt die Räume zur Verfügung und kam für deren Adaptierung sowie Instandhaltung auf. Mitte der 1990er Jahre betrug dieser Anteil 900.000 Schilling pro Jahr. Das Land gab für die zwölf Beschäftigten rund 2,8 Millionen Schilling jährlich aus, insgesamt schoss es weitere 400.000 für den Betrieb zu.[1099]

Am 10. Juli 1991 beschloss der Innsbrucker Stadtsenat die administrative Führung der genannten Jugendzentren durch den städtischen Verein Jugendhilfe Innsbruck, der bereits am 17. Juli 1990 gegründet worden war.[1100] Aus der Sicht des Landesjugendreferates ein logischer Schritt, ebenso aus der Sicht des ehemaligen Landesjugendreferenten Hermann Girstmair, der 1991 als Stadtrat auch die Jugendagenden übernahm.[1101]

1095 Protokoll des Innsbrucker Gemeinderates vom 3.12.1981, S. 816, StAI.
1096 Pichler 1986, S. 61.
1097 Protokoll des Innsbrucker Gemeinderates vom 15.12.1980, S. 789, StAI.
1098 Vgl. Interview Gutschi 2017.
1099 Kindler 1997, S. 16–17.
1100 Vgl. Protokoll des Innsbrucker Gemeinderates vom 14.10.1991, S. 1503–1504, StAI.
1101 Vgl. Interview Girstmair 2017 und Interview Gutschi 2017.

6.5.1 Jugendwarteraum sowie Kinder- und Jugendtelefon

Mit 1. März 1979 richtete das Landesjugendreferat in Innsbruck ein „Kinder- und Jugendtelefon" ein.[1102] Die Initiative kam von Ernst Gutschi, der beim Landesjugendreferat arbeitete. Der 1943 geborene Theologe hatte einen Pastoralpsychologischen Lehrgang absolviert und später im Kennedy-Haus der Marianischen Kongregation (MK) als Betreuer gearbeitet, schließlich war er in Graz tätig. Vom Landesjugendreferat war er 1974 für die Betreuung des Jugendwarteraums eingestellt worden, später kamen dort weitere (Teilzeit-)MitarbeiterInnen hinzu. Der Jugendwarteraum, zu dieser Zeit umgebaut und von einem Raum zwischen Toiletten und Bahnsteigen in die Ankunftshalle des Bahnhofes übersiedelt, bestand bereits seit den 1950er Jahren. Der Aufenthaltsraum war für SchulpendlerInnen gedacht, die die Zeit des Unterrichtsendes (bzw. offenbar auch für junge Erwerbstätige bzw. Lehrlinge am Ende eines Erwerbsarbeitstages) und der Abfahrt ins Umland überbrücken mussten. Gutschi sah seine Aufgaben in Angeboten wie Spielen und der Hilfe bei Hausaufgaben, aber auch in einer niederschwelligen Beratung. Diese konnte von Problemen mit der Bezahlung an einer Arbeitsstelle bis hin zu persönlichen bzw. familiären Schwierigkeiten gehen, erinnert er sich. Gutschi vermittelte auch an bestehende Einrichtungen weiter. Das Kinder- und Jugendtelefon habe er dem Landesjugendreferenten Girstmair nach einem Wiener Vorbild als niederschwellige Beratungsmöglichkeit für diverse Problemlagen vorgeschlagen, eine Umsetzung im Jugendwarteraum erwies als zielführend, weil nur ein Raum zur Verfügung stand und es für die telefonische Beratung zu laut war.[1103] Daher übersiedelte die telefonische Beratungsstelle in die Südbahnstraße 1a.[1104] Zwei Betreuende standen dort „Kindern und jungen Leuten" Montag bis Freitag von 12 bis 19 Uhr für Informationen zur Verfügung, das Angebot war anonym.[1105] Die Stelle dürfte von der Stadt Innsbruck nicht mitfinanziert worden sein.[1106] 1985 übersiedelten Kindertelefon und Jugendberatung in die Kaiser-Josef-Straße 1, weil ein erhöhter Platzbedarf bestand. Es hatte sich erwiesen, dass nicht nur Auskünfte und Beratungen am Telefon erwünscht waren, sondern auch Beratungsgespräche mit Kindern und Jugendlichen sowie deren Eltern in Form von persönlichen Treffen. Diese erweiterten Aufgaben hin zu einer Jugendinformationsstelle wurden zunächst weiterhin von zwei Beschäftigten erfüllt, nunmehr mit leicht veränderten Öffnungszeiten.[1107] Die Beratungsstelle ist der Vorläufer des heutigen „InfoEck – Jugendinfo Tirol", einer Einrichtung der Abteilung JUFF des Landes Tirol, die sich als

---

1102 Innsbruck – Offizielles Mitteilungsblatt der Landeshauptstadt, Kinder- und Jugendtelefon Innsbruck 27 0 10, 15.3.1979, S. 4.
1103 Interview Gutschi 2017.
1104 tip – Innsbrucker Zeitung, Schwachstelle der Jugendarbeit ist die Zusammenarbeit mit den Eltern, 29.6.1979, S. 7–8; vgl. ATLR – Landesjugendreferat, Organisationen, Vereine, Institutionen, Ämter usw., Neuauflage 1981, S. 21.
1105 Innsbruck – Offizielles Mitteilungsblatt der Landeshauptstadt, Kinder- und Jugendtelefon Innsbruck 27 0 10, 15.3.1979, S. 4.
1106 Vgl. Interview Gutschi 2017.
1107 Tiroler Tageszeitung, „Kindertelefon", Jugendberatung, 23.1.1985, S. 5.

„Anlaufstelle für Jugendliche und junge Erwachsene zwischen 13 und 30 Jahren zu allen jugendrelevanten Themen" versteht.[1108]

6.5.2 Jugendtreff Pradl

Das erste Jugendzentrum, das die Stadt Innsbruck in Zusammenarbeit mit dem Verein Jugend und Gesellschaft einrichtete, war der Jugendtreff in der Pradler Straße 5. Im offiziellen Mitteilungsorgan der Stadt wurde das neue Angebot folgendermaßen umrissen:

„Der neue Jugendtreff soll der Jugend des Bereiches Pradl die Möglichkeit bieten, sich zu treffen, miteinander zu reden, Freizeit zu gestalten, Hilfe zu finden, einen persönlichen Freiraum zu haben. Soweit das Lokal dafür Möglichkeiten bietet, soll den Initiativen der Jugendlichen Raum gegeben werden. Der Jugendtreff ist offen für jedermann, unverbindlich für jene, die ihn in Anspruch nehmen, aber verbindlich in den Auskünften und Hilfen, die dort geboten werden."[1109]

Zu Beginn standen zwei Betreuende Dienstag bis Samstag im von 16 bis 21 Uhr geöffneten Jugendtreff zur Verfügung. Für eine detailliertere Beratung wurde an ProfessionalistInnen aus den Gebieten Medizin, Sozialversicherungs- und Arbeitsrecht etc. weitervermittelt.[1110] Charakteristisch für den Jugendtreff Pradl war die Arbeit in Kleingruppen. Dorthin kamen VolksschülerInnen, HauptschülerInnen, SchülerInnen des Polytechnikums, arbeitslose Jugendliche und ungelernte Hilfskräfte. In der ersten Hälfte der 1980er Jahre stand Jugendlichen über 14 Jahren täglich lediglich eine Stunde von 18 bis 19 Uhr sowie ein Nachmittag in der Woche zur Verfügung. Der Schwerpunkt lag bis 1986/87 auf Kindern im Alter zwischen 10 und 14 Jahren.[1111] Dieser hatte sich auch aufgrund eines Konfliktes mit Jugendlichen ergeben. Sowohl die Räume als auch die Personalressourcen dürften für die Älteren nicht adäquat gewesen sein. Außerdem kollidierten ihre Ansprüche – Unverbindlichkeit, Musik und Partys – mit jenen der Beschäftigten, die ihre Arbeit stärker in der individuellen Betreuung und Beratung sowie im therapeutisch-präventiven Bereich sahen. Die Betreuenden waren mit dieser Altersgruppe auch deshalb überfordert, weil sie häufigen Aggressionen nicht adäquat begegnen konnten. Attacken gegen das Inventar waren bereits im zweiten Jahr der Eröffnung im Gemeinderat Thema. Girstmair betonte damals die Notwendigkeit, diese Jugendlichen zu unterstützen:

„Wir haben leider schmerzliche Erfahrungen mit unserem kleinen Raum in Pradl. Sie glauben gar nicht, welche Aggressionen manche Leute haben, die ganz bewußt nur zerstören wollen, nicht weil sie im Einzelnen zu keinem Gespräch

---

1108 Homepage InfoEck – Jugendinfo Tirol, https://www.mei-infoeck.at/infoeck/infoeck (abgerufen am 7.9.2017).
1109 Innsbruck – offizielles Mitteilungsblatt der Landeshauptstadt, Freizeit und Aussprache im kleinen Kreis, 18.10.1979, S. 1.
1110 Ebd.
1111 Kindler 1997, S. 19–23.

bereit wären, sondern die einfach abreagieren wollen. Den vom Land eingerichteten Raum mussten wir schon zweimal einrichten. Diese Leute leben am Rande ihres existenziellen Verständnisses. Sie müssen angeregt werden und irgendwo in einen sozialen Kontakt eingebunden sein, der seine Stütze und sein Tun mit öffentlicher Anerkennung ausstattet und daher sinnvoll erscheinen läßt."[1112]

1984 legten viele Jugendliche ihre Mitgliedschaft zurück, drei Jahre später schlossen die Beschäftigten erstmals Jugendliche, mit denen sie nicht zurechtkamen, aus. Sie forderten zusätzliche Personalressourcen, um auf die Bedürfnisse der Jugendlichen eingehen zu können, und bekamen 1988/89 zu den zwei Teilzeitstellen eine weitere Halbtagskraft dazu, die es überhaupt erst ermöglichte, dass jeweils zwei Betreuende gleichzeitig im Jugendtreff ihren Dienst versahen. Diese qualitative Verbesserung führte dazu, dass wieder vermehrt Jugendliche den Jugendtreff frequentierten und zahlenmäßig sogar die unter 14-Jährigen übertrafen. 14- bis 19-Jährige zählten nunmehr wieder zur Hauptzielgruppe. Das Konzept orientierte sich verstärkt an Jugendlichen. Während die MitarbeiterInnen des Jugendtreffs Pradl Kindern Schutz und Beratung in Fragen von Schule und Familie, Möglichkeiten der kreativen Gestaltung und sportlicher Betätigung anboten, richteten sie die Angebote für Jugendliche stärker an der offenen Jugendarbeit aus. Dazu gehörten Konzertbesuche, Partys, Freizeit- und Sportangebote. Beratung blieb auch bei den Jugendlichen ein wesentliches Element. Dazu führten die BetreuerInnen Einzelgespräche bei verschiedenen Problemlagen und arbeiteten mit diversen Einrichtungen wie Schuldnerberatung, Drogenberatung, Arbeitsvermittlung oder Rechtsberatung zusammen.[1113]

Die Überführung des Jugendtreffs Pradl in den städtischen Verein Jugendhilfe Innsbruck Anfang der 1990er Jahre brachte erneut Konflikte zwischen der damaligen Belegschaft und den Verantwortlichen von Stadt und Land. Hintergrund war die inhaltliche Veränderung von einem stärker beratenden/betreuenden zu einem vermehrt freizeitorientierten/unterhaltenden Auftrag. Im vom städtischen Verein übernommenen Jugendtreff Pradl arbeitete schließlich ein neues Team.[1114]

Damals hatte sich auch die BesucherInnenstruktur bereits gewandelt. Konflikte zwischen Jugendlichen mit und ohne Migrationshintergrund ließen sich zunächst noch gut lösen. Nach dem Trägerwechsel kamen ab Herbst 1992 immer mehr Jugendliche mit Migrationshintergrund – vor allem Burschen mit türkischen, bosnischen, serbischen und kroatischen Wurzeln – aus verschiedenen Innsbrucker Stadtteilen, aber auch aus dem Innsbrucker Umland in den Jugendtreff. Das veranlasste wiederum männliche Jugendliche ohne Migrationshintergrund, ihn zu meiden. Die Mädchen hingegen blieben. Weibliche Jugendliche mit Migrationshintergrund kamen nur vereinzelt. Die Zahl der BesucherInnen stieg in dieser Zeit aber generell enorm an: Während von 1979 bis 1992 durchschnittlich täglich zwischen zehn und 30 Kinder und Jugendliche den Jugendtreff besuchten, waren es im Schuljahr 1992/93 fast 100. Grund für diesen massiven Zulauf war eine Neustrukturierung des Jugendtreffs mit neuen Beschäftigten und veränderten Öffnungszeiten. Kinder und Jugendliche mit und ohne Migrations-

---

1112 Protokoll des Innsbrucker Gemeinderates vom 15.12.1980, S. 791, StAI.
1113 Vgl. Kindler 1997, S. 20–26.
1114 Telefongespräch Andrea Sommerauer mit Franz Wassermann am 1.9.2017.

hintergrund hatten den Jugendwarteraum am Bahnhof als Aufenthaltsort genutzt. Die BetreiberInnen des Warteraums hatten Interesse daran, dass dieser wieder für SchulpendlerInnen verwendet wurde, was auch das Land Tirol forcierte. Die Öffnungszeit des Jugendtreffs Pradl wurde daher vorverlegt. Auch das Konzept veränderte sich mit der Übernahme des Jugendtreffs durch den Verein Jugendhilfe Innsbruck. Es richtete sich nunmehr ausschließlich an Jugendliche zwischen 14 und 21 Jahren, Clubkarten sollten den Zugang kontrollieren. Interkulturelle und geschlechtsspezifische Jugendarbeit gewannen an Bedeutung, die Vernetzung mit Einrichtungen für diverse Problemlagen sowie mit anderen Jugendzentren, die sich in den vorangegangenen Jahren etabliert hatten, wurde verstärkt. Eine größere Relevanz bekam auch die Begleitung etwa bei Einvernahmen der Polizei, bei der Arbeitssuche, zur Rechtsberatung und zu ÄrztInnen.[1115]

Seit 2013 ist der Verein Jugendhilfe Innsbruck in die Innsbrucker Soziale Dienste GmbH (ISD) eingegliedert.[1116] Auch der Jugendtreff Pradl, der mittlerweile als Jugendzentrum Pradl geführt wurde und sich am Pradler Platz in unmittelbarer Nähe zum Rapoldipark befand, wurde vom ISD verwaltet, der es Ende des Jahres 2016 aber schloss. Als Grund für die Schließung gaben die Beschäftigten an, dass für die Gruppe junger illegalisierter MigrantInnen, die sich seit Jahren im Umfeld des Jugendzentrums aufhielten, „ein immenser Bedarf an psychosozialer Betreuung" bestünde.[1117] Primäre Problemfelder waren Drogenkonsum und -handel sowie Wohnungslosigkeit. Der ISD eröffnete das Jugendzentrum Pradl am 13. Oktober 2017 am neuen Standort in der Langstraße 16.[1118]

6.5.3 Das Jugendzentrum O-Dorf

Noch bevor der Jugendtreff Pradl eröffnet worden war, wurde in Innsbruck bereits ein Jugendzentrum im Olympischen Dorf diskutiert. Eine diesbezügliche Forderung tauchte 1976 – nach den zweiten Olympischen Spielen in Innsbruck und kurz vor der Besiedelung des zweiten Olympischen Dorfs im Osten der Tiroler Landeshauptstadt am orographisch linken Innufer – auf. Dorthin zogen viele Familien mit Kindern. Es wurde ein Jugendzentrum unter der Leitung der Stadtgemeinde zwecks sinnvoller Freizeitgestaltung angedacht.[1119] Der spätere Sozialstadtrat Paul Kummer erwog zunächst, dieses Jugendhaus in der neu errichteten Doppelhauptschule oder gemeinsam mit anderen Vereinen in der Mehrzweckhalle unterzubringen,[1120] das Vorhaben schlief aber wieder ein. Ein Verein „Engagierter Eltern", der sich 1977 aus der Enttäuschung über die mangelnde Initiative der Stadt heraus zur Verbesserung der sozialen Situation im O-Dorf gegründet hatte, nahm sich zunächst der Infrastruktur für kleinere Kinder an.[1121] Als

---

1115 Vgl. Kindler 1997, S. 20–29.
1116 Homepage Innsbrucker Soziale Dienste, Jugendzentren, http://www.isd.or.at/index.php/jugendzentren (abgerufen am 21.6.2017).
1117 Tiroler Tageszeitung, „Besucher des Jugendzentrums nicht Grund für die Schließung", 9.12.2016, S. 12.
1118 E-Mail Philipp Mayr, Jugendzentrum Pradl, vom 3.5.2018.
1119 Tiroler Tageszeitung, Olympisches Dorf braucht Jugendzentrum, 24.4.1976, S. 8.
1120 Protokoll des Innsbrucker Gemeinderates vom 20.5.1976, S.222, StAI.
1121 Tiroler Tageszeitung, Eltern des Olympischen Dorfes werden aktiv, 4.10.1977, S. 4.

im Frühjahr 1979 eine Tageszeitung von Beschädigungen an Autos in Tiefgaragen, aufgeschlitzten Reifen, Kellerdiebstählen und betrunkenen Jugendlichen berichtete, wurde die Frage eines Jugendzentrums wieder aktuell.[1122] Ein spärlich besuchter Diskussionsabend im April 1979,[1123] der auf Anregung der Mieterinteressensgemeinschaft stattfand und dem die Jugendlichen fernblieben, dem aber Polizeipräsident Greiderer (späterer Landesrat), Stadtrat Josef Rettenmoser, die Direktoren der Hauptschulen sowie wenige Eltern und AnrainerInnen beiwohnten, bestätigte lediglich den Wunsch nach der Einrichtung eines Jugend- und Veranstaltungszentrums.[1124] Innerhalb der folgenden zwei Jahre nahm das Vorhaben konkrete Formen an. 1980 preschte die ÖVP-Fraktion vor, allen voran Gemeinderat und Anrainer Friedl Ludescher. Sie informierte die Öffentlichkeit, bevor der Gemeinderat die Übernahme der Kosten für den Umbau beschließen konnte. Auch die Räume in der Pontlatzer Straße 38 waren bereits vorab von der Pfarre Neu-Arzl/Olympisches Dorf in der Größe von 130 Quadratmeter angemietet worden.[1125] Die SPÖ kritisierte die Vorgehensweise heftig, stimmte aber dem Projekt zu.[1126] Das Jugendzentrum O-Dorf eröffnete schließlich am 17. Dezember 1981.[1127] Es verfügte über Platz für rund 50 Jugendliche, zu Stoßzeiten kamen aber bis zu 80.[1128] Im Gegensatz etwa zum Neubau in St. Paulus, der auch Rückzug ermöglichte, gaben zwei riesige Schaufenster einen deutlichen Einblick in die Geschehnisse im Jugendzentrum O-Dorf.[1129]

Das erste Betreuungsteam bestand aus zwei jungen Männern und zwei jungen Frauen, die halbtags beim Trägerverein angestellt waren und im Herbst 1981 mit der Konzepterstellung begonnen hatten. Sie sahen ein offenes Jugendzentrum vor. Wie eine der BetreuerInnen, Gabriele Rangger, wenige Jahre später in ihrer Dissertation reflektierte, sei ursprünglich lediglich eine Jugendberatungsstelle geplant gewesen, das Team verfolgte jedoch ein erweitertes Konzept.[1130] Damit drängten sich Konflikte mit dem Trägerverein Jugend und Gesellschaft fast auf. Rangger erinnerte sich:

> „Nach der Eröffnung gab es allerdings immer wieder Schwierigkeiten zwischen dem Trägerverein und dem Jugendzentrum, da die offene Ausrichtung des Jugendzentrums nicht gerade das ‚Musterbeispiel' eines von der öffentlichen Hand finanzierten Jugendhauses war."[1131]

Sie spricht von Zerstörungswut der Jugendlichen und Sachbeschädigungen – wie sie auch schon aus dem Jugendtreff Pradl bekannt waren. Die unerfahrenen MitarbeiterIn-

---

1122 Zitiert nach Rangger 1987, S. 32.
1123 Vgl. Tiroler Tageszeitung, Leserbrief von F. E., Nochmals „Jugendzentrum O-Dorf", 17.4.1979, S. 6.
1124 Vgl. Tiroler Tageszeitung, Leserbrief von J. K., Zum O-Dorf-Jugendzentrum, 2.5.1979, S. 6.
1125 Protokoll des Innsbrucker Gemeinderates vom 26.3.1981, S. 179 f., StAI.
1126 Ebd., 16.12.1980, S. 784–791; 26.3.1981, S. 179 f..
1127 Rangger 1987, S. 32.
1128 Ebd., S. 54.
1129 Marco Nicolussi: Das Olympische Dorf als Lebenswelt. Erfahrungen in einem Jugendhaus und (architektur-)theoretische Untersuchung in einer Stadtrandsiedlung mit besonderer Berücksichtigung des Bedingungszusammenhangs von Außenwelt und subjektiver Wahrnehmung und Deutung, Diss., Innsbruck 1984, S. 108.
1130 Rangger 1987, S. 43.
1131 Ebd., S. 44.

nen des Jugendzentrums O-Dorf nahmen von Sanktionen Abstand, der Trägerverein wiederum erwartete, dass sie ihrer Aufsichtspflicht nachkämen. Das Team legte Regeln fest. Diese beinhalteten das Gebot zur Gewaltlosigkeit bei Konflikten sowie ein Verbot von Drogen- und Alkoholkonsum. Außerdem sollten die Jugendlichen soweit wie möglich in Entscheidungen eingebunden werden.[1132] Sie gestalteten die Räume mit. Schon dabei kam es zwischen den Gruppen der vorwiegend männlichen Jugendzentrumsbesuchenden zu Revierkämpfen. Das Team reagierte auf die Auseinandersetzungen, die auch körperlich ausgetragen wurden, mit dem Angebot von Interessensgruppen zu Arbeitslosigkeit, Arbeitsplatzsituation, Kriminalität und Alkoholproblemen, die die Jugendlichen auch annahmen. Drogenprobleme wurden von den Betreuerinnen im Jugendzentrum O-Dorf damals lediglich als marginales Problem wahrgenommen.[1133] Jugendliche meldeten sich auch zur Discogruppe und zur Bargruppe. Es wurden Clubausweise für das Stammpublikum eingeführt, weiterhin kamen aber auch Gäste.[1134] Die MitarbeiterInnen begleiteten die Jugendlichen zum Arbeitsamt, bei Problemen auch in die Schule oder an den Ausbildungsplatz, ebenso vermittelten sie zwischen Eltern und Kindern. Rangger richtete eine Mädchengruppe ein, die jedoch nur für kurze Zeit Zulauf hatte.[1135] Zudem unternahmen die Jugendlichen mehr und mehr etwas gemeinsam außerhalb des Jugendzentrums: Sie spielten Fußball, grillten miteinander, BetreuerInnen gingen mit ihnen wandern, begleiteten sie auf Konzerte und verbrachten Wochenenden mit ihnen auf einem Bauernhof. Massive Konflikte tauchten nach etwa einem Jahr erneut auf, als sich Jugendliche aus der angrenzenden Reichenau für das Jugendzentrum interessierten. Auch die Polizei war alarmiert. Auf die handfest ausgetragenen Konflikte, Sachbeschädigungen sowie Einbrüche reagierte das Team schließlich mit befristeten Hausverboten.[1136]

Bereits wenige Wochen nach der offiziellen Eröffnung hatte Landesjugendreferent Girstmair mit Schließung gedroht, sofern sich die äußere Erscheinung des Jugendhauses, das Verhalten der Jugendlichen und die pädagogischen Grundsätze der Betreuenden nicht verändern.[1137] Im Trägerverein herrschte eine Auffassung von offener Jugendarbeit vor, die sich von jener des Betreuungspersonals unterschied. Er erwartete schlicht härteres Durchgreifen bei missliebigem Verhalten, ein detaillierteres Konzept und überschaubare Strukturen.[1138] Das Team hielt jedoch an der bedürfnis- und problemorientierten Jugendarbeit fest, weil es davon ausging, dass ein Fokus auf Persönlichkeitsentwicklung gerade in einer Siedlung am Stadtrand wie dem O-Dorf sinnvoll sei, in der sich die Zielgruppe in massiven sozialen Problemlagen befand:[1139]

„Diese pädagogische Ausrichtung fand aber nicht unbedingt die Zustimmung des Trägervereines, der vielmehr ein ruhig geführtes Jugendzentrum wünschte, als

---

1132 Nicolussi 1984, S. 76.
1133 Vgl. Rangger 1987, S. 48–58.
1134 Nicolussi 1984, S. 80.
1135 Vgl. Rangger 1987, S. 60 f., 64 f.
1136 Ebd., S. 48–58.
1137 Protokoll Telefonanruf von Hofrat Girstmair am 5.2.1982, in: Rangger 1987, S. 124.
1138 Rangger 1987, S. 110–114; vgl. auch Nicolussi 1984, S. 110 f.
1139 Vgl. Darstellung der Konflikte rund ums Jugendhaus O-Dorf – mit der Bitte um eine Unterstützungserklärung bzw. ein Gutachten, 12.4.1984, in: Rangger 1987, S. 129–133.

ein Haus, indem die Betreuer bereit waren, Konflikte auszutragen und deshalb immer wieder für Aufregung sorgten."[1140]

Ernst Gutschi vom Landesjugendreferat, der als Vermittler zwischen dem Verein Jugend und Gesellschaft sowie den Jugendzentrums-Teams in der Stadt Innsbruck fungierte, bestätigte medial, dass hinter den Differenzen die unterschiedliche Auffassung von qualitätsvoller Jugendarbeit stand. Das Team hätte zu wenig Bereitschaft gezeigt, auf die Wünsche des Arbeitgebers einzugehen.[1141] Die mangelnde Akzeptanz bei AnrainerInnen, die von Beginn an regelmäßige Lärmbelästigung monierten, war dabei ein wichtiges Element. Der Ruf des Jugendzentrums war denkbar schlecht, woran sich auch nach mehrfachen Gesprächen zwischen Jugendzentrum und AnrainerInnen nichts änderte. Im Jugendzentrum hatte sich sogar eine Gruppe von BesucherInnen in einer Arbeitsgruppe mit dem Konflikt beschäftigt.[1142] Im Frühjahr 1984 entzog der Trägerverein dem Team die Leitung und übertrug diese einem Kuratorium, in dem sich überwiegend Erwachsene aus dem Stadtteil befanden, die keine Erfahrung in der Jugendarbeit mitbrachten. Als unmittelbaren Anlass nennt Rangger die Tatsache, dass das Jugendhaus nicht der „ARGE Olympisches Dorf", dem diverse Schützen-, Trachten- und Sportvereine angehörten, beigetreten war, nachdem die Jugendlichen dafür kein Interesse gezeigt hatten. Das Jugendzentrum sollte zunächst Ende Mai 1984 geschlossen werden,[1143] der Trägerverein zog die Schließung jedoch einen Monat vor.[1144] Rettungsversuche durch Dringlichkeitsanträge im Gemeinderat von der Grünen ALI, mit der Anmietung von zusätzlichen Räumen und Schallisolierungen die Lärmbelastung zu verringern,[1145] sowie von der SPÖ, ein Leitungskomitee unter Einbeziehung von JugendvertreterInnen zu bilden,[1146] schoben die Konservativen auf die lange Bank.[1147] Der Bitte der Obleute des 1983 gegründeten Vereins FOCUS, der für die Förderung von Kultur und sozialem Engagement stand, eine einvernehmliche Lösung mit den Gekündigten, Jugendlichen, Eltern, Fachleuten und AnrainerInnen herbeizuführen, wurde nicht nachgekommen.[1148] Schließlich wurde ein Kuratorium mit weitgehend fachfremden Personen gebildet, darunter Ludescher,[1149] Kooperator Heinrich Berger und Magistratsdirektor August Wammes.[1150]

Das Jugendzentrum O-Dorf eröffnete nach etwa einem Dreivierteljahr wieder mit einem neuem Team.[1151] Inwieweit in der Folge weiterhin Konflikte zwischen Anrainer-

---

1140 Rangger 1987, S. 114.
1141 Tiroler Tageszeitung, Beilage Innsbruck Aktuell, Jugendhaus-Konflikt O-Dorf auf Kosten der Jugendlichen, 17.4.1984, S. 2.
1142 Nicolussi 1984, S. 112.
1143 Kurier, Chronik Tirol, Das Jugdhaus O-Dorf wird im Mai gesperrt, 30.3.1984, S. 19.
1144 Kurier, Chronik Tirol, Jugendhaus im O-Dorf schon in 14 Tagen zu, 15.4.1984, S. 13.
1145 Protokoll des Innsbrucker Gemeinderates vom 26.1.1984, S. 238 f., StAI.
1146 Ebd., 28.6.1984, S.1432 f.
1147 Ebd., 29.3.1984, S. 1088; sowie 26.4.1984, S. 1213.
1148 Brief FOCUS. Verein zur Förderung von Kultur und sozialem Engagement an das Landesjugendreferat, Hermann Girstmair, vom 28.4.1984, Privatarchiv Windischer.
1149 Die Angelobung von Friedrich Ludescher im Innsbrucker Gemeinderat erfolgte in der 8. Geschäftssitzung am 25.10.1984, Protokoll des Innsbrucker Gemeinderates vom 25.10.1984, S. 1805, StAI.
1150 Rangger 1987, S. 116.
1151 Telefongespräch Hannes Schlosser mit Gabriele Ebner-Rangger am 7.7.2017.

Innen oder dem Trägerverein und dem Jugendzentrum oder/und Konflikte innerhalb des Teams die Jugendzentrumsarbeit beeinflussten, ist schwer nachzuvollziehen. Die Erinnerungen von Beschäftigten sind durchaus unterschiedlich.[1152] Wie der Jugendtreff Pradl kam das Jugendzentrum O-Dorf Anfang der 1990er Jahre unter die Trägerschaft des Vereins Jugendhilfe Innsbruck.

6.5.4 Jugendzentrum Hötting-West

Hötting-West, am orographisch linken Innufer im Westen Innsbrucks gelegen, war im Laufe der 1980er Jahre ebenfalls zu einem einwohnerstarken Stadtteil angewachsen. Im Juni 1987 beschloss der Gemeinderat den Ankauf von Räumlichkeiten für ein Stadtteilzentrum, um neben der Mutterberatungsstelle und der Altenstube auch einen Treffpunkt für Jugendliche einzurichten.[1153] Der „Activ-Club" eröffnete am 16. September 1988.[1154] Er war in den Räumlichkeiten des Kolpinghauses in der Victor-Franz-Hess-Straße untergebracht, zu Beginn arbeiteten dort zwei JugendbetreuerInnen.[1155] Doch auch in Hötting-West beschwerten sich AnrainerInnen über Lärm und Verhalten der Jugendlichen.[1156] Der Treffpunkt war täglich von 18 bis 22 Uhr geöffnet, Musikanlage für einen Disco-Betrieb gab es keinen.[1157] Ein wesentliches Problem des Lokals war baulicher Natur: Der Raum verfügte über einen Lüftungsschacht, der sich bis in die Wohnungen zog.[1158] BesitzerInnen von angrenzenden Eigentumswohnungen, wie die Tiroler Tageszeitung berichtete, initiierten eine Unterschriftenaktion:

> „Durch den Lärm, den die Jugendlichen erzeugen und durch andere Lebensäußerungen, die zum Ärgernis gereichen: Da wurde angeblich ein Spiel mit Messerwerfern veranstaltet, da holten sich die Jugendlichen Bierflaschen aus dem Kolpingheim und warfen sie in die Grünanlagen, da wurden angeblich auch schon Hauswände besprüht. Ergebnis: 60 Unterschriften Empörter."[1159]

Die Jugendlichen wehrten sich medial gegen die Diffamierungen und stellten in einem LeserInnenbrief klar, dass im Jugendtreff kein Alkohol ausgeschenkt wurde. Auch von der Messerstecherei hätten sie erst durch die Zeitung erfahren. Das Graffiti sei ein Farbfleck von 20 mal 20 Zentimeter und die Suche nach den Bierflaschenwerfern sei noch im Gange. Sie verwehrten sich gegen den Vorwurf, sie würden „orientierungslosen

---

1152 Vgl. Telefongespräch Andrea Sommerauer mit Manfred Deiser am 11.7.2017 und E-Mail ders. vom 18.7.2017. Ferner: Gespräch Andrea Sommerauer mit Cornelia Puschnik am 26.9.2017.
1153 Protokoll des Innsbrucker Gemeinderates vom 25.6.1987, S. 987, StAI.
1154 Tiroler Tageszeitung, Beilage Innsbruck Aktuell, Ein neues Zentrum für Jugend von Hötting-West ist noch nicht in Sicht, 3.10.1988, S. 2.
1155 Heitzinger 2004, S. 76.
1156 Tiroler Tageszeitung, Beilage Innsbruck Aktuell, Neue Jugendstelle in Hötting-West, 22.1.1990, S. 2.
1157 Tiroler Tageszeitung, Jugendtreff stößt auf Unwillen der benachbarten Wohnungsinhaber, 8.10.1988, S. 3.
1158 Interview Gutschi 2017.
1159 Tiroler Tageszeitung, Jugendtreff stößt auf Unwillen der benachbarten Wohnungsinhaber, 8.10.1988, S. 3.

Unfug" treiben:[1160] „Wir sind der Meinung, daß Kontakte und Kommunikation weniger orientierungsloser Unfug sind, als Abend für Abend sinn- und gesprächslos vor dem TV zu sitzen."[1161]

Die Einstellung einer weiteren Betreuungskraft konnte die Schließung nach nur sieben Monaten Betrieb im April 1989 nicht verhindern.[1162] Die drei vom Verein Jugend und Gesellschaft bezahlten BetreuerInnen – eine Sozialarbeiterin, ein Psychologe und ein Gymnasiallehrer – gingen ihrer Tätigkeit jedoch weiter nach. Einmal pro Woche konnten sie den Jugendlichen in der Höttinger Au in der Pfarre Allerheiligen ein Treffen anbieten, weil der Pfarrer die Räume zur Verfügung stellte.[1163] Um auf ihre Lage hinzuweisen, errichteten BetreuerInnen und Jugendliche ein Zelt, doch das wurde in mehreren Nächten hintereinander immer wieder zerstört. Die BetreuerInnen wünschten sich zumindest Räume für eine Anlaufstelle. Aber es mangelte auch an einer ausreichenden Finanzierung.[1164]

In der nahe gelegenen Peerhofsiedlung konnten die BetreuerInnen schließlich im Jänner 1990 eine Informations- und Beratungsstelle eröffnen. Sie organisierten Vorträge und Diskussionen zu Lehrlingsrecht, Jugendstrafvollzug, Präsenz- und Zivildienst. Für Sportveranstaltungen und andere Workshops mussten externe Räume gefunden werden. Ein richtiges Jugendzentrum war mit dem Bau der Volksschule in der Viktor-Franz-Hess-Straße in deren Räumlichkeiten geplant.[1165] Aber noch 1990 zog das Jugendzentrum wieder in die Räumlichkeiten des Kolpinghauses ein.[1166] 2001 entschloss sich die Stadt Innsbruck zum Bau eines eigenen Kinder- und Jugendzentrums in derselben Straße. Dort wurden und werden Spiele wie Tischfußball, Billard, Tischtennis etc. sowie Möglichkeiten in kreativer, sportlicher und bildungsmäßiger Hinsicht geboten.[1167]

6.6 Jugendliche mit Migrationshintergrund: Moslemische Jugendunion, ATIGF und Sternclub

Die ersten „Gastarbeiter" in Tirol waren vorwiegend junge Männer im Alter zwischen 20 und 30 Jahren. Zu Beginn der 1970er Jahre verstärkte sich dann die Arbeitsmigration von Frauen. Die MigrantInnen hatten in den ersten Jahren noch die Absicht, nach einer temporären Erwerbstätigkeit im Gastland wieder in ihre alte Heimat zurückzukehren, aber die Verschiebung des Lebensmittelpunktes führte bald zu einer sogenannten „Kettenmigration". Die ArbeitsmigrantInnen holten Ehefrauen und Ehemänner,

---

1160 Ebd.
1161 Tiroler Tageszeitung, Aus der Sicht der Jugendlichen, 29.11.1988, S. 7.
1162 Tiroler Tageszeitung, Beilage Innsbruck Aktuell, Neue Jugendstelle in Hötting-West, 22.1.1990, S. 2.
1163 Vgl. Protokolle des Innsbrucker Gemeinderates vom 22.6.1989, S. 1069 f.; 2./3.11.1989, S. 1611 f., StAI.
1164 Tiroler Tageszeitung, Beilage Innsbruck Aktuell, Ein neues Zentrum für Jugend von Hötting-West ist noch nicht in Sicht, 3.10.1988, S. 2.
1165 Tiroler Tageszeitung, Beilage Innsbruck Aktuell, Neue Jugendstelle in Hötting-West, 22.1.1990, S. 2.
1166 Heitzinger 2004, S. 76.
1167 Homepage Westwind, Stadtteilzeitung für Hötting West und Kranebitten, http://www.westwind. or.at/artikel/10-jahre-jugendzentrum-hoetting-west/index.html (abgerufen am 29.3.2016).

Kinder und weitere Verwandte nach. Das Bundesministerium für Inneres erleichterte die Familienzusammenführung mit einem Erlass vom 14. November 1985, allerdings gab es immer noch beträchtliche Hürden. Als günstig für den Familiennachzug erwies sich ein wirtschaftlicher Aufschwung im Zuge des Falls des Eisernen Vorhangs 1989 und die Öffnung des Marktes in Osteuropa. Diese Entwicklung bildete sich auch an den SchülerInnenzahlen ab. Die Zahl der PflichtschülerInnen mit Migrationshintergrund in Tirol verdoppelte sich vom Schuljahr 1985/86 bis 1990/91 nahezu und stieg von 1.747 auf 3.080.[1168]

Die Integration von Kindern und Jugendlichen mit Migrationshintergrund wurde demnach in den 1980er Jahren stärker Thema, allerdings nahmen das Land Tirol oder die Stadt Innsbruck diesen Bedarf an Betreuungsangeboten als Integrationsmöglichkeiten auch in den 1990er Jahren noch kaum wahr. Erst im neuen Jahrtausend ließ sich die öffentliche Hand von NGOs überzeugen, dass Integrationsmaßnahmen notwendig und sinnvoll sind. Die MigrantInnen organisierten sich aber früh selbst und gründeten Kultur- und Sportvereine – eine vielerorts gelebte Praxis von Zuwandernden, um sich im Gastland orientieren zu können und Rückhalt zu finden. Explizit an Jugendliche richteten sich der 1976 gegründete, religiös orientierte Verein Kulturelle Moslemische Jugendunion (Ensar Camii) sowie der 1980 gegründete Verein Föderation der Arbeiter und Jugendlichen aus der Türkei in Österreich, Tirol (ATIGF), der bis heute aktiv ist.[1169] ATIGF tritt für soziale, ökonomische und kulturelle Rechte von MigrantInnen ein, betont Demokratie, Menschen- sowie Frauenrechte und verurteilt Diskriminierungen.[1170]

Der 1988 in Innsbruck gegründete Sternclub Innsbruck für Sport und Freizeit der österreichischen und ausländischen Jugend existierte wie das Desinfarkt nur ein Jahr lang. Der einzige Proponent des Vereins war 1960 in Ankara geboren und brachte die Statuten am 8. August 1988 bei der Vereinsbehörde ein, die Nicht-Untersagung erfolgte rund einen Monat später. Die Besonderheit dieses Vereins ist die statutarisch verankerte explizite Verbindung von „österreichischen" und „ausländischen" Jugendlichen, wiewohl nichts darüber bekannt ist, inwieweit dieses Ziel eingelöst wurde oder es nur auf dem Papier existierte. Laut Statuten strebte der Verein die Pflege von geselligen Zusammenkünften, Sportveranstaltungen, Musik und Gesang an. Die Gründungsversammlung hielten die Vereinsmitglieder im Oktober 1988 ab. Die Vorstandsmitglieder waren zwischen 1965 und 1971, zum Teil in Innsbruck, geboren und zu diesem Zeitpunkt zwischen 17 und 23 Jahre alt. Im Frühjahr 1989 wies der Verein rund 30 Mitglieder aus, sie trafen sich in der Innstraße 68. Rasch kam der Verein mit der Gewerbebehörde in Konflikt, weil Getränke und Süßigkeiten, die im Nachbarladen erworben worden waren, weiterverkauft wurden. Die Staatspolizei beschrieb in ihrem Bericht nach den Erhebungen vor Ort die Räumlichkeiten, in denen es keine sanitären Anlagen gab:

1168 Gerhard Hetfleisch: Geschichte der Arbeitsmigration Tirols 1945–2013, in: Rita Garstenauer/Anne Unterwurzacher (Hg.): Aufbrechen, Arbeiten, Ankommen. Mobilität und Migration im ländlichen Raum seit 1945. Jahrbuch für Geschichte des ländlichen Raums, 11/2014, Innsbruck/St. Pölten 2015, S. 95–125, hier S. 111–113.
1169 Hetfleisch 2014, S. 118–119.
1170 Homepage ATIK, Konföderation der Arbeiter aus der Türkei in Europa, http://www.atik-online.net/deutsch/wer-ist-die-atik/foderationen/atigf/ (Zugriff: 20.5.2019).

„Im Lokal befindet sich ein Billardtisch, eine Sitzecke und eine kleine Bartheke mit Kühlschrank. [...] Der Raum ist mehr oder weniger als Aufenthaltsraum gedacht, in dem die Vereinsmitglieder ihre Freizeit durch Billard oder spielen mit Computerautomaten verbringen."[1171]

Nach Angaben des Vereinsobmanns war sich niemand der Rechtslage bewusst.[1172] Der Anzeige wegen Übertretung der Gewerbeordnung folgte offenbar eine Strafe. Weil der Verein damit „seinen statutenmäßigen Wirkungskreis überschritten" hatte, löste die Vereinsbehörde den Sternclub im Juli 1989 auf.[1173]

Jugendliche mit türkischen oder jugoslawischen Wurzeln erschlossen sich erst ab Ende der 1980er Jahre in größerer Zahl die in Innsbruck inzwischen etablierten Jugendzentren, bis sie in manchen Jugendzentren sogar die Mehrheit stellten. 1996 berichtete „Innsbruck informiert" über das Jugendzentrum Pradl, das rund zehn Jahre vorher erstmals von drei Kindern mit Migrationshintergrund besucht wurde:[1174]

„Gäste sind vorwiegend Jugendliche aus der Türkei, den Nachfolgestaaten Jugoslawiens und anderen mehr oder weniger weit entfernten Ländern. Viele der jungen Ausländer wurden hier geboren und sprechen daher auch akzentfrei Deutsch. Trotzdem werden sie häufig mit Problemen wie Arbeitslosigkeit oder Ausländerfeindlichkeit konfrontiert. Im Jugendtreff Pradl finden sie einen Ort, wo sie unabhängig von ihrer Herkunft einfach nur ‚Teenies' sein können."[1175]

6.7 Bilanz über zwei Jahrzehnte offene Jugendarbeit

Die Landeshauptstadt war Standort der frühesten Jugendzentren in Tirol, die offene Jugendarbeit umsetzten. Die Initiativen von Jugendzentren gingen zunächst von der katholischen Kirche aus, die sich in der Diözese Innsbruck besonders der Jugendarbeit verschrieben hatte, weil Bischof Rusch dafür ein spezielles Interesse zeigte. Die ÖVP als Mehrheitsfraktion in Land und Stadt sah die Jugendarbeit bei der Kirche in guten Händen und unterstützte deren Einrichtungen. Die MK kann als wichtiger Impulsgeber bereits in den 1960er Jahren gelten. Ihr Leiter, der Jesuitenpater Sigmund Kripp, orientierte sich stärker an den Bedürfnissen von Kindern und Jugendlichen und weniger an einem fixen Programm und/oder ideologischen Zielen. Zielgruppe stellten in der MK bis in die 1980er Jahre MittelschülerInnen dar, dann erst öffneten die Jesuiten das Haus auch für Haupt- und BerufsschülerInnen.

Das erste Jugendzentrum für jugendliche Arbeitende in Innsbruck geht auf deren Bedürfnis nach adäquaten Jugendräumen und der Initiative des Stadtjugendseelsor-

---

1171 Sternclub Innsbruck für Sport und Freizeit der österreichischen und ausländischen Jugend, Vereinsakt, SID-Verein, Vr 517-1/88–253/88, Bericht der Bundespolizei Innsbruck, Staatspolizeiliche Abteilung, vom 13.4.1989, TLA.
1172 Ebd., Sicherheitsdirektion für Tirol, Protokoll zur Befragung von A. R., 12.5.1989.
1173 Ebd., Sicherheitsdirektion für Tirol an den Verein „Sternclub Innsbruck für Sport- und Freizeit der österreichischen und ausländischen Jugend", Bescheid der Auflösung vom 4.7.1989.
1174 Kindler 1997, S. 19.
1175 Innsbruck Informiert, Leben zwischen zwei Kulturen, Sept. 1996, S. 11.

gers zurück. Die Anfänge des später Z6 genannten Jugendzentrums weisen noch in die 1960er Jahre. Mitte der 1970er Jahre trennte sich die Kirche von dieser Einrichtung, das Z6 wurde ein privater Verein. Dass sein Bestand gesichert werden konnte, lag nicht nur an finanzkräftigen SpenderInnen und einem hohen Maß an ehrenamtlicher bzw. unbezahlter Arbeit, sondern auch an Subventionen. Dabei stellte das Tiroler Jugendschutzgesetz 1974 eine rechtliche Grundlage dar. Es beinhaltete die Wünsche nach Jugendberatungsstellen und der Forcierung von Jugendtreffs. Die Stadt Innsbruck zeigte sich bei der Umsetzung der beiden genannten Forderungen anfänglich aber nicht besonders initiativ. Selbst das Kinder- und Jugendtelefon als Anlauf- und Beratungseinrichtung wurde auf Anregung des Landesjugendreferates eingerichtet. Da der Landesjugendreferent jedoch Hermann Girstmair hieß, der darüber hinaus Funktionen im Innsbrucker Gemeinderat bzw. Stadtsenat ausübte, war die Beziehung zwischen der Kommune und dem Landesjugendreferat sehr eng. Der Forderung nach der Gründung von Beratungsstellen bzw. Jugendräumen kam die Stadt nur zeitverzögert nach. Erst fünf Jahre nach Inkrafttreten des Jugendschutzgesetzes und drei Jahre nach Gründung eines Landesvereines, der die Trägerschaft von Jugendräumen selbst übernehmen konnte, richtete sie das erste Jugendzentrum der öffentlichen Hand in Innsbruck ein. Es entstand in einem traditionellen Arbeiterviertel, in Pradl. Für die beiden Neubaugebiete Olympisches Dorf/Neu-Arzl sowie Hötting-West wurden zunächst keine Jugendzentren in die Planung aufgenommen. Die Bevölkerung forderte sie aber ein und sie eröffneten schließlich 1981 sowie 1988. Auffallend ist, dass die öffentliche Hand in der bevölkerungsstarken Reichenau kein offenes Jugendzentrum errichtete, was womöglich damit zu tun hat, dass die Kirche im Zentrum St. Paulus und die SPÖ im Volkshaus Jugendarbeit betrieben. Jugendliche der Reichenau sahen diese beiden Häuser aber nicht unbedingt als Alternativen zur offenen Jugendarbeit, manche suchten daher Aufnahme in anderen Jugendzentren wie etwa im O-Dorf. Gar kein Interesse zeigte die Stadt an selbstorganisierten Initiativen, die mit rechtlichen, polizeilichen und medialen Mitteln unterbunden wurden.

Wie das Z6, das sich explizit an junge Menschen aus dem Arbeitermilieu richtete, besuchte diese Zielgruppe auch die Jugendtreffs in den Stadtvierteln am Stadtrand, weil das der Zusammensetzung der dortigen Bevölkerung entsprach. Die Zielgruppen veränderten sich jedoch im Laufe der Zeit in allen Jugendzentren, es kamen neue Generationen von Jugendlichen mit zeitentsprechenden Bedürfnissen, die Stadtteilgrenzen überwanden. Sie spiegelten auch die Zusammensetzung der Gesellschaft und die Konflikte zwischen Bevölkerungsgruppen wider. So gab es Reibereien zwischen jungen Menschen aus dem Arbeiter- und dem bürgerlichen Milieu, zwischen Mädchen und Burschen, zwischen Jugendlichen aus dem einen und dem anderen Stadtteil, zwischen jenen mit österreichischen und ausländischen Pässen sowie zwischen jenen mit und ohne Migrationshintergrund bzw. mit und ohne Fluchthintergrund.

Die Suche nach Räumlichkeiten gestaltete sich bei allen Jugendzentren schwierig und Platz war meist rar. Lediglich bei der MK sowie dem Z6 lagen die Fälle zumindest zeitweise anders. Die MK konnte auf eine lange Tradition in der (elitären) Jugendarbeit zurückblicken und verfügte über Räume, die in den 1960er Jahren bedarfsgerecht ausgebaut wurden. Die Stadt wiederum stellte dem Z6 nach vielen Jahren der Raumsuche und der Jugendarbeit im engen und fensterlosen Keller Räume in der Dreiheiligenstraße zur Verfügung, die großzügig dimensioniert waren.

Die ersten Lokale der Innsbrucker Jugendzentren befanden sich im Umfeld der Kirche oder kirchennaher Einrichtungen. So übersiedelte das anfangs zur Diözese gehörende Z6 zunächst in Räume der Pfarre Wilten-West und später in die ehemaligen Räume des katholischen Arbeitervereins (Kolpinghaus) in der Dreiheiligenstraße, das die Stadt angekauft hatte. Ebenfalls von der Kirche kaufte die Stadtgemeinde jenes Lokal in der Pontlatzer Straße, in dem sich das Jugendzentrum O-Dorf am Anfang seines Bestehens befand. Das bereits als eigenständiger Verein organisierte Z6 kam wiederum in einem aufgelassenen Gewerbebetrieb unter. Das gilt auch für das Desinfarkt. Die Innenausstattungen der Jugendzentren waren meist spartanisch und entsprachen den finanziellen Verhältnissen der Träger, dem Bedürfnis von Jugendlichen, sich abzureagieren, aber auch ihrem Geschmack. Auffallend bei den katholischen Jugendzentren ist, dass der offene Bereich tendenziell im Keller, der Gruppenbereich über Tag stattfand. Die Standorte von Jugendzentren der öffentlichen Hand, die die Stadtgemeinde Innsbruck zur Verfügung stellte, erwiesen sich selten als günstig. So befand sich jenes im O-Dorf ausgerechnet in der Nähe einer Einfamilienhaussiedlung. Im Fall des Jugendzentrums Hötting-West wurde der Schall über einen Lüftungsschacht in die darüberliegenden Wohnungen übertragen. In Pradl erwies sich der Standort des Jugendtreffs erst als günstig, als es ins ehemalige Gaswerk übersiedelt war, denn dort war die Nutzung vor der baulichen Adaptierung mitbedacht worden.[1176] Standort und Räume von Jugendzentren zeigten sich als zwei der wesentlichen Kriterien für eine gelungene Jugendarbeit. Weil die Träger und Finanziers dies aber selten prioritär berücksichtigten, kam es allein schon dadurch zu Konflikten mit AnrainerInnen und PolitikerInnen.

Die Jugendzentren waren generell durch Konflikte charakterisiert. In ihnen bildeten sich das Erwachsenwerden als persönliche Auseinandersetzung, gesellschaftliche Umbrüche und Problemstellungen wie der Generationenkonflikt oder der Umgang mit Suchtmitteln und Gewalt, Arbeits- und Wohnungslosigkeit ab. Konfliktparteien stellten neben AnrainerInnen und PolitikerInnen auch die einzelnen Jugendlichen verschiedener Ethnien und beiderlei Geschlechts, BetreuerInnen sowie die VertreterInnen der Trägervereine dar. Konfliktfelder waren die Aneignung von öffentlichen, offenen und geschlossenen Räumen, Beschallung sowie unterschiedliche Vorstellungen von situationsadäquatem Verhalten und Anstand.

Auffallend häufig wurden die Konflikte autoritär gelöst. Das gilt sowohl für die Jugendzentren der katholischen Kirche als auch für jene der öffentlichen Hand. Zu den Maßnahmen, die die VertreterInnen der Träger ergriffen, gehörten der Austausch von Schlössern, die behördliche Schließung, die Kündigung von Beschäftigten bzw. der Austausch des Personals, die Einrichtung von VermittlerInnen wie die einer Kommission oder die eines Koordinators. Diese, oft von Protesten begleiteten Maßnahmen wurden letztlich dennoch fast immer akzeptiert. Lediglich das Z6 machte sich von der Diözese unabhängig und gründete einen eigenständigen Verein.

Die Ausstattung der Jugendzentren war tendenziell knapp bemessen. Mehrfach waren Teams auf Sponsoring von Firmen oder privaten SpenderInnen angewiesen – wie etwa das Z6 für die Inneneinrichtung nach Einzug in die Dreiheiligenstraße, oder das Jugendzentrum O-Dorf, das Gelder von einer Bank bekam.[1177] Die prekären Finanz-

---

1176 Vgl. Interview Gutschi 2017.
1177 Vgl. Telefongespräch Ebner-Rangger 2017.

situationen wirkten sich auch personell aus. Viele der Initiativen konnten nur deshalb erfolgreiche Jugendarbeit betreiben, weil die Angestellten über ihr Beschäftigungsausmaß hinaus unbezahlte Arbeit leisteten oder Tätigkeiten ehrenamtlich erledigt wurden. Auch die Jugendlichen halfen bei Raumadaptierungen immer wieder tatkräftig mit. Über die unmittelbare Betreuung hinausgehende Angebote für Jugendliche scheiterten oft an mangelnden Personal- und Finanzressourcen. Die Folge waren häufige Wechsel von MitarbeiterInnen. Auf die Forderung der ARGE Tiroler Jugendzentren, die Stadt möge sich bei den Jugendhäusern der öffentlichen Hand auch an Personalkosten beteiligen, reagierte diese mit dem Verweis auf die mangelnde Finanzierbarkeit.[1178] So klafften Anspruch und Wirklichkeit oft weit auseinander. Während die öffentliche Hand neben dem laufenden Betrieb auch noch Präventionsarbeit erwartete, kämpften die Beschäftigten zuweilen darum, zu zweit Dienst machen zu können. Das selbstorganisierte Desinfarkt scheiterte gar an mangelnder Finanzierung und an der Bereitschaft zur Mitarbeit.

Die Beschäftigten der Jugendzentren der öffentlichen Hand waren durchwegs selbst noch jung. Die erste Generation von JugendbetreuerInnen verfügte kaum über einschlägige Ausbildungen, weil es dafür nur wenig Möglichkeiten gab, aber schon die zweite Generation ab Ende der 1970er Jahre absolvierte häufig ein Studium an den Instituten Pädagogik oder Psychologie der Universität Innsbruck oder an der Sozialakademie. Auffallend ist, dass sich viele noch in Ausbildung befanden, als sie ihren (Teilzeit-)Job in einem Jugendzentrum antraten. Aufgrund des Alters der Betreuenden, der kurzen Zeit des Bestehens von Jugendzentren und deren geringe Anzahl verfügten die Beschäftigten selten über einschlägige Erfahrungen. Ein junges Lebensalter bzw. die altersmäßige Nähe zu den Jugendlichen spielte bei der Auswahl der BetreuerInnen für den Trägerverein Jugend und Gesellschaft sogar eine entscheidende Rolle, ebenso der Wunsch, dass sie nicht jahrelang dieselbe Tätigkeit verrichteten. Auch der wirtschaftliche Faktor, dass Jüngere günstiger kommen als Ältere, dürfte bei der Auswahl der MitarbeiterInnen und der Dauer der Beschäftigungen ebenfalls eine Rolle gespielt haben.[1179]

Der Vernetzung zwischen den einzelnen Jugendzentren und mit anderen Sozialeinrichtungen kam (und kommt) eine entscheidende Rolle zu. Weil die Ressourcen eng waren (und sind), mussten (und müssen) diese effizient gebündelt werden. Gemeinsam konnten die Einrichtungen auch politischen Druck ausüben, wie etwa im Zusammenhang mit der Raumsuche und Finanzierung des Z6. Interessant ist, dass zwischen den Jugendzentren der öffentlichen Hand kein institutionalisierter, offizieller Austausch erfolgte.[1180]

Zwischen 1970 und 1990 sind bei weitem nicht in allen Innsbrucker Stadtteilen Jugendzentren entstanden. Tendenziell rückten gegen Ende der Untersuchungsperiode der soziale und der sozialpolitische Anspruch in den Hintergrund. Auch der Bildungsanspruch verlor gegenüber der Freizeitgestaltung und der Persönlichkeitsentwicklung an Bedeutung. Weiterreichende soziale Aufgaben nahm und nimmt lediglich das Z6 wahr. Bei Wohn- und Arbeitsprojekten lieferte dieses private Jugendzentrum den entscheidenden Anstoß für derartige Projekte in Innsbruck. Die meisten Treffs aber wirkten, statt den Anspruch der Jugendzentrumsbewegung nach gesellschaftsverändernder

---

1178 Nicolussi 1984, S. 74.
1179 Vgl. Interview Gutschi 2017.
1180 Vgl. Telefongespräch Deiser 2017.

Aktion weiter zu verfolgen, zu Ende der Untersuchungsperiode vielfach gesellschaftsstabilisierend. Die Konzepte veränderten sich mit den Ansprüchen und Erfahrungen, die Beschäftigten reagierten auf die Bedürfnisse von Jugendlichen. Das gilt für das Verhältnis von geschlossener zu offener Jugendarbeit genauso wie für die immer wieder sich verändernden Programme, die auch im Kontext anderer Freizeitangebote, die sich in diesen zwanzig Jahren in Innsbruck entwickelten, zu sehen sind.

Auffallend bei Jugendzentren sind Komponenten, die sich vor allem in den 1970er Jahren immer wieder finden: Erstens erfolgte die Betreuung der Jugendlichen häufig durch Fachfremde und dabei waren Studierende der Theologie keine Seltenheit. Ein Grund dafür war, dass Ausbildungsstätten für SozialarbeiterInnen oder ErzieherInnen rar waren und es an ProfessionalistInnen mangelte. Relevant war aber auch, dass sich junge Menschen aus verschiedenen Bereichen für eine gesellschaftliche Veränderung einsetzen wollten und das Feld der Sozialen Arbeit dafür geeignet schien. Zweitens wurde dem gemeinsamen Leben und Arbeiten von Betreuenden und Klientel eine besondere Kraft zugeschrieben, die zu einer positiven Veränderung bei den Hilfesuchenden führen und gleichzeitig gesellschaftsverändernd wirken sollte. Drittens waren die InitiatorInnen von Jugendzentren auf die Hilfe von Ehrenamtlichen und ein über eine Erwerbsbeziehung hinausgehendes Engagement von MitarbeiterInnen angewiesen, weil öffentliche Mittel fehlten. Jussuf Windischer betont in der Rückschau, dass ihm dieser Ansatz der Bedarfsorientierung ohne ausreichende Ressourcen auch persönlich entgegenkam:

„Und vielleicht ist es auch ein bisschen mein Stil gewesen, dass ich mir gedacht habe, es gibt die Leute, wir fangen irgendwie an und setzen dann die Politik unter Druck. Zuerst, es findet statt, und dann vor allem die Professionalisierung und die Finanzierung."[1181]

1181 Interview Windischer 2015.

7 Drogen

7.1 Zwischen Ignoranz und Alarmismus

In den ersten Jahrzehnten nach dem Zweiten Weltkrieg spielte Suchtgift- und Medikamentenmissbrauch bei Jugendlichen in Innsbruck bzw. Tirol nur sehr vereinzelt eine Rolle. Ab 1967 war ein Missbrauch von Hustenmitteln, die injiziert oder getrunken wurden, zu beobachten. Erst langsam kamen verschiedene Medikamente hinzu, die in entsprechender Dosierung und Kombination eine Bewusstseinsveränderung bewirkten. Folge dieser Experimente war, dass eine steigende Zahl von Jugendlichen klinisch behandelt werden musste. Strafrechtlich war dieser Drogenkonsum, der vorwiegend bei Lehrlingen zu beobachten war, irrelevant, weil die verwendeten Substanzen nicht durch das Suchtgiftgesetz 1951 (SGG 1951) erfasst waren.[1182]

Mit Verspätung gegenüber Staaten mit einer ausgeprägten Hippiebewegung tauchten kleinere Mengen von Haschisch Ende der 1960er Jahre auch in Tirol auf, in der Folge weitere Drogen, insbesondere LSD und Heroin. Der primäre KonsumentInnenkreis verlagerte sich von Lehrlingen zu SchülerInnen und Studierenden.[1183]

Haschisch/Marihuana, LSD und Heroin waren rasch die bevorzugten Drogen, wobei LSD und Heroin jeweils nur kleine Minderheiten konsumierten. Die Debatte, ob Haschisch den Einstieg in den Konsum härterer Drogen markiere oder nicht, begann damals ebenso, wie jene um dessen Suchtpotential und den mit seinem Konsum verbundenen Gesundheitsrisken. Die Auseinandersetzungen um diese Themen haben im Laufe der vergangenen fünf Jahrzehnte wechselnde Entwicklungen genommen und dauern an. Ein Aspekt dieser jahrzehntelangen Diskussionen ist die von manchen ExpertInnen unterstützte und bislang erfolglose Forderung, Haschisch aus dem Kontext illegaler Drogen herauszulösen und in vergleichbarer Weise zu legalisieren, wie das bei Alkohol und Nikotin der Fall ist.

Das „Drogenproblem" traf in Innsbruck und Tirol auf eine breite Öffentlichkeit, die darauf ebenso wenig vorbereitet war, wie die Mehrzahl der AkteurInnen in Jugendarbeit, Ärzteschaft, Justiz und Exekutive. Dementsprechend schwankten die Haltungen lange Zeit zwischen Ignoranz und Alarmismus.

„Die Tiroler halten nichts vom Rauschgift" titelte die Tiroler Tageszeitung Mitte 1969 einen Bericht über eine Veranstaltung des Katholischen Bildungswerks, bei der

---

1182 Vgl. Sozialberatung für Alkohol- und Drogengefährdete: „Drogenkonzept für Tirol", 22. September 1981; in: Amt der Tiroler Landesregierung (Hg.), 15 Jahre Sozialberatung, Dokumentation der Sozialberatung für Alkohol- und Drogengefährdete der Abteilung Va des Amtes der Tiroler Landesregierung, Innsbruck 1986, S. 74–84, hier S. 75, Privatarchiv Oberarzbacher.
1183 Ebd.

ein Jugendrichter aus München, ein Wiener Polizeirat und ein Innsbrucker Psychiater referierten.[1184] Der Jugendrichter bemühte ein Motiv, das in Variationen bis in die Gegenwart reicht: Rauschgifthändler würden aus dem Orient stammen und heimische Jugendliche verführen. Was in den Großstädten München und Wien Ende der 1960er Jahre als Problem mit wachsender Bedeutung beschrieben wurde, war in Tirol vermeintlich noch weit weg. Psychiater Karl Hagenbuchner sagte: „In Innsbruck gab es in den letzten fünf Jahren keine größeren Suchtfälle" und attestierte der Tiroler Bevölkerung, für Rauschgift nicht anfällig zu sein. „Es besteht aber die mögliche Gefahr, daß junge Menschen im Fremdenverkehr durch Ausländer zum Genuß einer Rauschgiftdroge verleitet werden."[1185]

Keine eineinhalb Jahre später schlug derselbe Psychiater andere Töne an und kritisiert Polizei und Gendarmerie, weil diese verniedlichen würden, dass es in den letzten Jahren zu einem „ungemein starken Ansteigen des Haschischgenusses gekommen" sei.[1186] Hagenbuchner untermauerte seine These damit, dass kurz vor Jahresende 1970 bereits 51 Anzeigen wegen Haschischbesitzes, -genusses und -vertriebes erfolgt seien. Ins Land würden die Drogen nicht mehr vorrangig durch „orientalische Studenten" gelangen, sondern durch türkische Gastarbeiter und Touristen.[1187]

In der Folge hatte das Drogenthema sowohl in den Medien, als auch in der politischen Auseinandersetzung rasch den gesellschaftlich bedrohlichen Charakter einer „Welle" angenommen. Tatsächlich konzentrierten sich DrogenkonsumentInnen bald in Innsbruck, darunter auch solche aus anderen Landesteilen, weil es die Anonymität der Stadt leichter machte, ein drogenbezogenes Leben zu führen, als in einer überschaubaren Gemeinde. Sehr früh entwickelte sich auch Kufstein zu einer Stadt mit einer ausgeprägten Drogenszene. Bereits im Jahresbericht 1972 drückte die Jugendfürsorge der Bezirkshauptmannschaft Kufstein ihre Sorge über einen zunehmenden Rauschgiftkonsum durch Jugendliche aus. Als Ursache für die Sonderstellung Kufsteins machte der Leiter der dortigen Jugendfürsorge die Nähe zur Großstadt München aus:

„Es muß immer wieder festgestellt werden, daß Jugendliche beiderlei Geschlechts im Alter von 14 bis 18 Jahren durch Einnahme von Rauschgift gesundheitlich schon total ruiniert sind und teilweise mehr oder weniger lang in ärztlicher Behandlung stehen und auch im Krankenhaus zur Behandlung aufgenommen werden."[1188]

Vergleichbare Einschätzungen des Innsbrucker Jugendamts liegen nicht vor, allerdings beschränkten sich dessen Jahresberichte 1968 bis 1977 an die Sozialabteilung des Landes im Wesentlichen auf Personal- und Fallstatistiken und enthalten nur fallweise Aus-

---

1184 Tiroler Tageszeitung, Die Tiroler halten nichts vom Rauschgift, 3.6.1969, S. 3.
1185 Ebd.
1186 Tiroler Tageszeitung, Erster „Haschischrentner" Österreichs ein Tiroler, 26.11.1970, S. 5.
1187 Ebd.; 1969 ist der Psychiater und Neurologe Karl Hagenbuchner in seiner Funktion als Gerichtsgutachter als Verteidiger der Zwangssterilisierung in der NS-Zeit in Erscheinung getreten. Vgl. Horst Schreiber: „Angesichts des erheblichen Schwachsinns und der (…) psychopathischen Minderwertigkeit ist Sterilisation zu fordern", in: Gaismair-Jahrbuch 2009, Innsbruck/Wien/Bozen 2008.
1188 Tätigkeitsberichte, Leitungsberichte, 466 h 1b, Jahresberichte der Jugendämter, 1973–1977, hier Jahresbericht 1972, BH Kufstein, Abt. für Jugendfürsorge, TLA.

sagen zum Drogenkonsum Jugendlicher.[1189] In einem 1974 erstellten Bericht über die „Aufgaben der Landesjugendreferate" findet sich aber der Hinweis, dass im Rahmen der Aufklärungsarbeiten über die Massenkultur besonders auf die „Drogengefährdung" geachtet werden sollte.[1190] Zugleich ähnelten die Reaktionen auf das Drogenthema der vorangegangenen Empörung über „Schmutz und Schund" und der „Sexwelle":

> „Das Thema Drogen diente im Wesentlichen dazu um eine Abneigung gegen die Selbstbestimmung von jugendlichen Lebenswelten, gegen individuell bestimmte Körperwahrnehmungen sowie gegen eine Jugend- und Alternativkultur zu signalisieren."[1191]

7.2 Umgang mit Drogen in Innsbrucks Jugendzentren

Zu einem differenzierten und realistischen Blick auf die Drogenthematik gelangten in den frühen 1970er Jahren vor allem sozial engagierte Menschen. Darunter befanden sich solche, die in der offenen Jugendarbeit der MK (Kennedy-Haus) und des Z6 alltäglich mit Jugendlichen, die Drogen ausprobierten und/oder gefährdet waren suchtkrank zu werden sowie mit bereits suchtkranken jungen Menschen zu tun hatten.

7.2.1 Drogenkonsum im Jugendzentrum MK

„Seit sich Ende 1969 auch hier unter Schülern die ersten Anzeichen aufkommenden Drogenmißbrauchs zeigten, habe ich mit rund siebzig Buben und Mädchen gesprochen (ca. zwanzig waren nicht vom Kennedy-Haus), die aus den dargelegten Umständen zu Drogen gegriffen hatten. Zum Vergleich: Den österreichischen Schulbehörden wurden im Schuljahr 1971/72 neunzig Schüler, zumeist aus Berufsschulen zur Kenntnis gebracht",[1192] schrieb der Leiter des Innsbrucker Jugendzentrums MK, Sigmund Kripp, in seinem 1973 veröffentlichen Buch „Abschied von Morgen". Kripp machte im Kapitel „Drogen"[1193] aber nicht nur darauf aufmerksam, dass im Alltag eines Jugendzentrums Anfang der 1970er Jahre wesentlich mehr Jugendliche Kontakt mit Drogen hatten, als es amtliche Statistiken nahelegten. Vielmehr benannte er Ursachen für das Interesse an Drogen und skizzierte Wege des Umgangs mit jugendlichen DrogenkonsumentInnen und der Prävention. Für Kripp hatten „überhöhter Alkoholgenuss" und die „Einnahme von Drogen" die gleichen Ursachen, insbesondere Neugierde und in der Pubertät verstärkt auftretende Depressionen. Als Ursachen von depressiven Krisen, in denen sich Jugendliche befinden können, führte Kripp eine Mischung an aus

---

1189 Ebd. sowie Jugendwohlfahrt, Abt. Vb, 466 h, Tätigkeitsbericht der Jugendämter (des Landesjugendamts und der Bezirks-Jugendämter), Jahresberichte 1968–1972, TLA.
1190 Vgl. Krenn 2009, S. 187–189.
1191 Ebd., S. 194. Zeichensetzung im Original.
1192 Kripp 1973, S. 104.
1193 Ebd., S. 103–108.

„Veranlagung, Kontaktschwierigkeiten, Familienproblemen (Vertrauenskrise, Verständigungsschwierigkeiten, Sich-allein-fühlen), Schulproblemen, Mißerfolgen. Es wird der Sinn des Lebens angezweifelt. Die Droge ist nicht die Ursache, sondern Symptom dieser Konflikte. Hilfe bei der Bewältigung der Konflikte ist die bestmögliche Methode, um Suchtgiftmißbrauch zu verhindern oder wieder davon abzubringen."[1194]

Aus den Gesprächen mit den Jugendlichen wusste Kripp auch, wie diese an Drogen herankamen: Die Jugendlichen brachten sie von Reisen aus London, München und Amsterdam selbst mit und verteilten sie an „Freunde zur Probe", meistens hätten sie sie verschenkt. Darüber hinaus gab es Innsbrucker Tanzlokale und Cafés, wo Drogen erworben werden konnten, und vereinzelt waren sie von Gästen der an das Jugendzentrum angeschlossenen Jugendherberge weitergegeben worden. Die Drogen kamen von außen – wie andere Rohstoffe auch, die es in Österreich nicht gab. Kripp beteiligte sich nicht am Aufbau von Feindbildern über böse Verführer, die wichtigste Triebkraft für den Drogenkonsum war für ihn eindeutig das wachsende Interesse der Jugendlichen daran. Dennoch hält Kripp an einem bis heute in Debatten weit verbreiteten Paradigma fest: Bei der Volksdroge Alkohol ist nicht Abstinenz, sondern ein gesellschaftlich angepasster, vernünftiger Konsum das Ziel. Bei illegalen Drogen (jenseits von strafrechtlichen Implikationen) stellt sich das anders dar: Hier wird absolute Abstinenz zum Postulat, jenseits der Lebensrealität vieler sozial angepasster Menschen, die für sich einen vernünftigen Konsum (etwa von Haschisch) gefunden haben.[1195]

Die Mitarbeiter im Kennedy-Haus praktizierten eine Haltung, die von SozialarbeiterInnen in den Folgejahren methodisch als „akzeptierende Haltung" bezeichnet werden sollte:

„Ein paar wurden zwar einigemal [sic!] rückfällig, doch glaube ich, daß sie den Drogengebrauch gerade deshalb letztlich aufgegeben haben, weil wir sie nicht wegschickten und ihnen so ihre Freunde helfen konnten."[1196]

Es dürften nicht viele aufgrund des Verbreitens von Haschisch vom Jugendzentrum weggewiesen worden sein. Kripp konnte sich aber vorstellen, dass polizeiliche Maßnahmen, die den Drogenverkauf in den Untergrund drängen, nützlich seien, weil diese Jugendlichen im Allgemeinen kein Risiko eingehen würden. Wenn das Angebot fehle, würden sie keinen Zugang dazu finden.[1197]

Der Umgang mit jugendlichen DrogenkonsumentInnen im Kennedy-Haus greift ein Leitmotiv für Generationen von SozialarbeiterInnen in der Drogenarbeit (und darüber hinaus) auf: Wer in der Arbeit mit Jugendlichen deren Vertrauen erringen will, muss sich an ein Verschwiegenheitsgebot halten. Dieses Gebot galt gegenüber den Eltern der Jugendlichen ebenso wie der Polizei gegenüber, auch wenn Kripp ähnlich gelagerte

---

1194 Ebd., S. 104.
1195 Ebd.
1196 Ebd., S. 105.
1197 Ebd.

Ziele vermutete: Niemand sollte Interesse daran haben, „eine Generation vorbestrafter Jugendlicher zu schaffen" und daher verständnisvoll vorgehen. Aber:

„Eine direkte Zusammenarbeit zwischen Polizei und den Erziehern des Kennedy-Hauses kann in Suchtgiftangelegenheiten nur unter gegenseitiger Respektierung der notwendigerweise verschiedenen Arbeitsmethoden stattfinden. Was uns verbindet ist die Sorge um die Jugendlichen. Was uns trennt sind die verschiedenen Schutzmethoden. Wir können nicht Spitzel zur Verfügung stellen (mit dieser Bitte trat man an mich heran) und wir können oft nicht sagen, was wir wissen, weil wir sonst das Vertrauen der Jugendlichen verlören und sich diese keinen Rat einholen könnten. Die Polizei muß einschreiten, wenn sie etwas erfährt; wir dürfen oft nichts unternehmen, weil uns das Vertrauen bindet."[1198]

Kritisch beurteilte Kripp die 1972/73 geltende Gesetzeslage, wonach sich nicht nur der Suchtgifthändler, sondern alle strafbar machten, die einmal Haschisch ausprobierten. Das Bemühen des Gesetzgebers HändlerInnen und KonsumentInnen in den rechtlichen Konsequenzen ihres Tun auseinanderzuhalten, beschäftigt seit Generationen JuristInnen und alle sozialen Berufe, die sich mit Drogenkonsum und -abhängigkeit beschäftigen. Die beiden Gruppen sind nur theoretisch in (nicht drogenabhängige) gewissenlose Drogenbarone und reine KonsumentInnen zu trennen. Im wirklichen Leben geben KonsumentInnen immer wieder Drogen weiter, sei es kostenlos oder zum Einkaufspreis. Zudem werden Menschen, die von harten Drogen abhängig sind, zu ZwischenhändlerInnen, „kleinen Dealern", und finanzieren damit ihren Konsum. Der Gesetzgeber hat sich im Laufe der Jahrzehnte bemüht, ein differenziertes System von härteren Strafen für die großen Drogenhändler und tendenziell gesundheitsbezogenen Maßnahmen (anstelle von Strafen) für KonsumentInnen und Drogenkranke zu etablieren. Manche der im Laufe der Jahre getroffenen gesetzlichen Maßnahmen haben allerdings nicht zur Entkriminalisierung und Entdiskriminierung beigetragen, sondern gegenteilige Effekte bewirkt.

7.2.2 Drogen als begleitendes Problem im Jugendzentrum Z6

Im Jugendzentrum Z6 stellte sich die Drogenproblematik Anfang der 1970er Jahre in wesentlich dramatischerer Form als im Kennedy-Haus. 1972 wurde Jussuf Windischer als Leiter des Z6 zur Einschätzung, in welchem Maß Drogen in Tirol eine Rolle spielen, ins Landhaus in Innsbruck eingeladen, erst zu einem Kurzgespräch mit Landeshauptmann Eduard Wallnöfer (ÖVP), dann zu einer Besprechung mit Beamten und Schulärzten.[1199] Die Schulärzte sprachen von vereinzelten Fällen und skizzierten die Lage als wenig beunruhigend. Windischer hingegen war mit einer namhaften Anzahl von DrogenkonsumentInnen konfrontiert: „[...] allein schon im Jugendzentrum sind ca. 40 bis 50 Leute, die mit Drogen Kontakt haben".[1200]

1198 Ebd.
1199 Vgl. Interview Windischer 2015.
1200 Ebd.

Für diese Besprechungen hatte Windischer eine Liste mit 47 anonymisierten Namen erstellt,[1201] die überwiegend den Geburtsjahrgängen 1954 bis 1958 angehörten und 1972 also 14 bis 18 Jahre alt waren, neun Personen waren älter. Diese 47 jungen Menschen verkehrten regelmäßig im Z6, ein Drittel (16) war weiblich. Die beruflichen Tätigkeiten sind als Querschnitt der im Z6 verkehrenden Jugendlichen und jungen Erwachsenen zu betrachten: SchülerInnen, Lehrlinge, Verkäufer, Büroangestellte, Sekretärinnen, Hilfsarbeiter, Gelegenheitsarbeiter, Präsenzdiener etc. Nur bei einem Jugendlichen ist „ohne Beschäftigung" angeführt. Nach der Einschätzung Windischers waren mehr als zwei Drittel (32) von ihnen „süchtig" oder „abhängig".[1202] Die Zuschreibung „Haschischkonsumierer" oder „Wochenendkonsumierer", die auf einen gelegentlichen Drogenkonsum verweisen, wie er im Kennedy-Haus typisch war, kamen im Z6 nur vereinzelt vor. Hingegen hatten einige Jugendliche wegen ihres Drogenkonsums bereits Klinikaufenthalte hinter sich, problematischer Alkoholkonsum war ebenfalls Thema.

Den Umgang mit dem Drogenphänomen zwischen 1972 und 1978, den Jahren in denen Windischer das Z6 leitete, charakterisierte er als einen Zustand weit verbreiteter Hilflosigkeit. Eine Szene, die er in seinem 1978 verfassten Manuskript „Jugend am Rande" schilderte, verdeutlicht, dass diese Hilflosigkeit auch in Krankenhäusern gängig war.[1203] Windischer besuchte Drogenabhängige in der psychiatrischen Abteilung eines Spitals, denn dort fanden diese Aufnahme, wenn sie in einen kritischen Zustand geraten waren. Er erzählte:

„Ein Arzt begann mit mir ein Gespräch, wobei er mich fragte, wie denn eigentlich Haschisch ausschaue, wie Haschisch geraucht wird. Er wollte praktische Informationen. Das fehlte ihm. Er mußte aber Drogenabhängige behandeln. Diesen Arzt bewundere ich noch heute. Er war mutig genug, um seiner Unbeholfenheit Ausdruck zu verleihen."[1204]

Weil in Innsbruck niemand mit entsprechenden Erfahrungen zu finden war, kamen für die Bewältigung der Situation im Z6 auch kaum Impulse. So luden die Verantwortlichen des Jugendzentrums Fachleute aus Deutschland ein, um die Jugendlichen über die Gefahren des Drogenkonsums zu informieren. Die Veranstaltungen waren gut besucht, die Idee, die Jugendlichen abzuschrecken, funktionierte aber nicht, eher bewirkten die Informationen das Gegenteil und weckten Interesse. Mit den Jugendlichen, die Drogen konsumierten, wurde geredet, die Option sie auf die Straße zu setzen, widersprach dem Selbstverständnis des Jugendzentrums. Entgegen immer wieder formulierter Anfeindungen von außen, beharrte Windischer darauf, dass das Z6 immer drogenfeindlich gewesen sei, aber Abhängige nicht verteufelte und stigmatisierte. Für den Alltag gab es klare Richtlinien: BesucherInnen des Jugendzentrums durften dort keine Drogen konsumieren, Personen die „voll" waren, wurde nahegelegt, in diesem Zustand nicht mehr ins Jugendzentrum zu kommen. Von den MitarbeiterInnen wurde verlangt, Vorbild zu sein und selbst

---

1201 Anonymisierte Liste DrogenkonsumentInnen im Z6, Privatarchiv Windischer.
1202 Ebd.
1203 Windischer 1978; vgl. Interview Windischer 2015.
1204 Windischer 1978, S. 58.

keine Drogen zu konsumieren.[1205] So sehr die illegalen Drogen die Arbeit im Jugendzentrum belasteten, knüpfte Windischer eine Verbindung zur legalen Droge Alkohol:

„Wenn man in einem Jugendzentrum die Gefährlichkeit der Drogen abstufen müßte, käme ich zu folgendem Schluß: Am gefährlichsten ist Alkohol, gefolgt von harten Drogen, im Abstand weiche Drogen."[1206]

Methodisch deckten sich die beiden Jugendzentren MK und Z6 in ihrer Herangehensweise an die Arbeit mit drogenkonsumierenden Jugendlichen: Geduldig im Gespräch das Vertrauen zu den Jugendlichen gewinnen, dieses Vertrauen durch Verschwiegenheit (insbesondere nach außen gegenüber Behörden) nicht zu gefährden und eine akzeptierende Haltung gegenüber dem individuellen Drogenkonsum einzunehmen.

Die (sozial)politische Haltung, Drogengefährdete und -abhängige nicht auf die Straße setzen zu wollen, stieß bereits 1972/73 an Grenzen einer eingestandenen Überforderung der Z6-MitarbeiterInnen. Denn der Anteil von BesucherInnen des Jugendzentrums mit Drogenerfahrungen war rasant angestiegen. Im Frühjahr 1973 wurde der Anteil der Jugendlichen im Z6, die „mehr oder weniger Kontakt mit Rauschgift haben", auf 20 bis 30 Prozent geschätzt.[1207] Ein Schlüsselerlebnis für das Z6-Team war die Erkenntnis, dass sich auf der Straße vor dem Eingang ins Jugendzentrum Dealer einfanden, die mit BesucherInnen des Z6 ihre Geschäfte machten.[1208] Über die Drogen und ihre Auswirkungen waren die Jugendlichen gut informiert.[1209] Auf diese Situation reagierten die Z6-MitarbeiterInnen nach einem längeren Diskussionsprozess, an dem ein größerer Personenkreis beteiligt war, mit einem „Drogenpapier". In diesem wurden gesellschaftspolitische Zusammenhänge hergestellt, die Möglichkeiten der Drogenarbeit in Jugendzentren erläutert und neu zu schaffende Einrichtungen skizziert.[1210]

Hinter dem Griff zur Droge standen sowohl für die MitarbeiterInnen der MK als auch für das Z6-Team individuelle psychische Ursachen. Bei der gesellschaftlichen Analyse ging das Z6 aber deutlich über Kripp hinaus und bezeichnete die Drogenproblematik als Ausfluss politischer Versäumnisse und Fehlentwicklungen. So wurde im Drogenpapier die Pharmaindustrie scharf kritisiert, die mit ihrer Werbung für Psychopharmaka ein „Drogenklima" schaffe, in dem Jugendliche und Kinder lernen würden, Schwierigkeiten mit Medikamenten zu begegnen. Daraus leitete das Z6 die Forderung nach einem Verbot der Werbung für Psychopharmaka und eine stärkere öffentliche Kontrolle

---

1205 Ebd., S. 59/60.
1206 Ebd., S. 57.
1207 Vgl. Protokoll Gruppenleitertagung am Sixenhof 14.–18.1973, Privatarchiv Windischer.
1208 Vgl. Interview Hitsch 2015.
1209 Vgl. Protokoll Gruppenleitertagung am Sixenhof 14.–18.1973, Privatarchiv Windischer.
1210 Ein erstes Dokument trägt den Titel „Suchtmittelpapier (Provisorium)", daraus entstand in der Folge das „Drogenpapier". Das Dokument ist nicht datiert und nicht namentlich gezeichnet. Aus dem Gesamtzusammenhang ist aber als gesichert anzunehmen, dass es im Laufe des Jahres 1973 entstanden ist und an seiner Entstehung jedenfalls Monika Hitsch, Jussuf Windischer und Benno Erhard mitgearbeitet haben. Dem Halbjahresbericht des K.I.T. 1.4.1974 bis 16.9.1974 zufolge haben auch die Sozialberatung Innsbruck und der Jesuit Eugen Wiesnet daran mitgewirkt. Alle drei Dokumente: Privatarchiv Windischer.

über deren Produktion und Vertrieb ab.[1211] Die programmatische Einleitungsthese des Drogenpapiers lautete: „Das Drogenproblem ist ein politisches Problem!" Eine echte Lösung gelänge letztlich nur durch eine Veränderung der Gesellschaft. Daher wurde ausdrücklich darauf verwiesen, bei der notwendigen ressourcenmäßigen Beschränkung auf die Arbeit im sozialen/psychischen Bereich, den Gesamtzusammenhang nicht aus dem Auge zu verlieren. Die offene Jugendarbeit, wie sie in den beiden Innsbrucker Jugendzentren Kennedy-Haus und Z6 gepflegt wurde, war durch das akute Drogenproblem „überbeansprucht". Weil den Jugendzentren räumliche und finanzielle Möglichkeiten sowie sachverständige MitarbeiterInnen fehlten, sollte sich die Arbeit in den Zentren selbst auf Prophylaxe beschränken und durch neu zu schaffende Einrichtungen wie Teestuben, Wohngemeinschaften, Beratungsstellen und Therapiezentren ergänzt werden. Aufgezeigt wurde das Dilemma, einerseits Jugendliche nicht aus den Jugendzentren wegschicken zu wollen, andererseits bestehe die Notwendigkeit die Jugendzentren weitgehend drogenfrei zu halten, was aber in der akuten Situation unmöglich sei.[1212]

Zu den Forderungen des Z6-Drogenpapiers zählte:

1. Aufstockung der Mittel für die Offene Jugendarbeit, die Errichtung neuer Jugendzentren, die Finanzierung von einschlägiger Fortbildung für JugendzentrumsmitarbeiterInnen und die Schaffung von Planstellen für PsychologInnen in jedem Jugendzentrum.
2. Angeregt wurde die Schaffung einer Kommission, in der Jugendzentren, Kirche, Land Tirol, Stadt Innsbruck sowie Fachleute (Pädagogen, Soziologen, Architekten etc.) vertreten sind. Ihre Aufgabe sollte darin bestehen, „die derzeitige Lage zu überprüfen und Direktiven für die Zukunft auszuarbeiten, die verbindlich wären!"
3. Für ein Netz verschiedener Arten von Wohngemeinschaften sollte die Stadt Innsbruck Jugendlichen Altbauwohnungen oder ganze Häuser gegen geringe Mieten zur Verfügung stellen. Betreuung und Verwaltung könnten Jugendzentren bzw. ähnliche Organisationen übernehmen. In „prophylaktischen Wohngemeinschaften" sollten jeweils fünf bis sechs drogengefährdete Jugendliche mit ein oder zwei BetreuerInnen zusammenleben, mit denen gemeinsam die Freizeit nach Schule oder Arbeit verbracht würde.
4. Therapeutische Wohngemeinschaften für Ex-User und Süchtige sind im „Drogenpapier" ähnlich konzipiert, wobei allerdings nach deutschen Beispielen ein erhöhter qualifizierter Betreuungsaufwand (Verhältnis Betreuer:Betreute 1:2) zu beachten sei.
5. Im Kapitel „Therapie und Resozialisation durch Arbeit" wurde die Erstellung einer Liste mit Betrieben angeregt, die bereit wären, drogengefährdete Jugendliche und Ex-User einzustellen und sinnvoll zu beschäftigen. Angedacht wurde ein ständiger Kontakt zwischen den Betrieben und den BetreuerInnen der Jugendlichen. Außerdem sollten derartige Betriebe für den Mehraufwand, der durch die Jugendlichen entsteht, steuerlich begünstigt werden. Angeregt wurde auch, Betriebe (etwa Gärtnereien) an therapeutische Wohngemeinschaften anzuschließen.
6. Das Projekt „Teestube" sah eine Reihe von Kellerlokalen vor, in denen sich Jugendliche aufhalten und wohlfühlen können. Angesprochen sollten primär Jugendliche werden, die aufgrund ihres Drogenkonsums die Jugendzentren verlassen mussten.

1211 Drogenpapier 1973, S. 8.
1212 Ebd., S. 1 f.

Die Teestuben sollten die Möglichkeit zur Herstellung eines Erstkontakts zu Jugendlichen aus der Drogenszene ermöglichen. Explizit waren Teestuben als Schutzräume vor Händlern und der Polizei gleichermaßen gedacht. Es wurde davon ausgegangen, dass die Teestuben nicht drogenfrei gehalten werden können und sollen. Innerhalb der Polizei sollte es eine Vertrauensperson geben, mit der Schwierigkeiten besprochen werden können, zugleich aber müsste sichergestellt werden, dass ohne das Einverständnis der hauptamtlichen TeestubenmitarbeiterInnen keine Polizeiaktionen (insbesondere Razzien) gestartet werden dürfen.[1213]
Die Vorschläge des Drogenpapiers waren weitreichend und mutig, in vielen Punkten visionär, in manchen vielleicht naiv und realitätsfremd, etwa beim Gedanken an polizeifreie Schutzzonen. Allerdings beließen es die AutorInnen nicht beim Formulieren und Diskutieren. 1974 ging vom Z6 die Initiative zur Gründung des KIT aus, einer Einrichtung, von der noch ausführlich die Rede sein wird.
Mit dem Blick auf mehrjährige Erfahrungen mit drogenkonsumierenden Jugendlichen im Z6 bestätigte ein Arbeitspapier aus (vermutlich) 1977 die Prämisse, wonach „große Dealer" am Betreten des Jugendzentrums gehindert werden sollten.[1214] Allerdings hielt das Arbeitspapier fest, dass Dealer erst nach längerer Beobachtung und der Gewissheit über ihre Aktivitäten des Hauses verwiesen werden sollten. Da „fast alle Drogensympathisanten bzw. Abhängigen [...] Kleindealer sind, die Drogen zum Eigenbedarf und zum Bedarf der Freunde dealen",[1215] wurde eine Unterscheidung zwischen Dealern und Kleindealern empfohlen. Die Haltung des Z6 für ein absolutes Drogenverbot im Jugendzentrum und die Erzeugung einer „drogenfeindlichen Stimmung" blieb weiterhin aufrecht. Das galt auch für die Forderung, die MitarbeiterInnen dürften in ihrer Funktion als Vorbilder keine Drogen konsumieren. Im Arbeitspapier wurde die Sinnhaftigkeit der Präventionsarbeit bestätigt, während von einer Behandlung von Drogenabhängigen innerhalb des Jugendzentrums weiterhin abgeraten wurde, weil sie zur Überforderung der Einrichtung und ihrer MitarbeiterInnen führe.[1216] Nach seinem Ausscheiden aus dem Z6-Team resümierte Windischer:

„Das Drogenproblem war ständiger Begleiter des Jugendzentrums. Es war einer der kompliziertesten Begleiter. Die Drogenproblematik hatte jedes Jahr ein anderes Gesicht, jedes Jahr gab es andere Methoden, um die Leute vom Drogenkonsum abzubringen. Erfolge hat es teilweise gegeben. Etliche wurden auch motiviert vom Drogenkonsum [...] abzusehen. Mehrere jedoch blieben auf der Strecke."[1217]

In den frühen 1980er Jahren waren die MitarbeiterInnen des Z6 mit einem speziellen Drogenphänomen konfrontiert – dem „Klowasserl". Über diese, sich aus verschiedenen Substanzen zusammensetzende Droge, berichteten unabhängig voneinander mehrere Z6-Jugendliche. Demnach soll das „Klowasserl" aus einer Tiroler Chemiefabrik

---
1213 Ebd., S. 2–7.
1214 Z6-Arbeitspapier, Beitrag zu einem Sicherheitskonzept, Jugendkriminalität, nicht datiert (vermutlich 1977), S. 4, Privatarchiv Windischer.
1215 Ebd.
1216 Ebd.
1217 Windischer 1978, S. 60 f.

gestammt haben und von MitarbeiterInnen dieser Fabrik in die Drogenszene eingeschleust worden sein. Sofern diese Berichte zutreffend waren, gab es nicht nur die in der Öffentlichkeit als Verführer der Tiroler Jugend angeprangerten „Ausländer", sondern auch Einheimische, die sich – neben so manchem Dealer – sogar als Produzenten am lukrativen Drogenmarkt bereicherten.[1218]

Das Z6 blieb über die Ära Windischer hinaus in der Drogenarbeit beispielhaft, u. a. 1982 mit der Schaffung einer in das Jugendzentrum integrierten Drogenberatungsstelle.[1219] Mit dieser Struktur konnte ein Weg gefunden werden, mit Jugendlichen ins Gespräch über deren Drogenkonsum zu kommen. Hervorzuheben ist die Niederschwelligkeit, denn das Beratungsgespräch konnte im Jugendzentrumsalltag etwa beim Tischfußball angebahnt werden. Die Finanzierung der Drogenberatungsstelle erfolgte über das Gesundheitsministerium.[1220]

Das Angebot stand auch ratsuchenden Angehörigen offen. Zu den Aufgaben zählten neben der Beratung der Jugendlichen und gegebenenfalls deren Motivierung zu einer Therapie auch die Nachbetreuung im Anschluss an die Therapie. Zudem gab es die Option, ehemalige Drogenabhängige bis zu sechs Monate in einem der Sozialprojekte des Z6 unterzubringen. Als konfliktträchtig erwies sich für die DrogenberaterInnen der Anspruch, das Jugendzentrum drogenfrei zu halten und dies gegebenenfalls auch mit Hausverboten durchzusetzen. Denn damit stand auch eine im Jugendzentrumsalltag aufgebaute Betreuungsbeziehung auf dem Spiel. Man entschied sich dafür, den (wenigen) von Hausverboten betroffenen Jugendlichen Gespräche außerhalb der Öffnungszeiten des Jugendzentrums anzubieten.[1221]

Das niederschwellige, jugendspezifische Angebot der Drogenberatung des Z6 blieb über 1990 hinaus das einzige seiner Art in Innsbruck und war zudem unterfinanziert, wie im Drogenkonzept des Landes von 1993 kritisiert wurde:

„[D]ie Suchtprophylaxe für Jugendliche im offenen Handlungsfeld der offenen Jugendarbeit, wie diese etwa im Jugendzentrum Z6 systematisch angeboten wird, [muss] mit einer denkbar ungenügenden finanziellen Ausstattung zurechtkommen [...]."[1222]

1992 setzte das Z6 einen weiteren wichtigen Akzent in der Drogenarbeit mit Jugendlichen – der erste Streetworker nahm seine Tätigkeit auf. Um diese Zeit war die Zahl minderjähriger DrogenkonsumentInnen, die sich in Parks, Garagen, Hinterhöfen und öffentlichen Toiletten aufhielten, in Innsbruck deutlich angestiegen. Für sie bot das Z6-Streetwork Unterstützung an. Die Arbeit mit jugendlichen DrogenkonsumentInnen blieb auch in der Folge einer der Schwerpunkte des Z6-Streetworkteams, das bis 1995 auf fünf SozialarbeiterInnen anwuchs.[1223]

1218 Pilz 1984, S. 201.
1219 Ebd.
1220 Interview Gstrein 2015.
1221 Lioba Thurner: Über die Drogenberatung des Jugendzentrums Z6, in: Z6-Zeitung, März 1986, S. 4.
1222 Zitiert nach: Schoibl, Heinz/Doris Gödl: Jugendliche mit polytoxikomanem Drogengebrauch und Wohnungslosigkeit. Bedarfserhebung, Salzburg 2004, S. 19.
1223 Vgl. Kumar 2012.

7.3 Sozialberatung für Alkohol- und Drogengefährdete

Im August 1971 nahm die Sozialberatung für Alkohol- und Drogengefährdete ihre Tätigkeit auf. Innerhalb der Sozialabteilung des Landes Tirol (Abteilung Va) hatte diese Beratungsstelle insbesondere der Psychiater Heinz Prokop angeregt, dem es um die Nachbetreuung von Personen ging, die entweder an der Universitätsklinik Innsbruck oder am Psychiatrischen Krankenhaus Hall einen Alkoholentzug hinter sich gebracht hatten. Als zweiter Arbeitsschwerpunkt war von Anfang an die Betreuung und Beratung jugendlicher DrogenkonsumentInnen geplant. Für die Beratungsstelle schuf das Land einen Sozialarbeiter-Planposten, der mit Gottfried Unterkofler besetzt wurde. Er hatte im gleichen Jahr die Ausbildung an der Sozialakademie in Innsbruck abgeschlossen. Bevor Unterkofler seine Tätigkeit in Tirol aufnahm, reiste er zum Kennenlernen der Materie für vier Wochen in das „Genesungsheim Kalksburg" in Wien Liesing, das seit 1961 stationäre Therapien für Alkohol- und Drogenabhängige durchführte. Als treibende Kraft innerhalb des Landes für die Schaffung der Sozialberatung sieht Unterkofler neben dem beamteten Abteilungsvorstand Josef Kasseroler vor allem den Landesrat für Gesundheit und Soziales Herbert Salcher (SPÖ).[1224]

Die Finanzierung von Maßnahmen und die Durchführung der Betreuungen seitens der Sozialberatung für Alkohol- und Drogengefährdete erfolgte von Anfang an nach den Bestimmungen des Tiroler Behindertengesetzes (TBG 1964, ab 1983 Tiroler Rehabilitationsgesetz/TRG 1983).[1225] Der erste Standort der Sozialberatung war im sogenannten Leuthaus des Stifts Wilten in Innsbruck und bestand aus zwei Zimmern: einem Untersuchungsraum für Psychiater Prokop und einem Gesprächszimmer für Sozialarbeiter Unterkofler. Dort fanden sich unter den (meist erwachsenen) KlientInnen, die einen stationären Alkoholentzug hinter sich hatten, auch vorwiegend jugendliche Drogenkonsumentinnen, denen die Bezirkshauptmannschaften nach Anzeigen unter sanftem Druck eine Betreuung durch die Sozialberatung empfahl. Während die Alkoholiker überwiegend bereitwillig das Beratungsangebot annahmen, kam das Drogenklientel den Einladungen nur zu einem geringen Teil nach. Der einem Fernbleiben folgenden Kontaktaufnahme via Hausbesuch steht Unterkofler im Rückblick ambivalent gegenüber: Eltern befürchteten eine Stigmatisierung, gute Kontakte mit Jugendlichen ergaben sich nur vereinzelt, ansonsten habe es sich rasch verlaufen. Von Anfang an fuhr Unterkofler regelmäßig in die Bezirksstädte, wobei die Beratungen zunächst in Räumlichkeiten der Bezirkshauptmannschaften stattfanden. Damit erhöhte sich die Schwelle, das Angebot in Anspruch zu nehmen, noch weiter.

Die polarisierten Haltungen gegenüber der Drogenproblematik Anfang der 1970er Jahre bestätigt Unterkofler: „Die einen haben gesagt, das gibt es nicht, und die anderen waren irgendwie aufgescheucht, aber auch unvorbereitet." Sich selbst und in der Folge das wachsende Team der Sozialberatung verortet er „so in der Mitte", also mit einem realistischen Blick fernab von Verleugnung bzw. Panik. Die drohenden Folgen einer

---

1224 Telefoninterview Hannes Schlosser mit Gottfried Unterkofler am 13.12.2016. Gottfried Unterkofler war von 1971–1981 in der Sozialberatung für Alkohol- und Drogengefährdete tätig, anschließend vier Jahre in der Erziehungsberatung des Landes Tirol und wechselte 1985 als Direktor in die Akademie für Sozialarbeit der Caritas der Diözese Innsbruck.
1225 Vgl. 15 Jahre Sozialberatung, November 1986, u. a. S. 23, 34 f., 53, 76, 224.

Anzeige wegen Drogenkonsums beurteilt er auch im Rückblick in der Regel als „viel gefährlicher als das, was sie konsumieren", konnte doch eine einmalige Anzeige wegen Haschischkonsums zum Verlust von FreundInnen (weil deren Eltern den Kontakt untersagten), zum Rauswurf aus der Schule oder zum Verlust des Lehrplatzes führen.[1226]

Trotz dieser schwierigen Rahmenbedingungen etablierte sich die Sozialberatung für Alkohol- und Drogengefährdete schnell. 1972 hatte Unterkofler tirolweit bereits 150 KlientInnen zu betreuen und forderte bei einer nach eigener Einschätzung höchst zumutbaren Zahl von 50 KlientInnen dringend eine Personalaufstockung:

> „Tätigkeiten wie Schreibarbeiten, sozial therapeutische Initiativen, Öffentlichkeitsarbeit und Prophylaxe, problemgerechte flexible Gruppen- und Einzelarbeit mit Drog. Jugend können nicht mehr oder fast nicht mehr berücksichtigt werden. Das Vertrauen in einen Beratungsdienst geht verloren, bevor es entstehen konnte. Insgesamt ist eine Verflachung der Kontakte zu den Klienten in einem den Erfolg vernichtenden Ausmaß festzustellen."[1227]

Im Herbst 1973 übersiedelte die Sozialberatung für Alkohol- und Drogengefährdete in die Anichstraße 40 und damit näher an das Innsbrucker Stadtzentrum. Dort bezogen auch die Familienberatung, die Sozialberatung für Behinderte und die neu gegründete Erziehungsberatung Büros und Besprechungszimmer. Zeitgleich erhielt die Sozialberatung für Alkohol- und Drogengefährdete mit der Sozialarbeiterin Sigrid Marinell endlich eine personelle Verstärkung.

Unterkofler trat entschieden dafür ein, die Sozialberatung für Alkohol- und Drogengefährdete aus dem öffentlichen Dienst herauszulösen. Die Argumentation für eine Organisierung der Sozialberatung auf Basis eines privaten Vereins richtete sich gegen starre dienstrechtliche Vorschriften im Landesdienst, die z. B. einer flexiblen Arbeitszeitgestaltung, wie sie die Sozialarbeit erfordere, entgegenstanden. Es gab aber auch fachliche Argumente gegen den Verbleib im Landesdienst: Etwa mit der anwaltlichen Rolle von SozialarbeiterInnen, die in der damaligen Tradition der öffentlichen Verwaltung im Widerspruch zur Loyalitätsverpflichtung stand.[1228] Marinell[1229] vertrat in dieser Frage eine andere Position und sieht heute die Qualität der damaligen Aufbruchsstimmung in der Tiroler Drogenarbeit auch in der Tatsache begründet, dass ein derartiges gesundheitsbezogenes, sozialarbeiterisches Angebot für alkohol- und drogengefährdete

---

1226 Telefoninterview Unterkofler 2016.
1227 Gottfried Unterkofler: Stellungnahme zur gegenwärtigen Situation der Sozialberatung und Vorschläge zur Verbesserung der Arbeit im Rahmen der Übersiedlung in die Anichstraße vom 22.5.1973, in: 15 Jahre Sozialberatung 1986, S. 11–13.
1228 Ebd., S. 14
1229 Sigrid Marinell war von 1973–1994 in der Sozialberatung für Alkohol- und Drogengefährdete tätig. Von 1994–1999 ließ sie sich vom Landesdienst karenzieren und übte für die SPÖ ein Mandat im Tiroler Landtag aus. Von 1999 bis zu ihrer Pensionierung 2004 wechselte sie in die Erziehungsberatung des Landes. Bis 2012 war Marinell für die SPÖ Mitglied des Innsbrucker Gemeinderates. Am 21. Oktober 2015 wurde Marinell von der Stadt Innsbruck mit dem Sozialehrenzeichen ausgezeichnet.

Menschen vom Land Tirol ausging und nicht von einem privaten Verein. Diese Beratungsstelle in Innsbruck habe eine Vorreiterrolle in Österreich eingenommen.[1230]
Eine schon bei der Gründung der Sozialberatung für Alkohol- und Drogengefährdete angedachte Einrichtung ging Anfang 1972 in Betrieb, das „Genesungsheim für Alkoholkranke" mit 33 Betten in der Innsbrucker Beda-Weber-Gasse, nach seiner früheren Nutzung als „Pension Christine" auch „Haus Christine" genannt. Als Außenstelle der Psychiatrischen Universitätsklinik bot die neue Einrichtung alkoholabhängigen Männern nach dem körperlichen Entzug ein Übergangswohnheim mit medizinischer Betreuung an. Die Möglichkeit einer Nachbetreuung durch die Sozialberatung sollte einen geordneten Übergang mit Wohn- und Arbeitsplatz sicherstellen und damit die Chancen einer Rehabilitation erhöhen.[1231] Bis Anfang 1979 hatten mehr als 1.000 Patienten das Genesungsheim in Anspruch genommen, alleine 1978 waren es 262.[1232]

1974 legte das auf drei Mitglieder angewachsene Team der Beratungsstelle adaptierte und präzisierte Richtlinien für seine Tätigkeit fest. Darin hoben die MitarbeiterInnen die widersprüchliche Auffassung über Sucht in der Gesellschaft hervor, die (einschließlich der Betroffenen selbst) mehrheitlich als selbstverschuldet und nicht als Krankheit aufgefasst würde. Zentrale Bedeutung in diesem Arbeitspapier hatte die Prämisse, dass Beratung oder Behandlung freiwillig und im Einvernehmen mit den Betroffenen erfolgen mussten. Diese Haltung schloss auch ein, dass Betroffene das Recht hätten, eine Beratung oder Behandlung abzulehnen, ohne dass ihnen daraus ein Nachteil entstehen dürfe. Dazu sei es auch nötig, „zusätzliche persönliche, berufliche, familiäre oder im weiteren Sinne gesellschaftliche Nachteile als Folge der Beratungs- und Behandlungsbereitschaft zu verhindern".[1233] In diesem Zusammenhang stand das erfolgreiche Bestreben des Teams, nach und nach die Beratungsstellen in den Bezirken von den Bezirkshauptmannschaften in private Gebäude zu verlagern.

Ein weiteres Paradigma im Arbeitspapier war der Verzicht auf die Forderung nach Abstinenz. Angepeilt wurden langfristige Ziele in der Rehabilitation mit der Suche „nach jenen alternierenden Verhaltensweisen, die aufgrund der persönlichen Werte und Fähigkeiten eine Stärkung der Persönlichkeit und die Befähigung zur Selbstverwirklichung und Eigenverantwortung gewährleisten".[1234]

Die Richtlinien brachten zum Ausdruck, dass die größten Erfolge der Beratungsstelle in der Phase des beginnenden Missbrauchs erzielt werden könnten, im Sinne eines Vorbeugens gegenüber einem zunehmenden Missbrauch und der Verhinderung einer sozialen Isolation. Hingegen wurden die Erfolge in der nachsorgenden Betreuung und Beratung im Anschluss an einen stationären Aufenthalt als „mager" eingestuft, was vergleichbar sei mit Einrichtungen dieser Art.[1235]

1230 Interview Andrea Sommerauer/Hannes Schlosser mit Sigrid Marinell am 20.10.2015.
1231 Tiroler Tageszeitung, Genesungsheim für Alkoholkranke in Innsbruck, 11.12.1971, S. 7.
1232 Kornelius Kryspin-Exner: Hilfe für Suchtkranke, in: Tiroler Tageszeitung, Beilage Horizont, 29.3.1979, S. 5.
1233 Arbeitsbericht der Sozialberatung für Alkohol- und Drogengefährdete für das Jahr 1974, in: 15 Jahre Sozialberatung 1986, S. 15.
1234 Ebd., S. 15 f.
1235 Das Drogenproblem aus der Sicht der Sozialberatung, 1975; in: 15 Jahre Sozialberatung 1986, S. 55.

1974 hatte die Sozialberatung für Alkohol- und Drogengefährdete mit 485 KlientInnen Kontakt, 156 wurden kontinuierlich betreut, darunter 140 Jugendliche. Von den kontinuierlich betreuten Drogengefährdeten kam ein Drittel aus Innsbruck, drei Viertel waren männlich und ebenso viele waren vor ihrem Kontakt mit der Beratungsstelle bereits behördlich auffällig geworden (Vorstrafen, Einvernahmen durch Polizei/Gendarmerie, Ladungen zur Bezirksverwaltungsbehörde). Die Statistik nennt 939 Beratungsgespräche in der Beratungsstelle bzw. bei den Sprechtagen in den Bezirken. Dazu kamen 773 Hausbesuche, überwiegend zu Gesprächen mit Angehörigen. 202 Besprechungen fanden mit Bezirksverwaltungsbehörden, Arbeitsämtern, praktischen ÄrztInnen und FachärztInnen, Krankenhäusern, DienstgeberInnen, Schulen, Heimen und Gerichten statt.[1236]

Wenig aussagekräftig ist ein Versuch, über die familiäre Situation der jugendlichen DrogenkonsumentInnen Rückschlüsse auf Ursachen und Hintergründe zu ziehen. Demnach wurden die Familienbeziehungen bei jeweils 20 Prozent als „zerrüttet" bzw. „unauffällig", bei jeweils 12 Prozent als „erschreckend gleichgültig" bzw. „rigoros ohne entsprechende Kommunikation", bei 10 Prozent als „ausgesprochen verständnisvoll und intensiv" und bei den restlichen 26 Prozent als „unbeurteilbar" eingestuft.[1237]

Eine Statistik nach Angaben der KlientInnen wies Mitte der 1970er Jahre 55 Prozent als HaschischkonsumentInnen aus, die restlichen 45 Prozent hatten neben Haschisch Erfahrungen mit LSD, Medikamenten und gelegentlich mit Opiaten. Festgestellt wurde ein Trend zur Polytoxikomanie, verbunden mit der Problematik einer „negativen Sozialisation" in der Drogenszene: Ansehen genoss, wer möglichst viel Erfahrung mit Opiaten hatte, ein „Fixer" war und in der Beschaffung der Drogen am radikalsten vorging (z. B. Apothekeneinbrüche).[1238]

Am 20. September 1974 hatte Gemeinderat Walter Ebenberger (FPÖ), im Zivilberuf Richter am Landesgericht Innsbruck, eine Anfrage zur Drogenproblematik in Innsbruck eingebracht und sich dabei auch auf „Vorfälle in den beiden Jugendheimen Kennedyhaus und Zollerstraße", also die beiden Jugendzentren MK und Z6 bezogen. Er wollte wissen, wie viele Fälle von Drogenmissbrauch dem Stadtmagistrat Innsbruck 1972 bis 1974 gemeldet worden seien, welche Einrichtungen „zur Kontrolle und Behandlung Drogensüchtiger" in Innsbruck bestünden und ob es möglich sei, „im Rahmen des städt. Gesundheitsamtes eine Beratungsstelle für Drogensüchtige bzw. deren Eltern einzurichten".[1239] Eine Begründung für seinen Wunsch lieferte Ebenberger zwar nicht, aber er kritisierte die mangelnde Kontrolle bei jenen DrogenkonsumentInnen, denen das Gericht aufgetragen hatte, sich beim städtischen Gesundheitsamt zu melden.

In der Anfragebeantwortung nannte Bürgermeister Alois Lugger (ÖVP) für den genannten Zeitraum insgesamt 23 gemeldete Fälle nach § 9 SGG, das sind jene Fälle, in denen das Gesundheitsamt der Stadt Innsbruck von der Staatsanwaltschaft um eine Stellungnahme gebeten worden war. Mit Verweis auf die bestehenden Beratungs- und Betreuungseinrichtungen lehnte Lugger eine eigene städtische Einrichtung aus Ressourcengründen ab:

1236 Ebd., S. 53, sowie Arbeitsbericht 1974, in: 15 Jahre Sozialberatung 1986, S. 17.
1237 Das Drogenproblem aus der Sicht der Sozialberatung, 1975, in: 15 Jahre Sozialberatung 1986, S. 53–54.
1238 Ebd., S. 54
1239 Protokoll des Innsbrucker Gemeinderates vom 20.9.1974, S. 321, StAI.

„Eine Beratungsstelle für Drogensüchtige, sei es im Rahmen des städtischen Gesundheitsamtes allein oder in Zusammenarbeit mit anderen Institutionen, würde die Einstellung eines Facharztes für Psychiatrie, eines entsprechend ausgebildeten Hilfspersonals und die Bereitstellung zusätzlicher Räumlichkeiten erfordern. Die Schaffung einer solchen zusätzlichen Beratungs- und Betreuungsstelle würde nach Auffassung des städtischen Gesundheitsamtes schon an der Personalfrage scheitern."[1240]

Einig waren sich viele Gemeinderäte und der Bürgermeister darin, dass eine derartige Beratungsstelle ärztliches Personal erfordere. Aus dieser Perspektive heraus war die Sozialberatung für Alkohol- und Drogengefährdete des Landes Tirol, die lediglich mit SozialarbeiterInnen besetzt war, kein geeignetes Angebot. Die Forderung nach einer Einbindung von Fachärzten in die Drogenberatung bzw. -therapie schlug sich auch in einer gemeinderätlichen Debatte über das zu diesem Zeitpunkt unmittelbar vor der Vereinsgründung stehende KIT nieder. Während einige Mandatare auf hohe Dunkelziffern beim Drogenkonsum verwiesen und mehr Präventionsarbeit und Kontrolle verlangten, äußerten andere schwere Bedenken gegen die geplante Einrichtung, scharf kritisierten sie die Einbeziehung von Freiwilligen.[1241]

Diese Debatten spiegeln eine für diese Jahre weit verbreitete Haltung wider, wonach MedizinerInnen in der Arbeit mit Drogenabhängigen immer an der Spitze von Betreuungshierarchien zu stehen hatten. Sozialarbeit genoss kaum Ansehen und wurde als Profession wenig anerkannt. Der Übergang zu LaienhelferInnen war fließend und wenig reflektiert.

Die zeitgleich ins Leben gerufenen Beratungsstellen (Sozialberatung für Behinderte bzw. für Alkohol- und Drogengefährdete sowie die Familienberatung) legten im Juli 1975 ein neues Organisationsmodell vor. Kern des Konzepts war der Gedanke, dass die SozialarbeiterInnen über alle drei Arbeitsbereiche gut informiert sein sollten, um imstande zu sein, gemeinsame Anliegen organisieren und vertreten zu können. Eine breite Basis der Meinungsbildung und demokratische Prinzipien der Zusammenarbeit der drei Bereiche waren Eckpfeiler des Konzepts. Gewählte SprecherInnen aus allen drei Arbeitsfeldern erhielten die Aufgabe, sich um dienstliche, organisatorische und personelle Belange zu kümmern. Zugleich galt die Regel, wonach die in einem Bereich anfallenden Probleme vom jeweiligen Team zu bearbeiten seien. Festgelegt wurden wöchentliche Teams der einzelnen Bereiche und ein zumindest monatliches Plenum aller drei Arbeitsbereiche. In die Entstehung dieses Konzepts waren auch Landesrat Salcher und Sozialabteilungsvorstand Kasseroler eingebunden.[1242] Insgesamt war dieses Organisationsmodell in Entstehung und Inhalt ein Beispiel demokratischer Kultur im öffentlichen Dienst, da die Betroffenen Regeln über die Kooperation unterschiedlicher Arbeitsfelder selbst entwickelten und die beamteten und politischen Verantwortungsträger sich damit identifizierten. Der Anspruch nach Austausch und Zielgruppen übergreifender Beratungstätigkeit blieb auch bestehen, als die Sozialberatung für Alkohol- und Drogengefährdete

---

1240 Ebd., 31.10.1974, S. 402.
1241 Ebd., S. 402–405.
1242 Organisationsmodell für die Sozialarbeit in der Abteilung Va, Juli 1975, in: 15 Jahre Sozialberatung 1986, S. 18 f.

Anfang 1976 aus dem gemeinsamen Haus der Beratungsstellen in der Anichstraße in eigene Räumlichkeiten in die nahegelegene Kaiser-Josef-Straße 13 übersiedelte. Um das als notwendig erachtete Kooperationsniveau abzusichern, beschlossen die Teams in der Folge, die Plenarsitzungen aller drei Arbeitsbereiche nicht mehr monatlich, sondern 14-tägig abzuhalten. Die Sitzungen dienten dem Informationsaustausch zwischen den einzelnen Bereichen, der Entwicklung von Arbeitsplänen und Strategien sowie zur Verbesserung der Kommunikation und Interaktion. „Das Team übernimmt Kontrollfunktionen für Entscheidungen und den sich davon ableitenden Handlungen."[1243]

Hofrat Kasseroler und teilweise auch die Sachbearbeiter der Abteilung Va des Landes nahmen an gemeinsamen Teams, aber auch jenen der einzelnen Beratungsstellen regelmäßig teil. Der Sozialabteilungsvorstand suchte den Kontakt zu den SozialarbeiterInnen und stellte sich den Auseinandersetzungen. Marinell schildert ihn als konservativ denkenden Beamten, der sich aber kritische Überlegungen der SozialarbeiterInnen angehört habe und ihnen oft genug recht gegeben hätte.[1244] In einer längeren Auseinandersetzung mit ihm ging es um das leidige Thema Anzeigepflicht: Im Zusammenhang mit DrogenkonsumentInnen ein besonders brisantes Thema, hatte doch ein Jugendlicher, der die Sozialberatung unter Drogeneinfluss betrat, eine Straftat begangen. Kasseroler verstand, dass niemand eine Beratungsstelle frequentieren würde, wenn diese jeden gerauchten Joint zur Anzeige brächte. Schließlich empfahl der Landesbeamte den SozialarbeiterInnen, nur zu melden, falls sie Informationen von einem „absoluten Großverbrechen" oder von „strafbaren Handlungen mit schweren Gefahren für Menschen" erhielten. Kasseroler war nicht der einzige hohe Beamte, der sich so verständnisvoll verhielt. Auch Soziallandesrat Salcher und sein Nachfolger Fritz Greiderer nahmen ähnlich liberale und das Arbeitsverständnis der SuchtberaterInnen unterstützende Haltungen ein.[1245]

In einem Zeitungsartikel aus dem Jahre 1975 wurde Kasseroler mit der Aussage zitiert, er sei „ein schlecht informierter Laie auf dem Gebiet der Sozialarbeit", der überzeugt davon sei, dass seine „Leute tadellos arbeiten". Als eines seiner größten Anliegen nannte er die Verbesserung des „aus dem alten Fürsorgewesen herausstammenden schlechten Sozialprestige" seiner MitarbeiterInnen. Diese würden „ihre ganze Persönlichkeit und ihr ganzes Können" einsetzen, „um hilfesuchenden Menschen zu helfen", – selbstverständlich streng vertraulich.[1246]

1976 umfasste das Team der Sozialberatung für Alkohol- und Drogengefährdete vier SozialarbeiterInnen.[1247] 1976/77 wurden 460 KlientInnen in Tirol betreut, die Hälfte davon (228) in Innsbruck bzw. im Bezirk Innsbruck-Land. Einen fortlaufenden Beratungsprozess (ein halbes Jahr bis zwei Jahre) nahmen in diesem Zeitraum 237 KlientInnen in Anspruch. Bei 132 KlientInnen kam es zu einem Abschluss des Beratungsprozesses. Fast bei der Hälfte (62 Personen oder 47 Prozent) war eine „signifikant positive Veränderung im beruflichen, familiären, persönlichen und wirtschaftlichen Bereich" feststellbar. Um in diese Kategorie der Statistik aufgenommen zu werden, musste die

---

1243 Protokoll der Sozialarbeiter der Abteilung Va, Juli 1976; in 15 Jahre Sozialberatung 1986, S. 21 f.
1244 Interview Marinell 2015.
1245 Ebd.
1246 Kurier, Blickpunkt Tirol, Licht für Schattenseite, 7.12.1975.
1247 Arbeitspapier „Organisation und Methoden der Sozialberatung", 1976; in: 15 Jahre Sozialberatung 1986, S. 22.

genannte Veränderung einhellig sowohl für den Betroffenen als auch seine Umgebung und den/die SozialarbeiterIn erkennbar sein. Teilweise positive Veränderungen gab es bei 31 KlientInnen (23 Prozent). Bei den restlichen 39 KlientInnen (30 Prozent) wurden keine erkennbaren positiven Ergebnisse verzeichnet, bzw. war das Ergebnis nach Abschluss der Betreuung nicht beurteilbar.[1248] Eine altersmäßige Differenzierung und eine Kategorisierung in Alkohol bzw. Drogen enthalten diese Daten nicht.

Wie erwähnt, konzentrierte sich die Drogenszene – abgesehen von regionalen Schwerpunkten wie Kufstein – schon sehr früh auf Innsbruck. Das galt sowohl für die Möglichkeiten, an Drogen heranzukommen, als auch für den Lebensmittelpunkt, denn junge DrogenkonsumentInnen und -süchtige bevorzugten die Anonymität der Landeshauptstadt. Ergänzend zur Sozialberatung für Alkohol- und Drogengefährdete forcierte die Gesellschaft für Psychische Hygiene dennoch ab 1976 regionale Beratungsstellen. Initiator war die Innsbrucker Universitätsklinik für Psychiatrie, namentlich deren Vorstand Kornelius Kryspin-Exner. Die eigens gegründete Tiroler Landesgruppe der Österreichischen Gesellschaft für Psychische Hygiene befasste sich in ihren nach und nach in den Tiroler Bezirken eingerichteten Beratungsstellen schwerpunktmäßig mit der „nachgehenden Betreuung von Suchtkranken". Insgesamt war das Konzept darauf ausgerichtet, die Kontinuität in die Betreuung und Behandlung von PatientInnen nach Psychiatrieaufenthalten (darunter auch Drogen- bzw. Alkoholentzug) zu erhöhen. 1979 beschäftigte die Gesellschaft für Psychische Hygiene Tirol für diesen Aufgabenbereich drei SozialarbeiterInnen und betrieb Beratungsstellen in Reutte, Lienz, Schwaz und Landeck.[1249] In der Folge weitete sich das Angebot an „Zentren für Psychische Gesundheit" auf alle Tiroler Bezirke aus. Darüber hinaus entstand ein Netz an Wohnprojekten und Beschäftigungsinitiativen im Kontext psychischer Erkrankungen. 2006 erfolgte eine Umbenennung in „Gesellschaft für Psychische Gesundheit – pro mente tirol". Seit 2012 trägt der Verein den Namen „pro mente tirol" und beschäftigte zum Stichtag 1.1.2018 230 MitarbeiterInnen.[1250]

Ein umfangreiches „Drogenkonzept für Tirol" legte die Sozialberatung für Alkohol- und Drogengefährdete im Herbst 1981 vor.[1251] Die Nennung einer Zahl der DrogenkonsumentInnen wurde wegen der hohen Dunkelziffer als unmöglich bezeichnet. Eine Annäherung ermöglicht die Zahl der Anzeigen. Diese waren in Tirol von 1978 bis 1980 von 167 auf 438 deutlich gestiegen – ob dahinter ein tatsächlicher Anstieg des Drogenkonsums steckte oder geänderte Rahmenbedingungen für die Anzeigen, lässt das Drogenpapier offen. Überwiegend richteten sich die Anzeigen gegen Männer und männliche Jugendliche (1978: 87 %, 1980: 79 %). Die Dominanz der 15- bis 20-Jährigen (41 bzw. 45 %) und der 20- bis 25-Jährigen (52 bzw. 42 %) weist die Drogenproblematik eindeutig der jungen Generation zu. 1978 gab es keine einzige Anzeige gegen eine Person die älter als 35 Jahre war, 1980 waren es gerade einmal acht (1,8 % aller Anzeigen).[1252]

1248 Ebd., Frequenz der Sozialberatung, Ergebnisse 1976/77; S. 23 f.
1249 Vgl. Kryspin-Exner 1979.
1250 Homepage pro mente tirol, https://promente-tirol.at/ (abgerufen am 20.9.2020).
1251 „Drogenkonzept für Tirol", 22. September 1981; in: 15 Jahre Sozialberatung 1986, S. 74–84.
1252 Ebd., S. 76.

Unterstrichen wurden im Drogenkonzept der Sozialberatung die bereits erwähnten maßgeblichen Kriterien für die Beratungssituation: Freiwilligkeit, Anonymität, freie Wahl des Therapieplatzes, Möglichkeit zum Abbruch der Therapie ohne Strafandrohung. Weiters wurde die Wahrung des Berufsgeheimnisses aller im therapeutischen Bereich tätigen Einrichtungen als Voraussetzung für die Arbeit im Drogenbereich genannt, also die Notwendigkeit einer klaren Trennung von Beratung und Therapie von der Strafverfolgung. Öffentlichkeitsarbeit wurde als explizite Aufgabenstellung der Beratungsstelle benannt. Informationen über legale und illegale Drogen sollten gleichrangig in alle Medien einbezogen werden. Verwiesen wurde auf den Erfahrungswert, wonach abschreckende Aufklärung eine anziehende Wirkung auf Jugendliche entfalten könne. Die weit verbreitete These von der Einstiegsdroge Haschisch lehnten die AutorInnen des Konzepts ab. Als Faktum wurde erwähnt, dass in unserer Gesellschaft „der Mechanismus, seine Probleme mit Rauschmitteln zu verdrängen, ein allgemein praktizierter und tolerierter" ist. Schließlich erfolgte der Hinweis, dass umfassende präventive Aufgaben nicht alleine von Drogenberatungsstellen übernommen werden können. Im Drogenpapier wurden auch ärztlich betreute Entzugswohngemeinschaften und therapeutische Wohngemeinschaften gefordert.[1253]

1984 hatte die Sozialberatung für Drogen- und Alkoholgefährdete mit inzwischen fünf SozialarbeiterInnen, die neben der Innsbrucker Zentrale sechs Außenstellen in den Bezirken betreuten, Kontakt mit 178 Drogenabhängigen, von denen zwei Drittel aus eigenem Antrieb in die Beratungsstellen kamen. Die überwiegende Zahl der Abhängigen konsumierte Heroin, ein klarer Trend war der Konsum von verschiedenen Drogen gleichzeitig oder hintereinander, etwa Alkohol und Medikamente.[1254] Das Team der Sozialberatung betonte die gesellschaftliche Einbettung von Sucht. Über die Suchtproblematik von Jugendlichen hinaus gelte, dass weder im Elternhaus noch in der Schule gelernt werde, mit Abhängigkeiten richtig umzugehen:

„Die Verdrängung von Konflikten ist zur Praxis des täglichen Lebens geworden, die für sensible Menschen eine starke Belastung mit sich bringt. Oft ist der Ausweg für einige die Flucht in die Betäubung."[1255]

Derartige Überlegungen hatten sich ein Jahrzehnt zuvor bereits in ähnlicher Form bei Sigmund Kripp und in den Papieren des Z6 niedergeschlagen. Die MitarbeiterInnen der Sozialberatung waren überdies der Meinung, dass eine stationäre Langzeittherapie manchmal unumgänglich, die Vermittlung in eine derartige Einrichtung aber „nicht unbedingt der Ausweg aus der Sackgasse der Drogenabhängigkeit" sei.[1256] Mitte 1985 gab es in Österreich fünf Langzeittherapieeinrichtungen für Drogenabhängige, darunter das Tiroler KIT.

Bereits 1981 plädierte die Sozialberatung für Drogen- und Alkoholgefährdete für die Einführung eines Drogenersatzprogramms durch die Verabreichung von Methadon an

---

1253 Ebd., S. 80 f.
1254 Darstellung der Sozialberatung für Drogen- und Alkoholgefährdete in Innsbruck, Juli 1985, in: 15 Jahre Sozialberatung 1986, S. 28 f.
1255 Ebd., S. 29.
1256 Ebd.

langjährige Opiatmissbrauchende, die mehrere erfolglose Therapieversuche hinter sich hatten. Die MitarbeiterInnen schlugen vor, die Betroffenen in speziellen Einrichtungen auf eine möglichst geringe Methadondosis umzustellen und das Methadon in der Folge oral zu verabreichen. Sollten bei Kontrollen Heroin oder andere Suchtgifte festgestellt werden, wäre das Methadonprogramm abzusetzen. Aus heutiger Sicht bemerkenswert ist der Ansatz, das Methadonprogramm auf maximal sechs Monate zu begrenzen. Anschließend hätte ein Betroffener die Wahl zwischen einem Entzug oder einer Rückkehr in die illegale Drogenszene gehabt. Die Vorteile eines derartigen Substitutionsprogramms wurden 1981 ähnlich aufgelistet wie heute: Distanz zur Drogenszene, Möglichkeit zur Berufsausübung und Schuldentilgung, Verbesserung des körperlichen Allgemeinzustands und Wegfall der Beschaffungskriminalität.[1257]

Mit Verweis auf positive Erfahrungen in der Schweiz unterstützte der Ordinarius für Strafrecht an der Universität Innsbruck, Christian Bertel, schon sehr früh ein Methadonprogramm in Österreich. Bertel argumentierte u. a. mit den Möglichkeiten eines derartigen Programms, Betroffenen ein „angepasstes Leben" zu eröffnen. Die Verweigerung einer derartigen Hilfe sei inhuman, unchristlich und gegenüber der Gesellschaft nicht verantwortbar. Anlässlich einer Drogenenquete in Feldkirch äußerte sich auch Gesundheitsminister Kurt Steyrer (SPÖ) positiv, wollte jedoch die Einführung eines Methadonprogramms auf „aussichtslose Fälle zum Schutz der Gesellschaft" beschränkt wissen.[1258]

Die Innsbrucker Sozialberatung für Drogen- und Alkoholgefährdete stand Anfang der 1980er Jahre mit ihrer positiven Haltung zur Methadontherapie unter den einschlägigen Einrichtungen allein auf weiter Flur. Der von der Sozialberatung 1981 mitbegründete Österreichische Arbeitskreis zur kommunikativen Drogentherapie lehnte bei seiner 4. Arbeitstagung im Herbst 1983 in Westendorf bei Kitzbühel diese Therapieform ab. Dabei wich der Arbeitskreis von seiner üblichen Haltung ab, einhellige Positionen zu beziehen und einstimmige Beschlüsse zu fassen. Wörtlich heißt es im Protokoll dieser Tagung:

> „Der Großteil der Mitglieder des Arbeitskreises lehnt Methadon vorbehaltlos ab. Bei Weiterführung der Methadondiskussion und bei allfälliger Erarbeitung und Einführung von Einführungsprogrammen [sic!] und Durchführungskonzepten in Österreich, fordern wir, in der Drogenarbeit tätigen Therapeuten und Sozialarbeiter, künftighin Mitsprache. Dieser Punkt wurde ohne die Stimmen der Mitarbeiter der Sozialberatung Innsbruck zur Abstimmung gebracht."[1259]

Ein halbes Jahr später, im Februar 1984, hatte sich der Österreichische Arbeitskreis zur kommunikativen Drogenarbeit wieder auf eine gemeinsame Position geeinigt und jene Bedingungen formuliert, welche die Zustimmung zu einem Methadonprogramm seitens der beteiligten Beratungsstellen ausschlossen:

1257 Drogenkonzept für Tirol 22.9.1981, in: 15 Jahre Sozialberatung 1986, S. 74–84, hier S. 82.
1258 Tiroler Tageszeitung, Kann man Heroinmarkt „aushungern"?, 28.9.1981, S. 3.
1259 Protokoll des 4. gesamtösterreichischen Treffen des Österreichischen Arbeitskreises zur kommunikativen Drogenarbeit vom 14.–16.10.1983 in Tirol / Westendorf, in: 15 Jahre Sozialberatung 1986, S. 136.

1. Die alleinige Verabreichung von Methadon ohne massive begleitende Betreuung,
2. bei einer, damit einhergehenden Einschränkung der bestehenden therapeutischen Angebote,
3. wenn eine Inanspruchnahme des Methadonprogrammes erzwungen werden kann,
4. wenn Personen, die nicht bereit sind, sich einer Methadonbehandlung zu unterziehen, verschärfter Strafverfolgung ausgesetzt sind,
5. wenn Personen, die sich einem Methadonbehandlungsprogramm unterziehen, verstärkter Kontrolle und Diskriminierung ausgesetzt sind (Führerscheinentzug, Passabnahme etc.),
6. bei Einschränkung der persönlichen Freiheit und Erschwerung der Resozialisierung (Arbeitsmöglichkeiten müssen gewährleistet sein, Urlaube etc.),
7. wenn nur wenige zentrale Stellen zur Methadonabgabe berechtigt sind (weiter Anreiseweg).
8. wenn die Institutionalisierung von Methadonprogrammen zu strenger Verfolgung von Konsumenten von Rauschmitteln von geringer Suchtpotenz führt.[1260]

1986 hat die Sozialberatung erneut einen Vorschlag für ein „pharmakologisches Unterstützungsprogramm in Tirol" vorgelegt, der die eigenen Kriterien für die Aufnahme in ein derartiges Programm wesentlich erweiterte und konkretisierte. Neben einem Mindestalter von 20 Jahren wurden eine mindestens zweijährige Opiatabhängigkeit und mehrere erfolglose Therapierversuche genannt. Vorgeschlagen wurde nun eine Differenzierung in ein Entzugs- und ein Erhaltungsprogramm, wobei ersteres maximal sechs Monate dauern sollte. Unverändert war der Gedanke einer Vereinbarung mit dem Betroffenen, dass dieser in der Zeit der Aufnahme in das Programm auf illegale Drogen verzichtet. Gleich blieb gegenüber den Konzepten von 1983 und 1984 auch die Drohung mit dem Abbruch der Behandlung beim Nachweis der Einnahme illegaler Drogen (wöchentliche Harnprobe).[1261]

Das vorgeschlagene „Erhaltungsprogramm" sah die Möglichkeit zur unbegrenzten Substitution und keine Drohung des Abbruchs beim zusätzlichen Konsum illegaler Drogen vor. Als Zielgruppe genannt wurden „jene Abhängige, die nach jahrelanger Sucht keine Abstinenz erreichen können (solche Fälle sind in allen Einrichtungen bekannt, z. B. drogenabhängige Aidskranke)". Bei der Begründung für die Einführung eines derartigen Programms wurden ergänzend zu den Vorschlägen von 1981 insbesondere gesundheitliche Aspekte hervorgehoben, etwa durch das Wegfallen der Infektionsgefahr durch infizierte Spritzen. Vor allem aber wurde die AIDS-Problematik, die damals sehr stark in der öffentlichen Debatte stand, ins Treffen geführt: Durch die orale Einnahme einer Ersatzdroge würde sich die Ansteckungsgefahr mit AIDS verringern, außerdem würde es nicht nur zu einem Wegfall der Begleit- und Beschaffungskriminalität kom-

---

1260 Zitiert nach dem Protokoll des 5. gesamtösterreichischen Treffens des Österreichischen Arbeitskreises zur kommunikativen Drogentherapie vom 3.–5. 2.1984 in Wien, in: 15 Jahre Sozialberatung 1986, S. 153.
1261 Ebd., Vorschläge der Sozialberatung für ein pharmakologisches Unterstützungsprogramm in Tirol, März 1986, S. 91.

men, sondern auch zu einer Verminderung der Prostitution als Begleiterscheinung bei der Beschaffung illegaler Drogen.[1262]

Tatsächlich verhalf die Sorge um die in der ersten Hälfte der 1980er Jahre sich ausbreitenden HIV-Infektionen und AIDS-Erkrankungen der Substitutionsbehandlung zum Durchbruch. 1986 hat die Wiener Medizinische Fakultät die Ersatzdrogenbehandlung als wissenschaftliche Methode anerkannt. Explizit mit Verweis auf die steigende Zahl der HIV-Infektionen durch intravenösen Drogenkonsum hatte das Gesundheitsministerium 1987 die orale Substitutionsbehandlung per Erlass geregelt. Als Voraussetzung für die Aufnahme in die Substitutionsbehandlung wurde das Scheitern anderer Behandlungsmethoden definiert. Zuvor hatte es einige wenige ÄrztInnen (auch in Tirol) gegeben, die mit Verweis auf das SGG 1951 suchtgifthaltige Arzneimittel zur Substitutionsbehandlung verschrieben hatten, damit aber in ständiger Gefahr lebten, selbst kriminalisiert zu werden. Eine Empfehlung, welches Medikament zur Substitution herangezogen werden soll, enthielt der Erlass nicht. In diesen Jahren kam fast ausschließlich Methadon dafür in Frage.[1263] Der Erlass war nicht zuletzt aufgrund der Forderungen des Suchtbeirats beim Gesundheitsministerium zustande gekommen, dem mit Sigrid Marinell und Harald Kern über Jahre auch zwei MitarbeiterInnen der Innsbrucker Sozialberatung angehörten.

Entschieden gegen ein Methadonprogramm stellte sich die Tiroler Langzeittherapieeinrichtung KIT.[1264] Auf der Generalversammlung des Vereins kritisierte Projektleiter Franz Rieder die „derzeit vor allem im Raume Innsbruck praktizierte wahllose und unkontrollierte Verschreibung von Ersatzdrogen in Medikamentenform". Damit würde, „nur eine Sucht durch die andere ersetzt, ohne den Süchtigen wirklich zu helfen. Der Leidensdruck als Motiv zur Aufnahme einer Therapie falle damit weg."[1265]

Österreich installierte sein Methadonprogramm im Vergleich zu einer Reihe west- und mitteleuropäischen Staaten sehr spät. Die Schweiz hatte damit Mitte der 1970er Jahre begonnen. 1984 nahmen ca. 1.000 Personen an den Programmen teil, die Abgabe erfolgte hauptsächlich über die Hausärzte. Langjährige Erfahrungen mit der Abgabe von Methadon durch niedergelassene Ärzte gab es seit den frühen 1970er Jahren auch in Großbritannien. Eine Langzeituntersuchung zur Methadonverabreichung über einen Zeitraum von zehn Jahren zeitigte bemerkenswert gute Ergebnisse: Jeweils 38 Prozent der KlientInnen waren drogenfrei bzw. sozial stabilisiert, 14 Prozent waren in der Drogenszene verblieben, die restlichen 10 Prozent waren verstorben.

Die ersten Erhaltungsprogramme für schwer Süchtige begannen in den Niederlanden bereits 1969. Dabei wurden zwei wichtige Erfahrungen gemacht: Ergänzend zur Methadonbehandlung sind Angebote zur Verbesserung der sozialen Situation der Süchtigen notwendig. Die Hoffnung auf ein „Austrocknen des illegalen Marktes" erfüllte sich nicht, weil viele Betroffene zusätzlich zum Methadon andere Drogen konsumierten.[1266]

1262 Ebd., S. 92.
1263 Vgl. Marion Weigl/Martin Busch: Substitutionsbehandlung opioidabhängiger Personen – Aktuelle Rahmenbedingungen und Studienergebnisse, Gesundheit Österreich GmbH (Hg.), Wien 2013, S. 3.
1264 Mehr über das KIT im Abschnitt 7.4, S. 285 ff.
1265 Tiroler Bauernzeitung 43/1986, Kommentar von Winfried Hofinger.
1266 Bericht von Silvia Rass und Kurt Feichter an die Präsidialabteilung 1, Land Tirol, vom Internationalen Symposium „Suchtmodelle und Behandlungsstrategien" im Anton Proksch Institut, Kalks-

In der Folge gab es in den Niederlanden niederschwellige Methadonprogramme, in Amsterdam war für eine Teilnahme nur die polizeiliche Meldung in der Stadt Voraussetzung. Bei den hochschwelligen Programmen hatten die KonsumentInnen vorgegebene Verpflichtungen seitens der Einrichtungen einzuhalten.[1267]

Mit der Möglichkeit der Opioidersatztherapie (= Methadonprogramm) stieg der Aufgabenbereich von MedizinerInnen in der Drogenarbeit. An der Psychiatrischen Ambulanz der Innsbrucker Universitätsklinik bemühte sich deren Leiter Heimo Rössler ab 1987 um die Umsetzung dieses Programms. Um eine spezielle Drogenambulanz aufzubauen, brauchte der Arzt eine erfahrene Sozialarbeiterin. Helga Oberarzbacher, seit 1980 Mitarbeiterin der Drogenberatung für Alkohol- und Drogengefährdete, erklärte sich bereit, diese Aufgabe zu übernehmen. Schließlich wechselte Oberarzbacher mit Zustimmung des Vorstandes der Sozialabteilung Va, Wilhelm Huber, als „lebende Subvention des Landes" an die Klinik. Damit waren 1988 die Voraussetzungen zur Gründung von Österreichs erster Substitutionsambulanz für orale Opiodersatztherapie gegeben. Rössler war als Konsiliararzt des KIT mit der Drogenproblematik vertraut. In der komplexen Auseinandersetzung pro und kontra Methadonprogramm war es gelungen den anfangs skeptischen Vorstand der Universitätsklinik für Psychiatrie Hartmann Hinterhuber von der Richtigkeit des Programms zu überzeugen. In der Übergangsphase zur Drogenambulanz war man zunächst fast ausschließlich auf drogenabhängige HIV- und AIDS-PatientInnen konzentriert, eine Gruppe, bei der es vergleichsweise leichter war, das im gesellschaftlichen Denken vorherrschende Abstinenzparadigma zu durchbrechen. Ein Anreiz, am Aufbau der Drogenambulanz mitzuwirken, bestand für Oberarzbacher darin, nach dem jahrelangen Kampf um das Methadonprogramm bei dessen Implementierung in die Praxis mitzuwirken.[1268] Ihr Aufgabengebiet beschreibt sie so:

„In ganz normalen Dingen, Existenzsicherung, zu schauen, dass die Leute ihre Sozialhilfe kriegen, dass die Leute ihre Wohnungen kriegen, die sie brauchen, es waren ja viele obdachlos und auf der Straße, und einfach die Hard Facts von Sozialarbeit waren da zu machen. Und natürlich auch, sage ich jetzt einmal, die Kontrollfunktion mit der Einnahme von Methadon."[1269]

Die Drogenambulanz verschrieb den KlientInnen Methadon, das täglich in einer Apotheke eingenommen werden musste. Die sozialarbeiterische Aufgabenstellung bestand daher auch darin, ApothekerInnen im Umgang mit einem ungewohnten Klientel zu sensibilisieren und „Übersetzungsarbeit zu leisten zwischen dem Arzt der Drogenambulanz, dem Apotheker und dem Klienten".[1270] Im Laufe der 1990er Jahre konnte das Angebot der Drogenambulanz qualitativ und quantitativ ausgebaut werden. 2002 waren 716 Personen in Behandlung, davon 479 in Dauersubstitution mit einem Durch-

---

burg vom 20.–24.5.1986, Vortrag von M. Kooyman, Psychiater an der Universität in Rotterdam „Behandlung oder Strafe", in: 15 Jahre Sozialberatung 1986, S. 271.
1267 Ebd., Bericht von Helga Oberarzbacher und Kurt Feichter über den 9. Bundeskongreß in Bremen vom 9.–12.6.1986 an die Präsidialabteilung I über Herrn Hofrat Dr. Huber Abteilung Va Neues Landhaus, S. 273–278.
1268 Interview Hannes Schlosser mit Helga Oberarzbacher am 31.3.2017.
1269 Ebd.
1270 Ebd.

schnittsalter von 26 Jahren (keine Jugendlichen, aber ein beträchtlicher Anteil junger Erwachsener).[1271]

Die Rolle des Teams der Sozialberatung für Alkohol- und Drogengefährdete in der Debatte um ein Methadon-Programm für Österreich ist ein Beispiel für deren Selbstverständnis und der Wahrnehmung eines politischen Mandats als integralem Bestandteil von Sozialarbeit. Mediale Öffentlichkeitsarbeit, Vorträge, die Ausarbeitung von Expertisen für die Landespolitik, Stellungnahmen zu geplanten Gesetzesänderungen, die Teilnahme an Tagungen, die Mitwirkung in einschlägigen Arbeitskreisen und Beiräten etc. wurden innerhalb des Teams als Teil des Arbeitsauftrags und als Teil der Arbeitszeit betrachtet. Den SozialarbeiterInnen der Beratungsstelle gelang es im Wesentlichen, die wechselnden beamteten Vorgesetzten und Landesräte von dieser Herangehensweise zu überzeugen.

Sigrid Marinell betont ihre politische Sozialisation in der Zeit um 1968. Daraus resultierende politische Haltungen sind auch in ihr Selbstverständnis in der Drogenarbeit eingeflossen. Sie habe sich selbst oft gefragt und sei auch oft gefragt worden, wie sie die schwierige Drogenarbeit ausgehalten habe und gibt zur Antwort:

„Weil ich was verändern will, mein Background ist, ich muss meinen Beitrag dazu leisten, ich will meinen Beitrag leisten, etwas politisch, gesellschaftlich zu verändern, das war der Wille da, der war sehr stark. […] Für mich war es ganz wichtig, sich die gesetzliche Lage anzuschauen, weil wir ja erlebt haben was Kriminalisierung durch diese Suchtgiftgesetzgebung bedeutet für das Leben der KlientInnen."[1272]

Im Laufe der Zeit hätte in vielen Arbeitsfeldern die therapeutisch orientierte Sozialarbeit und Spezialisierungen „mit jeder Menge Ausbildungen" eine immer größere Rolle gespielt, erinnert sich Marinell. Sie habe selbst bei diesem Boom an Zusatzausbildungen mitgemacht, zugleich habe sie aber die Kritik an einer Sozialarbeit, die sich auf eine helfende Rolle beschränkt, aufrechterhalten: „Für die politische Sozialarbeit habe ich immer Plädoyers gehalten, […] für mich war immer wichtig, die Zusammenhänge, politischen Zusammenhänge und Ursachen aufzuzeigen."[1273]

Ein anderes Beispiel für aufklärerische und politische Herangehensweise der Sozialberatung bezieht sich auf die SGG-Novelle 1980. Damals war das Konzept der „Drogenvertrauenslehrer" entstanden. Aus der Sicht der MitarbeiterInnen der Sozialberatung ein mehr als zweischneidiges Schwert, das sie öffentlich kritisierten, stand doch das Vertrauen von SchülerInnen, die sich Lehrkräften mit Drogenproblemen anvertrauten, unter keinem gesetzlichen Schutz. LehrerInnen gerieten in Gewissensnot, z. B. in der Frage der Information der Schulleitung wegen eines ihnen bekannt gewordenen Drogenmissbrauchs. Den Durchführungsbestimmungen des Gesundheitsministeriums zufolge war der Leiter der Schule „auf jeden Fall verpflichtet, den Schüler einer schulärztlichen Untersuchung zuzuführen und bei der Verweigerung der Untersuchung die

---

[1271] Homepage Soziale Betreuung und Pflege Tirol (SOBuP), http://www.sobup.at/25-jahre-drogenambulanz-lkh-innsbruck/ (abgerufen am 27.3.2017).
[1272] Interview Marinell 2015.
[1273] Ebd.

Bezirksverwaltungsbehörde zu verständigen".[1274] Die Liste derer, die im Fall der Bestätigung eines Verdachts zu informieren waren, war umfassend: Sicherheitsbehörden, Staatsanwaltschaften, Strafgerichte, die Ministerien für Landesverteidigung, Inneres sowie Unterricht und Kunst, Schulbehörden, Suchtgiftkontrollrat und die Suchgiftkommission der Vereinten Nationen.

„Damit ist die lückenlose Erfassung des Jugendlichen über die Landesgrenzen hinaus gewährleistet. Nach unserer Erfahrung als Sozialarbeiter wird dem Jugendlichen dadurch eine Reintegration erschwert, wenn nicht unmöglich gemacht."[1275]

Sehr früh waren Marinell und ihre KollegInnen im Sinne einer „Vernetzung" tätig, ohne dass der Begriff schon existiert hätte. Der bereits erwähnte Österreichische Arbeitskreis zur kommunikativen Drogenarbeit (ÖAKDA) geht wesentlich auf eine Initiative des Teams der Innsbrucker Sozialberatung für Alkohol- und Drogengefährdete zurück:

„Der Arbeitskreis wurde 1981 gegründet. Er besteht aus Sozialarbeitern, Psychologen, Ärzten, ehemaligen Drogenabhängigen etc., die langjährige Erfahrung in der Drogenarbeit haben und nach dem Suchtgiftgesetz in anerkannten Einrichtungen arbeiten. Die Zielsetzung des Arbeitskreises ist, bessere Kommunikation zwischen den einzelnen anerkannten Einrichtungen in Österreich zu schaffen, sowie die Erfahrungen aus der täglichen Praxis der Öffentlichkeit mitzuteilen und dadurch ein Problembewußtsein zum Thema Drogenmißbrauch und Drogenabhängigkeit herzustellen. Der Arbeitskreis trifft sich zweimal jährlich, befaßt sich mit konkreten Problemstellungen und der Erarbeitung von Perspektiven."[1276]

Der ÖAKDA ist im skizzierten Sinne bis in die Gegenwart tätig und hat sich 1994 mit der Gründung des Österreichischen Vereins für Drogenfachleute (ÖVDF) auch ein formell strukturiertes politisch-fachliches Standbein geschaffen. Der ÖVDF ist international vernetzt und Mitglied europäischer Netzwerke wie der Europäische Föderation von Drogenfachleuten (ERIT). Das Leitbild des ÖVDF setzte noch in den 2010er Jahren stark auf gesellschaftspolitische Aspekte, u. a. mit der Berufung auf die Erklärung der Menschenrechte:

„Der ÖVDF sieht das Thema des Suchtmittelgebrauchs als Teil eines gesamtgesellschaftlichen Problems, dessen Lösungsansätze im Rahmen umfassender sozialpolitischer Bemühungen zu suchen sind. Die Förderung gesellschaftlicher Solidarität, die gerechte Verteilung sozialer und ökonomischer Ressourcen nach den Kriterien individueller Bedürftigkeit, sowie das Vorantreiben sozialer Partizipation entgegen desintegrativer Tendenzen sind die Grundlage zielführender

---

1274 Harald Kern/Sigrid Marinell/Helga Oberarzbacher: schule und suchtgiftgesetznovelle, in: e.h., Nr. 1/2 1982, S. 16 f.
1275 Ebd.
1276 Sigrid Marinell/Harald Kern/Waltraud Kreidl/Helga Oberarzbacher: Österreichischer Arbeitskreis zur kommunikativen Drogenarbeit – Erfahrungen und Perspektiven aus der Praxis, in: Wiener Zeitschrift für Suchtforschung, Jahrgang 6/1983, Nr. 2/3, S. 53 f.

Sozial- und Drogenpolitik. Die soziale, kulturelle und ethnische Vielfalt sowie geschlechtsspezifische Aspekte sind dabei zu respektieren."[1277]

Die Notwendigkeit der Vernetzung und einer gesellschaftspolitischen Einbettung der Arbeit stellte und stellt sich in der Drogenarbeit in besonderer Intensität dar. Abweichendes Verhalten in Form von Drogenkonsum war und ist in weiten Teilen der Gesellschaft mit besonders hartnäckigen Vorurteilen verknüpft, auf die es im Interesse der KlientInnen, aber auch der Psychohygiene der MitarbeiterInnen galt und gilt, auf den unterschiedlichen Ebenen zeitgemäße Antworten zu finden. Die Gründung des ÖAKDA war so eine Antwort. Sigrid Marinell fasst die damalige Befindlichkeit zusammen: „Wir wollen gehört werden, es soll nicht irgendeine Arbeitsgruppe sein, die brav, nett ist und irgendwelche Konzepte macht, sondern wir wollen im zuständigen Ministerium [...] gehört werden."[1278]

1983 versuchte das Team der Sozialberatung mit Vorurteilen gegen Drogenabhängige und gleichzeitig mit überhöhten Ansprüchen an die Beratungstätigkeit aufzuräumen – etwa mit den Zuschreibungen, Drogenabhängige seien „schwer zugänglich und unzuverlässig", sie seien „von sich aus an Therapie nicht interessiert und müssen notfalls zwangsmotiviert werden" und die Perspektive in der Arbeit mit Drogenabhängigen sei mehr oder weniger hoffnungslos.[1279] Verwiesen wurde auf die gut funktionierende Arbeit von Betreuungseinrichtungen, deren Angebote freiwillig und ohne gesetzlichen Druck in Anspruch genommen würden:

„Die praktische Arbeit ergibt, daß jeder Drogenabhängige immer wieder in relativ kurzen Abständen Zeiten erlebt, in denen er mit seiner Sucht nicht zufrieden ist und dann sehr wohl bereit ist, auch die mit einer Therapie verbundenen Anforderungen zu akzeptieren und zu erfüllen."[1280]

Nicht zuletzt in diesem Zusammenhang wird eine deutlich Erhöhung der Kapazitäten der Betreuungseinrichtungen gefordert:

„Betreuungsangebote, die an den Bedürfnissen der Klienten orientiert sind und in konsequenter Form angeboten werden, sind in einem nicht unbedeutenden Prozentsatz der Fälle imstande, wesentliche Veränderungen in der weiteren Karriere des Klienten zu bewirken."

Allerdings gelte es „Ziele realistisch und nicht nach moralischen Wunschvorstellungen zu definieren" und sich von einem Paradigma „sofortiger und absoluter Drogenfreiheit" zu verabschieden.[1281]

1277 Homepage Österreichischer Verein für Drogenfachleute (ÖVDF), http://oevdf.at/index.php/der-verein/leitbild (abgerufen am 16.9.2020).
1278 Interview Marinell 2015.
1279 Marinell/Kern/Kreidl/Oberarzbacher 1983, S. 53.
1280 Ebd.
1281 Ebd.

Kontinuierlich setzte sich die Sozialberatung für Alkohol- und Drogengefährdete für die Entkriminalisierung von DrogenkonsumentInnen bzw. von Substanzen mit geringem Suchtpotenzial ein. Zu diesem Engagement zählte auch wiederholt der Hinweis, wonach in Tirol Polizei und Gerichte gegen SuchtgiftkonsumentInnen mit einer ungleich größeren Härte vorgehen würden als etwa in Wien.[1282] Mitte der 1980er Jahre schwang in den Stellungnahmen der Beratungsstelle neben der Kampfeslust auch Resignation mit:

> „Drogenarbeit ist mittlerweile integrierter Bestandteil einer Politik der Strafe, Ausgrenzung und Verwahrung. Offiziell erklärter Anspruch des Suchtgiftgesetzes ist es, den Drogenhandel einzudämmen und organisierten Kleinhandel zu zerschlagen. Realität ist, daß der Handel mit Drogen aller Art blüht und sich noch besser organisiert als Reaktion auf den drastisch aufgebauten Polizei- und Fahndungsapparat. Drogenabhängige werden kriminalisiert, verfolgt, verhaftet, eingesperrt und zur Therapie gezwungen. Grundsätzlich ist für jedes therapeutische Vorgehen eine ausreichende innere Motivation und Freiwilligkeit die beste Ausgangssituation. Das Suchtgiftgesetz und die Novellen von 1980 und 1985 haben diese Grundvoraussetzungen systematisch unterbunden."[1283]

Über all die Jahre ist der Sozialberatung für Alkohol- und Drogengefährdete zu attestieren, im besten Sinne des Wortes als „streitbar" gegolten zu haben. Zwei Beispiele von öffentlich geführten Auseinandersetzungen beziehen sich auf den Psychiater und langjährigen Gerichtsgutachter Heinz Prokop – immerhin ein Mann der maßgeblich an der Gründung der Beratungsstelle beteiligt war. 1981 hatte Prokop in der Österreichischen Richterzeitung (ÖRZ) aus der Perspektive des Gutachters über Drogenabhängige geschrieben, „man muß über seinen Schatten springen, um diese Mischung von Arroganz, Lügenhaftigkeit und Arbeitsscheu ertragen zu können". Weiters hatte Prokop formuliert: „Für den Therapieerfolg des Drogensüchtigen erweist sich als größte Güte der Einsatz der größten Härte."[1284] Prokops abwertende Formulierungen und seine Forderung, Drogenabhängigen mit Härte zu begegnen, trafen den Zeitgeist und die Haltung von beträchtlichen Teilen der Bevölkerung – eines Experten waren sie unwürdig. In einem der Folgehefte der ÖRZ findet sich eine ausführliche Entgegnung zu den Ausführungen Prokops durch die „Tiroler Arbeitsgemeinschaft für Suchtfragen", namentlich gezeichnet von zwei MitarbeiterInnen der Bewährungshilfe Innsbruck und drei der Sozialberatung.[1285] In ihrer Kritik an Prokops „äußerst repressiven Strategien" stellten sie klar, dass die Inhaftierung oder Kasernierung Drogenabhängiger nur zu einer Verstärkung bestehender Probleme führe. „Prokop gibt sich der irrigen Hoffnung hin, Drogenprobleme durch jahrelanges Einsperren lösen zu können." Vielmehr gelte es die

---

1282 Statements zu einer Arbeitstagung des Bundesministerium für Gesundheit und Umweltschutz am 27. und 28.2.1984, in: 15 Jahre Sozialberatung 1986, S. 85–90, hier S. 86.
1283 Ebd., S. 87.
1284 Zitiert nach einem Faksimile der Österreichischen Richterzeitung, Heft 3/1, 1981, in: 15 Jahre Sozialberatung 1986, S. 190.
1285 Namentlich waren dies die BewährungshelferInnen Pia Hammerer und Klaus Madersbacher sowie Sigrid Marinell, Helga Oberarzbacher und Harald Kern von der Drogenberatung.

Prämisse von „Therapie statt Strafe" erst zu verwirklichen, zu deren Voraussetzungen u. a. Folgendes gehöre:

„Eine grundlegende Lebensveränderung kann nicht erzwungen werden, sondern nur das Ergebnis selbstgewollter Anstrengungen sein. Sinnvolle Drogentherapie muß aus mehreren miteinander verbundenen Elementen bestehen: Auseinandersetzung mit den individuellen und gesellschaftlichen Ursachen der Suchtproblematik, die Angleichung des Jugendlichen an soziale Erfordernisse und Hilfestellung bei persönlichen und umweltbedingten Schwierigkeiten; dies setzt als Basis unbedingtes Vertrauen zum Betreuer voraus und kann ausschließlich in freien Beratungs- und Betreuungseinrichtungen praktiziert werden."[1286]

1986 behauptete Prokop bei einer Veranstaltung des Lions-Club in Landeck, dass durch „einen Rauschgiftsüchtigen bis zu dreißig und mehr andere junge Menschen mit der Drogensucht infiziert werden können". Er kritisierte die mangelnde Zusammenarbeit der Beratungsstellen und die Kontrolle von deren Mitarbeitern, zudem forderte er die Isolierung von Drogenabhängigen und rief zur Bildung von Bürgerinitiativen auf, welche die Aufklärung über den Suchtgiftmissbrauch in die Dörfer tragen sollte.[1287] In einem Brief nahm die Sozialberatung für Alkohol- und Drogengefährdete ausführlich zu Prokops Aussagen Stellung und stellte dessen Argument in Frage, wonach ein Rauschgiftsüchtiger 30 und mehr Personen mit der Drogensucht infiziere. Diese Behauptung sei „wissenschaftlich von österreichischen und internationalen Suchtexperten längst widerlegt". Den Vorwurf einer mangelnden Zusammenarbeit der Beratungseinrichtungen wies die Sozialberatung als falsch zurück. Im Zusammenhang mit der Suchtprophylaxe zeigte die Stellungnahme strukturelle Probleme in der Region auf, darunter das Fehlen ausreichender Ausbildungs- und Arbeitsplätze, einer Zukunftsperspektive für junge Menschen und der Mangel an Freizeitangeboten ohne Konsumorientierung:

„Zum abschließenden Vorschlag Prokops, ein Netz der Erfassung zu schaffen und Süchtige abzuschirmen ist festzustellen: Prokop widerspricht mit dem Abschirmungsgedanken allen sozialen Integrationsbestrebungen. Zu bemerken ist, daß es nicht der Weg sein kann, die hohe Anzahl der Suchtkranken in Österreich (Alkohol, Medikamente und illegale Drogen) zu isolieren, sondern ausreichende integrierende sozialtherapeutische Angebote zu forcieren. In österreichischen Expertenkreisen ist längst bekannt, daß abschreckende, skandalisierende und unsachliche Öffentlichkeitsarbeit den Bemühungen, das Drogenproblem zu bewältigen, entgegenlaufen."[1288]

1286 Faksimile der Österreichischen Richterzeitung, Heft 3/1, 1981, in: 15 Jahre Sozialberatung 1986, S. 190.
1287 Tiroler Tageszeitung, Beilage Tirol Aktuell – Wochenzeitung für Westtirol, Jede Familie muß mithelfen!, 12.3.1986, S. 1.
1288 Die Stellungnahme erfolgte in Form eines Briefes an die Redaktion der Tiroler Tageszeitung mit Bezugnahme auf den Artikel vom 12.3.1986 in der Beilage Tirol Aktuell – Wochenzeitung für Westtirol, in: 15 Jahre Sozialberatung 1986, S. 216 f.

Bemerkenswert ist, dass die Redaktion der Tiroler Tageszeitung dieser Entgegnung gleich viel Raum einräumte wie dem Bericht mit den Aussagen Prokops.[1289]

In den 1980er Jahren waren MitarbeiterInnen der Sozialberatung Jahr für Jahr an 20 und mehr Diskussionsveranstaltungen in Schulen, Jugendzentren, Elternvereinen, Parteiorganisationen etc. zum Thema Drogen beteiligt.[1290] Bereits erwähnt wurde die Mitwirkung in regionalen, nationalen und internationalen Netzwerken der Drogenarbeit. Das (berufs)politische Engagement von MitarbeiterInnen der Sozialberatung für Alkohol- und Drogengefährdete reichte aber über den Drogenzusammenhang hinaus. Etwa in der zweiten Hälfte der 1970er Jahre in der Arbeitsgemeinschaft Kritischer Sozialarbeiter Tirol, in der Folge im Tiroler Berufsverband diplomierter Sozialarbeiter oder ab 1985 im damals gegründeten Sozialpolitischen Arbeitskreis (SPAK).[1291]

Ende der 1980er Jahre begann ein schrittweiser Bedeutungsverlust der Drogenberatung. 1988 wurde der Dienstposten von Helga Oberarzbacher in der Sozialberatung für Alkohol- und Drogengefährdete nach ihrem Wechsel in die Drogenambulanz nicht nachbesetzt, der eines weiteren Kollegen nicht mehr durch eine/n SozialarbeiterIn, sondern einen Psychotherapeuten. Dadurch gelang es immer weniger, den Anspruch zu erfüllen, wöchentliche Sprechstunden in den Tiroler Bezirksstädten abzuhalten. In der Folge wechselte mit Silvia Rass eine weitere Sozialarbeiterin nach Abschluss ihres nebenberuflich betriebenen Jusstudiums in das Büro von Sozial- und Gesundheitslandesrat Walter Hengl (SPÖ). 1994 verließ Sigrid Marinell das Team, weil sie ein Mandat im Tiroler Landtag für die SPÖ annahm. Die Dienstposten von Rass und Marinell wurden nachbesetzt, vom langjährigen Team verblieb nur mehr Harald Kern. Nicht zuletzt, weil die Drogenambulanz an der Klinik nicht nur substituierte, sondern auch sozialarbeiterische Aufgaben übernahm, sank im Innsbrucker Büro der Sozialberatung die Zahl der KlientInnen.

Als 1994 seitens des Landes der Wunsch geäußert wurde, Suchtberatung künftig (wieder) in allen Tiroler Bezirksstädten (also auch in den entlegenen Städten Reutte und Lienz) anzubieten, lehnte die Sozialberatung für Drogen- und Alkoholgefährdete dies mangels personeller Ressourcen ab. Der kurz zuvor gegründete Verein B.I.T. (Begleitung-Integration-Toleranz) übernahm diese Aufgaben im Feld drogengefährdeter und -abhängiger Menschen: Beratung, Betreuung und Nachsorge nach stationären Aufenthalten.

Bereits 1991 hatte der Westendorfer Gemeindearzt Ekkehard Heel eine Initiative im Bereich der Tertiärprävention (Rückfallprophylaxe) bei alkoholkranken Menschen gegründet. 1992 öffnete in diesem Zusammenhang eine Beratungsstelle in Telfs. 1996 entstand daraus der Verein BIN (Beratung-Information-Nachsorge), wobei unter der politischen Federführung von Gesundheitslandesrätin Elisabeth Zanon (ÖVP) und Sozialandesrat Herbert Prock (SPÖ) ein Konzept zur flächendeckenden, gemeindenahen Versorgung von Alkoholkranken erstellt wurde.

1289 Ebd., S. 218.
1290 Vgl. 15 Jahre Sozialberatung 1986, S. 236, 243, 247, 253, 255, 259, 261.
1291 Mehr über Dachverbände und Arbeitskreise im Kapitel 11, S. 423 ff.

Nach und nach wanderten immer mehr Agenden von der Sozialberatung in die Vereine BIN und B.I.T., 2002 wurde die personell längst ausgedünnte landeseigene Sozialberatung für Alkohol- und Drogengefährdete endgültig geschlossen.[1292]

7.4 Das KIT – Stationäre Drogentherapie

Als sich im Jugendzentrum Z6 1973 die Situation mit drogenkonsumierenden und -abhängigen Jugendlichen immer mehr zuspitzte, erarbeiteten MitarbeiterInnen gemeinsam mit externen ExpertInnen das bereits erwähnte „Drogenpapier", das politische Forderungen und Skizzen konkreter Maßnahmen enthielt. Es entsprach dem Zeitgeist und vor allem dem Selbstverständnis des Z6, keine langen Planungs- und Budgetierungsphasen abzuwarten, sondern möglichst rasch zur Tat zu schreiten. Anfang 1974 „sind der Benno und ich rausgegangen und haben das KIT gegründet"[1293], erzählt Monika Hitsch, damals Studentin an der Sozialakademie und ebenso MitarbeiterIn im Z6 wie Benno Erhard, Student der Theologie, Geschichte und Pädagogik. Die Motivation, diesen Schritt zu wagen, speiste sich aus der Einsicht in die Notwendigkeit, junge Drogenabhängige aus dem Z6-Keller rauszubekommen, diesen aber gleichzeitig ein entsprechendes Angebot machen zu können.

Fachliche Unterstützung holten sich Hitsch und Erhard bei dem Jesuiten und Drogenexperten Eugen Wiesnet sowie den SozialarbeiterInnen der Sozialberatung für Alkohol- und Drogengefährdete, insbesondere bei Georg Dirscherl, der nach seinem Abschluss der Sozialakademie Mitarbeiter der Sozialberatung und von dort in der Folge stundenweise für den Aufbau des KIT freigestellt wurde.[1294]

Mit Unterstützung von Caritas-Direktor Sepp Fill und der Zusage einer 100.000-Schilling-Subvention des Landes durch Paul Lechleitner, gelang es ab 1. April 1974, am westlichen Stadtrand Innsbrucks in der Weingartnerstraße ein Haus, über das die Caritas verfügte, zu mieten. Bemerkenswert ist der Erfolg von Bettelbriefen, der 40 Innsbrucker Firmen dazu bewegte, Sachspenden zum Um- und Ausbau des Hauses zur Verfügung zu stellen.[1295] Als rechtlicher Träger diente in dieser Phase der Verein Bildung für junge Erwachsene unter seinem Obmann, Stadtjugendseelsorger Meinrad Schumacher mit Sitz in den Räumlichkeiten des Z6 in der Zollerstraße. Schumacher war es auch, der mit einem Brief die AnrainerInnen in der Weingartnerstraße zu einem Informationsgespräch einlud, um auf Befürchtungen im Zusammenhang mit dem Betrieb einer „Notherberge vor allem für Jugendliche aus der Innsbrucker Drogenszenerie" einzugehen.[1296]

1292 Vgl. Interview Oberarzbacher 2017, Telefoninterview Hannes Schlosser mit Sigrid Marinell am 27.3.2017 sowie Homepage sucht.hilfe BIN, http://www.bin-tirol.org/bin_geschichte.htm (abgerufen am 27.3.2017) und https://de.wikipedia.org/wiki/B.I.T._Suchtberatung (abgerufen am 27.3.2017).
1293 Interview Hitsch 2015.
1294 Halbjahresbericht des K.I.T. 1.4.1974 bis 16.9.1974; Privatarchiv Windischer. Auf die anfänglich in manchen Dokumenten stehenden Bezeichnung „K.I.T." wird verzichtet und im Text einheitlich die Schreibweise „KIT" verwendet.
1295 Halbjahresbericht 1974.
1296 Brief von Meinrad Schumacher, datiert Juni 1974, Privatarchiv Windischer.

An diesem Umbau waren bereits Jugendliche der Zielgruppe beteiligt. Schließlich öffnete das Haus ab Mitte Mai 1974 täglich von 17 bis 23 Uhr und wurde von durchschnittlich 15 Jugendlichen frequentiert. In dieser Phase bedeutete die Abkürzung KIT „Kontakt – Information – Tee", ganz im Sinne einer Teestube, die das Haus unter anderem sein wollte. Das ehrenamtlich tätige Team war mit den Aufgaben rasch überfordert, weshalb die geplante Führung einer Notherberge aufgeschoben wurde. Zugleich gelang es ab Juli 1974, hauptamtlich tätige PraktikantInnen der Sozialakademien Innsbruck, Wien und Örebro zu gewinnen. Mit dem Aufbau eines Beraterkreises, dem Ärzte, Rechtsanwälte, Psychotherapeuten und Pädagogen angehören sollten, wurde begonnen.[1297]

Ende Mai übergab der Elternbeirat des Z6 Innsbrucks Vizebürgermeister Arthur Haidl (ÖVP) ein Subventionsansuchen zur Finanzierung der PraktikantInnen. Der Erfolg dieses Ansuchens ist nicht bekannt, allerdings nahm Haidl diese Intervention zum Anlass, sich mit Bischof Paul Rusch zu besprechen. Am 6. Juni 1974 folgte eine Art Gipfeltreffen, an dem neben Rusch und Haidl auch Landeshauptmann Wallnöfer teilnahm. Die Initiative zum KIT wurde begrüßt und zugleich die Forderung erhoben, die Leitung des Projekts einem Fachmann zu übergeben und ein detailliertes Konzept auszuarbeiten. Die drei Spitzenfunktionäre stellten eine dauerhafte Finanzierung durch Stadt Innsbruck, Land Tirol und Diözese Innsbruck nach einem zu vereinbarenden Schlüssel in Aussicht. „Bis auf weiteres" sollte der Betrieb des Hauses eingestellt werden – einer Aufforderung, der das KIT-Team nur teilweise Folge leistete. Als unmittelbare Konsequenz des Gipfeltreffens fror Lechleitner allerdings die Auszahlung der 100.000-Schilling-Startsubvention des Landes ein.[1298]

Kontakte zu vergleichbaren Einrichtungen im In- und Ausland führten schließlich zu einem geeigneten Kandidaten für die Leitung des KIT: Der Österreicher Manfred Reichert hatte vier Jahre in Amsterdam eine Entwöhnungsstation und eine Therapiekette für Drogenabhängige geleitet und zeigte sich rasch an der Tätigkeit in Tirol interessiert. Nach einem Gespräch mit dem Team sowie Vertretern des Landes und der Diözese trat Reichert am 3. August 1974 seine Arbeit an.[1299] Legendär ist Reicherts Auftritt, der in einem dreitägigen Ritt von Graz kommend Innsbruck hoch zu Ross erreichte.[1300]

In dieser Phase der Projektentwicklung konnten weitere wichtige Persönlichkeiten als UnterstützerInnen des KIT gewonnen werden, darunter die Leiterin der Sozialakademie Maria Oberhauser, Soziallandesrat Herbert Salcher (SPÖ) und der Innsbrucker Polizeidirektor Fritz Greiderer.[1301] Anfang August 1974 ist auch der Auftakt zur „therapeutischen Lebens- und Arbeitsgemeinschaft" im Haus im Sieglanger datiert. Erst besiedelten einige MitarbeiterInnen das Haus, ehe auch KlientInnen aufgenommen wurden. Insgesamt war Platz für zwölf Personen, darunter fünf KlientInnen. Im Dachboden wurde geschlafen: Auf der einen Seite die KlientInnen und auf der anderen Seite die

---

1297 Ebd.
1298 Ebd.
1299 Ebd.
1300 Vgl. Winfried Hofinger: Begegnungen – persönliche Erinnerungen an 15 bewegte Jahre, in: Verein KIT (Hg.): KIT – 15 Jahre Tiroler Initiative zur Heilung von Drogensucht, Innsbruck 1989, S. 7.
1301 KIT, Halbjahresbericht 1974, Privatarchiv Windischer.

MitarbeiterInnen, unter ihnen die schwangere Monika Hitsch.[1302] Die ersten Erfahrungen beurteilt sie im Sinne des Konzepts:

„Dabei zeigt sich besonders das wechselseitig-dynamische Geschehen zwischen ‚Team' und ‚Klienten', das sich im Versuch der gemeinsamen Bewältigung individueller sowie gemeinschaftlicher Schwierigkeiten ausdrückt. In der Lebensgemeinschaft verschwimmen die Grenzen zwischen ‚Lehrer' und ‚Schüler'."[1303]

Die Teestube des Hauses war bis in den Oktober 1974 von 112 Personen aufgesucht worden. 14,5 % kamen einmal, 65 % mehrmals und 20,5 % regelmäßig. Rund ein Drittel der BesucherInnen waren unter 18 Jahre alt, zwei Drittel männlich, ein Drittel weiblich. Divers war die berufliche Statistik: 10,4 % Lehrlinge, 3,3 % HilfsarbeiterInnen, 8,8 % ArbeiterInnen, 20,7 % MittelschülerInnen, 11 % Angestellte, 7,4 % GelegenheitsarbeiterInnen, 24,9 % Beschäftigungslose und 13,5 % StudentInnen. In dieser Statistik wurde auch versucht, die Drogenkonsumgewohnheiten der BesucherInnen zu erfassen, deren Angaben waren aber wenig aussagekräftig.[1304]

Therapeutische Gespräche waren im Rahmen der Teestube nicht möglich, vielmehr ging es darum, als GesprächspartnerIn zur Verfügung zu stehen und in Feldern wie Arbeits- und Wohnungsvermittlung unterstützend tätig zu sein. Sehr rasch erwies sich, dass der Standort weitab vom Stadtzentrum ungünstig war, weil er von der Zielgruppe drogenkonsumierender Jugendlicher und junger Erwachsener einen starken Antrieb verlangte, den Weg zur Teestube auf sich zu nehmen. Deshalb war auch rasch klar, dass Teestube und Wohngemeinschaft getrennt werden sollten und Räumlichkeiten für die Teestube im Stadtzentrum anzustreben waren.[1305]

Im Herbst 1974 kristallisierte sich auch heraus, welche Funktion der Wohngemeinschaft im Sieglanger zukommen sollte. Die Überlegungen gingen dahin, motivierte Jugendliche für maximal einen Monat aufzunehmen und dann zu entscheiden, ob eine Aufnahme in die geplante langzeittherapeutische Lebens- und Arbeitsgemeinschaft auf einem Bauernhof in Frage käme oder an eine andere Einrichtung (z. B. Psychiatrie) weitervermittelt werden sollte. Als dritte Variante für (noch) zu wenig motivierte Jugendliche wurde eine weitere Betreuung durch die Teestube ins Auge gefasst, die auch die Nachbetreuung nach dem etwa einjährigen Aufenthalt am Bauernhof übernehmen sollte. Klar war von Anfang an, dass für alle in einer Einrichtung des KIT lebenden Personen (also auch die MitarbeiterInnen) ein absolutes Drogen- und Alkoholverbot galt. Bereits im Sommer 1974 hatte die Suche nach dem idealen Bauernhof begonnen – stadtnah und abgelegen zugleich, groß, preiswert, in gutem Zustand:

„Gemäß unserer therapeutischen Richtlinien erscheint uns ein bewirtschafteter Bauernhof als Entwöhnungszentrum im Rahmen einer Wohngemeinschaft am günstigsten. Die relative Isolation von der Stadt bzw. von der Szene und der damit verbundenen Gefühlswelt sowie die naturverbundene und als sinnvoll

---

1302 Interview Hitsch 2015.
1303 Statistik, nicht datiert, vermutlich Oktober 1974, Privatarchiv Windischer.
1304 Ebd.
1305 Ebd.

empfundene landwirtschaftliche Arbeit wirken sich positiv auf den Heilungsprozess aus. Unseren Vorstellungen gemäß soll dieser Bauernhof auf Selbsterhaltungsbasis geführt werden und auch das K.I.T., sowie die Teestube eventuell mit Lebensmitteln teilweise versorgen können. Die Therapie folgt der bereits erwähnten Konzeption der gemeinsamen Bewältigung des Alltags."[1306]

Auf der Suche nach einem geeigneten Bauernhof sprach Benno Erhard auch den damaligen Pressesprecher der Landeslandwirtschaftskammer für Tirol, Winfried Hofinger, an. Dieser brachte den Taxerhof oberhalb von Ampass (im Mittelgebirge südöstlich von Innsbruck) im Eigentum der Jesuiten ins Spiel.

Wenige Tage vor der Vereinsgründung war das KIT im Zuge einer Drogendiskussion wie erwähnt auch Thema im Innsbrucker Gemeinderat. Gemeinderat Walter Ebenberger (FPÖ) kritisierte das Konzept als zu wenig professionell und begrüßte die aus seiner Sicht vom Land Tirol und der Stadt Innsbruck getroffene Entscheidung, wonach „einigen Studenten nicht die Verantwortung für die Betreuung der Drogenszene in Innsbruck im Rahmen einer Kommune überlassen werden kann". Vielmehr forderte Ebenberger auch in diesem Zusammenhang die Gewinnung von Fachärzten: „Freiwillige Helfer sollen mitarbeiten, aber nicht auf der Basis einer Selbstverwaltung und ohne eine äußere Verantwortung sowie ärztliche Betreuung."[1307]

Der nachmalige Sozialstadtrat, Gemeinderat Paul Kummer (ÖVP), wusste von der unmittelbar bevorstehenden Vereinsgründung des KIT und kündigte eine Kostenbeteiligung an: „Das Land will in nächster Zeit im Rahmen des Rehabilitations- und Behindertengesetzes eine Stelle einrichten. An den Kosten dieser Rehabilitation wird die Stadt Innsbruck zu 30 Prozent beteiligt sein."[1308] Am 5. November 1974 fand in den Räumlichkeiten der Sozialberatung in der Innsbrucker Anichstraße 40 schließlich die Gründungsversammlung des Vereins „KIT – Kontakt-Information-Therapie" statt.[1309] Damit konnte endlich die Hilfskonstruktion für die bisherigen Aktivitäten unter dem Dach des Vereins „Bildung für junge Erwachsene" (Obmann Meinrad Schumacher)[1310] aufgegeben werden. Die Statuten für den Verein KIT hatten Hitsch und Erhard ausgearbeitet, die beiden waren auch gemeinsam mit der Direktorin der Sozialakademie Maria Oberhauser, KIT-Projektleiter Reicher und den Sozialarbeitern Dirscherl und Unterkofler als Proponenten des Vereins aufgetreten.[1311]

Die Liste der TeilnehmerInnen dieser Gründungsversammlung spiegelt einen ungewöhnlichen Erfolg der InitiatorInnen des Projekts KIT wieder. Mit ihrer Anwesenheit drückten u. a. zwei Journalisten, Caritasdirektor Sepp Fill, die beiden Hofräte der Sozialabteilung des Landes Paul Lechleitner und Josef Kasseroler, der Rechtsanwalt Ivo Greiter und Winfried Hofinger von der Landwirtschaftskammer ihre Bereitschaft aus, sich öffentlich für die diskriminierte Gruppe der Drogenabhängigen zu engagieren. Soziallandesrat Herbert Salcher hatte sich für seine Abwesenheit entschuldigt. Beamtete

---

1306 Ebd.
1307 Vgl. Protokoll des Innsbrucker Gemeinderates vom 31.10.1974, S. 403 f., StAI.
1308 Ebd., S. 404 f.
1309 Protokoll der konstituierenden Generalversammlung des Vereins Kontakt – Information – Therapie am 5. November 1974, Privatarchiv Windischer.
1310 Ebd., KIT, Halbjahresbericht 1974.
1311 Ebd., KIT-Generalversammlungsprotokoll 1974.

und politische Vertreter der Stadt Innsbruck waren eingeladen, aber nicht erschienen. Lechleitner und Fill hoben hervor, dass es zum KIT keine Alternative gäbe und jener Personenkreis, der sich um den Aufbau des Projekts bemüht hatte, volle Unterstützung verdiene. Drogenexperte Wiesnet begrüßte in seiner Wortmeldung die geplante Herangehensweise, wonach nicht alle Phasen der Rehabilitation unter einem Dach stattfinden sollten und befand die im Projekt vorgesehene Kombination von Fachleuten und Laien für günstig. Lechleitner wurde Obmann des neuen Vereins, Reicher geschäftsführender stellvertretender Obmann, Hofinger Schriftführer und Greiter Finanzreferent. Ivo Greiter nahm die Wahl unter der Prämisse an, dass er für die Funktion des Finanzreferenten nur ein Jahr zur Verfügung stehe.[1312] Tatsächlich blieben Greiter und Hofinger über 40 Jahre in ihren Funktionen.[1313] Bei der Gründungsversammlung wurde auch beschlossen, dass die Caritas einen Vertreter in den Vorstand entsenden durfte und Kasseroler als Vertreter des Landes an den Vorstandssitzungen teilnehmen würde. Auch der zum „Beauftragten für Öffentlichkeitsarbeit" bestellte ORF-Journalist Josef Kuderna erhielt das Recht, konsularisch an den Sitzungen des Vorstands teilzunehmen.

Anfang 1975 erwiesen sich die Belastungen in der Enge der Wohngemeinschaft als zu groß: „Wir haben im KIT gewohnt, als Mitarbeiter gewohnt und haben dann gesagt, so geht es nicht mehr weiter, wir Mitarbeiter müssen raus und haben ein Mitarbeiterhaus gemietet",[1314] sagt Hitsch, die mit ihrem Lebensgefährten Dirscherl in ein nahe gelegenes Haus am Mentlberg zog. Wenig später stiegen Hitsch, Dirscherl und in der Folge auch Erhard gänzlich aus dem Projekt aus. Hitsch begründet diesen Schritt mit persönlichen und methodischen Differenzen mit Reicher.[1315] Gut ein Jahr nach der ambitionierten Gründung durch MitarbeiterInnen des Jugendzentrums Z6 vollzog sich damit ein radikaler personeller Wechsel im KIT. Ob einzelne MitarbeiterInnen aus der Anfangszeit über das Frühjahr 1975 hinaus im KIT tätig waren, lässt sich anhand der vorliegenden Quellen und geführten Interviews nicht mehr nachvollziehen. Fest steht, dass das KIT sich dauerhaft auf eine starke Unterstützung in der Diözese Innsbruck, auf höherer Ebene der Landesverwaltung im Sozialbereich und bei verschiedenen ExponentInnen des Bürgertums in Innsbruck/Tirol zählen konnte. Durch Ivo Greiter, der zwischen 1983 und 1989 für die ÖVP im Innsbrucker Gemeinderat saß, bekam das KIT schließlich auch einen direkten Draht dorthin. „Nicht nur durch seinen ‚bürgerlichen' Vorstand war das KIT von Anfang an in der Gesellschaft gut verankert", formulierte dazu Hofinger 1989.[1316] Zugleich war das KIT – vom Gründungsjahr abgesehen – in der Innsbrucker Sozialszene wenig bis nicht präsent. Die Teilnahme des KIT an lokalen und regionalen Vernetzungsgremien fachlicher und/oder (sozial)politischer Art war weder auf der Ebene der KIT-Geschäftsführung noch auf jener des Vereinsvorstands jemals Thema. In einer Bedarfserhebung zu drogenspezifischen Hilfesystemen im Auftrag des Landes Tirol aus dem Jahr 2004 findet sich eine Einschätzung über die Son-

---

1312 Ebd.
1313 Winfried Hofinger: Eine wechselvolle Geschichte 40 Jahre KIT, in: Verein KIT (Hg.): Verein KIT 40 Jahre, Tiroler Initiative zur Heilung von Drogensucht, Innsbruck 2014, S. 26.
1314 Interview Hitsch 2015.
1315 Ebd.
1316 Hofinger 1989, S. 7

derrolle des KIT, die von 1975 bis zur Schließung des KIT Ende 2017 als zutreffend zu betrachten ist:

„Spezifisch für die Position des KIT erscheint hier noch, dass das KIT in die drogenspezifische Vernetzung im Bundesland Tirol eher nicht eingebunden ist, sondern hier deutlich eine Sonderrolle spielt, zumal das Angebot ausschließlich an die Zielgruppe und keinesfalls sozialräumlich ausgerichtet ist."[1317]

Daraus resultiert ein permanent geringer Kontakt zu den lokalen/regionalen Beratungsstellen und dem ambulanten Versorgungssystem. Vernetzt war und ist das KIT mit Entzugsstationen, welche die maßgeblichen Vorbehandlungen der KlientInnen vor einer Aufnahme ins KIT durchführen. Gegenüber den AutorInnen der Bedarfserhebung von 2004 begründeten KIT-MitarbeiterInnen ihre Absenz in regionalen Netzwerken von Sozialeinrichtungen damit, dass das KIT „keine Personalressourcen hat, die über die unmittelbaren Angebote im Kontext der Langzeittherapie hinausgehen. Von daher erscheint es auch nur logisch, dass auch das ambulante Beratungsangebot mangels Finanzierung letztlich sehr reduziert ist."[1318]

Mitte 1975 konnte das KIT endlich den Taxerhof in Ampass beziehen und das Konzept einer langzeittherapeutische Lebens- und Arbeitsgemeinschaft auf einem Bauernhof praktisch umsetzen. Dieser Therapiephase geht in der Regel ein körperlicher Drogenentzug in einem Krankenhaus voran. Strikte und vor allem überwachte Drogenenthaltsamkeit sowie die räumliche Distanz zur Szene ist Teil des Programms, die Bewältigung des Alltags in der Gruppe und das Aufspüren kreativer Fähigkeiten stehen im Mittelpunkt. „Notwendige Außenkontakte – wie Arzt- und Familienbesuche, Freizeitgestaltung usw. – werden nur in Begleitung wahrgenommen."[1319] Explizit besteht in dieser Phase eine Teilnahmepflicht an den Angeboten des Hauses, Gruppenarbeit, Sport, Töpfern etc.

Die Rigidität dieser Therapiephase war und ist umstritten. Was die BefürworterInnen als Voraussetzung dafür sehen, um den Rückfall in den Drogenkonsum zu verhindern, ist für KritikerInnen problematisch und nahe einer Entmündigung der KlientInnen. Die Diskrepanz zu Sichtweisen und Haltungen, wie sie etwa in der Sozialberatung für Alkohol- und Drogengefährdete vorherrschte, verschärfte sich noch anhand der polarisierenden Persönlichkeit Reichers. Was manche als charismatisch bezeichneten, war für andere autoritär. Die Spannungen zu Einrichtungen der ambulanten Drogenarbeit gingen so weit, dass bisweilen die Verantwortlichen im Innsbrucker Landhaus informell aufgefordert wurden, sich um eine Kündigung Reichers im KIT zu bemühen.

Auch Vorstandsmitglieder gingen mit Reichers Vorstellungen nicht immer konform. 1975/76, in der Aufbauphase am Taxerhof, schwebte Reicher beispielsweise der Ausbau zu einem großen landwirtschaftlichen Betrieb vor, den MitarbeiterInnen und KlientInnen gemeinsam betreiben. Ein für den Taxerhof zuständiger Jesuitenpater und Winfried Hofinger (beide mit einschlägigen Landwirtschaftserfahrungen) bremsten diese Pläne

---

1317 Schoibl/Gödl 2004, S. 70.
1318 Ebd.
1319 Franz Rieder: Therapieschritte, das Therapiekonzept im KIT, in: KIT 1989, S. 13.

erfolgreich, nachdem sie eine Überforderung der KlientInnen durch die bäuerliche Arbeit befürchteten. Hofinger erinnert sich:

„Sozusagen zur Probe vermittelte ich, daß die Klienten vom Ferkelring ein Jubiläumsferkel und ein zweites dazu zur Betreuung bekamen. Die regelmäßige tägliche Pflege dieser zwei Ferkel und dann ihre Freigabe zur Schlachtung ging beinahe ebenso über die Kräfte unserer Leute, wie der kleine Gemüsegarten."[1320]

Der Vorwurf mangelnder Professionalität begleitete das KIT dauerhaft. „Nicht nur Leute auf der Uni bezweifelten, dass Laien, solche ohne akademische Qualifikation, Drogenabhängigen wirklich helfen könnten", bekannte auch Winfried Hofinger in einem Rückblick auf 40 Jahre KIT.[1321] Aber trotz aller Schwierigkeiten entwickelte sich das Projekt am Taxerhof gut, ehe Ende September 1977 ein Großbrand das Anwesen zerstörte. Ein Großteil der Sachgüter, Maschinen, Musikinstrumente, persönliches Hab und Gut, wurden Raub der Flammen. Die Ursache des Brandes blieb ungeklärt, zum Glück kamen keine Personen zu Schaden.[1322]

Die Entscheidung, weitermachen zu wollen, war rasch gefallen. Vorübergehend kamen die männlichen Klienten im Landesjugendheim Kleinvolderberg und die weiblichen in Familien unter. Bereits im November 1977 war in Steinach am Brenner ein Ersatzquartier gefunden, das aufgelassene Schul- und Heimgebäude der Landwirtschaftlichen Haushaltungsschule Herrengschwendt.[1323] Das Haus war in einem sehr schlechten baulichen Zustand, anfangs konnten nur die gröbsten Mängel behoben werden.[1324] Wenig überraschend formierten sich in der Gemeinde „besorgte Bürger" gegen die Drogentherapieeinrichtung. Allerdings stellte sich Bürgermeister Walfried Reimeir (ÖVP) von Anfang an klar hinter das Projekt. Reimeir erklärte, sich nicht als christlicher Politiker bezeichnen zu können, würde er das KIT in seiner Gemeinde verhindern wollen.[1325]

Als 1982 ein zweiter Standort gesucht wurde, machte man in Zirl weitaus schlechtere Erfahrungen. Der KIT-Vorstand hatte mit der Eigentümerin des abgewohnten Gasthauses Kaiser Max in Hochzirl bereits einen Kaufvertrag ausgehandelt, als sich der Zirler Gemeinderat querlegte. Stundenlange Versuche von Obmann Lechleitner, Projektleiter Reicher, Finanzreferent Greiter und Soziallandesrat Greiderer, die Gemeinderäte zu überzeugen, blieben erfolglos.[1326] Bürgermeister Walter Turek (ÖVP), zeitgleich Verwaltungsdirektor des Landeskrankenhauses Innsbruck, bejahte zwar die Notwendigkeit derartiger Einrichtungen, sagte jedoch, er müsse in erster Linie an seine eigene

---

1320 Hofinger 1989, S. 9.
1321 Hofinger 2014, S. 26.
1322 Kurier, Blickpunkt Tirol, Schule als Domizil für Drogensüchtige, 30.10.1977, S. 10. In den Publikationen des KIT wird teilweise für den Brand fälschlicherweise das Jahr 1978 angegeben. Etwa Hofinger 1989, S. 9. In der Broschüre 40 Jahre KIT (2014) wird vom selben Autor die Jahreszahl richtig mit 1977 genannt.
1323 Kurier, Blickpunkt Tirol, Ohne Drogen – nun wieder mit Heim, 13.8.1978, S. 12.
1324 10 Jahre Jugendzentrum Z6 1979, S. 38, Privatarchiv Windischer.
1325 KIT 1989, S. 11 u. 36.
1326 Hofinger 1989, S. 11.

Gemeinde denken. Die Ablehnung begründete er mit „grundsätzlichen Überlegungen zum Schutz der Bürger und Jugendlichen".[1327]

Beim nächsten geeigneten Objekt war der KIT-Vorstand gewitzter. Es ging um das seit Jahren leerstehende ehemalige Ausflugsgasthaus Egertboden, hoch oberhalb von Schwaz. Der Vorstand wartete die Rechtsgültigkeit des Kaufvertrages ab, ehe Bürgermeister Hubert Danzl (ÖVP) informiert wurde.[1328] Dieser bedauerte zunächst, vor vollendete Tatsachen gestellt worden zu sein, und nannte die Vorgangsweise des KIT eine „Nacht- und Nebelaktion".[1329] Umgehend bildete sich in Schwaz eine Bürgerinitiative, die 250 Unterschriften gegen die Therapiestation sammelte. Bei einer deshalb einberufenen Bürgerversammlung stellte sich Danzl aber bereits hinter das Projekt, u. a. mit der Begründung, „wenn das Eigentum im Lande etwas gelte, so müßte man den neuen Eigentümer akzeptieren".[1330] Ein Jahr später besuchte Bundespräsident Rudolf Kirchschläger im Herbst 1983 das Haus Egertboden. Bei diesem Anlass stellte sich heraus, dass Danzl keine sachlichen Befürchtungen mehr hegte und „keine einzige Beschwerde und keine Klage an die Gemeinde Schwaz" seitens der Bevölkerung herangetragen worden war.[1331]

Die beiden Standorte in Schwaz und Steinach ermöglichten eine Differenzierung im Therapieablauf. Das erste halbe Jahr war in der Abgeschiedenheit des Egertbodens in Schwaz zu verbringen, verbunden mit dem Ziel eines „stabilen Abstinenzverhaltens". Es folgte die zweite Phase in Steinach, in der Regel ebenfalls auf ein halbes Jahr angesetzt. Vermehrte Arbeitsanforderungen, erste Außenkontakte, Lerntraining und Kontakte mit dem Arbeitsamt bzw. berufsbildenden Einrichtungen standen auf dem Therapieplan. Phase drei in Wohngemeinschaften galt der Integration in ein drogenfreies Leben in Verbindung mit Arbeits- oder Ausbildungsplätzen. In diesen Wohngemeinschaften lebten die KlientInnen unter sich, KIT-MitarbeiterInnen betreuten sie von außen. Die erste derartige Einrichtung entstand in einer Großwohnung im Westen Innsbrucks für sechs KlientInnen. Diese hatten einen Beitrag zur Miete zu leisten, die Aufenthaltsdauer wurde auf den Einzelfall bezogen flexibel gestaltet.[1332] In den 1980er Jahren übersiedelte diese Wohngemeinschaft nach Steinach. Die vierte Phase der Nachbetreuung nach erfolgreicher Integration war der KIT-Beratungsstelle vorbehalten. Zunächst in der Maria-Theresien-Straße gelegen, übersiedelte die Beratungsstelle später in den Stadtteil Wilten (Mentlgasse 12). Konzipiert war sie auf eine möglichst starke Außenwirkung und der Perspektive, mit potenziellen KlientInnen in Kontakt zu kommen. Im Laufe der Zeit konzentrierte sich die Arbeit zusehends auf die Nachbetreuung von KlientInnen des KIT. Zwischenzeitlich wurde die Beratungsstelle geschlossen, „nachdem der Vermieter wieder einmal die Miete deutlich anheben wollte. Beratung wird, wenn dazu Zeit bleibt, auf Anfrage ambulant gemacht."[1333]

Das Abstinenzparadigma im Therapiekonzept des KIT schloss dauerhaft eine grundsätzliche strikte Ablehnung von Substitutionsprogrammen ein.

1327 Tiroler Tageszeitung, Zirl ließ KIT „abblitzen": Drogenzentrum unerwünscht, 27.3.1982, S. 5.
1328 Hofinger 1989, S. 11.
1329 Tiroler Tageszeitung, KIT trickste die Gemeindeväter aus, 16.9.1982, S. 5.
1330 Hofinger 1989, S. 11.
1331 KIT 1989, S. 36.
1332 Tiroler Tageszeitung, Wohngemeinschaft für Drogenentwöhnte, 20.10.1978, S. 7.
1333 Winfried Hofinger, E-Mail 29.1.2015 an Hannes Schlosser.

1986 kam es zum Bruch zwischen dem Vorstand des KIT und seinem Projektleiter. Der Grund war, dass Reicher nebenher ein Beschäftigungsprojekt leiten wollte. Es war Reichers Idee gewesen, für KIT-KlientInnen am Ende ihrer Langzeittherapie das Beschäftigungsprojekt U. N. A. 84 (Umschulung – Nachschulung – Arbeitsbeschaffung)[1334] zu gründen. Am 4. Juni 1985 war die Registrierung als eingetragener Verein erfolgt.[1335] Der Vorstand des KIT legte sich aber gegen Reichers Pläne quer:

> „Weil wir im Vorstand wußten, wie anstrengend es ist, Projektleiter im KIT zu sein, verbaten [sic!] wir Manfred die Doppelfunktion. Trotz eindringlicher Vorhalte in nächtelangen Gesprächen, war er nicht von seinem Entschluß abzubringen, worauf wir im Vorstand seine Abberufung beschlossen."[1336]

Die KlientInnen im Haus Egertboden bei Schwaz protestierten dagegen mit einer 13 Punkte umfassenden Resolution, darunter der Forderung nach der Wiedereinstellung Reichers. Am 26. März 1986 verbarrikadierten sich die acht KlientInnen im Haus, drohten mit einem Hungerstreik und riefen eine „autonome Selbstverwaltung" aus. Ein auf der Balkonbrüstung angebrachtes Transparent trug die Aufschrift: „M. Reicher: Halbgott – Nein / Ein Mensch mit guten Ideen – Ja / Wir stehen zu Dir!"[1337] Ein anderes Transparent enthielt die Aussage: „Therapie ohne M. Reicher Nie!"[1338] Ein weiterer Punkt der Resolution war die Forderung nach einer Weiterbeschäftigung von ehemaligen Drogenabhängigen als BetreuerInnen im KIT, wobei sich nicht mehr nachvollziehen lässt, ob dies seitens des Vorstandes in Frage gestellt worden war.[1339]

Der KIT-Vorstand hatte gleichzeitig mit der Kündigung Reichers beschlossen, dessen Stellvertreter Franz Rieder ab Jahresmitte 1986 zum neuen Projektleiter zu bestellen.[1340] Am Streik der KIT-KlientInnen (sowie zweier MitarbeiterInnen) in Schwaz im Frühjahr 1986 beteiligten sich jene am Standort Steinach nicht – vermutlich auch deshalb, weil Rieder in Steinach seinen Arbeitsschwerpunkt und eine intakte Gesprächsbasis mit den dortigen BewohnerInnen hatte. Der Streik in Egertboden dauerte zwei Wochen. Reicher, der eine Kündigungszeit bis Ende Juni 1986 hatte, kehrte nach einem Urlaub noch einmal zurück. Der Therapiebetrieb wurde wieder aufgenommen, die Barrikaden abgebaut. Zugleich kündigten die KlientInnen in Schwaz (die sich in der ersten Phase ihrer Therapie befanden) an, mit Reichers endgültigem Abgang (und dem Ausscheiden der mit ihm solidarischen MitarbeiterInnen) das KIT verlassen zu wollen.[1341] Weitere Gespräche und Verhandlungen zwischen Protestierenden und dem Vorstand brachten

---

1334 Mehr über das Projekt U. N. A. im Abschnitt 9.11, S. 380 f.
1335 Tiroler Tageszeitung, Beilage Innsbruck Aktuell, Neues Sozialprojekt U. N. A. 84 hilft jungen Menschen, Guten Mutes in die Zukunft: „Wir hoffen auf viel Arbeit", 2.9.1986, S. 1.
1336 Hofinger 1989, S. 11.
1337 Tiroler Tageszeitung, Aufstand der KIT-Klienten in Schwaz, 28.3.1986, S. 5.
1338 Neue Tiroler Zeitung, „Wir wollen Projektleiter Manfred Reicher zurück!", 28.3.1986, S. 5.
1339 Vgl. Kurier, Chronik Tirol, Suchtkranke leiden am Entzug ihres Helfers, 1.4.1986, S. 14.
1340 Rieder war 1978 als Praktikant ins KIT gekommen, wurde Mitarbeiter und hatte die Funktion des Projektleiters bis zur Schließung des KIT Ende 2017 inne. Vgl. Verein KIT 2014, S. 13. Franz Rieder starb am 29.1.2018. Vgl. Tiroler Tageszeitung, 3.2.2018, S. 35.
1341 Tiroler Tageszeitung, KIT-Klienten beenden Aufstand, wollen aber Ende Juni ausziehen, 12.4.1986, S. 3.

keine Ergebnisse, letztlich zogen die KlientInnen aus dem Haus Egertboden Mitte Mai 1986 aus, das Haus stand in der Folge kurz leer.[1342] Reicher versuchte diese KlientInnen im Projekt U. N. A. unterzubringen und änderte dessen Konzept auf eine Kurzzeittherapie für Drogenentwöhnungswillige (vier Monate) mit unmittelbar anschließender Eingliederung in den Arbeitsprozess. Im Zuge des Konflikts mit dem KIT-Vorstand hatte Reicher auch Zweifel am KIT-Konzept der Langzeittherapie bekommen, die zu „Hospitalismus und realitätsfremder Lebensweise" führe.[1343]

Nach Reichers Abgang aus dem KIT beruhigte sich die Situation nicht nur, was den akuten Konflikt betraf, sondern aus Sicht des Vorstands insgesamt: „Vieles verlief unter Rieder weniger aufregend als unter seinem Vorgänger. Besonders auffallend: der früher so starke Wechsel bei den Mitarbeitern hat fast ganz aufgehört."[1344] In der Folge stieg auch die Therapiequalität, weil das Land auf die anhaltende Kritik an manchen Therapiemethoden im KIT (etwa durch die Sozialberatung) reagiert hatte. Da das KIT sich hauptsächlich über Mittel aus dem Reha-Gesetz des Landes finanzierte, war der Wunsch des Landes durchsetzbar, bei Neuanstellungen von MitarbeiterInnen mehr auf entsprechende hohe fachliche Qualifikationen zu achten.[1345]

Die Zusammensetzung des KIT-Vorstands ist von hoher Kontinuität gekennzeichnet. Abgesehen von der über 40-jährigen Tätigkeit des Kassiers Ivo Greiter und des Schriftführers Winfried Hofinger kam das KIT von der Gründung bis in die Gegenwart mit drei Obleuten aus. Gründungsobmann Lechleitner wurde 1984 durch den damals ebenfalls in der Sozialabteilung des Landes tätigen Erwin Steinmaurer abgelöst. Ihm folgte 2007 Stefan Deflorian, Geschäftsführer der Tiroler Landeskrankenanstalten GmbH TILAK (inzwischen Tirol Kliniken).[1346]

Zurückhaltend blieb das KIT gegenüber der Öffentlichkeit von der Zeit bald nach der Vereinsgründung 1974 bis zur Schließung 2017 mit aussagekräftigen Zahlen zu seinen Finanzen. Die Broschüren zu den runden und halbrunden Vereinsjubiläen enthalten auf den Groschen/Cent genau Summen über die Ausgaben des Vereins. Aus 76.690,05 Euro (umgerechnet aus Schillingbeträgen) im Jahr 1976 wurden 528.130,68 Euro im Jahr 2013. Allerdings lagen die Ausgaben in vielen Jahren dazwischen deutlich über der letztgenannten Summe, vereinzelt sogar knapp über einer Million Euro. Die Aussagekraft dieser Zahlen ist aber beschränkt, weil sich darin auch die Raten der Kaufpreise für die Häuser in Steinach und Schwaz befinden. Hervorgehoben wird in den veröffentlichten Finanzberichten, dass das KIT immer als privater Verein agiert habe, der von der öffentlichen Hand unabhängig sein wollte. Betont wird auch, dass die Länder (in erster Linie das Land Tirol), aus denen KlientInnen aufgenommen wurden, dem KIT nie Subventionen oder Förderungen ausbezahlt hätten, sondern immer nur Tagsätze pro KlientIn im Rahmen der jeweiligen Sozialhilfe- und Reha-Gesetze. Zugleich wurde auf ein hohes Spendenaufkommen und Zuwendungen von Diözese Innsbruck bzw. Caritas hingewiesen, ohne entsprechende Summen zu nennen. Dank strikter Sparsamkeit sei das KIT nie in Finanzprobleme geraten und der Erwerb der Häuser in Steinach und

---

1342 Tiroler Tageszeitung, Aus Protest: Die Klienten des KIT verließen ihr Haus, 16.5.1986, S. 6.
1343 Tiroler Tageszeitung, Das lange Begräbnis des Sozialprojekts U. N. A., 11.8.1987, S. 3.
1344 Hofinger 1989, S. 12.
1345 Vgl. Interview Oberarzbacher 2017.
1346 Verein KIT 2014, S. 27.

Schwaz ohne Kreditaufnahmen möglich gewesen.[1347] 1978 war der erwähnte Tagsatz für Tiroler KlientInnen mit 500 Schilling monatlich festgelegt.[1348]

1989 suchte das KIT für die Sanierung der Häuser in Steinach und Schwaz bei der Stadt Innsbruck um eine Subvention in der Höhe von 200.000 Schilling an. Im November desselben Jahres bewilligte der Gemeinderat 25.000 Schilling, fünf Monate später, nach der Vorlage von Kostenaufstellungen, weitere 75.000 Schilling. In der Novembersitzung hatte sich eine heftig geführte Debatte über ein von einigen GemeinderätInnen empfundenes Missverhältnis entwickelt: Während sich das KIT mit den erwähnten 25.000 Schilling zufrieden geben musste, erhielt der Eishockeyklub „Gösser EV" zeitgleich 500.000 Schilling, also das 20-fache. Vor der Sitzung im März 1990 hatte GR Georg Willi (Grüne) beim Kassier des KIT nachgefragt, ob der Verein mit insgesamt 100.000 Schilling und damit der Hälfte der beantragten Subvention das Auslangen finden würde. Unerwähnt bleibt im Protokoll des Gemeinderats allerdings, dass es sich bei diesem Kassier um Ivo Greiter handelte, der ein halbes Jahr vor dieser Sitzung selbst noch dem Innsbrucker Gemeinderat als ÖVP-Mandatar angehört hatte. Nachdem Greiter Willis Frage mit Ja beantwortet hatte, holte der Grüne Gemeinderat zu einer grundsätzlichen Kritik aus, wonach Subventionsansuchen offenbar überwiegend zu hoch angesetzt würden, und forderte Gegenmaßnahmen:

> „Es ist für mich sehr schwer abzuwägen, ob der Betrag um das Doppelte oder um das Dreifache zu hoch angesetzt ist. [...] Hier liegt nämlich offensichtlich ein Fall vor, bei dem viel zu hoch angesucht wurde, und zwar deshalb, weil die Antragsteller wußten, daß die Stadt weniger gibt."[1349]

Aus den vom KIT veröffentlichten Budgetzahlen und den Protokollen des Innsbrucker Gemeinderates erschließt sich nicht, ob, wann und in welchem Umfang die Stadt Innsbruck weitere Beiträge zum Betrieb des KIT geleistet hat. Die Zahl der KlientInnen lag im Zeitraum 1978 bis 1986 bei mindestens 16 und höchstens 30, die Zahl der MitarbeiterInnen bewegte sich zwischen sechs und 16.[1350] 1995 nannte KIT-Schriftführer Hofinger die Zahl von 41 KlientInnen (darunter 8 aus Tirol, 23 aus Südtirol) in Schwaz und Steinach, die von neun Mitarbeiterinnen betreut wurden.[1351]

Mit der Etablierung der Langzeittherapie in Steinach am Brenner als österreichweit zweiter Einrichtung mit einem vergleichbaren Angebot neben Kalksburg/Mödling stieß das KIT überregional auf Interesse. In den Publikationen der Einrichtung und in Zeitungsartikeln wurden als Herkunftsbundesländer insbesondere Oberösterreich, Salzburg, Tirol und Vorarlberg, zusätzlich auch Südtirol genannt. Eine detaillierte Her-

---

1347 Vgl. Broschüren zu 15 Jahre KIT (1989), 20 Jahre KIT (1994), 30 Jahre KIT (2004) 35 Jahre KIT (2009) und 40 Jahre KIT (2014).
1348 10 Jahre Jugendzentrum Z6, 1979, S. 38.
1349 Vgl. Protokoll des Innsbrucker Gemeinderates vom 29./30.3.1990, S. 1113 f., StAI.
1350 Kurier, Blickpunkt Tirol, Ohne Drogen – nun wieder mit Heim, 13.8.1978, S. 12; Tiroler Tageszeitung, Drogenberatung ohne Angst vor Registrierung, 4.3.1980, S. 3; Tiroler Tageszeitung, Neue Maßnahmen im Kampf gegen Suchtgiftproblem, 24.1.1981, S. 3; Tiroler Tageszeitung, KIT hielt Generalversammlung ab – Umfangreichen Überblick gegeben, 23.12.1982, S. 3; Präsent, Für ein Leben ohne Drogen, 26.1.1984, S. 11.
1351 Tiroler Bauernzeitung, 2.2.1995, Leserbrief von Winfried Hofinger.

kunftsstatistik fehlt in den Quellen ebenso wie eine Altersstatistik und Geschlechterverteilung. Unter-18-Jährigen wurden im Laufe der Jahre immer seltener aufgenommen, was sich bei einer Konzentration auf KlientInnen mit einer längeren Drogenkarriere fast zwangsläufig ergibt. Spätestens ab 1982 nahm das KIT in seinen Langzeittherapieeinrichtungen auch KlientInnen mit Kindern auf, weshalb auch eine Kindergärtnerin ins Team aufgenommen wurde.

1979 wurden Verantwortliche des KIT in einem Zeitungsartikel dahingehend zitiert, dass die Einrichtung „bei der Rehabilitation und Entwöhnung eine Erfolgsquote von 40 Prozent (!) [erzielt], während im internationalen Vergleich die Erfolgsquote bei 16 bis 18 Prozent liegt".[1352] Ob die Kriterien, die diesen Zahlen zugrunde liegen, gänzlich vergleichbar sind, lässt sich jedoch nicht nachvollziehen. Fünf Jahre später veröffentlichte das KIT zum 10-Jahres-Jubiläum eine Gesamtbilanz. Demnach galten von insgesamt 236 Erstzugängen 83 (35 Prozent) als geheilt und 81 (34 Prozent) als rückfällig. Das verbleibende knappe Drittel (72 Personen, 31 Prozent) sei „in Gefängnissen, Krankenhäusern, Friedhöfen oder unbekannten Aufenthalts".[1353]

2017 bezeichnete sich das KIT als „abstinenzorientierte, stationäre Langzeit-Drogen-Rehabilitationseinrichtung" für KlientInnen zwischen 18 und 50 Jahren mit drogeninduzierter Suchtproblematik unmittelbar nach abgeschlossenem erfolgreichen Entzug. Die Dauer der Rehabilitation in den Einrichtungen des KIT wurde mit 12 bis 18 Monaten angegeben.[1354] Überraschend stellte das KIT seinen Betrieb mit Jahresende 2017 schließlich ein, ohne dies öffentlich zu kommunizieren. Der Vereinsvorstand bemüht sich nunmehr um neue Aufgaben.

7.5 Vom Suchtgift- zum Suchtmittelgesetz

Nur wenige Materien hat der Gesetzgeber im Untersuchungszeitraum 1970 bis 1990 so oft novelliert, wie das Suchtgiftgesetz SGG. Der Novelle von 1971 folgten weitere in den Jahren 1977, 1980 und 1985. Dazu kamen viele weitere, das Thema Drogen betreffende Änderungen in anderen Gesetzen (etwa im StGB 1974), Verordnungen und Erlässen.[1355] 1997 entschied sich der Gesetzgeber dazu, mit dem „Bundesgesetz über Suchtgifte, psychotrope Stoffe und Vorläuferstoffe (Suchtmittelgesetz – SMG)" ein neues Gesetz zu formulieren, allerdings ohne Eckpfeiler der vorigen Gesetzgebung entscheidend zu verrücken.[1356]

Die Häufigkeit der rechtlichen Änderungen weist darauf hin, dass es sich um eine Materie handelt, die im gesellschaftlichen Diskurs einen hohen und umstrittenen Stellenwert hatte und hat. Außerdem waren Anpassungen auch deswegen notwendig, weil sich internationale Abkommen zur Beschränkung der Herstellung der und des Handels

---

1352 Tiroler Tageszeitung, Jugend von Rauschgift und Schulangst geprägt, 8.11.1979, S. 3.
1353 Verein KIT (Hg.): Neues vom KIT, Innsbruck 1984.
1354 Homepage Verein KIT, http://www.verein-kit.at/ (abgerufen am 14.4.2017).
1355 Vgl. BGBl. Nr. 271/1971, BGBl. Nr. 532/1978, BGBl. Nr. 319/1980, BGBl. Nr. 184/1985.
1356 112. Bundesgesetz: Suchtmittelgesetz – SMG sowie Änderung des AIDS-Gesetzes 1993, des Arzneimittelgesetzes, des Arzneiwareneinfuhrgesetzes, des Chemikaliengesetzes, des Hebammengesetzes, des Rezeptpflichtgesetzes, des Sicherheitspolizeigesetzes, des Strafgesetzbuches und der Strafprozeßordnung 1975, BGBl. vom 5.9.1997. Das SMG trat am 1.1.1998 in Kraft.

mit den inkriminierten Substanzen änderten, nicht zuletzt auch weil zuvor unbekannte Substanzen auf dem Drogenmarkt aufgetaucht waren.

Es würde den Rahmen dieser Untersuchung sprengen, alleine die Änderungen im SGG detailliert nachzuvollziehen. Im Kern geht es darum, dass die SGG-Novelle von 1971 in Bezug auf DrogenkonsumentInnen die Formel „Helfen statt strafen" (bzw. „Therapie statt Strafe") zum Paradigma erhoben hat. An mehreren Stellen dieses Kapitels wurde bereits auf die Probleme und Widersprüche eingegangen, die es trotz dieses bis in die Gegenwart formulierten Paradigmas gibt, teilweise sogar deswegen.

Jene, die in Österreich dafür eingetreten sind, den Konsum von Drogen (abseits von Alkohol und Nikotin) aus der Illegalität herauszuholen, sind bis heute in der Minderheit geblieben. Ebenso auch jene, die auf ein Paradoxon hinweisen: Es sei zwar ein Fortschritt, Drogensucht als Krankheit anzuerkennen, gleichzeitig würden aber mit dieser Krankheit verbundene Handlungen weiterhin unter Strafe gestellt – ein Konstrukt, das bei jeder anderen Krankheit undenkbar wäre.

Fast schon als verzweifelt ist das Bemühen des Gesetzgebers zu bezeichnen, zwischen DrogenkonsumentInnen und -händlerInnen eine klare Trennlinie zu ziehen. Nicht zuletzt unter dem Druck des Boulevards und rechtspopulistischer Parteien wurden die Strafdrohungen für Dealer erweitert und erhöht – aus der Perspektive von Volksgesundheit und Jugendschutz ein vertretbares und nachvollziehbares Anliegen. Es ist aber gerade das Beharren auf der Illegalität, das die Trennung in (harmlose) KonsumentInnen und (böse) Dealer unmöglich macht. Die Novellen und Verordnungen haben sich immer wieder an Begriffen wie Grenzmengen, Tages- und Wochenrationen abgearbeitet, um eine mit einer bestimmten Suchtgiftmenge erwischte Person den KonsumentInnen oder den Dealern zuzuordnen. Ein alltäglicher Vergleich: Wenn sich drei Personen zu einem gemütlichen Abend verabreden und einer den Wein mitbringt, ist das nicht der Rede wert. Bringt einer für alle drei Shit mit, der gemeinsam geraucht werden soll, hat zumindest dieser Eine ein Problem – sofern er erwischt wird, egal ob er für sein Mitbringsel Geld nimmt oder nicht. Der Gesetzgeber hat versucht auch darauf zu reagieren und jene, die Drogen nur weitergeben oder nur zur Deckung des Eigenbedarfs Handel betreiben, von jenen abzugrenzen, die dies gewerbsmäßig tun. Manche Regelung ist im Laufe der Jahre mehr, manche weniger gelungen.[1357]

Sozialeinrichtungen, die sich um drogenkonsumierende Jugendliche bemühen, waren und sind daher immer wieder mit der drohenden Kriminalisierung ihrer KlientInnen konfrontiert. Sie sind zugleich durch Grauzonen selbst in Gefahr, als MitwisserInnen oder gar UnterstützerInnen strafbarer Handlungen vor Gericht und anschließend am Arbeitsamt zu landen. In besonderer Weise waren von dieser Problematik BewährungshelferInnen betroffen, speziell bei KlientInnen, die wegen Drogendelikten vorbestraft waren. Ein Bewährungshelfer konstatierte in Zusammenhang mit der SGG-Novelle 1980:

„Wie kann Vertrauen entstehen, wenn ich schon zu Beginn einer Betreuung meinem Schützling fairerweise mitteilen muß, daß er mit mir über alle seine

---

[1357] Vgl. Bernhard Böhler: Der Weg zum Suchtgiftgesetz und dessen Weiterentwicklung, Diss., Innsbruck 1996. Martin Feigl: Die Auswirkungen der österreichischen Drogengesetzgebung auf das Konsumverhalten von Konsumenten sogenannter Freizeitdrogen, Diss., Wien 2010.

Probleme sprechen kann, nur nicht über seine Abhängigkeit von einem illegalen Suchtmittel? Niemand kann ernsthaft annehmen, daß die Anordnung einer Betreuung bzw. Behandlung den Betroffenen in die Lage versetzen wird, ab sofort und unwiderruflich auf sein Suchtmittel zu verzichten. Keine Maßnahme, auch nicht der Vollzug einer Freiheitsstrafe, ist dazu in der Lage.".[1358]

Festzuhalten ist, dass ab 1971 Polizei und Gerichte mehr und mehr auf die individuelle Situation von KonsumentInnen achteten. Strafen traten in den Hintergrund, die Überprüfung im Einzelfall, ob die Zuweisung zu einer medizinisch/sozialarbeiterischen Betreuung angebracht sei, trat an deren Stelle. Allerdings darf nicht übersehen werden, dass noch immer jeder Drogenkonsum eine strafbare Handlung darstellt, auf die nur vorläufig und unter Setzung von Fristen und Probezeiten verzichtet wird.

„Ein knappes Resümee über die Wirksamkeit des SGG aus sozialarbeiterischer Sicht lautet: Jugendliche Experimentierer werden durch den Reiz des Verbotenen eher animiert, bei Anzeigen häufig unnötig drangsaliert. Die wenigsten Experimentierer verfallen dem Drogenmißbrauch oder werden später süchtig – und wenn, dann hält sie das Gesetz davon nicht ab. Die Entstehung einer Sucht folgt nicht der Logik rationaler Abwägung und kalkulierter Entscheidung, auf die gesetzliche Verbote noch einen gewissen Einfluß haben könnten. Bleibt die Gruppe der kontrolliert Gebrauchenden, die kein soziales Problempotential darstellt und somit auch keiner gesonderten strafrechtlichen Behandlung bedarf."[1359]

Viele PraktikerInnen aus Therapie- und Betreuungseinrichtungen sehen in der Verschiebung vom strafrechtlichen ins medizinisch/sozialarbeiterische Feld einen Pyrrhussieg. Insbesondere gilt das für jene, die als Bedingung für eine gelingende therapeutisch/sozialarbeiterische Beziehung die Freiwilligkeit der KlientInnen betrachten, einschließlich des individuellen Anspruchs darauf, diese Beziehung folgenlos abbrechen zu können. Diese Freiwilligkeit ist in dem Moment nicht mehr gegeben, in dem Jugendliche an eine Beratungseinrichtung verwiesen werden und Gefahr laufen, dass ihr ruhend gestelltes Strafverfahren wieder auflebt, wenn sie der „Einladung" nicht Folge leisten.

Unverändert über die Jahrzehnte herrscht die Gefahr, dass ein zur Anzeige gelangter Drogenkonsum eines Jugendlichen diskriminierende Folgen ungeahnten Ausmaßes auslösen kann. Wenn bei einer Schule oder einem Lehrbetrieb aufgrund einer solchen Anzeige nachgefragt wird, kann das rasch eine Spirale in Gang setzen, die einen Schulwechsel erzwingt oder den Verlust des Lehrplatzes zur Folge hat. Dabei ist es sekundär, ob, wie in der Vergangenheit, die Anfrage von der Polizei oder dem Jugendamt im Zuge eines Strafverfahrens oder nun seitens der Gesundheitsbehörde der zuständigen Bezirkshauptmannschaft erfolgt.[1360] Arno Pilgram analysierte 1982:

1358 Dieter Schnöller: Mein Dilemma, die Novelle, in: sub 4/80, S.16.
1359 Michael Klingseis: Verbotener Rausch – nüchtern betrachtet, in: sub 4/96, S. 8.
1360 Vgl. § 11. (1) SMG 1977 Personen, die wegen Suchtgiftmißbrauchs oder der Gewöhnung an Suchtgift gesundheitsbezogener Maßnahmen gemäß Abs. 2 bedürfen, haben sich den notwendigen und zweckmäßigen, ihnen nach den Umständen möglichen und zumutbaren und nicht offenbar aussichtslosen gesundheitsbezogenen Maßnahmen zu unterziehen. Bei Minderjährigen haben die Eltern oder anderen Erziehungsberechtigten im Rahmen ihrer Pflicht zur Pflege und Erziehung dafür zu

„Aufgrund der häufigen Nennung von Gesundheitsbehörden und Behandlungs-
institutionen, aufgrund der Vernetzung von Medizinal- und Sicherheitsbehörden
bei der Drogenkontrolle, aufgrund nicht explizit erhöhter Strafsanktionen fir-
miert das neue Suchtgiftgesetz unter dem Titel ‚Behandlung statt Strafe'. Nichts-
destoweniger sind seine Widersprüche heute offensichtlicher denn je."[1361]

Letztlich besteht der einzige Ausweg aus all diesen Dilemmata nur in einer tatsächlichen
Entkriminalisierung des Drogenkonsums und einer akzeptierenden Drogenpolitik.
Davon war Österreich 1990 meilenweit entfernt und ist es 2019 noch immer.

7.6 Ausblick

Wesentliche Schritte zur Entwicklung des Drogenhilfesystems sind erst nach 1990
erfolgt. Einige sollen hier dargestellt werden, weil sie zeitnah zum Untersuchungszeitraum 1970 bis 1990 stattgefunden haben. Von zentraler Bedeutung ist das 1992 von
Sozialandesrat Hengl (SPÖ) initiierte erste Tiroler Drogenkonzept, das eine Gruppe
von ExpertInnen erarbeitete. Federführend waren die Sozialberatung für Alkohol- und
Drogengefährdete und der Vorstand der Universitätsklinik für Psychiatrie Innsbruck,
Hartmann Hinterhuber. Für den 5. Februar 1993 berief Hengl eine große Enquete ein,
zu der ExpertInnen aus allen Arbeitsfeldern eingeladen waren. Dabei wurde ein Maß-
nahmenkatalog erarbeitet, der das Tiroler Drogenkonzept 1993 konkretisierte:

„Im Tiroler Drogenkonzept ist, neben der Darstellung der Ist-Situation, eine
Palette von Maßnahmen aufgelistet, welche dazu dienen sollen, das Drogenproblem in Tirol besser in den Griff zu bekommen. Diese Palette umfaßt die Prävention, Beratung und Therapie, integrative Hilfen (Wohneinheiten und Arbeits-
platzförderung), Überlebenshilfen, Aids-Prophylaxe, Streetwork sowie Hilfe für
inhaftierte Drogenabhängige."[1362]

---

sorgen, daß sie sich solchen Maßnahmen unterziehen.
(2) Gesundheitsbezogene Maßnahmen sind
1. die ärztliche Überwachung des Gesundheitszustands,
2. die ärztliche Behandlung einschließlich der Entzugs- und Substitutionsbehandlung,
3. die klinisch-psychologische Beratung und Betreuung,
4. die Psychotherapie sowie
5. die psychosoziale Beratung und Betreuung durch qualifizierte und mit Fragen des Suchtgiftmißbrauchs hinreichend vertraute Personen sowie § 35 (3) SMG 1977 Eine vorläufige Zurücklegung der
Anzeige setzt voraus, daß
1. eine Auskunft des Bundesministeriums für Arbeit, Gesundheit und Soziales im Sinne des § 25
und
2. eine Stellungnahme der Bezirksverwaltungsbehörde als Gesundheitsbehörde darüber eingeholt
worden ist, ob der Angezeigte einer gesundheitsbezogenen Maßnahme gemäß § 11 Abs. 2 bedarf
oder nicht, um welche Maßnahme es sich gegebenenfalls handeln soll und ob eine solche Maßnahme
zweckmäßig und ihm nach den Umständen möglich und zumutbar und nicht offenbar aussichtslos
ist oder nicht.
1361 Arno Pilgram: Gesetz ist Gesetz, in: e.h. Nr. 1/2, Februar 1982, S. 27–30, hier S. 30.
1362 Resümeeprotokoll des Tiroler Drogenkonzepts sowie des Maßnahmenkatalogs, 5.2.1993, Privatarchiv Oberarzbacher.

Konkret nennt der Maßnahmenplan u. a.:
- Errichtung einer Kurzzeittherapiestation mit angeschlossener Wohngemeinschaft;
- eine eigene Entzugsstation im Verband der Psychiatrie;
- Errichtung einer eigenen Stelle für Gesundheitsförderung und Suchtprävention;
- Stärkung der Suchtprophylaxe im Jugendzentrum Z6 (einschließlich einer personellen Stärkung des im Oktober 1992 begonnenen Projekts Streetwork/Mobile Jugendarbeit);
- Schaffung eines breiten Netzes von unterschiedlichen Wohnprojekten (niederschwellig bis betreut) sowie die Bereitstellung von mindestens 100 Mietwohnungen jährlich innerhalb der nächsten Jahre für psychisch Kranke, Drogen- und Alkoholabhängige;
- Integrationsmaßnahmen im Arbeitsbereich;
- bessere personelle und räumliche Ausstattung der Methadon-Ambulanz;
- Errichtung einer Tagesaufenthaltsstätte für schwer Drogenabhängige (Projekt Komfüdro);
- Installierung eines Drogenkoordinators und eines Suchtbeirats des Landes;
- mehr Planstellen für die Suchtgifttruppe von Polizei und Gendarmerie.[1363]

Am 2. Dezember 1993 konstituierte sich der Suchtbeirat als beratendes Gremium für den Landesrat. Die 13 namentlich ernannten Mitglieder kamen aus in der Drogenarbeit tätigen Organisationen, dem Elternkreis drogenabhängiger Jugendlicher, aus dem Institut für Strafrecht, der Psychiatrie, der Ärztekammer, der Polizei und dem Innsbrucker Gesundheitsamt. Umgehend entwarf der Drogenbeirat die Kriterien für das Auswahlprozedere und die öffentliche Ausschreibung der DrogenkoordinatorIn. Als künftige Aufgaben der DrogenkoordinatorIn nannte er insbesondere die Vernetzung und den Ausbau der Einrichtungen der Drogenhilfe auf präventivem, therapeutischem und rehabilitativem Gebiet.[1364] Der Drogenbeirat führte die Hearings durch und schlug schließlich Helga Oberarzbacher als erste Tiroler Drogenkoordinatorin vor, eine Empfehlung, der die Politik folgte. Oberarzbacher, die auf eine achtjährige Erfahrung in der Sozialberatung für Alkohol- und Drogengefährdete und eine vierjährige Tätigkeit in der Drogenambulanz der Innsbrucker Klinik zurückblickte, trat ihre Tätigkeit als Drogenkoordinatorin im Juni 1994 an, eine Funktion, die sie bis 2002 ausübte. Im Rückblick auf die Zeit Anfang der 1990er Jahre schrieb sie:

„Niederschwelligkeit in der Methode bedeutete, dass drogenkranke Menschen dort begleitet wurden, wo sie sind, um deren gesundheitliche und soziale Risken und vor allem die soziale Verelendung zu begrenzen. Risikoverminderung und Schadensbegrenzung waren die Zielsetzungen, um ‚care' als Voraussetzung für ‚cure' verwirklichen zu können."[1365]

Der Kampf um Niederschwelligkeit und akzeptierender Haltung (im Unterschied zum Abstinenzparadigma), wie ihn u. a. die Sozialberatung für Drogen- und Alkoholge-

---

1363 Ebd.
1364 Protokoll der konstituierenden Sitzung des Suchtbeirats beim ATLR am 2.12.1993, Privatarchiv Oberarzbacher.
1365 Zitiert nach: Caritas Tirol (Hg.): 20 Jahre Drogenarbeit der Caritas Tirol, Innsbruck 2012, S. 15.

fährdete schon lange geführt hatte, war (nicht nur) in Österreich/Tirol von medialen Begleittönen konterkariert, geprägt von „unreflektierten Vorurteilen, Stereotypen, Klischee-Denken und Stigmatisierungen".[1366]

Am 18. Februar 1994 formulierte Landesrat Hengl im Rahmen einer Pressekonferenz „Thesen zur Tiroler Drogenpolitik".[1367] Hengl bezeichnete den Versuch, eine drogenfreie Gesellschaft zu schaffen als wirklichkeitsfremd:

> „Gesellschaftliche Probleme und die persönliche Situation einzelner Menschen erhöhen das Risiko des Mißbrauchs von Drogen. Deswegen ist Drogenpolitik auch eine allgemeine sozialpolitische Aufgabe.(...) Niedrigschwellige Angebote sind ebenso erforderlich wie eine kontrollierte Abgabe von Drogen und Methadon. Eine Liberalisierung der Drogenpolitik ist in diesem Sinne dringend erforderlich. Eine unkontrollierte Freigabe von Drogen jeglicher Art ist abzulehnen."[1368]

Bei dieser Gelegenheit bedauerte Hengl, dass im Landesbudget anstelle der von ihm für das laufende Jahr geforderten 42,5 Mio. Schilling zur Umsetzung des Maßnahmenkatalogs des Drogenkonzepts nur 10 Mio. genehmigt worden seien. Zugleich begrüßte er ein Projekt der AIDS-Hilfe Tirol, Spritzenautomaten zu installieren. Dem Konzept der AIDS-Hilfe zu Folge waren zu diesem Zeitpunkt zwei Drittel aller HIV-Infizierten in Tirol DrogengebraucherInnen mit intravenösem Konsum. Ein beträchtlicher Teil dieser Infektionen wurde auf das gemeinsame Benützen von Injektionsbesteck zurückgeführt. Ende Jänner 1994 hatte der Innsbrucker Stadtsenat auf Antrag von Grünen und SPÖ beschlossen, das Spritzenautomatenprojekt der AIDS-Hilfe zu unterstützen. Hengls Schlussfolgerung daraus: „Als Ergebnis muß künftig auch die finanzielle Beteiligung der Stadt bei allen anderen Drogenmaßnahmen gefordert werden."[1369]

Bemerkenswert ist, dass nach den Gründungen der in diesem Kapitel dargestellten Einrichtungen Anfang der 1970er Jahre bei Neugründungen fast 20 Jahre Stagnation herrschte. Den Entwicklungsschub Anfang der 1990er Jahre führt Helga Oberarzbacher nicht zuletzt auf die Aktivitäten und Herangehensweisen von Landesrat Hengl zurück, der am 4. Juli 1991 Fritz Greiderer als Sozial- und Gesundheitslandesrat abgelöst hatte. Als Hengls Stärke hebt sie dessen besonderes Interesse an einer vorausschauenden Sozialplanung hervor, wie sie beim Tiroler Drogenkonzept beispielhaft zum Ausdruck gekommen sei: „Hengl hat gefragt, wo sind die Versorgungslücken, was muss man machen."[1370] Derartige Sozialplanung hätte weder vorher noch nachher in Tirol stattgefunden. Nach dem schlechten Abschneiden der SPÖ bei der Landtagswahl am 13. März 1994 schied Hengl aus der Regierung aus. Die bei ihm gebündelten Aufgaben wurden aufgeteilt: Elisabeth Zanon (ÖVP) übernahm die Gesundheitsagenden, Herbert Prock (SPÖ) wurde Soziallandesrat. Nachdem sich in der Drogenpolitik soziale und gesundheitsbezogene Aufgaben permanent überschneiden, erwies sich diese Konstellation nicht als vorteil-

---

1366 Ebd.
1367 Presseunterlage zur Pressekonferenz von LR Walter Hengl „Thesen zur Tiroler Drogenpolitik" am 18.2.1994, Privatarchiv Oberarzbacher.
1368 Ebd.
1369 Ebd.
1370 Interview Oberarzbacher 2017.

haft. Sie wurde durch eine ausgeprägte Konkurrenzhaltung zwischen den beiden PolitikerInnen, die einander (bzw. den jeweiligen Parteien) nur ungern Erfolge – und sei es schlichte Medienpräsenz – gönnten, noch verschärft.

Die Grundlagen basierend auf dem Drogenkonzept, dem kritischen und hochqualifizierten Drogenbeirat und der Drogenkoordinatorin blieben über den Wechsel in der politischen Verantwortlichkeit hinaus bestehen. Damit waren die Voraussetzungen gegeben, dass in den Folgejahren weitere Umsetzungsschritte des Drogenkonzepts 1993 erfolgen konnten.

Wesentliche Akzente in der Drogenarbeit mit Jugendlichen und jungen Erwachsenen in Innsbruck setzte in den 1990er Jahren die Caritas der Diözese Innsbruck. Anfang 1992 eröffnete die Mentlvilla, ein Haus in der Innsbrucker Mentlgasse im Stadtteil Wilten, als Notschlafstelle für obdachlose Drogenkranke. Vorangegangen war eine umfangreiche Konzeptdiskussion für diese niederschwellige Einrichtung, die auch eine Konsummöglichkeit vorsah. Verantwortlich für das Konzept waren Evelyn Töpfer (Leiterin Caritas Wohngemeinschaft), Helga Oberarzbacher (als Sozialarbeiterin der Drogenambulanz), Silvia Rass (Sozialarbeiterin der Drogen- und Alkoholberatungsstelle des Landes) und Jussuf Windischer (Teestube der Caritas). Frühzeitig wurden PolitikerInnen des Landes und der Stadt Innsbruck einbezogen und das Projekt öffentlich vorgestellt und diskutiert.[1371] In der Budget-Gemeinderatssitzung vom 17. Dezember 1991 thematisierte Gemeinderätin Evelyne Braito (SPÖ) das Projekt und lobte die engagierten SozialarbeiterInnen, die es vorangetrieben hätten. Sie erklärte im Plenum:

„Durch das Verständnis des zuständigen Landesrates Dr. Hengl wird sich das Land Tirol mit einem Beitrag von 1,5 Mio. Schilling an diesem Projekt beteiligen. Vor wenigen Tagen wurde auch der Sozialminister, der zwar formell nicht zuständig ist, über dieses Projekt informiert und von uns um Unterstützung gebeten. Von Seiten der Stadt Innsbruck wurde bisher ein Betrag, der sich in der Höhe von lediglich 100.000 Schilling bewegt, in Aussicht gestellt.".

Nach ihrer Einschätzung sei für den Betrieb der Mentlvilla „bei bescheidenstem Personal- und Sachaufwand" mit einem jährlichen Finanzbedarf von 2,5 Mio. Schilling zu rechnen. Abschließend forderte Braito den Gemeinderat auf, „dem Beispiel des Landes zu folgen und von Seiten der Stadt alles zu unternehmen, um die Finanzierung zu sichern".[1372]

GR Wolfgang Samsinger (Grüne) bezeichnete die Relation 1,5 Millionen (Land) zu 100.000 Schilling als peinlich und forderte den üblichen Finanzierungsschlüssel zwei Drittel Land, ein Drittel Stadt ein. Zugleich bedauerte er, dass er bei der an die GemeinderätInnen ergangenen Einladung zur Vorstellung des Projekts als einziger Vertreter der Stadt Innsbruck anwesend gewesen sei.[1373] Sozialstadtrat Eugen Sprenger (ÖVP) verteidigte hingegen die geplante Vorgangsweise damit, „daß es hier um die Versorgung von praktisch Pflegefällen geht, Pflegefälle, für die das Land Tirol nach dem Tiroler Sozialhilfegesetz zur Finanzierung zuständig ist. Das Land Tirol soll die Kompetenz

---
1371 Vgl. Caritas 2012, S. 10–13.
1372 Protokoll des Innsbrucker Gemeinderates vom 17.12.1991, S. 2218, StAI.
1373 Ebd., S. 2221.

wahrnehmen und nicht uns beschuldigen."¹³⁷⁴ Sprenger begrüßte die Schaffung der neuen Einrichtung, allerdings werde sich die Stadt Innsbruck auf eine Subvention von 100.000 Schilling für Ausbau- und Adaptierungsarbeiten beschränken, die laufenden Betriebskosten seien aber vom Land Tirol zu übernehmen.¹³⁷⁵

Die Leitung der Mentlvilla übernahm für sechs Jahre Jussuf Windischer, zu Beginn gemeinsam mit zwei hauptamtlichen und 13 freien MitarbeiterInnen. Die starke Auslastung der Mentlvilla und die hohe Arbeitsbelastung der MitarbeiterInnen erforderte bald eine Aufstockung um zwei weitere Hauptamtliche.

1994 stieß die im Drogenkonzept des Landes vorgesehene Anlaufstelle für drogenabhängige Menschen an die Grenzen der politischen Akzeptanz und Umsetzbarkeit. Denn das Konzept für das KOMFÜDRO (Kommunikationszentrum für drogenkranke Menschen) sah nicht nur einen Ort der Kommunikation und Beratung vor, sondern auch einen Konsumraum. Die Suche nach einem geeigneten Lokal gestaltete sich unendlich schwierig, die Landespolitik konnte sich einen öffentlich finanzierten Konsumraum (trotz positiver rechtlicher Expertise) nicht vorstellen; medial gingen die Wogen hoch. Nicht zuletzt deshalb dauerte es vom ersten Konzept aus dem Oktober 1992 bis zur Eröffnung mehr als zwei Jahre. In diesem ersten Konzept heißt es:

„Den Betroffenen schlägt eine Welle der Verachtung ins Gesicht. Sie werden permanent aus öffentlichen Orten vertrieben und verjagt. […] Drogenkonsumenten haben ein Recht auf Menschenwürde, selbst wenn sie ihren Drogenkonsum im Moment nicht aufgeben wollen. Diejenigen, die ihren Drogenkonsum beenden wollen, sollen auf die bestmögliche Weise unterstützt werden."¹³⁷⁶

Ausdrücklich grenzten sich die Komfüdro-MitarbeiterInnen von einer abstinenzorientierten Haltung ab und verfolgten das Konzept von Schadensminimierung. Als geeignetes Lokal wurde schließlich ein ursprünglich zur Adaptierung für die Kirchenbeitragsstelle vorgesehenes ehemaliges Kaffeehaus am Rande der Innsbrucker Innenstadt gefunden. Am 1. Februar 1995 konnte das KOMFÜDRO unter dem Dach der Caritas seinen Betrieb aufnehmen – allerdings ohne Konsumraum.¹³⁷⁷

Schon im ersten Jahr besuchten das KOMFÜDRO durchschnittlich 50 KlientInnen täglich. Angeboten wurden der kostenlose Tausch gebrauchter Spritzen, Gratiskondome, Sozialberatung, Hilfe bei der Wohnungsvermittlung, medizinische Versorgung, warme Mahlzeiten, Duschen und Wäschewaschen etc. Die Zahl der jährlich im KOMFÜDRO getauschten Spritzen stieg von anfangs einigen hundert auf 120.000 im Jahr 2008. Damit wurde nicht nur ein wichtiger Beitrag zur Gesundheit der DrogenkonsumentInnen erreicht, sondern auch die Verletzungs- und Infektionsgefahr von Dritten durch unachtsam weggeworfene Spritzen eingedämmt.¹³⁷⁸

1374 Ebd., S. 2258.
1375 Ebd.
1376 Konzeptpapier zur Schaffung eines Kommunikationszentrums für Drogengebraucher Komfüdro, Oktober 1992, Beilage SPAK-Protokoll vom 9.12.1993, Archiv DOWAS.
1377 Vgl. Caritas Tirol 2012, S. 14–17.
1378 Mündliche Information von Wolfgang Sparber, langjähriger Leiter des Komfüdro, an Hannes Schlosser, 2009.

Die genannte Expertise der rechtlichen Unbedenklichkeit eines Konsumraums hatte 1994 Christian Bertel abgegeben, langjähriger Vorstand des Instituts für Strafrecht, Strafprozessrecht und Kriminologie an der Universität Innsbruck. Demnach fördern SozialarbeiterInnen, die einen Konsumraum einrichteten, nicht den Erwerb und Besitz des Heroins, sondern lediglich den Konsum mitgebrachten Heroins – und das war und ist nicht strafbar. Bertel stellte klar: „Wo Heroinabhängige zusammenkommen, wird gespritzt."[1379] Steht in einer niederschwelligen Einrichtung kein hygienisch einwandfreier Gesundheitsraum zur Verfügung, werden Kellerräume, Stiegenhäuser, Parks oder Toiletten zur Alternative. Ohne das KOMFÜDRO zu erwähnen, kritisierte der Strafrechtsexperte die Feigheit von PolitikerInnen, welche die Ausbezahlung von Subventionen für eine niederschwellige Einrichtung für Drogenabhängige vom Verzicht auf einen Gesundheitsraum abhängig machen. Zugleich forderte Bertel niederschwellige Einrichtungen dazu auf, Gesundheitsräume einzurichten, „ohne zuvor den Segen der Politiker einzuholen."[1380]

Konzepte für einen Konsumraum in Innsbruck im Auftrag von Land Tirol und Stadt Innsbruck und die Teilnahme an einer internationalen Studie hoben in ihren Ergebnissen die Bedeutung hervor, Drogenkonsum unter hygienisch einwandfreien Bedingungen zu ermöglichen. Darüber hinaus bestätigten diese Konzepte und Studien auch, dass ein Konsumraum nicht nur die Gesundheit von DrogenkonsumentInnen schützen, sondern auch die Belastungen des öffentlichen Raums durch die Drogenszene deutlich reduzieren würde.[1381] Im Jahr 2000 fand die Einrichtung eines Konsumraums die Unterstützung der Verantwortlichen der Stadt Innsbruck, sie scheiterte aber am fehlenden Mut der Landespolitik.[1382]

Als dritte Drogenhilfe-Einrichtung der Caritas Innsbruck ging 1998 das Abrakadabra in Betrieb. Zu Beginn beschränkt auf einen Versandservice, bietet das Projekt Tagesarbeitsplätze, die Drogenabhängige auf den Arbeitsmarkt vorbereiten. Im Laufe der Zeit kamen weitere Arbeitsmöglichkeiten wie Feldarbeit und eine Kreativwerkstatt hinzu.[1383]

Seit 2015 sind alle drei Caritas-Projekte der Drogenhilfe in einem Neubau in der Mentlgasse unter einem Dach zusammengefasst.[1384]

Die Stadt Innsbruck gründete 1995 eine eigene Einrichtung mit Angeboten u. a. für die Drogenarbeit mit Jugendlichen: die Ambulante Suchtprävention (ASP). Die Namensgebung ist eher irreführend, weil sich die Tätigkeit auf die Räumlichkeiten der Organisation konzentriert und der Schwerpunkt bei manifesten Suchtproblemen liegt und nicht in der Prävention. Die angebotene psychotherapeutische Arbeit bezieht sich neben illegalen Drogen, Alkohol und Arzneimitteln auch auf Essstörungen und nichtstoffliche Abhängigkeitserkrankungen wie Glücksspiel- und Internetsucht. Es gibt die

---

1379 Christian Bertel: Probleme des Suchtgiftstrafrechts, in: Festschrift für Udo Jesionek zum 65. Geburtstag, herausgegeben von Reinhard Moos zusammen mit Rudolf Machacek/Roland Miklau/Otto F. Müller/Hans Valentin Schroll, Wien/Graz 2002, S. 297–308, hier S. 298.
1380 Ebd.
1381 Vgl. Caritas Tirol 2012, S. 18 f.
1382 Hannes Schlosser: Ein Ruheraum für Drogenkonsumenten, in: Der Standard, 22.4.2000, S. 8.
1383 Caritas Tirol 2012, S. 18, sowie Homepage Caritas Tirol, Drogenarbeit, https://www.caritas-tirol.at/hilfe-angebote/menschen-mit-suchterkrankungen/ (abgerufen am 27.3.2017).
1384 Homepage Stadt Innsbruck, Innsbruck informiert, http://www.innsbruckinformiert.at/mentlvilla (abgerufen am 27.3.2017).

Möglichkeit zu Beratungsgesprächen für betroffene Jugendliche und deren Angehörige. Erster Leiter der ASP war der Psychotherapeut und Jurist Kurt Dornauer, zuvor Leiter des Innsbrucker Stadtjugendamts. Seit 2003 ist die ASP Teil der Innsbrucker Soziale Dienste GmbH.[1385]

1997 konnte eine dreijährige Suche nach einem geeigneten Objekt für die im Drogenkonzept 1993 vorgesehene Kurzzeittherapiestation erfolgreich abgeschlossen werden. Unter anderem in Schönberg am Brenner waren Pläne dafür am Widerstand von lokaler Politik und Bevölkerung gescheitert. In Maurach am Achensee gelang die Realisierung schließlich nicht zuletzt dank der vorbehaltlosen Unterstützung von Bürgermeister Johann Rieser („Unparteiische Namensliste"). Das „Haus am Seespitz" zielte anfangs auf einen viermonatigen Aufenthalt nach vorherigem klinischen Drogenentzug ab und setzt auf die Bereitschaft zur Abstinenz (keine SubstitutionspatientInnen). Im Laufe der Jahre wurde das Angebot auf zwei- bis zwölfmonatige Aufenthalte differenziert. Träger für die 18 Therapieplätze ist die Therapienetz GmbH, an der je zur Hälfte der Verein für Drogentherapie in Tirol und – pro mente tirol beteiligt sind. Hauptzielgruppe sind junge Erwachsene ab 18 Jahren, vereinzelt werden auch jüngere KlientInnen aufgenommen.[1386]

Das Drogenkonzept 1993 war über fast zwei Jahrzehnte die Leitlinie der Tiroler Drogenpolitik und wurde erst vom Tiroler Suchtkonzept 2012 abgelöst. Die Begrifflichkeit ist programmatisch: zielte das Papier von 1993 auf illegale Drogen ab, so hat das Suchtkonzept von 2012 einen wesentlich erweiterten Fokus. Neben den legalen Drogen Alkohol und Nikotin werden darin auch stoffungebundene Süchte wie Spielsucht und Essstörungen thematisiert.[1387]

Seit 1996 ist Innsbruck Mitglied der „Association European Cities on Drug Policy" (ECDP). Sie ist dieser europäischen Vereinigung als erste (und einzige) österreichische Stadt beigetreten. Die Initiative dazu ging von Drogenkoordinatorin Oberarzbacher und Gesundheitsstadtrat Peter Moser (SPÖ) aus.[1388] Der Beitritt erfolgte als 31. europäische Stadt bei der 6. ECDP-Konferenz am 24. September 1996 in Athen nach einem vorangegangenen Beschluss des Innsbrucker Stadtsenats.[1389] Die Initiative war 1990 von Frankfurt am Main ausgegangen, zu den Erstunterzeichnern der ECDP-Resolution gehörten Hamburg, Amsterdam und Zürich. Zum Ausdruck gebracht wird in der Resolution die Notwendigkeit einer neuen Konzeption der Drogenpolitik. Demnach sei jeglicher Versuch der Eliminierung des Drogenangebots und des Drogenkonsums aus unserem Kulturkreis gescheitert. Sucht müsse als gesellschaftliches Phänomen betrachtet werden, das die Drogenpolitik nicht verhindern, sondern allenfalls begrenzen könne. Drogenprobleme würden überdies nicht allein auf den pharmakologischen Eigenschaften der Drogen, sondern vor allem auf der Illegalität des Drogenkonsums beruhen. Die

---

1385 Vgl. Homepage Innsbrucker Soziale Dienste, Suchtprävention, http://www.isd.or.at/index.php/suchtpraevention (abgerufen am 27.3.2017).
1386 Vgl. Caritas Tirol 2012, S. 17; Homepage Haus am Seespitz, http://www.hausamseespitz.at/ (abgerufen am 27.3.2017); weiters: Haus am Seespitz, Presseaussendung vom 5.8.2016; ferner: Hannes Schlosser: Meilenstein der Drogenpolitik, in: Der Standard, 15.2.1997.
1387 Vgl. Amt der Tiroler Landesregierung, Abteilung Soziales und Gesundheit Österreich Forschung- und Planungs GmbH (Hg.): Tiroler Suchtkonzept 2012, Innsbruck/Wien 2012.
1388 Caritas Tirol 2012, S. 16.
1389 Innsbruck informiert, November 1996, S. 8.

Resolution aus dem Jahre 1990 hat 2019 nichts von ihrer Gültigkeit und Dringlichkeit verloren:

„Der Konsum psychoaktiver Substanzen stellt eine anthropologische Konstante dar, es hat ihn immer gegeben und es wird ihn immer geben. Prohibitive Drogenpolitik ist nicht in der Lage, dies zu verhindern. Das kontinuierliche Ansteigen der Ecstasy-Konsumentenzahlen trotz des Verbotes zeigt dies eindrucksvoll. Staatliche Politik muß dies zur Kenntnis nehmen. Will sie die Fähigkeit erhalten, Einfluß auf die Entwicklung des Konsums psychoaktiver Substanzen zu nehmen, muß sie das Vertrauen der Drogenkonsumenten erlangen. Sie muß zum Ziel haben, die Gesundheit des Konsumenten vor vermeidbaren Risiken zu schützen. Auch dem drogenkonsumierenden Bürger muß die Möglichkeit des Verbraucherschutzes eingeräumt werden. Hierzu ist es nötig, einen Paradigmenwechsel innerhalb der Drogenpolitik zu vollziehen. Sie muß sich weg entwickeln von einer repressiven in Richtung einer akzeptierenden Drogenpolitik."[1390]

1390 Zitiert nach Gebhard Strüber: Legitimationsmodelle prohibitiver Drogenpolitik – untersucht an den staatlichen Reaktionen auf die sogenannten „Partydrogen" in der Bundesrepublik Deutschland, Berlin 1998, unveröffentlichte Dipl.Arb., in: „EVE & RAVE", Vereinskonzept und Tätigkeitsbericht, Berlin, Kassel, Köln, Münster, Schweiz; Januar 2000, Homepage EvE&Rave, Das Schweizer Drogenforum, https://www.eve-rave.ch/Forum/viewtopic.php?t=45102 (abgerufen am 27.3.2017).

8 Obdachlos, wohnungslos

Schwerpunkte dieses Kapitels sind die im Untersuchungszeitraum entstandenen Einrichtungen der Wohnungslosenhilfe in Innsbruck, deren Angebote sich überwiegend an Jugendliche und junge Erwachsene gerichtet haben. Dazu zählt insbesondere der 1975 gegründete Durchgangsort für Wohnungs- und Arbeitslose (DOWAS).

Einrichtungen wie die Städtische Herberge stehen nicht im Zentrum dieser Untersuchung. Denn ebenso wie in den in der zweiten Hälfte der 1980er Jahre entstehenden Notschlafstellen während des Winterhalbjahrs zählen Jugendliche und junge Erwachsene nicht zu deren primären Zielgruppen. Allerdings spielte die politische Auseinandersetzung um Obdachlose bzw. um Konzepte für den Umgang mit Obdachlosen eine wesentliche Rolle innerhalb des Innsbrucker Gemeinderats, aber auch in Konflikten zwischen verantwortlichen KommunalpolitikerInnen und den sozialen Einrichtungen sowie deren Dachverbänden, wie dem SPAK (Sozialpolitischer Arbeitskreis).

Zu den Ergebnissen dieser Untersuchung zählt, dass die Beschäftigung mit Obdachlosen bzw. dem sozial- und ordnungspolitischen Umgang mit dieser Gruppe im Innsbrucker Gemeinderat phasenweise gesellschafts- und sozialpolitische Grundsatzdebatten auslöste.

8.1 Sandlerdebatte im Gemeinderat 1979 – ein Sittenbild[1391]

Am 18. Dezember 1978 brachte Gemeinderat Hermann Weiskopf von der ÖVP-Abspaltung Innsbrucker Mittelstand (IMS) eine Anfrage an Bürgermeister Alois Lugger ein, die auf eine „Verhinderung der Ansammlung von alkoholisierten Sandlern auf öffentlichen Plätzen" abzielte. Insbesondere erwähnte die Anfrage als Brennpunkte den Kaiserschützenplatz und die Flächen im Bereich der Markthalle sowie ein privates Grundstück in der Neuhauserstraße im Stadtteil Wilten. In der mündlich vorgebrachten Begründung sprach Weiskopf von einer Verunsicherung der Innsbrucker Bevölkerung und deren Belästigung durch Obdachlose. Auf dem erwähnten Grundstück würden in der warmen Jahreszeit zehn bis 15 Personen „unter freiem Himmel" nächtigen, wobei Weiskopf einen Zusammenhang mit Einbrüchen in einem Kiosk bei einer benachbarten Tankstelle herstellte.[1392]

1391 Ein Vorabdruck dieses Abschnitts ist im Gaismair-Jahrbuch 2019 erschienen: Andrea Sommerauer/Hannes Schlosser: Sandlerdebatte im Gemeinderat 1979 – ein Sittenbild, in: Horst Schreiber/Elisabeth Hussl (Hg.): Gaismair-Jahrbuch 2019, Schöne Aussichten, Innsbruck/Wien/Bozen 2018, S. 12–16.
1392 Vgl. Protokoll des Innsbrucker Gemeinderates vom 18.12.1978, S. 952 f., StAI.

Ein tragischer Zufall wollte es, dass zwischen der Anfrage und deren Beantwortung am 18. Jänner 1979 sechs obdachlose Menschen in einem Abbruchhaus in der Mentlgasse an einer Kohlenmonoxidvergiftung gestorben waren.[1393]

Lugger brachte dem Gemeinderat eingangs zur Kenntnis: „Solange sich die in der Anfrage als Sandler bezeichneten Personengruppen keines strafbaren Verhaltens schuldig machen, besteht keine rechtliche Möglichkeit, ihre Entfernung von öffentlichen Plätzen (und schon überhaupt nicht von Privatgrundstücken) durch verwaltungsbehördliche Maßnahmen zu erzwingen."[1394] Lugger hatte im Vorfeld der Sitzung eine Anfrage an die Bundespolizeidirektion Innsbruck über „ihre Aktivitäten auf dem Gebiete der Bekämpfung des Sandlerunwesens" gerichtet.[1395] Die schriftliche Antwort des Polizeidirektors vom 12. Jänner 1979 wiederholte schon im ersten Satz die Formulierung von der „Bekämpfung des Sandlerunwesens". Lugger verlas in der Gemeinderatssitzung Teile des Briefs, wobei er den Polizeidirektor nicht namentlich erwähnte. Tatsächlich war es Fritz Greiderer, der zehn Monate später Herbert Salcher (SPÖ) nach dessen Berufung in die Bundesregierung als Tiroler Gesundheits- und Soziallandesrat folgte.

„Während Clochards anderenorts zum Stadtkolorit gehören, lehnt die hiesige Bevölkerung alkoholisierte, verwahrloste Nichtstuer, die allgemein mit dem Begriff ‚Sandler' umschrieben werden, entschieden ab", hieß es in Greiderers Brief. In der Folge zählte er die Tatbestände nach dem Tiroler Landespolizeigesetz 1976 und dem Eisenbahngesetz 1957 auf, die Polizeibeamten als Grundlagen dienten „gegen derartige Personen" einzuschreiten, um diese aus dem Bahnhofsgelände zu vertreiben bzw. wegen Ordnungsstörungen und/oder Erregung öffentlichen Ärgernisses festzunehmen.[1396]

„Diese notorischen Nichtstuer, die fallweise Gelegenheitsarbeiten verrichten und deshalb schwerlich wegen Landstreicherei zu verfolgen sind, können nur für die Dauer der Haft von der Straße ferngehalten werden. Sie sind, wie erwähnt, arbeitsunwillig, besitzen teilweise in Innsbruck ihren Wohnsitz und fristen ihren Lebensunterhalt von der Mildtätigkeit der Klöster, wo sie in der Regel ihren festen Essensplatz haben", schrieb Greiderer.[1397]

Im Kalenderjahr 1978 hätte es 806 Festnahmen mit nachfolgenden primären Verwaltungsstrafen gegen „sogenannte Sandler" „wegen der verschiedensten Delikte" gegeben. Die Zahl der „Sandler" schätzte Greiderer in Innsbruck auf rund 100 und schrieb abschließend:

„Wie beharrlich diese Personen in ihrer Trunkenheit und in ihrem arbeitsunwilligen Verhalten sind, mögen einige Beispiele zeigen: Ein 44-jähriger wurde von der Bundespolizeidirektion Innsbruck bisher 25mal, ein 51jähriger 18mal, ein 60jähriger 17mal und eine 33jährige Frau 20mal wegen verschiedener Übertretungen festgenommen und verwaltungspolizeilich bestraft."[1398]

1393 Vgl. Tiroler Tageszeitung, Irrwege eines Obdachlosen: Nur Polizei half, 22.3. 1979, S. 5.
1394 Vgl. Protokoll des Innsbrucker Gemeinderates vom 18.1.1979, S. 3 f., StAI.
1395 Ebd.
1396 Brief von Innsbrucks Polizeidirektor Fritz Greiderer an Bürgermeister Alois Lugger vom 12.1.1979, zitiert nach Protokoll des Innsbrucker Gemeinderates vom 18.1.1979, S. 4 f., StAI.
1397 Ebd.
1398 Ebd., S. 5.

In der anschließenden Debatte sprach GR Weiskopf abwechselnd (und synonym) vom „Sandlerunwesen" und dem „Sandlerwesen". In der Sache regte er erweiterte Verordnungen und zusätzliche Gesetze an, um besser gegen diesen Personenkreis vorgehen zu können. GR Rudi Warzilek (der in späteren Jahren die ÖVP auch im Tiroler Landtag vertrat), im Zivilberuf Polizist, präzisierte die Anregungen Weiskopfs und kritisierte die Änderung in der Gesetzeslage seit der großen Strafrechtsreform unter Justizminister Broda (SPÖ) wenige Jahre zuvor. In diesem Zusammenhang war 1974 das aus dem Jahre 1885 stammende Vagabundengesetz durch das Parlament ersatzlos gestrichen worden.[1399] „Wir glauben, daß die gesetzlichen Bestimmungen, wie sie vor Inkrafttreten des neuen Strafrechtes gegolten haben, der Exekutive schlechthin mehr Möglichkeiten geboten haben", erklärte Warzilek bedauernd.[1400]

Tatsächlich hatte das Vagabundengesetz erlaubt, Personen alleine dafür polizeilich und im Wiederholungsfall gerichtlich bis zu drei Monate als „Landstreicher" einzusperren, wenn sie nicht nachweisen konnten, Mittel zum eigenen Unterhalt zu besitzen oder redlich zu erwerben suchten.[1401] In weiterer Folge sahen die Bestimmungen die Möglichkeit zur gerichtlichen Einweisung in „Zwangsarbeits- und Besserungsanstalten" vor. Zuletzt hatten diese Anstalten die Bezeichnung „Arbeitshaus" getragen.[1402] Die Option, obdachlose Menschen nicht mehr mit der unbefristeten Einweisung ins Arbeitshaus drohen zu können, schmerzte Warzilek besonders.[1403]

Der Tiroler Landtag hatte mit seinem Landespolizeigesetz 1976 versucht, den Bundesgesetzgeber zumindest teilweise zu korrigieren. Das am 6. Juli 1976 beschlossene Gesetz enthielt einen § 9 Landstreicherei mit folgendem Wortlaut:

„Wer sich erwerbs- und beschäftigungslos umhertreibt und nicht nachzuweisen vermag, dass er die Mittel zu seinem Unterhalt besitzt oder redlich zu erwerben sucht, begeht eine Verwaltungsübertretung und ist mit Arrest bis zu zwei Wochen zu bestrafen."[1404]

Nahezu wortgleich hatte damit das Tiroler Landesparlament einige Bestimmungen aus dem Vagabundengesetz übernommen und auch die schon 1885 festgeschriebene Verknüpfung von Landstreicherei und Bettelei wiederbelebt. Die Bundesländer Salzburg und Kärnten waren mit Justizminister Brodas Reform ebenfalls unzufrieden gewesen und hatten ähnliche Bestimmungen wie Tirol in landesgesetzliche Bestimmungen aufgenommen.

1399 Vgl. Vagabundengesetz vom 24.5.1885, BGBl Nr. 80. Freiherr F. von Call: Armenpolizei in Österreich, in: Johannes Conrad/Edgar Loening/Ludwig Elster/Wilhelm Hector/Richard Albrecht Lexis: Handwörterbuch der Staatswissenschaften, Zweiter Band, dritte Auflage, Jena 1909, S. 162–167.
1400 Protokoll des Innsbrucker Gemeinderates vom 18.1.1979, S. 8, StAI.
1401 § 1 Vagabundengesetz 1885.
1402 Arbeitshausgesetz 1951 und Kundmachung der Bundesregierung vom 24. Juli 1951 über die Wiederverlautbarung des Arbeitshausgesetzes, BGBl. vom 28. September 1951.
1403 Protokoll des Innsbrucker Gemeinderates vom 18.1.1979, S. 8, StAI.
1404 Zitiert nach: Verein zur Förderung des DOWAS (Hg.): Aus so krummem Holze, als woraus der Mensch gemacht ist, kann nichts Gerades gezimmert werden, 30 Jahre DOWAS Innsbruck, Innsbruck 2006, S. 99.

1985 hatte die FPÖ im Tiroler Landtag eine Verschärfung der Bestimmungen des Landespolizeigesetzes verlangt, um „wirksamer als bisher gegen das Sandler-Unwesen in den Tiroler Gemeinden und insbesondere in der Landeshauptstadt Innsbruck vorzugehen." Begründet wurde der Vorstoß mit einer steigenden Zahl von „Aussteigern", insbesondere unter jüngeren Menschen. Proteste, unter anderem durch den SPAK, verhinderten eine entsprechende Beschlussfassung.[1405]

Ein Jahr später erklärte der Verfassungsgerichtshof den Landstreicher-Paragraphen im Salzburger Landespolizeigesetz für verfassungswidrig. Ein weiteres Jahr später strich der Tiroler Landtag die gleichlautende Bestimmung des § 9 des Tiroler Landespolizeigesetzes ersatzlos. Ab den 2000er Jahren sind trotz der Grundsatzentscheidung des Verfassungsgerichtshofes zu Bettelverboten in Österreich im Jahr 2012[1406] Verschärfungen in Landesgesetzen und auf Ebene des Innsbrucker Gemeinderates bei der Bettelei sowie in Innsbruck (und anderen Tiroler Gemeinden) zusätzlich durch sektorale Alkoholverbote zu beobachten. Im Kern geht es dabei immer um die Vertreibung von missliebigen Gruppen – darunter auch Jugendlichen – aus dem öffentlichen Raum.

In der Innsbrucker Gemeinderatsdebatte von 1979, in der punktuell auch der Wunsch nach schärferen Strafen kritisiert wurde, kam zumindest aus heutiger Sicht überraschend der deutlichste Widerspruch von einem Gemeinderat der FPÖ. Walter Ebenberger erklärte die Bestimmungen des Tiroler Landespolizeigesetzes für ausreichend und betonte:

„Für einen demokratischen Rechtsstaat geht es nicht an, daß man jemanden, der nicht arbeitet und die Gemeinschaft nicht belästigt bzw. schädigt, prophylaktisch einsperrt. Diese Zeiten sind mit dem Außerkrafttreten des Landstreichereigesetzes Gott sei Dank vorbei. Ich sehe überhaupt keine Veranlassung zur Verschärfung von Gesetzen und ähnlichem. [...] Prophylaktisch die Leute, die nicht arbeiten, einzusperren, ist jedoch anachronistisch."[1407]

Weniger auf einer juristischen als auf einer moralisch/philosophischen Ebene versuchte sich Stadtrat Wilhelm Steidl von der ÖVP-Abspaltung Tiroler Arbeitsbund (TAB). Er nahm den Standpunkt ein, dass es in einer demokratischen Gesellschaft legitim sei, ein „nichtstuender Mensch" zu sein:

„In diesen Kreisen gibt es solche und solche Sandler, die sich aus einer Neigung heraus mit dem Lebensminimum begnügen und ein Leben führen, das sich eben vom üblichen Leben der Masse der Welt unterscheidet. Die Bekämpfung des Sandlerunwesens müßte sich insbesondere auf die kriminellen Sandler beziehen."[1408]

1405 Ebd.
1406 Homepage Verfassungsgerichtshof Österreich, www.vfgh.gv.at/downloads/bettelverbote_-_ladenschluss_-_obsorge_presseinfo.pdf (abgerufen am 12.6.2018).
1407 Protokoll des Innsbrucker Gemeinderates vom 18.1.1979, S. 9, StAI.
1408 Ebd., S. 7.

Gar nicht liberal äußerte sich Steidl im Zusammenhang mit den sechs Opfern der Kohlenmonoxidvergiftung in der Mentlgasse. Er begrüßte es, dass die Feuerwehr ein vergleichbares Gebäude angezündet und dessen Fenster eingeschlagen hätte „sodaß jetzt die Leute infolge der Kälte dort nicht nächtigen können. Bislang haben sich dort die Leute eingenistet und zusammengerottet". Zugleich forderte Steidl, künftig alle abbruchreifen Häuser rasch zu beseitigen.[1409]

In seinem Schlusswort zur „Sandler-Debatte" nahm auch Bürgermeister Lugger Bezug auf die Todesfälle, in einer Art und Weise, die Mitgefühl vorgibt, tatsächlich aber eine zynische und abwertende Haltung offenbart:

„Es ist ein bedauerlicher tragischer Unfall geschehen. Ich möchte nicht auf weitere Details eingehen. Die Personen, die ums Leben gekommen sind und die wir trotz allem bedauern, haben natürlich oft mit der Polizei Kontakt pflegen müssen. Ich gebe nur die Anzahl der Festnahmen bekannt, ohne die Namen der Personen zu nennen: 15, 34, 18, 9 und 14mal. Ich habe bewußt diesen Teil des Polizeiberichtes nicht erwähnt, weil jeder von uns den Respekt vor dem Tode haben muß."[1410]

An dieser Debatte im Innsbrucker Gemeinderat 1979 fällt auf, dass die Problematik von Obdachlosigkeit fast ausschließlich aus einem Blickwinkel geführt wurde, der die betroffenen Menschen als Störenfriede, Alkoholiker, Nichtstuer und Kriminelle darstellt. Individuen werden lediglich über die Zahl ihrer polizeilichen Anzeigen wahrgenommen, die soziale Dimension von Obdachlosigkeit bleibt ausgespart. Bezeichnend für diese Debatte ist auch, wer sich daran nicht beteiligt hat: Sozialstadtrat Kummer (ÖVP) hatte dazu offenbar ebenso wenig zu sagen wie die gesamte Fraktion der SPÖ. Deren einziger Beitrag war ein Zwischenruf ihres Mandatars Erich Schuster, der das Bedauern von GR Warzilek über die Abschaffung des Vagabundengesetzes 1885 mit den Worten: „Gott sei Dank ist diese Zeit vorbei", quittierte.[1411]

Über die Ursachen von Obdachlosigkeit wurde ebenso wenig gesprochen, wie über mögliche Wege aus ihr heraus, geschweige denn über Konzepte der Stadt Innsbruck, jenseits von Rufen nach Law and Order. Obdach- und Wohnungslosigkeit als persönliche Schuld darzustellen, war 1979 gesellschaftlich weit verbreitet und ist es gegenwärtig wohl noch immer. Diese Sichtweise geht ebenso an der Realität vorbei wie die sozialromantische Vorstellung vom freiwilligen Gang in die Obdachlosigkeit als Gegenentwurf zu einer konsumorientierten Gesellschaft. Tatsächlich sind die Ursachen von Obdach- und Wohnungslosigkeit immer vielfältig.

„Dabei ist grob zu unterscheiden zwischen gesellschaftlichen Faktoren (Diskriminierung, mangelnde soziale Netzwerke, Wohnungspolitik, kapitalistisches Wirtschaftssystem etc.) und individuellen Faktoren (Entlassung aus Haft, psychiatrische Unterbringung und in Einrichtungen zur Suchtbehandlung; Schulden, Mietzahlungsunfähigkeit, Unterkunftsverlust im Zusammenhang mit der Kündigung eines Arbeitsverhältnisses;

1409 Ebd.
1410 Ebd., S. 9.
1411 Ebd., S. 8.

Beziehungskonflikte)", analysiert der Sozialarbeiter und Erziehungswissenschaftler Christian Stark.[1412]

Anzumerken ist noch eine in der Gemeinderatssitzung vom Jänner 1979 offensichtliche Diskrepanz, die aber niemand thematisiert hatte: Unter den im Brief von Polizeidirektor Greiderer erwähnten Obdachlosen befanden sich drei Männer im Alter zwischen 44 und 60 Jahren und eine 33-jährige Frau. Im Gegensatz dazu charakterisierte Polizist und Gemeinderat Rudi Warzilek Innsbrucks Obdachlose für 1978 so:

> „Bei den festgenommenen Personen handelt es sich vor allem um 20- bis 25jährige gesunde, körperlich in ordentlicher Verfassung befindliche Menschen, die ohne weiteres einen Beruf ausüben könnten, dies aber nicht wollen."[1413]

Diese Aussage weist darauf hin, dass sich Jugendliche und junge Erwachsene nicht nur in der Gruppe der Wohnungslosen, sondern zumindest vereinzelt auch unter den manifest obdachlosen Menschen befunden haben.

8.2 Begriffsbestimmung

Der Europäischer Dachverband der Wohnungslosenhilfe (FEANTSA) hat 2005 eine „Europäische Typologie für Obdachlosigkeit, Wohnungslosigkeit und prekäre Wohnversorgung – ETHOS" entwickelt, die Klarheit in eine im öffentlichen Diskurs bisweilen sehr verwaschene Terminologie bringen soll.[1414] Demnach sind obdachlose Menschen solche, die im öffentlichen Raum, in Verschlägen, unter Brücken etc. oder in Notschlafstellen bzw. Wärmestuben übernachten. Wesentlich differenzierter ist die Charakterisierung für Wohnungslosigkeit:

> „Als wohnungslos gelten Menschen, die in Einrichtungen wohnen, in denen die Aufenthaltsdauer begrenzt ist und in denen keine Dauerwohnplätze zur Verfügung stehen, wie z. B. Übergangswohnheime, Asyle und Herbergen, aber auch Übergangswohnungen."[1415]

Zugleich gelten auch Frauen (und deren Kinder) als wohnungslos, die vor häuslicher Gewalt in ein Frauenhaus geflüchtet sind, ebenso Menschen, die aus Institutionen wie

---

1412 Christian Stark: Wohnungslosigkeit, Mythen und Stigmatisierungsprozesse, in: soziales_kapital wissenschaftliches journal österreichischer fachhochschul-studiengänge soziale arbeit Nr. 8 (2012), http://soziales-kapital.at/index.php/sozialeskapital/article/view/233/381 (abgerufen am: 3.5.2017).
1413 Protokoll des Innsbrucker Gemeinderates vom 18.1.1979, S. 8, StAI.
1414 Homepage Bundesarbeitsgemeinschaft Wohnungslosenhilfe (bawo), http://www.bawo.at/de/content/wohnungslosigkeit/definitionen.html (abgerufen am 2.5.2017). Tatsächlich wird die Differenzierung zwischen Obdach- und Wohnungslosigkeit in den Medien und der politischen Auseinandersetzung häufig nicht richtig getroffen. Im Untersuchungszeitraum dieser Studie haben teilweise die Einrichtungen selbst von „Obdachlosigkeit" gesprochen, obwohl „Wohnungslosigkeit" die treffendere Zuschreibung gewesen wäre. Aus Gründen der Authentizität verwendet diese Studie an den betreffenden Stellen die von den Einrichtungen gewählte Terminologie.
1415 Ebd.

Gefängnissen, Jugendheimen, Spitälern etc. entlassen werden, wenn nicht rechtzeitig Vorsorgen für eine entsprechende Unterkunft getroffen worden sind. Wohnungslos sind auch ImmigrantInnen und AsylwerberInnen, die in Heimen, Lagern etc. wohnen, bis ihr Aufenthaltsstatus geklärt ist. „Letztlich gelten auch Menschen, die in Dauereinrichtungen für Wohnungslose wohnen, oder sich in ambulanter Wohnbetreuung in Einzelwohnungen befinden, als wohnungslos."[1416]

Die ETHOS-Typologie kennt darüber hinaus die Kategorien „Ungesichertes Wohnen" sowie „Ungenügendes Wohnen". Zur ersteren Gruppe zählen Menschen deren Wohnstatus vom guten Willen anderer Menschen abhängig oder die von Delogierung bedroht sind. In der Kategorie „Ungenügendes Wohnen" werden u. a. völlig überlegte Wohnverhältnisse oder Behausungen zusammengefasst, die für konventionelles Wohnen nicht gedacht sind (Wohnwagen, Zelte, Dachböden, Keller, Garagen, Abbruchhäuser).[1417]

8.3 Der Durchgangsort für Wohnungs- und Arbeitssuchende – das DOWAS

Der Anlass für die Initiative zur Gründung des DOWAS war eine Folge der Häufung von Jugendlichen mit einschlägigen Problemlagen im Jugendzentrum Z6. Im Laufe des Jahres 1972 stieg die Zahl der arbeits- und wohnungslosen BesucherInnen im Z6 an. MitarbeiterInnen kümmerten sich um diese Jugendlichen, ließen sie teilweise bei sich zuhause übernachten und gingen mit ihnen untertags auf Arbeits- und Zimmersuche. 1973 wuchs der Druck weiter und förderte Überlegungen, ein Haus für wohnungslose Jugendliche zu begründen. Im Herbst 1973 konnte schließlich in der Schießstandgasse 8 ein Zimmer mit drei Betten angemietet werden. Zwei hauptamtliche Mitarbeiter, die ebenfalls dort wohnten, übernahmen die Betreuung. Ein Jahr später war dieses Miniprojekt beendet, nachdem das Zimmer für eine anderweitige Nutzung gebraucht wurde. Gleichzeitig war im Herbst 1974 die Zahl der arbeits- und wohnungslosen Jugendlichen auf über 40 angestiegen. Es waren Jugendliche in existenziellen Nöten, die sich im Z6 unmittelbare Hilfe erwarteten.

Allerdings steckte auch das Jugendzentrum selbst in einer dramatischen Krise: Nach dem bischöflichen Hinauswurf aus den Räumlichkeiten in der Zollerstraße, war im August 1974 der eigenständige Träger Verein zur Förderung des Jugendzentrums Z6 gegründet worden, der im Keller der Andreas-Hofer-Straße 11 eine ehemalige Backstube mietete.

In ihrer Not stiegen immer wieder Jugendliche in das Jugendzentrum ein, um dort zu schlafen, bisweilen klauten sie aus der Bar auch einen Imbiss. Im Leitungsteam gab es ein gewisses Verständnis für derartige Verhaltensweisen und MitarbeiterInnen setzten sich mit diesen Jugendlichen zum Gespräch zusammen. Etwa zeitgleich bildeten drei Studentinnen der Sozialakademie eine Projektgruppe und boten wöchentliche Sprechstunden im Z6 an. Überwiegend weigerten sich wohnungslose Jugendliche, einen Schlafplatz in der Städtischen Herberge anzunehmen, und schliefen gegebenenfalls

---

1416 Ebd.
1417 Ebd.

lieber unter Brücken. Das Z6-Team verwies darauf, dass in der Städtischen Herberge keine (pädagogische) Betreuung der überwiegend älteren und alkoholkranken Bewohner angeboten wurde. Zugleich war man sich dessen bewusst, dass diese Jugendlichen Soforthilfe benötigten, weil deren Situation das hohe Risiko einer raschen Abwärtsspirale in Randgruppenmilieus in sich barg.[1418]

Im Jänner 1975 begannen MitarbeiterInnen des Jugendzentrums mit konkreten Vorarbeiten für die Gründung des Durchgangsorts für Wohnungs- und Arbeitssuchende.[1419] In dieser Phase war bereits die Bewährungshilfe in die Pläne eingebunden, nachdem sich die Problemlagen männlicher jugendlicher Probanden häufig mit jenen der Jugendlichen im Z6 deckten, Einzelne waren Klienten beider Einrichtungen. Insbesondere engagierte sich der hauptamtliche Bewährungshelfer Michael Halhuber-Ahlmann für das Projekt.[1420] Im Februar fanden intensive Kontaktgespräche u. a. mit den beiden Leitern der Sozialabteilungen des Landes Josef Kasseroler und Paul Lechleitner sowie Caritasdirektor Sepp Fill statt.

Bereits Anfang März 1975 mietete der Verein zur Förderung des Jugendzentrums Z6 ein Haus in der Völser Straße 19 und stellte das Projekt DOWAS am 9. März im Rahmen einer Veranstaltung zur Präsentation des Z6 im Innsbrucker Kongresshaus der Öffentlichkeit vor.[1421] Wie schon beim KIT ein Jahr zuvor entschied sich das Z6 für einen mutigen Gründungsweg jenseits finanzieller Absicherungen und mit einem erst in Entwicklung befindlichen Konzept, geleitet von der skizzierten Notwendigkeit männlichen wohnungslosen Jugendlichen etwas anbieten zu wollen. Am 1. April 1975 wurde das DOWAS offiziell eröffnet. Marianne Banzer, eine junge, sozial engagierte Schweizerin, die einigen Z6-MitarbeiterInnen bekannt war, war gebeten worden im DOWAS zu wohnen und mitzuhelfen, das Projekt aufzubauen. Jussuf Windischer schrieb in seinem unveröffentlichten Manuskript „Jugend am Rande":

„Einer von uns rief sie an: sie solle kommen, es gäbe genug Arbeit, Bezahlung gäbe es auch keine. Sie solle aber erspartes Geld mitbringen, um das Nötige zum Essen hier einkaufen zu können. Außerdem möge sie Kochgeschirr und Nähmaschine mitbringen. Die junge Frau kam."[1422]

Banzer blieb fast ein Jahr, wohnte im DOWAS und leistete einen maßgeblichen Anteil in der chaotischen Gründungsphase. Die ersten Monate lebte im Haus auch noch ein junger Mann, von dem nur der Vorname Tobias überliefert ist und dessen Engagement religiös motiviert war. Tobias gehörte zu den „Jesus-People", einer in den USA entstandenen christlichen Bewegung, die sich aus Ideen des Urchristentums und der

---

1418 Vgl. DOWAS-Konzept 24.4.1975, Privatarchiv Windischer; DOWAS-Konzept undatiert (vermutlich Anfang 1975), Archiv DOWAS; Verein zur Förderung des DOWAS (Hg.): 10 Jahre DOWAS und das sozialpolitische Elend in Tirol, eine Dokumentation, Innsbruck 1985, Archiv DOWAS.
1419 Vgl. DOWAS-Konzept 1975, Privatarchiv Windischer.
1420 Interview Pilgram 2015.
1421 Vgl. DOWAS-Konzept 1975, Privatarchiv Windischer; sowie DOWAS-Konzept undatiert (vermutlich Anfang 1975), Archiv DOWAS. Weiters: Verein zur Förderung des DOWAS (Hg.): 10 Jahre DOWAS und das sozialpolitische Elend in Tirol, eine Dokumentation, Innsbruck 1985, Archiv DOWAS.
1422 Windischer 1978, S. 96.

Hippiebewegung der 1960er Jahre speiste. Einige Zeit bewohnten der Sozialarbeiter Georg Dirscherl und die Z6-Mitarbeiterin Monika Hitsch, die beide bereits in der Gründungsphase des KIT eine zentrale Rolle gespielt hatten, die kleinen Zimmer im ersten Stock des Hauses. Dirscherl und Hitsch zahlten Miete und übernahmen eine Art Supervision des Projekts.[1423] Es kam allerdings rasch zu inhaltlichen Auseinandersetzungen mit Marianne Banzer, weshalb sich Hitsch und Dirscherl auf ihre Rolle als Mieter zurückzogen und schließlich das Haus verließen.[1424]

Dank der Einbindung der Bewährungshilfe entstanden konstruktive Kontakte zum nahegelegenen Landesgerichtlichen Gefangenenhaus, dessen Werkstätten Mobiliar für das DOWAS, darunter Stockbetten, produzierte und als Sachspenden zur Verfügung stellte. Folge dieser Kontakte, namentlich zu einem sozial engagierten höheren Beamten des Gefangenenhauses, waren Aufnahmen von Jugendlichen und jungen Erwachsenen nach einer Haftentlassung, unabhängig davon, ob es Klienten der Bewährungshilfe waren.[1425]

Die ersten Konzepte für den Durchgangsort für Wohnungs- und Arbeitssuchende (DOWAS)[1426] nannten als Zielgruppe „männliche Jugendliche ohne Arbeit oder ohne Zimmer von 16 bis 25 Jahren" sowie den Zuschreibungen charakterlich labil, sozial auffällig und unangepasst sowie kontakt- und bindungslos. Explizit erwähnt waren aus dem Gefängnis und Heimen Entlassene sowie Jugendliche, „die von daheim hinausgeworfen wurden und ohne Schlafstelle sind". Vermittelnde Einrichtungen waren Bewährungshilfe, Caritas, Jugendorganisationen und „andere soziale Institutionen". Von einer Aufnahme ausgeschlossen blieben drogenabhängige, alkoholkranke und polizeilich gesuchte Jugendliche.[1427]

Schon in diesen frühen Konzepten findet sich der Terminus „Sprungbrett" – das DOWAS als Ort, von dem aus die Jugendlichen die Möglichkeit haben sollten, möglichst rasch Arbeit und Unterkunft zu finden. Dementsprechend war auch eine Beschränkung des Aufenthalts auf einen Monat (phasenweise auch nur zwei Wochen) vorgesehen, nicht zuletzt auch deswegen, um bei maximal zehn Betten möglichst vielen Betroffenen die Chance eines Aufenthalts im DOWAS geben zu können. Methodisch wurde auf die Wirkung eines intensiven Gemeinschaftslebens mit täglichen Hausversammlungen gesetzt. Das bedeutete gemeinsame Mahlzeiten, Aufteilung der anfallenden Hausarbeit und Freizeitgestaltung in der Gruppe. Mit den im Haus wohnenden MitarbeiterInnen galt es individuell Pläne zur Überwindung von Arbeits- und Zimmerlosigkeit zu ent-

---

1423 Interview Windischer 2015. In der Z6-Zeitschrift upf, Nr. 4 Sommer 1975, trägt der junge Mann, der mit Marianne Banzer anfangs im DOWAS wohnte und mitarbeitete den Vornamen Leo. Mit hoher Wahrscheinlichkeit sind Tobias und Leo ein und dieselbe Person.
1424 Interview Hitsch 2015.
1425 Interview Windischer 2015.
1426 *Der* Durchgangsort für Wohnungs- und Arbeitssuchende würde auch für die Abkürzung DOWAS den männlichen Artikel erfordern. Nachdem aber bereits ab den frühen Dokumenten durchgehend der sächliche Artikel verwendet wird, ist *das* DOWAS auch in dieser Untersuchung der durchgängig verwendete Artikel.
1427 Vgl. DOWAS-Konzept 1975, Privatarchiv Windischer. Vgl. auch DOWAS-Konzept undatiert (vermutlich Anfang 1975), Archiv DOWAS.

wickeln und in Begleitung auf Job- und Unterkunftssuche zu gehen. Zu dieser Fokussierung passte auch, dass das DOWAS untertags von 9 bis 17 Uhr geschlossen blieb.[1428]

Eine angespannte ökonomische Lage gibt der Finanzierungsplan aus dem April 1975 wieder: Aus Spenden resultierenden Einnahmen von 1.500 Schilling monatlich standen geplante Ausgaben von 19.100 Schilling gegenüber.[1429] Dieser Budgetplan enthielt auch ein Honorar von 6.000 Schilling für einen hauptamtlichen Mitarbeiter, letztlich kam es erst Anfang 1977 zur ersten Anstellung eines Sozialarbeiters.[1430]

Bald nach der Eröffnung sicherte eine Startsubvention in unbekannter Höhe und eine monatliche Unterstützung durch die Caritas das vorläufige, wenn auch prekäre Überleben des Projekts.[1431] Der damalige Caritasdirektor Sepp Fill unterstützte zu dieser Zeit bereits das KIT durch die Übernahme der Miete des Hauses in der Weingartnerstraße und gehörte auch dem Gründungsvorstand des Vereins KIT an, obwohl gleichzeitig der Konflikt zwischen dem Z6 und Bischof Rusch eskaliert war. Für das Z6 und das DOWAS (Team einschließlich Bewohner) entstand durch das Engagement der Caritas eine moralische Verpflichtung, sich mit vielen freiwilligen HelferInnen ab 1974 an der jährlich im Frühjahr durchgeführten Altkleidersammlung der Caritas zu beteiligen. Diese funktionierte in diesen Jahren mit kleinen Teams, die mit gemieteten Klein-Lkws in zugewiesenen Innsbrucker Straßenzügen auf den Gehsteigen deponierte gelbe Kleidersäcke einsammelten.[1432]

Vom 17. März bis zum 24. Oktober 1975 nahmen 59 Jugendliche und junge Erwachsene (988 Nächtigungen) das DOWAS in Anspruch.[1433] Die erwähnten inhaltlichen Auseinandersetzungen führten im Laufe des Jahres 1975 dazu, dass sich Windischer und Halhuber-Ahlmann operativ stärker ins Geschehen einbrachten und z. B. jeweils für einen Monat durchgehend Nachtdienste im DOWAS leisteten. In diesem Zusammenhang wurden auch eine Professionalisierung der Arbeit und die stärkere Einbindung der Bewährungshilfe ins DOWAS als Ziel formuliert.[1434] Ab Februar 1976 stand dem DOWAS dank dem ein Jahr zuvor in Kraft getretenen Zivildienstgesetzes auch ein Zivildiener zur Verfügung: Reinhard Wibmer leistete diesen im Z6 ab, war aber im DOWAS tätig, und blieb diesem teils als ehren-, teils als hauptamtlicher Mitarbeiter eineinhalb Jahrzehnte verbunden.[1435] Vermutlich ab Ende 1975/Anfang 1976 erhielten ehrenamtlich MitarbeiterInnen ein Honorar von 100 Schilling pro geleistetem Nachtdienst.[1436]

1976 gelang schließlich auch ein entscheidender Schritt zur finanziellen Konsolidierung des DOWAS: Mit Mitteln des Bundesministeriums für Justiz übernahm die Bewäh-

---

1428 Ebd.
1429 DOWAS-Konzept 1975, Privatarchiv Windischer.
1430 Vgl. Windischer 1978. Ferner: Heinrich Stemeseder: Der Durchgangsort für Wohnungs- und Arbeitssuchende – Ein Beispiel für selbstorganisierte Sozialpolitik in Tirol, Dipl.Arb., Innsbruck 1991.
1431 E-Mail von Jussuf Windischer an den vormaligen Caritasdirektor Hans Neuner, 10.12.2008, Privatarchiv Windischer.
1432 Vgl. upf, Mai 1978, S. 32.
1433 Jugendzentrum Z6, Sammlung von Statuten, Konzepten und Dokumenten, o.J. (wahrscheinlich 1976), Privatarchiv Windischer.
1434 Ebd.
1435 upf, Nr. 6, Februar 1976, o.S.; Telefongespräch Hannes Schlosser mit Reinhard Wibmer am 9.5.2017.
1436 Interview Windischer 2015. Interview Hannes Schlosser mit Helmut Kunwald am 3.9.2015.

rungshilfe die Hälfte des DOWAS-Budgets. Die Einrichtung erhielt den Status eines Bewährungshilfeheims.[1437] Verbunden mit dieser langfristigen Finanzierungssicherung war der Anspruch der Bewährungshilfe Innsbruck, die Hälfte der Plätze im DOWAS mit eigenen Klienten belegen zu können. Darüber hinaus war es mit den Mitteln der Bewährungshilfe auch möglich, hauptamtliche Kräfte zu beschäftigen, wobei diese MitarbeiterInnen als Angestellte des Vereins für Bewährungshilfe und soziale (Jugend)Arbeit auch eine entsprechende Absicherung genossen. Bis 1979 stieg deren Zahl auf drei.[1438]

Für das Kalenderjahr 1979 weist die Statistik des DOWAS 136 Aufnahmen, darunter 132 männliche Jugendliche und junge Erwachsene mit österreichischer Staatsbürgerschaft aus. 50 kamen aus Tirol, darunter 35 Innsbrucker, die restlichen 82 stammten aus anderen Bundesländern. 105 Abgänge wurden positiv bilanziert (Arbeit, Zimmer, nach Hause, Kur etc.), 31 sind mit unbekannt bzw. Haft oder Obdachlosenheim vermerkt.[1439]

Weil das Angebot des DOWAS in Innsbruck/Tirol beispiellos war, kam es schon bald nach der Gründung dazu, dass nicht nur Z6 und Bewährungshilfe als Zuweiser von Klienten in Erscheinung traten, sondern auch Bahnhofsmission, Sozialamt, Gefängnis, SOS-Kinderdorf, Trinkerfürsorge, Caritas und Arbeitsamt. Im Selbstverständnis des DOWAS war von Anfang an daran gedacht, das Haus in der Völser Straße 19 nicht als isolierte Einrichtung zu betreiben, sondern durch unterschiedliche Wohnprojekte (Wohn- und Mietgemeinschaften, Betreutes Wohnen etc.) zu ergänzen.[1440]

Dieser Intention entsprach eine im Frühjahr 1977 von Angehörigen des Arbeitskreises „Mietgemeinschaften", der sich im Rahmen des Z6-Sozialddienstes gebildet hatte, konzipierte Wohngemeinschaft in der Amthorstraße. Jugendliche sollten dort die Gelegenheit bekommen, das Leben in Gemeinschaft zu lernen. Die Wohngemeinschaft verfügte über eine Küche, vier Zimmer, Bad sowie Toilette und wurde von einem Theologiestudenten betreut. Ende 1977 bot sich folgendes Bild:

> „Drei Jugendliche wohnen zur Zeit mit dem Theologiestudenten zusammen. Zwei kommen aus Heimen und einer wohnte zuerst bei den Stiefeltern. Anfangsschwierigkeiten gab es genug. Für zwei mußte noch Arbeit gesucht werden und ein paar Stühle brauchte man auch noch. Sehr geholfen haben auch die Jesuiten, die einen Stock höher zusammen leben."[1441]

Es kam aber keine gesicherte Finanzierung zustande, das Geld für die Anstellung eines therapeutisch ausgebildeten Betreuers fehlte und unter den prekären Rahmenbedingungen gab es auch große Probleme mit den Jugendlichen. Ein Jahr nach der Eröffnung war daher diese Wohngemeinschaft schon wieder Geschichte.[1442] Von dieser Episode abgesehen, blieb die Forderung nach einer Kette von Wohnprojekten jahrelang unerfüllt, weshalb über Jahre an das DOWAS Ansprüche gestellt wurden, für die es nicht gedacht war.

1437 Mehr über die Bewährungshilfeheime im Abschnitt 5.5, S. 167 ff.
1438 DOWAS Innsbruck, in: sub 4/80, S. 22–24, hier S. 23.
1439 Ebd., S. 22.
1440 Ebd.
1441 upf, amthorstraße, Weihnachten 1977, S. 17.
1442 10 Jahre Jugendzentrum Z6, 1979, S. 34.

1980 ergab eine Zusammenschau der Biografien aller bis dahin aufgenommen Klienten, dass faktisch alle „aus mehr oder weniger kaputten Familien" stammten, jeder vierte eine Heimkarriere hinter sich hatte und 60 Prozent vorbestraft waren. Zwei Drittel aller DOWAS-Bewohner hatten nie einen Beruf erlernt oder ihre Lehre abgebrochen, nur 20 Prozent eine abgeschlossene Berufsausbildung und 15 Prozent standen in einem Beruf ohne Lehre (Anlernling, Hilfsarbeiter).[1443] Daraus leitet sich ab, dass die überwiegende Mehrzahl der DOWAS-Bewohner eine Bürde von mehr oder weniger großen Handicaps bezüglich ihrer Wohn- und Arbeitsfähigkeit mit sich trugen, verschärft durch Vorurteile von VermieterInnen und Betrieben. Vielfach ist in Dokumenten der frühen Jahre von einem „Teufelskreis" die Rede. Ein letztlich hilfloser Versuch diesen zu durchbrechen war, schon bald die maximale Aufenthaltszeit im DOWAS von einem auf zwei Monate zu verlängern. Gelegentlich kam es auch zur Überschreitung dieser Frist, manche Klienten kamen immer wieder. Tendenziell verfehlte damit das DOWAS selbstgesteckte Ziele, indem der Durchgangs- zum Aufenthaltsort wurde und zugleich die limitierte Zahl der Plätze zur Konsequenz hatte, Jugendliche und junge Erwachsene mit einem konzeptkonformen Bedarf häufig abweisen zu müssen.

Am 1. November 1978 übergab der Verein zur Förderung des Jugendzentrums Z6 seinen Teil der Trägerschaft am DOWAS an den neu gegründeten Verein zur Förderung des DOWAS.[1444] Dieser Verein erhielt eine Konstruktion, die bei Tiroler Sozialprojekten kaum ein zweites Mal anzutreffen war und im Kern bis in die Gegenwart unverändert geblieben ist: Mitglieder können nur Mitarbeiterinnen und Mitarbeiter des DOWAS werden, alle Vereinsfunktionen sind deshalb Teammitgliedern vorbehalten. Es gab also nie einen externen Vorstand und damit war und ist das DOWAS ein Projekt, das seit knapp vier Jahrzehnten in Selbstverwaltung funktioniert. Helmut Kunwald, Nachtdienstmitarbeiter ab 1980, seit 1987 hauptamtlich im DOWAS beschäftigt und 2019 langjähriger Obmann des Vereins zur Förderung des DOWAS, sieht in dieser Konstruktion entscheidende Vorteile, insbesondere, „dass wir, was vor allem sozialpolitische Entscheidungen betrifft, Entscheidungen, wie wir als Verein agieren, sehr schnell, kurzfristig treffen können".[1445] Darüber hinaus gab und gibt es im DOWAS keine Geschäftsführung, alle MitarbeiterInnen wurden und werden nach dem gleichen Gehaltsschema bezahlt, es gibt keine Einkommensdifferenzierungen nach Qualifikationen, sondern lediglich nach Dienstalter. Allerdings entstand mit dem ab Mitte der 1980er Jahre einsetzenden Wachstum bei Einrichtungen und Personal die Notwendigkeit zur Installierung einer geschäftsführenden Gruppe, in der alle Arbeitsbereiche ihre VertreterInnen delegieren. Für eine Anstellung im DOWAS existieren keine formalen Qualifikationsvoraussetzungen, wenngleich die Mehrzahl ausgebildete SozialarbeiterInnen waren und sind:

1443 DOWAS Innsbruck, in: sub 4/80, S. 22.
1444 Verein zur Förderung des DOWAS (Hg.): 10 Jahre DOWAS und das sozialpolitische Elend in Tirol, eine Dokumentation, Innsbruck 1985, S. 4, Archiv DOWAS. Gegründet wurde der Verein zur Förderung des Durchgangsortes für Wohnungs- und Arbeitssuchende (DOWAS) laut Vereinsregisterauszug bereits am 18.4.1978. Homepage Zentrales Vereinsregister, Bundesministerium für Inneres, https://www.bmi.gv.at/609/zvr.aspx (abgerufen am 12.7.2017).
1445 Interview Kunwald 2015.

„Es ist immer so gewesen, dass die Anstellung nach Eignung für diesen Job, nach Vorerfahrungen, nach sozialpolitischer Einstellung erfolgt ist. Jemand, der mit einem ausgewachsenen Helfersyndrom daherkommt, hat eher weniger Chancen, einen Job zu kriegen im DOWAS, als jemand, der mit einem sozialpolitischen Ansatz hergekommen ist."[1446]

Komplex und konfliktreich gestalteten sich die Beziehungen zwischen dem Verein zur Förderung des DOWAS und dem Verein für Bewährungshilfe und soziale (Jugend) Arbeit bzw. der Geschäftsstelle der Bewährungshilfe in Innsbruck. Die anfangs zwei, ab 1979 drei hauptamtlich beschäftigten MitarbeiterInnen des DOWAS waren Angestellte des Vereins für Bewährungshilfe. Damit war Edmund Pilgram als Leiter der Geschäftsstelle der Bewährungshilfe dienstrechtlich ihr Vorgesetzter. Zugleich verfügten die DOWAS-Angestellten bis 1984 über keine Räumlichkeiten außerhalb des Hauses in der Völser Straße 19. Deshalb nutzten die DOWAS-MitarbeiterInnen das Büro der Bewährungshilfe für administrative Arbeiten, am gleichen Ort gab es auch regelmäßige Teamsitzungen mit den BewährungshelferInnen. Spannungen ergaben sich vor allem, als das DOWAS mit seiner Obfrau Yolanda Brinning Eigenständigkeit auf allen Ebenen anstrebte, während die BewährungshelferInnen auf einer Mitsprache in „ihrem" Bewährungshilfeheim beharrten.

Auch die Geschäftsführung der Bewährungshilfe in Wien hatte wenig Freude damit, dass drei seiner MitarbeiterInnen in einem Bereich tätig waren, auf den sie formal und inhaltlich kaum Einfluss hatten. Nachdem das DOWAS auf Wünsche der Bewährungshilfe- bzw. Neustart-Leitung an diesem Status etwas zu ändern, nicht einging, ist diese Dichotomie teilweise bis heute aufrecht. Nach dem Jahr 2000 nutzte Neustart das Ausscheiden zweier DOWAS-Mitarbeiter dazu, die jeweiligen Nachbesetzungen nicht mehr anzustellen, sondern seiner Finanzierungsverpflichtung durch entsprechende Geldäquivalente nachzukommen. Helmut Kunwald ist 2019 als letzter DOWAS-Mitarbeiter verblieben, der bei Neustart angestellt ist.[1447]

Bemerkenswert konfliktlos blieb eine ausgeprägte Diskrepanz zwischen den finanziellen Beiträgen der Bewährungshilfe (bzw. des Justizministeriums) und den von ihr in Anspruch genommenen Plätzen. Die Einnahmenbilanz für 1979 verdeutlicht, dass der Anteil der Bewährungshilfegelder deutlich über der Hälfte des DOWAS-Budgets lag. Den 580.000 Schilling Jahressubvention seitens des Bundesministeriums für Justiz standen nur 271.200 aus anderen Quellen gegenüber: Land Tirol 150.000 S, Stadt Innsbruck 60.000 S, Caritas 28.700 S, Spenden 32.500 S. Dazu kamen noch 6.690 S an Heimkostenbeiträgen seitens der Bewohner.[1448] Im Budget für 1984 war ein Gesamtaufwand von 950.000 Schilling präliminiert, davon waren 650.000 S (68,4 Prozent) durch das BMJ gesichert. Der Beitrag des Landes Tirol war mit 108.000 S (11,4 Prozent) veranschlagt, jener der Stadt Innsbruck mit 100.000 (10,5 Prozent). Die fehlenden

---

1446 Ebd.
1447 Ebd.
1448 Verein zur Förderung des DOWAS (Hg.): 10 Jahre DOWAS und das sozialpolitische Elend in Tirol, eine Dokumentation, Innsbruck 1985, S. 68, Archiv DOWAS.

92.000 S waren offen und mussten über noch zu lukrierende Subventionen, Spenden und Bewohnerbeiträge aufgebracht werden.[1449]

Zwischen 1975 und 1977 lag der Anteil der Bewährungshilfeprobanden an den DOWAS-Bewohnern über 30 Prozent, danach pendelte sich dieser Anteil bis 1984 auf durchschnittlich 23 Prozent ein.[1450] Allerdings war die durchschnittliche Aufenthaltsdauer von Bewährungshilfeklienten mit 49 Tagen (1980–1984) fast doppelt so hoch wie beim gesamten Klientel (26 Tage/1977–1984). Trotzdem finanzierte der Bund über Jahre rund zwei Drittel des DOWAS, nahm aber nur ein Drittel der Leistung in Anspruch. Ganz abgesehen davon, dass das DOWAS mit den Bundesmitteln sicher planen konnte, während jene von Stadt und Land Jahr für Jahr neu erstritten werden mussten.

Über den Zeitraum von 1975 bis 1984 zeigt sich, dass eine Vielzahl von über 20 Einrichtungen an das DOWAS Klienten vermittelte. Zu nennen ist insbesondere der Bahnhofsozialdienst mit 22 Prozent (im Durchschnitt der zehn Jahre von 1975 bis 1984). Mit Anteilen zwischen 2 und 4 Prozent scheinen u. a. Gefängnis, Caritas, Klinik, Z6 und Sozialberatung in den Statistiken auf. Als wichtigste Quelle erwies sich im Laufe der ersten zehn Jahre die Mundpropaganda, im Durchschnitt kam mehr als ein Drittel „von der Straße", in manchen Jahren sogar fast die Hälfte.[1451]

Tendenziell erhöhte sich das Alter der DOWAS-Klienten, das im ersten Jahr bei 19,4 Jahren lag und in der ersten Hälfte der 1980er Jahre auf 24 anstieg. Der wachsende Bedarf lässt sich auch daraus ableiten, dass ab 1981 die durchschnittliche Auslastung bei mindestens 110, bisweilen jenseits der 120 Prozent lag. Das heißt, dass bei einer Standardausstattung mit acht Betten ständig ein bis zwei Zusatzbetten belegt waren. In den ersten zehn Jahren nutzen das DOWAS fast ausschließlich Österreicher, darunter rund 40 Prozent Tiroler unter ihnen etwa die Hälfte aus Innsbruck.[1452]

Ein Spiegelbild der wirtschaftlichen Rahmenbedingungen sind die Erfolgsquoten des DOWAS. Das Idealziel „Arbeit und Zimmer" konnte in den Jahren 1977 bis 1979 noch bei fast 60 Prozent der Bewohner erreicht werden, ab 1980 sank diese Quote auf durchschnittlich 40 Prozent. Allerdings konnte die Zahl derer, denen wenigstens ein Zimmer oder ein Platz in einer Wohngemeinschaft vermittelt werden konnte, von weniger als fünf auf zwölf Prozent (1984) gesteigert werden. Durchschnittlich jeder Vierte verließ das DOWAS aber mit unbekanntem Ziel.[1453]

Von Anfang an suchte das DOWAS zur Erreichung seiner Ziele den Weg an die Öffentlichkeit. Dazu zählten eine intensive Medienarbeit sowie die Ausarbeitung von Flugblättern und deren Verteilung an neuralgischen Punkten der Stadt. Zugleich suchten die MitarbeiterInnen das Gespräch mit PolitikerInnen und anderen Verantwortlichen in Stadt und Land. Nicht zuletzt war das DOWAS immer wieder treibende Kraft beim Schmieden von Bündnissen unter Sozialeinrichtungen. Bei wiederholt einberufenen Pressekonferenzen wies das Team u. a. auf die Notwendigkeit einer differenzierten

---

1449 Ebd., S. 53.
1450 Ebd., S. 21.
1451 Ebd., S. 20–22.
1452 Ebd., S. 20.
1453 Ebd., S. 26 f.

Kette von Wohngemeinschaften hin, abgestimmt auf den unterschiedlichen Bedarf. Die Berichterstattung fiel in der Regel durchaus wohlwollend aus.[1454]

Der Erfolg, von der Stadt Innsbruck wenigstens eine preisgünstige Wohnung zugewiesen zu bekommen, blieb aber aus. Daran änderte auch eine Aussprache des Sozialforums – u. a. mit dem Thema Mietgemeinschaften für Jugendliche – mit Bürgermeister Lugger und den Stadträten Bruno Wallnöfer und Paul Kummer (alle ÖVP) nichts.[1455] Anfang 1979 wandte sich das DOWAS mit einem Aufruf an die Bevölkerung freie Zimmer und Wohnungen zu melden – offenbar ebenfalls erfolglos.[1456]

In den beiden folgenden Jahren brachte das DOWAS eine Reihe von Flugblättern heraus, die auf die prekäre Situation wohnungs- und arbeitsloser Jugendlicher aufmerksam machten. Die Flugblätter verwiesen zugleich auf wichtige soziale und politische Zusammenhänge in Innsbruck und Tirol. Etwa mit dem Hinweis, dass in Innsbruck 1300 Familien auf eine Stadtwohnung warten würden oder eine durchschnittliche Wohnungsmiete in Innsbruck bei 4000 Schilling lag. Dazu kamen budgetäre Vergleiche, die aus der Sicht von DOWAS und Sozialforum für sich selbst sprächen: „Ein Autobahnklosett kostet so viel wie ein neues Jugendzentrum."[1457] Der Ton in den Flugblättern wurde zunehmend schärfer, die Kritik an der Stadtpolitik konkreter:

„Die Politiker der Olympiastadt – ganz gleich, welchen Coleurs – setzen sich lieber für Projekte ein, die für ihr Prestige etwas abwerfen (siehe Budget der Stadt Innsbruck) und Wählerstimmen binden. Die feierliche Eröffnung einiger Wohngemeinschaften für arbeits- und obdachlose Jugendliche wäre peinlich und auch aus einer Beratungsstelle läßt sich schlecht Kapital schlagen. Notwendig gewordene Sozialeinrichtungen werden in der Regel erst dann subventioniert, wenn sie als Pflaster dienen, das man über eine eitrige Wunde klebt, die bereits zum Himmel stinkt. Die vom DOWAS geforderte, längst schon notwendige Kette von sich ergänzenden Sozialeinrichtungen für Jugendliche wird als unnötige Utopie abgelehnt. (Wir haben ja die Bobbahn und die Jungschützen.)"[1458]

In weiteren Flugblättern wies das DOWAS darauf hin, dass in Innsbruck 300 bis 400 Wohnungen leer stünden. Zugleich würden billige Wohnobjekte geräumt, um sie abreißen und durch Häuser mit teuren Kleinwohnungen zu ersetzen. Das DOWAS forderte

---

1454 Vgl. Kurier, Blickpunkt Tirol, Ein Unterschlupf für 30 Schilling, 15.2.1976; Tiroler Tageszeitung, Hilfe für Jugendliche ohne Arbeit und Heimat, 29.2.1976, S. 5; Kurier, Blickpunkt Tirol, Nothelfer scheitern an fehlender Hilfe, 9.6.1976, S. 7; Neue Tiroler Zeitung, Kein „Schlafen mehr unter der Brücke", 8.9.1976, S. 5; Tiroler Tageszeitung, Innsbruck: 300 Jugendliche leben auf der Straße, 18.6.1977, S. 5; Kurier, Blickpunkt Tirol, „DOWAS" tut was für junge Leute, 18.6.1977, S. 7.
1455 Tiroler Tageszeitung, Delegation des „Sozialforums" im Rathaus,16.9.1978, S. 9. Am im Herbst 1977 gegründeten Sozialforum waren u. a. Z6, DOWAS und KIT beteiligt. Mehr über das Sozialforum im Abschnitt 11.4, S. 438 ff.
1456 Tiroler Tageszeitung, DOWAS-Aufruf: Wohnungen für Jugendliche, 19.2.1979, S. 4.
1457 Flugblatt datiert mit 1980, in: Verein zur Förderung des DOWAS (Hg.): 10 Jahre DOWAS und das sozialpolitische Elend in Tirol, eine Dokumentation, Innsbruck 1985, Archiv DOWAS.
1458 Flugblatt „Wir wollen mehr als nur ‚Pflaster-Picken'," datiert mit einem Eingangsstempel der Bundespolizeidirektion Innsbruck vom 9.1.1981; in: Verein zur Förderung des DOWAS (Hg.): 10 Jahre DOWAS und das sozialpolitische Elend in Tirol, eine Dokumentation, Innsbruck 1985, Archiv DOWAS.

in diesem Zusammenhang die Freigabe von Notwohnungen für Wohngemeinschaften und das Verbot staatlicher und privater Wohnungsspekulation.[1459] In der Folge knüpfte das DOWAS an der Idee einer Notwohnungszentrale an und forderte die Bevölkerung auf, leerstehende Wohnungen zu melden:

> „Wir Mitarbeiter vom DOWAS sind täglich mit der Wohnungssituation in Innsbruck konfrontiert. Wir versuchen seit 2 Jahren, für junge Leute Wohngemeinschaften zu gründen, werden aber immer nur mit schönen oder manchmal auch mit weniger schönen Worten abgespeist. Wir wissen, daß es nicht nur uns so ergeht, deshalb sehen wir die Notwendigkeit, eine Notwohnungszentrale zu errichten."[1460]

Zugleich wurde gefordert, den Ablösewucher abzuschaffen, eine Meldepflicht für leerstehende Wohnungen einzuführen und die Budgetmittel für den Wohnbau der Stadtgemeinde zu erhöhen. Ausdrücklich enthielten die Flugblätter den Hinweis, aus privaten Mitteln finanziert worden zu sein.[1461]

Die angesprochene Stadtpolitik reagierte auf die Kampagne im Mai 1980 mit einer Ablehnung seitens des städtischen Wohnungsausschusses, dem DOWAS eine Wohnung zur Verfügung zu stellen. Ein halbes Jahr später schrieb Vizebürgermeister Romuald Niescher in einem Brief an das DOWAS mit einem gewissen Sarkasmus: „Sollte sich Ihre Tätigkeit im Bereich des DOWAS über die Herausgabe von Flugblättern auch mit der Befassung mit konkreten Problemen erstrecken [...]".[1462]

Schwierigkeiten gab es in diesem Zusammenhang auch mit der Geschäftsführung des Vereins für Bewährungshilfe in Wien. Deren Kritik richtete sich dagegen, dass der Bewährungshilfe zugewiesene Zivildiener, die teilweise auch für das DOWAS tätig waren, in ihrer Dienstzeit für öffentliche Agitation eingesetzt würden. Das DOWAS bestätigte die Teilnahme von Zivildienern an Flugblattverteilaktionen in der Maria-Theresien-Straße, verwies allerdings darauf, dass dies in deren Freizeit erfolgt sei.[1463]

Ende 1981 gab es schließlich einen Hoffnungsschimmer für eine DOWAS-Wohngemeinschaft: Das abbruchreife Haus in der Erzherzog-Eugen-Straße 46 sollte nach den Überlegungen der Stadt bis 1984 für das Z6 adaptiert werden. Im zweiten Stock sollte das DOWAS eine große Wohnung erhalten. Kritisch zu den Plänen äußerten sich Landesjugendreferent und ÖVP-Gemeinderat Girstmair sowie die Leitung des Z6 in überraschender inhaltlicher Übereinstimmung, wonach die DOWAS-Jugendlichen einen negativen Einfluss auf jene im Z6 ausüben könnten. Es sei besser die Lebensräume von Wohngemeinschaft und Jugendzentrum auseinander zu halten, das Z6 sei auf „stabile Mitbewohner" angewiesen, lautete die Argumentation aus dem Z6. Für die

---

1459 Flugblatt „was uns in bewegung bringt ..." [sic!], datiert mit einem Eingangsstempel der Staatsanwaltschaft Innsbruck vom 14.1.1981, in: Verein zur Förderung des DOWAS (Hg.): 10 Jahre DOWAS und das sozialpolitische Elend in Tirol, eine Dokumentation, Innsbruck 1985, Archiv DOWAS.
1460 Flugblatt „Wohnungsdilemma in Innsbruck", datiert mit 31.1.1981, in: Verein zur Förderung des DOWAS (Hg.): 10 Jahre DOWAS und das sozialpolitische Elend in Tirol, eine Dokumentation, Innsbruck 1985, Archiv DOWAS.
1461 Ebd.
1462 Brief vom 27.1.1981, zitiert nach einem Bericht in der Stattzeitung rotes dachl vom 1.5.1982, S. 5.
1463 Interview Kunwald 2015.

Jugendlichen der Wohngemeinschaft wäre es besser „nicht permanent dem lebendigen Treiben eines Jugendzentrums ausgesetzt" zu sein und dem „Jugendzentrum Z6 wäre besser gedient, wenn es Mitbewohner bekommen könnte, die ein relativ reibungsloses Zusammenleben" erwarten ließen.[1464] Der Konflikt um die geplante Wohngemeinschaft, in der drei Jugendliche mit zwei Betreuern hätten zusammenleben sollen, wurde letztlich nicht ausgetragen, nachdem die Stadt Innsbruck im Juni 1982 das Haus in der Erzherzog-Eugen-Straße abreißen ließ.[1465]

Endlich, im Oktober 1982 hatte der jahrelange Kampf um eine DOWAS-Wohngemeinschaft für Jugendliche und junge Erwachsene Erfolg: Die Stadt Innsbruck stellte am Marktgraben eine große Vierzimmerwohnung zur Verfügung, die anfangs vier bis fünf Klienten und ein Betreuer bewohnten. Diese Wohnung steht dem DOWAS seither ununterbrochen zur Verfügung.[1466]

Primäre Zielgruppe wurden im Laufe der Jahre junge männliche Erwachsene. Die Aufenthaltsdauer ist mit zwei Jahren begrenzt. Konzeptionell will die WG dank abgesicherter Wohnumgebung und begleitender Betreuung die Möglichkeit bieten, individuelle Probleme zu bearbeiten, die wiederholte Arbeits- und Wohnungslosigkeit mitverursacht haben. Am Ende der Zeit in der sozialpädagogisch betreuten Wohngemeinschaft soll die Fähigkeit zum selbstständigen Wohnen erlangt sein.[1467] Eine spezielle Zielgruppe für die WG sind verschuldete Klienten. Weil die Wohnung dem DOWAS von der Stadt Innsbruck mietfrei zur Verfügung gestellt wird, fallen nur Betriebskosten an, entsprechend niedrig sind die Beiträge der Bewohner angesetzt. Deshalb ist während eines zweijährigen Aufenthalts eine Schuldentilgung oft realistisch.[1468] Im Laufe des Jahres 1990 lebten insgesamt sieben Klienten mit einem Durchschnittsalter von 26,5 Jahren in der Wohngemeinschaft, darunter vier, die vorher im Übergangswohnheim waren. Jeweils drei waren zeitgleich Klienten der Bewährungshilfe bzw. der Zentralstelle für Haftentlassenenhilfe.[1469]

Zu den weiteren vom DOWAS gesetzten Initiativen zählte Anfang 1984 die Gründung des Ho & Ruck, einem Beschäftigungsprojekt für anfangs vier bis fünf langzeitarbeitslose Jugendliche unter der Führung eines Projektleiters. Entrümpelungen, Übersiedlungen, Möbelreparaturen und ein Dauerflohmarkt bildeten von Beginn an den Kern des Projekts.[1470] Das Ho & Ruck blieb bis 1988 ein Projekt des DOWAS, ehe es der eigenständige Verein Treffpunkt Werkstatt weiterführte.[1471]

1464 Vgl. Tiroler Tageszeitung, Triste Lage arbeitsloser Jugendlicher, 17.4.1982, S. 5; Stattzeitung rotes dachl, DOWAS – tu was, Solidarität mit den Opfern unserer Gesellschaft, 1.5.1982, S. 5.
1465 Tiroler Tageszeitung, Politiker vergaßen eigenen Beschluß, 23.6.1982, S. 3. Siehe Abschnitt über das Jugendzentrum Z6 6.3.3, S. 228 f.
1466 Verein zur Förderung des DOWAS (Hg.): 10 Jahre DOWAS und das sozialpolitische Elend in Tirol, eine Dokumentation, Innsbruck 1985, S. 4, Archiv DOWAS; vgl. auch Interview Kunwald 2015.
1467 Konzept Verein zur Förderung des DOWAS, Innsbruck 2012, S. 23–27, Archiv DOWAS.
1468 Interview Kunwald 2015.
1469 Verein zur Förderung des DOWAS (Hg.): Jahresbericht 1990, Archiv Dowas.
1470 Vgl. Tiroler Tageszeitung, Arbeitslose Jugendliche greifen zur Selbsthilfe, 31.1.1984, S. 3; Präsent, Zuerst einmal ein Dach über dem Kopf, 15.11.1984, S. 10; Z6-Zeitung, DOWAS – Durchgangsort für Wohnungs- und Arbeitssuchende, Dezember 1984, S. 4; Neue Tiroler Zeitung, DOWAS: Überbrückungshilfe für arbeitslose Jugendliche, 31.1.1984, S. 6.
1471 Mehr über das Ho & Ruck im Abschnitt 9.5, S. 368 ff.

Mit der Übernahme der Mitfahrzentrale in der bahnhofsnahen Brixner Straße konnte das DOWAS Mitte 1984 einen wichtigen Entwicklungsschritt der Organisation erreichen. Erstmals verfügte dadurch das DOWAS über eigene Büroräumlichkeiten, die auch für Teamsitzungen geeignet waren und als Anlauf- und Beratungsstelle für Klienten dienen konnten. Für diese Anlaufstelle im Stadtzentrum gab es nicht nur einen Bedarf seitens der im Übergangswohnhaus Völser Straße 19 wohnenden Klienten, sondern auch für deren Nachbetreuung. Außerdem waren schon längere Zeit Obdachlose, die unter der nahen Autobahnbrücke lebten, in der Völser Straße vorbeigekommen, ohne dass ihnen ein gezieltes Betreuungsangebot gemacht werden konnte. Mit dem Büro in der Brixner Straße wurde es zumindest räumlich leichter, Personen ohne Betreuung durch das Haus in der Völser Straße oder die Bewährungshilfe eine Unterstützung z. B. in Sozialhilfeangelegenheiten anzubieten.[1472]

Wie in anderen größeren Städten war auch in Innsbruck eine Mitfahrzentrale entstanden, die sich als Vermittlerin zwischen AutolenkerInnen und potentiellen Mitreisenden verstand. Die FahrerInnen kassierten einen Beitrag von ihren Gästen, diese sparten gegenüber den Ausgaben, die bei einer Zugreise angefallen wären, und die Mitfahrzentrale erhielt eine Vermittlungsgebühr. Zugleich war von Anfang an geplant, Fahrgemeinschaften von PendlerInnen zu organisieren.[1473] Die Mitfahrzentrale war als ehrenamtliche Privatinitiative gegründet worden, der die Aufgabenstellung über den Kopf gewachsen war. Die Überlassung der Räumlichkeiten an das DOWAS erfolgte unter der Bedingung, dass dieses die Mitfahrzentrale weiterführte.[1474] Das DOWAS betrieb sie fünf Jahre lang, 1989 erfolgte ihre Auflösung.[1475]

Die neuen Räumlichkeiten ermöglichten dem Verein zur Förderung des DOWAS auch die Herausgabe einer (sozial)politischen Zeitschrift. „akin – Aktuelle Information" erschien von 1986 bis 1989. Herzstück von akin, das in der Regel 14-tägig erschien, war ein Kalender zu sozialen und politischen Veranstaltungen. Beigelegte Flugblätter lagen in der Verantwortung der jeweiligen Organisation. Der redaktionelle Teil war häufig sozialpolitischen Themen gewidmet und diente dem DOWAS ebenso wie dem SPAK als Plattform für Auseinandersetzungen mit der Politik in Stadt, Land und Bund.[1476]

Der Beratungsbereich wuchs dank der vereinseigenen Räumlichkeiten kontinuierlich und mündete 1988 in ein eigenes Konzept. Mit der Arbeitsmarktverwaltung (heute AMS) kam es 1990 zu einem Vertragsabschluss, der das DOWAS als „arbeitsmarktbetreuerische Einrichtung" anerkannte. 1989, 1994 und 2001 gab es räumliche Erweiterungen in der Brixner Straße, ehe 2007 die Übersiedlung an den heutigen Standort in der Leopoldstraße erfolgte, wo sich neben der Beratungsstelle auch die Besprechungsräume der Wohneinrichtungen und die Büros der Verwaltung befinden. Zu den Schwerpunkten der Beratungsstelle zählte von den Anfängen weg die Abklärung und Durchsetzung von

---

1472 Interview Kunwald 2015.
1473 Vgl. Tiroler Tageszeitung, DOWAS übernimmt Mitfahrzentrale – Auch Pendler werden dort betreut, 28.6.1984, S. 5; Neue Tiroler Zeitung, DOWAS: Sprungbrett für den Einstieg in das Berufsleben, 28.6.1984, S. 6; Stattzeitung rotes dachl, Mitfahrzentrale und Ho & Ruck, 2.7.1984; tip – Innsbrucker Zeitung, DOWAS stellt vor: Mitfahrzentrale und Dauerflohmarkt, 27.8.1984.
1474 Interview Kunwald 2015.
1475 Konzept DOWAS 2012, S. 4, Archiv DOWAS.
1476 akin – Aktuelle Information, Nr. 1 1986 (15.1.1986) bis Nr. 10 1989 (5.7.1989). Insgesamt sind 60 reguläre Ausgaben erschienen, dazu einige Sondernummern.

Ansprüchen an Arbeitslosengeld, gegenüber den Sozialversicherungen und der Sozialhilfe (später Grundsicherung). Dazu kamen und kommen Hilfestellungen bei der Arbeits- und Wohnungssuche bzw. Arbeitserhalt und Delogierungsprävention, Unterstützung bei Schuldenregulierungen, Beschaffung von Dokumenten, Information über und Weitervermittlung an spezialisierte Einrichtungen. Nicht zu unterschätzen ist die Option, die das DOWAS als Postadresse für KlientInnen (inklusive Hauptwohnsitzbestätigung) bietet.[1477] Das Angebot schließt einmalige und kurzfristige Beratungen mit Servicecharakter ebenso ein, wie längerfristige sozialarbeiterische Betreuungen mit fixen Bezugspersonen.[1478]

1984 hatte das DOWAS neben dem Übergangswohnheim in der Völser Straße und der Wohngemeinschaft drei weitere Wohnungen in sein Angebot aufnehmen können. Längerfristig bewohnten diese zehn bis 15 ältere, zuvor obdachlose Personen.[1479] Die vom DOWAS gemieteten Wohnungen wurden an KlientInnen untervermietet, deren Betreuung auf der Grundlage individueller Vereinbarungen durch DOWAS-MitarbeiterInnen erfolgte. Miete und Betriebskosten trugen die BewohnerInnen.[1480] Die Zahl dieser sogenannten Zuwohnungen erhöhte sich bis Ende 1990 auf neun. Darüber hinaus gab es Ende 1990 für ehemalige Bewohner der Völser Straße 19 und ältere Obdachlose noch 15 weitere Wohnungen, welche ihre Bewohner selbst angemietet hatten, wobei in den meisten Fällen DOWAS-MitarbeiterInnen an der Beschaffung der Wohnungen beteiligt waren.[1481]

Die finanzielle Situation des Vereins zur Förderung des DOWAS war permanent angespannt und brachte der langjährigen Obfrau des Vereins, Yolanda (Jolly) Brinning, eine Anklage wegen fahrlässiger Krida ein. Beim Strafverfahren vor dem Landesgericht Innsbruck im Februar 1987 kam zutage, dass das DOWAS bereits Ende 1984 die Sozialversicherungsbeiträge an die Tiroler Gebietskrankenkasse nicht mehr bezahlen hatte können und sich Schulden von rund 150.000 Schilling angehäuft hatten. Brinning verwies vor Gericht darauf, dass erhoffte Unterstützungen der öffentlichen Hände wiederholt nicht bzw. nicht rechtzeitig eingetroffen wären. Das Gericht folgte dieser Darstellung und befand, vorübergehendes Zahlungsstocken sei keine Zahlungsunfähigkeit, weshalb auch keine fahrlässige Krida vorgelegen sei. Dem Freispruch in diesem Punkt folgte allerdings eine Verurteilung wegen des „Vergehen gegen das Allgemeine Sozialversicherungsgesetz". Obwohl sie aus Sicht des Gerichts wohltätig und in keiner Weise eigennützig gehandelt hätte, verurteilte es Brinning zu einer bedingten Geldstrafe.[1482]

Ein Jahr später führte ein auf 1,8 Mio. S angewachsener Schuldenberg zu einem Konkursverfahren gegen den Verein zur Förderung des DOWAS mit dem Finanzamt und der Gebietskrankenkasse als Hauptgläubigern. Hauptgrund für das finanzielle Debakel waren ausgebliebene Förderungen für das Beschäftigungsprojekt Ho & Ruck. Waren in den ersten Jahren des 1984 gegründeten Projekts die Förderungen unerwartet niedrig ausgefallen, wurde 1987 vom Sozialministerium (trotz mündlicher Zusagen) ein

---

1477 Konzept DOWAS 2012, S. 34–40, Archiv DOWAS.
1478 Ebd., S. 15.
1479 Ebd., S. 29; akin-Sondernummer „Zerreißt das soziale Netz?" 19.2.1987, S. 6; SPAK-Arbeitspapier zur Obdachlosigkeit 1987, S. 11–12, Archiv DOWAS.
1480 Konzept DOWAS 2012, S. 30, Archiv DOWAS.
1481 DOWAS-Jahresbericht 1990.
1482 Tiroler Tageszeitung, Obfrau des DOWAS von Krida freigesprochen, 20.2.1987, S. 4.

Förderstopp für das Ho & Ruck und österreichweit ähnliche Einrichtungen ausgesprochen.[1483]

Während des gesamten Konkursverfahrens konnten alle Einrichtungen des DOWAS ihre Arbeit fortsetzen. Schließlich gelang ein Zwangsausgleich mit einer 20-Prozent-Quote. Als Konsequenz aus den Ereignissen gliederte der Verein zur Förderung des DOWAS das Ho & Ruck aus, das unter dem Dach des neu gegründeten Vereins Treffpunkt Werkstatt weitergeführt wurde.

Das Gerichtsverfahren gegen Obfrau Brinning und der Konkurs zeigen deutlich Schattenseiten von Vereinskonstruktionen im Sozialbereich auf. Vereinsverantwortliche müssen oft ein hohes finanzielles und bisweilen sogar strafrechtliches Risiko eingehen, um den laufenden Betrieb ihrer Einrichtung nicht zu gefährden. Allzu oft ist es in der Vergangenheit vorgekommen, dass Verantwortliche der Öffentlichen Hände Verwendungszusagen nicht, verspätet oder in geringerem Umfang einhielten. In den Vereinen war es alltäglich, Mittel für den laufenden Betrieb auszugeben und damit zu spekulieren, dass diese in ausreichender Höhe erst Monate später von politischen Gremien beschlossen bzw. freigegeben wurden.

Bis Ende der 1980er Jahre hatte sich die Finanzlage des DOWAS einigermaßen stabilisiert. Für das Kalenderjahr 1990 wies der Verein zur Förderung des DOWAS eine ausgeglichene Jahresbilanz mit Ein- und Ausgaben von jeweils 2,8 Mio. Schilling aus. Einnahmenseitig stammte 1 Mio. Schilling (35,7 %) aus der Personalsubvention seitens des BMJ (Bewährungshilfe), 650.000 (23,2 %) vom Land Tirol, 440.000 (15,7 %) von der Stadt Innsbruck, 450.000 (16,1 %) von der Arbeitsmarkverwaltung, 225.000 (8 %) aus Miet- und Betriebskostenrefundierungen bzw. Wohngemeinschaftsbeiträgen der Bewohner. Dazu kamen jeweils 15.000 Schilling von Arbeiter- bzw. Handelskammer und Spenden in gleicher Höhe. Für bauliche Investitionen hatten Land Tirol und Stadt Innsbruck 1990 jeweils weitere 75.000 Schilling an außerordentlichen Subventionen gewährt.[1484]

In der jüngeren Vergangenheit haben sich Unsicherheiten in der Finanzierung für etablierte Sozialprojekte etwas entschärft, weil die Gebietskörperschaften der Forderung von Sozialvereinen vermehrt nachkommen, mehrjährige Förderverträge abzuschließen. Ein persönliches finanzielles Restrisiko für Vereinsverantwortliche bleibt trotzdem, im Fall des DOWAS ist es auch eines um den eigenen Arbeitsplatz.

Bis Mitte der 1980er Jahre hatte sich das DOWAS trotz seiner nie abreißenden Kritik an der Sozial- und Wohnungspolitik der Stadt Innsbruck so weit etabliert, dass seine Tätigkeit in allen Fraktionen des Innsbrucker Gemeinderats Anerkennung fand. Finanzstadtrat Hermann Knoll (ÖVP), der 1976 das DOWAS noch als Privatunternehmen abgetan hatte[1485], erklärte im Zuge der Budgetdebatte 1984, das DOWAS sei eine „sehr wertvolle Einrichtung" und bekannte sich dazu, dass die Stadt „neben Bund und anderen Institutionen einen entsprechenden Beitrag zu leisten" habe.[1486] Zusätzlich zu den im Laufe des Jahres gewährten 100.000 Schilling genehmigte der Gemeinderat weitere 50.000

1483 Tiroler Tageszeitung, Zwangsausgleich statt Konkurs – DOWAS bleibt, 7.6.1988, S.3.
1484 DOWAS Jahresbericht 1990, Beilage Finanzen für das Jahr 1990, Archiv DOWAS.
1485 Z6 Information für Gruppenleiter und verantwortliche Mitarbeiter, 11.5.1976, Privatarchiv Windischer.
1486 Protokoll des Innsbrucker Gemeinderates vom 12.12.1984, S. 2034, StAI.

Schilling, wenngleich das DOWAS 80.000 beantragt hatte. Der Kritik an dieser Kürzung seitens der ALI begegnete Sozialstadtrat Kummer mit Lob für das DOWAS („eine ausgesprochen wertvolle Einrichtung und ich kann bestätigen, daß sehr scharf kalkuliert wird") und der Zusage einer Subvention für 1985, die „fast den Vorstellungen dieser Leute entspricht"[1487].

1986 war die reguläre städtische Subvention auf 165.000 Schilling angewachsen. Im Zuge der Ausweitung seiner Tätigkeit beantragte das DOWAS im April 1986 weitere 50.000 Schilling und kurzfristig nochmals einen Betrag in gleicher Höhe, nachdem der Lkw des Ho & Ruck überraschend zu erneuern war. Auf Antrag des Finanzausschusses unter seinem Vorsitzenden Stadtrat Knoll genehmigte der Gemeinderat die beiden Ansuchen in voller Höhe.[1488] In derselben Sitzung nahm GR Girstmair auf die Anfänge des DOWAS Bezug. Dieses sei „eine Gründung des Gründers des Jugendzentrums Z6" und meinte damit „den damaligen Dekanatsjugendseelsorger Dr. Meinrad Schuhmacher, der schon vor mehr als zehn Jahren die Notwendigkeit einer auf breiterer privater Initiative fußender Verantwortlichkeit für diejenigen formuliert hat, die aus der Zentrifuge unserer egoistischen Wohlstandsgesellschaft herausgeschleudert werden." Weiters erklärte Girstmair: „Ich bin eine Art Mitgeburtshelfer dieser Initiative und könnte in aller Ausführlichkeit darüber erzählen."[1489] Girstmair erzählte keine Details, weshalb offen bleiben muss, worin seine Rolle bei der Gründung des DOWAS bestanden haben könnte.

Bemerkenswert ist, dass die existenzbedrohende Finanzkrise des DOWAS mit dem Konkursverfahren im Frühjahr 1988 kein Thema im Gemeinderat war. Vermerkt sind lediglich eine Zusatzsubvention für das DOWAS in Höhe von 38.000 Schilling am 17. November 1987[1490] und eine weitere von 100.000 Schilling in der Sitzung vom 4./5. Februar 1988 zugunsten des Ho & Ruck.[1491] Ein halbes Jahr nach dem erfolgreichen Zwangsausgleich drückte Sozialstadtrat Sprenger (ÖVP) seine Freude über den „gesicherten Weiterbestand des DOWAS für Männer" im Rahmen seiner Budgetrede aus.[1492] Zeitgleich erhielt das DOWAS für 1989 eine Subvention von 200.000 Schilling seitens der Stadt zugesprochen. Der Antrag von ALI-Gemeinderat Rainer Patek u. a. die Subvention auf die vom DOWAS beantragten 230.000 Schilling zu erhöhen, fand keine Mehrheit.[1493] In seiner Budgetrede hatte Patek es begrüßt, dass ÖVP und SPÖ inzwischen anerkennen würden, wonach das DOWAS und andere Sozialvereine wichtige städtische Aufgaben übernommen hätten. Die Konsequenz daraus müsse sein, diese Vereine materiell so auszustatten, wie es die Stadt im eigenen Bereich mit den eigenen Bediensteten selbstverständlich tue.[1494] In seiner Rede griff der ALI-Mandatar aber auch noch scharf die Sozialhilfepraxis an, wonach die politisch Verantwortlichen es unterstützen würden, dass das Sozialamt Hilfesuchende mit möglichst geringen Summen abspei-

---

1487 Ebd., S. 2035.
1488 Ebd., 24.4.1986, S. 603 f.
1489 Ebd., S. 613 f.
1490 Ebd., 17.11.1987, S. 1833.
1491 Ebd., 4./5.2.1988, S. 353.
1492 Ebd., 15.12.1988, S. 2343.
1493 Ebd., S. 2378, 2444.
1494 Ebd., S. 2374 f.

se.¹⁴⁹⁵ Schließlich warf Patek der Mehrheit des Gemeinderates vor: „Sie treten offenbar für einen Abbau des Sozialsystems ein."¹⁴⁹⁶

Diese Rede war von zahlreichen Zwischenrufen immer wieder unterbrochen worden, anschließend kam es zu einer mehrstimmigen, ideologisch aufgeladenen Entgegnung und nur vereinzelter Zustimmung.¹⁴⁹⁷ Einige DebattenrednerInnen reagierten gekränkt, weil sie in den Äußerungen des jungen Oppositionspolitikers einen Angriff auf ihre soziales Gewissen und ihr subjektiv empfundenes jahrelange Bemühen erblickt hatten, in Not geratenen Menschen bestmöglich zu helfen. Andere ereiferten sich darüber, dass die eben noch gelobten Sozialvereine wie das DOWAS sich nicht mit einer Bittstellerrolle zufrieden gaben, sondern ihre Subventionsanträge als Forderungen an die Stadt formulierten. Walter Ebenberger (FPÖ) erblickte darin eine „Erpressung der Allgemeinheit" und StR Wallnöfer sprach von einer „faschistoiden Überheblichkeit" aus der heraus gefordert werde, der Staat müsse zahlen, was Einzelne gerade als Sozialprojekt für richtig hielten.¹⁴⁹⁸ Widerspruch kam dazu von GR Dietmar Höpfl (SPÖ), der den Vorwurf, Sozialvereine würden vor allem gegründet, um Arbeitsplätze für Vereinsangestellte zu schaffen, mit karitativer Argumentation zurückwies:

„Ich behaupte, daß diese Organisationen unter einem unheimlichen Druck arbeiten. Diese Organisationen wollen nämlich aus idealistischen Überlegungen und nicht aufgrund irgendwelcher Anstellungsüberlegungen helfen."¹⁴⁹⁹

Zwei Jahre zuvor war exakt dieser Vorwurf an gleicher Stelle gegenüber dem damals neu gegründeten Verein DOWAS für Frauen erhoben worden.¹⁵⁰⁰ Am gravierendsten wogen aber wohl die Vorwürfe eines politischen Missbrauchs sozialer Probleme und der davon betroffenen Menschen. Dieser Vorwurf bezog sich einerseits auf die ALI, andererseits auf die Einrichtungen. So meinte StR Wilhelm Steidl (TAB):

„Nur eines ist neu, nämlich daß man mit diesen Randgruppen das politische Geschäft der Gegenwart besorgt. [...] All diese Randgruppen sind das Vehikel, auf denen diese Bewegung fährt, um im Wege der Basisdemokratie die demokratische Gesellschaft aus ihren Angeln zu heben. [...] Man muß Unterschiede machen zwischen der seriösen Arbeit dieser Idealisten, die es zweifellos gibt, und den politischen Hintermännern, die auf ihrem Rücken, mit ihnen und wegen ihnen eine Gesellschaftspolitik betreiben, die ich ablehne."¹⁵⁰¹

Ähnlich formulierte es StR Wallnöfer, der offen ließ, ob er die ALI oder DOWAS & Co. meinte, wenn er davon sprach, dass von Armut betroffene Menschen als „Hilfstruppe einer fünften Kolonne mißbraucht" würden.¹⁵⁰²

1495 Ebd., S. 2369.
1496 Ebd., S. 2371.
1497 Ebd., S. 2377–2401.
1498 Ebd., S. 2387, 2389.
1499 Ebd., S. 2394 f.
1500 Mehr über das DOWAS für Frauen im Abschnitt 8.4, S. 330 ff.
1501 Protokoll des Innsbrucker Gemeinderates vom 15.12.1988, S. 2379 f., StAI.
1502 Ebd., S. 2392.

Das Übergangswohnhaus in der Völser Straße 19 blieb auch in der zweiten Hälfte der 1980er Jahre mit seinen acht bis zehn Plätzen meist voll ausgelastet. Allerdings wurde die Altersgrenze für die Aufnahme auf 30 Jahre erhöht, weshalb der Anteil Jugendlicher Bewohner sank. Ein Grund für die Konzeptänderung ging von der Bewährungshilfe aus, bei der die Betreuung erwachsener Klienten in den 1980er Jahren eine kontinuierlich größere Rolle spielte. Vertraglich stehen der Bewährungshilfe (Neustart) bis in die Gegenwart aufgrund des aufrechten Vertrages und der Subvention aus Mitteln des Bundesministeriums für Justiz die Hälfte der Plätze zu. Die Statistik für 1990 weist für das Übergangswohnheim 90 Aufnahmen aus, davon waren 17 Probanden der Bewährungshilfe, 19 Klienten der Zentralstelle für Haftentlassenenhilfe und 54 sonstige Klienten. Das Durchschnittsalter der Bewährungshilfeprobanden lag bei 23, jenes der beiden anderen Gruppen knapp über 30 Jahren.[1503] 1993 kaufte der gemeinnützige Wohnbauträger TIGEWOSI das abgewohnte Haus, wodurch in den Jahren 1994 und 1995 eine Generalsanierung und Erweiterung möglich wurde. Seither bietet das Haus elf Wohnplätze (sieben Einzelzimmer, zwei Zweibettzimmer). Zielgruppe sind inzwischen erwachsene Männer, die maximale Aufenthaltsdauer drei Monate.[1504]

Parallel zur Entwicklung eines höheren Anteils Erwachsener waren wohnungslose Jugendliche beiderlei Geschlechts in der zweiten Hälfte der 1980er Jahre eine Zielgruppe für im DOWAS entwickelte Konzepte. Allerdings stießen diese Ideen bei den potentiellen Geldgebern in Stadt, Land und Bund auf wenig Wiederhall.[1505] 1995 richtete die Jugendwohlfahrtsabteilung des Landes einen Arbeitskreis ein, der sich mit der fehlenden Versorgung wohnungsloser Jugendlicher im Alter zwischen 14 und 19 Jahren in Tirol befasste. Das DOWAS wirkte in dem Arbeitskreis mit und erhielt 1996 den Auftrag, ein Projekt für eine niederschwellige Einrichtung auszuarbeiten.[1506] Eine Bedarfserhebung ergab im gleichen Jahr die Zahl von 184 vorübergehend oder dauerhaft wohnungsloser Jugendlicher. Es stellte sich ein überraschend hoher Anteil von 45 Prozent weiblicher Jugendlicher heraus. Geschlechtsübergreifend waren bei den Jüngeren gewalttätige Familienverhältnisse Hauptgrund für die Flucht von zuhause, bei den Älteren existentielle Notlagen, Straffälligkeit sowie Alkohol- und Drogenprobleme.[1507]

Der Verein zur Förderung des DOWAS arbeitete in der Folge ein detailliertes Konzept aus, 1998 wurde ein Objekt in der Innsbrucker Heiliggeiststraße angemietet und adaptiert, im Mai 1999 nahm das Chill Out seinen Betrieb auf. Es vereint seither die drei Bereiche Anlaufstelle, Beratungsstelle und Übergangswohnbereich. Letzterer bietet zehn Wohnplätze, die zwei Tage nach der Eröffnung alle belegt waren. 2003 erhielt das Chill Out vom Land Tirol die Anerkennung als Einrichtung nach dem Jugendwohlfahrtsgesetz.[1508]

1503 DOWAS Jahresbericht 1990, Archiv DOWAS.
1504 Konzept DOWAS 2012, S. 17–21, Archiv DOWAS.
1505 Interview Kunwald 2015.
1506 Konzept DOWAS 2012, S. 42, Archiv DOWAS.
1507 Der Standard, „Chill-Out" statt Jugendheim, 14.5.1999, S. 10.
1508 Verein zur Förderung des DOWAS (Hg.): DOWAS-Jahresbericht 2008, 10 Jahre DOWAS Chill Out, S. 13.

8.4 Das DOWAS für Frauen

Erste Überlegungen ein DOWAS für Mädchen zu gründen, gab es bereits 1976. Einen Konzeptentwurf hatte eine Gruppe von Studierenden der Sozialakademie erstellt und sich damit an die Leitung des Z6 gewandt, damals Träger des 1975 eröffneten DOWAS (für männliche Jugendliche und junge männliche Erwachsene).[1509] Die Überlegungen verliefen offensichtlich im Sande und es dauerte fast ein Jahrzehnt, bis sie wieder aufgegriffen wurden. Im Juni 1984 bildete sich eine Initiativgruppe DOWAS für Frauen, um ein Konzept für eine betreute Wohngemeinschaft für obdachlose/wohnungslose Frauen zu erstellen. Im Dezember desselben Jahres erfolgte die Gründung des Verein DOWAS für Frauen. Daran waren neben einer Reihe Innsbrucker Sozialarbeiterinnen und weiteren Frauen aus der Sozialszene auch ein Vertreter des Vereins zur Förderung des DOWAS beteiligt.[1510] Von Anfang an blieben die Träger von „Männer-" und „Frauen-DOWAS" voneinander völlig unabhängig und sind es bis in die Gegenwart geblieben.

Anfang 1985 wurde eine Bedarfserhebung für eine betreute Wohngemeinschaft für Frauen bei Innsbrucker Sozialeinrichtungen durchgeführt, ehe es ab Juni desselben Jahres das Sozialministerium ermöglichte eine bezahlte Geschäftsführerin anzustellen. Diese Anstellung erfolgte im Rahmen des Akademikertrainings[1511] und ermöglichte eine konsequentere Verfolgung des Projekts, als es in der zuvor lediglich ehrenamtlichen Struktur möglich war.[1512]

Der Finanzausschuss des Innsbrucker Gemeinderats hatte dem Verein einvernehmlich eine Subvention von 30.000 Schilling zuerkannt. Für das zweite Halbjahr 1985 beantragte der Verein DOWAS für Frauen 125.000 Schilling bei der Stadt. Im Gemeinderat unterstützten SPÖ und ALI dieses Ansinnen, ÖVP und TAB sprachen sich dagegen aus. Finanzstadtrat Wallnöfer sah mit den gewährten 30.000 Schilling das Ansinnen einer Startsubvention zur raschen Aufnahme der Tätigkeit des DOWAS für Frauen als positiv erledigt an. Sollte sich der Verein bewähren, könne er sich auch eine laufende Subventionierung vorstellen.[1513]

Im November mietete der Verein in der Innsbrucker Adamgasse eine zu adaptierende 160 m² große Wohnung an.[1514] Für die Einrichtung der Wohnung hatte sich der Verein im Dezember 1985 via Medien an die Öffentlichkeit gewandt und um Sachspenden aller Art (Mobiliar, Geschirr, Heimtextilien) ersucht.[1515] Ende Februar 1986 eröffnete die Wohngemeinschaft mit neun Plätzen für Frauen (und gegebenenfalls deren Kindern).[1516] Zielgruppe waren wohnungs- und arbeitssuchende Frauen, unter den Klientinnen des ersten halben Jahres fanden sich vor allem Frauen nach einer Delogierung, einer Haftentlassung, einem Drogenentzug oder einem Psychiatrieaufenthalt.

1509 Z6 Information für Gruppenleiter und verantwortliche Mitarbeiter, 11.5.1976, Privatarchiv Windischer.
1510 DOWAS für Frauen (Hg.): Dowas für Frauen 1986–1996, Innsbruck 1996, S. 5.
1511 Das Akademikertraining war eine Maßnahme der experimentellen Arbeitsmarktpolitik des Bundes.
1512 DOWAS für Frauen 1996, S. 5.
1513 Vgl. Protokoll des Innsbrucker Gemeinderates vom 25./26.7.1985, S. 1351–1352, StAI.
1514 DOWAS für Frauen (Hg.): Dowas für Frauen 1986–1996, Innsbruck 1996, S. 5.
1515 Tiroler Tageszeitung, Wer hilft dem Frauen-DOWAS?, 31.12.1985, S. 3.
1516 DOWAS für Frauen (Hg.): Dowas für Frauen 1986–1996, Innsbruck 1996, S. 5.

Die Aufenthaltsdauer war mit einem halben Jahr begrenzt.[1517] Die Personalkosten für drei Vollzeitstellen (aufgeteilt auf je zwei Psychologinnen und Pädagoginnen) übernahm anfangs zur Gänze das Sozialministerium im Rahmen von Akademikertraining und Aktion 8000.[1518] Gemeinsam mit einigen ehrenamtlichen Mitarbeiterinnen für die Nachtdienste war ein Rund-um-die-Uhr-Betrieb möglich. Den Sachaufwand deckten anfangs Land Tirol, Stadt Innsbruck sowie die Bundesministerien für Justiz, Familie und Soziales.[1519]

Aber schon nach gut zwei Monaten zeichnete sich eine existenzbedrohende Finanzkrise ab. Den Subventionen von Land Tirol (300.000 S), Stadt Innsbruck (75.000) und Familienministerium (200.000) stand das Ausbleiben der Gelder aus dem Justizministerium, vor allem aber das bevorstehende Auslaufen der Personalsubventionen gegenüber: das Sozialministerium kündigte an, die Mittel aus seinem Arbeitsmarktförderungsprogramm mit Ende 1986 einzustellen.[1520] Die Ungewissheit über die Finanzierung geriet über Jahre zu einer Konstante in der Geschichte des Projekts. Im Februar 1987 stand noch immer nicht fest, wer die Personalkosten für 1987 übernehmen würde. Wiederholt drohte das Team damit, die Einrichtung zu schließen, und kämpfte gleichzeitig um deren Weiterbestand. Die Appelle, den drohenden Ausfall der Gelder aus dem Sozialministerium auszugleichen, richteten sich gleichermaßen an das Land Tirol, die Stadt Innsbruck und diverse Ministerien.[1521]

Schon nach kurzer Zeit gab es keinen Zweifel mehr an der Notwendigkeit des DOWAS für Frauen. Zwischen dem 1. März und dem 31. Dezember 1986 wurden 2.400 Nächtigungen verzeichnet (was einer durchschnittlichen Auslastung von 90 Prozent entsprach), im gleichen Zeitraum mussten 58 Frauen, die im Frauen-DOWAS unterkommen wollten, abgewiesen werden.[1522] In den Konzepten und sonstigen Unterlagen des DOWAS für Frauen wurden weibliche Jugendliche nicht extra ausgewiesen, allerdings erfolgte die Aufnahme ab dem vollendeten 16. Lebensjahr. 1986 wies die Statistik die Altersgruppe 16 bis 20 Jahre mit 14 und die der 20- bis 25-Jährigen mit 29 Prozent aus. Im Durchschnitt der Jahre 1986 bis 1990 stiegen die Anteile dieser beiden Altersgruppen auf 17 bzw. 32 Prozent an.[1523]

Schon sehr früh hat das DOWAS für Frauen die Notwendigkeit von vier qualifizierten Mitarbeiterinnen (die sich drei Vollzeitstellen teilten) nicht nur mit der hohen Auslastung sondern auch mit den Problemlagen der Bewohnerinnen begründet, darunter ehemaligen Alkoholikerinnen und aus Gefängnis und Psychiatrie entlassenen Frauen.[1524] In diesem Zusammenhang verwies das Team immer wieder darauf, dass sich weibliche Obdachlosigkeit von den im Straßenbild sichtbaren männlichen Unterstandslosen unterscheidet. Nach Trennungen, Scheidungen, dem Verlust des Arbeitsplatzes schafft

---

1517 SIT, dowas für Frauen, Nr. 1, 1986, S. 6.
1518 Ebd.; vgl. auch DOWAS für Frauen (Hg.): Dowas für Frauen 1986–1996, Innsbruck 1996, S. 5.
1519 DOWAS für Frauen (Hg.): Dowas für Frauen 1986–1996, Innsbruck 1996, S. 5.
1520 Neue Tiroler Zeitung, Erst eröffnet, bald pleite, 9.5.1986, S. 8.
1521 Tiroler Tageszeitung, Ohne finanzielle Hilfe wird Verein DOWAS für Frauen aufgeben, 5.12.1986, S. 5; ferner: akin-Sondernummer 19.2.1987.
1522 akin-Sondernummer 19.2.1987.
1523 Verein DOWAS für Frauen (Hg.): 5 Jahre DOWAS für Frauen, Innsbruck 1991, S. 21.
1524 Tiroler Tageszeitung, Ohne finanzielle Hilfe wird der Verein DOWAS für Frauen aufgeben, 5.12.1986, S. 5.

es eine steigende Zahl an Frauen nicht mehr, die finanziellen Mittel für Wohnungen aufzubringen. Allerdings ist es ein Charakteristikum weiblicher Obdachlosigkeit, oft unsichtbar zu bleiben:

„Dabei bleibt diese Gruppe von Obdachlosen häufig von der Öffentlichkeit unbemerkt. Meistens sind dies Frauen, die aufgrund ihrer sozialen Herkunft nicht gelernt haben, verschiedene Lösungen für ihre Probleme zu suchen und die vorhandenen Stützungsmöglichkeiten nicht kennen."[1525]

Das DOWAS für Frauen setzte in seiner Arbeit dabei an, den Frauen die Möglichkeit zu geben, an den ihrer Obdachlosigkeit zugrunde liegenden Problematiken zu arbeiten. Voraussetzung dafür waren allerdings von der öffentlichen Hand finanzierte längere Aufenthalte in der Einrichtung, anstelle des Drucks von Ämtern, die Frauen möglichst rasch in Wohnungen unterzubringen.[1526]

Dieser Druck zeigte sich unter anderem im Herbst 1986, als ein hoher Beamter der Sozialabteilung des Landes dem DOWAS für Frauen einen unangemeldeten Besuch abstattete. Das vorgegebene private Interesse und die unverbindliche Plauderei erwies sich schließlich als amtliche Prüfung, der ein amtsinterner Bericht folgte, wonach die Einrichtung personell übersetzt sei. Nachdem auch dem DOWAS ein derartiger Besuch abgestattet worden war, protestierte der SPAK schriftlich bei Landesrat Greiderer und Abteilungschef Wilhelm Huber und forderte, Besuche künftig anzumelden und den Einrichtungen Kopien der Berichte zu übermitteln.[1527]

Auch im Innsbrucker Gemeinderat stand das DOWAS für Frauen, das nur ein Dreivierteljahr zuvor den Betrieb aufgenommen hatte, unter massiver Kritik. Im Zuge der Budgetdebatte im Dezember 1986 gestand Sozialstadtrat Paul Kummer der neuen Einrichtung zwar zu, „anständige Arbeit" zu leisten, betrachtete aber die Forderung des Vereins nach einer Subvention von 300.000 Schilling für 1987 als überzogen, nachdem die Stadt im Eröffnungsjahr eine Subvention von 75.000 Schilling gewährt hatte. Der Sozialstadtrat kritisierte zwei Punkte: Erstens die Auslastung: Zum Zeitpunkt des Subventionsansuchens hätten insgesamt erst 15 Frauen und vier Kinder Aufnahme gefunden. Zweitens verwies Kummer auf den hohen Anteil an Personalkosten: Bei geplanten Ausgaben von 1,3 Mio. Schilling betrugen diese im Voranschlag für 1987 1,04 Mio.

„Das bedeutet, daß 75 Prozent des Ausgabenrahmens für jene Leute ausgegeben wird, die den Verein führen", erklärte Kummer und fügte hinzu, „daß derzeit offenbar ein Überangebot an Sozialarbeitern und anderen sozialen Berufen besteht, die natürlich hauptberufliche, bezahlte Posten suchen. Manchmal gewinnt man den Eindruck, daß gewisse private Einrichtungen, als solche bezeichne ich das ‚DOWAS für Frauen', in erster Linie als Beschäftigungstherapie für stellenlose Absolventen von Sozialschulen entstehen."[1528]

1525 Herta Eberharter/Margit Kaufmann-Mennert: Einige Gedanken zur Obdachlosigkeit von Frauen, in: DOWAS für Frauen 1991, S. 6–9.
1526 Eberharter/Kaufmann-Mennert 1991.
1527 SPAK-Protokoll vom 9.10.1986, Archiv DOWAS.
1528 Vgl. Protokoll des Innsbrucker Gemeinderates vom 11.12.1986, S. 2119 f., StAI.

In seiner Polemik wertete Kummer letztlich sowohl die Arbeit der Angestellten des DOWAS für Frauen als auch die Schaffung von Arbeitsplätzen im Sozialbereich ab. Mit dieser Sichtweise stand er nicht alleine da, vor ihm hatte bereits sein Parteikollege Stadtrat Bruno Wallnöfer in einem Zwischenruf in dieselbe Kerbe geschlagen: „Der einzige Vereinszweck ist die Begründung von Dienstverhältnissen."[1529]

Tatsächlich ist in einer sozialpädagogischen Wohngemeinschaft ein Personalkostenanteil von 75 Prozent (für Hauptamtliche und NachdienstmitarbeiterInnen) nicht ungewöhnlich. Polemisch trafen in derselben Sitzung auch noch GR Franz Klug (ALI) und GRin Grete Unterwurzacher (ÖVP) aufeinander. Klug hatte den Antrag auf die Erhöhung der Subvention für das DOWAS für Frauen eingebracht und einen Vergleich zwischen dem DOWAS für Frauen und dem von ÖVP-Frauen gegründeten Verein Frauen helfen Frauen gezogen. Dabei verwies er darauf, dass im Frauen-DOWAS qualifizierte Kräfte tätig waren, während „die Leute im Verein ,Frauen helfen Frauen' keine Ausbildung haben" und vereinbarungsgemäß schwierige Fälle an das DOWAS für Frauen vermitteln würden.[1530] Unterwurzacher, verwahrte sich gegen die Zuschreibung von Laienarbeit bei Frauen helfen Frauen (wo sie zeitgleich im Vorstand saß). Unter den dort tätigen „fast 40 ehrenamtlichen Mitarbeitern" würden sich auch Juristen, Eheberaterinnen und Psychologinnen befinden.

„Alle diese Mitarbeiter üben diese Tätigkeit aber ehrenamtlich aus. Wenn ich gesagt habe, daß wir das Helfen nicht gelernt haben, sondern hergehen und es tun, dann meine ich damit, daß ein Mensch, der keine Herzensbildung hat, diese auch nicht lernen kann. Wenn jemand nicht helfen will, kann er es auch nicht lernen."[1531]

Eine Entspannung bei den Finanzproblemen gab es im späten Frühjahr 1987, nachdem sich das Sozialministerium dazu durchgerungen hatte, die Finanzierung der Gehälter der hauptamtlichen Mitarbeiterinnen aus den Arbeitsmarktförderungsprogrammen (Aktion 8000 und Akademikertraining) letztmalig um ein Jahr, also bis Ende des Jahres zu verlängern.[1532] Die Entspannung blieb aber nur eine Verschnaufpause, denn das Land Tirol weigerte sich der Forderung nachzukommen, die Personalkosten ab 1988 zu übernehmen. Stattdessen bot es eine Tagsatzfinanzierung an, die das Frauen-DOWAS vehement ablehnte. Es folgte eine monatelanger Konflikt, der weit in das Folgejahr hineinreichte, mit wiederholten Drohungen des Vereins DOWAS für Frauen, die Einrichtungen zu schließen, Krisengesprächen mit PolitikerInnen von Stadt Innsbruck und Land Tirol, Protesten des SPAK etc.

Zu Jahresbeginn 1988 hatte die Sozialabteilung des Landes das vom Frauen-DOWAS vorgelegte Budget nicht akzeptiert und eigenmächtig Kürzungen vorgenommen, insbesondere bei Fortbildungs- und Telefonkosten.[1533] Wenig später tat sich ein weiterer Konflikt auf, weil das Sozialamt befunden hatte, das DOWAS für Frauen sei

---

1529 Ebd., S. 2117.
1530 Ebd., S. 2116.
1531 Ebd., S. 2121.
1532 SIT, Dowas für Frauen, Nr. 5, Mai 1987, S. 10.
1533 SPAK-Protokoll vom 8.2.1988, Archiv DOWAS.

eine Reha-Einrichtung und gehöre damit in die Kompetenz des Landes. Folglich sei die Stadt Innsbruck nicht für die Finanzierung zuständig. Das Land nahm aber einen gegenteiligen Standpunkt ein und beharrte auf einer Zuständigkeit des Sozialamts. Aus der Sicht des DOWAS für Frauen hätte die Einstufung als Reha-Einrichtung abgesehen vom Finanzierungsstreit auch einen gravierenden Nachteil gehabt, weil ÄrztInnen bzw. das Land Tirol bei der Belegung ein gewichtiges Mitspracherecht erhalten hätten. Außerdem hegte die Einrichtung die Befürchtung einer Stigmatisierung der Bewohnerinnen als Behinderte.[1534] Ein Gipfelgespräch zwischen Soziallandesrat Greiderer (SPÖ) und Sozialstadtrat Sprenger (ÖVP) brachte schließlich ein Ergebnis: Innsbruck beglich rückwirkend mit 1. Jänner 1988 die Kosten für die Tagsätze aus dem Sozialhilfetopf, wollte allerdings künftig keine Taschengelder für die Bewohnerinnen zahlen. Zugleich einigten sich die beiden Politiker auf die Begutachtung durch ÄrztInnen oder Psychologinnen von Frauen vor einer Zuweisung des Sozialamts an das Frauen-DOWAS.[1535]

Der Verein DOWAS für Frauen wehrte sich weiter gegen eine Tagsatzfinanzierung und nannte dafür drei Hauptgründe:

- Bewohnerinnen würden automatisch zu Sozialhilfeempfängerinnen und Gefahr laufen nach dem Aufenthalt mit möglichen Regeressforderungen der Sozialämter konfrontiert zu werden.
- Ein unvertretbar hohes finanzielles Risiko für die Vorstandsmitglieder des Verein DOWAS für Frauen.
- BeamtInnen der Sozialämter würden ein Mitspracherecht bekommen, wer im DOWAS für Frauen aufgenommen wird und damit in das Konzept der Einrichtung eingreifen.

Deshalb beschloss der Verein DOWAS für Frauen im September 1988 auf einer Finanzierung der drei Hauptamtlichen durch Subventionen seitens des Landes und der Stadt zu bestehen, ansonsten würde die Einrichtung mit 1. Jänner 1989 geschlossen.[1536]

Diese konsequente Haltung zeigte Wirkung, als wenige Tage später Stadtrat Sprenger insofern einlenkte, als er eine fixe Subventionierung von einem Drittel der Gehaltskosten seitens der Stadt Innsbruck in Aussicht stellte, sofern das Land Tirol die verbleibenden zwei Drittel übernehmen würde. Das Land rückte aber vorerst nicht von seiner Position ab und prolongierte damit die Krise. Der Leiter der Sozialabteilung des Landes Wilhelm Huber erklärte, das Bemühen, Frauen in Not helfen zu wollen, verdiene Anerkennung, aber:

„Daraus kann man aber nicht ableiten, daß das Land sozusagen ‚blind' das Füllhorn der Subvention auszugießen hat. Das hieße ja in letzter Konsequenz: Mitbürger gründen einen privaten Verein, bestimmen selbst seine Wichtigkeit und leiten daraus einen Rechtsanspruch ab, wonach die öffentliche Hand zu zahlen hat."[1537]

1534 Ebd., 9.6.1988.
1535 Ebd., 18.8.1988.
1536 SIT, Dowas für Frauen, Nr. 10, September 1988, S. 8.
1537 tip – Innsbrucker Zeitung, 20.9.1988, Nr. 10/1988, S. 2.

Das Land müsse nach den Grundsätzen der Sparsamkeit, Wirtschaftlichkeit und Zweckmäßigkeit die Steuermittel verteilen. Dies sei besser durch die Bezahlung tatsächlich erbrachter Leistungen gewährleistet, als durch Subventionen.[1538]

In der Folge gab es eine breite Solidarisierung mit den Anliegen des DOWAS für Frauen, die neben den Organisationen im SPAK auch Frauengruppen und politische Organisationen umfasste. Delegationen suchten verantwortliche PolitikerInnen auf, Unterschriftslisten kursierten, Telegramme und Telefonanrufe beschäftigten PolitikerInnen in Stadt und Land. Schließlich stellte Sozialminister Alfred Dallinger (SPÖ) für 1989 weitere Subventionen in Aussicht. Mitte Oktober 1988 einigten sich Greiderer und Sprenger darauf, dass Land Tirol und Stadt Innsbruck zwei Drittel der Personalkosten als fixe Subvention übernehmen, wobei diese Summen zwischen Land und Stadt im Verhältnis 2:1 aufgeteilt werden sollten.

Ende Oktober nahm die Generalversammlung des Verein DOWAS für Frauen dieses Angebot an. Es war ein Teilerfolg, mit dem rund die Hälfte des gesamten Budgets abgesichert war. Die restliche Finanzierung erfolgte (ebenso rückwirkend mit dem 1. Jänner 1988) durch Subventionen des Bundes und die so heftig bekämpften Tagsätze.[1539] Im Zuge der Budgetdebatte im Dezember 1988 erklärte Sozialstadtrat Sprenger über den Fortbestand des Frauen-DOWAS sehr froh zu sein.[1540]

Zeitgleich war das DOWAS für Frauen von einem österreichweiten Anstieg weiblicher Obdachlosigkeit in den Jahren 1987 und 1988 betroffen. Insbesondere galt das für die Altersgruppe der 19- bis 24-Jährigen.[1541] Allein 1988 wurde ein Anstieg weiblicher Obdachlosigkeit in Österreich um 50 Prozent verzeichnet, entsprechend stieg auch die Nachfrage, im DOWAS für Frauen unterzukommen.[1542]

Tatsächlich bestätigten die Erfahrungen mit dem Tagsatzsystem die schlimmsten damit verbundenen Befürchtungen:

„Haben bis dahin wir selber über Aufnahme und Aufenthaltsdauer der Frauen im Dowas bestimmt, so versuchen seit in Kraft treten der Tagsatzfinanzierung die Sozialämter, die zur Gänze die Tagsätze bezahlen müssen, massiv Einfluß zu nehmen. Zum Beispiel verlangen manche Sozialämter detaillierteste Berichte über die Probleme der Klientinnen. Berichte in einer Ausführlichkeit, die in einem krassen Widerspruch zum Datenschutzgesetz stehen würden. Es kommt wiederholt zur Ablehnung bzw. Einschränkung von Aufnahmen, wobei unsere Einschätzung von der Situation der betreffenden Klientin kaum mehr eine Rolle spielt."[1543]

1538 Ebd.
1539 Margit Plasil-Mennert: DOWAS für Frauen – ein Blick zurück (im Zorn?), in: SIT 11, Dezember 1988, S. 11.
1540 Protokoll des Innsbrucker Gemeinderates vom 15.12.1988, S. 2343, StAI.
1541 Tiroler Tageszeitung, Immer jüngere Frauen obdachlos, 11.3.1988, S. 5.
1542 Vgl. Homepage Dowas für Frauen, http://www.dowas-fuer-frauen.at/dowas-geschichte_de.php (abgerufen am 7.8.2017).
1543 Brigitte Ostermann: Was kostet (uns) das DOWAS für Frauen, in: 5 Jahre DOWAS für Frauen, 1991, S. 33–40.

Der Konflikt von 1988 für und wider die Tagsatzfinanzierung hat exemplarischen Charakter. Es war einer der letzten, wenigstens teilweise erfolgreichen Versuche, dieses Finanzierungssystem zu verhindern. In der Folge setzte das Land Tirol bei stationären Sozialeinrichtungen dieses Modell faktisch flächendeckend durch. Eindeutig führt eine Tagsatzfinanzierung zu einem erhöhten finanziellen Risiko der einschlägige Einrichtungen betreibenden Vereine. Tendenziell sichern sich das Land Tirol und in seinem Schlepptau die Stadt Innsbruck über das Tagsatzsystem einen größeren Einfluss auf die privat geführten Einrichtungen. In der Regel sind die Tagsätze so knapp kalkuliert, dass die Einrichtungen finanziell nur über die Runden kommen, wenn sie Auslastungen nahe der 100 Prozent erreichen. Damit ist die Konsequenz verbunden, wonach die Auslastung bisweilen mehr Gewicht bekommt, als das Konzept einer Einrichtung – also Klient-Innen aufgenommen werden, die eigentlich konzeptuellen Kriterien widersprechen.

Im Laufe der Zeit hat sich das Betreuungskonzept im DOWAS für Frauen verfeinert. Die ursprüngliche Begrenzung der Aufenthaltsdauer auf ein halbes Jahr wurde durch eine flexible Herangehensweise ersetzt, woraus in Einzelfällen Aufenthalte in der Wohngemeinschaft von einem Jahr und mehr entstanden. In der Wohngemeinschaft gilt bis in die Gegenwart ein striktes Alkohol- und Drogenverbot, Medikamente müssen im Büro abgegeben werden. Während des Aufenthalts erhalten die Frauen weder einen Wohnungs- noch einen Zimmerschlüssel, können aber während Zeiten der Abwesenheit ihr Zimmer versperren lassen. Die in der Wohngemeinschaft anfallenden Arbeiten teilen sich die Bewohnerinnen, wöchentliche Hausversammlungen dienen nicht zuletzt der Regelung von damit verbundenen Konflikten. Grundsätzlich kann sich jede Bewohnerin ein Teammitglied als individuelle Hauptbezugsperson wählen. Regelmäßige Einzelgespräche gehen den Ursachen der Obdachlosigkeit nach, das Ziel sind Schritte, die künftiger Obdachlosigkeit vorbeugen sollen. Zum Angebot gehören auch Unterstützung im Kontakt mit Ämtern, Gerichten und anderen öffentlichen Einrichtungen, bei der Schuldenregulierung, Wohnungsanmietung und Arbeitssuche, in Scheidungs- und Vormundschaftsangelegenheit etc.

Für die Betreuung der Kinder ist seit November 1992 eine Kindergärtnerin angestellt. Anfang der 1990er Jahre setzte sich das Team aus fünf hauptamtlichen Mitarbeiterinnen, die sich drei Vollzeitstellen teilten und rund zwölf NachtdienstmitarbeiterInnen zusammen.

Gemeinsam mit dem Verein zur Betreuung und Beratung von Obdachlosen, dem DOWAS und dem Tiroler Frauenhaus beteiligte sich der Verein DOWAS für Frauen 1990 an der Bildung der Arbeitsgemeinschaft Betreutes Wohnen. Im Frühjahr 1991 mietete das Frauen-DOWAS in diesem Zusammenhang die ersten beiden Übergangswohnungen an. Die Wohngemeinschaft selbst übersiedelte Ende desselben Jahres in ein großes Haus in der Dr.-Stumpf-Straße im Stadtteil Höttinger Au, wodurch die Kapazität auf 13 Frauen und deren Kinder erhöht werden konnte. Dafür gewährte die Stadt Innsbruck eine Sondersubvention von 130.000 Schilling.[1544] Für 1992 bemühte sich der Verein um eine Sockelsubvention seitens der Stadt Innsbruck von 300.000 Schilling, musste sich aber mit 250.000 zufrieden geben.[1545] Daran änderte auch eine schriftliche

---

1544 Protokoll des Innsbrucker Gemeinderates vom 21.11.1991, Beilage zu S. 1776, StAI.
1545 Ebd., 17.12.1991, S. 2244.

Eingabe des Vereins DOWAS für Frauen nichts, in dem darauf hingewiesen worden war, dass die Subvention seit drei Jahren unverändert seien, „obwohl die Kosten zur Aufrechterhaltung unserer Einrichtung im Zuge der allgemeinen Preissteigerung ständig wachsen".[1546] Die Wohnung in der Adamgasse wurde für zwei Übergangswohnungen und zudem als Büro und Standort für die Nachbetreuung adaptiert.[1547] Die Zahl der Übergangswohnungen stieg in den Folgejahren stetig, 1992 waren es vier Wohnungen für das Betreute Wohnen und im Jahr darauf kamen fünf Übergangswohnungen hinzu.[1548] 1994 erfolgte eine personelle Trennung der Arbeitsbereiche, wobei fünf Mitarbeiterinnen in der Wohngemeinschaft und drei in der Beratungsstelle sowie im Bereich Betreutes Wohnen tätig waren. Im selben Jahr kam es wegen der „zunehmend restriktiven Subventionspolitik der Stadt Innsbruck" zu einer starken Protestbewegung unter den Sozial- und Kulturinitiativen.[1549]

Von Anfang an war das Selbstverständnis der Mitarbeiterinnen und des Vereins DOWAS für Frauen darauf ausgerichtet, sich nicht auf individuelle Unterstützung wohnungs-/obdachloser Frauen zu beschränken, sondern auch gesellschaftliche Zusammenhänge herzustellen und diese entsprechend öffentlich zu kommunizieren. Das bedeutete einen feministischen und parteilichen Zugang. Die frauenspezifische Beratung von Frauen durch Frauen wird dabei getragen von einer Haltung, wonach jede Klientin selbst Spezialistin für ihre individuelle Situation sei und eine zentrale Aufgabe darin bestehe, deren Autonomie zu fördern.[1550]

„Wohnungslosigkeit ist immer Ausdruck multipler Problemlagen und tritt im allgemeinen als Folgeerscheinung diverser sozialer und ökonomischer Defizite auf. Das Problem der Wohnungslosigkeit bei Frauen ist außerdem Ausdruck bestehender Machtverhältnisse und Ungleichheiten: die strukturelle Gewalt gegen Frauen in unserer Gesellschaft reicht in vielen Facetten vom Problem der frauenfeindlichen Justiz über die (beinahe) alleinige Verantwortung für die Kinder bis zu (immer noch!) eklatant schlechteren Einkommenschancen und manifestiert sich letztendlich in der sozialen Ausgrenzung von Frauen."[1551]

Entsprechend dieser Analysen deckt das DOWAS für Frauen in seiner Öffentlichkeitsarbeit auch Themen wie weibliche Armut, Probleme von Wiedereinsteigerinnen auf dem Arbeitsmarkt, weibliche Ungleichheit auf vielen Ebenen etc. nach Möglichkeit ab. Pla-

---

1546 Brief des DOWAS für Frauen an die Finanzabteilung der Stadt Innsbruck vom 27.11.1991, Beilage zum Protokoll des Innsbrucker Gemeinderates vom 17.12.1991 (nach S. 2262), StAI.
1547 Maya Schütz: Ein Haus für das „DOWAS" für Frauen, in: SIT 23, März 1992, S. 14.
1548 Vgl. 5 Jahre DOWAS für Frauen 1991; DOWAS für Frauen 1996; Marisa Huber: Bleib doch 548 Tage, Ein Haus für obdachlose Frauen und Kinder; Masterarbeit an der Leopold-Franzens-Universität Innsbruck Fakultät für Architektur, Innsbruck 2015; weiters: Barbara Klingseis: „Da wär' ich ja gar nie im Frauen-Dowas gelandet" – Ursachensuche mittels biographischer Analysen. Dipl.Arb. in Psychologie, Innsbruck 1992.
1549 DOWAS für Frauen 1996, S. 7.
1550 Huber 2015, S. 68.
1551 DOWAS für Frauen (Hg.): Dowas für Frauen 1986–1996, Innsbruck 1996, S. 8.

kativ formuliert heißt es auf der aktuellen Homepage: „Wir wollen weiblichen Lebenswelten Raum geben und Frauenrechte einfordern."[1552]

8.5 Die Brücke – Übergangswohnheim für männliche Haftentlassene

Ende 1982 eröffnete der Häftlingsfürsorgeverein „Die Brücke" im Stadtteil Hötting ein Übergangswohnheim für männliche Haftentlassene mit 18 Plätzen.[1553] Schlüsselfiguren des 1956[1554] gegründeten Vereins waren in den 1970er und 1980er Jahren der langjährige Seelsorger des Innsbrucker Gefangenenhauses, der Kapuzinerpater Kilian Gut und der Richter des Oberlandesgerichts Innsbruck, Anton Heinrich Spielmann, als Obmann der Brücke.

Bereits am 30. Juni 1981 hatte der Innsbrucker Gemeinderat eine Subvention von 200.000 Schilling zur Instandsetzung des Hauses in der Kirschentalgasse beschlossen und einen gleich hohen Betrag für das Budget des Jahres 1982 festgelegt.[1555] Insgesamt waren für das Projekt 2,6 Mio. Schilling aufzubringen, die durch Zuwendungen des Justizministeriums, der Caritas, der Stadt Innsbruck, dem Land Tirol und Spenden aufgebracht wurden.[1556] Die Subvention des Justizministeriums soll sich jenseits der Millionengrenze bewegt haben.[1557] 15 Objekte waren zuvor bereits ins Auge gefasst worden, Vertragsabschlüsse aber jeweils von Anrainern zu Fall gebracht worden.[1558] Die Stadt Innsbruck hatte ursprünglich dem Verein ein Grundstück zur Verfügung stellen wollen, das sich aber „für dieses Vorhaben als nicht geeignet herausgestellt" habe, erklärte Finanzstadtrat Hermann Knoll (ÖVP) im Zuge der kurzen Debatte zur Gewährung der Startsubvention.[1559] In den Folgejahren hat die Stadt Innsbruck Die Brücke regelmäßig mit geringen Beträgen subventioniert, 1986 etwa mit 15.000 Schilling.[1560] Ein wesentlicher Beitrag zur Finanzierung des Übergangswohnheims kam über viele Jahre durch Weihnachtsbasare zustande, die das landesgerichtliche Gefangenenhaus in einem Innsbrucker Hotel durchführte. Es kamen jährlich an die 1.000 von Häftlingen in deren Freizeit angefertigte Kunsthandwerks- und Gebrauchsgegenstände, Bauernmöbel, Spielzeug etc. zum Verkauf. Die Erlöse (in einem Jahr ist von 270.000 Schilling die Rede) erhielt zur Gänze Die Brücke.[1561]

1552 Homepage Dowas für Frauen, http://www.dowas-fuer-frauen.at/index_de.php (abgerufen am 7.8.2017). Zur Geschichte des DOWAS für Frauen und dessen Einbettung in die feministische (Sozial)szene Innsbrucks/Tirols vgl. Gensluckner/Regensburger/Schlichtmeier/Treichl/Windisch 2001.
1553 Tiroler Tageszeitung, Heim für entlassene Häftlinge, 24.12.1982, S. 4.
1554 Dem Vereinsregisterauszug zufolge wurde „Die Brücke, Verein zur Häftlingsunterstützung für das Bundesland Tirol" am 27.4.1956 gegründet. ZVR 736118766. https://citizen.bmi.gv.at/at.gv.bmi.fnsweb-p/zvn/public/Registerauszug (abgerufen am 13.9.2017).
1555 Protokoll des Innsbrucker Gemeinderates vom 30.6.1981, S. 380 f., StAI.
1556 Tiroler Tageszeitung, Heim für entlassene Häftlinge, 24.12.1982, S. 4.
1557 Protokoll des Innsbrucker Gemeinderates vom 24.4.1986, S. 608. GR Paul Flach (IMS) hat sich im Verein Die Brücke persönlich engagiert.
1558 Tiroler Tageszeitung, Heim für entlassene Häftlinge, 24.12.1982, S. 4.
1559 Protokoll des Innsbrucker Gemeinderates vom 30.6.1981, S. 381, StAI.
1560 Ebd., 24.4.1986, S. 608.
1561 Vgl. Tiroler Tageszeitung, Ziegelstadel lädt zum Weihnachtsbasar, 6.12.1982, S. 4; Tiroler Tageszei-

Zu den Bedingungen für die Aufnahme in das Übergangswohnheim zählte in der Phase nach der Eröffnung ein gestaffelter, vorab zu entrichtender täglicher Kostenbeitrag. Dieser lag für den ersten bis vierten Tag bei 50 Schilling, vom fünften bis zehnten Tag bei 40 und danach bei 30 Schilling.[1562] Gedacht war an eine Unterbringung während der ersten beiden Wochen nach der Haftentlassung[1563], wie streng diese zeitliche Grenze eingehalten und nach welchen Kriterien sie überschritten werden konnte, lässt sich nicht nachvollziehen. Ein Kriterium für die Aufnahme war, dass die Bewohner einer geregelten Arbeit nachgehen mussten bzw. sich ernsthaft um Arbeitssuche zu bemühen hatten.[1564] Zu den Einrichtungen die regelmäßig Klienten an Die Brücke vermittelten, zählte die Zentralstelle für Haftentlassenenhilfe.[1565]

Über die Altersstruktur der Bewohner dieses Übergangswohnheims liegen keine Daten vor. Es ist jedoch davon auszugehen, dass die Zahl der Jugendlichen minimal und jene der jungen Erwachsenen nicht sehr hoch gewesen ist. Es gibt allerdings Hinweise darauf, dass Die Brücke zumindest vereinzelt auch Personen aufgenommen hat, die keine Haftentlassenen waren. So erinnert sich Friedl Tilg, der in der zweiten Hälfte der 1980er Jahre seitens des Landes Nachbetreuungen nach Entlassungen aus Fürsorgeerziehungsheimen durchführte, dass er Klienten gelegentlich auch im Heim des Vereins Die Brücke untergebracht hat.[1566]

8.6 Verein für Obdachlose, Teestube, BARWO

Der 1985 gegründete Verein zur Beratung und Betreuung von Obdachlosen eröffnete im selben Jahr im Stadtteil Wilten in der bahnhofsnahen Mentlgasse 20 die „Teestube". Die Räumlichkeiten stellte die Caritas zur Verfügung, in deren Eigentum das Haus stand. Zwei Jahre später machte sich der Verein von der Caritas finanziell unabhängig, warb Mitglieder und Förderer, suchte bei der Stadt Innsbruck, dem Land Tirol und der Arbeitsmarktverwaltung um Subventionen an.[1567] Ende 1987 gewährte der Innsbrucker Gemeinderat dem Verein eine Subvention von 150.000 Schilling, beantragt hatte dieser 200.000 Schilling.[1568] In der Gemeinderatsdebatte wies Stadtrat Sprenger darauf hin, „daß dieser Verein, der eine sehr große Anzahl von Unterstandslosen und Sandlern betreut und eine Wärmstube betreibt, auch vom Land Tirol einen ansehnlichen Betrag erhält."[1569] Zugleich bekannte sich Sprenger zu darüber hinaus gehenden Unterstützungen seitens der Stadt, sollte ein entsprechender Bedarf entstehen.[1570] Tatsächlich

---

tung, Weihnachtsbasar der Häftlinge, 4.12.1984, S. 4; Tiroler Tageszeitung, Weihnachtsbasar für die Häftlingshilfe, 9.12.1988, S. 4.
1562 Tiroler Tageszeitung, Heim für entlassene Häftlinge, 24.12.1982, S. 4.
1563 Tiroler Tageszeitung, Der Mann, der in das Dunkel geht, 14.2.1981, S. 4
1564 Tiroler Tageszeitung, Heim für entlassene Häftlinge, 24.12.1982, S. 4.
1565 5 Jahre Zentralstelle für Haftentlassenenhilfe 1990, S. 5, 21; sowie Tiroler Tageszeitung, Aus dem Gefängnis entlassen – Was nun?, 30.4.1986, S. 4.
1566 Gespräch Kreidl/Tilg 2015.
1567 Homepage Verein für Obdachlose, Chronik, http://www.obdachlose.at/chronik.php (abgerufen am 16.9.2017).
1568 Protokoll des Innsbrucker Gemeinderates vom 26.11.1987, S. 1832, StAI.
1569 Ebd., S. 1833.
1570 Ebd.

erhielt der Verein 1987 einen Nachtragskredit von 50.000 Schilling, 1988 gewährte der Gemeinderat wiederum erst 150.000 und zum Jahresende zusätzliche 50.000.[1571]

In den oberen Stockwerken des Hauses Mentlgasse 20 betrieb die Caritas eine Wohngemeinschaft, die sich an ein ähnliches Klientel wandte wie die Teestube. Diese Übergangswohngemeinschaft bot in vier Zweibettzimmern Platz für acht männliche Klienten im Alter zwischen 16 und 30 Jahren.[1572] Die beiden Einrichtungen waren personell und organisatorisch voneinander völlig unabhängig.[1573] Anfang 1992 eröffnete in diesen Räumlichkeiten die Mentlvilla, als Notschlafstelle für obdachlose Drogenkranke.[1574]

Das Selbstverständnis der Teestube war es, Obdachlosen einen sicheren Ort des Kontakts, der Beratung und der Körperpflege anzubieten. Wer in die Teestube kam, konnte sich rasieren und duschen, Wäsche waschen und sich aus mitgebrachten Lebensmitteln ein Essen zuzubereiten. Es gab Schließfächer und in dringenden Fällen die Möglichkeit zu telefonieren. Auf der Beratungsebene enthielt das Angebot die Bereiche Alkohol, Wohnungs- und Arbeitssuche, Rechtsfragen, Dokumentenbeschaffung, Kontakt zu Ämtern sowie medizinische Hilfe (durch einen Arzt und eine Krankenschwester). Wer Alkohol mitbrachte und konsumierte, Gewalt ausübte oder andere bestahl, wurde mit einem zweiwöchigen Hausverbot zu belegt.[1575] Neben der Beratungstätigkeit und dem Betrieb der Teestube suchten deren MitarbeiterInnen KlientInnen an der Klinik, im Gefängnis oder im Krankheitsfall in ihren Notunterkünften u. a. in abgestellten Eisenbahnwaggons (der „Waggonie") auf.

Die Teestube war offen für beide Geschlechter und alle Altersgruppen. Allerdings blieben Frauen ebenso in der Minderzahl wie Jugendliche und junge Erwachsene. Detaillierte Aufzeichnungen über Alter und Herkunft der KlientInnen liegen nicht vor, die Mitarbeiter schätzen in der Zeit um 1990 aber den Anteil Jugendlicher und junger Erwachsener auf unter 15 Prozent ein. Jugendliche gehörten nicht zur Zielgruppe der Teestube, sie wurden aber auch nicht weggeschickt, wenn sie die Einrichtung aufsuchten. Unter den jugendlichen Besuchern der Teestube befanden sich insbesondere solche, die (vorübergehend) ihr Elternhaus verlassen hatten, sich ohne Perspektive in Innsbruck bewegten und teilweise dabei waren, ins klassische Obdachlosenmilieu abzurutschen.[1576]

In der erst im Jänner 1990 durchgeführten Budgetdebatte des Innsbrucker Gemeinderats für das bereits laufende Jahr ergab sich für den Verein zur Beratung und Betreuung von Obdachlosen eine spezielle Situation: Mit Hubert Katzlinger war einer seiner Mitarbeiter im Gemeinderat vertreten. Als Mandatar der ALI stellte Katzlinger Anträge, die Subventionen fünf Innsbrucker Sozialvereine zu erhöhen. Im Fall des Obdachlosenvereins forderte er die Erhöhung von 250.000 auf 310.000 Schilling und überdies,

---

1571 Ebd., 24.11.1988, S. 1766.
1572 Vgl. Tiroler Tageszeitung, Hilfe für Alte und Obdachlose: Zwei neue Projekte der Caritas, 7.11.1986, S. 3; Neue Tiroler Zeitung, Caritas-Weihnachtsgeschenk: Neue Wohnung für junge Obdachlose, 27.12.1986, S. 7.
1573 Telefoninterview Hannes Schlosser mit Jussuf Windischer am 15.9.2017.
1574 Mehr über die Mentlvilla im Abschnitt 7.6, S. 302 f.
1575 Vgl. Verein für Obdachlose (Hg.), Informationen für die Besucher/innen der Beratungsstelle und der Teestube Mentlgasse 20, Innsbruck 1989.
1576 Telefoninterview Windischer 2017, Telefoninterview Hannes Schlosser mit Fritz Melcher am 15.9.2017.

"diesen Betrag in eine fixe Jahressubvention umzuwandeln".[1577] Katzlinger begründete seinen Antrag u. a. damit, dass gegenüber dem Vorjahr die Zahl der KlientInnen um 55 Prozent gestiegen sei, sich vier Angestellte ein Büro mit 14 Quadratmetern und einem Telefon teilen müssten, für durchschnittlich 40 BesucherInnen der Teestube nur 30 Quadratmeter Aufenthaltsfläche zur Verfügung stünden und aufgrund der Aufgaben des Betreuten Wohnens eine weitere Planstelle nötig wäre. Bei einem Jahresbudget von 1,3 Mio. Schilling seien nur 500.000 über Subventionen der öffentlichen Hand abgedeckt, mehr als die Hälfte der erforderlichen Mittel müssten daher über Spenden aufgebracht werden. Letztlich warb Katzlinger für seinen Antrag auch noch mit den Erfolgen des Jahres 1989, wonach 90 Personen an eine Arbeitsstelle und 44 eine „ordentliche Unterkunft" vermittelt werden konnte.[1578] Stadtrat Sprenger betonte, dass er in der Regel die Anliegen der Sozialvereine und deren Wünsche nach höheren Subventionen unterstütze, äußerte zugleich aber Verständnis dafür, dass Subventionen nicht immer in der gewünschten Höhe angehoben werden könnten.[1579] Die Abänderungsanträge der ALI wurden letztlich vom Gemeinderat mehrheitlich abgelehnt.[1580] Zwei Monate später stimmte der Innsbrucker Gemeinderat der Gewährung einer Sondersubvention zur Sanierung der Teestube im Ausmaß von einem Drittel der angefallenen Kosten (79.000 Schilling) zu.[1581]

Ab dem Herbst 1990 beteiligte sich der Verein zur Beratung und Betreuung von Obdachlosen gemeinsam mit dem DOWAS, dem DOWAS für Frauen und dem Tiroler Frauenhaus an der Arbeitsgemeinschaft Betreutes Wohnen und konnte in der Folge Wohnraum für sein Klientel in begrenztem Umfang anbieten.[1582] Ende 1990 betreute der Verein zur Beratung und Betreuung von Obdachlosen 23 Klienten, die in Übergangswohnungen nach längerer Obdachlosigkeit auf ein selbstständiges Wohnen vorbereitet wurden.[1583] Im Laufe der Jahre war die Zahl der betreuten KlientInnen drastisch angestiegen: Waren es im Gründungsjahr 1985 noch 120 gewesen, stieg diese Zahl bis 1988 auf 220 (darunter 21 Frauen), lag 1989 bei 324 und erhöhte sich 1990 auf mehr als 400.[1584]

Die steigende Zahl der TeestubenbesucherInnen machte es notwendig, die Beratungstätigkeit im Feld der Arbeits- und Wohnungssuche auszulagern. Die „Sozialberatung für Arbeits- und Wohnungssuchende" unter dem Kürzel BARWO eröffnete am 22. Oktober 1990 in der Andreas-Hofer-Straße und richtete sich explizit an volljährige KlientInnen. Im BARWO liefen auch die Fäden für den vom Verein zur Beratung und Betreuung von Obdachlosen betriebenen Teil des Betreuten Wohnens zusammen.[1585]

1577 Protokoll des Innsbrucker Gemeinderates vom 26.1.1990, S. 667, StAI.
1578 Ebd., S. 660–662, 667 f., StAI.
1579 Ebd., S. 693 f.
1580 Ebd., S. 744.
1581 Ebd., 29./30.3.1990, S.1110–1113.
1582 Vgl. SPAK-Protokolle 27.9.1990, 22.11.1990, 10.10.1991, 19.12.1991, Archiv DOWAS.
1583 Tiroler Tageszeitung, Hilferuf im Kampf gegen Obdachlosigkeit, 7.12.1990, S. 10.
1584 Ebd.; Tiroler Tageszeitung, Das Leben neu beginnen – ein Verein hilft, 25.2.1989 S. 10.
1585 Telefoninterview Melcher 2017; Homepage Verein für Obdachlose, Chronik, http://www.obdachlose.at/chronik.php (abgerufen am: 16.9.2017); Tiroler Tageszeitung, Beilage Innsbruck Aktuell, Beratungsstelle für Arbeits- und Wohnungssuchende, 30.10.1990, S. 2.; SIT, Warum schon wieder eine Sozialberatungsstelle?, Nr.18, Dezember 1990, S. 10.

8.7 Städtische Herberge, Notschlafstelle (NOST)

1986 entschied sich die Stadt Innsbruck zu einer Generalsanierung der Städtischen Herberge in der Hunoldstraße.[1586] Innsbrucks Obdachlosenasyl war 1927 eröffnet worden[1587] und baulich wie auch konzeptuell in die Jahre gekommen. In diesem Zusammenhang gab es Überlegungen, die Herberge zu privatisieren, u. a. war die Caritas im Gespräch.[1588] Diese Überlegungen wurden mangels Interesse privater Einrichtungen nie konkret, nicht zuletzt aber auch deswegen, weil sich auf politischer Ebene Stimmen mehrten, welche die Führung eines Obdachlosenasyls als unmittelbare kommunale Aufgabe betrachteten.[1589]

Nach einigen Verzögerungen und eineinhalbjähriger Bauzeit kam es zur Neueröffnung erst im September 1990. Der Gesamtaufwand für den Umbau hatte 10,5 Mio. Schilling gekostet.[1590] Die Zahl der Betten stieg auf 80 (plus zehn Notbetten), 15 Betten waren für Frauen vorgesehen.[1591] Zugleich wurde aber die Größe der Wohneinheiten (nur noch 2-, 3- und 6-Bettzimmer) deutlich reduziert sowie Krankenzimmer und ein Essraum eingerichtet. Im Konzept war eine maximale Aufenthaltsdauer von zwei bis drei Monaten vorgesehen. Mit der Neueröffnung wurde der Personalstand ebenfalls erhöht, auch wenn Sozialstadtrat Sprenger einbekannte, dass die „personelle Ausstattung mit Sozialarbeitern noch nicht ausreichend ist und in Zukunft verstärkt werden muß".[1592] Dieses Ziel zu erreichen gestaltete sich offenbar hürdenreich. Der erste, für die Herberge angestellte Sozialarbeiter, kündigte schon nach wenigen Monaten. Anfang 1991 fehlte die sozialarbeiterische Kompetenz völlig.[1593] Jugendliche spielten in der Städtischen Herberge weder vor noch nach dem Umbau eine Rolle, wenngleich die Aufnahme einzelner (älterer) Jugendlicher im Laufe der Jahre vorgekommen sein dürfte.

In der ersten Hälfte der 1980er Jahre findet sich das Thema Obdachlosigkeit kaum in den Protokollen des Innsbrucker Gemeinderats, das änderte sich ab 1985 radikal. Die Gründe dafür waren vielfältig. Dazu zählen die Aktivitäten der in diesem Themenfeld tätigen Innsbrucker Sozialeinrichtungen insbesondere durch den Sozialpolitischen Arbeitskreis (SPAK). SPÖ und ALI griffen das Thema im Gemeinderat immer häufiger auf, schlossen sich den Forderungen der Sozialvereine nach Sozialenqueten und wirkungsvollen Konzepten an bzw. legten, so wie der SPÖ-Gesundheitsstadtrat Franz Meisinger, eigene Konzepte vor.[1594] Auch die steigende Zahl der obdachlosen Menschen in Innsbruck trug zur erhöhten Wahrnehmung bei. Ende 1987 etwa nannten Schätzungen die Zahl 500 – acht Jahre zuvor war noch von 100 Obdachlosen in Innsbruck die

---

1586 Vgl. Protokolle des Innsbrucker Gemeinderates vom 11.12.1986, S. 2097 f.; 10.12.1987, S. 2298, 2308 f., StAI.
1587 Homepage Innsbrucker Soziale Dienste, Herberge, http://www.isd.or.at/index.php/wohnungslosenhilfe/herberge (abgerufen am 19.9.2017).
1588 SPAK-Protokoll vom 18.6.1985, Archiv DOWAS.
1589 Vgl. Protokoll des Innsbrucker Gemeinderates vom 10.12.1986, S. 1737, StAI.
1590 Ebd. sowie vom 13.12.1990, S. 2834–2837.
1591 Ebd., vgl. weiters: SPAK-Protokoll vom 25.10.1990, Archiv DOWAS.
1592 Protokoll des Innsbrucker Gemeinderates vom 13.12.1990, S. 2834, StAI. Vgl. ferner: Tiroler Tageszeitung, Beilage Innsbruck Aktuell, Unterkunft für 80 Obdachlose, 2.10.1991, S. 1.
1593 SPAK-Protokoll vom 21.2.1991, Archiv DOWAS.
1594 Franz Meisinger: Konzept zur Linderung der Obdachlosigkeit, Innsbruck 22.5.1987, Archiv DOWAS.

Rede gewesen. Als Ursache für die steigende Zahl obdachloser Menschen nannten das DOWAS und der SPAK die wachsende Arbeitslosigkeit und den Mangel an leistbarem Wohnraum.[1595] Das Konzept von Stadtrat Meisinger differenzierte zwischen zwei Gruppen:

„Obdachlose, die nicht mehr arbeitsfähig sind, weil sie weder physisch noch psychisch im Stande sind, einer geregelten Arbeit nachzugehen und Obdachlose, die sowohl arbeitsfähig als auch arbeitswillig sind, die aber zum gegenwärtigen Zeitpunkt keine Arbeit finden."[1596]

Für die erstgenannte Gruppe forderte der SPÖ-Politiker Maßnahmen, um ein weiteres Absinken von deren Sozialstatus zu verhindern und erwähnte dazu u. a. die Sicherung beheizter Unterkünfte im Winter sowie zumindest einer warmen Mahlzeit täglich. Für die zweite Gruppe verlangte er, dass „Hilfestellungen in jeder erdenklichen und sinnvollen Art angeboten werden, um eine rasche Wiedereingliederung in die Gesellschaft zu ermöglichen und ein Absinken in die erste Gruppe zu verhindern".[1597] Insgesamt forderte Meisinger eine wesentliche Erhöhung der Zahl an SozialarbeiterInnen im Feld der Obdachlosigkeit.

Ungefähr gleichzeitig kritisierte die ALI, dass ihre Initiativen weder im Gemeinderat noch im Sozialausschuss ernsthaft behandelt würden und verlangte mit Verweis auf einen erfrorenen Obdachlosen im Winter 1986/87 die Bereitstellung „von weiteren Unterkünften für Obdachlose". Eine zusätzliche Forderung an die Stadt lautete, Wohnungsdelogierungen einzustellen und damit weitere Sozialfälle zu verhindern, die schlussendlich mehr kosten würden als die Übernahme von Mieten.[1598]

Bereits im Sommer 1985 hatte der SPAK in einem umfassenden Papier detaillierte Analysen und Forderungen zum Thema Obdachlosigkeit vorgelegt. Dazu gehörte die Forderung der Umwandlung der Städtischen Herberge von einer „Verwahranstalt" zu einer Sozialstation mit „menschengerechten Wohneinheiten", den Verzicht von Delogierungen aus Sozialwohnungen durch die Stadt Innsbruck, die Erstellung und Umsetzung von ganzheitlichen Rehabilitationsplänen unter Mitwirkung der Betroffenen und die Schaffung dezentraler Unterbringungsmöglichkeiten. Weiters die Errichtung einer kommunalen Wohnungsvermittlungsstelle sowie die Einrichtung von Volksküchen und Wärmestuben.[1599]

Auf die Zuspitzung am Wohnungsmarkt macht auch die Zentralstelle für Haftentlassenenhilfe aufmerksam. In ihrem Jahresbericht 1988 hielt die Zentralstelle fest, dass sich ihre Arbeit immer weiter „in Richtung Obdachlosen-/Nichtseßhaftenarbeit" entwickle. Kritisch wurden von der Zentralstelle Einrichtungen wie die Städtische Herberge beurteilt: „Menschen, die in Asylen leben, wird der Weg in die Arbeitswelt, die

---

1595 Tiroler Tageszeitung, 500 Obdachlose, bitte warten ..!, 23.12.1987, S. 7.
1596 Franz Meisinger: Konzept zur Linderung der Obdachlosigkeit, Innsbruck 22.5.1987, S. 1, Archiv DOWAS.
1597 Ebd., S. 2.
1598 Tiroler Tageszeitung, Obdachlose: ALI fordert Notstation für akute Fälle, 24.10.1987, S. 11.
1599 Arbeitspapier des SPAK vom 10.6.1985, Archiv DOWAS.

Beschaffung einer Wohnung und die Stabilisierung sozialer Beziehungen fast unmöglich gemacht."[1600]

Als völlig unzureichend wurde auch das Angebot der Stadt mit den Einzelzimmern in der Gutenbergstraße 16 beurteilt. Ende der 1980er Jahre wohnten dort 90 Menschen, 150 bis 200 standen auf Wartelisten. Zugleich kritisiert die Zentralstelle für Haftentlassenenhilfe das Konzept der Gutenbergstraße, weil zu viele Menschen auf engem Raum wohnen würden, die Schwierigkeiten mit Alkohol und Drogen, mit dem Wohnen an sich und im zwischenmenschlichen Umgang haben.[1601]

Der Stadt Innsbruck wurde seitens der Zentralstelle der Vorwurf gemacht, dass es ihr an einem Wohnungskonzept fehle: „Die Obdachlosigkeit und die Wohnungsnot der Betroffenen wird verwaltet, die Betroffenen werden verwahrt und das auch noch schlecht. Es ginge um ein Konzept, das von Betreuung und Begleitung ausgeht."[1602]

Es dauerte bis zum Winter 1990/91, ehe im ehemaligen Kolpinghaus in der Dreiheiligenstraße eine Notschlafstelle eingerichtet wurde. Die Initiative dazu war von Sozialvereinen in Form einer Hausbesetzung gekommen[1603] und letztlich von der Stadt aufgegriffen worden. Als Träger des Projekts fungierten der Verein zur Beratung und Betreuung Obdachloser, das DOWAS und der Bahnhofsozialdienst der Caritas.[1604] Die Notschlafstelle (NOST) bot Platz für 40 erwachsene männliche Bewohner und blieb bis Ende April 1991 geöffnet.[1605] Der Gemeinderat beschäftigte sich über ein halbes Jahr fast monatlich mit der NOST und den Schlussfolgerungen, welche die einzelnen Fraktionen daraus zogen. Vorrangig VertreterInnen der ALI verlangten, die erzielten Betreuungserfolge während des Aufenthalts in der NOST durch geeignete Maßnahmen zu erhalten und zu vertiefen. Dazu zählte der Antrag, jene Personen, „bei denen die Obdachlosigkeit lediglich ein Wohnproblem ist, die also wohnfähig sind, werden im Sinne einer sozialen Wohnungsvergabe bei der Vergabe städt. Garconnieren vorrangig behandelt".[1606] Der Antrag fand keine Mehrheit, wobei die Begründung für die Ablehnung bei Sozialstadtrat Eugen Sprenger dessen Zerrissenheit zum Ausdruck brachte:

> „Ich habe eine Besprechung mit den Obdachlosen der Notschlafstelle im ehemaligen Kolpinghaus durchgeführt, und natürlich ist der Wunsch gekommen, nach Auslaufen dieser Notschlafstelle am 30. April diese Leute weiter zu versorgen. Sicherlich wäre es sozialpolitisch richtig, diese Personen dezentral in möglichst kleinen Einheiten in der Stadt zu versorgen, das ist aber einfach aus praktischen Gründen, da entsprechende Unterbringungsmöglichkeiten nicht vorhanden sind, nicht realisierbar."[1607]

1600 Kreidl 1995, S. 34.
1601 5 Jahre Zentralstelle für Haftentlassenenhilfe 1990, S. 18.
1602 Ebd., S. 20.
1603 SPAK-Protokoll vom 25.10.1990, Archiv DOWAS; weiters: Telefoninterview Windischer 2017.
1604 Konzept für das Projekt Notschlafstelle Innsbruck, nicht datiert, Beilage zum SPAK-Protokoll vom 8.11.1990, Archiv DOWAS.
1605 Vgl. Protokolle des Gemeinderates Innsbruck vom 29.11.1990, S. 2499–2502; 13.12.1990, S. 2834–2837; 24.1.1991, S. 143–146; 28.2.1991, S. 348; 22.3.1991, S. 538–543; 3.5.1991, S. 935–936, StAI.
1606 Ebd., 28.2.1991, S. 348.
1607 Ebd., 22.3.1991, S. 539.

Im SPAK hatten unterschiedliche Positionen zur NOST grundsätzliche Konflikte zwischen Personen und Einrichtungen zutage gefördert. Der Verein für Obdachlose und das DOWAS vertraten als NOST-Betreiber eine pragmatische Position, wonach unterkunftslose Klienten in der NOST, wenigstens ein Bett hätten und nicht frieren müssten. Andere Organisationen kritisierten hingegen, dass die NOST um nichts besser sei als die Städtische Herberge, gegen die man sich wegen ihres Charakters als Massenunterkunft und den mangelnden Möglichkeiten individueller Betreuung immer gewehrt hätte. Außerdem sei zu befürchten, dass sich das Sozialamt auf den Standpunkt stellen könnte, Klienten vorrangig in der NOST unterzubringen, ehe die Kosten für eine Zimmermiete übernommen würde.[1608] Der Konflikt mündete darin, dass die Zentralstelle für Haftentlassenenhilfe Anfang 1991 ihre Mitwirkung im SPAK aussetzte. In einem Brief an die anderen Mitglieder des SPAK hieß es unter anderem:

„Der SPAK ist hier hinter einen einmal erreichten Stand zurückgefallen und eine Gruppe forcierte ein Konzept, das ebensogut von den offiziellen Trägern der Sozialpolitik, Stadt und Land, stammen hätte können und dies sogar noch ‚billiger'. Somit verliert der SPAK seine Funktion, schon erarbeitete fachliche Standards einzufordern."[1609]

In einer Bilanz der BetreiberInnen der Notschlafstelle nach dem ersten Winter hoben diese das Sammeln von Erfahrungen hervor und zogen den Schluss: „Wenn dieses befristete Projekt keine Folgen hat, war es ziemlich umsonst."[1610] Bemerkenswert war der Versuch, in regelmäßigen Hausversammlungen die Bewohner zu animieren, ihre Wünsche und Bedürfnisse individuell und kollektiv zu formulieren.[1611]

Im Winter 1991/92 beschloss die Stadt die erneute Inbetriebnahme der Notschlafstelle in der Dreiheiligenstraße. Einen SPÖ-Antrag, dafür zwei zusätzliche SozialarbeiterInnen anzustellen, ließ Bürgermeister Romuald Niescher (ÖVP) mit der Begründung, dass am selben Tag der Stellenplan der Stadt für 1992 beschlossen worden war, erst gar nicht zur Abstimmung kommen.[1612] Das Land Tirol beteiligte sich zur Hälfte an den Kosten, Mitte Dezember 1991 bewohnten die NOST bereits 43 Personen.[1613] Gleichzeitig kritisierten Abgeordnete von SPÖ und ALI, dass kurz nach der Eröffnung der NOST im November 1991 mangels ausreichender Kapazitäten Schlafplätze an Obdachlose verlost worden seien. Dazu gab es den Vorwurf an die ÖVP-dominierte Stadtführung keine Schlussfolgerungen aus dem ersten NOST-Jahr gezogen zu haben, kein Konzept zur Obdachlosigkeit entwickelt zu haben und keinen einzigen Bewohner der NOST des vorangegangenen Winters in eine Garconniere aufgenommen zu haben.[1614]

„Alle Jahre wieder wird im Winter im Horuck-Verfahren eine Notschlafstelle finanziert, ohne die Ursachen dieses Problems zu beseitigen. Wir haben die Aufgabe, diesen

---

1608 SPAK-Protokoll vom 8.11.1990, Archiv DOWAS.
1609 Brief der Zentralstelle für Haftentlassene an den SPAK vom 2.1.1991, Archiv DOWAS.
1610 Jussuf Windischer: Notschlafstelle Dreiheiligenst. 9, 22. Dezember bis 30. April 1991, in: SIT 20, Juli 1991, S. 5–7.
1611 Ebd.
1612 Protokoll des Innsbrucker Gemeinderates vom 21.11.1991, S. 1712, 1729, StAI.
1613 Ebd., 17.12.1991, S. 2208.
1614 Ebd., S. 2218 f., 2229 f., 2237 f., 2245 f.

Menschen die sozialen Grundrechte zu garantieren und damit auch zu finanzieren. Wir müssen diese Gruppe nicht nur akzeptieren, sondern ihr auch wirklich helfen", fasste SPÖ-Mandatar Arno Grünbacher die Kritik zusammen.[1615]

Aus der Notschlafstelle wurde in der Folge am Standort Dreiheiligenstraße die Dauereinrichtung Alexihaus. 58 Männer bewohnen Ein- bis Dreibettzimmer und es gibt ein differenziertes Betreuungskonzept für berufstätige und abstinente Bewohner.[1616]

Die Sozialvereine konfrontierten auch in der zweiten Hälfte der 1980er Jahre nicht nur den Gemeinderat mit ihren Forderungen zur Obdachlosigkeit, sondern betrieben dazu auch eine kontinuierliche Öffentlichkeitsarbeit. Diese geschah über die Medien, richtete sich aber auch direkt an die Bevölkerung. Ein Beispiel für letzteres ist die vom DOWAS mit Unterstützung des SPAK erstmals kurz vor Weihnachten 1985 durchgeführte Aktion „Feuer im Herzen der Stadt". Es ging darum, auf die Lage Obdachloser aufmerksam zu machen und zugleich der Bevölkerung die Möglichkeit zu geben, Sachspenden wie warme Kleidung, Decken, aber auch Lebensmittel und Zigaretten bei einem zentral gelegenen Stand in der Innenstadt abzugeben. Erbeten waren auch Geldspenden.[1617] „Feuer im Herzen der Stadt" war über Jahre eine erfolgreiche Aktion zur Bewusstseinsbildung, zeitigte aber auch gute materielle Ergebnisse. Weihnachten 1989 etwa wurden neben vielen Kleiderspenden auch 18.450 Schilling gesammelt. Das Geld verteilter der SPAK an Menschen die es dringend brauchten, mit ihren Sozialhilfeanträgen aber abgewiesen worden waren.[1618]

8.8 Wandel im Innsbrucker Gemeinderat

1987 war von den Vereinten Nationen zum „Internationalen Jahr zur Beschaffung von Unterkünften für Obdachlose" ausgerufen worden. DOWAS, DOWAS für Frauen, Zentralstelle für Haftentlassenenhilfe und der Verein zur Beratung und Betreuung von Obdachlosen hatten in diesem Zusammenhang einen Arbeitskreis zur Ausarbeitung von Konzepten gebildet.[1619] In der konkreten Politik spielte das UNO-Jahr der Obdachlosen kaum eine Rolle, wurde aber in thematisch einschlägigen Gemeinderatsdebatten gelegentlich als Argumentationshilfe herangezogen.[1620]

Die zweite Hälfte der 1980er Jahre war in ganz Österreich von einer wachsenden sozialen Unsicherheit geprägt. Die Arbeitslosigkeit stieg und damit in der Folge auch die Zahl der wohnungs- bzw. obdachlosen Menschen. Innsbruck blieb davon nicht ver-

---

1615 Ebd., S. 2229 f.
1616 Homepage Innsbrucker Soziale Dienste, Alexihaus, http://www.isd.or.at/index.php/wohnungslosenhilfe/alexihaus (abgerufen am 20.9.2017).
1617 Vgl. Tiroler Tageszeitung, Weihnachtsfeier für Obdachlose, 19.12.1986, S. 4; Tiroler Tageszeitung, 500 Obdachlose, bitte warten ..!, 23.12.1987, S. 7; Tiroler Tageszeitung, Für Obdachlose Feuer im Herzen der Stadt, 20.12.1989, S. 7.
1618 SPAK-Protokoll vom 25.1.1990, Archiv DOWAS.
1619 Vgl. Tiroler Tageszeitung, 500 Obdachlose, bitte warten ..!, 23.12.1987, S. 7; akin, Die UNO hat das Jahr 1987 zum internationalen Jahr der Beschaffung von Unterkünften für Obdachlose [sic!], Nr. 1, 14.1.1987, S. 1.
1620 Vgl. Protokolle des Gemeinderates Innsbruck vom 26.11.1987, S. 1779, und 10.12.1987, S. 2322, StAI.

schont. Zumindest aus der Perspektive von Sozialvereinen, der Gewerkschaft, linken und grünen Organisationen war bald von drohendem und in der Folge von manifestem Sozialabbau die Rede. Primär richtete sich die Kritik gegen Budgetkürzungen des Bundes und gipfelte am 24. Oktober 1987 in einer „Gesamtösterreichischen Demonstration gegen Arbeitslosigkeit, Sozialabbau und Bildungsstopp für eine offensive Beschäftigungs- und Verstaatlichtenpolitik".[1621]

Nicht zuletzt im Feld der Wohnungs- und Obdachlosenarbeit richtete sich die zum Teil heftige Kritik von Sozialvereinen und ihres Dachverbandes SPAK auch an die Politik des Landes Tirol und der Stadt Innsbruck. Diese Kritik wurde auf unterschiedlichen Ebenen vorgebracht und in der zweiten Hälfte der 1980er Jahre von der ALI und teilweise auch der SPÖ direkt in den Innsbrucker Gemeinderat getragen. Die Auseinandersetzungen hatten vielfach eine starke ideologische und gesellschaftspolitische Komponente. Trotzdem drückte sich in der zweiten Hälfte der 1980er Jahre quer durch alle Fraktionen eine gefestigte Wertschätzung gegenüber der Arbeit der Sozialvereine aus.

Einen Wandel hatte im Laufe der Jahre die Sprache der GemeinderätInnen beim Thema Obdachlosigkeit erfahren. Die zu Beginn diese Kapitels skizzierte Debatte aus dem Jahre 1979 war stark von einem Blick geprägt, der obdachlose Menschen als Störenfriede und Kleinkriminelle betrachtete, die nach Möglichkeit aus dem Stadtbild zu verbannen sein. Der Terminus vom „Sandlerunwesen", das es zu „bekämpfen" galt, drückte diese Haltung am deutlichsten aus. Wenige Jahre später hatte sich Wortwahl, Tonfall und Ursachenanalyse in den zahlreichen Debatten der zweiten Hälfte der 1980er Jahre geändert. Das ist insofern besonders bemerkenswert, als es zu einem beträchtlichen Teil um dieselben Abgeordneten ging. 1986 etwa sprach Stadtrat Wilhelm Steidl (TAB) vom „Sandlerproblem" in dieser Form:

„Herren und auch Damen, die mit ihrem Plastiksackerl durch Innsbruck gehen, die zum Teil niemanden stören, aber zum Teil doch in betrunkenem Zustand zu Exzessen neigen, werden von vielen Mitbürgern als eine Belästigung empfunden."[1622]

Als Lösungsansatz schlug Steidl aber nicht mehr Polizeigewalt und Vertreibung vor, sondern die Einberufung einer Sozialenquete.[1623] Auch die Haltung von Gemeinderat Hermann Weiskopf (IMS), der 1979 die Debatte zum „Sandlerunwesen" mit seiner Anfrage an Bürgermeister Lugger ausgelöst hatte, hatte sich in den Jahren verändert. Er argumentierte acht Jahre später folgendermaßen:

„Das Problem der Obdachlosigkeit ist ein Problem, das die Randschichten einer Gesellschaft betrifft, wobei aber nicht nur die Obdachlosen diese Randschichten bilden. Die Qualität einer Gesellschaft ist weitestgehendst davon bestimmt, inwieweit sie in der Lage ist, dieses Problem zu lösen. Das heißt, in welchem Maße es ihr möglich ist, eine menschenwürdige Lösung und keine nazistisch-faschistische Lösung zu schaffen. Ich muß sagen, diese Gedanken in Richtung

---

1621 Flugblatt, Beilage in akin, Nr. 13, 7.10.1987.
1622 Protokoll des Innsbrucker Gemeinderates vom 24.4.1986, S. 605, StAI.
1623 Ebd.

eines Arbeitsdienstes und von Anhaltelagern gibt es auch in der heutigen Zeit noch in unserem Land. Ich nehme aber an, daß wir, die wir hier sitzen, diese Gedanken nicht hegen."[1624]

Gebremst wurde der Eifer, menschenwürdige soziale Angebote für obdachlose Menschen zu entwickeln, durch die wiederholt vorgebrachte Sorge, Innsbruck würde zum Anziehungspunkt von Obdachlosen aus ganz Europa.[1625] Nachvollziehbarer ist wohl die von Sozialstadtrat Paul Kummer formulierte Kritik, die Städte würden vom Bund und den Ländern mit der wachsenden Zahl Obdachloser im Stich gelassen.[1626] Zugleich gab es in den späten 1980er Jahren nur vereinzelt Stimmen, welche die Aufgabenstellung, Obdachlose vielfältig zu unterstützen, gegen andere soziale Themen auszuspielen versuchten, etwa mit der polemischen Fragestellung, ob man denn nun auch noch Komfortzimmer errichten sollte.[1627] In diese Kerbe schlugen auch wiederholte Versuche, die Verantwortung des Gemeinderats für die in der Stadt lebenden Obdachlosen mit dem Argument, deren überwiegende Mehrzahl stamme aus anderen Bundesländern oder gar aus dem Ausland, herunterzuspielen. Sozialstadtrat Sprenger (ÖVP) bestätigte in seiner Budgetrede 1990, dass unter den BewohnerInnen der Städtischen Herberge vermutlich nur zehn bis zwanzig Prozent Innsbrucker seien, wies aber das Ansinnen, diese in ihre Herkunftsbundesländer zurückzuschicken, entschieden zurück:

„Das ist natürlich rechtlich völlig unmöglich, auch nach europäischem Recht. Es gibt diesbezügliche Erkenntnisse des Europäischen Gerichtshofes. Es ist völlig undenkbar, daß man diese Personen in ihre Heimatländer zurückweist. Das Recht, sich frei in einem Land aufhalten zu können, betrachte ich als Grundrecht."[1628]

Bilanzierend lässt sich festhalten, dass im Laufe der 1980er Jahre nicht nur eine diskriminierende Sprache gegenüber Obdachlosen aus dem Innsbrucker Gemeinderat weitgehend verschwand. Zugleich hatten sich viele GemeinderätInnen eine realistischere Einschätzung über die Ursachen von Obdachlosigkeit angeeignet. In den Schlussfolgerungen über die nötigen kommunalen sozialpolitischen Maßnahmen blieb der Gemeinderat allerdings vielfach hinter seinem eigenen Erkenntnisniveau zurück. Sozialstadtrat Eugen Sprenger brachte wiederholt sein Bedauern über diese Diskrepanz vor und begründete sie mit mangelnden Budgetmitteln. Es ist wohl keine Überinterpretation, in diese Gleichung auch noch einen mangelnden politischen Willen der Mehrheit des Gemeinderats zu einer entschlosseneren Politik zugunsten der sozial schwächsten EinwohnerInnen im Allgemeinen und den diversen Gruppen wohnungs- und obdachloser Menschen im Besonderen, aufzunehmen.

1624 Protokoll des Innsbrucker Gemeinderates vom 22.5.1987, S. 685. StAI:
1625 Ebd., S. 686 f. sowie 10.12.1987, S. 2323 f.
1626 Ebd., 22.5.1987, S. 682–684.
1627 Ebd., S. 695.
1628 Ebd. 13.12.1990, S. 2835.

9 Arbeitsprojekte

9.1 Experimentelle Arbeitsmarktpolitik

Die Arbeitslosigkeit von Jugendlichen und jungen Erwachsenen war und ist in sozialen Einrichtungen ein zentrales Thema. Die betroffenen KlientInnen auf geeignete Arbeits- und Ausbildungsplätze zu vermitteln, stellt sich immer in großer Dringlichkeit, unabhängig davon, ob es sich um Jugendzentren, ambulante Betreuungen, Beratungs- oder Unterbringungseinrichtungen handelt. Fehlt ein Arbeits- oder Ausbildungsplatz über einen längeren Zeitraum, geraten alle Versuche, KlientInnen auf dem Weg zu einem selbstständigen Leben zu unterstützen, rasch zur Sisyphusarbeit. Jenseits von Konjunkturzyklen ist es wenig überraschend, dass von Normen abweichende Menschen, unabhängig von ihrem Alter und Geschlecht sowie ihrer (sozialen) Herkunft, eher Gefahr laufen einen Arbeitsplatz zu verlieren oder keinen zu erlangen. Oft genug ist es aber auch Zufall, wen Arbeitslosigkeit trifft und wen nicht – zur falschen Zeit am falschen Ort mit der falschen Ausbildung/dem falschen Berufswunsch kann der Beginn einer längeren Arbeitslosigkeit und zugleich einer nur schwer zu unterbrechenden sozialen Abwärtsspirale sein.

Oft mussten Sozialeinrichtungen die Erfahrung machen, dass die gängigen Wege, ihre KlientInnen auf geeigneten Arbeitsplätzen unterzubringen, erfolglos blieben und die Zusammenarbeit mit dem Arbeitsamt, das Durchackern von Stellenanzeigen und das Ausschöpfen persönlicher Kontakte zu unzureichenden Ergebnissen führten. Die Frustration darüber ließ speziell in den 1980er Jahren einige Innsbrucker Sozialeinrichtungen zur Selbsthilfe greifen und es entstanden eine Reihe sehr unterschiedlicher Arbeitsprojekte. Manche kamen kaum über die Planungsphase hinaus, andere etablierten sich und bilden inzwischen seit Jahrzehnten das Rückgrat der Sozialökonomischen Betriebe Tirols. Bei aller Unterschiedlichkeit dieser Projekte gibt es den gemeinsamen Nenner des „zweiten Arbeitsmarkts". Dieser zielt darauf ab, benachteiligten Personen(gruppen) und Langzeitarbeitslosen jene Fähigkeiten und Fertigkeiten zu vermitteln, die als Voraussetzung für ein Bestehen auf dem „ersten", regulären Arbeitsmarkt gesehen werden.

In diesem Kapitel werden in Innsbruck gegründete Arbeits- und Beschäftigungsprojekte beschrieben, die das Klientel dieser Studie und den Untersuchungszeitraum 1970 bis 1990 betreffen. Einige dieser Projekte wurden bereits in vorangegangenen Kapiteln dargestellt, auf sie wird in der Folge nur verwiesen. Andere Projekte werden vertiefend oder erstmals beschrieben. Die Reihenfolge erfolgt nach den Gründungsdaten der jeweiligen Einrichtung bzw. nach dem Beginn der Tätigkeit des (ersten) Arbeitsprojekts.

Einleitend geht es um die (sozial-)politischen Rahmenbedingungen, welche die Mehrzahl dieser Projekte erst ermöglicht haben, insbesondere um die sogenannte „experimentelle Arbeitsmarktpolitik" des Bundes ab 1983. Die Jugendarbeitslosigkeit beschäftigte auch die politischen Gremien der Stadt Innsbruck wiederholt und intensiv. Daher wird in diesem Kapitel auch von Jugendbeschäftigungskonzepten, die der Gemeinderat diskutiert und beschlossen hat, die Rede sein.

In den Jahren der SPÖ-Regierung unter Kanzler Bruno Kreisky (1970–1983) galt Vollbeschäftigung als zentrales Staatsziel. Daraus resultierte während der 1970er Jahre eine antizyklische (keynsianische) Wirtschafts- und Beschäftigungspolitik, die im Kern darin bestand, Konjunktureinbrüchen und damit verbundener steigender Arbeitslosigkeit mit staatlichen Investitionsprogrammen zu beggnen. Österreich gelang es, die durch die Ölkrise von 1973 ausgelöste Konjunkturschwäche deutlich besser abzufangen als viele andere Staaten. Begünstigt wurde die österreichische Herangehensweise darüber hinaus durch den hohen Anteil an verstaatlichter Industrie, den dank der politischen Neutralität starken und stabilen Osthandel und den sozialen und gesellschaftlichen Reformen dieser Jahre – etwa der gesetzlichen Einführung der 40-Stunden-Woche 1975.[1629]

Mit dem neuerlichen globalen Konjunktureinbruch Anfang der 1980er Jahre geriet auch in Österreich der Arbeitsmarkt zusehends aus den Fugen. Zwischen 1980 und 1987 verdreifachte sich die Zahl der arbeitslos gemeldeten Menschen von 53.000 auf 164.000. Das entsprach Arbeitslosenraten von 1,9 bzw. 5,6 Prozent.[1630] Von der ab 1980 sprunghaft ansteigenden Arbeitslosigkeit waren vor allem junge Menschen unter 25 Jahren und die Gruppe der 50- bis 59-Jährigen betroffen. Bis 1985 stieg der Anteil der unter 25-Jährigen an der Gesamtarbeitslosigkeit auf weit überproportionale 30 Prozent an.[1631]

Die Krise um die Jugendbeschäftigung führte 1983 nicht nur zu Initiativen der Gebietskörperschaften, sondern war auch ein prägendes Thema im gesellschaftlichen Diskurs, in den sich auch die Medien einbrachten. So startete die Tiroler Tageszeitung im Juni 1983 eine „Aktion Jugendarbeitsplätze". Diese bestand darin, Jugendlichen auf der Suche nach einem „Erstarbeitsplatz" eine kostenlose Anzeige im Blatt anzubieten. Zugleich erging an die Betriebe die Aufforderung, Arbeitsplätze zur Verfügung zu stellen, verbunden mit der These, „sich für seinen Betrieb bereits heute die Fachkräfte von morgen zu sichern", weil es wegen der geburtenschwächeren Jahrgänge „schon bald" schwierig werden würde, Lehrlinge zu finden.[1632] Eine Woche nach dem Aufruf erschienen im Blatt drei eng bedruckte Seiten mit Namen, Alter und Berufswünschen von 465 Jugendlichen. „Arbeitslos zu sein ist keine Schande, sondern eine Geißel dieser Zeit. Unschuldig arbeitslos zu sein ist ein Unglück", hieß es unter dem Titel „Kampf der Hoffnungslosigkeit" im Begleittext. Der Start ins Berufsleben sei eine „große gesellschaftliche Aufgabe, die sich nicht durch Zwangsmaßnahmen des Sozialministers Dal-

---

1629 Vgl. Tom Schmid: Arbeitsmarktpolitische und sozialpolitische Relevanz der sozialökonomischen Betriebe (SÖB) in Tirol, Wien/Innsbruck 1997, S. 55, 85.
1630 Christine Stelzer-Orthofer (Hg.): Arbeitsmarktpolitik in Österreich; Linz 1991, S. 3.
1631 AMS Österreich: Arbeitsmarktforschung und Berufsinformation, Sonderauswertung DWH-PST (11.12.2015, VM), in: Ferdinand Lechner/Walter Reiter/Petra Wetzel/Barbara Wilsberger: Die Beschäftigungseffekte der experimentellen Arbeitsmarktpolitik der 1980er und 1990er Jahre; Wien 2016; S. 5.
1632 Tiroler Tageszeitung, An alle Burschen und Mädchen in Tirol, die Arbeit suchen, 18.6.1983, S. 5.

linger lösen läßt. Sie kann nur durch freiwillige Leistungen von Industrie, Handel und Gewerbe erfüllt werden."[1633]

Allen Bemühungen zum Trotz stieg die Arbeitslosigkeit weiter und löste 1987 massive politische Proteste aus, die im breiten Bündnis einer „Österreichischen Sozialbewegung gegen Sozialabbau, für Vollbeschäftigung und Umverteilung" und einer Großdemonstration am 24. Oktober 1987 in Wien gipfelten. Zu den zentralen Themen zählte die Forderung an die Bundesregierung, mehr Mittel im Kampf gegen Arbeitslosigkeit einzusetzen.[1634] Rüttelte 1987 eine Arbeitslosenquote von 5,6 Prozent die Gesellschaft noch auf, so erscheint eine solche heute als unerreichbares Wunschziel. Nach der, Vergleiche erlaubenden nationalen Berechnungsmethode, waren 2017 im Jahresdurchschnitt 339.976 Personen bzw. 8,5 Prozent arbeitslos.[1635]

Für die antizyklischen Konzepte der 1970er Jahre fehlten in den 1980ern zusehends die Voraussetzungen. Aufgrund der hohen Staatsverschuldung waren die finanziellen Mittel zum Gegensteuern begrenzt, die Verstaatlichte Industrie geriet in die Krise und 1983 verlor die SPÖ die absolute Mehrheit im Parlament. Damals verließ Kreisky die Politik und in der Folge regierte die SPÖ bis 1987 mit der FPÖ und danach bis 2000 mit der ÖVP als Koalitionspartner. Spätestens ab 1985 setzte die Bundesregierung wirtschaftspolitisch neoliberale Akzente. Dazu gehörten die Konsolidierung des Budgets, die Privatisierung der verstaatlichten Industrien, angebotsseitig orientierte Strukturreformen und die forcierte Internationalisierung der Ökonomie, die letztlich im EU-Beitritt Österreichs 1995 mündete.[1636]

Angesichts der hohen Arbeitslosigkeit, die besonders junge Menschen traf, reagierte die Politik mit einer neuen Form von Arbeitsmarktpolitik. Arbeitsplatzbeschaffung, die Erhaltung von Arbeitsplätzen sowie die individuelle Förderung von Menschen mit besonderen Problemen am Arbeitsmarkt rückten in den Fokus der Maßnahmen.[1637] Der Kopf dieser experimentellen Arbeitsmarktpolitik, war Alfred Dallinger (SPÖ), der zwischen 1980 und 1989 in wechselnden Regierungen als Sozialminister tätig war.

„Die Bewältigung der Zukunft ist nicht mit den Mitteln der Vergangenheit möglich. Sosehr diese dazu beigetragen haben, dass es den Menschen heute gut geht, ebensosehr

---

1633 Tiroler Tageszeitung, Aktion Jugendarbeitslosigkeit, 25.6.1983, S. 24–26.
1634 Gesamtösterreichische Demonstration gegen Arbeitslosigkeit, Sozialabbau, und Bildungsstopp, für eine offensive Beschäftigungs- und Verstaatlichtenpolitik am 24.10.1987 in Wien, Flugblatt, Beilage zu akin, Nr. 13.
1635 Bei der nationalen Berechnung der Arbeitslosenquote wird die Zahl arbeitsloser Personen ins Verhältnis zum Arbeitskräftepotential gesetzt. Das Arbeitskräftepotential wiederum ist die Summe aus der Zahl arbeitslos gemeldeter und unselbständig beschäftigter Personen laut Hauptverband der Sozialversicherungsträger. Das statistische Zentralamt der Europäischen Union EUROSTAT weist für 2017 in Österreich nur eine Arbeitslosenquote von 5,5 % aus. Diese „internationale Arbeitslosenquote" zählt als erwerbstätig, wenn jemand eine bezahlte Arbeitsstunde in der Woche geleistet hat. Außerdem werden bei EUROSTAT die Arbeitslosen der Gesamtheit von Selbstständigen, Unselbstständigen und Arbeitslosen gegenübergestellt und so die Arbeitslosenquote ermittelt. Deshalb liegt die „internationale Arbeitslosenquote" immer deutlich unter der „nationalen". E-Mail von Helmut Soukopf/AMS Tirol an Hannes Schlosser vom 26.7.2018.
1636 Atzmüller 2009, S. 28.
1637 Schmid 1997, S. 87.

werden wir jetzt neue Methoden brauchen", lautet eine programmatische Aussage Dallingers.[1638]

Die entscheidenden Weichen für die experimentelle Arbeitsmarktpolitik stellte der Gesetzgeber 1983 mit der 9. Novelle des Arbeitsmarktförderungsgesetzes (AMFG). Die Hauptstoßrichtung der Novelle war, für Jugendliche denen weitgehend der Zugang zum „ersten Arbeitsmarkt" verschlossen war, zusätzliche Arbeitsplätze auf dem „zweiten Arbeitsmarkt" zu schaffen. Unter dem Schlagwort Aktion 8000 wurde das Ziel zum Ausdruck gebracht, 8.000 (vor allem junge) Menschen in Arbeit zu bringen. Lohnsubventionen von 50 bis 100 Prozent für einen befristeten Zeitraum (meist für ein Jahr), sollten helfen, im Non-Profitbereich von privaten Vereinen, aber auch bei Gebietskörperschaften Arbeitslose zu beschäftigen. Das Förderungspaket enthielt ebenso die Möglichkeit sogenannte Schlüsselarbeitskräfte über die Aktion 8000 anzustellen, um entsprechende Betreuungs- und Beratungstätigkeiten sicherzustellen.[1639]

Direkte Förderungen aus der 9. AMFG-Novelle ermöglichten sozialökonomische Beschäftigungsprojekte und kooperative Unternehmensgründungen, indirekte Förderungen erlaubten neben arbeitsmarktpolitischen Beratungs- und Betreuungsmaßnahmen auch soziale Kursangebote. Die Betroffenen konnten damit nicht nur zu Arbeitsplätzen kommen, sondern auch Unterstützungsangebote zur Erhöhung der Vermittlungsfähigkeit, Orientierungshilfen und Motivationsförderung erhalten.[1640] Es wurde auch möglich, selbstverwalteten Betriebe und Selbsthilfeeinrichtungen durch die Arbeitsmarktverwaltung[1641] direkt zu fördern.[1642]

Innerhalb kurzer Zeit wurde eine beachtliche Zahl an Einrichtungen gegründet, die ohne die skizzierten Fördermöglichkeiten in vielen Fällen nicht zustande gekommen wären. Einen wichtigen Teil der oben erwähnten Protestbewegung des Jahres 1987 stellten MitarbeiterInnen dieser in ganz Österreich entstandenen Arbeitsprojekte. Die im Jänner 1987 gebildete SPÖ-ÖVP-Regierung mit Franz Vranitzky als Kanzler hatte in ihrem Einsparungsprogramm massive Kürzungen der Mittel der Arbeitsmarktverwaltung vorgesehen, welche die experimentelle Arbeitsmarktpolitik völlig ausgehungert hätte. Der Protest dagegen hatte Erfolg und die Kürzungen wurden teilweise zurückgenommen, die Aktion 8000 fortgesetzt.[1643]

Bis in die Gegenwart ist in vielen Einrichtungen die Sichtweise verbreitet, wonach die Budgetprobleme im Bereich der Sozialökonomischen Betriebe und anderer Sozial-

---

1638 Homepage arbeit plus, Soziale Unternehmen Österreich, http://arbeitplus.at/lexikon/experimentelle-arbeitsmarktpolitik-und-die-aktion-8000 (abgerufen am 27.7.2018). Das Dallinger-Zitat ist undatiert.
1639 Schmid 1997, S. 87.
1640 Vgl. Gudrun Biffl, Evaluierung von Instrumenten der experimentellen Arbeitsmarktpolitik. Gutachten im Auftrag des Bundesministeriums für Arbeit und Soziales, Wien 1994, S. 1.
1641 Die Arbeitsmarktverwaltung wurde 1994 aus dem Bundesministerium für Arbeit und Soziales (Sozialministerium) ausgegliedert und in dem öffentlich-rechtlichem Dienstleistungsunternehmen Arbeitsmarktservice (AMS) neu organisiert. Homepage Arbeit&Wirtschaft, herausgegeben von AK und ÖGB, www.arbeit-wirtschaft.at/servlet/ContentServer?pagename=X03/Page/Index&n=X03_999_Suche.a&cid=1193756181872 (abgerufen am 31.8.2018).
1642 Bundesministerium für Arbeit, Soziales und Konsumentenschutz (Hg.), Dokumentation aktive Arbeitsmarktpolitik in Österreich 1994–2011. Maßnahmen, Instrumente, Programme und Politiken. Reformschritte – Monitoring – Evaluieren, Wien 2011, S. 3.
1643 Lechner/Reiter/Wetzel/Wilsberger 2016, S. 14 f.

projekte, die mit Hilfe der Gelder aus der Aktion 8000 aufgebaut worden waren, im plötzlichen Tod von Sozialminister Dallinger begründet seien. Tatsächlich begannen die Probleme in vielen Bereichen im Laufe des Jahres 1987, während Alfred Dallinger bei einem Flugzeugabsturz in den Bodensee erst am 23. Februar 1989 starb und bis zu seinem Tod Mitglied der Bundesregierung war.[1644]

Bis 1990 entstand in Österreich ein Netz an Sozialökonomischen Betrieben (SÖBs). Die meisten der knapp 70 Betriebe waren in Oberösterreich, der Steiermark und Tirol zu finden.[1645] Die SÖBs konzentrierten sich auf sieben Branchen, allen voran auf die Land- und Forstwirtschaft und den Altwarenhandel, gefolgt von der Holzverarbeitung und dem Bauwesen (insbesondere Renovierungsarbeiten).

SÖBs sollten keine Konkurrenz zu privaten gewerblichen Betrieben darstellen, sondern Beschäftigung in Arbeitsfeldern anbieten, die weder der Markt noch der öffentliche Sektor ausreichend abdeckten. Einen mit der Arbeitsmarktverwaltung vertraglich festgelegten Anteil an Erträgen mussten die SÖBs erwirtschaften und sich damit in beträchtlichem Umfang selbst finanzieren. In der Regel sollte der Eigenanteil den Sachaufwand (Mieten, Materialien etc.) abdecken, in den 1980er Jahren waren das durchschnittlich 40 Prozent der jeweiligen Budgets.[1646] SÖBs bewegen sich in einem Spannungsfeld zwischen dem sozialen/arbeitsmarktpolitischen Auftrag und den wirtschaftlichen Erfordernissen eines Betriebes, sich mit den erzeugten Produkten und angebotenen Dienstleistungen auf dem Markt zu behaupten.[1647] Die Arbeitsbedingungen sollen Betrieben des „ersten Arbeitsmarkts" möglichst ähnlich sein: die Transitarbeitskräfte gewöhnen sich an einen gewissen Arbeitsdruck, haben es mit der Abwicklung konkreter Aufträge in der Produktion bzw. der Erbringung von Dienstleistungen zu tun und stehen häufig auch im unmittelbaren Kontakt mit KundInnen.[1648] Die Dienstverhältnisse der Transitarbeitskräfte werden Normalarbeitsverhältnissen samt kollektivvertraglicher Entlohnung nachempfunden, „ohne dessen Sanktionen (Kündigungsdruck) in gleicher Schärfe mit abzubilden".[1649] Die Philosophie der SÖBs formulierte Wilfried Hanser, der langjährige Geschäftsführer des Innsbrucker Ho & Ruck, folgendermaßen:

> „Nicht Verwahrung und bloße ‚Beschäftigung', sondern Unterstützung von Veränderungsprozessen haben die SÖBs auf ihre Fahnen geschrieben. Statt primär schulisch aufgezogene, theorielastige Kurse, die den in diesen Betrieben arbeitenden Personen meist fremd sind und daher wenig Effizienz versprechen, wird ganzheitliches, an Praxis gebundenes, gemeinschaftliches Lernen groß geschrieben. Die SÖBs arbeiten im Sinne der ‚Hilfe zur Selbsthilfe'. Sie setzen nicht

---

1644 Wikipedia-Eintrag Alfred Dallinger, https://de.wikipedia.org/wiki/Alfred_Dallinger (abgerufen am 1.8.2018).
1645 Biffl 1994, S. 87.
1646 Ebd., S. 5, 14.
1647 Vgl. Wilfried Hanser: Vorwort, in: Schmid 1997, S. I.
1648 Vgl. Ferdinand Lechner/Rainer Loidl/Lukas Mitterauer/Walter Reiter/Andreas Riesenfelder: Aktive Arbeitsmarktpolitik im Brennpunkt I: Evaluierung Sozialökonomischer Betriebe, Arbeitsmarktservice Österreich (Hg.), Wien 2000, S. 16.
1649 Schmid 1997, S. 89.

zuletzt an den in der Gesellschaft meist viel zu wenig geschätzten Potentialen der Transitkräfte an, helfen, diese zu erkennen und auszubauen."[1650]

In der Regel wurden SÖBs von Vereinen gegründet und agierten mit ehrenamtlichen Vorständen auch als deren Träger. Angestellt wurden Schlüsselarbeitskräfte (ProjektleiterIn/GeschäftsführerIn, SozialarbeiterInnen, qualifizierte Facharbeitskräfte) und die Transitarbeitskräfte (mit meist auf ein Jahr befristeten Verträgen). Studien sprechen von drei Entwicklungsphasen, die SÖBs durchlaufen: Die Betriebsgründung, idealistisch ausgerichtet und wenig strukturiert, gefolgt von der Stabilisierungsphase, in der sich ein Bewusstsein für die Marktorientierung entwickelt. Schließlich treten die SÖBs in die Etablierungsphase ein, in der sich der Betrieb mit seinen Transitarbeitskräften und den Subventionen am Markt behaupten kann.[1651]

1990 waren in den österreichischen SÖBs fast die Hälfte der Transitarbeitskräfte zwischen 15 und 25 Jahren alt, über ein Drittel gehörte der Altersgruppe von 25 bis 35 Jahren an und ein Viertel war 35 bis 45 Jahre alt. Knapp zwei Drittel waren männlich, ein Drittel weiblich.[1652] Im selben Jahr ergab eine Erhebung, dass es in Tirol vor allem psychosoziale Defizite waren, welche die Transitarbeitskräfte an der Teilnahme am „ersten Arbeitsmarkt" hinderten. Die wichtigsten Problemfelder waren Drogen, geistige und körperliche Behinderung, Haftentlassung, Vorstrafen und Überschuldung.[1653]

9.2 Jugendarbeitslosigkeit im Innsbrucker Gemeinderat

Am 28. April 1983 brachte Stadtrat Josef Rettenmoser für die SPÖ einen dringenden Antrag zur Erstellung eines Jugendbeschäftigungskonzepts der Stadt Innsbruck in den Gemeinderat ein:

„Durch die zuständigen Stellen der Stadtverwaltung ist unter Fühlungnahme mit der Arbeitsmarktverwaltung sowie mit den Interessenvertretungen der Arbeitgeber und -nehmer vordringlich ein Jugendbeschäftigungskonzept zu erarbeiten, um sicherzustellen, daß alle in Innsbruck wohnhaften jungen Menschen – insbesondere alle Schulabgänger – einen Arbeitsplatz oder eine Lehr- bzw. Ausbildungsstelle erhalten."[1654]

Rettenmoser begründete diese Initiative mit der international dramatisch gestiegenen Arbeitslosigkeit junger Menschen unter 25 Jahren, die innerhalb der Europäischen Gemeinschaft zwischen 15 und 35 Prozent liege. Österreichs Jugendarbeitslosigkeit betrage zwar nur vier Prozent, die Prognosen seien aber alarmierend. So würden im Sommer 1983 in Innsbruck 658 PflichtschulabgängerInnen nur 455 gemeldete Lehrstellen

---

1650 Wilfried Hanser: Vorwort, in: Schmid 1997, S. I f.
1651 Biffl 1994, S. 17 f.
1652 Fragebogenauswertung von 301 geförderten Personen, in: Biffl 1994, S. 21.
1653 Ebd., S. 27.
1654 Protokoll des Innsbrucker Gemeinderates vom 28.4.1983, S. 440, StAI.

gegenüberstehen.¹⁶⁵⁵ Der SPÖ-Antrag erhielt im Plenum die Dringlichkeit und zugleich in einer kurzen Debatte die grundsätzliche Unterstützung anderer Fraktionen.¹⁶⁵⁶
Stellungnahmen der Arbeiter- und der Wirtschaftskammer, des Arbeitsamts und der Magistratsdirektion regten „sowohl zusätzliche wirtschaftsfördernde Maßnahmen als auch die verstärkte Einstellung jugendlicher Personen im Rahmen der öffentlichen Verwaltung und der städt. Betriebe" an.¹⁶⁵⁷ Der SPÖ-Fraktion waren die Schritte zur Erarbeitung eines Jugendbeschäftigungskonzepts zu zögerlich, weshalb sie ein „Sonderprogramm Arbeitsplätze für jugendliche Arbeitnehmer" innerhalb des Stadtmagistrats und der Stadtwerke verlangte, insbesondere in Form von Bürolehrstellen.¹⁶⁵⁸ Den Ärger über den mangelnden Fortschritt am Jugendbeschäftigungskonzept verband Rettenmoser mit grundsätzlicher Kritik an der Wirtschaftspolitik in Innsbruck:

„Es ist insbesondere die Wirtschaft, die zur Aufnahme von Lehrlingen gestärkt werden muß, der wir unter die Arme greifen müssen und schon viel früher in geeigneter Weise hätten helfen sollen, durch die Bereitstellung von Grundstücken und die Förderung der Wirtschaft in allgemeiner Art."¹⁶⁵⁹

Bei der ÖVP und ihrer Abspaltung Innsbrucker Mittelstand (IMS) stießen diese wirtschaftsfreundlichen Worte eines Sozialisten auf Wohlwollen und der letztlich unverbindliche Antrag eines Sonderkontingents an städtischen Lehrstellen wurde einstimmig angenommen.¹⁶⁶⁰
Bis zum Beschluss eines „Jugendbeschäftigungskonzepts der Stadtgemeinde Innsbruck" für alle in Innsbruck wohnenden jungen Menschen unter 25 Jahren sollte es noch ein Jahr, also bis Ende Juli 1984 dauern. Zentraler Punkt der Bestimmungen war eine Förderung für Innsbrucker Klein- und Mittelbetriebe des Handels und Gewerbes, „die beschäftigungslosen jungen Arbeitnehmern einen Lehrplatz bzw. einen Arbeitsplatz zur Verfügung stellen". Für jeden zusätzlich geschaffenen Lehr- oder Arbeitsplatz bot die Stadt eine Förderung von 10.000 Schilling an, vorausgesetzt das Arbeitsamt stellte „einen nachweislichen Arbeitsplatzmangel fest". Für „am Arbeitsmarkt benachteiligte Jugendliche" gab es in einem Punkt eine Besserstellung, wonach auf die Förderbeschränkungen (zusätzlicher Arbeitsplatz, Arbeitsplatzmangel) für diesen Personenkreis verzichtet wurde. In der weit gefassten Definition von „benachteiligt" war von einer erschwerten Eingliederung in den Arbeitsprozess durch „ungünstige Lebensumstände", „soziale Fehlanpassung" und „körperliche, psychische oder geistige Behinderung" die Rede.¹⁶⁶¹
Die Maßnahmen des Konzepts im Wirkungsbereich der Stadt waren vielfältig, aber wenig verbindlich. Etwa die Schaffung zusätzlicher Arbeitsplätze durch den Abbau von Überstunden, die vorzeitige Einstellung von jungen Arbeitskräften im Vorfeld von Pensionierungen, projektorientierte Maßnahmen (Uferreinigung, Aufforstung, Errichtung von Spielplätzen, Mitwirkung bei Verkehrszählungen etc.). Insbesondere sprach sich

---

1655 Ebd., S. 440 f.
1656 Ebd., S. 494–496.
1657 Ebd., 28.7.1983, S. 833.
1658 Ebd., S. 753.
1659 Ebd., S. 837.
1660 Ebd., S. 832–843 und 859.
1661 Ebd.

das Konzept dafür aus, in möglichst allen Bereichen der Stadtverwaltung, (zusätzliche) Lehrlinge ausbilden zu wollen.[1662] Doch die Maßnahmen blieben unkonkret, wie die Alternative Liste Innsbruck (ALI) kritisierte. Dennoch stimmten auch sie im Gemeinderat für das Konzept, lediglich die Mandatare des IMS stimmten als einzige Fraktion dagegen, weil sie das Konzept als dilettantisch und als Propagandagag bezeichneten.[1663]

Als Träger für die Durchführung der erwähnten projektorientierten Maßnahmen war zunächst ein eigener städtischer Verein vorgesehen, auf dessen Bildung die Stadtgemeinde verzichtete, weil das Land Tirol eine ähnliche Idee gehabt hatte. Es hatte gemeinsam mit der Arbeiter-, der Wirtschafts- und der Landwirtschaftskammer sowie dem Gemeindeverband und dem ÖGB den „Verein zur Schaffung vorübergehender Beschäftigungsmöglichkeiten – vor allem für Jugendliche" gegründet. Dieser Verein finanzierte sich aus je acht Mio. Schilling, die Arbeiterkammer und Land Tirol zur Verfügung stellten, dazu kamen die 50-prozentigen Lohnzuschüsse aus der Aktion 8000 des Bundes. Für 1985 war die Anstellung von 500 jungen Arbeitslosen für jeweils ein Jahr geplant. Die geplanten Arbeitsfelder erinnerten an das Konzept der Stadt: Waldarbeiten, Uferreinigungen, Reparaturarbeiten an Wanderwegen, soziale Hilfsdienste in den Gemeinden.[1664]

Die SP-Fraktion im Gemeinderat betrachtete den Verzicht auf einen Verein unter führender Beteiligung von Vertretern der Stadt sehr skeptisch. Auf den Verein des Landes hätte man keinen Einfluss, man wisse nicht, wie viele Innsbrucker Jugendliche dort zum Zuge kämen und erfahrungsgemäß behandle das Land die Stadt Innsbruck selten gut. Die von der ÖVP formulierten ökonomischen Argumente wogen aber schwerer: ein eigener Beschäftigungsverein der Stadt könne zwar die 50-Prozent-Zuschüsse des Bundes für jeden Arbeitsplatz lukrieren, nicht aber jene Beiträge, die Land und AK dem von ihnen gegründeten Verein beisteuerten.[1665]

Die Erfolge von Innsbrucks Jugendbeschäftigungskonzept blieben in der Folge überschaubar. Die nachhaltigste Wirkung bei der Senkung der Jugendarbeitslosigkeit erzielte die Aktion 8000 des Bundes, welche die Stadt nutzte, um Arbeitslosen befristete Beschäftigungsmöglichkeiten in der Stadtgemeinde selbst zu bieten. Laut Sozialstadtrat Kummer (ÖVP) waren 1986 96 Jugendliche aufgenommen worden.[1666] Erfolglos bemühte sich Gemeinderat Hermann Linzmaier (SPÖ) darum, zumindest die Hälfte der im Rahmen der Aktion 8000 bei der Stadt beschäftigten jungen Arbeitnehmerinnen ab 1. Jänner 1987 in ein unbefristetes Dienstverhältnis zu übernehmen.[1667] Sein diesbezüglicher Antrag wurde von der Gemeinderatsmehrheit erst verschleppt und schließlich abgelehnt, obwohl Linzmaier eine weitere Zunahme der Jugendarbeitslosigkeit ins Treffen führte.[1668]

1662 Ebd.
1663 Ebd., S. 1623; ferner: Tiroler Tageszeitung, Arbeitsplätze für Jugendliche: Innsbruck beschloß sein Konzept, 27.7.1984, S. 3.
1664 Tiroler Tageszeitung, Arbeitslose Jugendliche – meldet euch!, 31.1.1985, S. 3.
1665 Vgl. Protokoll des Innsbrucker Gemeinderates vom 31.1.1985, S. 29, S. 125–130, sowie Beilage zu S. 125, StAI; weiters: Tiroler Tageszeitung, Innsbruck bietet Beschäftigung für 30 jugendliche Arbeitslose, 1.2.1985, S. 3.
1666 Protokoll des Innsbrucker Gemeinderates vom 10.12.1986, S. 2097, StAI.
1667 Ebd., 22.5.1986, S. 935.
1668 Ebd., 29./30.11.1986, S. 1698 f.

1987 brachte eine Anfragebeantwortung durch Bürgermeister Niescher zum Jugendbeschäftigungskonzept 1984 eher ernüchternde Ergebnisse. Die Zahl der Lehrlinge im städtischen Einflussbereich war nur geringfügig gestiegen, etwa bei den Stadtwerken von 54 auf 59. Zahlreiche Lehrberufe seien von vornherein ausgeschieden, weil die Bedingungen des Berufsausbildungsgesetzes nicht erfüllt wären. Um zusätzliche Lehrstellen für Bürolehrlinge hatte man sich Nieschers Bericht zufolge erst gar nicht bemüht, „weil dadurch Arbeitsplätze für stellenlose Abgänger von einschlägigen berufsbildenden Schulen verlorengegangen wären".[1669] Der größte Erfolg waren 29 neue Arbeitsplätze in den städtischen Betagtenheimen durch den Abbau von Überstunden.[1670] Die Aktion 8000 hatte im Bereich des Magistrats und der Wirtschaftsbetriebe der Stadtgemeinde nur eine geringe nachhaltige Wirkung. Zwischen 1985 und 1988 stellte die Stadt Innsbruck im Rahmen der Aktion und der projektorientierten Maßnahmen ihres Jugendbeschäftigungskonzepts insgesamt 186 Jugendliche an. Nur fünf von ihnen wurden im Stadtmagistrat in ein unbefristetes Dienstverhältnis übernommen, sieben weitere in den Altenheimen. Drei Jugendliche stellte das Gartenamt über den Projektzeitraum hinaus als Saisonarbeiter an.[1671]

Linzmaier blieb über Jahre im Gemeinderat die treibende Kraft beim Thema Jugendbeschäftigung und regte etwa im Jänner 1988 an, die Förderung von Betrieben zur Schaffung zusätzlicher Lehr- und Arbeitsplätze für Jugendliche auf alle Lehrberufe auszudehnen.[1672] Tatsächlich wurde die Förderaktion Ende 1988 von Betrieben des Handels und Gewerbes auf jene des Gastgewerbes ausgedehnt und die Fördersumme um 50 Prozent erhöht.[1673] Im laufenden Jahr hatten nur zwei Betriebe diese Förderung in Anspruch genommen.[1674]

Ende der 1980er Jahre verlagerte sich das Engagement der Stadt Innsbruck im Zuge der Fortschreibung seines Jugendbeschäftigungskonzepts auf eine „Förderungsaktion für Arbeitsplätze von schwer vermittelbaren und langzeitarbeitslosen Jugendlichen in Sozialprojekten".[1675] Linzmaier begründete die Konzentration auf schwer vermittelbare Jugendliche mit einer Entspannung bei der allgemeinen Jugendarbeitslosigkeit.[1676] Partner der Stadt waren vor allem Beschäftigungsprojekte wie das WAMS, die Betriebe des Z6 und das Ho & Ruck. Den vom Gemeinderat nach langen Diskussionen beschlossenen Förderrichtlinien zufolge, mussten die Jugendlichen beim betreffenden Sozialprojekt angestellt und das Projekt von der Arbeitsmarktverwaltung gefördert sein. Zur Abdeckung von Fixkosten und des Verwaltungsaufwands gewährte die Stadt Innsbruck diesen Sozialprojekten eine Pauschalbetrag von 30.000 Schilling jährlich, rückwirkend ab dem 1. Jänner 1988. Zusätzlich erhielten die Projekte für jeden beschäftigten „schwer vermittelbaren oder langzeitarbeitslosen Jugendlichen" einen monatlichen Zuschuss von 1.000 Schilling.[1677] Sozialstadtrat Sprenger verwies auf die professionelle Betreuung

---

1669 Ebd., 26./27.3.1987, Beilage zu S. 495.
1670 Ebd.
1671 Ebd., 21./22.7.1988, Beilage zu S. 1448.
1672 Ebd., 21.1.1988, S. 13.
1673 Ebd., 13.10.1988, S. 1522.
1674 Ebd., S. 1525.
1675 Ebd., 15.12.1988, S. 2737.
1676 Ebd., 23.5.1991, S. 809.
1677 Ebd., 15.12.1988, Beilage zu S. 2737.

und Begleitung der Jugendlichen in diesen Beschäftigungsprojekten. Der dafür benötigte Personal- und Sachaufwand könne von den Projekten aber „aus eigener Kraft nur zum Teil getragen werden" und erfordere daher eine zusätzliche Unterstützung durch die öffentliche Hand.[1678]

Die zunächst auf drei Jahre beschlossene Förderung wurde 1991 um weitere drei Jahre verlängert. Zugleich erhöhten sich die jährliche Pauschalförderung auf 40.000 und der monatliche Zuschuss pro Person auf 1.200 Schilling. Die Altersgrenze für förderbare Jugendliche im Sinne der Richtlinie wurde von 25 auf 27 Jahre angehoben.[1679]

Zusammenfassend ist festzustellen, dass sich die politischen Gremien der Stadt Innsbruck mit der Problematik der Jugendarbeitslosigkeit ab 1983 immer wieder beschäftigten. Insbesondere der Gemeinderat widmete dem Thema zahlreiche, bisweilen stundenlange Diskussionen. Alle Fraktionen waren bemüht, etwas gegen die Jugendarbeitslosigkeit unternehmen. Durchaus zurecht wurde wiederholt auf die begrenzten Möglichkeiten der Stadt hingewiesen. Die im Laufe der Jahre beschlossenen Maßnahmen waren von unterschiedlicher Qualität und Wirksamkeit, teilweise fehlten auch der Wille und Mut, die eigenen Beschlüsse konsequent umzusetzen. Insbesondere gilt das für die nur sehr bescheidene Erhöhung des Lehrplatzangebots im eigenen Wirkungsbereich. In diesem Sinne ist auch die Weigerung der bürgerlichen Mehrheit zu sehen, die wiederholten Vorstöße der ALI zur Gründung überbetrieblicher Lehrwerkstätten durch die Stadt in Kooperation mit Arbeiter- und Wirtschaftskammer ernsthaft zu diskutieren.[1680]

9.3 Frühe Beschäftigungsprojekte im Aufbauwerk der Jugend

Arbeit galt und gilt als wesentliches Element in der Jugenderziehung, wenn auch mit unterschiedlichen Zielsetzungen. Diese reichen von Straf- und Disziplinierungsmaßnahmen über Beschäftigungstherapie, Erziehung zur Arbeit und Übungsmöglichkeiten bis hin zur Chance auf ein Erwerbseinkommen. In den 1950er und 1960er Jahren spielte das Aufbauwerk der Jugend bei diesen Projekten eine zentrale Rolle.

Hermann Pepeunig leitete viele Jahre das Aufbauwerk der Jugend, das Landesjugendreferent Arthur Haidl und Landesrat Hans Gamper (ÖVP) 1953 gegründet hatten. Der Verein übernahm eine Vielzahl von Aufgaben, die sich das Landesjugendreferat stellte. Erstens organisierte das Aufbauwerk die „Freiwilligen Arbeitseinsätze" in Tirol. Zu dieser Maßnahme rief bereits im Sommer 1947 der damalige Landeshauptmann Alfons Weißgatterer (ÖVP) erstmals auf. Rund 140 (männliche) Jugendliche setzten das Kraftwerk Gerlos im Zillertal wieder instand. Im Sommer 1948 arbeiteten rund 270 Jugendliche und junge Erwachsene an Lawinen- und Wildbachverbauungen sowie an Aufforstungen und Bewässerungen. Dafür bekamen sie den Hilfsarbeiterlohn eines Bauarbeiters, außerdem standen ihnen als „Schwerarbeiter" mehr Lebensmittel zu. 1950

[1678] Ebd., 14.12.1988, S. 1993 f.
[1679] Ebd., 23.5.1991, Beilage zu S. 809. Vgl. auch Innsbrucker Stadtnachrichten, du bist jung aber schon seit langer Zeit ohne Arbeit?, Nr. 6/1991, S. 18.
[1680] Vgl. Protokolle des Innsbrucker Gemeinderates vom 26./27.11.1987, S. 1869; 21.1.1988, S. 14, StAI.

erhielten die Burschen für Bodenverbesserungsarbeiten auf der Hohlriederalm in der Wildschönau fünf Schilling Taschengeld pro Tag, Mädchen hingegen nur zwei Schilling. Sie arbeiteten als Haushaltshilfen und in der Kinderbetreuung. Das Land Tirol konnte mit diesen Maßnahmen in Zeiten von Arbeitskräftemangel relativ kostengünstig notwendige Infrastruktureinrichtungen instand setzen und die Bauernschaft unterstützen.

Die freiwilligen Arbeitseinsätze waren keine Tiroler Erfindung. Das niederländische „International Fellowship of Reconcilliation" organisierte zwischen 1920 und 1939 weltweit „Peace Workcamps", ab 1947 fanden unter der Schirmherrschaft der UNESCO diverse Workcamps in Europa statt. An den „Freiwilligen Arbeitseinsätzen" in Tirol nahmen zunächst nur inländische, ab 1951 auch ausländische Jugendliche teil. Das Aufbauwerk führte diese Einsätze ab 1953 weiter.[1681] Ende der 1950er/Anfang der 1960er Jahre verschob sich die Zielsetzung: Der überwiegend Einsatz der Freiwilligen in der Landwirtschaft nahm stark ab. Stattdessen konnten sie als „Erziehungshelfer" in einem „Sozial-Praktikum" der vereinseigenen Einrichtungen tätig sein.[1682]

Das Aufbauwerk der Jugend war zwar formell ein eigenständiger Verein, de facto bestimmte aber die Landesregierung über die Vorstandsmitglieder, die Ausrichtung und die Arbeitsbereiche. Der Verein war eng mit einflussreichen politischen Größen von Land Tirol und Stadt Innsbruck sowie Gebietskörperschaften wie dem Landesarbeitsamt und den Kammern verbunden. Der Geschäftsführer Hermann Pepeunig war beim Land – zunächst beim Landesjugendreferat – angestellt, als erster Obmann fungierte Landesrat Hans Gamper.[1683] 1957 kamen der spätere Landeshauptmann, Landesrat Eduard Wallnöfer (ÖVP) und der nunmehrige Innsbrucker Gemeinderat Arthur Haidl (ÖVP) in den Vorstand.[1684] Das Aufbauwerk der Jugend wurde aber nicht nur von ÖVP-Repräsentanten, sondern auch von SPÖ-Vertretern unterstützt. Unter den Vorstandsmitgliedern befanden sich bis Mitte der 1970er Jahre mehrheitlich ehemalige NationalsozialistInnen.[1685] Dazu zählte auch Pepeunig, der als Funktionär der Hitlerjugend tätig gewesen war.

Für das Land Tirol war die Vereinskonstruktion des Aufbauwerks in mehrfacher Hinsicht ein Vorteil. Während die inhaltlichen Kontrollmöglichkeit über ihren Angestellten Pepeunig und die enge Zusammenarbeit mit dem Landesjugendreferat gegeben war, konnten die finanzielle und die personelle Verantwortung delegiert werden. Bei Bedarf waren Subventionen kürzbar und die Beschäftigten bis auf den Geschäftsführer rasch kündbar, weil diese nicht den Kündigungsschutz von Landesbediensteten hatten. An der Eignung des Personals und dessen Kontrolle zeigte das Land Tirol wenig Interesse. Das verdeutlicht die Tatsache, dass Pepeunig zweimal verurteilt wurde – 1957 wegen schwerer, 1965 wegen leichter Körperverletzung, begangen an Jugendlichen, die in seiner Obhut standen.

1681 Vgl. Pitscheider 2013, S. 3–16.
1682 Ebd., S. 25.
1683 Ebd., S. 18.
1684 Ebd., S. 35.
1685 Sabine Pitscheider beurteilt die meisten dieser NS-belasteten Personen als „Mitläufer". Generell hat sich gezeigt, dass in der Jugendarbeit viele ehemalige NationalsozialistInnen beschäftigt waren. Vgl. Horst Schreiber: Schule in Tirol und Vorarlberg 1930–1945 (Innsbrucker Forschungen zur Zeitgeschichte, Bd. 14), Innsbruck 1996.

Zwischen 1953 und 1960 war das Aufbauwerk der Jugend primär in drei Aufgabenfeldern tätig. Erstens organisierte es neben dem „Freiwilligen Arbeitseinsatz" Ferienaufenthalte von Kindern, deren Beliebtheit jedoch bis 1990 dramatisch abnahm. Zweites richtete der Verein in der Zeit des ersten Wirtschaftseinbruchs der Nachkriegszeit Jugendbeschäftigungsprojekte ein und drittens brachte er Jugendliche in einer „Behelfsjugendherberge" sowie einem Lehrlingsheim für ungarische und einheimische Heranwachsende unter.[1686] Für den dritten Bereich pachtete der Verein zu Jahresbeginn 1956 eine Baracke am Rennweg, die Jugendliche in einem freiwilligen Arbeitseinsatz renovierten und ab Mai desselben Jahres 80 jungen Reisenden zur Verfügung stand. Diese „Behelfsjugendherberge" war für den Sommerbetrieb gedacht, weil sie über keine Heizung verfügte. Dennoch brachte das Aufbauwerk vermutlich auf Drängen der Wirtschaft im ersten Winter dort Bäckerlehrlinge unter. In weiterer Folge wiesen auch die Jugendämter von Stadt und Land männliche Jugendliche zu. Den Behörden kam das Aufbauwerk günstiger als das Landesjugendheim Kleinvolderberg, sie zahlten statt 40 Schilling pro Tag nur 20. Karl Hundegger, Leiter der für ungarische Flüchtlinge zuständigen Landesumsiedlungsstelle, konstatierte 1957:

„Abgesehen vom rein menschlichen und moralischen Gesichtspunkt bedeutet dennoch die Betreuung von Tiroler Jugendlichen, welche von Verwahrlosung bedroht sind, durch das Aufbauwerk der Jugend ein ausgesprochenes Geschäft für das Land Tirol."[1687]

Ein weiteres Aufgabenfeld des Aufbauwerks der Jugend war der 1955 etablierte „Arbeitskreis Bewährungshilfe", der bis 1961 tätig war.[1688]
Mit einer hohen Subvention der schwedischen Organisation Rädda Barnen und Geld von der Tiroler Arbeiterkammer sowie der Schweizer Auslandshilfe kaufte das Aufbauwerk den Grund am Rennweg und errichtete dort ab 1958 das Jugendwohnheim, das unter der Bezeichnung „Schwedenhaus" bekannt ist. Auf den 60 vorgesehenen Plätzen waren ungarische Jugendliche, dann Lehrlinge und Schüler untergebracht. Zudem wurden Jugendliche mit Einschränkungen bzw. Behinderungen und solche der Bewährungsgruppen dort betreut.[1689] Im Schwedenhaus brachte das Landesjugendamt auch männliche Jugendliche unter, die sich nach einem Heimaufenthalt in der Nachsorge befanden.[1690]
Ein wesentliches Motiv für die Gründung des Aufbauwerks der Jugend war die Bekämpfung der Jugendarbeitslosigkeit in den frühen 1950er Jahren. Für Beschäftigungsprojekte standen Mittel aus der „Produktiven Arbeitslosenfürsorge" zur Verfügung. Während zur Betreuung von arbeitslosen Jugendlichen und deren Berufsvorbereitung im Rest Österreichs die Vereinigung Jugend am Werk gegründet wurde,[1691] ging Tirol eigene Wege. Auf Drängen des Österreichischen Gewerkschaftsbundes (ÖGB) bildeten

---

1686 Pitscheider 2013, S. 20.
1687 Zitiert nach Pitscheider 2013, S. 23.
1688 Mehr über den Arbeitskreis Bewährungshilfe im Abschnitt 5.2, S. 145 ff.
1689 Pitscheider 2013, S. 31.
1690 Vgl. Gespräch Tilg 2015.
1691 Vgl. Österreichischer Jugend-Informationsdienst, „Jugend am Werk" in Österreich, Jänner 1957, S. 6.

Vertreter des Landesarbeitsamtes, der Kammern, des ÖGB, verschiedener Landesstellen, Bezirkshauptmannschaften und der Stadt Innsbruck eine „Landeskommission zur Bekämpfung der Arbeitslosigkeit". Ab 1952 organisierte das Landesarbeitsamt unter dem Titel „Jugendwerk für Mädchen" Hauswirtschaftskurse für arbeitslose weibliche Jugendliche, die die Caritas durchführte. Unter den Mädchen war die Arbeitslosigkeit besonders hoch. Maßnahmen für Burschen kamen zögerlicher in Gang, zunächst wurde lediglich ein „Landesausschuss zur Prüfung der Fragen der Jugendarbeitslosigkeit" (ab 1953 „Kuratorium zur Prüfung der Fragen der Jugendarbeitslosigkeit") eingerichtet, dem der Jurist Hanns Inama-Sternegg, Leiter der Abteilung Vd (Soziales), vorstand. Inama-Sternegg gehörte vor 1938 Vaterländischen Organisationen und nach dem Anschluss der NSDAP an. Durch die Tätigkeit im Kuratorium kam Inama-Sternegg auch in Kontakt mit Hermann Pepeunig und dem Aufbauwerk der Jugend. Nach seiner Pensionierung 1970 war Inama-Sternegg bis 1985 im Vorstand des Vereins tätig.[1692]

Die Landesregierung beauftragte Pepeunig 1953 damit, Konzepte für die „Berufsvorschulung für männliche Jugendliche", die zwar über einen Schulabschluss verfügten, aber keine Lehrstelle fanden, zu entwickeln. Das Konzept sah bei einer 44-Stunden-Woche eine Mischung aus einer theoretischen und praktischen Ausbildung vor. Der praktische Teil diente der Erziehung zur Arbeit, dazu waren Arbeiten im öffentlichen Interesse geplant. Da die Stadt Innsbruck ihre Zustimmung zu diesem Vorhaben erst im Frühjahr 1954 gab, verzögerte sich die Umsetzung. Außerdem warteten die Verantwortlichen auf eine Subvention des Sozialministeriums. Auch die Raumfrage war nicht gelöst. Schließlich beschlagnahmte das Land Tirol die Baracke der ehemaligen NS-Organisation Todt in der Kaiserjägerstraße 13, die im April desselben Jahres frei wurde und bis 1977 genutzt werden konnte. Im Mai 1954 startete das Projekt schließlich mit zwölf Jugendlichen, die Mittel stellten Bund, Land, Stadt, Wirtschafts- und Arbeiterkammer bereit. Die Stadt Innsbruck stellte kostengünstigen Grund zur Pacht für eine Gärtnerei zur Verfügung.[1693] Es gab 59 Arbeitsplätze, wobei die männlichen Jugendlichen in fünf Werkstätten – Schlosserei, Tischlerei, Keramikwerkstatt, Buchbinderei und Weberei – und die weiblichen Jugendlichen in der Küche tätig waren. 1954 waren durchschnittlich 50 Jugendliche, im gesamten Jahr rund 160 in Betreuung. Die meisten verließen die Einrichtung nach etwa zwei Monaten, 70 fanden eine Lehrstelle. Da sich die Wirtschaftslage rasch wieder stabilisierte, lief das Projekt 1956 aus. Während Pepeunig diese Form der Betreuung mit Entlassenen aus dem Landeserziehungsheim Kleinvolderberg weiterführen wollte, blieb das Land Tirol bei seinem Beschluss, das Projekt einzustellen und wies Pepeunig der Landesumsiedlungsstelle zu. Nun betreute das Aufbauwerk der Jugend ungarische Lehrlinge und SchülerInnen, und schulte in den Werkstätten jene, die nach disziplinären Vorfällen in „Bewährungsgruppen" des Aufbauwerks gekommen waren oder weder Ausbildungs- noch Lehrplätze gefunden hatten.[1694]

Im Laufe der 1970er und 1980er Jahre verschoben sich die Aufgabengebiete weg von der generellen Beherbergung und Beschäftigung von Jugendlichen hin zum heutigen Schwerpunkt, der Begleitung, Betreuung und Ausbildung von jungen Menschen mit

---

1692 Pitscheider 2013, S. 27.
1693 Aufbauwerk der Jugend, StZ. 59 Abs. 10 IV 1953, Archiv IIG.
1694 Pitscheider 2013, S. 29 f.

besonderem Förderbedarf.[1695] Dieses Aufgabengebiet hatte seinen Ursprung in der Übernahme der Rehabilitation von sogenannten Leistungsbehinderten. Auch in dieser Hinsicht ging Tirol einen eigenen Weg. Während andere Bundesländer mit dem Verein für Leistungsbehinderte zusammenarbeiteten, übernahm hierzulande das Aufbauwerk der Jugend die Betreuung. Innerhalb des Vereins kam es zu Konflikten, weil schwere Fälle abgelehnt wurden. Ein externer Arbeitskreis sollte festlegen, wie hoch der Rehabilitationsbedarf sein durfte. 1980 befanden sich in der Berufsvorbereitung für die Tischlerei und Weberei durchschnittlich 50 Jugendliche, nicht alle dürften besonderen Förderbedarf gehabt haben. Auch das Jugendamt wies dem Aufbauwerk Jugendliche zu. Ende 1984 waren in den Werkstätten 64 Jugendliche mit Behinderung aus ganz Tirol in Berufsvorbereitungskursen beschäftigt, zwei Jahre später 74.[1696] Darüber hinaus organisierte das Aufbauwerk 1980 immer noch den „Freiwilligen Arbeitseinsatz" für 40 Jugendliche, an Ferienangeboten nahmen 540 Kinder und Jugendliche teil, rund 500 BerufsschülerInnen lebten in den vereinseigenen Internaten. In der Jugendherberge kamen rund 4.500 junge Reisende unter. Ende der 1980er Jahre wurden in den Werkstätten am Rennweg durchschnittlich 55 Jugendliche mit besonderen Förderbedarf, am Lachhof und in Bad Häring knapp 20 pro Jahr betreut.[1697]

Die Standorte des Aufbauwerks haben sich seit der Gründung erheblich vermehrt. Bereits 1956 hatte das Land Tirol Schloss Lengberg in Osttirol angekauft und dem Aufbauwerk der Jugend für 15 Jahre verpachtet, 1992 auf unbefristet vermietet. Die Instandsetzungen wurden wie die früheren Räumlichkeiten am Rennweg mit Hilfe eines freiwilligen Arbeitseinsatzes durchgeführt. Schloss Lengberg fungierte im ersten Jahr als Heim für unehelich geborene Kinder von französischen Besatzungssoldaten und dann ebenfalls als Jugendherberge. Das Schuljahr über fanden dort für Mädchen auch hauswirtschaftliche Kurse der Landeslandwirtschaftlichen Lehranstalt Lienz statt. Ungarische Jugendliche waren zwischenzeitlich den Sommer über dort untergebracht worden. Außerdem betrieb das Aufbauwerk einige Jahre den Standort Alpengasthof Haggen im Sellrain. 1969/70 übernahm das Aufbauwerk vom Land Tirol den Lachhof, der in der Gemeinde Volders liegt und einst NS-Gauleiter Franz Hofer als persönliches Refugium gedient hatte. Wieder renovierten Jugendliche das Gebäude in einem freiwilligen Arbeitseinsatz, damit es als Ferienheim nutzbar war. 1990 erwarb der Verein weitere Räumlichkeiten in Bad Häring,[1698] der Standort Telfs komplettiert nun das Angebot.[1699] Grundstücke und Gebäude sind weitgehend in den Besitz des Aufbauwerks übergegangen, für den Ressourcentransfer sorgten die Subventionen des Landes Tirol.[1700]

1695 Ebd., S. 37–40.
1696 Tiroler Tageszeitung, Jugendliche fördern, nicht überfordern, 29.11.1984, S. 7; Tiroler Tageszeitung, Beilage Innsbruck Aktuell, 2.12.1986, S. VI.
1697 Pitscheider 2013, S. 41 f.
1698 Ebd., S. 24, 30, 37 f.
1699 Homepage Aufbauwerk, https://www.aufbauwerk.com/job_training/telfs (abgerufen am 20.10.2016).
1700 Pitscheider 2013, S. 48.

Das Sozialehrenzeichen der Stadt Innsbruck, das Hermann Pepeunig 1983 verliehen worden war, wurde dem 1990 Verstorbenen nach Veröffentlichung einer historischen Studie[1701] 2013 posthum aberkannt.[1702]

9.4 Die Arbeitsprojekte des Jugendzentrums Z6

Arbeitslosigkeit war bei BesucherInnen des Jugendzentrums Z6 schon in den frühen 1970er Jahren ein wichtiges Thema und gewann kontinuierlich an Bedeutung.[1703] 1979 hatte das Z6 ungefähr 500 jugendliche Mitglieder, von denen ständig 30 bis 40 arbeitslos waren. Jussuf Windischer, der damalige Leiter des Z6 erlebte das so:

„Sie kommen ins Jugendzentrum herein und fragen, suchen um Rat, versuchen irgendeine Anstellung zu finden, so daß man sagen kann, ich persönlich bin allabendlich mit circa zehn Arbeitslosen konfrontiert, die fragen, ob man nicht irgendetwas machen kann. Ich würde sagen, es sind durchschnittliche Jugendliche im Alter zwischen 15 und 23 Jahren, die zum Teil eine Lehre angefangen haben, zum Teil keine Lehre haben, wobei ich sagen muß, die Hilfsarbeiter, das heißt die Ungelernten sind die, die am meisten die Arbeitslosigkeit verspüren."[1704]

Es entsprach der Herangehensweise des Z6, einen erkannten Mangel nicht nur in politischen Forderungen auszudrücken, sondern sich auch mit großem Engagement und ohne finanzielle Absicherungen in Projektgründungen zu stürzen – so bei den bereits dargestellten Einrichtungen KIT und DOWAS.[1705] Die Eröffnung des Z6-Ladens 1979 in der Innsbrucker Leopoldstraße 13 wurde als Selbsthilfe verstanden, um arbeitslosen Jugendlichen eine Überbrückung in ihrer prekären Situation anzubieten. Das Z6 stellte ein Startkapital zur Verfügung, das allerdings nur ausreichte, die notwendigsten Instandsetzungen am Geschäftslokal zu finanzieren.[1706] Das Gründungskonzept des Z6-Ladens zielte nicht wie spätere Arbeitsprojekte primär darauf ab, Fähigkeiten für den „ersten Arbeitsmarkt" zu erwerben, sondern auf Persönlichkeitsentwicklung:

„Nachdem es eine unentschiedene Frage ist, ob sich Alternativen zu der bestehenden Situation in Arbeit, Zusammenleben und Wohnen gesellschaftlich durchsetzen werden, können wir es nicht verantworten, Jugendliche auf die bloße Möglichkeit zukünftiger Alternativen vorzubereiten, ohne die andere Möglichkeit, daß sich Alternativen gesellschaftlich nicht durchsetzen werden, zu beden-

---

1701 Dirk Rupnow/Horst Schreiber/Sabine Pitscheider: Studie zu den Sozialehrenzeichenträgern der Stadt Innsbruck P. Magnus Kerner OFMCap. und Hermann Pepeunig, Mai 2013, Homepage Horst Schreiber, http://docplayer.org/42321057-Studie-zu-den-sozialehrenzeichentraegern-der-stadt-innsbruck-p-magnus-kerner-ofmcap-und-hermann-pepeunig.html (abgerufen am 8.9.2020).
1702 Siehe Homepage ORF-Tirol, http://tirol.orf.at/news/stories/2590496 (abgerufen am 2.12.2016).
1703 Siehe Abschnitt 6.3.3 über das Jugendzentrum Z6, S. 220 ff.
1704 Jussuf Windischer, damaliger Leiter des Jugendzentrums Z6 in einer Sendung des ORF-Tirol vom 1.5.1977; Abschrift, Privatarchiv Schlosser.
1705 Vgl mit den Abschnitten 6.3.3 Jugendzentrum Z6, S. 220 ff.; 7.4 KIT, S. 285 ff. und 8.3 DOWAS, S. 313 ff.
1706 Verein zur Förderung von Sozial- und Kulturprojekten des Jugendzentrums Z6 (Hg.): Z6. Ein neuer Verein stellt sich vor, Innsbruck o.D. (1984), ohne Seitenangabe (S. 10), Subkulturarchiv.

ken. Ziel einer Beschäftigung eines Jugendlichen im Laden ist es daher, daß er Hilfestellung erhält, die ihn in die Situation versetzen, selbstständig entscheiden zu können, ob er einen zweiten Einstieg ins Berufsleben wagen will, oder ob er sich für Alternativen zur ‚durchschnittlichen' Arbeit in unserer Gesellschaft entscheidet."[1707]

Dieses anspruchsvolle Vorhaben richtete sich an Jugendliche zwischen 16 und 23 Jahren. Gedacht war an den Verkauf von Produkten, welche die Jugendlichen selbst herstellen, „arbeitsintensiv statt energieintensiv" und abseits von Massenprodukten. Zeitgleich erfolgte ein Aufruf an die „Produzenten von kunsthandwerklichen Erzeugnissen (Keramiker, Emaillierer, Tonbatzer, Silberschmückler, Kerzengießer, Batiker, Spinner & Spinnerinnen)", ihre Produkte über den Z6-Laden zu vertreiben.[1708] Zu den frühen Ideen zählte auch der Verkauf von Second-Hand-Waren. Teils waren diese Waren geschenkt, teils in Kommission übernommen. Entsprechende Aufschläge sollten die Finanzierung des Projekts sichern.[1709]

Die Vorstellungen von (nicht weiter präzisierten) alternativen Arbeitsfeldern, auf welche die Jugendlichen vorbereitet werden sollten, wichen bald einem sozialpädagogischen Konzept, das im Kern darauf abzielte, arbeitsentwöhnte Jugendliche und solche, „die aufgrund ihrer psychosozialen Situation nicht imstande waren, ein geregeltes Arbeitsverhältnis durchzustehen", ein Arbeitstraining zu ermöglichen, durch das sie sich „wiederum ins Arbeitsleben einüben" konnten. Die Jugendlichen arbeiteten in der Regel halbtags im Laden, anfangs unbezahlt bzw. als „Taglöhner".[1710]

Die ökonomische Situation des Ladens blieb lange prekär. Das änderte sich ein wenig durch die Aufnahme von Produkten aus dem EZA-Sortiment.[1711] Allerdings konnten die Produkte bei EZA nicht in Kommission bezogen werden, sondern nur zu gängigen Bedingungen unter Einhaltung von Zahlungsfristen. Um das Projekt nicht zu gefährden, rückte der Erlös des Warenverkaufs in den Vordergrund, Second-Hand-Ware und heimisches (Kunst-)Handwerk verloren an Bedeutung. Die Anfang der 1980er Jahre in Mode kommenden Alternativläden waren für den Z6-Laden ein willkommenes Modell.[1712] Zum Sortiment gehörte indische Bekleidung, aber auch ein zu dieser Zeit für Innsbruck ungewöhnlich breites Angebot an kritischer/linker Literatur, Musik, Naturkosmetik, Kaffee und Tee.[1713] Zur Bewältigung der Aufgaben wurde 1981 ein hauptamtlicher Mitarbeiter angestellt, ab 1982 waren auch die im Laden arbeitenden

---

1707 Vgl. 10 Jahre Jugendzentrum Z6, 1979, S. 35.
1708 Unipress Nr. 28, Mai 1979, Homepage Subkulturarchiv Innsbruck, https://subkulturarchiv.at/fremdmedien.php?kat=z6 (abgerufen am 19.8.2018).
1709 Michael Mader: Lust und Frust in der Entwicklung des Z6-Landes, in: Z6-Zeitung, Herbst 1987, S. 3 f. Ferner: Verein zur Förderung von Sozial- und Kulturprojekten des Jugendzentrums Z6 (Hg.): 1984, ohne Seitenangabe (S. 10).
1710 Verein zur Förderung von Sozial- und Kulturprojekten des Jugendzentrums Z6 (Hg.): 1984, ohne Seitenangabe (S. 10).
1711 EZA steht für Entwicklungszusammenarbeit und hat ab 1975 den fairen Handel mit Produkten aus Afrika, Lateinamerika und Asien aufgebaut.
1712 Verein zur Förderung von Sozial- und Kulturprojekten des Jugendzentrums Z6 (Hg.): 1984, ohne Seitenangabe (S. 10).
1713 Z6 Laden, Verkaufskatalog, 20 Seiten o.D. (vermutlich 1981), Homepage Subkulturarchiv Innsbruck, https://subkulturarchiv.at/fremdmedien.php?kat=z6 (abgerufen am 19.8.2018).

Jugendlichen regulär beschäftigt. Mit Hilfe einer Finanzspritze des Landes Tirol kam man in einer kritischen Phase über die Runden, im Winter 1981/82 konnte erstmals ein kleiner Überschuss erwirtschaftet werden.[1714] In den ersten vier Jahren des Bestehens sammelten rund 60 Jugendliche im Z6-Laden in der Innsbrucker Leopoldstraße ihre Erfahrungen, ehe der Z6-Laden in die Wilhelm-Greil-Straße 5 übersiedelte, einer guten Innenstadtlage, die eine höhere KundInnenfrequenz erwarten ließ. Das Lokal in der Leopoldstraße übernahm ein neues Beschäftigungsprojekt des Z6, der Eltern-Kind-Laden, dessen Warenangebot sich auf die Bereiche Schwangerschaft, Geburt und Kleinkind konzentrierte.[1715]

Im April 1984 eröffnete nach fast zweijähriger Vorbereitungszeit das vegetarische Restaurant „Philippine" mit 40 Sitzplätzen in der Müllerstraße. Bei diesem dritten Beschäftigungsprojekt des Z6 kamen erstmals die neuen Möglichkeiten des AMFG zum Tragen. Um das Projekt voranzubringen, hatten allerdings Vereinsmitglieder 200.000 Schilling privat vorschießen müssen, ehe 620.000 Schilling an Subvention aus dem Sozialministerium eintrafen. Seitens des Ministeriums gab es überdies die Zusage für ein auf zehn Jahre ausgelegtes zinsenfreies Darlehen von 300.000 Schilling. Dafür musste das Restaurantprojekt die Verpflichtung eingehen, vier Transitarbeitskräfte und zwei Schlüsselkräfte anzustellen. Bei der Eröffnung der Philippine waren diese Quoten mit sieben bzw. vier Beschäftigten bereits übererfüllt.[1716]

Bereits Ende 1983 zog das Z6 Konsequenzen aus den stark angewachsenen Aufgaben in seinen Beschäftigungsprojekten und gründete zwei kooperierende Vereine. Unter dem Dach von Verein I verblieb als Träger des Jugendzentrums der bestehende Verein zur Förderung des Jugendzentrum Z6. Verein II erhielt die Bezeichnung „Verein zur Förderung von Sozial- und Kulturprojekten des Z6" und wurde Träger der Beschäftigungsprojekte. Als Obmann konnte der Innsbrucker Gastronom Herbert Cammerlander gewonnen werden, dazu eine Reihe von Personen mit betriebswirtschaftlichen Fachkenntnissen. Franz Hießböck, zuvor Leiter des Jugendzentrums, übernahm die Geschäftsführung von Verein II. Cammerlanders Ziel war es, dass die Arbeitsprojekte „sich in einigen Jahren selbst erhalten und ohne Subventionen auskommen" sollten. Als Voraussetzung nannte er, dass die Projekte von den InnsbruckerInnen „auch wirklich angenommen werden", viele Menschen mitarbeiten und „weitsichtige Stadt-, Landes- und Staatsväter sowie private Förderer".[1717] Tatsächlich erwies sich die Zielvorgabe, derartige Projekte ohne Subventionen betreiben zu können, als illusorisch.

1984 wurde mit der Z6-Schneiderei ein weiteres Beschäftigungsprojekt eröffnet. Eine der Aufgabenstellungen war es, dort für die anderen Projekte Bekleidung, Textilwaren, Kinderrucksäcke und Stofftiere herzustellen.[1718] Beschäftigt waren eine Schnei-

---

1714 Verein zur Förderung von Sozial- und Kulturprojekten des Jugendzentrums Z6 (Hg.): 1984, ohne Seitenangabe (S. 11).
1715 Ebd.
1716 Tiroler Tageszeitung, „Philippine" – mehr als ein Lokal/Hilfe für arbeitslose Jugendliche, 25.4.1984, S. 5.
1717 Verein zur Förderung von Sozial- und Kulturprojekten des Jugendzentrums Z6 (Hg.): 1984, ohne Seitenangabe (S. 22).
1718 Folder Sozialprojekte Z6, o.D. (1984/1985), Privatarchiv Schlosser.

dermeisterin und zwei Jugendliche.[1719] Offenbar ging aber das Konzept nicht auf und die Z6-Schneiderei schloss nach zwei Jahren wieder.

Die Krise bei den Bundesförderungen im Jahre 1987 bekamen auch die Arbeitsprojekte des Z6 zu spüren. Im Juli warteten die Betriebe noch immer auf die Subvention für 1986. Die Verzögerung bei den Auszahlungen führte dazu, dass Projektleiter und Mitglieder des Vereins II Privatkredite aufnehmen mussten, um die Tätigkeit in den Projekten aufrecht zu erhalten.[1720]

Bis April 1988 fanden in den Arbeitsprojekten des Z6 130 Jugendliche Beschäftigung.[1721] Die finanzielle Situation blieb unbefriedigend, obwohl Sozialminister Dallinger bemerkenswerte Vergleiche anstellte: Ein Arbeitsloser koste im Jahr durchschnittlich 170.000 Schilling, ein geförderter Arbeitsplatz hingegen nur 107.000. Die Verantwortlichen des Vereins II beklagten, dass an Steuern und Lohnnebenkosten gleich viel zu bezahlen sei, wie die Projekte an Subventionen erhalten. Steuern wären zudem sofort fällig, auch dann, wenn die Subventionen verspätet eintreffen würden.[1722]

Der Spagat zwischen sozialen und wirtschaftlichen Aufgabenstellungen führte in den späten 1980er Jahren speziell in den beiden Läden zu beträchtlichen Spannungen. Die wirtschaftliche Notwendigkeit marktkonforme Angebote an die zahlende Kundschaft zu machen, ging manchen KritikerInnen zu weit und brachte den Läden den Vorwurf ein, sich bei Produkten und Präsentation von normalen Geschäften kaum noch zu unterscheiden.

Der Eltern-Kind-Laden setzte zusehends auf Spielzeug und übersiedelte 1988 unter dem neuen Namen „Purzigagl" auf den Landhausplatz. Pädagogisch wertvoll, aus umweltfreundlichen Materialien, die Kreativität nicht einengend, lauteten die Vorgaben für die angebotenen Spiele. Ab Oktober desselben Jahres gab das Purzigagl eine Zeitung mit den Schwerpunkten Spielen und „Kind sein" heraus.[1723] Adaptiert wurde auch das Arbeitsplatzangebot mit zwei Dauerarbeitsplätzen (Jobsharing von drei jungen Müttern), einem Förderarbeitsplatz für schwangere junge Frauen und einer Lehrstelle.[1724]

Der Z6-Laden blieb an seinem Standort in der Wilhelm-Greil-Straße (nur wenige hundert Meter vom Purzigagl entfernt) und veränderte sein Warenangebot immer mehr in Richtung Geschenkartikel. „Ledertaschen, Bettüberwürfe, Parfum, Briefpapier, Glas, Keramik, Tee, Kerzen, Schmuck, Kosmetik …", hieß es 1988 in einem Inserat.[1725] Folgerichtig erfolgte 1990 eine Umbenennung des Z6-Ladens in „Schenk & Spiel".

Ende des selben Jahres bekam der Verein II nicht nur einen neuen Namen, sondern auch weitgehende Selbstständigkeit vom Jugendzentrum und darüber hinaus veränderte Aufgabenstellungen. Das war das Ergebnis einer 1988 begonnenen Diskussion über die Z6-Organisationsstruktur.[1726] „insieme – Qualifizierungs- und Trainingsprojekte" hieß nunmehr das neue Dach für Philippine, Schenk & Spiel und Purzigagl.

1719 Z6-Zeitung, März 1986, S. 2.
1720 Z6-Zeitung, Sommer 1987, S. 7.
1721 Tiroler Tageszeitung, Sozialprojekt ganz im Stil der fünfziger Jahre, 28.4.1988, S. 6.
1722 Tiroler Tageszeitung, Wer bezahlt nun eigentlich die Arbeitsplätze für Jugendliche?, 26.5.1987, S. 3.
1723 Z6-Zeitung, Herbst 1987 und Herbst 1988.
1724 Vgl. Z6-Zeitung, Herbst 1989, S. 8 f.; sowie Tiroler Tageszeitung, Ein Jahr Sozialprojekt im Spielzeugladen, 7.10.1989, S. 9.
1725 Z6-Zeitung, Herbst 1988, S. 10.
1726 Ebd., S. 7.

Noch mehr als in der Vergangenheit orientierte sich insieme auf weibliches Klientel und verlagerte überdies den Schwerpunkt von Jugendlichen auf Wiedereinsteigerinnen bis zum 35. Lebensjahr.[1727] Gleichzeitig gab es Spannungen mit dem Arbeitsamt, weil aus der Sicht der Projektleitungen die vom Arbeitsamt zugewiesenen Jugendlichen zu große persönliche Defizite aufgewiesen hätten und deshalb den Anforderungen in den Projekten immer weniger gewachsen waren. Ein weiterer Vorwurf an die Arbeitsmarktverwaltung war, „kein übergreifendes sozialpädagogisches Gesamtkonzept für die berufliche (Wieder-)Eingliederung von schwervermittelbaren Jugendlichen im Großraum Innsbruck" zu haben. Die Zweifel reichten aber tief in das eigene Selbstverständnis der Arbeitsprojekte hinein:

> „Möglicherweise sind umfassendere, vorgeschaltete oder begleitende Maßnahmen (betreute Wohngemeinschaften, spezifische Therapieangebote, etc.) für eine erfolgreiche Integration notwendig."[1728]

Das neue insieme-Konzept, sah für die anzustellenden Wiedereinsteigerinnen ein einjähriges „Training on the Job" vor, verbunden mit einer „fundierten und praxisnahen Ausbildung", Persönlichkeitstraining, gegebenenfalls einem Lehrabschluss. Erst nach langen Verhandlungen und einer Phase des vertragslosen Zustands akzeptierte die Arbeitsmarktverwaltung das neue Konzept.[1729]

In den politischen Gremien der Stadt Innsbruck hatten sich die Z6-Arbeitsprojekte im Laufe der Jahre einen guten Ruf erarbeitet. Im Zuge eines Subventionsansuchens an die Stadt für einen Ausbau des Restaurants Philippine im Jahre 1990 hob Stadtrat Hermann Girstmair hervor, dass es das Z6 war, das mit seinen Sozialprojekten in Innsbruck damit begonnen habe, „nicht vermittelbare Jugendliche in der Absicht vorübergehend zu beschäftigen, sie wieder in die Wirtschaft und in das gesellschaftliche Leben zu integrieren".[1730] Sozialstadtrat Sprenger präzisierte den Finanzierungsschlüssel: Nach den getroffenen Vereinbarungen würden die Arbeitsprojekte des Z6 zu etwa 60 Prozent vom Sozialministerium finanziert, den Rest teilten sich Land Tirol und Stadt Innsbruck im Verhältnis 2:1. „Das heißt, die Stadtgemeinde Innsbruck trägt also nur etwa 12 bis 14 Prozent der gesamten Kosten, also einen sehr kleinen Teil."[1731] Zugleich hob der Sprenger die Professionalität der Z6-Sozialprojekte hervor. Es gelänge immer wieder „schwer vermittelbare Jugendliche auch in den Arbeitsprozeß zu integrieren, und zwar nicht kurzfristig, sondern auf längere Zeit", insbesondere gelte das für Mädchen zwischen 15 und 18 Jahren. Deshalb seien diese Projekte „sozialpolitisch besonders wertvoll". Der Gemeinderat beschloss für den Ausbau der Philippine eine Subvention von 200.000 Schilling.[1732] Die Änderung des insieme-Konzepts war zu diesem Zeitpunkt offenbar noch nicht im Gemeinderat bekannt gewesen.

1727 Tiroler Tageszeitung, Insieme – Name und Ziele der Z6-Sozialporjekte neu, 12.12.1990, S. 8.
1728 SIT 19, Februar 1991, S. 12.
1729 Ebd., S. 13.
1730 Protokoll des Innsbrucker Gemeinderates vom 29./30.3.1990, S. 1108, StAI.
1731 Ebd., S. 1109.
1732 Ebd.

9.5 Ho & Ruck – Klienteninitiative mit Langzeitwirkung

Im Winter 1983/84 bewohnten einige Jugendliche das Übergangswohnhaus des DOWAS in der Völser Straße, die sich mit den erfolglosen Vorsprachen am Arbeitsamt nicht länger abfinden wollten. In Gesprächen mit zwei Betreuerinnen entstand die Idee, selbst initiativ zu werden. Nach der Ausarbeitung eines rudimentären Konzepts nahm Anfang 1984 das Ho & Ruck seine Arbeit auf. Der Name war Programm – „jetzt packen wir es an!". Der Viaduktbogen 93 in der Ing.-Etzel-Straße wurde angemietet, ein über 20 Jahre alter Lkw gekauft und am 20. Februar 1984 startete das Projekt. Entrümpelungen, die Restaurierung von Möbeln, der Verkauf von Altwaren, Übersiedlungen etc. boten den anfangs vier Jugendlichen vorübergehende Beschäftigung und ein geringes Einkommen. Die Jugendlichen erhielten die Möglichkeit einer auf maximal sechs Monate befristeten Arbeitserprobung. Sie arbeiteten halbtags, um auch noch Zeit für die Suche nach einer regulären Arbeit zu haben. Als Vorbild diente ein ähnlich angelegtes Projekt in Salzburg. Die Stadt Innsbruck sicherte eine Startsubvention von 25.000 Schilling zu, Zusagen gab es auch von der Caritas, Ansuchen beim Sozialministerium waren zum Projektauftakt noch nicht entschieden.[1733]

Die Projektidee schlug nicht zuletzt aufgrund einer breit gestreuten medialen Berichterstattung derart ein, dass der Viaduktbogen binnen kürzester Zeit überquoll und an Restaurierungen und einen geordneten Verkauf nicht zu denken war. In der Ferdinand-Weyrer-Straße 21 fand sich im ersten Stock der ehemaligen Tuchfabrik Baur-Foradori eine 700 m² große Halle, welche die Mitarbeiter des Ho & Ruck eigenhändig renovierten. Bis Ende 1984 garantierte das Land Tirol für die Mietkosten der neuen Bleibe. Nun war nicht nur genügend Platz für Werkstätten zur Restaurierung von Möbeln, sondern auch für einen Dauerflohmarkt. In dieser Phase waren vier männliche Jugendliche und ein Projektleiter beschäftigt, dazu kamen zwei bis drei Mitarbeiter, die stundenweise mitwirkten.[1734]

Die Jugendlichen erhielten vom Arbeitsamt eine Beihilfe unter dem Titel „Deckung des Lebensunterhalts", das entsprach einem etwas erhöhten Arbeitslosengeld. 1986 stieß Wilfried Hanser als damals einzige Schlüsselkraft (neben einem Fahrer) zum Projekt und leitete dieses als Geschäftsführer bis zum 1. April 2019.[1735] 1986 verfügte der Betrieb über fünf Transitarbeitsplätze, in den ersten beiden Jahren hatten 25 Personen eine temporäre Beschäftigung gefunden. Die Bevölkerung nahm das Projekt hervorragend an und das „Lager wurde zur Fundgrube für Antiquitätenhändler, Liebhaber alter

---

1733 Vgl. Neue Tiroler Zeitung, DOWAS: Überbrückungshilfe für arbeitslose Jugendliche, 31.1.1984; Tiroler Tageszeitung, Arbeitslose Jugendliche greifen zur Selbsthilfe, 31.1.1984, S. 3; Volksstimme, Tropfen auf den heißen Stein, 4.2.1984; Z6-Zeitung, Selbstdarstellung des HO&RUCK, Sozialprojekt des DOWAS, November 1986, S. 7; Verein Treffpunkt Werkstatt (Hg.): Fünf Jahre Verein Treffpunkt Werkstatt und neun Jahre sozialökonomisches Beschäftigungsprojekt HO & RUCK, Innsbruck 1993, S. 6.
1734 Stattzeitung rotes dachl, Mitfahrzentrale und Ho & Ruck, 2.7.1984; Neue Tiroler Zeitung, DOWAS: Sprungbrett für den Einstieg ins Berufsleben, 28.6.1984; Tiroler Tageszeitung, Beilage Innsbruck Aktuell, Neue Räume für Projekt Ho & Ruck, 3.7.1984, S. 2.
1735 Homepage Ho & Ruck, https://horuck.at/blog/35-jahre-horuck-das-muss-gefeiert-werden/ (abgerufen am 4.4.2019).

Möbel und Einkommensschwache, zu Stoßzeiten glaubte man sich auf einem Basar."[1736]
Im Innsbrucker Gemeinderat wurde die Sorge geäußert, das Ho & Ruck würde Gewerbebetrieben Konkurrenz machen. Hermann Weiskopf, Chef der ÖVP-Abspaltung Innsbrucker Mittelstand (IMS) erklärte:

> „Ich kenne ähnliche Aktionen auch aus anderen Bereichen, wo man versucht, unter dem Deckmantel, jugendliche Arbeitslose zu beschäftigen, alle möglichen gewerblichen Tätigkeiten auszuüben. Als Sprecher der Wirtschaft muß ich mich entschieden dagegen aussprechen. [...] Dieses Beispiel darf auf keinen Fall Schule machen."[1737]

Auch GR Ivo Greiter (ÖVP) meinte, man müsse bei Sozialvereinen aufpassen, dass ihre „quasi-gewerbliche Tätigkeit" nicht ausufere. Als positives Beispiel erwähnte er die Projekte des Z6, die bei Erreichen eines gewissen Umfangs gewerblicher Tätigkeit um einen Gewerbeschein angesucht hätten.[1738]

Obwohl das Ho & Ruck in dieser Phase so gut lief, konnten trotz der steigenden Erlöse die Kosten nicht ausreichend gedeckt werden. Der knappe Personalstand brachte alle Beteiligten (einschließlich der Verantwortlichen im Verein DOWAS) immer wieder an Belastungsgrenzen. Im Laufe des Jahres 1987 hatte sich im Ho & Ruck ein Schuldenberg von 700.000 Schilling angehäuft. Wie in anderen Projekten führten die Kürzungen seitens des Sozialministeriums zu existenziellen Problemen.[1739] Das DOWAS verhandelte mit dem Sozialministerium und stellte zur Deckung der Finanzlücken Ansuchen an das Land Tirol und die Stadt Innsbruck – und zog eine ernüchternde Bilanz: „Überall zeigte man sich von den bisher erbrachten Leistungen beeindruckt und sagte eine Unterstützung unter der Bedingung, daß die anderen Förderer zahlten, zu."[1740]

Schließlich beschloss der Tiroler Landtag zwar seine Zuwendungen an diverse Sozialprojekte für 1988 gegenüber dem Vorjahr von sechs auf zwölf Millionen Schilling zu verdoppeln. Soziallandesrat Fritz Greiderer erklärte, die zusätzlichen Mittel würden nur in Bereichen eingesetzt, „in denen private Strukturen Aufgaben im Interesse des Landes erfüllen".[1741] Aber bezüglich der künftigen Bundesbeteiligung an Beschäftigungsprojekten wie dem Ho & Ruck kündigte das Land lediglich weitere Verhandlungen an.[1742] Bevor es Ergebnisse gab, steckte der Verein zur Förderung des DOWAS schon ab Mai 1988 in einem Konkursverfahren, Hauptgläubiger waren Finanzamt und Gebietskrankenkasse. Für die 1,8 Millionen Schilling Schulden war fast ausschließlich das Ho & Ruck verantwortlich. DOWAS Mitarbeiter Peter Steckenbauer erklärte: „Wir haben in

---

[1736] Verein Treffpunkt Werkstatt (Hg.): Fünf Jahre Verein Treffpunkt Werkstatt und neun Jahre sozialökonomisches Beschäftigungsprojekt HO & RUCK, Innsbruck 1993, S. 6.
[1737] Protokoll des Innsbrucker Gemeinderates vom 24.4.1986, S. 610, StAI.
[1738] Ebd., S. 611.
[1739] Vgl. mit Abschnitt 8.3 über das DOWAS, S. 313 ff.
[1740] Verein Treffpunkt Werkstatt (Hg.): Fünf Jahre Verein Treffpunkt Werkstatt und neun Jahre sozialökonomisches Beschäftigungsprojekt HO & RUCK, Innsbruck 1993, S. 6.
[1741] Tiroler Tageszeitung, 12 Millionen für Sozialprojekte, 12.12.1987, S. 9.
[1742] Ebd.

vier Jahren für dieses Projekt nur 226.000 Schilling von der Arbeitsmarktförderung erhalten."[1743]

An der Malaise konnte auch eine von der Stadt Innsbruck im Februar 1988 gewährte zusätzliche Subvention von 100.000 Schilling für das Ho & Ruck nichts mehr ändern.[1744] Dem Verein zur Förderung des DOWAS gelang die Rettung mit einem 20-prozentigen Zwangsausgleich, der Preis war die Ausgliederung des Ho & Ruck aus dem DOWAS.[1745]

Um das Ho & Ruck weiterführen zu können, entstand der Verein Treffpunkt Werkstatt als neuer Träger, der sich anfangs hauptsächlich aus ehemaligen MitarbeiterInnen des DOWAS-Übergangswohnheims zusammensetzte, und die deshalb das Ho & Ruck kannten.[1746] Das DOWAS blieb mit einem Vorstandsmitglied noch über Jahre im Vorstand des Vereins Treffpunkt Werkstatt vertreten, wenngleich die Trennung vom Gründungsverein „nicht friktionsfrei" verlief, wie Wilfried Hanser betont.[1747] Das Jahr 1988 war geprägt von der Unsicherheit, ob es gelingen würde, das Ho & Ruck dauerhaft betreiben zu können. Das Sozialministerium gewährte eine auf 1988 befristete Förderung während der Zeit der Konzepterstellung.[1748] Die Budgetverhandlungen zogen sich bis zum Jahresende, und erst am 23. Dezember kam der entscheidende Durchbruch dank einer Entscheidung des Landes, sich an der Finanzierung zu beteiligen.[1749]

Anfang 1989 konnte schließlich der reguläre und abgesicherte Betrieb starten. In diesem Jahr stieg die Zahl der Transitarbeiter auf acht, neben Hanser waren drei weitere Schlüsselkräfte (zwei davon halbtags) angestellt.[1750] Ein halbes Jahr später gingen neue, wieder selbst renovierte Räumlichkeiten am bisherigen Standort im Weyrer-Areal in Betrieb, die den entscheidenden Vorteil boten, im Erdgeschoss zu liegen. Das Ho & Ruck kritisierte aber die Förderrichtlinien der Stadt Innsbruck aus dem Jugendbeschäftigungskonzept (30.000 Schilling jährlich, 1.000 Schilling monatlich für jeden Beschäftigten unter 25 Jahren), weil diese Zuschüsse erst im Nachhinein zur Auszahlung kamen sowie das Beharren der Stadt Innsbruck auf eine Gebühr von 0,5 Schilling pro geliefertem Kilogramm Sperrmüll, obwohl sie sich durch die Tätigkeit des Ho & Ruck die Kosten der Entsorgung von rund 500 Tonnen Sperrmüll jährlich ersparen würde.[1751]

Mit dem Neubeginn verschob sich der Fokus bei den Transitarbeitskräften zusehends auf ältere Langzeitarbeitslose, bedingt durch die Zuweisungen des Hauptfinanziers Arbeitsmarktverwaltung. 1990 waren die Transitarbeitskräfte zwischen 19 und 54 Jahre alt.[1752]

1743 Tiroler Tageszeitung, Zwangsausgleich statt Konkurs – DOWAS bleibt, 7.6.1988, S. 3.
1744 Protokoll des Innsbrucker Gemeinderates vom 4./5.2.1988, S. 353, StAI.
1745 Tiroler Tageszeitung, Zwangsausgleich statt Konkurs – DOWAS bleibt, 7.6.1988, S. 3.
1746 SIT, HO & RUCK: gibt es noch? gibt es wieder? gibt es weiter????, Nr. 11, Dezember 1988, S. 6.
1747 Interview Andrea Sommerauer mit Wilfried Hanser am 18.11.2015.
1748 SIT 11, Dezember 1988, S. 6.
1749 Petra Haller: „Nothing but blood, sweat and tears, oder ein persönlicher Rückblick einer ehemaligen Obfrau mit Geburtstagswünschen, in: Verein Treffpunkt Werkstatt (Hg.): Fünf Jahre Verein Treffpunkt Werkstatt und neun Jahre sozialökonomisches Beschäftigungsprojekt HO & RUCK, Innsbruck 1993, S. 9.
1750 Ebd., S. 8.
1751 Vgl. SPAK-Protokoll vom 13.4.1989; ferner: Tiroler Tageszeitung, „Ho & Ruck" eröffnet heute neues Verkaufsareal, 30.6.1989, S. 5.
1752 Tiroler Tageszeitung, Beilage Innsbruck Aktuell, Ho & Ruck von Ruß geschwärzt, 2.5.1990, S. 1.

Zugleich stieg deren Zahl von neun auf 13.[1753] In den Folgejahren blieb die Zahl der angebotenen Arbeitsplätze für Transitkräfte stabil und lag 1996 bei 14. Im selben Jahr waren sieben Schlüsselkräfte (davon zwei in Teilzeit) angestellt.[1754] Die durchschnittliche Verweildauer der Transitarbeitskräfte lag in der ersten Hälfte der 1990er Jahre bei 190 Tagen.[1755] Über all die Jahre war der Bedarf an Arbeitsplätzen immer größer als das Angebot, Wartelisten waren die logische Konsequenz.

Während in den frühen Jahren die sozialarbeiterische Komponente durch das DOWAS wahrgenommen worden war, musste diese Betreuung ab dem Zeitpunkt, an dem das Ho & Ruck die Selbstständigkeit erlangte, innerhalb des Betriebes erfolgen. Durch das steigende Alter der Transitarbeitskräfte änderten sich die sozialarbeiterischen Aufgaben. Viele dieser Transitarbeitskräfte waren nicht nur sehr lange arbeitslos, sondern oft auch von Vor- und Haftstrafen, Schulden und gesundheitlichen Problemen betroffen.[1756] Die 1992 ins Ho & Ruck eintretenden Personen hatten im Durchschnitt sechs Jahre Arbeitslosigkeit hinter sich. 63 Prozent hatten Haftstrafen, 75 Prozent wiesen eine Suchtproblematik auf, 82 Prozent waren obdachlos und 92 Prozent ohne Berufsausbildung. Gegenüber 1990 hatten sich die Problemlagen der Klienten dramatisch verschärft.[1757] 1992 dauerte das durchschnittliche Arbeitsverhältnis einer Transitarbeitskraft im Ho & Ruck 131 Tage, im Laufe des Jahres waren die 13 Arbeitsplätze an 40 Personen vergeben. Ein Viertel davon konnte an einen Arbeitsplatz auf dem ersten Arbeitsmarkt vermittelt werden, ein weiteres Viertel wechselte in berufsbildende Kurse oder in eine Therapieeinrichtung.[1758]

Für Schlagzeilen sorgte 1990 ein Brand in der Halle des Ho & Ruck. Der nächtliche Glimmbrand erlosch zwar von selbst, bedeckte aber die gesamte Verkaufsfläche mit einer dicken Rußschicht. Es dauerte zweieinhalb Monate, bis der Verkaufsbetrieb wieder aufgenommen werden konnte.[1759]

Grundsätzlich hatte sich ab 1989 eine tragfähige Finanzierung für das Ho & Ruck etabliert, wobei das Projekt annähernd ein Drittel des Gesamtbudgets durch Einnahmen aus Übersiedlungen und Verkauf erwirtschaftete. Zwei Drittel des Budgets waren durch Subventionen aufzubringen, wobei wiederum zwei Drittel davon die Arbeitsmarktverwaltung (also der Bund) bezahlte, das restliche Drittel teilten sich (wie in anderen Projekten) das Land Tirol und die Stadt Innsbruck im Verhältnis 2:1. Diese Finanzierung musste allerdings Jahr für Jahr neu ausgehandelt werden. Ein exemplarischer Konflikt ergab sich Ende 1991 im Zuge der Budgeterstellung für 1992 mit der Stadt Innsbruck. Das Ho & Ruck hatte 1991 von der Stadt Innsbruck eine Subvention von 400.000 Schilling erhalten und für 1992 eine Erhöhung auf 480.000 Schilling beantragt. Tatsächlich war aber im Budget eine Kürzung auf 350.000 Schilling veranschlagt, auch zahlreiche andere Sozi-

---

1753 Protokoll des Innsbrucker Gemeinderates vom 26./27.1.1990, S. 665.
1754 Schmid 1997, S. 125.
1755 Ebd., S. 129.
1756 Interview Hanser 2015.
1757 Verein Treffpunkt Werkstatt (Hg.): Fünf Jahre Verein Treffpunkt Werkstatt und neun Jahre sozialökonomisches Beschäftigungsprojekt HO & RUCK, Innsbruck 1993, S. 11.
1758 Ebd., S. 17.
1759 Vgl. Tiroler Tageszeitung, Beilage Innsbruck Aktuell, Ho & Ruck von Ruß geschwärzt, 2.5.1990, S. 1; sowie Tiroler Tageszeitung, „Ho & Ruck" hat den Betrieb nach Brand wieder aufgenommen, 14.7.1990, S. 10.

alprojekte waren von prozentuell ähnlichen Kürzungen betroffen. Gemeinderätin Uschi Schwarzl (ALI) kritisierte diese Kürzungen, verzichtete aber mangels Erfolgsaussichten auf Abänderungsanträge. Zugleich appellierte sie an die ÖVP, einen von ihr angekündigten „Topf für besondere Subventionen für Sozialinitiativen trotz der Einfrierung der Subventionsmittel" im Laufe des Jahres 1992 tatsächlich zur Verfügung zu stellen.[1760]

Vergeblich blieb ein als „Einspruch" titulierter Brief des Ho & Ruck an die Gemeindeführung. Die Forderung, auf Kürzungen zu verzichten und die beantragte Summe von 480.000 Schilling zu gewähren, wurde in diesem Brief mit einer interessanten Argumentation untermauert. Demnach hätte sich die Stadtkasse durch die Tätigkeit des Ho & Ruck im Jahre 1991 rund 5,3 Mio. Schilling erspart – mehr als das zehnfache der beantragten Subvention. Diese Ersparnis setzte sich den Berechnungen des Ho & Ruck zu annähernd gleichen Teilen aus vier Positionen zusammen:
- Rund drei Viertel der Transitarbeiter im Ho & Ruck wären ohne diese Beschäftigung auf Sozialhilfe angewiesen – Ersparnis für die Stadt ca. 1,3 Mio. Schilling.
- Seit 1988 hätten mehr als die Hälfte der Transitarbeiter auf einen regulären Arbeitsplatz vermittelt werden können – Einsparung an Sozialhilfe von weiteren 1,3 Mio. Schilling.
- Die Mehrzahl der nicht auf reguläre Arbeitsplätze vermittelten Transitarbeiter hätte Ansprüche aus Leistungen der Arbeitslosen- und Sozialversicherung erworben – Einsparungen an Sozialhilfe von weiteren 1,3 Mio. Schilling.
- Das Ho & Ruck hätte 1991 rund 1.000 Tonnen Gebrauchtmöbel umgesetzt, die andernfalls bei der städtischen Sperrmüllabfuhr gelandet wären – Einsparungen für die Stadt von ca. 1,4 Mio. Schilling.[1761]

Das Ho & Ruck hat von seinen Anfängen bis in die Gegenwart großen Wert auf die Mitwirkung in Vernetzungsgremien gelegt. Insbesondere ist das Engagement im Dachverband zur Koordinierung und Beratung der Tiroler Sozialprojekte und selbstverwalteten Betriebe (DASS) und dem Sozialpolitischen Arbeitskreis (SPAK) zu nennen. Der „Verband der sozialökonomischen Betriebe Tirols" wurde maßgeblich auf Initiative des Ho & Ruck gegründet, Wilfried Hanser war lange Obmann des Verbands.[1762] Das Ho & Ruck hat klare sozialpolitische Haltungen und Forderungen eingenommen. Etwa jene, eines Anwalts der im Betrieb tätigen Transitarbeitskräfte: „Diese haben eine schlechte Lobby und tun sich schwer, sich zu organisieren. Wir versuchen diese Interessen wahrzunehmen und eine entsprechende Plattform zu bieten", erklärt Geschäftsführer Wilfried Hanser, der eine Verantwortung der öffentlichen Hand einmahnt. „Es geht um gesellschaftliche Probleme und es ist eine gesellschaftliche Aufgabe sich darum zu kümmern. Wir machen das auch im Auftrag, stellvertretend für die Gesellschaft."[1763]

Als ideologisches Grundgerüst für das Ho & Ruck bezeichnet Hanser die berühmte Studie „Die Arbeitslosen von Marienthal"[1764] aus dem Jahre 1933. Zu wesentlichen Punkten zählt er die in der Studie gewonnene Erkenntnis, dass der Arbeitsprozess mehr

---

1760 Protokoll des Innsbrucker Gemeinderates vom 17.12.1991, S. 2244 f., StAI.
1761 Brief des Ho & Ruck an den Gemeinderat der Stadt Innsbruck, Protokoll des Innsbrucker Gemeinderates vom 17.12.1991, Beilage zu S. 2203, StAI.
1762 Schmid 1997, S. I.
1763 Interview Hanser 2015.
1764 Marie Jahoda/Paul F. Lazarsfeld/Hans Zeisel: Die Arbeitslosen von Marienthal. Ein soziographischer Versuch über die Wirkungen langandauernder Arbeitslosigkeit. Leipzig 1933.

ist als eine Einkommensquelle. Sie gibt den Menschen eine Tagesstruktur, Sozialkontakte ergeben sich zu einem nicht unbeträchtlichen Teil über die Arbeit und schließlich spielt Arbeit für die Sinngebung eine zentrale Rolle. Viele Fähigkeiten gingen verloren, wenn sie nicht angewendet werden, betont Hanser. Daher sei das Ho & Ruck ein „Ort des Arbeitens, Lernens und der Veränderung". Das sozialintegrative Element ist wichtig, über Arbeit wieder einen anerkannten Platz in der Gesellschaft zu bekommen. Das Ho & Ruck biete daher Langzeitarbeitslosen die Möglichkeit, sich durch „eigenes Tun aus ihrer prekären Situation wieder herauszuwursteln"[1765].

9.6 UNICEF-Jugend und Verein Jugendland

Die UNICEF-Jugend betrieb ab März 1984 in Innsbruck Beschäftigungsprojekte für Jugendliche, die dem Verein vom Arbeitsamt zugewiesen wurden. Ab Oktober 1985 übernahm der neu gegründete Verein Jugendland diese Aktivitäten und weitete sie aus. Obmann beider Vereine und damit Garant für Kontinuität war Reinhard Halder. Ab Ende 1986 arbeiteten in den Werkstätten des Vereins gleichzeitig bis zu 55 Jugendliche und produzierten Spielzeug.

Ausführlich ist die Geschichte dieser Beschäftigungsinitiative im Kapitel 4 – Jugendwohlfahrt im Abschnitt 4.5.4 „Jugendland: Rückkehr zur großen Einrichtung" dargestellt. Der Grund dafür ist, dass die Geschichte des vom Verein Jugendland ab dem 1. Mai 1987 betrieben Wohnheims in Innsbruck Arzl mit jener des Beschäftigungsprojekts untrennbar verbunden ist. Denn der Schuldenberg des Beschäftigungsprojekts hätte auch das Wohnprojekt in den Abgrund gerissen, wären nicht das Land Tirol und die Stadt Innsbruck dem Verein mit Geldspritzen in Millionenhöhe beigesprungen, um ihn so vor dem Konkurs zu retten. Der Preis, den Halder und der Verein dafür zahlen mussten, war 1989 die Schließung des völlig unwirtschaftlichen Beschäftigungsprojekts mit seinen Werkstätten.

9.7 WAMS – Altkleider und mehr

1974 begann die Caritas der Diözese Innsbruck mit der regelmäßigen Altkleidersammlung in Tirol.[1766] Jeweils an einem Samstag Mitte April wurden die vor den Häusern abgestellten, auffälligen gelben Säcke von Freiwilligen eingesammelt. Von Anfang an waren daran alljährlich auch MitarbeiterInnen und KlientInnen von Sozialprojekten beteiligt, darunter auch das Jugendzentrum Z6. 1975 beteiligten sich aus dem Z6 (inklusive der Projekte KIT und DOWAS) 60 Menschen an der Altkleidersammlung, drei Jahre später waren es ähnlich viele.[1767]

Die große Resonanz dieser Altkleidersammlung in der Tiroler Bevölkerung – 1984 wurden über 100 Tonnen Altkleider gespendet[1768] – trug zu Überlegungen bei, Sortierung

---

1765 Interview Hanser 2015.
1766 Caritas im Wandel der Zeit (1945–2015), S. 5., Homepage Caritas Tirol, www.caritas-tirol.at/ueber-uns/geschichte-und-chronik/ (abgerufen am 27.8.2018).
1767 Vgl. Z6-Jahresbericht 74/75, sowie upf, Mai 1978, S. 32, beides Privatarchiv Windischer.
1768 Tiroler Tageszeitung, „Wams" – Gebrauchtkleiderladen der Caritas öffnet, 27.10.1984, S. 9.

und Verkauf der Altkleider mit einem Beschäftigungsprojekt für arbeitslose Jugendliche zu verbinden. Eine derartige Sortierung gab es vor der Gründung des WAMS nicht. Die Säcke mit den Kleidern landeten in einem Viaduktbogen und wurden ungeöffnet in Güterwaggons zu einer Firma nach Linz gebracht. Die in der Caritaszentrale in der Erlerstraße vor 1984 existierende Kleiderausgabestelle für Bedürftige speiste sich nicht aus der großen Altkleidersammlung, sondern wurde von einem kleineren Personenkreis direkt mit brauchbaren Kleidungsstücken beliefert. Räumlich und logistisch sorgte diese Kleiderausgabestelle im Laufe der Zeit für immer größere Probleme.[1769]

Die Vorgeschichte des WAMS hängt eng mit einer Wohngemeinschaft für arbeitslose, sozial benachteiligte männliche Jugendliche zusammen. Hubert Katzlinger leistete 1983 seinen Zivildienst im Innsbrucker Bahnhofssozialdienst der Caritas und stieß dort auf eine Gruppe „gestrandeter Jugendlicher und junger Erwachsener".[1770] Eine Arbeitslosenselbsthilfegruppe entstand, die sich im Haus der Begegnung mit Interessierten zu Gesprächen traf. Es gelang, ein leerstehendes, abbruchreifes Haus mit drei Wohnungen in der Schneeburggasse unentgeltlich für eine Wohngemeinschaft zu nutzen, die in „besten Zeiten" 16 Bewohner hatte. Katzlinger wurde von der Caritas angestellt, die auch als Träger der Wohngemeinschaft auftrat.[1771]

Die Kombination aus dem unbefriedigenden Umgang mit den Altkleidern, den arbeitssuchenden Jugendlichen in der Wohngemeinschaft und die neuen Möglichkeiten der aktiven Arbeitsmarktpolitik des Sozialministeriums, brachte schließlich unter maßgeblicher Beteiligung von Caritasdirektor Sepp Fill die Idee eines Beschäftigungsprojekts hervor. Es entstand ein ProponentInnenkomitee. Katzlinger besuchte ein mit ähnlichen Intentionen bereits aktives Projekt in Klagenfurt. Dem Caritasbeirat in Innsbruck wurde schließlich ein Vorhaben präsentiert, dass sich in einem zentralen Punkt maßgeblich von jenem in Klagenfurt unterschied: Bildeten in Kärnten ausschließlich ehrenamtliche Kräfte das operative Team, sollte in Innsbruck mit angestellten Schlüsselkräften professioneller gearbeitet werden.[1772]

Am 25. Juli 1984 gründete sich der Verein WAMS,[1773] damals unter der Bezeichnung „Verein der Caritas der Diözese Innsbruck zur Förderung und Durchführung von Sozialprojekten für Arbeitslose".[1774] Der jeweilige Direktor der Caritas der Diözese Innsbruck war automatisch Obmann des Vereins und hatte daher entsprechenden Einfluss auf das Projekt.[1775] Ende Oktober 1984 eröffnete der erste WAMS Laden am Innrain 100, am südwestlichen Stadtrand von Innsbruck. Ein lange leerstehendes Geschäftslokal war dafür angemietet worden, das von bis zu acht Jugendlichen beiderlei Geschlechts (darunter einige Burschen aus der Wohngemeinschaft in der Schneeburggasse) renoviert worden war. Katzlinger als Geschäftsführer und zwei weitere Schlüsselkräfte leiteten die Jugendlichen an. Das Lokal war mit 480 m² groß genug, um Kleider aus Teilen

---

1769 Telefoninterview Hannes Schlosser mit Hubert Katzlinger am 28.8.2018.
1770 Ebd.
1771 Ebd.
1772 Ebd.
1773 Vereinsregisterauszug ZVR-Zahl 214613307. https://citizen.bmi.gv.at/at.gv.bmi.fnsweb-p/zvn/public/Registerauszug (abgerufen an 27.8.2018)
1774 Brief von Obmann Sepp Fill an den Arbeitslosenfonds der Diözese Innsbruck vom 20.3.1986, Diözesanarchiv.
1775 Telefoninterview Katzlinger 2018.

der Sammlung der Caritas zu sortieren, zu reinigen und zum Verkauf anzubieten. Zum Konzept gehörte auch die Belieferung der Kleiderausgabestelle der Caritas auf konkrete Anfragen. Schon nach wenigen Wochen boten Kunden dem WAMS weitere Second-Hand-Produkte (u. a. Bücher) an, die in der Folge das Kleidersortiment ergänzten. Neben der Caritas trugen Sozialministerium, Land Tirol, Diözese Innsbruck und das Zentralamt der Vinzenzgemeinschaften in Tirol zum Projektstart bei.[1776] Anlässlich der Eröffnung hatte Oskar Wötzer als Präsident der Vinzenzgemeinschaften angekündigt, er werde „50 Firmen zusammenbringen, die sich verpflichten, innerhalb von fünf Jahren je einen Arbeitsplatz zur Verfügung zu stellen".[1777] Es blieb bei der Ankündigung.[1778]

Das erste Geschäftsjahr erwies sich als schwierig, letztlich konnte aber der budgetierte Abgang von 300.000 Schilling unterschritten werden, wobei Caritasdirektor Fill forderte: „Auch Sozialprojekte dürfen nicht ständig Defizitprojekte sein, sie müssen auf wirtschaftlich gesunde Beine gestellt werden."[1779] Wenig später, im März 1986, suchte Fill in seiner Funktion als Vereinsobmann beim Arbeitslosenfonds der Diözese Innsbruck um eine Subvention von 50.000 Schilling an, die prompt bewilligt wurde. Als Begründung hatte Fill die hohe Lokalmiete, die geringe Startfinanzierung und die Rückzahlung von Verbindlichkeiten des Projekts gegenüber der Caritas genannt.[1780]

Im ersten Jahr waren elf Jugendliche im WAMS beschäftigt, wobei sich die auf acht Monate begrenzte Beschäftigungsdauer teilweise als zu kurz erwies. In der Folge gelang es, bei Aussicht auf einen dauerhaften Arbeitsplatz, vom Sozialministerium eine Verlängerung auf ein Jahr zu erreichen.[1781] Das WAMS wurde auch Mitglied im Dachverband zur Koordinierung und Beratung der Tiroler Sozialprojekte und selbstverwalteten Betriebe (DASS) und engagierte sich in diesem Vernetzungsgremium.[1782]

In den ersten drei Jahren seines Bestehens waren 62 Prozent der jugendlichen Transitarbeitskräfte auf dem ersten Arbeitsmarkt untergekommen. 60 Prozent des gesamten Finanzbedarfs erwirtschaftete das WAMS aus den Erlösen. Im Laufe der Jahre hatte der Anteil an verkauften Second-Hand-Waren abseits der Altkleider, wie Bücher, Kleinmöbel, Hausrat und Fahrräder, deutlich zugenommen. Die KundInnen kamen aus allen Bevölkerungsschichten.[1783]

1989 hatte sich der Umsatz auf 1,8 Millionen Schilling erhöht und damit gegenüber dem Gründungsjahr mehr als verdoppelt. Im selben Jahr eröffnete das WAMS in der Innstraße 57 eine Filiale namens Zarathustra, die sich als Boutique für höherwertige Kleidung und Trödelwaren zu positionieren suchte.[1784] Nach zwei Wechseln in der Geschäftsführung des WAMS übernahm diese 1990 Hans Tauscher, der davor die von

---

1776 Vgl. Tiroler Tageszeitung, „Wams" – Gebrauchtkleiderladen der Caritas öffnet, 27.10.1984, S. 9; Tiroler Tageszeitung, Beilage Innsbruck Aktuell, Caritas trägt zur Linderung der Jugendarbeitslosigkeit bei, 4.12.1984, S. 2; Telefoninterview Katzlinger 2018.
1777 Tiroler Tageszeitung, „Wams" – Gebrauchtkleiderladen der Caritas öffnet, 27.10.1984, S. 9.
1778 Telefoninterview Katzlinger 2018.
1779 Tiroler Tageszeitung, Ein Jahr Caritas-Sozialprojekt „Wams", 27.12.1985, S. 3.
1780 Brief von Obmann Sepp Fill an den Arbeitslosenfonds der Diözese Innsbruck vom 20.3.1986, Diözesanarchiv.
1781 Telefoninterview Katzlinger 2018.
1782 Mehr über den Dachverband DASS im Abschnitt 11.6, S. 447 ff.
1783 Tiroler Tageszeitung, Drei Jahre Projekt Second-Hand WAMS, 4.12.1987, S. 7.
1784 Tiroler Tageszeitung, WAMS eröffnet neuen Laden – Große Erfolge von Sozialprojekt, 17.6.1989, S. 8.

Hubert Katzlinger gegründete Wohngemeinschaft geleitet hatte. Diese war inzwischen offen für Männer und Frauen, überwiegend waren die BewohnerInnen Jugendliche und junge Erwachsene bis Mitte 20, einige waren auch älter. Zugleich war die Wohngemeinschaft mit maximal zehn BewohnerInnen Teil des WAMS geworden.[1785] Nach dem Abriss des Hauses in der Schneeburggasse wechselte der Standort 1987 in eine von der Caritas geerbte Wohnung in der Bürgerstraße und schließlich in die Mentlvilla, einem Haus in der Mentlgasse im Eigentum der Caritas.[1786] Diese Räumlichkeiten bezog schließlich 1992 eine Notschlafstelle für Drogenkranke.[1787]

In den Jahren um 1990 gab es eine Krise auf dem Altkleidermarkt. Aussortierte Ware, die nicht im WAMS verkaufbar war, stapelte sich in einem Eisenbahnwaggon. Tauscher bemühte sich, diese an einen Großhändler in Niederösterreich zu verkaufen, es war aber kaum ein vernünftiger Preis zu erzielen. Damit geriet das Finanzgebäude des WAMS ins Wanken. „Die Bereitschaft der Menschen Altkleider abzugeben, war sogar enorm gestiegen", erinnert sich Tauscher.[1788]

In die Zeit seiner Geschäftsführertätigkeit bis Ende 1992 fallen auch drei relevante Veränderungen: Zum einen war das eine tendenzielle Änderung des Klientels im Beschäftigungsprojekt, weil die Arbeitsmarktverwaltung zunehmend darauf drängte, vor allem ältere Arbeitslose aufzunehmen. Zweitens kam es zu einem Professionalisierungsschritt, zwischen der Geschäftsführertätigkeit des Vereins und der pädagogischen Leitung im WAMS zu trennen. Damit verbunden war auch, dass die Geschäftsführung in einem Büro außerhalb des WAMS-Ladens untergebracht wurde. Dieser Schritt machte die den Sozialökonomischen Betrieben zwangsläufig innewohnende Spannungen zwischen sozialpädagogischer und wirtschaftlicher Leitung sichtbarer. Nicht zuletzt hat sich in diesen Jahren das Arbeitsplatzangebot im WAMS differenziert. Die Beschäftigungsdauer konnte flexibler und bedarfsgerechter gehandhabt werden, manche blieben bis zu zwei Jahren. Auch die Möglichkeit, einen Lehrabschluss nachzuholen, wurde geschaffen. Bald nach Tauschers Ausscheiden 1992 übernahm Andrea Romen die Geschäftsführung,[1789] die sie 2019 noch immer innehatte.

Ende 1992 emanzipierte sich das WAMS von der Caritas. Die Automatik, wonach der jeweilige Caritas-Direktor auch Obmann des WAMS-Vereins war, wurde einvernehmlich aus den Statuten gestrichen.[1790] Diese Änderung erfolgte nicht mit einer Neugründung, sondern einer Statutenänderung des bestehenden Vereins und der Namensgebung „Verein WAMS",[1791] in weiterer Folge mit dem Zusatz „Arbeitsplätze als Sprungbrett".

Im Jahr davor hatte bereits das dritte Beschäftigungsprojekt des WAMS eröffnet: die Klamotte in der Durigstraße. Schwerpunkt in der Arbeit der Klamotte waren die aus dem WAMS-Laden ausgegliederten Bereiche der Sammelstelle und der Sortierung der Second-Hand-Waren sowie der Fahrradwerkstätte. Die Menge an gespendeten Kleidern stieg von Jahr zu Jahr, von 1992 auf 1994 von 411 auf 549 Tonnen. Auch bei den

---

1785 Interview Andrea Sommerauer mit Hans Tauscher am 21.8.2018.
1786 Telefoninterview Katzlinger 2018, Interview Tauscher 2018.
1787 Mehr über die Mentlvilla im Abschnitt 7.6, S. 302 f.
1788 Interview Tauscher 2018.
1789 Ebd.
1790 Ebd.
1791 Ebd.; vgl. auch WAMS 1st Hand, Informationen aus erster Hand, Nummer 1, Juli 1995, S. 4.

Hartwaren gab es Anstiege und die Liste der Spenden, um die geworben wurde, hatte sich erweitert: Neben Kleidung (möglichst „sauber und gut erhalten") standen Bett- und Tischwäsche, Vorhänge, Decken, Hüte, Handschuhe, Taschen, Koffer, Rucksäcke, Schmuck, Ziergegenstände, Bilder, Geschirr, Spiegel, Geschirr, Lampen, kleine und funktionsfähige Elektrogeräte, CDs, LPs, Videokassetten, Bücher aller Art, Spielsachen, Kinderwägen, Fahrräder und Roller auf der Wunschliste. Die Klamotte hatte überdies eine Nähwerkstatt aufgebaut.[1792]

1994 schloss das Zarathustra, zeitgleich erfolgte der endgültige Abschied von Wohnprojekten mit der Begründung einer Konzentration auf die Beschäftigungsprojekte. Im selben Jahr waren in den Betrieben des Vereins WAMS zwölf Transitarbeitskräfte beschäftigt. Dazu kamen zwei Stellen für Schwangere, ein geschützter Arbeitsplatz nach dem Behinderteneinstellungsgesetz und zwei Planstellen für Hilfskräfte – insgesamt also „17 Planstellen mit sozialem Hintergrund".[1793] Der Aufwand für die laufenden Kosten lag 1994 bei 8,7 Mio. Schilling, wobei zwei Drittel durch Erlöse und Erträge aufgebracht werden konnten. Das verbleibende Drittel deckten Subventionen des Bundes über das AMS, des Landes Tirol und der Stadt Innsbruck ab. Zuschüsse kamen auch von der Diözese und der Caritas Innsbruck.[1794]

Schrittweise ersetzte der Verein WAMS die Kleidersammlung der Caritas tirolweit durch das ganzjährige Sammelsystem mit Containern.[1795] Betriebserweiterungen und neue Betriebe (auch außerhalb von Innsbruck) kamen ab 1995 hinzu. Die Zahl der Arbeitsplätze stieg entsprechend mit und das gesamte Team wurde immer weiblicher. 1996 waren von 30 Arbeitsplätzen 22 von Frauen besetzt.[1796] Im Mai 2014 durchbrach das WAMS die symbolische Grenze von 100 Arbeitsplätzen, davon 65 mit sozialer Zielsetzung.[1797]

9.8 Traumwerkstatt

„Traumwerkstatt – Verein zur Entwicklung kreativer, jugendgerechter Arbeitsmethoden im Handwerksbereich" lautete der Name eines Ende 1983 in Innsbruck gegründeten Vereins. Als Vereinszweck gaben die ersten Statuten an, „durch breite Zusammenarbeit in verschiedenen Handwerksbetrieben für arbeitsentwöhnte, arbeitslose Jugendliche Anreize, sowie unterstützende Vorbereitung zur Wiedereingliederung in die Arbeitswelt" bieten zu wollen. An Ideen, welche Werkstätten in der Traumwerkstatt Platz finden könnten, herrschte kein Mangel: Tischlerei, Weberei, Tapeziererei, Näherei, Drechslerei, Töpferei, Färberei, Spinnerei. Außerdem sollten Ausstellungs- und Verkaufsräume sowie eine Mehrzweckhalle Platz finden.[1798]

1792 WAMS 1st Hand, Informationen aus erster Hand, Nummer 1, Juli 1995, S. 7.
1793 WAMS 1st Hand, Informationen aus erster Hand, Nummer 1, Juli 1995, S. 2.
1794 Ebd.
1795 Ebd., S. 3; Homepage Verein WAMS, http://www.wams.at/#Sammelstellen (abgerufen am 31.8.2018).
1796 WAMS 1st Hand, Informationen aus erster Hand, Nummer 3, Oktober 1996, S. 1.
1797 WAMS-Presseinformation zur Pressekonferenz vom 8.5.2014, Privatarchiv Sommerauer.
1798 Traumwerkstatt – Verein zur Entwicklung kreativer, jugendgerechter Arbeitsmethoden im Handwerksbereich, Vereinsakt, SID-Verein, Vr 612/83–277/83, Statuten eingereicht am 14.11.1983, TLA.

Ein Jahr später wies eine Statutenänderung auf eine Weiterentwicklung des Konzepts hin: Die Werkstätten sollten nun mit einem Kultur- und Kommunikationszentrum verbunden werden, ausdrücklich war betriebliche Selbstverwaltung vorgesehen und die „räumliche Nähe der Bereiche Arbeit, Freizeit und Kultur soll günstige Wechselwirkungen ermöglichen und damit der Entfremdung entgegenwirken".[1799]

Ende 1984 konnte die langwierige Standortsuche erfolgreich abgeschlossen und in der Innsbrucker Tschamlerstraße ein leerstehendes Schlossereigebäude angemietet werden. Bald darauf gab es vom Sozialministerium die Zusage der Mietübernahme für die Dauer von eineinhalb Jahren.[1800] Die Realisierung des Werkstättenkonzepts erwies sich als schwierig. Für eine Tischlerei und eine Schlosserei erhielt das Projekt keine Betriebsgenehmigung, wegen der als zu laut eingeschätzten Maschinen. Verschiedene andere Betriebe mieteten sich ein, darunter ein Nähatelier, eine Töpferei, eine Grafik- und Siebdruckwerkstatt sowie eine Buchhandlung. Zwei Mitglieder des Vereinsvorstands setzten im Herbst 1985 mit der Eröffnung des Veranstaltungszentrums Utopia im Keller des Gebäudes einen entscheidenden neuen Akzent. Die genannten Betriebe im Obergeschoss siedelten teilweise schon bald wieder ab, das Werkstättenkonzept war faktisch gescheitert.[1801] Verlässliche Quellen, wie viele arbeitslose Jugendliche entsprechend der ursprünglichen Intention in den Betrieben der Traumwerkstatt einen Arbeitsplatz gefunden haben, liegen nicht vor. In einem Zeitungsartikel aus dem September 1986 werden 15 für jugendliche Arbeitslose geschaffene Arbeitsplätze genannt.[1802]

Im selben Jahr erweiterte das Utopia seinen Veranstaltungs- und Konzertbetrieb im Keller um ein Café im Erdgeschoss.[1803] Das Utopia entwickelte sich neben dem Treibhaus zu einem wichtigen Veranstaltungsort für eine breite Palette von Musikrichtungen. 1987 bescherte, wie schon erwähnt, ein dreitägiges Musikfestival am Bergisel den Verantwortlichen einen Schuldenberg, der den Fortbestand des Utopia gefährdete. Nicht zuletzt verhinderten Subventionen der Stadt Innsbruck die Schließung dieses für Jugendliche und junge Erwachsene wichtigen Veranstaltungsortes. Der Verein Traumwerkstatt löste sich Anfang 1995 auf. Bis dahin war das Utopia Untermieter der Traumwerkstatt.[1804]

9.9 KUKUK – ein Arbeitsprojekt auf dem Papier

Führende Mitglieder der Sozialistischen Jugend in Innsbruck gründeten am 19. Dezember 1985 den Verein zur Förderung von Sozial- und Kulturinitiativen des Kultur-, Kunst- und Kommunikationszentrums KUKUK.[1805] Insbesondere sind als Gründer

---

1799 Ebd., Statutenänderung, beschlossen bei der Generalversammlung des Vereins Traumwerkstatt am 10.10.1984.
1800 Ebd.
1801 Vgl. Kumar 2012. Homepage Subkulturarchiv Innsbruck, http://innsbruck.subkulturarchiv.at/orte1.php?myid=8943&kat=traumwerkstatt (abgerufen am 10.5.2017).
1802 Tiroler Tageszeitung, Utopia voll ausgebaut in die Herbstsaison, 9.9.1986, S. 6.
1803 Ebd.
1804 Traumwerkstatt – Verein zur Entwicklung kreativer, jugendgerechter Arbeitsmethoden im Handwerksbereich, Vereinsakt, SID-Verein, Vr 612/83–277/83, TLA.
1805 Verein zur Förderung von Sozial- und Kulturinitiativen des Kultur-, Kunst- und Kommunikationszentrums KUKUK, Vereinsakt, SID-Verein, Vr 460/85–192/85, TLA.

Ernst Pechlaner, Herbert Prock und Martin Ortner zu nennen. Letzterer wurde zum Vereinsobmann gewählt und blieb dies bis zur Auflösung des Vereins 1993.[1806]

Die Ziele von KUKUK waren „die Förderung und Durchführung von Sozial- und Kulturinitiativen", in denen (jugendliche) Arbeitslose bzw. „schwer vermittelbare Personen" „Beschäftigung, Förderung und Ausbildung" erhalten sollten. Angepeilt wurden innerhalb der Projekte „die Erarbeitung, Erprobung und Installierung von Modellen betrieblicher Mitbestimmung und Selbstverwaltung".[1807] KUKUK wurde auch Mitglied im Dachverband zur Koordinierung und Beratung der Tiroler Sozialprojekte und selbstverwalteten Betriebe (DASS).

„Wir hatten ein Konzept, kamen aber nie über die Planungsphase hinaus, weil es uns nicht gelungen ist geeignete Räumlichkeiten zu finden", begründet Ortner das Scheitern des Projekts.[1808] Ähnlich wie bei der Traumwerkstatt ging es den InitiatorInnen von KUKUK darum, die verschiedenen Projektteile, möglichst unter einem Dach zu vereinen.

Am 4. Mai 1993 fand eine Generalversammlung statt, bei der aufgrund der jahrelangen Inaktivität des Vereins KUKUK dessen Auflösung beschlossen wurde.[1809]

9.10 Pradler Kaufladen – Pionier der Direktvermarktung

Bereits in ihrem Eröffnungsjahr 1985 hat die Zentralstelle für Haftentlassenenhilfe[1810] den Verein Erzeuger-Verbraucher-Initiative (E.V.I.) mitgegründet. Ziele waren die Schaffung von zwei Transitarbeitsplätzen für arbeitslose Haftentlassene, die Verbesserung der Situation von bergbäuerlichen Betrieben und das Angebot gesunder und vollwertiger Lebensmittel für StädterInnen.[1811] Im Vorstand des Vereins saßen neben VertreterInnen der Zentralstelle auch drei Bauern.[1812] Im April 1986 konnte dieses Beschäftigungsprojekt den Pradler Kaufladen in der Innsbrucker Pradler Straße 15 eröffnen und nahm damit eine Vorreiterrolle für Konzepte der Direktvermarktung von Produkten aus Biolandbau ein. Das Projekt zielte vor allem auf die Beschäftigung Jugendlicher und junger Erwachsener nach einer Haft ab.[1813] E.V.I./Pradler Kaufladen wurden auch Mitglied im DASS.

Im September 1987 belieferten den Laden 35 (berg-)bäuerliche Betriebe, von der Bevölkerung wurde das alternative Lebensmittelangebot immer besser angenommen. Der Milchwirtschaftsfonds machte allerdings jenen Betrieben Probleme, die ihre Milch statt an die Molkereien an den Pradler Kaufladen lieferten.[1814]

1806 Telefongespräch Hannes Schlosser mit Martin Ortner am 20.8.2018.
1807 Verein zur Förderung von Sozial- und Kulturinitiativen des Kultur-, Kunst- und Kommunikationszentrums KUKUK, SID-Verein, Vr 460/85–192/85, Statuten KUKUK, § 2 Zweck, TLA.
1808 Telefongespräch Ortner 2018.
1809 Verein zur Förderung von Sozial- und Kulturinitiativen des Kultur-, Kunst- und Kommunikationszentrums KUKUK, Vereinsakt, SID-Verein, Vr 460/85–192/85, TLA.
1810 Mehr über die Zentralstelle für Haftentlassenenhilfe im Abschnitt 5.7, S. 173 ff.
1811 SIT 1, September 1986, S. 6.
1812 Tiroler Tageszeitung, Sozialprojekt: Bauern helfen Haftentlassenen, 6.3.1986, S. 5.
1813 Gespräch Kreidl 2015.
1814 Tiroler Tageszeitung, Beilage Innsbruck Aktuell, Zwei Pradler Projekte kämpfen ums Geld, 8.9.1987, S. VII.

Zeitgleich zeichnete sich bereits das Scheitern des Projekts ab. Die Einschränkungen bei der experimentellen Arbeitsmarktpolitik des Sozialministeriums hatte ausbleibende Geldmittel zur Folge. Der Betreuer für die Transitangestellten schied aus und konnte nicht nachbesetzt werden, ein Schuldenberg von 200.000 Schilling häufte sich an. Widersprüche zwischen den Projektpartnern traten zu Tage, ebenso die Grenzen der Selbstausbeutung. Die Frage wurde aufgeworfen, welche Rahmenbedingungen für die Transitarbeitskräfte noch vertretbar waren.[1815]

Trotz aller Schwierigkeiten existierte der Pradler Kaufladen bis in die frühen 1990er Jahre. Ab 1988 profitierte er von den Pauschalförderungen des Jugendbeschäftigungskonzepts der Stadt Innsbruck.[1816]

9.11 U. N. A. 84 (Umschulung, Nachschulung, Arbeitsbeschaffung)

Die Rahmenbedingungen für den Aufbau des Sozialprojekts „U. N. A. 84 (Umschulung, Nachschulung, Arbeitsbeschaffung)" waren denkbar ungünstig. Manfred Reicher, langjähriger Leiter der Drogentherapieeinrichtung KIT, wollte ursprünglich ein Arbeitsprojekt für KlientInnen des KIT am Ende von deren Langzeittherapie etablieren. Der Vorstand des KIT legte sich aber gegen Reichers Absicht quer, sowohl die Langzeittherapieeinrichtung wie auch das Arbeitsprojekt U. N. A. zu leiten. Es kam zum Bruch und Reicher wurde im März 1986 im KIT gekündigt.[1817]

Ein halbes Jahr später startete unter Reichers Leitung das Sozialprojekt U. N. A. in der Innsbrucker Riedgasse mit Werkstätten, Verkaufsräumen und Zimmern für eine Wohngemeinschaft. Kurzerhand hatte Reicher das Konzept radikal geändert. Anstelle einer Arbeitsgewöhnung nach absolvierter Langzeittherapie trat die Idee einer viermonatigen Kurzzeittherapie mit anschließender oder paralleler Arbeitserfahrung. Träger wurde der bereits im Sommer 1985 gegründete Verein U. N. A. 84. Mehrere Gewerbe wurden angemeldet, Handwerksmeister angestellt und ein umfassendes Arbeitsangebot angepeilt: Zustell- und Abholdienste, Expressdienste, ein Schreibbüro, Erdbewegungs- und Malerarbeiten, Entrümpelungs-, Garten und Reinigungsarbeiten, Umzugshilfen, Töpfern sowie die Betreuung von alten Menschen, Kindern und Tieren. Neun von 16 Arbeitsplätzen für Jugendliche und junge Erwachsene förderte das Sozialministerium durch die Aktion 8000. Weitere Förderungen blieben zumindest vorerst aus.[1818]

Anfang 1987 stellte das Utopia seinen Keller für ein Benefizkonzert zur Verfügung,[1819] an den grundlegenden Finanzierungsproblemen änderte sich dadurch nichts. Im Gegenteil: Ende Mai liefen die Förderungen seitens der Arbeitsmarktverwaltung (zu diesem Zeitpunkt für sieben von 15 Arbeitsplätzen) aus und das Projekt geriet in „eine akute Existenzkrise [...], die nur durch Spenden oder Arbeitsaufträge zu beheben ist", erklärte Reicher.[1820] Vergeblich, denn das Gesundheitsministerium als potentieller Geldgeber

---

1815 Cilli Rauth, Konkursmasse Sozialprojekt, in: SIT 6, September 1987, S. 5–8.
1816 Siehe Abschnitt 9.2 Jugendarbeitslosigkeit im Innsbrucker Gemeinderat, S. 354 ff.
1817 Siehe Abschnitt 7.4 über das KIT, S. 285 ff.
1818 Tiroler Tageszeitung, Beilage Innsbruck Aktuell, Neues Sozialprojekt U. N. A. 84 hilft jungen Menschen. Guten Mutes in die Zukunft: „Wir hoffen auf viel Arbeit", 2.9.1986, S. 1.
1819 Tiroler Tageszeitung, Benefizkonzert für U. N. A. im Utopia, 2.1.1987, S. 6.
1820 Kurier, Chronik Tirol, Einsparung killt Sozialprojekt für Jugend, 15.7.1987, S. 16.

weigerte sich, einer Kombination Kurzzeittherapie und Arbeitsbeschaffung zuzustimmen. Auch eine kurzfristige Konzeptänderung, nur mehr als Arbeitserprobungsprojekt um Subventionen anzusuchen, blieb erfolglos. Das Sozialministerium beschied, für das laufende Jahr kein Geld mehr zu haben, während das Land Tirol seine Subventionen von Förderungen des Bundes abhängig machte.[1821]

Mit Schulden von 800.000 Schilling schloss U. N. A. Ende August 1987 den Betrieb. Reicher beklagte, dass die zuletzt beschäftigten 14 Jugendlichen nun auf Arbeitslosengeld und Sozialhilfe angewiesen seien: „Die sind alle wahnsinnig enttäuscht. Sie haben doch ihren Arbeitswillen gezeigt und werden jetzt fallengelassen."[1822]

9.12 WABE Tirol – kurzlebiges Forstarbeitsprojekt

Die gestiegene Zahl jugendlicher Arbeitsloser im Allgemeinen und speziell unter ihren Klienten, veranlasste die Bewährungshilfe[1823] Innsbruck ein Arbeitserprobungsprojekt ins Leben rufen zu wollen. Ein Trägerverein mit der Bezeichnung, „WABE – Tirol, Verein für Wohnungs-, Arbeitsbeschaffung und Betreuung" konstituierte sich am 23. März 1983.[1824] Der Vereinsvorstand setzte sich aus haupt- und ehrenamtlichen BewährungshelferInnen zusammen. Bei einer außerordentlichen Generalversammlung am 13. Juli 1983 wurde der Vereinszweck in den Statuten geringfügig geändert:

„Gründung und Förderung von Einrichtungen, um Haftentlassenen, Probanden der Bewährungshilfe und anderen Personen, deren Tätigkeit in einer solchen Einrichtung einem öffentlichen und sozialen Interesse entspricht oder der individuellen Förderung dient, Überbrückungen wie auch Dauerarbeiten zu bieten. Der Verein WABE soll sich vornehmlich mit der Situation der arbeitslosen Probanden der Bewährungshilfe beschäftigen und notwendige Aktivitäten sowie Selbsthilfemaßnahmen zur Bekämpfung dieser Arbeitslosigkeit setzen."[1825]

Ein Tischlereiprojekt scheiterte aus nicht mehr nachvollziehbaren Gründen 1985.[1826] Im selben Jahr beauftragte Geschäftsstellenleiter Edmund Pilgram den neu eingetretenen hauptamtlichen Bewährungshelfer Thomas Egger, ein neues Wabe-Projekt auszuarbeiten.[1827] Egger hatte 1982 die Sozialakademie abgeschlossen, anschließend im Jugendzentrum MK gearbeitet und nach seinem dortigen Ausscheiden sowie mangels Arbeitsmöglichkeiten als Sozialarbeiter einen „Schnellsiederkurs als Tischler" gemacht, organisiert vom Berufsförderungsinstitut BFI.[1828] Er wurde Obmann des Vereins Wabe,

---

1821 Tiroler Tageszeitung, Das lange Begräbnis des Sozialprojekts U. N. A., 11.8.1987, S. 3.
1822 Ebd.
1823 Mehr über die Projekte der Bewährungshilfe im Abschnitt 5.8, S. 176 ff.
1824 WABE-Tirol, Verein für Wohnungs-, Arbeitsbeschaffung und Betreuung, Vereinsakt, SID-Verein, Vr 50/83–39/83, TLA.
1825 Ebd.
1826 Protokoll der Generalversammlung des Vereins Wabe 1.10.1985, in: WABE-Tirol, Verein für Wohnungs-, Arbeitsbeschaffung und Betreuung, Vereinsakt, SID-Verein, Vr 50/83–39/83, TLA.
1827 Vgl. Interview Pilgram 2015; Interview Egger 2015.
1828 Interview Egger 2015.

in der Folge entstand ein Konzept für ein „Forst- und Sozialprojekt". Dieses sah arbeits- und damit personalintensive Arbeiten in Wäldern vor:

„Durchforstung, Erstdurchforstung, Läuterung, Bewuchsentfernung, Düngung, Kultursicherung, Waldpflege und die Aufarbeitung des dabei anfallenden Holzes zu Brennholz und dessen Zustellung. Sämtliche der oben genannten Arbeiten haben eines gemeinsam, sie sind sehr arbeitsintensiv und nehmen bei guter Durchführung sehr viel Zeit in Anspruch. Aus diesem Grunde können die Bundes- und Landesforste, Agrargemeinschaften und kleine Waldbesitzer diese Arbeiten nur sehr beschränkt und mangelhaft durchführen (zu wenig Personal und zu kostenintensiv). Und so kommt es, daß diese Arbeiten oft ganz einfach nicht gemacht werden."[1829]

Vorgesehen waren sechs bis acht Arbeitsplätze für langzeitarbeitslose Jugendliche und junge Erwachsene aus dem Kreis männlicher Probanden der Tiroler Bewährungshilfe. Als Beschäftigungsdauer sah das Konzept ein Jahr vor. Als Schlüsselkräfte wurden zwei Forstingenieure und ein Sozialarbeiter angestellt. Egger blieb hauptamtlicher Bewährungshelfer, konnte aber einen Teil seiner Arbeitszeit der WABE widmen. Das Projekt startete am 1. Juli 1986 mit einer Förderung des Sozialministeriums im Rahmen der Aktion 8000, befristet auf ein Jahr. Das Land Tirol gewährte eine Förderung für 1986 (160.000 Schilling), Ansuchen an die Stadt Innsbruck blieben sowohl 1986 als auch 1987 unbeantwortet, ebenso eines an die Arbeiterkammer für 1986.[1830]

Der Projektstart im Sommer 1986 verlief mit viel Engagement und Improvisation positiv, es kamen genügend Aufträge für eine volle Auslastung der Transitarbeitskräfte und die Forst-Fachkräfte herein. Motorsägen und Schutzkleider wurden gekauft, der Keller des Bewährungshilfebüros als Lagerraum genutzt. Von der Landesforstdirektion, die sich auch mit Informationen und der Herstellung von Kontakten Verdienste erwarb, wurde ein alter VW-Pritschenwagen erworben. Im Laufe der Zeit kam ein Lagerplatz hinzu, die Anmietung eines richtigen Betriebsgeländes blieb auf der Liste unerfüllter Wünsche.[1831]

Die Euphorie der ersten Monate wich bald einer Ernüchterung. Die Finanzierung war nicht einmal mittelfristig gesichert, außerdem offenbarten sich Schwächen im Konzept: Forstarbeit ist gefährlich und erfordert viel Konzentration – Anforderungen, die nicht alle der ins Projekt aufgenommenen Transitarbeitskräfte erfüllen konnten, etwa ein hospitalisierter Langzeitpsychiatriepatient.

Einen Schock löste ein Unfall aus: In einem Waldstück, in dem die WABE-Mitarbeiter tätig waren, kam ein Milch-Lkw von der Forststraße ab und stürzte einen Abhang hinunter. Der Lkw-Fahrer verletzte sich schwer, am Fahrzeug entstand Totalschaden. Es kam zu einem Gerichtsverfahren mit dem Vorwurf, die WABE-Mitarbeiter hätten eine Gefahrenstelle nicht genügend abgesichert. Obmann Thomas Egger und dem Vereinskassier drohten hohe Schadenersatzforderungen – aus Unerfahrenheit hatte beide

---

1829 Thomas Egger: Wabe-Tirol muss zusperren oder Der Weg nach Europa, in: SIT 6, September 1987, S. 3 f.
1830 akin-Sondernummer 19.2.1987.
1831 Vgl. Interview Egger 2015.

übersehen, entsprechende Versicherungen abzuschließen. Aufgrund der fairen Aussagen des Lkw-Lenkers und eines wohlgesonnenen Richters am Bezirksgericht Schwaz erfolgte ein Freispruch.[1832]

Nach etwas mehr als einem Jahr musste das Projekt beendet werden. Am 14. August 1987 erfolgte die Kündigung von Transitarbeitern und Schlüsselkräften, nachdem sich ein Schuldenberg von 400.000 Schilling angehäuft hatte und sich eine weitere Finanzierung durch das Sozialministerium nicht abzeichnete.[1833]

„Wir haben alles versucht, was in unserem Möglichkeitsbereich gelegen ist. Dies war jedoch sehr schwierig, da wir keine Verhandlungspartner mehr hatten. Die ehemals zuständigen Beamten im Ministerium wurden ihrer Kompetenzen beschnitten – sie waren für uns nicht mehr zuständig – niemand war zuständig für uns – SOMMERPAUSE! Man teilte uns mit, daß wir den Herbst abwarten müssen, dann wird man uns näheres mitteilen können. Das finanzielle Risiko erschien dem Vorstand zu hoch (es geht dabei um einige Hunderttausend Schilling) – der Vorstand ist dafür privat haftbar, so ganz im Sinne der Privatisierung also", resümierte Egger zeitnah zu den Ereignissen.[1834]

In den knapp 14 Monaten des WABE-Projekts waren insgesamt etwa 15 Klienten beschäftigt. Bei der Schließung hatte sich ein Proband einen Arbeitslosengeldanspruch erworben, sieben andere standen wieder auf der Straße. Egger schildert seine Emotionen, nachdem die Entscheidung gefallen war, als ambivalent:

> „Es war so ein Gefühl da, wirklich schade, weil es was Gutes gewesen wäre oder was Tolles, und das hätte können wachsen und auch so eine Vorstellung, ja das müsste man besser auf die Füße stellen. [...] Schade und enttäuscht und gleichzeitig unglaublich erleichtert. Ich war erleichtert, wie ich zugesperrt habe und irgendwie pari ausgestiegen bin."[1835]

Nach diesen Erfahrungen wagte die Bewährungshilfe Innsbruck keine weiteren Engagements in Arbeitsprojekten. Der Verein WABE Tirol bestand noch einige Jahre, ohne jedoch Aktivitäten zu entfalten. Mit der Generalversammlung am 23. Juli 1993 löste sich der Verein selbst auf.[1836]

9.13 Sozialökonomische Betriebe – eine Erfolgsgeschichte

Die verpflichtende Anwendung von Richtlinien des AMS garantiert den Transitarbeitskräften in Sozialökonomischen Betrieben soziale Absicherung, kollektivvertragliche Entlohnung und den Anspruch auf Transferleistungen (Karenzgeld, Pension, Arbeitslosengeld). Damit hatten die SÖBs von Anfang an eine Bedeutung, die über den individuellen Nutzen für Menschen, mit geringen bzw. keinen Chancen am regulären

---

1832 Ebd.
1833 Kurier, Chronik Tirol, Ohne Geld gibt's nichts Soziales, 24.7.1987, S. 14.
1834 Thomas Egger: Wabe-Tirol muss zusperren oder Der Weg nach Europa, in: SIT 6, September 1987, S. 3 f..
1835 Interview Egger 2015.
1836 Protokoll der Generalversammlung des Vereins Wabe 23.7.1993, in: WABE-Tirol, Verein für Wohnungs-, Arbeitsbeschaffung und Betreuung, Vereinsakt, SID-Verein, Vr 50/83–39/83, TLA.

Arbeitsmarkt unterzukommen, hinausreichte. Dazu zählt eine regulierende Funktion in stark von Prekarisierung und Deregulierung bedrohten und zugleich gesellschaftlich gewünschten Arbeitsfeldern.[1837] SÖBs haben mit geregelten Arbeitszeiten, kollektivvertraglicher Entlohnung und der Einhaltung von Arbeitnehmerschutzbestimmungen eine nicht zu unterschätzende Vorbildwirkung auf Billiglohnsektoren, aber etwa auch auf „geschützte Werkstätten" von Behinderteneinrichtungen.

Zugleich schaffen die SÖBs dauerhafte und qualifizierte Arbeitsplätze für die „Schlüsselkräfte" im sozialarbeiterischen, organisatorischen und handwerklichen Bereich der Projekte.[1838] Es ist kein Zufall, dass sich in den mehr als drei Jahrzehnten seit der Gründungsphase der SÖBs insbesondere jene Projekte durchgesetzt haben, die sich dem Recycling und der Schonung von Ressourcen verschrieben haben. Ho & Ruck und WAMS sind in ihren Arbeitsfeldern Betriebe, die längst über das Nutzen von Nischen hinausreichen. Als das WAMS 2014 die Zahl von 100 Arbeitsplätzen überschritt, erklärte AMS-Tirol-Landesgeschäftsführer Anton Kern, dass das Sozialprojekt damit zu jenen nur 400 Betrieben Tirols gehöre, welche mehr als hundert MitarbeiterInnen beschäftige.[1839]

WAMS und Ho & Ruck waren in ihren Arbeitsbereichen Vorreiter im Second-Hand-Sektor und haben Teilen einer zunehmend sensibilisierten Öffentlichkeit Angebote gemacht, sowohl Kleider, Bücher, Möbel etc. zur Wiederverwertung zu spenden, als auch Schätze aller Art kostengünstig einzukaufen.

Von Anfang an haben sich die SÖBs in Innsbruck bzw. Tirol an landes- und bundesweiten Vernetzungen aktiv beteiligt. Der 1985 gegründete „Bundesdachverband für Sozialprojekte" trug ab 1998 den Namen „Bundesdachverband für Soziale Unternehmen" (bdv austria) und nennt sich seit 2016 „arbeit plus". Das österreichweite Netzwerk umfasst gegenwärtig 200 gemeinnützige Mitgliedsunternehmen und bietet rund 30.000 befristete Arbeitsverhältnisse an.[1840] „arbeit plus – Soziale Unternehmen in Tirol" ist derzeit das Dach für acht Vereine, die in Tirol an 21 Standorten Betriebe mit rund 400 Arbeitsplätzen führen.[1841]

1837 Schmid 1997, S. 57.
1838 Ebd.
1839 ORF-Tirol, Rekordbeschäftigung bei WAMS, 8.5.2014. Homepage ORF Tirol, https://tirol.orf.at/news/stories/2646125/ (abgerufen am 4.4.2019).
1840 Homepage arbeit plus, Soziale Unternehmen Österreich, https://arbeitplus.at/netzwerk-sozialer-unternehmen/arbeit-plus-in-zahlen/ (abgerufen am 8.4.2019).
1841 arbeit plus – soziale Unternehmen in Tirol (Hg.), „arbeit plus – soziale Unternehmen in Tirol", Innsbruck 2016.

10 Frauen- und Mädcheneinrichtungen
10.1 Die Situation für Frauen und Mädchen in Tirol in den 1970er und 1980er Jahren

Im konservativen Tirol, das seit 1945 von einer ÖVP-Mehrheit regiert wurde, waren die traditionellen Geschlechterrollen lange fest verankert. Das zeigte sich beispielsweise an der Schulbildung. Der Anteil der Mädchen in Tirols weiterführenden Schulen lag in den 1970er Jahren noch weit unter dem österreichischen Durchschnitt, insbesondere Mädchen aus benachteiligten Familien hatten weniger Chancen auf höhere Bildung. Während 1978 in Wien 47,3 Prozent der Frauen ihre Ausbildung lediglich mit einer Pflichtschule abschlossen, waren es in Tirol mit 61,5 Prozent deutlich mehr. Auch die Frauenerwerbsquote lag in Tirol mit 26 Prozent niedriger als im Österreichvergleich (32 Prozent). ArbeitgeberInnen wiederum suchten in vielen Branchen vorwiegend männliche Arbeitskräfte – abgesehen u. a. vom Gastgewerbe, wo die Bedingungen und die Bezahlung schlechter als in anderen Branchen waren. Auch in Sozialberufen waren mehrheitlich Frauen tätig, die Leitungspositionen hingegen mit Männern besetzt. Im Juni 1980 richteten sich Stellenangebote in Tirol außerhalb des Gastgewerbes zu 81 Prozent an Männer und nur zu 16 Prozent an Frauen. Lehrplätze für Mädchen waren ebenfalls sehr begrenzt. Im September desselben Jahres waren von 151 offenen Lehrstellen lediglich 13 ausschließlich für Mädchen ausgeschrieben, eine einzige für beide Geschlechter. Die Rollenzuschreibung, die Frauen in Familie und Haushalt zwängte, machte die Situation gerade für Unverheiratete schwer, einen vom Rollenbild abweichenden Lebensentwurf zu verfolgen. Das gilt auch für weibliche Jugendliche, die aus verschiedenen Gründen aus dem bürgerlichen Rahmen fielen – sei es aufgrund einer frühen Schwangerschaft, der Notwendigkeit eines Erwerbseinkommens oder dem Bedürfnis nach Ausbildung, qualifizierter Arbeit und wirtschaftlicher sowie emotionaler Unabhängigkeit oder einer homosexuellen Orientierung. Angebote, die eine unabhängige Lebensführung unterstützten, fehlten weitgehend. So behinderte junge wie ältere berufstätige Mütter im Alltag enorm, dass die Kinderbetreuungseinrichtungen dem Bedarf Berufstätiger überhaupt nicht entsprachen. Die städtischen Kindergärten in Innsbruck hatten bis in die 1980er Jahre lediglich von 8 bis 11 Uhr und von 14 bis 16.30 Uhr geöffnet. Sie entlasteten Mütter nicht einmal bei einer Teilzeitbeschäftigung entscheidend.[1842] Die Unterbringung in den Tagestätten der Kinderheime Mariahilf und Pechegarten waren wegen hoher Kosten für viele nicht erschwinglich, wie SPÖ-Gemeinderätin Olga Schuster 1972 im Innsbrucker Gemeinderat vorrechnete:

1842 Rosemarie Thüminger: kein grund zum klagen. Arbeits- und Existenzbedingungen von Frauen, in: Gensluckner/Regensburger/Schlichtmeier/Treichl/Windisch 2001, S. 229–244, hier: S. 229–235.

„Wer kann für die Versorgung eines Kindes 71,- bzw. 50,- S je Tag aufbringen? Wenn diese Sätze mit 26 Tagen multipliziert werden, so kommt ein Betrag von 1.846,- bzw. 1.300,- S heraus, d. h. die Heimunterbringung bleibt einer geringen Gruppe vorbehalten, für die das Jugend- und Vormundschaftsamt eine entsprechende Hilfe im Hinblick auf die Förderung und Entwicklung leistet. Die beiden städt.[ischen] Kinderheime bieten der berufstätigen Frau wegen der hohen Kosten keine Möglichkeit, ihre Kinder unterzubringen."[1843]

Wird das österreichische Brutto-Durchschnittseinkommen von Männern im Jahr 1973 herangezogen, das jährlich bei 101.372 Schilling lag, hätte allein die Kinderbetreuung in den städtischen Kinderheimen Mariahilf und Pechegarten etwa 30 bis 40 Prozent des Einkommens ausgemacht. Bei Frauen mit einem jährlichen Durchschnittseinkommen von 61.754 Schilling gar die Hälfte bis zwei Drittel ihres Einkommens.[1844]

10.2 Männlich geprägte Jugendarbeit

Der Ausschluss des Weiblichen aus der Öffentlichkeit erschwerte Mädchen auch den Zugang zu Freizeitaktivitäten. Geschlechtersegregation war in Jugendgruppen üblich, Mädchenarbeit orientierte sich am Rollenbild. Im Zuge der Debatte um Koedukation waren die Verantwortlichen in den kirchlichen Jugendzentren in Innsbruck schließlich Ende der 1960er Jahre bestrebt, ihre Einrichtungen für beide Geschlechter gemeinsam anzubieten. Im Jugendzentrum MK waren die Buben und Mädchen bereits 1969 zusammengefasst, das Jugendzentrum St. Paulus öffnete ebenfalls Ende der 1960er Jahre für Burschen und Mädchen seine Pforten, auch der Club 456 und das sich daraus entwickelnde Jugendzentrum Z6 stand beiden Geschlechtern offen. Da sich die Jugendarbeit aber weitgehend an männlichen Wert- und Zielvorgaben orientierte, blieben Mädchen unterrepräsentiert. Auch innerhalb der Jugendzentren suchten sie Räume auf, in denen sie den männlichen Jugendlichen weniger ausgesetzt waren. So zogen sie sich in den Jugendzentren St. Paulus und Z6 in die oberen Etagen zurück, während die Burschen stärker in den ausgebauten Kellern zu finden waren.

Die ersten Impulse für eine geschlechterbewusste, kritische Mädchenarbeit gingen von der Arbeit in Jugendzentren aus. Schon früh gab es im Z6 eine spezielle Betreuung von Mädchen. Die Z6-Mitarbeiterin Monika Hitsch nahm sich Mitte der 1970er Jahre der Freundinnen der Rocker besonders an, versuchte deren Selbstbewusstsein zu stärken, sie zu einer Ausbildung zu ermutigen und in Fällen von Gewalt zu reagieren – unter anderem auf die sexualisierte Gewalt durch einen Innsbrucker Arzt.[1845] Gewalt seitens männlicher Jugendlicher war in vielen Jugendzentren sehr präsent,[1846] auch in den städtischen Jugendzentren, die sich ab Ende der 1970er Jahre in den Stadtteilen Olympi-

---

1843 Protokoll des Innsbrucker Gemeinderates vom 25.1.1972, S. 197, StAI.
1844 Vgl. zum Durchschnittseinkommen Agnes Streissler: Die Einkommensentwicklung seit 1973 im Spiegel der Einkommensstatistik, in: Wirtschaft und Gesellschaft, 20. Jg. (1994), Heft 2, S. 169–194, hier: S. 183.
1845 Vgl. Interview Hitsch 2015.
1846 Siehe Kapitel 6 – Jugendzentren, S. 187 ff.

sches Dorf, Pradl und Hötting-West etablierten. Vor allem Betreuerinnen kritisierten immer wieder geschlechtsstereotype Verhaltensweisen und Strukturen, die die männliche Macht begünstigten. Elisabeth (Lisl) Lindenthal, eine der drei Mitarbeiterinnen und Teil des Leitungsteams im Jugendzentrum Pradl, erinnert sich an das Jahr 1984:

„Wir [die Betreuerinnen, A.S.] waren sehr unzufrieden, empört und schockiert, was mit den Mädchen im Jugendtreff und ebenso mit uns alles geschah. Es gab die Atmosphäre, daß prinzipiell alle weiblichen Personen, uns eingeschlossen, für die Burschen verfügbare Objekte waren, vor allem Sexualobjekte, und daß es in der Hand der Burschen lag, ob sie davon Gebrauch machten oder nicht."[1847]

Es folgte nach deutschen Vorbildern die Bildung des „Arbeitskreis feministische Mädchengruppe", der schließlich zur Gründung des Vereins „Mädchen im Mittelpunkt" führte.[1848] Die feministische Mädchenarbeit war demnach in Innsbrucker Jugendzentren ab Mitte der 1980er Jahre Thema. Dabei ging es neben einer konkreten Unterstützung auch um Schutzräume und die Stärkung weiblichen Selbstwertgefühls sowie des Selbstbewusstseins. Darüber hinaus wurde es als notwendig erachtet, die gesellschaftlich bedingten Geschlechterverhältnisse zu thematisieren und an der Bewusstseinsbildung der männlichen Jugendlichen anzusetzen. In der Z6-Zeitung vom Mai 1987, in der der Schwerpunkt auf die Frauenbewegung gelegt wurde, erklärte die Mitarbeiterin Lio Thurner:

„Deklarierte Mädchenarbeit im Jugendzentrum ist gut und wichtig, um die Mädchen präsenter zu machen und ihnen den Rahmen zu erweitern, sich zu entfalten und zu behaupten. Aber bewirken können diese Bemühungen nur dann etwas, wenn wir gleichzeitig den Versuch unternehmen, das Verhalten der Jungs zu verändern. Denn es sind die ‚un'-erzogenen Verhaltensmuster der Burschen, die Mädchenarbeit oft erst notwendig machen."[1849]

10.3 Feministische Mädchenarbeit innerhalb der Frauenbewegung

Feministische Mädchenarbeit war und ist eng verbunden mit der Neuen Frauenbewegung, die sich Ende der 1960er, Anfang der 1970er Jahre zu formieren begann. Im Fokus stand das dichotome Verhältnis von öffentlich und privat. Nicht die in Parteien organisierten Frauen stellten die treibende Kraft dieser Bewegung dar, wenn sie auch Mitakteurinnen waren, sondern autonome, häufig junge Frauen, die sich in Initiativen, Selbsthilfegruppen und Projekten organisierten und nicht an eine politische Partei oder deren Vorfeldorganisationen gebunden waren. Die Aktivitäten der Frauen sollten zur Veränderung aller Lebensbereiche, der individuellen und kollektiven Identität

---

1847 Elisabeth Lindenthal: Wenn Frauen mit Frauen arbeiten: Welche Motive bewegen uns, welche Fesseln halten uns. Gedanken zur Konzeption von sozialpädagogischen Institutionen von Frauen für Frauen, in: 15 Jahre AEP 1990, S. 210–216, hier: S. 211.
1848 Lindenthal 1990, S. 211.
1849 Z6-Zeitung, Mai 1987, S. 4, Subkulturarchiv.

sowie der privaten Beziehungen führen. Die Frauen stellten Lebensweise, Lebensformen und Identität in einen gesellschaftspolitischen Zusammenhang und forderten eine soziokulturelle Neuorientierung. Sie hinterfragten Werte und Normen im Hinblick auf die Kategorie Geschlecht und deren gesellschaftspolitische Relevanz, ein Wandel des Bewusstseins zielte auf eine gesamtgesellschaftliche Demokratisierung. Als Prinzipien der Frauenbewegung galten die Parteilichkeit und das Bewusstsein, dass alles Private politisch sowie die Frau Expertin ihres eigenen Lebens ist. Kraft und Wissen speisten sich aus der eigenen und gemeinsamen Betroffenheit, Frau zu sein und Diskriminierungen sowie Gewalt zu erfahren, aber auch aus den weiblichen Stärken.[1850]

Der Beginn der Neuen Frauenbewegung in Österreich steht in Zusammenhang mit dem Kampf gegen das Abtreibungsverbot des § 144 im österreichischen Strafgesetz. Dieses auf das Jahr 1852 zurückgehende Gesetz sah bei Abtreibungen für die Frauen eine Strafe bis zu fünf Jahren schweren Kerkers vor, für versuchte Abbrüche war eine Strafe von sechs Monaten bis zu einem Jahr Kerker vorgesehen (§ 145). Bereits in der Ersten Republik sagten Frauen dem § 144 den Kampf an, allen voran die sozialdemokratischen Frauen. Nach Ende der NS-Herrschaft wurde die Debatte wieder aufgenommen, ihr fehlte aber zunächst der Elan. 1962 legte eine beim Innenministerium angesiedelte ExpertInnengruppe einen Reformentwurf vor, der zwar die Indikationslösung weiter fasste als zuvor, Schwangerschaftsabbrüche aber immer noch unter Strafe stellte. Während sich die katholische Kirche sowie die beiden Parteien ÖVP und FPÖ gegen eine liberale Lösung sträubten, drängten neben den parteiunabhängigen Frauengruppen und jenen aus der SPÖ auch die sozialdemokratischen Jugendorganisationen auf eine Fristenlösung. Die SPÖ gab diesem Druck schließlich nach. Die SPÖ-Alleinregierung beschloss die Fristenlösung – also die Straffreiheit für eine Schwangerschaftsunterbrechung innerhalb der ersten drei Monate –, die am 1. Jänner 1975 in Kraft trat. Zu dieser Zeit wurde die Zahl der illegalen Schwangerschaftsabbrüche in Österreich auf 30.000 bis 100.000 jährlich geschätzt.[1851]

Treibende Kraft der Bewegung gegen den § 144 in Tirol war mit Doris Linser eine junge Frau, die damals noch in der Österreichischen Frauenbewegung, also der Frauenorganisation der ÖVP, organisiert war. Das ist deshalb erstaunlich, weil die ÖVP gemeinsam mit der Kirche an einem sehr rigiden konservativen Frauen- und Mutterbild festhielt. 1971 initiierte Linser, die später viele Jahre für die Innsbrucker Grünen als Gemeinderätin tätig war, eine Unterschriftenaktion für die Streichung des § 144. In der Tiroler Tageszeitung fand sich Ende Dezember desselben Jahres folgender Bericht:

> „Eine 25-jährige Innsbrucker Sekretärin startete kürzlich eine Aktion, die die Zentralstellen in Wien, insbesondere das Justizministerium, sowie sämtliche Abgeordnete zum Nationalrat beschäftigte. Die junge Frau sprach aus eigener Initiative Hunderte von Innsbruckerinnen auf die Frage der Schwangerschaftsunterbrechung an und unterbreitete den Frauen einen Appell, in dem sie ‚die völlige Streichung des Paragraphen 144 forderte'. Zur Überra-

---

1850 Vgl. Gensluckner/Regensburger/Schlichtmeier/Treichl/Windisch 2001, S. 10–15.
1851 Vgl. Alexandra Weiss: „die frau trägt auf der stirn, dass sie gebären kann, also muss sie es auch!" Der Kampf um die Fristenlösung in Tirol, in: Gensluckner/Regensburger/Schlichtmeier/Treichl/Windisch 2001, S. 177–192, hier: S. 177–179.

Paddelbootdemonstration am Inn im Juni 1977, mit der die Tiroler Jugendzentren auf ihre prekäre Situation aufmerksam machten ...

... am Inn ... und beim Transparente malen an der Fassade der MK

Straßentheater des Jugendzentrum Z6 in der Innsbrucker Altstadt, ca. 1978.

Straßentheater des DOWAS am Vorplatz der Innsbrucker Universität, ca. 1978.

Proteste gegen den Abtreibungsverbotsparagraphen 144 vor dem Goldenen Dachl, ca. 1973.

links: Die Illustrierte „stern" berichtete über Aktionen in Innsbruck in großer Aufmachung.
rechts: Gesicht und Stimme der Tiroler Proteste war die Innsbruckerin Doris Linser. Foto ca. 1973.

FEUER IM HERZEN DER STADT

BILDER UND TEXTE ZU ARMUT ARBEITSLOSIGKEIT UND OBDACHLOSIGKEIT

Können Sie sich vorstellen, die Weihnachtsfeiertage auf der Straße zu verbringen, am Bahnhof, in einem Abbruchhaus, in einem Waggon, unter der Autobahnbrücke oder in der Sillschlucht? Viele Menschen haben in Innsbruck Arbeit und Wohnung verloren und werden Weihnachten **nicht wie Sie feiern.**

WOHNEN BEI DER AUTOBAHNBRÜCKE INNSBRUCK-WEST

AM 22./23. DEZEMBER von 9.00-19.00 am LANDHAUSPLATZ

Während dieser Zeit ist die Innsbrucker Bevölkerung eingeladen, Geschenke (Lebensmittel, Zigaretten, Kleidung, Wohnungen...) auf den Weihnachtsschlitten vor den Zelten zu legen.

Impressum: Medieninhaber und Herausgeber: Sozial-Politischer Arbeitskreis (DOWAS M, DOWAS F, Verein BWH Tirol, Verein Mentelgasse, BHSD, ZSD, BdS, Tiroler Frauenhaus, MOHI, Österreichische AIDS-Hilfe Landesstelle Tirol), Kaiser-Josef-Str. 13, 6020 Innsbruck.
Spenden-KontoNr. 235063716 Z-Sparkasse, BLZ 20151.
Herstellerin (Druck & Satz): GIM Ges.m.b.H., Mariahilfstraße 48, 6020 Innsbruck.

Die Aktion „Feuer im Herzen der Stadt" zugunsten Obdachloser fand kurz vor Weihnachten ab 1985 in der Innsbrucker Innenstadt statt.

Unter dem Motto „Zerreißt das soziale Netz?" protestierten viele Innsbrucker Sozialeinrichtungen am 4.3.1987 vor dem Neuen Landhaus gegen drohende Kürzungen im Sozialbudget.

GESAMTÖSTERREICHISCHE Demonstration

gegen
Arbeitslosigkeit
Sozialabbau u. Bildungsstopp

für

eine offensive Beschäftigungs- u. Verstaatlichtenpolitik

Sa. 24. Okt. in Wien

13³⁰ h Westbahnhof **16ʰ** Ballhausplatz

Abschlußkundgebung mit
Drahdiwaberl, Villacher Arbeiterchor u. vielen anderen Künstlern

Es rufen auf: Bürgerinitiativen für die Verstaatl. Industrie und Gemeinwirtschaft, Aktionskomitees gegen Arbeitslosigkeit und Sozialabbau; unterstützt von bisher mehr als 80 Initiativen, Gruppen und politischen Organisationen.

Impressum: Medieninhaber, Herausgeber und Verleger: Koordinierungsgruppe 24. Oktober 1987
Schottenfeldgasse 53, 1070 Wien, Tel.: 96 46 75

Die Gesamtösterreichische Demonstration gegen Sozialabbau am 24. Oktober 1987 wurde auch von Innsbrucker Initiativen unterstützt.

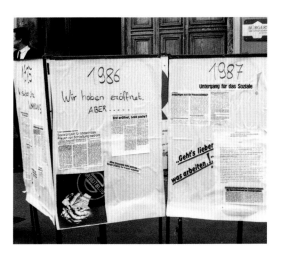

Am Tag vor der Großaktion der Sozialbewegung in Wien am 15. Oktober 1988 demonstrierten Sozialeinrichtungen in der Innsbrucker Maria-Theresien-Straße.

Mit dem SOFFI – Bus zu Sozialprojekten

Am Donnerstag, den 10. Dezember 87 starten wir um 15°° Uhr in der Sillgasse im Jesuitenhof und besuchen:

den Pradler Kaufladen
den Z6 – Laden
das Vegetarische Restaurant "Philippine"
den Kleiderladen WAMS

Anmeldung im SOFFI – Büro: 39 20 61

Teilnehmerzahl: 8 Personen; Kosten: 250,–; Ende ca. 19°° Uhr.

– Ermäßigung möglich –

 Sillgasse 8, Eingang im Hof
Tel. 05222 - 392061 (562061)
A - 6020 INNSBRUCK
Soziales Förderungs- und Forschungsinstitut für Sozialarbeit

Ende 1987 fanden Bustouren zu neu entstandenen Arbeitsprojekten in Innsbruck statt.

Wiederholt protestierte der Sozialpolitische Arbeitskreis gegen die Praxis des Innsbrucker Sozialamts auch auf der Straße, bisweilen unmittelbar vor dessen Eingang, hier im Juni 1991. Dabei wurden Hilfesuchende auch beraten und beim Ausfüllen von Anträgen unterstützt.

Die Karikaturen von Michael „Much" Unterleitner haben vor allem in der zweiten Hälfte der 1970er Jahre erhellende Blicke auf Konflikte im Berufsfeld der Sozialen Arbeit erlaubt, illustrierten den Wandel in der sozialarbeiterischen Herangehensweise und zeigten die Grenzen sozialarbeiterischen Handelns in einer kapitalistischen Gesellschaft auf.

schung nicht nur der Autorin dieser Aktion unterzeichneten innerhalb weniger Wochen mehr als 500 Innsbruckerinnen aus allen Berufen ungeachtet ihrer politischen Einstellung oder ihres religiösen Bekenntnisses diesen Appell. Die Unterschriftensammlung wurde Justizminister Broda mit einem Schreiben übermittelt, in dem gleichzeitig um die Freigabe der Schwangerschaftsunterbrechung bis zum dritten Monat ersucht wird und die im neuen Strafrechtsentwurf geplanten Änderungen des Paragraphen 144 begrüßt werden."[1852]

In der Folge heizte sich die Stimmung insbesondere in Innsbruck enorm auf. Als Reaktion auf die Bewegung zur Abschaffung des Paragraphen 144 hatte sich kurz vorher die „Aktion Leben", die den Schutz des „ungeborenen Lebens" zum Ziel hatte, gegründet. Die Ausstellung „Lasst mich leben" im Jänner 1972, die Landeshauptmann-Stellvertreter Fritz Prior und der Innsbrucker Bürgermeister Alois Lugger besuchten, bildete den Auftakt der Reaktion von Katholischer Kirche, ÖVP und „Aktion Leben". An einem im Juni 1973 veranstalteten Schweigemarsch nahmen rund 10.000 Menschen teil.[1853] Trotz des öffentlichen Drucks stießen weitere Frauen zum Komitee „Aktion 144". Hauptforderungen des Komitees waren neben der Streichung des inkriminierten Paragrafen eine bessere Aufklärung in den Schulen und durch ÄrztInnen. Selbst die Aufklärung durch MedizinerInnen war ungenügend, wie eine im November 1974 von der Aktion 144 durchgeführte Umfrage unter Tiroler ÄrztInnen ergab. Zwar meldeten 92,5 Prozent von ihnen zurück, in Bezug auf Empfängnisverhütung zu beraten, 26,8 Prozent taten das jedoch erst ab einem bestimmten Alter, 4,9 Prozent nur bei verheirateten Frauen und 9,7 Prozent erst ab einer bestimmten Anzahl von Kindern. Die Verantwortung für die Empfängnisverhütung wurde meist auf die Frauen abgewälzt.[1854] Explizit an Jugendliche richtete sich die Aufklärung nicht, die Umfrage zeigte, dass ihnen die Information sogar aufgrund ihres geringen Alters oder ihres Ledigenstatus' häufig verwehrt wurde.

Aus der Aktion 144 entstand schließlich 1974 der Verein Arbeitskreis Emanzipation und Partnerschaft (AEP), denn der Bedarf an Beratung für Frauen war groß. Auch nach der Änderung des Strafrechts und der Einführung der Fristenlösung blieben Schwangerschaftsabbruch und Empfängnisverhütung in Tirol Tabuthemen.[1855] Deshalb richtete der Verein neben der Herausgabe einer Zeitschrift,[1856] der Abhaltung verschiedener Veranstaltungen, Aktionen und Initiativen, aus denen später weitere Einrichtungen hervorgingen, auch eine Familienberatungsstelle ein. Dies wurde durch das Familienberatungsförderungsgesetz vom 23. Jänner 1974 erleichtert. Der Bund förderte derartige Stellen, sofern die Beratung sich auf Familienplanung sowie die wirtschaftlichen und sozialen Belange werdender Mütter bezog. Voraussetzung waren fachlich qualifiziertes Personal aus den Bereichen Medizin, Sozialarbeit, Rechtswissenschaft oder Psychologie, die Beratungen mussten kostenlos sein, Verschwiegenheit war Auflage und die Tätigkeit

---

1852 Tiroler Tageszeitung, 500 Innsbruckerinnen gegen § 144, 30.12.1971, S. 4.
1853 Vgl. Sieglinde Rosenberger/Alexandra Weiss: Frauen, eine eigene Geschichte, in: Gehler 1999, S. 315–376, hier: S. 353–360.
1854 Anneliese Seebacher: Vereinsgeschichtliche Erinnerungen ... wie alles begonnen hat, in: 15 Jahre AEP 1990, S. 7–15, hier: S. 13.
1855 Ebd., S. 9 f., sowie Elisabeth Müllner/Maria Taxacher: Ein Frauenporträt aus Tirol, in: 15 Jahre AEP 1990, S. 21–23, hier: S. 22.
1856 Die AEP-Informationen gibt es bis heute in gedruckter Form.

durfte nicht auf Gewinn gerichtet sein.[1857] Die Familienberatungsstelle des AEP ging von den Prinzipien der Frauenbewegung aus:

„Das Ziel einer Beratungsstelle konnte immer nur sein, so viele Informationen und Rat zu geben, daß die Betroffene (Frauen und Männer) selbst zu einer Entscheidung in ihrem Lebensbereich fähig werden."[1858]

Der AEP hatte von Beginn an zwei Zielrichtungen: Erstens ging es auf der Ebene des Bewusstseins um das Sichtbarmachen gesellschaftlicher Strukturen und Phänomene, die zur Unterdrückung von Frauen führ(t)en, außerdem um die Stärkung des weiblichen Selbstbewusstseins und das Erlernen von Solidarität unter Frauen. Zweitens beschäftigte sich der Verein mit sozial- und gesellschaftspolitischen Fragen und schuf konkrete Einrichtungen und Initiativen zur Verbesserung der Lebenssituation von Frauen.[1859] Aus der Erfahrung von ungenügenden Kinderbetreuungseinrichtungen initiierte der AEP 1974 die „Aktion Tagesmütter",[1860] gleichzeitig machte der Verein Druck auf die öffentlichen Kindergärten, um zu erwirken, dass die Öffnungszeiten an die Bedürfnisse von Berufstätigen angepasst und Mittagstische angeboten wurden. Aber Stadtpolitiker, Referatsleiter und Angestellte wehrten sich vehement dagegen. In einer Aktennotiz des AEP vom 5. April desselben Jahres hieß es:

„Die Leiterin meint zornig, daß ihr Kindergarten niemals über Mittag offen halten werde, die Mütter sollten zu Hause bleiben, die Frauen liefen ohnehin nur dem Geld nach. Außerdem würde die zu erwartende Arbeitslosigkeit die Frauen schon wieder zwingen zu Hause zu bleiben, dann höre sich alles von selbst auf."[1861]

Die individuellen und kollektiven Gewalterfahrungen von Frauen im Umfeld des AEP mündeten Anfang der 1980er Jahre schließlich in Einrichtungen wie dem Tiroler Frauenhaus[1862] und dem Notruf für vergewaltigte Frauen.[1863] Weibliche Jugendliche und junge Frauen waren in diesen Initiativen und Einrichtungen stets mitgemeint – entweder als direkte Opfer oder als mit der Mutter Mitbetroffene –, aber selten explizite Zielgruppe.

1857 Bundesgesetz vom 23. Jänner 1974 über die Förderung der Familienberatung (Familienberatungsförderungsgesetz). Homepage Rechtsinformationssystem des Bundes (RIS), https://www.ris.bka.gv.at/Dokumente/BgblPdf/1974_80_0/1974_80_0.pdf (abgerufen am 19.8.2018).
1858 Seebacher 1990, S. 13.
1859 Ebd., S. 9 f.
1860 Vgl. Thüminger 2001: S. 229–257, hier: S. 236. 1979 initiierten Frauen im Berufsförderungsinstitut (BFI) das Projekt Tagesmütter, aus dem 1986 der Verein Frauen im Brennpunkt hervorging.
1861 Zitiert nach Seebacher 1990, S. 10.
1862 Vgl. beispielsweise Christine Heiß/Maria Lydia Hörtnagl: vieler augen blick. Gewalt gegen Frauen und Kinder im Kontext der Neuen Frauenbewegung, in: Gensluckner/Regensburger/Schlichtmeier/Treichl/Windisch 2001, S. 275–294, hier: S. 276 f.
1863 Vgl. Birgit Unterweger: „uns reicht's" – schon lange! Autonome Frauenbewegung gegen sexualisierte Gewalt an Frauen und Mädchen, in: Gensluckner/Regensburger/Schlichtmeier/Treichl/Windisch 2001, S. 259–273, hier: S. 261.

10.4 Das Tiroler Frauenhaus

Die Mitarbeiterinnen der Familienberatungsstelle des AEP wurden immer wieder mit der akuten Problematik Gewalt gegen Frauen konfrontiert. Ihr Vorstoß, gemeinsam mit VertreterInnen anderer Tiroler Familienberatungsstellen, der Politik und der Polizei dagegen vorzugehen, wurde aber zunächst zurückgewiesen und die Notwendigkeit eines Frauenhauses in Tirol in Abrede gestellt. Die weite Verbreitung der Problematik erhärteten jedoch Umfragen des AEP bei Tiroler Krankenhäusern und ÄrztInnen sowie das seit November 1978 bestehende erste österreichische Frauenhaus in Wien, in dem der Andrang rasch größer war als die Kapazitäten. In der Folge lud der AEP interessierte Frauen ein, die im November 1979 eine „Initiativgruppe zur Errichtung einer Zufluchtsstätte für mißhandelte Frauen und Kinder" bildeten. Mit Veranstaltungen wandte sich die Initiativgruppe an die Öffentlichkeit. Als entscheidend für den weiteren Verlauf der Verhandlungen mit VertreterInnen der Politik erwies sich eine Podiumsdiskussion im Arbeiterkammersaal im März 1980,[1864] an der unter anderem die für Frauenangelegenheiten im Bund zuständige Staatssekretärin Johanna Dohnal (SPÖ), Soziallandesrat Fritz Greiderer (SPÖ), die Gemeinderätin Herta Grasl (ÖVP) sowie der Innsbrucker Sozialstadtrat Paul Kummer (ÖVP) teilnahmen. Während Dohnal ein Frauenhaus in Tirol ohnehin von Beginn an unterstützte und sich auch Greiderer positiv äußerte, war die Haltung der ÖVP-PolitikerInnen zunächst zögerlicher, wie Linser verdeutlichte:[1865]

> „Landesrat Dr. Greiderer begrüßte die Einrichtung eines Frauenhauses und sicherte seinen Einsatz für die Verwirklichung dieses Projekts zu. Auch Stadtrat Kummer versprach, sich dafür einzusetzen. (Die anfängliche Unterstützung der Stadt Innsbruck war dann aber nur sehr spärlich, besonders wenn man weiß, in welcher Höhe ÖVP-nahe Projekte unterstützt werden.)"[1866]

Im Juli 1980 brachten die von der ÖVP abgespalteten Parteien Innsbrucker Mittelstand (IMS) und Tiroler Arbeitsbund (TAB) eine gemeinsame Anfrage in den Innsbrucker Gemeinderat ein, „ob die Stadtgemeinde Innsbruck für die Errichtung bzw. für die Förderung eines Hauses, in welchem mißhandelte Frauen und ihre Kinder Aufnahme und Hilfe in Not finden, zuständig" sei.[1867] In seiner Anfragebeantwortung wies Bürgermeister Lugger jede rechtliche Verpflichtung der Stadt Innsbruck zurück. Er sah vielmehr das Land Tirol in der Pflicht, da Sozialhilfe sowie Jugendfürsorge sich grundsätzlich in Landeskompetenz befanden. Er verwies darauf, dass bereits ein Ansuchen des ÖVP-nahen Österreichischen Wohlfahrtsdienstes vorlag, der die Errichtung eines Frauenhauses in einem Teil des Werkstättengebäudes des ehemaligen Gaswerkgeländes plante.[1868]
Nach wie vor aber waren die konservativen und katholischen Frauen gemeinsam mit

---

1864 Autonomes Tiroler Frauenhaus (Hg.): Bewegte Zeiten – begehbare Räume. 15 Jahre Tiroler Frauenhaus für misshandelte Frauen und Kinder. Eine Ausstellung in Buchform, Innsbruck 1996, S. 13.
1865 Eva Steinbacher: Gewalt gegen Frauen. Ein Ansatz der Veränderung am Beispiel des Frauenhauses Innsbruck, Diss., Innsbruck 1985, S. 67–68.
1866 Doris Linser: Heile Familie in Tirol. „Vorarbeiten zum Frauenhaus", in: 15 Jahre AEP 1990, S. 25–31, hier: S. 28.
1867 Protokoll des Innsbrucker Gemeinderates vom 17.7.1980, S. 399, StAI.
1868 Ebd., S. 495.

autonomen Frauen und jenen aus der SPÖ Teil der Initiativgruppe. Im Laufe des Jahres 1980 fand die Gründungsversammlung des Vereins Tiroler Initiative Frauenhaus statt, Obfrau wurde die Historikerin Gretl Köfler.[1869] Bald jedoch schossen die konservativen und katholischen Frauengruppen erneut quer – diesmal via Medien. Sie versuchten sich des Projekts zu bemächtigen und kündigten die baldige Errichtung eines Frauenhauses an. Trotz dieser Verwirrung blieben die Subventionszusagen aufrecht und das Tiroler Frauenhaus, für das nach langer und intensiver Suche Räumlichkeiten in der unmittelbaren Umgebung von Innsbruck gefunden wurden, konnte wie geplant am 16. Dezember 1981 in Betrieb gehen. Zu Weihnachten desselben Jahres war das Haus bereits mehr als voll.[1870]

Ausschlaggebend für die erfolgreiche Umsetzung des Tiroler Frauenhauses waren das Engagement und die Hartnäckigkeit der Gründungsfrauen. Außerdem hatte Staatssekretärin Dohnal bei Landeshauptmann Wallnöfer interveniert. Letztlich erwies sich auch das breite Bündnis zwischen autonomen und kirchlich organisierten sowie Frauen aus ÖVP und SPÖ positiv auf die Realisierung aus.[1871] Dennoch blieb der Konflikt zwischen den katholisch-konservativen auf der einen Seite und den SPÖ-nahen und autonomen Frauen auf der anderen Seite aufrecht. Die Gründe dafür waren in den völlig unterschiedlichen Haltungen zum Schwangerschaftsabbruch und dem Bild von Familie selbst im Konfliktfall zu sehen. Praktisch über Nacht kündigten 1982 die katholischen und ÖVP-Frauen ihre Mitarbeit am Projekt Tiroler Frauenhaus auf und gründeten mit dem Verein Frauen helfen Frauen als Alternative zum bestehenden Frauenhaus andere Wohnmöglichkeiten für Frauen, die von häuslicher Gewalt betroffen waren. Diese Abspaltung hatte auch finanzielle Auswirkungen auf das Tiroler Frauenhaus. Gelder der Katholischen Frauenbewegung, mit denen Personalkosten finanziert worden waren, wurden nun abgezogen.[1872] Die Stadt Innsbruck teilte die vorgesehene Subventionen in die Hälfte, das ergab für beide Frauenhäuser je 100.000 Schilling. Stadtrat Steidl (TAB) interpretierte den Konflikt als ideologischen Kampf und drängte auf die Beilegung der Differenzen, um den Bestand *eines* Frauenhauses zu garantieren:

„Es ist nun das eingetreten, was in Österreich eintreten muß. Es muß zwei Automobilclubs und überhaupt alles zweifach geben. Damit muß man sich abfinden. Nun gibt es einen großen Streit der roten und schwarzen Damen im Frauenhaus. Man mußte die Subvention von 200.000 S teilen, jedes der beiden Frauenhäuser bekommt nun 100.000 S. Damit wird man sich schwer tun, die Frauenhäuser zu führen. [...] Ich weiß allerdings nicht, was heute alles dazu gehört, um ein Frauenhaus zu führen. Die einen wollen wahrscheinlich eine gewisse Selbstverwirklichung, die anderen das Zölibat oder sonstwas. Ich weiß nicht, was sie ideologisch so auseinanderführt. Wir brauchen in Innsbruck ein Frauenhaus. Vielleicht gelingt es, hier einen Konsens herbeizuführen."[1873]

1869 Neue Tiroler Zeitung, Frauenhaus: Zufluchtsort für Mütter und ihre Kinder, 16.12.1981, S. 8.
1870 Linser 1990, S. 30 f.
1871 Heiß/Hörtnagl 2001, S. 275–294, hier: S. 277.
1872 Eva Steinbacher-Bielowski/Margit Drexel: Nach der Eröffnung des Tiroler Frauenhauses im Dezember 1981. Politische und finanzielle Aspekte, in: 15 Jahre AEP 1990, S. 33–34.
1873 Protokoll des Innsbrucker Gemeinderates vom 3.12.1982, S. 1015, StAI.

Ferdinand Obenfeldner (SPÖ) widersprach Steidls Interpretation von einer Rot-Schwarz-Logik und berief sich auf die Entstehungsgeschichte, nach der sich vor allem junge Frauen selbst organisiert hatten, die weder SPÖ noch ÖVP angehörten, weil die öffentliche Hand auf das Problem von häuslicher Gewalt gegen Frauen nicht reagiert hatte. Er plädierte für die Doppelung der Subventionen, um die Existenz der Einrichtung Frauenhaus nicht zu gefährden. Dabei verwies er auf die Politik des Landes Tirol, das sich verpflichtet hatte, nach der Startsubvention von 560.000 Schilling über mehrere Jahre hinweg einen ähnlich hohen Betrag zu garantieren.[1874] Auch Bürgermeister-Stellvertreter Romuald Niescher (ÖVP) hielt die Teilung der Subvention für problematisch. Daher wurde letztlich der Tiroler Initiative Frauenhaus für mißhandelte Frauen und Kinder für 1983 nachträglich eine zusätzliche Subvention von 100.000 Schilling gewährt,[1875] wodurch die ursprünglich zugesagte Summe von 200.000 Schilling erreicht wurde. Auch das Budget 1984 konnten die Mitarbeiterinnen des Tiroler Frauenhauses, wozu unter anderem Eva Steinbacher, Margit Drexel und Maria-Lydia Hörtnagl zählten, lediglich über die Form einer Nachtragssubvention in derselben Höhe ausgleichen.[1876] 1987 hatte sich die finanzielle Situation nicht wesentlich geändert. Die Jahressubventionen von Stadt Innsbruck und Land Tirol lagen bei 750.000 Schilling. Um die Gesamtausgaben zu decken, mussten weitere Mittel aus Tagsätzen, Beratungsbeiträgen, Spenden und weitere Subventionen aufgebracht werden.[1877] Im Herbst desselben Jahres rief das Team zur Spendenaktion auf, um ein drohendes Minus von 130.000 Schilling ausgleichen zu können und nicht beim Angebot kürzen zu müssen.[1878] Erst Ende der 1980er Jahre erhöhten das Land Tirol und die Stadt Innsbruck ihre Jahressubventionen auf 600.000 bzw. 350.000 Schilling.[1879] Dennoch blieb die finanzielle Lage immer angespannt. Auch „[n]ach zehn Jahren erfolgreicher Arbeit geht der Subventionskampf ungehindert weiter", titelte der Kurier 1991.[1880] Erst im Jahr darauf erkannte das Land Tirol das Tiroler Frauenhaus als freien Träger der Jugendwohlfahrt an, um auch die finanzielle Abdeckung der Versorgung von Kindern und Jugendlichen garantieren zu können.[1881]

Bis heute bestehen sowohl das Tiroler Frauenhaus als auch die Unterkünfte von Frauen helfen Frauen. Sie hatten mit ähnlichen Anliegen zu tun, die Schutz- und Hilfesuchenden kamen aus allen sozialen Schichten. Auch wenn die beiden Projekte punktuell zusammenarbeiteten, trennten sie aber nicht nur die Ideologie, sondern auch Wertvorstellungen, Herangehensweisen und Konzepte.

Das Tiroler Frauenhaus war als autonomes, partei- und konfessionsunabhängiges Projekt gegründet worden. Es galten die Grundprinzipien der autonomen Frauenhäuser, die sich in den 1970er/1980er Jahren in Westeuropa entwickelten. Dazu zählen Ganzheitlichkeit im Sinne der Einbeziehung des gesamten Lebenszusammenhanges

---

1874 Ebd., S. 1021–1023.
1875 Ebd., 15.12.1983, S. 1032.
1876 Ebd., vgl. 15 Jahre AEP 1990.
1877 Tiroler Frauenhaus für mißhandelte Frauen und Kinder, akin-Sondernummer, 19.2.1987.
1878 Neue Tiroler Zeitung, Tiroler Frauenhaus: Keine finanzielle Absicherung, 14.10.1987, S. 7.
1879 Autonomes Tiroler Frauenhaus 1996, 48–49.
1880 Kurier, Chronik Tirol, Nach zehn Jahren erfolgreicher Arbeit geht der Subventionskampf ungehindert weiter – Frauenhaus platzt aus allen Nähten, 12.11.1991, S. 18.
1881 Autonomes Tiroler Frauenhaus 1996, S. 13.

von Frauen und ihres Umfeldes, uneingeschränkte Parteilichkeit für die Frauen und ihre Kinder sowie Betroffenheit als geteilte Erfahrung aller Frauen.[1882] In der konkreten Arbeit, die in den Anfangsjahren ohne Hierarchie zwischen den MitarbeiterInnen des Frauenhauses und den von Gewalt betroffenen Frauen gedacht war und auf basisdemokratischen Entscheidungsformen beruhte, stellten Selbstorganisation, Selbstverwaltung und Autonomie zentrale Werte dar. Im Laufe der Jahre veränderte sich allerdings die Organisationsstruktur, Rollenbewusstsein und Professionalisierung wurden wichtiger. Zunehmend wurde der Opferbegriff differenziert betrachtet und der Blick richtete sich auf die unterschiedlichen Lebenssituationen der Betroffenen sowie die gesellschaftlichen Bedingungen von Gewalt. Die Orientierung an den persönlichen Ressourcen wich jener am Opferstatus. Die Arbeit mit Kindern gewann ebenfalls an Bedeutung.[1883] 14 Zimmer standen für Frauen und ihre Kinder zur Verfügung,[1884] 1982 – also im ersten Betriebsjahr – verzeichnete das Tiroler Frauenhaus 66 Frauen und 87 Kinder, insgesamt gab es 6.034 Nächtigungen.[1885] Bis 1991 lagen die Nächtigungen in den zehn Jahren des Bestehens bei 53.000 (22.500 von Frauen und 30.500 von Kindern).[1886] Mit den Jahren erhöhten sich die Angebote des Frauenhauses, zusätzliche Übergangswohnungen wurden angemietet, das Haus selbst nutzte sich aufgrund der starken Frequenz enorm ab. Nach 15-jährigem Ringen um Ressourcen für den Bau eines neuen Frauenhauses fand schließlich im November 2017 der Spatenstich dazu statt. Geplant war die Verdoppelung der Kapazität, die sich schon im ersten Jahr des Tiroler Frauenhauses als zu knapp erwiesen hatte.[1887]

Im Gegensatz zum emanzipatorischen Ansatz des Tiroler Frauenhauses setzte der Verein Frauen helfen Frauen stärker auf karitative Elemente und ehrenamtliche Mitarbeiterinnen. Von Beginn an waren dort aktive ÖVP-PolitikerInnen wie die Innsbrucker Gemeinderätinnen Herta Grasl und Margarethe Unterwurzacher,[1888] Landtagsabgeordnete Maria Giner[1889] sowie die von 1986 bis 1989 im Bundesrat vertretene Eva Bassetti-Bastinelli[1890] beteiligt. Die plötzliche Abspaltung begründete die erste Obfrau von Frauen helfen Frauen, Maria Zorzi, damit, Frauen hätten beklagt,

„daß sie im Frauenhaus ‚unter Druck gesetzt und daran gehindert wurden, Beratungsstellen frei zu wählen'. Außerdem verfolge man im Frauenhaus ‚autonomfeministische Ziele', worunter die Verselbständigung der Frau ohne Einbeziehung ihrer Familie bzw. unter Ausschaltung des Mannes zu verstehen sei."

1882 Ebd., S. 4.
1883 Heiß/Hörtnagl 2001, S. 275–294.
1884 Neue Tiroler Zeitung, Frauenhaus: Zufluchtsort für Mütter und ihre Kinder, 16.12.1981, S. 8.
1885 Tiroler Frauenhaus (Hg.), 5 Jahre Tiroler Frauenhaus für mißhandelte Frauen und Kinder, ohne Ort (1986), S. 17.
1886 Tiroler Tageszeitung, Tiroler Frauenhaus feiert zehnjähriges Bestehen, 26.11.1991, S. 7.
1887 Ebd.; ferner Tiroler Tageszeitung, Neues Frauenhaus wird endlich Realität, 25.11.2017, S. 6.
1888 Protokoll des Innsbrucker Gemeinderates vom 12.12.1985, S. 2094, StAI.
1889 Neue Tiroler Zeitung, VP-Frauen aktiv: Im Frühsommer öffnet ein Frauenhaus, 10.3.1981, S. 7.
1890 Homepage Parlament Republik Österreich, https://www.parlament.gv.at/WWER/PAD_00062/index.shtml (abgerufen am 25.8.2018).

Die Mitarbeiterinnen des Tiroler Frauenhauses wiesen diese „Vorwürfe als unberechtigt zurück".[1891] Wesentlicher Konfliktpunkt war vor allem die Beratung im Fall von unerwünschten Schwangerschaften. Ab Juli 1982 war der Verein Frauen helfen Frauen aktiv,[1892] ab November desselben Jahres konnten einige wenige von Gewalt betroffene Frauen mit ihren Kindern in „geschützten Wohnungen" auch untergebracht werden.[1893] Innerhalb der ersten zwei Jahre wiesen die Mitarbeiterinnen rund 8.000 Beratungen aus.[1894] 1985 wurde eine Familienberatungsstelle in der Wohnanlage Ulfiswiese eingerichtet,[1895] im selben Jahr ein Haus in der Innsbrucker Maderspergerstraße für vier wohnungslose Frauen und maximal elf Kinder eröffnet.[1896] Ab 1990 ergänzte eine ambulante Familienberatung das Angebot. Seit 2018 betreibt der Verein auch sieben Übergangswohnungen für hilfesuchende Frauen.[1897] Das neue Tiroler Frauenhaus ging nach langen, zähen Verhandlungen mit den Geldgebern und der Suche nach einem Standort am 16. September 2019 in Betrieb.[1898]

10.5 Anlaufstelle für Frauen und Mädchen als Opfer sexualisierter Gewalt

Im Gegensatz zum Frauenhaus, das von Anfang an rege in Anspruch genommen wurde, machte der „Tiroler Notruf für vergewaltigte Frauen" die gegenteilige Erfahrung: In den ersten Jahren seit der Gründung 1982 meldeten sich kaum betroffene Frauen oder Mädchen. Der Verein musste zunächst erst einmal bekannt werden, finanzielle Ressourcen für die Aufgaben lukrieren und vor allem das Schweigen über sexualisierte Gewalt gegen Frauen und Mädchen soweit aufbrechen, dass Betroffene den Mut hatten sich beim Verein zu melden. Das Tabu war im katholisch-konservativen Tirol besonders groß. Enttabuisierung war auch ein notwendiger Prozess, um in Land und Stadt an Subventionen zu kommen.

Der Tiroler Notruf für vergewaltigte Frauen stand in der Tradition von „Notrufen", die sich ab 1978 in der BRD, dann auch in Österreich gegründet hatten. Diese wiederum beriefen sich auf die „Rape Crisis Centres", die Frauen in den 1970er Jahren in den USA einrichteten. Sie boten konkrete Hilfestellung für vergewaltigte Frauen und Beratung an, waren gleichzeitig aber auch politisch tätig. Die Notrufe waren Teil der autonomen Frauenbewegung. Das gilt auch für den Tiroler Verein. Im Juni 1982 riefen einige Frauen, die entweder beruflich mit sexualisierter Gewalt konfrontiert oder selbst betrof-

---

1891 Tiroler Tageszeitung, Die Kirche distanziert sich vom Frauenhaus: Alternative geplant, 20.10.1982, S. 5.
1892 Ebd., Tiroler Tageszeitung, „Frauenzentrum" ab heute offen. Initiative von Frauen für Frauen, 8.7.1982, S. 3.
1893 Kirche, Hilfe für mißhandelte Frauen, 21.11.1982, S. 5.
1894 Protokoll des Innsbrucker Gemeinderates vom 13.12.1984, S. 2463, StAI.
1895 Tiroler Tageszeitung, Aktivitäten zum „Tag der Frau", 9.3.1985, S. 9.
1896 Tiroler Tageszeitung, Beilage Innsbruck Aktuell, Die „neue Armut" trifft häufig Frauen, 19.11.1985, S. 4. Vgl. Protokoll des Innsbrucker Gemeinderates vom 12.12.1985, S. 2097 f., StAI.
1897 Homepage Frauen helfen Frauen, http://www.fhf-tirol.at/page12/page12.html (abgerufen am 25.8.2018).
1898 Tiroler Tageszeitung, Frauenhaus Innsbruck bezogen: „Jetzt ist es endlich geschafft", 27.9.2019, https://www.tt.com/artikel/16098211/frauenhaus-innsbruck-bezogen-jetzt-ist-es-endlich-geschafft (abgerufen am 17.3.2020).

fen waren, über die Medien dazu auf, sich an der Gründung eines Vereins zu beteiligen, der sich mit der Problematik Vergewaltigung beschäftigen sollte. Rund zwanzig interessierte Frauen folgten dieser Einladung, einige kamen aus der Jungen Generation (JG) der SPÖ wie etwa die spätere Justizministerin Maria Berger, Apollonia Ritzer oder Melanie Madlung.[1899] Sie gründeten den Verein im November desselben Jahres. Das Grundkonzept beinhaltete psychologische, medizinische und rechtliche Beratung – inklusive der Begleitung zu ÄrztInnen, der Polizei und dem Gericht – sowie Öffentlichkeitsarbeit.

Der Verein konnte zunächst keine öffentlichen Gelder lukrieren. Deshalb arrangierten sich die Frauen mit dem Tiroler Frauenhaus, dessen Telefonnummer als Notrufnummer angegeben wurde. Die Frauen des Notrufs standen ehrenamtlich wechselweise in Bereitschaft. Dieses Arrangement erwies sich allerdings nicht als zielführend. Ab 1983 stellte der AEP einen Nebenraum zur Mitnutzung zur Verfügung, wo das Notruftelefon mit einem Anrufbeantworter eingerichtet und einzelne Stunden Anwesenheitsdienste versehen wurden. Mit den ersten Subventionen vom Land Tirol von 10.000 (1983) und der Stadt Innsbruck in der Höhe von 5.000 (1984) Schilling[1900] konnten die Rechnungen für die Grundausstattung und Informationsmaterial nur notdürftig beglichen werden.[1901] Apollonia Ritzer, eine der damals ehrenamtlich beim Notruf engagierten Frauen erinnert sich:

„Ich habe dann ein Subventionsansuchen [an Soziallandesrat Greiderer, A.S.] gestellt über 10.000 Schilling. Und es hat dann nicht lange gedauert, habe ich von seiner Sekretärin einen Anruf gekriegt, ich müsste einmal hinaufkommen wegen des Subventionsansuchens ins Landhaus. […], das fasziniert mich, weil 10.000 Schilling waren damals ein bisschen mehr Geld wie heute, aber trotzdem nicht so viel. Und dann hat er mich gefragt, was wir mit dem Geld tun. […] Und dann hat aber der Anrufbeantworter schon über 4.000 Schilling gekostet. Das Geld hat uns die Maria Berger vorgeschossen. Wir haben halt die Telefonrechnung bezahlt und wir haben diese Pickerl bezahlt – und haben wir Flyer auch gehabt? Das war eigentlich bald einmal aufgebraucht."

Aber trotz intensiver Werbung durch Pressemeldungen in Zeitungen und Rundfunk, Aufklebern und Plakaten im öffentlichen Raum und Gaststätten sowie später das Versenden von Informationsmaterial an ÄrztInnen, PsychiaterInnen, PsychologInnen, Familienberatungsstellen, Richter, RechtsanwältInnen und Staatsanwälte blieben die Anrufe von Betroffenen spärlich. 1984 begehrten von 147 Anrufenden lediglich 36 Informationen, nur 22 waren selbst Betroffene und keine einzige meldete sich unmittelbar nach einer Vergewaltigung. Viele Anrufe, überwiegend von Buben und Männern, waren in den Bereich von Scherzen, Verhöhnungen sowie Beschimpfungen oder verbalen Attacken einzureihen.[1902] Auch beim Verteilen von Informationsmaterial waren die Mitarbeiterinnen immer wieder mit enormen Aggressionen konfrontiert worden.[1903] Noch 1991 heißt es in einer

---

1899 Vgl. Interview Andrea Sommerauer mit Apollonia Ritzer und Melanie Madlung am 28.10.2015.
1900 Aufstellung Subventionsbewilligungen von 1983 bis 1988, Archiv Verein Frauen gegen Vergewaltigung.
1901 Vgl. Interview Ritzer/Madlung 2015.
1902 Melanie Madlung, Zur gesellschaftlichen und psychischen Problematik von Vergewaltigungen, Diss., Innsbruck 1986, S. 249–251.
1903 Interview Ritzer/Madlung 2015.

Broschüre der Vereins-Frauen: „Allein das Wort ‚Vergewaltigung' in öffentlichen Räumen sichtbar zu machen, stößt offenbar bei einigen/vielen? an deren Schmerzgrenze."[1904]

Dass sexualisierte Gewalt in Tirol seltener gegen Frauen und Mädchen ausgeübt wurde als in anderen österreichischen Bundesländern, war nicht anzunehmen. Dies verdeutlichte die Anzeigenstatistik der Tiroler Polizei, die zahlreiche Fälle von „Delikten gegen die Sittlichkeit", „Notzucht", „Nötigung zum Beischlaf", „Vergewaltigung in der Familie" sowie „Unzucht" bzw. „Unzucht mit Minderjährigen" auswies. Unter der Berücksichtigung von einer hohen Dunkelziffer, konnte davon ausgegangen werden, dass auch in Tirol im Schnitt mehr als ein sexualisierter Gewaltakt gegen eine Frau oder ein Mädchen pro Tag begangen wurde.[1905] Dennoch wurde der Tiroler Notruf nicht im erwarteten Ausmaß angenommen. Deshalb verlagerte sich der Fokus der Tätigkeiten in Innsbruck auf die Öffentlichkeitsarbeit. Der Verein benannte sich 1986 in „Verein Frauen gegen Vergewaltigung" um, 1988 wechselte das ehrenamtliche Team vollständig. Wieder waren es einschlägig ausgebildete bzw. in Ausbildung befindliche Frauen, die den Betrieb mit enormem Zeitaufwand aufrechterhielten.[1906]

Die Öffentlichkeitsarbeit erfolgte auf verschiedenen Ebenen. Auf der Ebene der politischen Arbeit ging es beispielsweise um die Forderung nach der Vereinheitlichung des Tatbestandes Vergewaltigung im Strafrecht. Die Straftatbestände waren auf verschiedene Paragraphen aufgeteilt und Vergewaltigung in der Ehe bis 1989 gar nicht strafbar.[1907] Auch sollten Sexualdelikte als „strafbare Handlungen gegen die Sittlichkeit" in „strafbare Handlungen gegen die sexuelle Freiheit der Person" umbenannt werden. Auf der Ebene der Institutionen galten die Forderungen dem Ausschluss der Öffentlichkeit vom Gerichtsprozess auf Wunsch der Betroffenen, dem verstärkten Einsatz von weiblichen Polizeibediensteten und Richterinnen sowie der Einrichtung einer eigenen Abteilung im Gericht für Gewaltdelikte an Frauen unter der Leitung einer Richterin. Darüber hinaus sollte die therapeutische Nachbehandlung auf öffentliche Kosten erfolgen.[1908] Bis heute wurden nicht alle Forderungen erfüllt, wenngleich eine Reihe von Veränderungen stattfanden – auf der rechtlichen Ebene, innerhalb von Polizei und Gerichten sowie im Bereich der beratenden und therapeutischen Angebote.

Eine weitere zentrale Arbeit des Vereins war die Präventionsarbeit. Dabei galten jugendliche Mädchen neben den Frauen in ländlichen Gebieten als eine der wesentlichen Zielgruppen. Zu Beginn gestaltete sich der Kontakt über Schulen schwierig, die ehrenamtlichen Notruf-Mitarbeiterinnen erreichten die Mädchen vor allem in deren Freizeit, auch über Jugendzentren.[1909] Veranstaltungen gab es mit Gymnasiastinnen und im Jugendzentrum Z6.[1910] Auch die Vermittlungen über andere Einrichtungen trugen erste Früchte. So verwies die Arbeiterkammer ein 17-jähriges Mädchen an den Ver-

---

1904 Verein Frauen gegen Vergewaltigung (Hg.), 10 Jahre: Frauen gegen VerGEWALTigung. Notruf. Beratung, Innsbruck 1991, S. 25.
1905 Madlung 1986, S. 252.
1906 Handschriftliche Anmerkungen zur Geschichte des Vereins, Archiv Verein Frauen gegen Vergewaltigung.
1907 Vgl. 10 Jahre: Frauen gegen VerGEWALTigung 1991, S. 58.
1908 Johanna Schopper: Notruf für vergewaltigte Frauen, Innsbruck, in: Südtiroler Hochschülerschaft (Hg.), Sozialprojekte für Frauen. Progetti sociali di donne per donne 1986, S. 45–48, hier S. 47.
1909 Madlung 1986, S. 249.
1910 Schopper 1986, S. 48.

ein.[1911] Im Laufe der Jahre intensivierte sich die Zusammenarbeit mit Schulen, Jugendzentren und anderen Einrichtungen. Ende der 1980er Jahre frequentieren Schülerinnen den Verein, um Unterlagen für Referate und Aufsätze zu bekommen, eine Selbsthilfegruppe zu sexuellem Missbrauch von Mädchen traf sich im Vereinsbüro. Außerdem hatte das Team eine Materialmappe zur Problematik „Gewalt gegen Frauen und Mädchen" sowie Arbeitsunterlagen für Schülerinnen zu Vergewaltigung, Abtreibung und Werbung zusammengestellt.[1912]

Schwer zu schaffen machten den Vereinsmitarbeiterinnen die Ressourcen. Auf der einen Seite reduzierte sich im Laufe der Jahre die Anzahl jener, deren Lebenszusammenhänge eine derartig intensive Mitarbeit erlaubten, manche erschöpfte auch die streckenweise recht mühsame Arbeit. Auf der anderen Seite waren die öffentlichen Stellen lange nicht bereit, den Verein ausreichend zu finanzieren, um Hauptamtliche zu beschäftigen. Die Stadt Innsbruck steuerte bis 1988 lediglich 5.000 Schilling jährlich bei,[1913] erst für 1989 verdoppelte sie diese Summe. 1990 erhöhte sie die Subvention auf immer noch niedrige 15.000 Schilling.[1914] Insgesamt erwiesen sich die Subventionsverhandlungen als enorm mühsam, insbesondere das Sozialressort des Landes Tirol unter Fritz Greiderer legte sich quer. Der ehemalige Tiroler Polizeichef sah Vergewaltigung als polizeiliche Aufgabe und den Bedarf für eine Einrichtung nicht gegeben. Er verwies auf andere Einrichtungen, die die Betreuung und Beratung von Betroffenen übernehmen würden:

„Zu do. Subventionsansuchen vom 18.6.1988 muß ich Ihnen leider mitteilen, daß sich das Land Tirol außerstande sieht, den Verein zu subventionieren. Für diese Entscheidung war maßgebend, daß es in Tirol bereits eine Reihe von Beratungsstellen gibt, die sich mit diesem oder zumindest ähnlichen spezifischen Frauenproblemen befassen und die bei derartigen Anliegen auch eine Anlaufstelle darstellen. Darunter fallen unter anderem die Telefonseesorge, das Jugendtelefon, das Frauenhaus in Aldrans, das Autonome Frauenzentrum, das DOWAS für Frauen sowie zahlreiche Familienberatungsstellen."[1915]

Erschwerend für die mangelnde finanzielle Unterstützung durch die öffentliche Hand dürfte die männliche Besetzung der Ressorts auf politischer sowie Beamtenebene gewesen sein. Obwohl die Vereinsfrauen (und viele andere Frauen aus der Frauenbewegung) nicht müde wurden, die gesellschaftspolitische Dimension von sexualisierter Gewalt aufzuzeigen, reduzierte Greiderer diese auf ein „Frauenproblem". Ein weiteres Beispiel für die mangelnde Sensibilität in den Amtsstuben stellte das Verhalten eines Beamten in der Sozialabteilung des Landes dar, das die Frauen heftig als „massiv sexistisch" kritisierten und die Vorgänge veröffentlichten.[1916]

1911 Madlung 1986, S. 252.
1912 10 Jahre: Frauen gegen VerGEWALTigung 1991, S. 18–20.
1913 Aufstellung Subventionsbewilligungen von 1983 bis 1988, Archiv Verein Frauen gegen Vergewaltigung. Die Frauen des Vereins Frauen gegen Vergewaltigung stellten allerdings für die Jahre 1986 und 1987 gar kein Subventionsansuchen.
1914 Ebd., Aufstellung Subventionsbewilligungen von 1989 bis 1992,.
1915 Zitiert nach Verein Frauen gegen Vergewaltigung 1991, S. 17.
1916 Ebd., S. 32.

10 Frauen- und Mädcheneinrichtungen

Unterstützung für den Tiroler Notruf bzw. den Verein Frauen gegen Vergewaltigung kam aus dem Bundeskanzleramt. Staatssekretärin Johanna Dohnal (ab 17. Dezember 1990 Bundesministerin im Bundeskanzleramt)[1917] wirkte 1990 sogar auf Landeshauptmann Alois Partl (ÖVP) ein. Partl scheiterte zwar bei SPÖ-Landesrat Greiderer, konnte jedoch bei seinem Parteikollegen und Landeshauptmann-Stellvertreter Helmut Mader, dem die Abteilung Jugend und Familie unterstand, eine Förderung in der Höhe von 10.000 Schilling erwirken.[1918] Mit einer Subvention aus dem Sozialministerium konnte der Verein im Sommer 1989 erstmals einen Büroraum anmieten und die Anwesenheitszeiten ausdehnen.[1919]

Vier Faktoren erwiesen sich schließlich als entscheidend dafür, dass der Verein Frauen gegen Vergewaltigung schließlich doch noch Subventionen lukrieren konnte: Erstens ermöglichte das Sozialministerium, dass ab 1. Jänner 1991 erstmals eine Frau für ihre Arbeit bezahlt werden konnte, wenn auch nur in geringem Umfang. Allerdings weigerten sich Stadt und Land zunächst, die Restfinanzierung der über die Aktion 8000 geförderten Stelle zu übernehmen, worauf schließlich das Bundeskanzleramt einsprang.[1920] Zweitens erwies sich die Vernetzung mit anderen Einrichtungen wie etwa dem Autonomen FrauenLesbenZentrum, dem Tiroler Frauenhaus, dem AEP, Frauen im Brennpunkt, dem DOWAS für Frauen, dem Wiener Frauengesundheitszentrum Trotula, dem Innsbrucker Rechtsladen, dem Verein Psychohygiene, dem Jugendamt und der Caritas als nützlich.[1921] Vernetzt war der Verein auch in der Frauenplattform. Dieses feministische Bündnis gründete sich 1984 und existierte nur wenige Jahre. Es handelte sich um ein loses Netzwerk von 23 Frauengruppen und -projekten, zu dem Frauen der ÖVP, FPÖ und der Katholischen Frauenbewegung nicht eingeladen waren. Aus dem katholischen Spektrum nahm lediglich die Katholische Arbeiterjugend daran teil. Ziel der Frauenplattform war die Unterstützung einzelner Gruppierungen bei politischen Anliegen und in Konflikten, wie etwa im Fall der Finanzierung des Tiroler Notrufs.[1922] Im Laufe der Zeit erhöhte sich der Druck auch von Seiten des Bundeskanzleramts und des Bundesministeriums für Arbeit und Soziales. Letzteres erinnerte den Innsbrucker Bürgermeister daran, dass es sich beim Verein Frauen gegen Vergewaltigung um eine unterstützenswerte gemeinnützige Einrichtung handle. Das Ministerium ersuchte ihn, sein „Möglichstes zu tun, um die Weiterfinanzierung des Vereins für 1992 und darüber hinaus zu gewährleisten".[1923] Der dritte relevante Faktor war der Ende der 1980er/ Anfang der 1990er Jahre erfolgte Generationenwechsel bei politischen Verantwortlichen. 1987 übernahm Eugen Sprenger (ÖVP) die Sozialagenden in der Stadt Innsbruck, Fritz

---

1917 Homepage Parlament Republik Österreich, https://www.parlament.gv.at/WWER/PAD_02772/index.shtml (abgerufen am 1.9.2018).
1918 Der Landeshauptmann von Tirol, LH Zl. F 6/22, an Staatssekretärin Johanna Dohnal, 21.11.1990, Archiv Verein Frauen gegen Vergewaltigung.
1919 Verein Frauen gegen Vergewaltigung, S. 15.
1920 Ebd., S. 18.
1921 Vgl. Verein Frauen gegen Vergewaltigung, Tätigkeitsbericht 1991, S. 2–5, Archiv Verein Frauen gegen Vergewaltigung.
1922 Vgl. Hildegard Knapp, das beehren von frauen nach der welt und die welt zwischen den frauen. Reflexionen über bündnispolitische Praxen zwischen Frauen, in: Gensluckner/Regensburger/Schlichtmeier/Treichl/Windisch 2001, S. 65–80.
1923 Bundesministerium für Arbeit und Soziales, Zl. 245/13-FGrA/91, an Bürgermeister Romuald Niescher, 1.7.1991, Archiv Verein Frauen gegen Vergewaltigung.

Greiderer (SPÖ) gab sein Ressort an seinen Parteigenossen Walter Hengl 1991 ab. Dennoch lief die Zusammenarbeit auch mit den neuen Ressortverantwortlichen zu Beginn nicht reibungslos.[1924] Und viertens wirkte sich die Beschäftigung einer Hauptamtlichen rasch als vorteilhaft auf die Klientinnenfrequenz aus. 1991 verzeichnete der Verein 734 Anrufe, davon standen 496 in direktem, 238 in indirektem Zusammenhang mit sexualisierter Gewalt. 23,1 Prozent der Frauen nahmen eine weitere Beratung in Anspruch, fast die Hälfte davon mehrmals. Begleitungen zu ÄrztInnen, der Polizei und ins Gericht nutzen 17 Prozent der Klientinnen.[1925]

Von ausreichender Finanzierung war der Verein Frauen gegen Vergewaltigung auch in den 1990er Jahren weit entfernt. Das betraf mehr oder weniger auch andere einschlägige Einrichtungen in Österreich. Johanna Dohnal betonte die Notwendigkeit von hartnäckigen und konzertierten Vorgehen von Frauen und Fraueneinrichtungen:

„Vor allem auch das Tiroler Beispiel hat in letzter Zeit wieder gezeigt, daß es erstens nicht den Landesregierungen überlassen bleiben darf, zu definieren, welche Art von Hilfe oder Beratung für die Frauen gut und unterstützenswert ist, und zweitens muß die Forderung nach ausreichender und dauernder Finanzierung wieder und gemeinsam gestellt werden."[1926]

Aktuell verfügt der Verein Frauen gegen Vergewaltigung über vier Teilzeitbeschäftigte und einzelne Honorarkräfte (Psychologinnen, Rechtanwältinnen). Die Aufgaben haben sich aufgrund des Zulaufs von Klientinnen vervielfacht. Einen Schwerpunkt bilden die psychosozialen und juristischen Prozessbegleitungen, die das Justizministerium seit dem Jahr 2000 fördert.[1927] Weitere Schwerpunkte blieben Beratung, Öffentlichkeits- und Präventionsarbeit. Ebenfalls angeboten werden Fortbildungen zu verschiedenen Fragestellungen im Zusammenhang mit sexualisierter Gewalt. Nach wie vor sind auch Mädchen eine spezielle Zielgruppe des Vereins.[1928]

10.6 Gescheitert mangels Finanzierung: Mädchen im Mittelpunkt

In der Zeitung des Jugendzentrums Z6 vom Sommer 1991 forderte der Verein Frauen gegen Vergewaltigung einmal mehr die Etablierung von spezifischen Mädcheneinrichtungen, die Beratung und Krisenplätze zum Ziel haben.[1929] Das blieb in Tirol und seiner Landeshauptstadt ein sprichwörtlich frommer Wunsch, während sich mädchenspezifi-

---

1924 Vgl. dazu etwa ebd., Verhandlungschronologie. Land Tirol – Verein „Frauen gegen Vergewaltigung" betreffend die Subventionierung des Vereins für 1992, o.D.
1925 Ebd., Verein Frauen gegen Vergewaltigung, Tätigkeitsbericht 1991, S. 2–4.
1926 Ebd., Brief Bundeskanzleramt, Johanna Dohnal, DVR: 0000019, o.D. (1990).
1927 Homepage Bundesministerium für Justiz, https://www.justiz.gv.at/web2013/home/buergerservice/opferhilfe-und-prozessbegleitung/weiterfuehrende-informationen~2c94848535a081cf0135bdec5753010a.de.html (abgerufen am 1.9.2018).
1928 Vgl. Frauen gegen VerGEWALTigung, Tätigkeitsbericht 2016, Archiv Frauen gegen Vergewaltigung.
1929 Der Verein „Frauen gegen Vergewaltigung" (Notruf und Beratung), ZOFF, Sommer 1991, S. 12–14, hier: S. 12.

sche Einrichtungen in der BRD und selten auch in anderen österreichischen Bundesländern in den späten 1980er Jahren etablierten.[1930]

Mitte der 1980er Jahre formierten sich im Jugendtreff Pradl drei Mitarbeiterinnen – Lisl Lindenthal, Edith Ihrenberger und Isabella Reifer –, die die mangelnde Berücksichtigung der Bedürfnisse von Mädchen und das patriarchale System im Jugendzentrum zum Thema machten. Sie stellten bald fest, dass sie den Mädchen im Jugendtreff nicht so viel Unterstützung und Schutz geben konnten, wie sie für nötig erachteten.[1931] Auch den Zusammenschluss mit anderen im Arbeitskreis feministische Mädchenarbeit hielten sie nicht für ausreichend.[1932] Deshalb gründeten sie am 25. Oktober 1985 den Verein „MIM – Mädchen im Mittelpunkt, Beratungsstelle für Mädchen in Notsituationen". Obfrau wurde Lisl Lindenthal.[1933] Sie arbeitete in der Folge als Psychotherapeutin und Supervisorin in freier Praxis, gab Fortbildungskurse für Frauen und Männer in sozialpädagogischen Berufen und war Lehrbeauftragte an der Sozialakademie in Innsbruck.[1934]

Ziel des Vereins MIM war die Einrichtung einer Beratungsstelle für Mädchen in psychischen und sozialen Notsituationen, eine „unmittelbare und kurzfristige materielle und soziale Hilfe" für die Zielgruppe sowie Aufklärungs- und Öffentlichkeitsarbeit über Anliegen und Probleme von Mädchen. Die Vereinsgründerinnen wollten telefonische und persönliche Beratungen anbieten, Veranstaltungen organisieren und Schriften herausgeben. Außerdem waren die Teilnahme an sozialwissenschaftlichen Veranstaltungen im In- und Ausland sowie die Vernetzung mit einschlägigen Vereinen und Institutionen geplant.[1935] Im Konzept präzisierten die Vereinsfrauen die Zielgruppe. Dazu zählten sie weibliche Jugendliche, die von zuhause ausgerissen waren, allenfalls der Prostitution nachgingen, sexueller Gewalt ausgesetzt waren oder sich in akuten Notlagen bzw. Konfliktsituationen befanden. Lindenthal betonte die Notwendigkeit des vorrangigen Schutzes von Mädchen. Als Begründung dafür führte sie an, dass Mädchen in besonderem Maß Übergriffen wie Missbrauch, Vergewaltigung oder Belästigungen ausgesetzt sind. Außerdem wusste sie von rund hundert minderjährigen Mädchen, die in Innsbruck irgendeiner Form von Prostitution nachgingen, wohingegen der Polizei nur sieben bekannt seien. Lindenthal wies auch darauf hin, dass die Zahl jener Mädchen, die von zuhause wegliefen, stark im Steigen begriffen war. Die Einrichtung war nicht als Therapiezentrum gedacht, sondern sollte psychosoziale Unterstützung bieten. Gemäß den Prinzipien der Frauenbewegung knüpften die MIM-Frauen an ihrer eigenen Betroffenheit an, betonten aber auch – wie es in den 1980er Jahren in der Frauenbewegung zunehmend Thema wurde – die Notwendigkeit der Distanz, damit die betroffenen Mädchen nicht auf die Opferrolle reduziert wurden: „Das Handeln nur aus der Betrof-

---

1930 Verein MIM – Mädchen im Mittelpunkt (Hg.), Beiträge und Materialien zur feministischen Mädchenarbeit 2, Innsbruck 1989, S. 37–38.
1931 Lisl Lindenthal, Projekt „Mädchen im Mittelpunkt" und „Beratungsstelle für Mädchen in Notsituationen", in: Südtiroler Hochschülerschaft 1986, S. 49–52, hier: S. 49.
1932 Lindenthal 1990, S. 211.
1933 MIM – Mädchen im Mittelpunkt, Beratungsstelle für Mädchen in Notsituationen, Vereinsakt, SID-Verein, Vr 346/85–154/85, TLA.
1934 Verein MIM – Mädchen im Mittelpunkt 1989, S. 103.
1935 MIM – Mädchen im Mittelpunkt, Beratungsstelle für Mädchen in Notsituationen, Vereinsakt, SID-Verein, Vr 346/85–154/85, TLA.

fenheit heraus beläßt das Mädchen in der Opferrolle und verfestigt die verinnerlichte Unterdrückung und Verletzung; es nährt das ‚falsche' Selbst."[1936]

Die Vereinsfrauen von MIM passten ihr Konzept immer wieder an die Möglichkeiten von Subventionen an. So sollte nach den ersten Absagen von Subventionsgebern die Beratungsstelle an eine Mädchenwohngemeinschaft angebunden werden können.[1937] Doch trotz der Adaptierungen blieben die Subventionen aus. Lediglich zu Beginn konnte der Verein MIM 20.000 Schilling vom Land Tirol lukrieren, wovon erste Anschaffungen getätigt wurden. Die Ablehnung der Subventionsanträge erfolgte mit unterschiedlichen Argumenten. So bezweifelte die Bundesministerin für Familie, Jugend und Konsumentenschutz die „Effizienz einer <u>isolierten Beratung</u>"[1938], in der Sozialabteilung des Landes Tirol war man der Meinung, dass in Tirol „kein Bedarf" an einer Beratungsstelle für Mädchen bestehe. Die Landesabteilung Jugend und Familie wies 1986 einen Förderantrag für die Fotoausstellung „Mädchen" wiederum mit der Begründung ab, die Zielsetzung des Vereins MIM falle nicht in den Bereich der Jugendwohlfahrt. Ebenfalls 1986 gewährte dieselbe Stelle deshalb keine Mittel, weil der Verein MIM eine „wesentliche Beziehung zum Frauenzentrum" habe, „was in seiner Zielsetzung in grundsätzlichem Gegensatz zu den Aufgaben der Abt. IVe – Jugend und Familie steht".[1939] Eine Förderung für die Erstellung einer Materialsammlung zu Feministischer Mädchenarbeit wurde mit dem Argument abgewiesen, es gebe schon eine, und die MIM-Frauen erinnerten sich an die Begründung einer Absage von Soziallandesrat Greiderer hinsichtlich der Subventionierung einer Studie zu sexueller Gewalt gegen Mädchen:

„Er bezweifelte, daß wir Kontakte zu Mädchen bekommen; er bezweifelte die Effizienz einer qualitativen Studie und bemängelt, daß wir keine ‚repräsentativen und quantitativen' Daten sammeln."[1940]

Für eine Förderung gar nicht zuständig fühlten sich die Landeskulturabteilung sowie das Bundesministerium für Arbeit und Soziales und Staatssekretärin Johanna Dohnal verwies darauf, dass sie über keine Subventionsgelder verfüge.[1941] Die MIM-Frauen wurden mürbe. Ohne öffentliche Förderungen war die geplante Anlaufstelle für Mädchen nicht aufzubauen. Lindenthal machte aus ihrer Enttäuschung keinen Hehl:

„Die Einrichtung einer Zufluchts- und Beratungsstelle für Mädchen in Notsituationen ist in weiter Ferne. Dafür haben wir selbst kein Geld und die VertreterInnen der Öffentlichkeit stellen uns auch keines zur Verfügung. Die Dauerabsagen machen uns zu schaffen."[1942]

1936 Lindenthal 1986, S. 51.
1937 Lindenthal 1990, S. 211.
1938 Verein MIM – Mädchen im Mittelpunkt 1989, S. 5, Hervorhebung im Original.
1939 Zitiert nach Ebd., S. 5.
1940 Zitiert nach Ebd., S. 6.
1941 Ebd.
1942 Ebd., S. 3.

Weil die Arbeit nicht bezahlt wurde und die Vereinsfrauen die Selbstausbeutung begrenzen wollten, flossen Elemente von MIM in deren beruflichen Alltag ein. Lindenthal bot Workshops für Mädchen und junge Frauen an, die von sexualisierter Gewalt betroffen waren, aber auch Fortbildungsseminare für Frauen, die an feministischer Mädchenarbeit interessiert waren.[1943] Viel mehr konnten und wollten die MIM-Frauen mangels finanzieller Ressourcen nicht umsetzen. 1987 wählten die Vereinsmitglieder ihren letzten Vereinsvorstand, 1991 wurde der Verein behördlich aufgelöst. Die Sicherheitsdirektion vermerkte:

„Ergänzend [...] gab Dr. Dr. Elisabeth LÜCKE-LINDENTHAL auf eine telefonische Anfrage [...] bekannt, daß es wegen des mangelnden Interesses und der fehlenden Mitglieder unmöglich sei, die Vereinsaktivitäten in absehbarer Zeit wieder aufzunehmen."[1944]

Mitte der 1990er Jahre knüpfte eine Psychotherapeutin an die Vorhaben des Vereins MIM an, Mädchen spezifische Angebote zu machen. Auf der Basis der Erlebnispädagogik bot sie etwa Ferienprojekte für Mädchen an: eine Kreativwoche für 14- bis 17-Jährige, ein Sommercamp für Sieben- bis Zehnjährige und Mädchenwandertage auf der Insel Elba für 13- bis 15-Jährige.[1945] Aber eine eigene Beratungs- und Zufluchtsstelle etablierte sich nicht.

2006 initiierte eine Mutter bei der Frauenorganisation „Frauen aus allen Ländern" einmal pro Woche einen Mädchennachmittag, daraus entwickelte sich die EU-Jugendinitiative Aranea. 2009 organisierten sich die Betreiberinnen schließlich in „Aranea. Verein zur Förderung von feministischer und transkultureller Mädchen*arbeit". Zunächst nutzte dieser Verein Räumlichkeiten im Innsbrucker FrauenLesbenZentrum, 2012 übersiedelte er in eigene Räume in der Schöpfstraße 4.[1946] Das Mädchenzentrum richtet sich an Zehn- bis 18-Jährige.[1947] 2018 kam das Projekt finanziell ins Strudeln. Die drohende Schließung[1948] konnte schließlich durch Nachsubventionen, der Verkleinerung des Angebots und der Übersiedlung in kostengünstigere Räumlichkeiten abgewendet werden. Derzeit befindet sich das Mädchenzentrum in der Matthias-Schmid-Straße 10 in Innsbruck.[1949]

1943 Ebd., S. 100.
1944 MIM – Mädchen im Mittelpunkt, Beratungsstelle für Mädchen in Notsituationen,, SID-Verein, Vr 346/85–154/85, TLA.
1945 SIT, MIM, Mädchen im Mittelpunkt, Nr. 32, Juni 1994, S. 9.
1946 Homepage Aranea, Zentrum für Mädchen*(Arbeit), https://aranea.or.at/verein/geschichte (abgerufen am 2.9.2018).
1947 Homepage Stadtmagazin 6020, https://www.6020online.at/ausgaben/september-2017/gemischtegefuehle (abgerufen am 2.9.2018).
1948 Homepage Tiroler Tageszeitung, http://www.tt.com/panorama/gesellschaft/13193617-91/m%C3%A4dchenzentrum-in-innsbruck-vor-aus.csp (abgerufen am 2.9.2018).
1949 Homepage Stadt Innsbruck, Innsbruck informiert, http://www.innsbruckinformiert.at/besuch-aranea (abgerufen am 2.9.2018).

10.7 Feministische Mädchenarbeit: ein Stiefkind der Förderstellen

Die Feministische Mädchenarbeit war in den 1970er und 1980er Jahren in Innsbruck unterrepräsentiert. Zwar nahmen sich einzelne Professionalistinnen der spezifischen Situation und der Bedürfnisse von Mädchen an – was vor allem in der Jugendarbeit und beim Verein Frauen gegen Vergewaltigung geschah. Im Großen und Ganzen aber waren Mädchen auch in der Tiroler Frauenbewegung meist nur mitgemeint, wenn es um die Arbeit mit und für Frauen in diversen Einrichtungen, Projekten und Gruppen ging. Die primäre Stoßrichtung der Frauenbewegung in Tirol galt zunächst der Abschaffung des § 144, der Etablierung von berufsadäquaten Kinderbetreuungseinrichtungen, dem Aufbau eines Treffpunkts für Eltern und Kinder (Eltern-Kind-Zentrum) sowie Einrichtungen für von häuslicher und sexualisierter Gewalt betroffenen und/oder wohnungslosen Frauen. Das Streben nach Frei- und Kulturräumen für Frauen mündete 1983 in die Schaffung eines Autonomen Frauenzentrums (später FrauenLesbenZentrums). Freiräume für Mädchen konnten hingegen nicht etabliert werden. Das lag in erster Linie an den mangelnden Subventionen. Feministische Mädchenarbeit blieb ein Stiefkind der Förderstellen in Bund, Land und der Stadtgemeinde Innsbruck, wie an der Geschichte des MIM abzulesen ist.

Generell ist der Kampf um finanzielle Mittel ein entscheidender Punkt bei der Etablierung von Frauen- und Mädcheneinrichtungen in Tirol. Er verlangte jenen, die sich jahrelang ehrenamtlich dafür einsetzten, enorme persönliche Ressourcen ab. So erging es dem AEP, der den Ausgangspunkt vieler feministischer Gruppen und Projekte darstellte. Das Tiroler Frauenhaus musste ebenfalls heftig um finanzielle Mittel kämpfen, während der ÖVP-nahe Verein Frauen helfen Frauen deshalb einfacher an Mittel kam, weil die autonomen Frauen die Öffentlichkeit bereits sensibilisiert hatten. Auch das 1984 gegründete DOWAS für Frauen, das bereits an anderer Stelle ausführlich behandelt wurde, geriet mit seiner Einrichtung für wohnungslose Frauen unmittelbar nach Aufnahme seiner Tätigkeit in eine veritable Finanzkrise, weil die Subventionen ausfielen.[1950] Bei der Legitimation der Ansprüche auf Finanzierung durch die öffentliche Hand nützten Bedarfserhebungen, welche die Notwendigkeit der Einrichtungen aufzeigten, vielfach nichts. Die Subventionsgeber erwarteten geradezu ehrenamtliche Arbeit in sozialen und frauenspezifischen Bereichen. Das gilt vor allem, aber nicht nur für katholisch-konservative Entscheidungsträger, die in Tirol dominierten und nach wie vor dominieren. Auch sozialdemokratische Politiker agierten in der Logik der gesellschaftlich üblichen Geschlechtertrennung, wenn sie frauenpolitische Anliegen als „sozial" abwerteten, den Bedarf an frauenspezifischen Einrichtungen negierten und/oder deren finanzielle Absicherung nicht gewährleisteten. In diesem Sinne hat die Verteilung von Subventionen auch eine geschlechtsspezifische Komponente. Zudem ist das Milieu relevant: Mädchen, insbesondere jene aus benachteiligten Familien, standen weit unten auf der sozialen Leiter. Lisl Lindenthal drückte es so aus:

1950 Mehr über das DOWAS für Frauen im Abschnitt 8.4, S. 330 ff.

„Wo immer Mädchen sind, sind sie am ungeschütztesten. Sie sind Kind und weiblich. Auf sie treffen zwei zentrale Gebote des Patriarchats zu: 1. Erwachsene verfügen über ihre Kinder, und
2. Männer verfügen über Frauen."[1951]

Diesem Zitat wäre noch hinzuzufügen: Reiche verfügen über Arme.

1951 Verein MIM – Mädchen im Mittelpunkt 1989, S. 10 f.

11 Dachverbände und Arbeitskreise

Zwischen 1975 und 1985 bildeten sich in Innsbruck bzw. Tirol eine Reihe von Arbeitskreisen, Arbeitsgemeinschaften und Dachverbänden im Kontext von sozialarbeiterischen Handlungsfeldern betreffend sozial benachteiligte Jugendliche und junge Erwachsene. Die Bandbreite reichte von informellen und personenbezogenen Zusammenschlüssen (Arbeitsgemeinschaft kritischer Sozialarbeiter Tirol, Tiroler Arbeitskreis für Heimerziehung) über berufsständische Vereinigungen (Tiroler Berufsverband Diplomierter Sozialarbeiter) und Dachverbänden für Organisationen samt Vertretungsansprüchen nach außen (ARGE Tiroler Jugendzentren, Sozialforum Innsbruck, Dachverband zur Koordinierung und Beratung der Tiroler Sozialprojekte und selbstverwalteten Betriebe, Sozialpolitischer Arbeitskreis).

So groß die Bandbreite dieser Dachverbände und Arbeitskreise auch ist, gibt es bei Motiven, Herangehens- und Arbeitsweisen sowie Zielen viele Gemeinsamkeiten, die zumindest auf einen Großteil der Organisationen zutreffen:
- Erfahrungs- und Informationsaustausch
- Gemeinsames Auftreten gegenüber Geldgebern, Medien, Öffentlichkeit
- Qualifizierungsmaßnahmen für die Mitglieder selbst organisieren bzw. mit Nachdruck einfordern
- Erarbeitung von Mindeststandards für die inhaltliche, personelle und finanzielle Ausstattung von Projekten
- Ausübung des politischen Mandats der Sozialen Arbeit. Explizite Versuche, sich in die Sozialgesetzgebung einzubringen und die Lebensbedingungen von KlientInnen ebenso zu verbessern wie die Arbeitsbedingungen in den Einrichtungen
- Finanzielle Absicherung der Einrichtungen

Manche dieser Organisationen waren von vornherein temporär gedacht, andere scheiterten an inneren Widersprüchen, zwei blicken inzwischen auf eine jahrzehntelange Geschichte zurück: der Tiroler Berufsverband diplomierter Sozialarbeiter – TBDS (inzwischen OBDS – Landesgruppe Tirol) und der Sozialpolitische Arbeitskreis – SPAK.

Verallgemeinert kann die Aussage getroffen werden, dass die besondere Häufigkeit der Gründung von Dachverbänden und Arbeitskreisen im Jahrzehnt 1975 bis 1985 mit der Realisierung von zahlreichen neuen sozialen Projekten, wie sie in dieser Untersuchung für den Zeitraum 1970 bis 1990 dargestellt werden, in einem unmittelbaren Zusammenhang stehen. In den frühen Jahren waren die Aufbruchstimmung und der Glaube an die Möglichkeit von (sozial)politischen Veränderungen die Triebfeder, sich zu solidarisieren. Gegen Ende des Beobachtungszeitraums konnten Organisationen und AkteurInnen auf einen gewachsenen Wissens- und Erfahrungsschatz zurückgreifen. Zugleich hatten sich Mitte der 1980er Jahre die sozialpolitischen und ökonomischen

Rahmenbedingungen verschlechtert, neoliberale Tendenzen begannen sich abzuzeichnen. Erst recht ein Grund, sich in Solidargemeinschaften zusammenzuschließen, um Errungenschaften für KlientInnen gegen Sozialabbau und Budgetkürzungen zu verteidigen.

Die Reihenfolge der in diesem Kapitel vorgestellten Dachverbände und Arbeitskreise orientiert sich an den Gründungsdaten.

11.1 ARGE Tiroler Jugendzentren

Zu Pfingsten 1975 und 1976 organisierte der Kufsteiner Wühlmausclub Workshops für österreichische Jugendzentren. Dabei wurde die Notwendigkeit nach überregionaler Zusammenarbeit, aber auch die Schaffung von Arbeitsgemeinschaften der Jugendzentren in den Bundesländern festgestellt. Zur Konkretisierung dieser Idee in Tirol fand am 27. Juni 1976 im Z6 ein Treffen statt, bei dem VertreterInnen von Z6, MK, Wühlmausclub und KOZ (Kommunikationszentrum/Innsbruck) anwesend waren. Zur Umsetzung einer – vorerst losen – Arbeitsgemeinschaft wurden halbjährliche Wochenendtreffen der Tiroler Jugendzentren vorgeschlagen. Für weitere Mitglieder definierten diese vier Einrichtungen einige Prinzipien, darunter Offene Jugendarbeit und Selbstverwaltung (verwirklicht oder angestrebt).[1952] Sehr rasch hatte die ARGE elf Mitglieder, bald kamen weitere hinzu, ein ARGE-Aktivist formulierte, die Jugendzentrumsprojekte „schossen wie Schwammerln aus dem Boden".[1953]

Im Dezember 1977 konstituierte sich die ARGE unter dem Namen „Arbeitsgemeinschaft der Tiroler Jugendzentren, Kommunikationszentren, Clubs und Initiativgruppen" als Verein mit Sitz in Innsbruck.[1954] Die in den Statuten angeführten Vereinszwecke geben präzise wieder, was sich in der Zeit vor der Vereinsgründung an Aufgabenstellungen herauskristallisiert hatte: Erfahrungs- und Informationsaustausch, Koordination zwischen den Tiroler Jugendzentren, gegenseitige Unterstützung und Hilfeleistung, Vertretung nach außen, Bekanntmachung der Tiroler Jugendzentren und Weckung eines öffentlichen Bewusstseins für deren Probleme, gemeinsame Aus- und Fortbildung von MitarbeiterInnen.[1955]

Vermutlich mit der Intention möglichst viele Initiativen in die Vereinsarbeit zu integrieren legte das Statut einen zehnköpfigen Vorstand fest, u. a. mit den Funktionen Obmann (Vorsitzender bei den Sitzungen), Präsident (Vertretung nach außen) und Sprecher (verantwortlich für die Öffentlichkeitsarbeit).[1956]

Den Richtlinien der Arge Tiroler Jugendzentren zufolge konnten dem Verein nur Initiativen angehören, die Projekte der Offenen Jugendarbeit betrieben bzw. anstrebten

---

1952 Z6-Information für Gruppenleiter und verantwortliche Mitarbeit vom 29.6.1976, Privatarchiv Windischer.
1953 Pichler 1986, S. 46.
1954 Arbeitsgemeinschaft der Tiroler Jugendzentren, Kommunikationszentren, Clubs und Initiativgruppen, Vereinsakt, SID-Verein, Vr 344/77–176/77, TLA.
1955 Ebd., Statuten des Vereins Arbeitsgemeinschaft der Tiroler Jugendzentren, Kommunikationszentren, Clubs und Initiativgruppen, § 2 Vereinszweck.
1956 Ebd., § 12 Aufgaben der Vorstandsmitglieder.

und weder parteipolitisch noch religiös gebunden waren.[1957] Zugleich waren in Einklang mit der Langfassung des Vereinsnamens auch Kommunikationszentren und Kulturinitiativen wie das KOMM, der Verein Kunstdünger (Träger Innsbrucker Treibhaus) und der Cinematograph Mitglieder.[1958] Unter den Mitgliedern finden sich im Laufe des Bestehens der ARGE große und kleine Projekte, als private Vereine organisierte Jugendzentren aus Innsbruck und den Bezirken (darunter Z6, Wühlmäuse Kufstein), aber auch Jugendzentren die von der öffentlichen Hand verwaltet wurden (u. a. Jugendzentrum O-Dorf, Jugendtreff Pradl).[1959] In einer nicht datierten Erklärung zu den pädagogischen Zielsetzungen der ARGE heißt es:

„Ziel ist und bleibt der verantwortungsbewußte, zur Selbstverwirklichung befähigte Jugendliche. Wir wollen zum verantwortungsbewußten Gebrauch der persönlichen Freiheit anregen, sowie die Persönlichkeitsentfaltung und Kreativität fördern. Nicht zuletzt wollen wir auch die Situation und Isolation von Randgruppen revidieren."[1960]

Viele der in rascher Folge entstandenen Jugendzentren standen in den späten 1970er und frühen 1980er Jahren in einem permanenten Existenzkampf bezüglich ihrer Finanzierung und Akzeptanz in einem konservativen Umfeld. Die ARGE konnte in dieser schwierigen Situation beratend und anleitend hilfreich sein, schaffte aber auch auf unterschiedlichen Ebenen öffentliche Aufmerksamkeit.

Zwei große öffentliche Aktionen gelten bis in die Gegenwart als legendär. Zum einen im Juni 1977 eine Schlauch- und Paddelbootdemonstration am Inn zwischen Telfs und Weer mit 40 Booten, in denen 150 Jugendliche saßen. Transparente signalisierten, dass der Jugendarbeit in Tirol das Wasser bis zum Hals stand. Ein Jahr später sorgte ein Fest in der Innsbrucker Altstadt für noch mehr Aufsehen. Unter dem Motto „Andreas Hofer und Pink Floyd" bevölkerten an die 10.000 Jugendliche die Innsbrucker Altstadt und machten mit Informations- und Verkaufsständen auf ihre Anliegen aufmerksam. Den Jugendlichen gelang es, die Öffentlichkeit und die Polizei damit zu beeindrucken, friedlich zu feiern und ihre Anliegen zu formulieren, aber auch dadurch, die Altstadt besenrein zu hinterlassen.[1961]

Die ARGE veranstaltete Seminare und Workshops für ihre Mitglieder, u. a. zu Jugendpolitik, Selbstverwaltung und Selbstbestimmung, Zivildienst, Drogen und Frieden. Sie stellte politische Forderungen – Räume für Jugendliche in jeder Tiroler Gemeinde, mehr Geld für außerschulische Jugendarbeit, Zugang zu öffentlichen Sälen, Genehmigung von Zivildienststellen für Jugendeinrichtungen. Viele dieser Anliegen ignorierte die Politik lange, aber nach und nach gelang es der ARGE mehr Verständnis

---

1957 Fischbacher 1987, S. 191.
1958 Ebd.; vgl. auch Arbeitsgemeinschaft der Tiroler Jugendzentren, Kommunikationszentren, Clubs und Initiativgruppen, Vereinsakt, SID-Verein Vr 344/77–176/77, Listen der Vorstandsmitglieder in den Jahren 1978–1982.
1959 Ebd.
1960 Zitiert nach Fischbacher 1987, S. 191/192.
1961 Vgl. Windischer 1978, S. 99 f.; Pichler 1986, S. 47 f.; 10 Jahre Jugendzentrum Z6, 1979, S. 27, 51.

in Politik und Öffentlichkeit zu wecken und ein jugendfreundlicheres Klima zu schaffen.[1962]

Im Laufe der Zeit verfügte die ARGE Tiroler Jugendzentren nicht nur über einen bezahlten Geschäftsführer, sondern erhielt auch direkte Subventionen, beides finanziert vom Verein Jugend und Gesellschaft und damit aus Landesgeldern.[1963] Mit diesen Geldern war es nicht nur möglich die selbstgestellten Aufgaben leichter zu finanzieren, sondern auch einen Solidaritätsfonds einzurichten, um Finanzprobleme von Mitgliedern – etwa bei einem Veranstaltungsdefizit – abzudecken.[1964]

Um 1982/83 verlor die ARGE Tiroler Jugendzentren an Bedeutung. Das hatte mehrere Gründe. Einer lag darin, dass der landeseigene Verein Jugend und Gesellschaft verstärkt koordinierende Aufgaben an sich zog. Zugleich hatte die Professionalisierung der Arbeit in der ARGE auch Schattenseiten, wie eine zeitnahe Reflexion wiedergibt:

„So sehr sie sich früher als gemeinsames, politisches Handlungsfeld von Jugendzentren und Initiativen zur Selbsthilfe und Interessensvertretung verstand, so sehr geriet sie als einziger Gesprächspartner für die Landesinstanz immer mehr zum Herrschaftsinstrument für ‚Jugendfunktionäre'."[1965]

Aus dem „Kampfinstrument" war ein konsensorientiertes Gremium geworden, das sich primär auf die bezahlten hauptamtlichen MitarbeiterInnen in den Jugendzentren und in der ARGE selbst stützte. "Eine Bewegung wurde zur Institution."[1966] Dazu kam, dass die Jugendzentrumsbewegung gegen Mitte der 1980er Jahre erlahmt war, die Strukturen hatten sich verändert. Bei der Jahreshauptversammlung der ARGE am 13. Juni 1986 nahmen nur noch VertreterInnen von vier Organisationen teil, die eine freiwillige Auflösung des Vereins empfahlen. Treibhauschef Norbert Pleifer, ab 1981 Präsident der ARGE, ersuchte am 30. Juni 1986 die Vereinsbehörde telefonisch, „den untätigen und handlungsunfähigen Verein von Amts wegen aufzulösen", da eine Wiederaufnahme der Aktivitäten nicht beabsichtigt sei. Die Vereinsbehörde stellte fest, dass die letzte Vorstandswahl der ARGE in der Vollversammlung am 19. September 1982 erfolgt war und löste den Verein am 1. Juli 1986 von Amts wegen auf.[1967]

11.2 Arbeitsgemeinschaft kritischer Sozialarbeiter Tirol (AKST)

1976 wurde aus der Lehranstalt für Gehobene Sozialberufe der Diözese Innsbruck die Akademie für Sozialarbeit der Caritas der Diözese Innsbruck, diese erhielt zugleich einen neuen Lehrplan.[1968] Die damit einhergehende drastische Einschränkung des Projektun-

---

1962 Pichler 1986, S. 48.
1963 Fischbacher 1987, S. 192.
1964 Pichler 1986, S. 48.
1965 Ebd., S. 62.
1966 Ebd.
1967 Verein Arbeitsgemeinschaft der Tiroler Jugendzentren, Kommunikationszentren, Clubs und Initiativgruppen, Vereinsakt, SID-Verein, Vr 344/77–176/77, Protokoll der Jahreshauptversammlung vom 13.6.1985 und der Sitzung vom 17.6.1985, TLA.
1968 Vgl. Aktionsgruppe Sozialarbeit Innsbruck: Requiem für eine Studenteninitiative, in: bS 13 (1/1977),

terrichts löste bei den Studierenden starken Unmut aus und rief auch kritische SozialarbeiterInnen auf den Plan. Daraus entwickelte sich ein stabiler, wenngleich informeller Zusammenschluss von SozialarbeiterInnen, der in der „Arbeitsgemeinschaft kritischer Sozialarbeiter Tirol – AKST" mündete und fünf Jahre lang wesentliche Impulse zur Politisierung des Arbeitsfeldes Sozialarbeit leistete.

Aus der Perspektive der Studierenden liefen die Absichten der Schulleitung mit Beginn des Studienjahres 1976/77 auf eine Abschaffung des Projektunterrichts hinaus. Neben drastischen Stundenkürzungen und einer Reduzierung der Zahl der Arbeitsgruppen brachte das neue Konzept ein Ende des weitgehend selbstständigen Arbeitens und des Pluralismus in der Themenwahl mit sich. Eine Finanzierung der Begleitung durch externe TutorInnen wurde ebenso wenig verlängert wie eine jahrgangsübergreifende Zusammensetzung der Projektgruppen. Die überwiegende Zahl der Studierenden sah dadurch den Kern einer angestrebten Demokratisierung der Ausbildung zerstört und die Studienziele Selbstständigkeit, Reflexions- und Teamfähigkeit gefährdet.

Zufällig war zur gleichen Zeit der Berufsverband Tiroler Diplom-Sozialarbeiter gerade dabei, sich als Verein zu konstituieren und die seit Jahren bestehende Arbeitsgemeinschaft der Tiroler Diplomfürsorger und dessen provisorischem Vorstand abzulösen. In ihrer Not wandten sich die stundenweise den Unterricht bestreikenden Studierenden an diesen Vorstand und erreichten die Einberufung einer außerordentlichen Vorstandssitzung zur Diskussion des Schulkonflikts. Dieses Treffen stieß mit 26 TeilnehmerInnen auf ein unerwartet großes Echo. Neben sechs Studierenden der Sozialakademie waren 14 berufstätige SozialarbeiterInnen und zwei VertreterInnen der Schulleitung anwesend.[1969]

Abgesehen von einigen im Vorfeld eingegangenen kleineren Zugeständnissen verteidigte Direktorin Maria Oberhauser die Vorgangsweise der Sozialakademie und berief sich auf schulrechtliche und formale Vorschriften. Zugleich kritisierte sie am Projektunterricht der Vergangenheit, dass dieser wesentliche Ziele nur teilweise erreicht hätte, namentlich in den Bereichen Verantwortung, Selbstständigkeit, Teamfähigkeit und insbesondere der Kritikfähigkeit. Explizit erklärte Oberhauser, dass die Änderungen darauf abzielten „mehr Einblick und Kontrolle auf das Projekt" seitens der Schulleitung gewinnen zu wollen.[1970] Damit ging sie nicht nur gegenüber den Studierenden auf Konfrontationskurs, sondern auch gegenüber jenen anwesenden SozialarbeiterInnen, die fünf Jahre zuvor den Projektunterricht als Schulversuch durchgesetzt hatten und sich nun in ihren beruflichen Kompetenzen in Frage gestellt sahen.

Gabriele König, selbst eine Absolventin der Sozialakademie in den Jahren des ausgedehnten Projektunterrichts und in der Folge aktives Mitglied der kritischen SozialarbeiterInnengruppe analysierte in ihrer 1985 veröffentlichten Dissertation „Arbeitskreis kritischer Sozialarbeiter Tirols (1977–82)" die Konfrontation im Zuge des Schulkonflikts folgendermaßen:

S. 20–21; sowie Gabriele König: Arbeitskreis kritischer Sozialarbeiter Tirols (1977–82). Ein Beispiel selbstorganisierter beruflicher Weiterbildung und deren praktische und politische Implikationen. Handlungsforschung in einer Berufsgruppe., Diss., Innsbruck 1985, S. 8.
1969 König 1985, Band II, Dokument 1 über die Diskussionsveranstaltung am 18.10.1976.
1970 Ebd., S. 9.

"Zum einen wurde die Sozialarbeiter-Ausbildung als öffentliches Anliegen begriffen und hat bewirkt, daß der katholische Schulträger erstmals sein Vorgehen vor einem stellvertretenden Teil der Berufsöffentlichkeit rechtfertigen muß. Im Tiroler Berufsverband hingegen war es seit Bestehen das erste Mal, daß die politische Aktionsrichtung und Meinungsbildung von unten nach oben verlaufen war und sich eine politische Differenzierung innerhalb der Berufsgruppe abzeichnete."[1971]

Die Gruppe der kritischen berufstätigen SozialarbeiterInnen traf sich in der Folge regelmäßig, um einerseits Praxisfragen in der Ausbildung zu diskutieren und sich andererseits bei der bevorstehenden Wahl des Vorstands des Berufsverbands einzubringen. Dabei wurden in den siebenköpfigen Vorstand drei aus dieser Gruppe gewählt. Diese drei Vorstandsmitglieder (Sigrid Marinell, Hannes Schlosser, Marlies Sutterlüty) richteten Anfang 1977 einen Brief an KollegInnen, „von denen wir Engagement und Aktivität erwarten". In der Einladung zu einem Treffen hieß es: „Wir [...] als Eure Vertreter wissen nicht, was wir eigentlich vertreten sollen." Als Ziel des Abends wurde die Schaffung einer Basis für eine „sinnvolle Vertretung" angepeilt.[1972]

Rund 30 SozialarbeiterInnen folgten dieser Einladung, obwohl in der Zwischenzeit der Konflikt um den Projektunterricht von der Leitung der Sozialakademie erfolgreich verschleppt und damit eingeschläfert worden war. Bei dem Treffen stand, wenn auch noch sehr vage, ein neues Berufsbild zur Diskussion:

„Insgesamt wurde dort das Bild eines direkteren, handelnden und parteiergreifenden Sozialarbeiters entwickelt – denn als passiver (neutraler) Sozialarbeiter sei er nicht etwa unpolitisch sondern weit mehr und ungefragt das Werkzeug der Institutionen."[1973]

In der Folge schrumpfte und konsolidierte sich die Gruppe auf rund zehn Mitglieder, überwiegend aus Beratungseinrichtungen, die eine relativ unabhängige und selbstbestimmte Arbeitsweise erlaubten (Sozialberatung für Alkohol- und Drogengefährdete bzw. für Behinderte sowie Bewährungshilfe) und zwei Sozialarbeiterinnen, die den Beruf nicht ausübten und an der Uni Innsbruck studierten. In diese Konsolidierungsphase der Gruppe im ersten Halbjahr 1977 fiel auch eine erste Namensgebung: „Mofa", ein am Biertisch entstandenes Phantasieprodukt.[1974]

Die Arbeit im Vorstand des Berufsverbands war von wechselseitigem Misstrauen zwischen der konservativen Mehrheit und der linken Minderheit geprägt. Der Antrag der einen Seite, StudentInnen der Sozialakademie ein Stimmrecht im Berufsverband zu gewähren, konterkarierte das Gegenüber mit der Idee eines Stimmrechts für SozialarbeiterInnen mit ruhender bzw. beendeter Berufstätigkeit – also Hausfrauen und PensionistInnen.[1975] Aus der Sicht der Mofa-Mitglieder ein Beispiel für die Haltung der Mehrheit

---

1971 König 1985, S. 70.
1972 König 1985, Band II, Dokument 4, Rundbrief vom 14.2.1977.
1973 König 1985, S. 74–75.
1974 Ebd., S. 82. Mit Bezug auf den Wochentag an dem die Treffen der Gruppe stattfanden, entstand „Mofa", vermutlich aus der Abkürzung von „Montag-Fanatiker" [Anm. HS].
1975 Vgl. Protokoll der Gründungsversammlung des Vereins Berufsverband der Tiroler Diplom-Sozialarbeiter, 22.11.1976; Protokoll der Vorstandssitzung des Tiroler Berufsverbands, 21.1.1977; Protokoll

im Vorstand, alles abzublocken, was darauf abzielte, die Basis des Berufsverbandes zu wecken und den Verein zu politisieren.[1976] Bei der Generalversammlung im Juni 1977 wurden schließlich alle Anträge auf eine erweiterte Mitgliedschaft abgelehnt.[1977]

Die Mitwirkung im Tiroler Berufsverband führte unter den Mofa-Leuten auch zu einem verstärkten Interesse am bundesweiten Dachverband und im Mai 1977 zur Teilnahme von Gruppenmitgliedern an der (jährlich abgehaltenen) Bundestagung in Feldkirch. Ein Mofa-Mitglied wurde als Tiroler Vertreter in den Bundesvorstand gewählt.[1978] In Feldkirch kam es auch zu ersten Kontakten mit der Wiener „Arbeitsgemeinschaft kritischer Sozialarbeiter (AKS)" die 1975 in Opposition zum Berufsverband gegründet worden war.[1979] Als Alternative zur Zeitschrift des Berufsverbands „Sozialarbeit in Österreich – SiÖ" gab die AKS ab 1975 „betrifft: Sozialarbeit – bS" heraus.

Veröffentlichungen im bS schuf in der Folge für „Mofa" die Möglichkeit, sich in der Fachöffentlichkeit zu artikulieren und profilieren. Im Herbst 1977 war es erneut die Sozialakademie, die zu Widerstand animierte. Mit Beginn des Wintersemesters 1977/78 hatte die Schulleitung ohne Ankündigung einen Aufnahmevertrag vorgelegt, wonach sich die Studierenden verpflichten mussten, „den Charakter der Akademie als einer katholischen Privatschule zu respektieren". Eine Präzisierung, was darunter zu verstehen sei, fehlte, enthalten war die Androhung eines sofortigen Rauswurfs, „wenn das Verbleiben des Studierenden den Charakter der Akademie als katholische Privatschule ernsthaft gefährden sollte".[1980] Zwei Mofa-Mitglieder führten mit Akademiedirektorin Oberhauser und Caritasdirektor Sepp Fill in seiner Funktion als Schulerhalter ein ausführliches Interview. Oberhauser bekannte ein, dass der umstrittene Vertragspassus durchaus als Reaktion auf den Schulkonflikt um den Projektunterricht gedacht sei. Eine Absicherung gegen „linksextreme oder rechtsextreme Auffassungen" und „Handlungen, die wesentlich den christlichen Werten zuwiderhandeln". Auf Nachfrage erklärte Fill, er würde eine Studierende, die in einer Lebensgemeinschaft lebt, wegen deren „Einfältigkeit bedauern", „aber das ist für mich kein Problem im Sinne eines katholischen Schulerhalters". Oberhauser ergänzte Fill mit der Aussage, eine derartige Partnerschaft würde „keine Angriffe auf die Ehe als Institution bzw. auf das Sakrament der Ehe darstellen". Zu einer mit dem Vertrag verbundenen Einschränkung des Pluralismus an der Sozialakademie bekannten sich Oberhauser und Fill – trotz des Hinweises auf die regionale Monopolstellung der Schule und deren Finanzierung aus öffentlichen Mitteln.[1981]

Die Auseinandersetzung um den Aufnahmevertrag der Sozialakademie entsprach einem zentralen Thema der internen Diskussionen um die Entwicklung eines zeitgemäßen sozialarbeiterischen Berufsverständnisses. Ein deutlich über die Mofa-Gruppe hinausgehender Kreis von zwanzig SozialarbeiterInnen veröffentlichte in der Zeitung des Dachverbandes SiÖ eine Stellungnahme, in der es hieß:

---
der Generalversammlung des Tiroler Berufsverbands, 22.3.1977, Privatarchiv Schlosser.
1976 König 1985, S. 77.
1977 Protokoll der a.o. Generalversammlung des Tiroler Berufsverbands, 24.6.1977, Privatarchiv Schlosser.
1978 König 1985, S. 81.
1979 König 1985, S. 76.
1980 bS 19 (1/1979), S. 10.
1981 Ebd., S. 12.

„Denn das sich abzeichnende Sozialarbeits-Verständnis des Schulträgers ist ein hierarchisch verordnetes, Studenten und Sozialarbeiter ignorierendes – und verletzt als solches die elementaren Professionalisierungsanforderungen nach Kompetenzerweiterung der Sozialarbeiter in ihrem eigenen Beruf nach mehr fachlicher statt bürokratischer Legitimierung."[1982]

Mit Verzögerung gelang es, dass der gesamte Vorstand des Tiroler Berufsverbandes diese Stellungnahme unterstützte.[1983] All diese Aktivitäten führten zwar zu keiner Rücknahme des Aufnahmevertrages, aber zur Umsetzung wesentlicher Anliegen der Mofa-Gruppe: Transparenz, demokratische Kontrolle, Initiativen zur Diskussion um Prinzipien der Ausbildung und der sozialarbeiterischen Praxis.

Eineinhalb Jahre nach seiner Gründung stand der Verein Berufsverband Tiroler Diplom-Sozialarbeiter im Frühjahr 1978 bereits wieder vor seiner Auflösung, weil sich keine sieben Personen bereitfanden, um für eine Vorstandsfunktion zu kandidieren. Einzig die drei aus der Mofa-Gruppe gekommenen Vorstandsmitglieder waren (nach langen internen Diskussionen) bereit, weiterzumachen. In dieser Situation wurde es in der Generalversammlung am 17. März 1978 unumgänglich, die Konflikte zwischen den beiden Fraktionen zu thematisieren, ja überhaupt erstmals die Existenz der beiden Gruppen „Konservative" und „Linke" im Beisein der anderen Gruppe zu benennen. Maria Oberhauser, als Sprecherin der Konservativen, äußerte eine gewisse Angst und Skepsis vor der „berufspolitischen Gruppe" und sorgte sich darum, dass deren Strategien („an die Öffentlichkeit gehen, Forderungen stellen, Konzepte machen, sich solidarisch erklären") den Beruf in Verruf bringen könnten. Die eigene Gruppe charakterisierte sie mit der Herangehensweise, „man könne durch eine gute, qualitativ hochwertige Arbeit die Politiker besser überzeugen und durch eine langsame, kontinuierliche Information" etwas weiterbringen.[1984] Das Faktum, dass sich die „Konservativen" gerne auf eine schweigende/verschwiegene Mehrheit berufen hatten, wurde von einem Mofa-Mitglied so aufgegriffen:

„Meiner Meinung nach wird diese Gruppe nicht verschwiegen, sie verschweigt sich selber. Und daß jede Kommunikation zusammenbrechen muß, wenn sich nur eine Seite exponiert und die andere eben nicht. Die sogenannte Linke (Mofa) hat sich exponiert, hat Veröffentlichungen geschrieben, usw. hat sich eingebracht und wird dafür angegriffen" und schloss mit der These, wonach nicht die Linke für das Dilemma des Berufsverbands verantwortlich gemacht werden könnte.[1985]

Tatsächlich führte die lange und relativ offen geführte Diskussion dazu, dass sich vier KandidatInnen aus dem Kreis der „Konservativen" ebenfalls bereit erklärten für den Vorstand zu kandidieren. Gemeinsam mit den drei Mofa-Mitgliedern kam so ein vollständiger Wahlvorschlag zustande, der Tiroler Berufsverband war in seinem Bestand gesichert. Zugleich hatte die Diskussion zu einer verbesserten Kommunikation zwi-

---

1982 Sozialarbeit in Österreich (SiÖ), Nr. 38/1978, zitiert nach König 1985, S. 83.
1983 König 1985, S. 83.
1984 Generalversammlung des Berufsverbands Tiroler Diplom-Sozialarbeiter vom 17.3.1978, Niederschrift des Tonbandprotokolls, S. 16, Privatarchiv Schlosser.
1985 Ebd., S. 18.

schen den beiden Fraktionen beigetragen, die in der Folge eine konstruktivere und entspanntere Vorstandsarbeit ermöglichten.

Bereits wenige Monate später, im Sommer 1978 bewährte sich das verbesserte Klima im Vorstand: In Osttirol war eine am Jugendamt tätige Kollegin durch den Bezirkshauptmann gekündigt worden, wobei die Begründung sich auf Äußerlichkeiten (Kleidung), Formales (die angebliche Weigerung, Weisungen des Amtsarztes zu befolgen) und deren „eigensinnige und freie Einstellung zum Beruf" berief. Kern des Arbeitskonflikts waren offensichtlich unterschiedliche Auffassungen von Sozialarbeit. Der Berufsverband protestierte gegen die Kündigung, blieb diesbezüglich aber erfolglos.[1986] Der Forderung des Berufsverbandes zu Gesprächen über eine Abgrenzung der Arbeitsfelder der Sozialarbeit und einer Definition ihres Auftrags im Bereich der Bezirkshauptmannschaften stimmte die Präsidialabteilung des Landes zu.[1987]

In der Mofa-Gruppe führte diese Causa zu einer Intensivierung der Auseinandersetzung mit der Gewerkschaft. Sich in einer Gewerkschaft zu organisieren und nach Möglichkeit mitzuarbeiten und Funktionen anzustreben, wurde als Notwendigkeit erkannt. Als eine große Hürde stellte sich heraus, dass SozialarbeiterInnen je nach Dienstgeber verschiedenen Gewerkschaften angehörten, den Gewerkschaften Öffentlicher Dienst, der Gemeindebediensteten und der Privatangestellten. Die Impulse aus der Mofa-Gruppe trugen in Folge in jahrelanger Kleinarbeit dazu bei, dass Sozialarbeit innerhalb des Tiroler ÖGB wahrgenommen wurde und Arbeitsgruppen entstehen konnten, die eine gewerkschaftliche Kooperation von SozialarbeiterInnen über die Grenzen von Einzelgewerkschaften hinweg ermöglichte.

Im November 1978 lud die Wiener AKS politisch ähnlich gesinnte Gruppen aus einigen Bundesländern zu einem Erfahrungsaustausch, bei dem es nicht zuletzt darum ging, die Verbindlichkeiten für die redaktionelle und organisatorische Mitarbeit an der Zeitschrift „betrifft: Sozialarbeit – bS" auf mehrere Gruppen und Personen zu verteilen. In der Innsbrucker Mofa-Gruppe war die Bereitschaft dazu grundsätzlich groß und deckte sich mit der Tendenz, die gemachten Erfahrungen im Berufsverband und das durch lange interne Diskussionsprozesse vertiefte Wissen über eine zeitgemäße Sozialarbeit in die Praxis umzusetzen. Eine der Konsequenzen war der Versuch, die eigene Basis zu verbreiten und linke Initiativen bzw. Einzelpersonen aus dem sozialpädagogischen und medizinischen Bereich besser kennenzulernen und gemeinsame (sozial) politische Arbeit zu entwickeln. Für das zu diesem Zweck im Mai 1979 geplante Fest erschien die Bezeichnung Mofa zu privat und die Gruppe entschied sich in Anlehnung an die Wiener AKS künftig den Namen „Arbeitsgemeinschaft kritischer Sozialarbeiter Tirol – AKST" zu tragen.[1988] Die AKST[1989] stand gemeinsam mit der Wiener AKS und KollegInnen in anderen Bundesländern für den „Übergang von einer repressiv admi-

---

1986 bS 26 (3/1979), S. 22 f.
1987 Brief des Berufsverbandes an die Präsidialabteilung I des Landes 23.8.1978, Antwortschreiben vom 10.11.1978, Privatarchiv Schlosser.
1988 König 1985, S. 99–100. In der mündlichen Überlieferung ist teilweise vom „Arbeitskreis Kritischer Sozialarbeiter Tirol" die Rede, auch die als zentrale Quelle dieses Abschnitts herangezogene Dissertation von Gabriele König führt diese Bezeichnung im Titel. Allerdings ist im gesamten Text dann ausschließlich von der „Arbeitsgemeinschaft" die Rede.
1989 Häufig wird im Zusammenhang mit der AKST auch der männliche Artikel verwendet, in diesem Text bleibt es beim grammatikalisch richtigen weiblichen Artikel.

nistrierenden über eine methodenzentrierte Sozialarbeit zu einem explizit politischen Berufsverständnis".[1990]

Im Dezember 1979 feierte die AKS ihr fünfjähriges Bestehen mit einer dreitägigen „Erste(n) österreichische(n) Sozialarbeitsmesse" im Haus der Begegnung in Wien Floridsdorf. „Präsentieren soll sich alles, was in den letzten Jahren in Österreich im Felde der Sozialarbeit (im weitesten Sinn) in irgendwelchen Innovationen verwickelt war, fortschrittliche Projekte und Modelle initiiert hat, oder ganz einfach irgendwas betreibt bzw. einen Anspruch vertritt, der letztlich den Benützern von Angeboten der Sozialarbeit (Betroffene, Klienten) nützt", hieß es dazu in der Ausschreibung.[1991] Gemeinsam mit dem Jugendzentrum Z6 schaffte es die AKST, dass sich 14 sehr unterschiedliche Organisationen und Initiativen aus Tirol an der Sozialarbeitsmesse beteiligten.[1992] Bei insgesamt 73 teilnehmenden Organisationen und Gruppen stellte Tirol nach Wien das am stärksten vertretene Bundesland – ein Beleg dafür, dass Ende der 1970er Jahre in Innsbruck bzw. Tirol zahlreiche innovativ/kritische Gruppen aktiv waren, eine gute Vernetzung zwischen diesen Gruppen bestand und die Mitglieder der AKST in diesen Initiativen bestens integriert waren. Die aufwändige Vorbereitungsarbeit und die Teilnahme an der Messe selbst haben diese Integration von AKST-Mitgliedern in diverse Gruppen und Projekte vertieft.

1979 und 1980 waren für die AKST durch einen besonders intensiven publizistischen Schwerpunkt geprägt. Regelmäßige Beiträge im bS waren nicht nur der eingegangenen (moralischen) Verpflichtung gegenüber dem die Zeitschrift herausgebenden AKS geschuldet, sondern spiegelten auch idealtypisch das Verständnis der Gruppe wider. In diesen Jahren führte das Impressum des bS unter „Redaktionsteam Tirol" zwölf Namen an, identisch mit jenen der ständigen Gruppenmitglieder in dieser Phase. In diesen beiden Jahren gelang es auch, betrifft: Sozialarbeit anderen innovativ/kritischen Vereinen und Initiativen als Publikationsplattform erfolgreich anzubieten. Damit leistete die Zeitschrift wichtige Beiträge zum regionalen sozialpolitischen Diskurs. Sehr aufwändig gestaltete sich für die Tiroler Gruppe die Übernahme der redaktionellen Verantwortung für ein komplettes Heft, das sich unter dem Titel „FRAU...mann..." geschlechtsspezifischen Themen der Sozialarbeit widmete.[1993] Zu diesem Zeitpunkt hatte der AKS in Wien bereits die Einstellung der Zeitschrift mit Ende 1980 beschlossen, nachdem über Jahre deren Produktion einen Gutteil der Kapazitäten der gesamten Gruppe (teilweise bis zur Erschöpfung) gebunden hatte und mit auf die Dauer nicht zumutbaren hohen finanziellen Risiken für einzelne AKS-Mitglieder verbunden war. Eher überraschend entschlossen sich einige AKS-Mitglieder im Herbst 1980 dazu, unter wesentlich verein-

---

1990 bS 30 (6/79), S. 10.
1991 bS-Sondernummer, „Erste österreichische Sozialarbeitsmesse", Probleme – Strategien – Lösungen, 7.–9.12.1979, Haus der Begegnung, Wien.
1992 Beteiligt waren: AKST, Arbeitsgemeinschaft Kritische Medizin (AKM), Arbeitskreis für Kindergärtnerinnen und Eltern, ARGE Gemeindekotter, DOWAS, Integrativer Ganztagskindergarten, Gruppe Wühlmäuse Kufstein, Initiativgruppe Behinderte Nichtbehinderte Innsbruck, Jugendzentrum Z6, Verein zur Förderung der frühen Eltern-Kind-Beziehung, Z6-Laden, Überregionale Sozialarbeiter-Gruppe Arbeit in der Familienplanung, Arbeitsgemeinschaft soziale Psychiatrie, Aktionskomitee zur besseren medizinischen Betreuung der Frau in Tirol; vgl. bS-Sondernummer, „Erste österreichische Sozialarbeitsmesse", Probleme – Strategien – Lösungen, 7.–9.12.1979, Haus der Begegnung, Wien.
1993 bS 34 (4/1980).

fachten Rahmenbedingungen (Layout, Druck) bS mit dem Untertitel „betrifft: soziale arbeit und sozialpolitik" weiter herauszubringen. Auf diese Weise erschienen bis Ende 1982 noch acht Hefte – allerdings ohne Beteiligung von Bundesländerredaktionen, also auch der AKST. Erwähnenswert ist das letzte, Ende 1980 unter Mitwirkung der AKST entstandene Heft. Von den 24 Seiten bestand exakt die Hälfte aus dem vollständigen Faksimileabdruck der Hausordnung der Kinderbeobachtungsstation von Maria Nowak-Vogl in Innsbruck. In einer redaktionellen Vorbemerkung wurde das Dokument als Beleg dafür bezeichnet, wie totale Institutionen „‚Ordnung' über und gegen den Menschen stellen". Und weiter:

„Nicht nur Patienten und Klienten sind zumeist ohnmächtig einer ungeheuren Unterdrückung ausgesetzt, auch das Personal, welches solche Regeln zu vollziehen hat, muß ständig mit Sanktionen rechnen, wenn es nicht vorbehaltlos den institutionellen Druck nach unten weitergibt."[1994]

Die intensive redaktionelle Mitarbeit an der Zeitschrift bS in den Jahren 1979 und 1980 und die Teilnahme an der Sozialarbeitermesse stellten einen Höhepunkt in der Geschichte der AKST dar. Zugleich traten Ende 1980 Ermüdungserscheinungen und Motivationsprobleme zutage. Mit dem Wegfall der formalen Vernetzung als Teil der Redaktion von bS stand die Gruppe auch vor der Aufgabe, sich neue Ziele zu setzen. Tatsächlich setzte ein langsamer Auflösungsprozess ein, der vor allem davon bestimmt war, dass die überwiegende Mehrzahl der Gruppenmitglieder in ihren unmittelbaren Arbeitsfeldern und angrenzenden Bereichen längst begonnen hatte, sich in zahlreichen, oft von ihnen selbst initiierten Projekten zu engagieren. König resümierte: „In der Gruppe blieb die gute emotionale Basis eigentlich bis zum Schluß erhalten; man mochte sich gegenseitig, wenn es auch zunehmend an verbindenden Themen, Inhalten und Aktionen fehlte."[1995]

Eine Untergruppe zum Thema SupervisorInnenausbildung für SozialarbeiterInnen blieb noch einige Zeit weiter tätig, aber am 23. November 1981 wurde die AKST mit einem kleinen Fest aufgelöst.[1996] In Reflexionen zeitnah zur Auflösung finden sich u. a. die Zuschreibungen „politische Heimat" und die Funktion einer „berufsspezifischen Identitätswerkstatt". Von einem Lernfeld, in dem sich die Gruppenmitglieder in geschütztem Rahmen Argumentations- und Standpunktsicherheit erarbeiten konnten, ist ebenso die Rede, wie von einer „Agentur, die Sozialarbeiter-Rolle und ihre Funktion durch die einzelnen zu adaptieren: die berufliche Tätigkeit, ihre gesellschaftliche Funktion, den damit verknüpften Status so zu verarbeiten, daß daraus auch neue, produktive Kompetenzen und Handlungsperspektiven entstehen konnten".[1997]

1994 bS, Beilage zu Nr. 36 (6/1980): „Am Abend müssen die Unterhosen unbedingt kontrolliert werden, mit den Augen oder mit der Nase.". In der wissenschaftlichen Aufarbeitung der Kindebeobachtungsstation Nowak-Vogl der jüngeren Vergangenheit hat sich der Abdruck dieser Hausordnung im bS als besonders wertvoll herausgestellt, nachdem dieses wichtige Dokument in den zugänglichen sonstigen Quellen offenbar nirgends enthalten war.
1995 König 1985, S. 108.
1996 Ebd., S. 108 f.
1997 Ebd., S. 109 ff.

11.3 Tiroler Berufsverband diplomierter Sozialarbeiter (TBDS)[1998]

Am 22. November 1976 konstituierte sich die seit Jahren bestehende „Arbeitsgemeinschaft der Tiroler Diplomfürsorger" als Verein unter dem Namen „Berufsverband der Tiroler Diplom-Sozialarbeiter".[1999] Als Vereinszweck nennt das Gründungsstatut „die Wahrung und Förderung seiner Berufs- und Standesinteressen".[2000] Ordentliche Mitglieder konnten dem Statut zufolge aktive Diplom-SozialarbeiterInnen und BewährungshelferInnen werden bzw. Personen, die zum Zeitpunkt ihrer Pensionierung einer dieser beiden Gruppen angehört hatten.[2001] Die Gründungsphase des Berufsverbands ist im unmittelbar davorstehenden Abschnitt über die Arbeitsgemeinschaft kritischer Sozialarbeiter Tirol (AKST) eingehend beschrieben. Nach der skizzierten Aufweichung der Pattstellung zwischen konservativen und linken Vorstandsmitgliedern stieg die Arbeits- und Handlungsfähigkeit des Vorstands.

Wiederholt versuchte der TBDS eine engere Bindung an die Mitglieder durch Treffen in Form von Stammtischen zu bewirken. Zeitweise waren derartige Initiativen recht erfolgreich, um meist einige Zeit später wieder einzuschlafen. Ein wesentlicher Arbeitsschwerpunkt waren ab 1979 Aus- und Fortbildungsveranstaltungen. 1979/80 fand eine Jahresausbildung in Sozialer Gruppenarbeit mit 20 TeilnehmerInnen statt, die sich über fünf drei- bis sechstägige Blöcke erstreckte. Mit dieser Themenwahl setzte der TBDS auch ein Signal zum methodischen Selbstverständnis in der Sozialarbeit um 1980. Bestätigung fand dieses Signal nicht nur im hohen Interesse an der Teilnahme durch die Vereinsmitglieder, sondern auch durch die Dienstgeber. Stadt Innsbruck und Land Tirol subventionierten diese Ausbildung und gewährten – so wie die Mehrzahl aller Dienstgeber – TeilnehmerInnen aus ihrem Bereich die nötigen Dienstfreistellungen und den Ersatz der individuellen Ausbildungskosten.[2002]

Vermehrt brachten sich ab Ende der 1970er Jahre in Tirol tätige SozialarbeiterInnen in den Dachverband OBDS ein. Zum einen durch die Mitwirkung in dessen Vorstand, zum anderen durch die Teilnahme an bundesweit ausgeschriebenen Arbeitskreisen. Nach der Bundeskonferenz im Oktober 1979 betraf das die Arbeitskreise Jugendwohlfahrtsgesetz, Psychiatrie, Behindertenarbeit, Ausbildung und Gewerkschaft.[2003]

Im April 1979 erstellte der Berufsverband eine Liste aller hauptberuflich in Tirol tätigen SozialarbeiterInnen und kam mit der Einschränkung „soweit im Berufsverband bekannt" auf eine Gesamtzahl von 124. Davon waren 41 beim Land Tirol angestellt

---

1998 Diese Bezeichnung führte der Verein ab 1981. Die sich daraus ableitende Abkürzung TBDS wird der besseren Lesbarkeit des Textes willen durchgängig verwendet. Nach weiteren Umbenennungen trägt der Verein 2019 den Namen OBDS – Landesgruppe Tirol, wobei OBDS für Österreichischer Berufsverband der Sozialen Arbeit steht.
1999 Protokoll der Gründungsversammlung des Vereins Berufsverband der Tiroler Diplom-Sozialarbeiter vom 22.11.1976, Privatarchiv Schlosser.
2000 Ebd., Statut TBDS, § 2 Zweck.
2001 Ebd., Statut TBDS, § 4 Arten der Mitgliedschaft. Die Bewährungshilfe hatte zur Deckung ihres Personalstandes zwischen 1967 und 1978 ein- bzw. zweijährige Ausbildungskurse in Form eines In-Service-Trainings durchgeführt. Diese Ausbildung deckte die Lehrpläne der Sozialakademien nur teilweise ab und wurde nicht mit dem Berufstitel Diplomsozialarbeiter anerkannt; vgl. mit Abschnitt 5.3 über die Vorgeschichte und Anfänge der Bewährungshilfe in Österreich/Wien, S. 155.
2002 Tätigkeitsbericht des Vorstands des TBDS Herbst 1979, Privatarchiv Schlosser.
2003 Ebd., Mitgliederinfo des TBDS, November 1979.

(darunter 25 bei den Bezirksjugendämtern außerhalb Innsbrucks). 28 SozialarbeiterInnen waren bei der Stadt Innsbruck beschäftigt (darunter zwölf beim Jugendamt), elf bei der Caritas und zwölf bei der Bewährungshilfe. Zehn SozialarbeiterInnen waren in Krankenhäusern tätig und bei verschiedenen Trägern angestellt. Weitere zwölf waren bei einer Reihe privater Träger beschäftigt, darunter DOWAS, KIT und Z6.[2004] Ein Jahr später zählte der TBDS 120 ordentliche Mitglieder, darunter zwölf Pensionistinnen.[2005] Der Organisierungsgrad im TBDS war also sehr hoch, auch wenn die 1979 erhobene Zahl von 124 hauptberuflich tätigen SozialarbeiterInnen vermutlich etwas zu niedrig angesetzt war.

1981 wurde einer Empfehlung der Bundeskonferenz des Dachverbandes folgend, eine Umbenennung in „Tiroler Berufsverband diplomierter Sozialarbeiter" vorgenommen. Die Begründung für die Änderung von „Diplom-Sozialarbeiter" zu „diplomierte Sozialarbeiter" lautete, dass die Akademien für Sozialarbeit die Ausbildungsbezeichnung „Diplomierter Sozialarbeiter" in das Abschlusszertifikat aufgenommen hatten.[2006]

Eine wichtige Innovation des TBDS stellte die Herausgabe einer eigenen Zeitschrift für seine Mitglieder dar. Das erste Heft erschien im September 1986 unter dem Titel „Sozialarbeit in Tirol – SIT", bis Ende 1990 waren es 18.[2007] SIT verstand sich von Anfang an nicht als Konkurrenz zur Zeitschrift des Österreichischen Berufsverbands Diplomierter Sozialarbeiter „Sozialarbeit in Österreich – SiÖ", sondern als regionale Ergänzung.

SIT erschien anfangs mit der zentralen Idee, die Kommunikation zwischen dem Vorstand des Berufsverbands und seiner Mitglieder zu verbessern.[2008] Damit war gemeint, die Mitglieder über Tätigkeit und Vorhaben des Vorstands zu informieren und diesen zugleich die Möglichkeit zu geben, ihre Projekte und thematischen Beiträge einer Fachöffentlichkeit zu präsentieren. Diese Intentionen sind von Anfang an umgesetzt worden, im SIT wurden neue Projekte präsentiert, berufsspezifische Fragestellungen (etwa im Bereich der Aus- und Fortbildung) diskutiert, Veranstaltungen angekündigt und nachbesprochen, offene Stellen ausgeschrieben, Sozialpolitik im weiteren Sinn thematisiert etc.

Auch in den Prozess der Ausarbeitung eines neuen Jugendwohlfahrtsgesetzes involvierte sich der TBDS. Ab dem Herbst 1985 hatte er dazu einen Arbeitskreis eingerichtet, wobei insbesondere KollegInnen aus den Jugendämtern zur Mitarbeit aufgerufen waren. Gefordert wurde in diesem Zusammenhang die Einbeziehung von SozialarbeiterInnen in die Ausarbeitung des neuen Gesetzes.[2009] Zwei Jahre später übergab der Arbeitskreis eine Stellungnahme zum damaligen Entwurf an die Landesregierung.[2010] Deshalb war die Enttäuschung groß, als die Tiroler Landesregierung 1988 als eine Art Vorleistung

---

2004 Ebd., Liste „Institutionen mit Sozialarbeiterstellen im Land Tirol (soweit im Berufsverband bekannt), Stand April 1979.
2005 Ebd., Mitgliederliste Tiroler Berufsverband Diplomierter Sozialarbeiter, Stand Juli 1980.
2006 Protokoll der ordentlichen Generalversammlung des TBDS vom 27.3.1981, Privatarchiv Schlosser.
2007 Bis Ende 2017 ist SIT 97 mal erschienen, bis zur Nr. 90 online abrufbar. Homepage Österreichischer Berufsverband der Sozialen Arbeit (obds), http://www.sozialarbeit.at/index.php?article_id=234&clang=0 (abgerufen am 5.2.2018).
2008 Vgl. SIT, Vorwort der Vorsitzenden Verena Bechter, Nr. 1, September 1986, S. 2.
2009 Verena Bechter/Elfi Nikolussi: dauerbrenner neues jwg, in: SIT 1, September 1986, S. 10.
2010 SIT, Vorwort, Nr. 6, September 1987, S. 2.

auf das neue Gesetz einen Jugendwohlfahrtsbeirat eingerichtet hatte und der TBDS davon aus der Zeitung[2011] erfuhr. Er protestierte in einem Leserbrief dagegen, dass in dem Gremium

„kein einziger Sozialarbeiter vertreten ist. Und dies, obwohl wesentliche Teile der Arbeit im Jugendwohlfahrtsbereich, vor allem auch die Prophylaxe wie Erziehungshilfe und die Beseitigung der Ursachen für die Entstehung von Notsituationen, ganz wesentlich von Sozialarbeitern in den Jugendämtern und in privaten Einrichtungen mitgetragen werden."[2012]

Landesrat Greiderer reagierte prompt und erweiterte das bereits unter seinem Vorsitz konstituierte Gremium um ein vom TBDS zu nominierendes Mitglied.[2013] Schließlich war es der Jugendwohlfahrtsbeirat, der mit einer Überarbeitung der vorliegenden Entwürfe einen wesentlichen Beitrag dazu leistete, dass der Tiroler Landtag am 20. November 1990 ein neues Tiroler Jugendwohlfahrtsgesetz beschließen konnte.[2014]

Zu den Konstanten in der Arbeit des Berufsverbands gehörte der in der zweiten Hälfte der 1980er Jahre wachsende Widerspruch zwischen fachlich-politischen Ansprüchen in der Sozialarbeit und schrumpfenden Möglichkeiten aufgrund schlechterer wirtschaftlicher und politischer Rahmenbedingungen. Im Februar 1987 schrieb TBDS-Vorsitzende Verena Bechter:

„Sozialarbeit in Tirol ist mehr und mehr eine Sysiphosarbeit [sic]. [...] Die Kluft zwischen den sozialen Problemen und der Möglichkeit sie in den Griff zu bekommen, wird unter den restriktiven Maßnahmen und Sozialabbau immer größer."[2015]

Verschärfend wirke in dieser Situation das Fehlen eines Sozialkonzepts und Bechter zog daraus einen resignativen Schluss: „Nur reagieren kostet zu viel Energie, Trostpflaster kleben macht mit der Zeit kaputt." Fast schon verzweifelt klang Bechters finaler Appell für ein „verstärktes Engagement aller Kolleginnen und Kollegen im Land".[2016] Als Reaktion auf die verschärften Rahmenbedingungen rückten ungewohnte Fragestellungen ins Fortbildungsangebot des TBDS. „Gefährdet ökonomisches Denken die Sozialarbeit?", lautete die Fragestellung einer dreitägigen Veranstaltung im April 1987.[2017] Diskutiert wurden Zusammenhänge von wirtschaftlichen und sozialpolitischen Entwicklungen, die Frage, welchen Beitrag zur Volkswirtschaft Sozialarbeit leistet, welche Folgen Privatisierungen im Sozialbereich haben und welche Konsequenzen, sich aus den ersten Ansätzen Leistung und Erfolg in der Sozialarbeit messen zu wollen, ableiten.[2018]

2011 Tiroler Tageszeitung, Jugendwohlfahrtsbeirat, 19.9.1988, S. 5.
2012 Tiroler Tageszeitung, Kein Sozialarbeiter in Wohlfahrtsbeirat, 23.9.1988, S. 7.
2013 SIT, Rede des Häuptlings, Nr. 11, Dezember 1988, S. 2.
2014 SIT, Information aus dem Jugendwohlfahrtsbeirat, Nr. 15, Februar 1990, S. 12.
2015 SIT, Sozialarbeit in Tirol, Nr. 3, Februar 1987, S. 2.
2016 Ebd.
2017 SIT, Bericht über die Fortbildungsveranstaltung des TBDS, Nr. 5, Mai 1987, S. 3.
2018 Ebd.

Der TBDS rief 1987 und 1988 zu den gesamtösterreichischen Demonstrationen gegen Sozialabbau und für eine aktive Arbeitsmarktpolitik auf.[2019] Letzteres nicht zuletzt als Reaktion auf die Existenzprobleme lokaler Beschäftigungsprojekte.

Im Kontext dieses sozialpolitischen Engagements des TBDS ist auch dessen Hinwendung zu gewerkschaftlichen Fragen zu sehen. „Sozialarbeiter in politischen oder/ und gewerkschaftlichen Funktionen?!" lautete der Titel einer Veranstaltung Ende 1986 im ÖGB-Haus.[2020] Thematisiert wurde die Problematik der Aufsplitterung von SozialarbeiterInnen auf unterschiedliche Fachgewerkschaften und das Fehlen einer Fachgruppe Sozialarbeit im ÖGB. Deshalb riefen einige TBDS-Mitglieder einen „Sozialarbeitergewerkschaftstreff" ins Leben, nicht zuletzt mit dem Aufruf an die KollegInnen, die eigenen Arbeitsbedingungen in den Fokus zu nehmen und nicht nur jene von KlientInnen.[2021] Die Vorhaben der Gründung einer die Fachgewerkschaften übergreifenden Arbeitsgemeinschaft Sozialarbeit und von Fachgruppen in den einzelnen Gewerkschaften (GPA, GÖD und Gewerkschaft der Gemeindebediensteten) konnten im Mai 1987 bei einer Veranstaltung mit 40 TeilnehmerInnen konkretisiert werden.[2022] Die Gründung einer ersten Fachgruppe Sozialarbeit gelang schließlich in der Gewerkschaft der Privatangestellten (GPA) am 1. Dezember 1987.[2023] Wenig später beschloss die Generalversammlung des TBDS mit großer Mehrheit eine Resolution, in der alle Vereinsmitglieder aufgefordert wurden, dem ÖGB beizutreten und in ihren jeweiligen Fachgewerkschaften eine Fachgruppe Sozialarbeit zu organisieren. „Nur so können wir unsere arbeitsrechtlichen Interessen wahrnehmen und einem Abbau unserer Arbeitsplätze entgegenwirken."[2024]

Eine Rolle spielte der TBDS auch in der vom Dachverband initiierten und sich über Jahre ziehenden Debatte um die Ausarbeitung eines Berufsbildes. Ab Februar 1987 nahm in Innsbruck der Arbeitskreis Berufsbild der Sozialarbeit seine Tätigkeit auf. SozialarbeiterInnen sollten sich darin in ihrer konkreten Tätigkeit wiederfinden, außerdem sollte dieser Leitfaden dazu beitragen, „die täglichen Anforderungen in der Arbeit zu strukturieren und besser zu bewältigen".[2025]

Ende 1987 veröffentlichte dieser Arbeitskreis einen Entwurf, der den Stand der Entwicklung der Sozialarbeit in einer Reihe von Aspekten gut wiedergibt. Unter dem Stichwort „Definition" hieß es:

„Sozialarbeit ist eine berufliche Tätigkeit. Sie dient der Beseitigung bzw. Bewältigung von Not- und Konfliktsituationen einzelner Menschen, von Gruppen und Gemeinwesen. Sie versucht die Ursachen der Not und Konflikte zu beseitigen oder vorbeugend zu verhindern. Sie dient der Entwicklung und Erhaltung der Gesellschaft. Sozialarbeit ist gezieltes Handeln, gründet auf Fachwissen, geschieht im Rahmen der demokratischen Wertvorstellungen und wird getragen von Verantwortungsbewußtsein der Berufsangehörigen für den einzelnen Menschen und

---

2019 SIT, Gegen Sozialabbau, Nr. 6 September 1987, S. 21; sowie SIT 10, September 1988, S. 9.
2020 SIT, Gewerkschaft, Nr. 3, Februar 1987, S. 5.
2021 Ebd.
2022 SIT, Gewerkschaft, Nr. 6, September 1987, S. 17.
2023 SIT, Neues von der Gewerkschaft, Nr. 7, Dezember 1987, S. 6.
2024 SIT, Resolution bei der Generalversammlung, Nr. 8, April 1988, S. 8.
2025 SIT, Arbeitskreis: „Berufsbild der Sozialarbeit", Nr. 5, Mai 1987, S. 13.

die Gesellschaft. Sozialarbeit unterscheidet sich von anderen Hilfen für Menschen dadurch, daß nicht nur ein Teilbereich der menschlichen Existenz im Mittelpunkt der Arbeit steht, sondern Probleme von Einzelnen, Gruppen und Gemeinwesen in ihrer Gesamtheit erfaßt und dementsprechend ganzheitliche Hilfen angestrebt werden. Begründet ist die Sozialarbeit durch die Notwendigkeit einer Hilfeleistung für die Benachteiligten unserer Gesellschaft. So tritt die Sozialarbeit in Aktion einerseits im Auftrag der Gesellschaft, andererseits aus eigener Initiative, aufgrund ihrer Verantwortung (aus Mit-Gefühl) und aufgrund ihrer Fachkompetenz."[2026]

Die Debatten um die Zusammenführungen von unterschiedlichen Entwürfen aus den Bundesländern gestaltete sich im OBDS mühsam und offenbar auch chaotisch. Im November 1988 verständigte sich die Bundeskonferenz (ein Gremium, das sich aus dem Vorstand des OBDS und den Landesvorsitzenden zusammensetzt) darauf, das zuvor von der Generalversammlung beschlossene Berufsbild nicht zu veröffentlichen. Aufgrund zahlreicher Zusatzanträge hatten sich Fehler und Unklarheiten ergeben, welche der Bundeskonferenz zu heikel erschienen, um über eine Endversion im Alleingang zu entscheiden. Deshalb wurden die Landesorganisationen Burgenland und Niederösterreich beauftragt, einen neuen Anlauf für die Ausarbeitung eines Berufsbilds zu unternehmen, der erst nach 1990 zu einem Ergebnis führte.[2027]

Bei der Generalversammlung des TBDS Anfang 1991 wurde eine Umbenennung des Vereins in „Tiroler Berufsverband diplomierter SozialarbeiterInnen" beschlossen.[2028]

11.4 Sozialforum Innsbruck

Im Herbst 1977 trafen sich MitarbeiterInnen von Z6 und der drei aus dem Jugendzentrum hervorgegangenen Einrichtungen, DOWAS, KIT und Mietgemeinschaft, um „nicht länger voneinander isoliert vor sich hin zu wurschteln"[2029], und gründeten das Sozialforum Innsbruck. Die Grundgedanken des Sozialforums fanden in der freien Sozialszene Innsbrucks großen Anklang und binnen weniger Monate wuchs die Zahl der Mitglieder rasch an.

Von Anfang an hatte das Sozialforum das Ziel, sich über die Schwierigkeiten in der Arbeit auszutauschen.[2030] Gemeinsame Auftritte gegenüber der Politik und der Öffentlichkeit wurden ebenso angepeilt, wie die Lösung von Raumproblemen, die viele Sozialvereine hatten.[2031] Ein weiteres Motiv waren schlechter gewordene wirtschaftliche Rahmenbedingungen, was dazu geführt hatte, dass die einzelnen Initiativen immer stärker

---

2026 SIT, Betrifft: „Berufsbild diplomierter Sozialarbeiter", Nr. 7, Dezember 1987, S. 7–11, hier S. 8.
2027 SIT, Protokoll der ordentlichen Generalversammlung des Tiroler Berufsverbandes Diplomierter Sozialarbeiter, Nr. 15, Februar 1990, S. 4. Ein aktuelles Berufsbild kann auf der Homepage des OBDS nachgelesen werden: http://www.sozialarbeit.at/index.php?article_id=96&clang=0 (abgerufen am 8.2.2018).
2028 SIT, Rede des Häuptlings, Nr. 19, Februar 1991, S. 2.
2029 10 Jahre Jugendzentrum Z6, 1979, S. 39, Privatarchiv Windischer.
2030 Ebd.
2031 bS 21–23 (3–5/1978), Sozialforum Innsbruck: Probleme gemeinsam lösen?, S. 50–52, hier S. 50.

mit Problemen ihres jugendlichen Klientels konfrontiert waren, die teilweise außerhalb ihrer Kernkompetenzen lagen, darunter Arbeits- und Wohnungsvermittlung.[2032]

Am 29. Mai 1978 stellte das Sozialforum seine Anliegen unter dem Motto „Gemeinsam lösen – soziale Probleme in Innsbruck" in einer öffentlichen Veranstaltung vor. Der Einladung an Innsbrucker PolitikerInnen waren u. a. Sozialstadtrat Paul Kummer, Kulturstadtrat Günther Schlenck und Gemeinderat Hermann Girstmair (alle ÖVP) gefolgt. Bei dieser Veranstaltung präsentierten sich neben den Gründungsorganisationen des Sozialforums auch jene die zwischenzeitlich zum Sozialforum gestoßen waren. Dazu gehörten der Verein zur Förderung integrativer Vorschulerziehung (der wenig später den österreichweit ersten Kindergarten für behinderte und nicht behinderte Kinder eröffnete), die Pädagogische Aktion (eine studentische Initiative für Kreativspielplätze), die Arbeitsgemeinschaft Soziale Psychiatrie Hall (Besuche psychisch Kranker, Forderung nach Wohngemeinschaften für diese Personengruppe), die Initiativgruppe Behinderte – Nichtbehinderte (die zu diesem Zeitpunkt mit kreativen Aktionen um die Abschrägung von Gehsteigen kämpfte), die Familienrunden (eine Zusammenschluss junger Ehepaare) sowie die Aktion Herberge (die sich im kirchlichen Bereich um Wohnraum für Jugendliche bemühte).[2033] Die Mitgliedschaft im Sozialforum war offenbar an keine besonderen Kriterien gebunden, auch der Übergang zwischen der Mitwirkung von Organisationen und der Teilnahme von Einzelpersonen, die einer Organisation zuordenbar waren, war fließend. Deshalb gibt es in diversen Quellen je nach Zeitpunkt der Erstellung recht unterschiedliche Listen über die am Sozialforum beteiligten Organisationen.[2034]

Rund 500 Personen hatten an der erwähnten Veranstaltung teilgenommen und neben der Präsentation der einzelnen Initiativen die gemeinsamen Forderungen an die Stadtpolitik zu hören bekommen. Dazu zählte vor allem eine bessere Dotierung der Arbeit der Initiativen, wobei die Forderungen mit Vergleichen aus dem Sozial- und Kulturbudget untermauert worden waren. Verlangt wurde überdies ein Sozialkonzept für Innsbrucker Jugendliche und die Schaffung eines Sozialbeirats, beides im Zusammenwirken von Politik und Sozialeinrichtungen. Auch einen Wunschtraum bekamen die PolitikerInnen zu hören: Teile des Rhomberg-Geländes durch die Stadt anzumieten und den Sozialvereinen zu überlassen, etwa als Standort für das Jugendzentrum Z6, das DOWAS, Wohngemeinschaften etc.[2035]

Die Politiker reagierten auf die Präsentation und die formulierten Forderungen wohlwollend, sprachen ihre Bereitschaft zur Zusammenarbeit aus, blieben aber unverbindlich. Verwiesen wurde auf die beschränkten finanziellen Mittel der Stadt, auf die

---

2032 Ebd.
2033 Ebd.; vgl. auch Tiroler Tageszeitung, Probleme der Sozialarbeit auf privater Ebene, 3.6.1978, S. 9.
2034 Bernhard Pichler nennt in seiner Dissertation „Jugendarbeit zwischen Anspruch und Wirklichkeit" (1986) eine undatierte Liste mit folgenden Mitgliedern des Sozialforums (S. 44): MK, Z6, KOZ, Arbeitskreis für soziale Psychiatrie, Jugendwarteraum, Projektgruppe Integrierter Kindergarten, Gruppe Behinderte-Nichtbehinderte, Mietgemeinschaft, Pädagogische Aktion, Aktion Herbergssuche sowie SozialarbeiterInnen aus dem Fürsorgeerziehungsheim Kleinvolderberg, des KIT, der Bewährungshilfe und des DOWAS.
2035 Vgl. bS, Sozialforum Innsbruck: Probleme gemeinsam lösen?, Nr. 21–23, S. 50–52; Tiroler Tageszeitung, Probleme der Sozialarbeit auf privater Ebene, 3.6.1978, S. 9; 10 Jahre Jugendzentrum Z6, 1979, S. 39, Privatarchiv Windischer.

im unmittelbaren städtischen Verantwortungsbereich erbrachten Leistungen sowie auf das Fehlen von Zuständigkeiten – etwa den Arbeitsmarkt betreffend.[2036] Einige Monate später bekamen VertreterInnen des Sozialforums die Gelegenheit, ihre Anliegen bei Bürgermeister Lugger und Sozialstadtrat Kummer vorzubringen, ein Treffen, das erneut ohne konkrete Ergebnisse endete: die beiden Politiker gaben sich wohlwollend und interessiert, verwiesen aber immer wieder auf Bund und Land und den Mangel an Kompetenzen im eigenen Wirkungsbereich.[2037]

Das Projekt am Rhombergareal beschäftigte das Sozialforum einige Zeit: Wo sich heute das Einkaufszentrum Sillpark befindet, war in den späten 70er Jahren noch die Textilfabrik Herrburger und Rhomberg tätig. Als die Firma Abwanderungspläne bekanntgab, hofften die Sozialvereine auf ein Engagement der Stadt und die Möglichkeit sich in den Fabrikshallen einzumieten. Im Laufe einiger Monate wurden größere und kleinere Varianten angedacht, letztlich zerschlugen sich die Rhomberg-Pläne.[2038] In unmittelbarer Nähe, am anderen Sillufer bot sich wenig später das stillgelegten Gaswerk im Eigentum der Stadt Innsbruck für ein ausgedehntes Sozialareal an. Obwohl es bereits Raumnutzungsprogramme gab, scheiterte auch dieses Projekt früh.[2039]

Die Euphorie der Gründungsphase des Sozialforums mit seinem schnellen Wachstum wich bald einer Ernüchterung. Die Veranstaltung Ende Mai 1978 hatte ein Echo in der Öffentlichkeit gefunden, aber zu keinen konkreten Fortschritten in Bezug auf Raumprobleme oder des geforderten Sozialbeirats bzw. der Ausarbeitung eines Sozialkonzepts gemeinsam mit der Stadt beigetragen. Im Z6 wurde beklagt, die Aktivitäten für das Sozialforum hätten derartig viel Arbeitskraft gebunden, dass die alltägliche Arbeit im Jugendzentrum darunter leide. Trotzdem war man bei den Zusammenkünften weiter entschlossen, langfristige Ziele zu verfolgen, worunter auch die Schaffung eines Krisenintertionszentrums genannt wurde – bis zur Gründung des KIZ sollte es schließlich noch 14 Jahre dauern.[2040]

Das Interesse am Sozialforum blieb vorerst trotzdem hoch. Das Protokoll einer Plenarsitzung aus dem Jänner 1980 weist 39 TeilnehmerInnen aus, darunter eine Anzahl von Personen, die keiner Einrichtung zuzuordnen waren.[2041] Um die Aufgaben besser bewältigen zu können hatten sich im Laufe des Jahres 1979 drei Arbeitsgruppen gebildet. Eine beschäftigte sich mit dem Austausch zwischen den einzelnen Einrichtungen, dem besseren Kennenlernen, dem Aufspüren von Gemeinsamkeiten und der Entwicklung möglicher Hilfestellungen. Die zweite Arbeitsgruppe trug den Titel „Politik des Sozialforums". Als Selbstverständnis wurde das einer „überparteilichen (Bürger)initiative" gewählt, mit dem Ziel „soziale Mißstände und Ungerechtigkeit in unserem Land nicht einfach hinzunehmen, sondern etwas dagegen zu unternehmen." Explizit sollte es nicht um die Erarbeitung verbindlicher ideologischer Richtsätze gehen.[2042]

2036 Ebd.
2037 Tiroler Tageszeitung, Delegation des „Sozialforums" im Rathaus, 16.9.1978, S. 9.
2038 Protokoll des Sozialforums vom 24.6.1978, Privatarchiv Windischer.
2039 Vgl. Vogl 1979.
2040 Protokoll des Sozialforums vom 14.6.1978, Privatarchiv Windischer.
2041 Zeitschrift Sozialforum Nr.1, Februar 1980. Davor war bereits eine Nullnummer erschienen, Privatarchiv Windischer.
2042 Ebd., S. 6.

Die dritte Arbeitsgruppe schließlich beschäftigte sich mit dem Thema: „Das Sozialforum als große Selbsthilfeorganisation". Damit war eine wechselseitige Unterstützung, u. a. auf organisatorischer Ebene gemeint. Als utopisches Ziel wurde auch die Bildung einer „Sozialgenossenschaft" genannt. Besonders ambitioniert war eine weitere Ebene von Selbsthilfe, die Schaffung von „Kontaktstellen des Sozialforums" bei einzelnen Einrichtungen. Gedacht war an die Beratung von Menschen, „die sich sozial engagieren wollen, die aber nicht wissen, wo sie das ihren Interessen entsprechend am besten tun können". Noch weitergehender war die Idee, dass diese „Kontaktstellen" auch für Personen da sein sollten, „die Ratschläge suchen, wohin sie sich mit ihren sozialen und persönlichen Problemen wenden sollen", um damit eine Lücke im Beratungsnetz zu schließen.[2043]

Die Quellenlage über die Aktivitäten des Sozialforums Innsbruck ist ab dem Frühjahr 1980 dürftig. Ein im Laufe des Jahres 1980 erschienenes Flugblatt mit dem Schwerpunkt Wohnungslosigkeit führt das Sozialforum als Herausgeber und die Adresse des DOWAS im Impressum, weitere ähnliche, ab 1981 erschienene Flugblätter nennen das DOWAS als Herausgeber. In Zeitungsartikeln zu Kernthemen des Sozialforums aber auch in Dokumenten und Zeitschriften des Z6 kommt das Sozialforum bereits 1980 nicht mehr vor. Vereinzelte Erwähnungen in zeitnahen Quellen sprechen allerdings von einem Bestehen des Sozialforums bis 1982.[2044] Trotzdem ist davon auszugehen, dass das Sozialforum Innsbruck seine Aktivitäten im Wesentlichen im Laufe des Jahres 1980 eingestellt hat. Womöglich haben zu hoch gesteckte Ziele und das Ausbleiben von Erfolgserlebnissen dazu beigetragen.

11.5 Tiroler Arbeitskreis für Heimerziehung

Eine wichtige Rolle in der Auseinandersetzung um die Tiroler Fürsorgeheime nahm in der Zeit um 1980 der Tiroler Arbeitskreis für Heimerziehung ein. Wiederholt hat sich der Arbeitskreis auf folgende Weise selbst dargestellt:

„Es trafen sich immer wieder Pädagogen, Psychologen, Juristen, Lehrer, Sozialarbeiter, Erzieher und Priester mit der Absicht, die Situation in den Tiroler Heimen so zu verbessern, dass ohnehin schon schwer benachteiligte junge Menschen in pädagogisch, psychologisch und menschlich angemessener Weise lernen, in der Gesellschaft zu bestehen."[2045]

Diese Formulierung macht deutlich, dass es dem Arbeitskreis um eine Verbesserung der Situation in den Fürsorgeerziehungsheimen ging und – zumindest nicht vorrangig – um deren Schließung.

Zeit seines Bestehens hatte der Arbeitskreis nur über rudimentäre formale Strukturen verfügt, weshalb eine exakte Datierung seiner Gründung und seines Endes nicht mög-

---

2043 Ebd., S. 8 f.
2044 König 1985, S. 173.
2045 e.h., Tiroler Arbeitskreis für Heimerziehung: riegel und gitter entfernen, Nr. 6/1980, S. 10. Weiters: bS 34 (4/1980), Kann an der Heimerziehung etwas verbessert werden?, S. 26 f.

lich ist. In 1980 und 1981 entstandenen Selbstdarstellungen wird als Gründungsdatum der Februar 1979 genannt.[2046] Im Unterschied dazu datiert der Initiator des Arbeitskreises, der Bewährungshelfer Klaus Madersbacher, das erste Treffen exakt auf den 28. März 1978.[2047] Unbestritten, weil vage, ist das Ende des Arbeitskreises, Madersbacher spricht von drei bis vier Jahren seiner Existenz, „der ist halt so langsam ausgelaufen".[2048]

Bemerkenswert ist, wodurch Madersbachers Initiative ausgelöst wurde: „Die Gründungsidee, die – sagen wir der Auslöser für meine ganzen Antijugendwohlfahrts- und -heimaktivitäten, das war ja ein Proband im Zillertal drinnen."[2049] Dieser Klient hätte bei Innsbrucker Kinderbeobachtungsstation von Maria Nowak-Vogl stationär ein psychiatrisches Gutachten über sich ergehen lassen sollen. Madersbacher schlug beim Leiter der Jugendwohlfahrt Ekkehart Kecht anstelle dessen ein Ambulanzgutachten vor. Kecht hätte ihm zugesagt, das wäre möglich, wenn er einen Psychiater dafür finden würde. Als Madersbacher zwei Tage später telefonisch einen externen Fachgutachter namhaft machte, lehnte Kecht mit dem Argument ab, er habe die Akten bereits an die Kinderbeobachtungsstation geschickt. Das weckte Madersbachers Widerstand: „Dann habe ich gesagt, das werden wir schon noch sehen und habe einfach aufgelegt."[2050] Als der Bezirksrichter in Zell am Ziller für den Jugendlichen Fürsorgeerziehung anordnete, entzog Madersbacher den Jugendlichen kurzerhand für einige Wochen dem Zugriff der Behörden, indem dieser „nicht unmittelbar greifbar war".[2051] Als ein neuer Richter ans Zeller Bezirksgericht kam, hob dieser die Fürsorgeerziehung wieder auf. Damit war die vom Jugendlichen und seinem Bewährungshelfer gleichermaßen abgelehnte Heimeinweisung vom Tisch. Auch eine letztlich nicht notwendige Rechtfertigung für seine Vorgangsweise hatte sich Madersbacher bereits zurechtgelegt:

„Ich habe auch rechtlich kein Problem damit gehabt, weil ich damit argumentiert habe, wenn man dem schon Bewährungshilfe gibt, muss ich ja schauen, dass da etwas Gescheites daraus wird. Und wenn er ins Heim kommt, ist das nicht so."[2052]

In der Folge bekam Madersbacher Hinweise über Missstände in Kleinvolderberg, u. a. von einem in diesem Heim tätigen Erzieher. Darunter befanden sich Fotos, die bewiesen, dass in Kleinvolderberg Fluchten von Jugendlichen weiterhin mit Karzerstrafen geahndet wurden. Ihm wurden aber auch Dokumente aus der zuständigen Abteilung Vb im Tiroler Landhaus zugespielt: Dienstanweisungen, Regelungen der alltäglichen Abläufe, Pläne über die Ausgestaltung der Räume etc. Schließlich lud der Bewährungshelfer zu einem ersten Treffen ins Widum von Schwaz. Mit dabei neben dem gastgebenden Dekan Bonifaz Madersbacher (dem Onkel von Klaus Madersbacher) der Wattener Hauptschullehrer Anton Zingerle, Johann Mahlknecht, der Innsbrucker Jugendrichter, der Schwazer Schuldirektor Gritsch, Toni Mitterdorfer, Präfekt am Bischöflichen

---

2046 Ebd.
2047 Klaus Madersbacher: „Aufgescheuchte Staatsbürger", in: Sozialpolitische Arbeitskreis (SPAK) (Hg.): 1983–2004, Verein für Soziale Arbeit in Tirol geschlossen, S. 18–19.
2048 Interview Madersbacher 2015.
2049 Ebd.
2050 Ebd.
2051 Ebd.
2052 Ebd.

11 Dachverbände und Arbeitskreise

Gymnasium Paulinum, die im Axamer Kinderheim tätige Psychologin Edith Heidi Kaslatter und die beiden BewährungshelferInnen Edmund Pilgram (Geschäftsstellenleiter) und Pia Hammerer (spätere Bernal). Ab dem zweiten Treffen nahm auch die Erziehungswissenschaftlerin Eva Köckeis-Stangl regelmäßig teil. Die Treffen fanden zu Beginn in monatlichen Abständen statt, bald trafen sich die Teilnehmenden im Keller der Erziehungswissenschaften in der Innsbrucker Peter-Mayr-Straße. Vor allem Mahlknecht und Gritsch trugen die konkreten Missstände in den Landeserziehungsheimen an den damaligen Leiter der Abteilung Vb im Landhaus, Paul Lechleitner, heran. Die gesellschaftliche Stellung mancher Arbeitskreismitglieder erlaubte es diesem und seiner Beamtenschaft nicht, die Anliegen des Arbeitskreises gänzlich zu ignorieren. Das ging sogar so weit, dass Lechleitner und einzelne Beamte seiner Abteilung an Treffen des Arbeitskreises teilnahmen. Zugleich aber erteilte Lechleitner allen HeimerzieherInnen unter Androhung von Disziplinarmaßnahmen die Anweisung, dem Arbeitskreis keine Informationen zu geben.[2053]

In den Veröffentlichungen des Arbeitskreises[2054] wurden mit Bezug auf St. Martin 16 Punkte kritisiert, die sich auf Beschlüsse und Vereinbarungen der Erzieherbesprechungen in der Zeit zwischen dem 13. Juni 1975 und 6. September 1976 bezogen und von einem Geist der Gängelung, des Misstrauens und der Kontrolle gekennzeichnet waren. Diese reichten vom Verbot, sich Zigaretten und Kleidung auszuborgen oder in der Dusche die Haare zu waschen, bis zur Bestimmung, wonach Kaugummi nur als Belohnung für Nichtraucherinnen gestattet und Erzieherinnen über den Inhalt von erhaltenen Paketen zu informieren seien.

Der Arbeitskreises ging aber einen Schritt weiter und gab Empfehlungen für Verbesserungen ab. Am 10. März 1980 übermittelte er dem Land Vorschläge zu konzeptuellen Änderungen betreffend das Landeserziehungsheim für Mädchen St. Martin in Schwaz. Empfohlen wurde u. a. eine offene Selbstverantwortungsgruppe, die Beschäftigung der Mädchen außerhalb des Heimes, eine Fortbildung der Erzieherinnen durch amtsfremde Fachleute, eine Entscheidungsfreiheit in psychologisch-pädagogischen Fragen für Erzieherinnen und die Heimpsychologin sowie die Einrichtung einer sozialpädagogisch geführten Wohngemeinschaft. Aber Paul Lechleitner und sein designierter Nachfolger Ekkehart Kecht lehnten in einem Gespräch mit Mitgliedern des Arbeitskreises eine Öffnung des Mädchenheims ab. Auf die Nachfrage, warum das Burschenheim Kleinvolderberg ohne geschlossene Gruppen auskäme und dasselbe in St. Martin nicht möglich sei, erwiderte Kecht, dass eine Parallele zwischen den beiden Heimen „wegen der biologischen Unterschiede nicht möglich" sei. Außerdem sei der Grund der Einweisung nach St. Martin zumeist das „Herumstreunen" der Jugendlichen und deshalb die Abgeschlossenheit zur Verhinderung von Fluchten notwendig.[2055] Dazu merkte der Arbeitskreis in einer dem Gesprächsprotokoll beigefügten Stellungnahme an:

„Es macht nachdenklich, daß das ‚Herumstreunen' der Mädchen ein wesentlicher Anlaß für die Heimeinweisung nach St. Martin ist. Offensichtlich haben

---

2053 Ebd.
2054 Vgl. e.h., Tiroler Arbeitskreis für Heimerziehung: riegel und gitter entfernen, Nr. 6/1980, S. 10; weiters: bS, Kann an der Heimerziehung etwas verbessert werden?, Nr. 34, S. 26 f.
2055 Protokoll über die Sitzung des Arbeitskreises Heime vom 30.1.1980, zitiert nach Ralser 2015, S. 103.

die meisten Mädchen dabei niemanden geschädigt, außer evtl. sich selbst durch Fernbleiben von Schule oder Beruf."[2056]

Mit Bezug auf Kleinvolderberg interpretierte der Arbeitskreis eine geplante geschlossene Therapiestation als Abschreckungsinstrument, das Fluchten unterbinden sollte. Die Umsetzung dieses Konzepts hätte zur Folge, dass sich die bisherige Karzerhöchststrafe von drei Tagen auf vier Wochen erhöhen würde. Über diese Detailfragen hinaus reichten die Forderungen des Arbeitskreises nach einer Kommission unabhängiger PädagogInnen, PsychologInnen und SozialarbeiterInnen, die gemeinsam mit dem Amt der Landesregierung „den Zustand in den Landesjugendheimen erheben, Vorschläge ausarbeiten und deren Durchführung begleiten soll". Zugleich verlangte der Arbeitskreis die finanziellen und erzieherischen Vor- und Nachteile der bestehenden Heimkonzepte gegenüber einem zu schaffenden Netz von Wohngemeinschaften abzuwägen. Der Arbeitskreis bot dem Land seine Mitarbeit an und fordert als Sofortmaßnahme von der „Therapiestation" in Kleinvolderberg „Riegel und Gitter zu entfernen und die Räume umzuwidmen".[2057]

Eine Zuspitzung erfuhren die Auseinandersetzungen durch den am 16. September 1980 ausgestrahlten Beitrag „Problemkinder" in der ORF-Sendung Teleobjektiv[2058], deren Leitung in den Händen des aus Südtirol stammenden Journalisten und Autors Claus Gatterer lag. Die über 45 Minuten dauernde Sendung hatte der junge Journalist Kurt Langbein gestaltet, wobei er positive und negative Beispiele der Heimerziehung aus mehreren Bundesländern thematisierte. Der Schwerpunkt lag allerdings bei den Tiroler Negativbeispielen der Psychiatrischen Kinderbeobachtungsstation von Maria Nowak-Vogl in Innsbruck, dem Fürsorgeerziehungsheim St. Martin in Schwaz und dem Heim für behinderte Kinder und Jugendliche St. Josefs-Institut in Mils bei Hall.

Der Arbeitskreis Tiroler Heimerziehung und Klaus Madersbacher kamen im Film nicht vor, es war aber naheliegend, dass Langbein seine Recherchen auf Informationen aus diesen Quellen aufgebaut hatte. Der Teleobjektiv-Film schlug hohe Wellen: Lokale Politiker, Beamte und Medien versuchten einen Medienskandal zu konstruieren, anstatt sich mit den kritischen Inhalten des Films auseinanderzusetzen. Madersbacher erinnert sich, dass der Film im Landtag vorgeführt wurde und sich Abgeordnete „furchtbar aufgeregt haben".[2059] Hingegen verschwieg die Tiroler Tageszeitung die Inhalte des Films und die folgenden Auseinandersetzung über eine Woche lang. Schließlich erschien eine Notiz, wonach Landeshauptmann-Stellvertreter Fritz Prior (ÖVP) in seiner Funktion als Mitglied des ORF-Kuratoriums einen „geharnischten Protest" gegen die Sendung bei Generalintendant Gerd Bacher deponiert hätte.[2060] Redaktionell war von einer „Manipulierung und Verunglimpfung der sozialen Einrichtungen Tirols" die Rede, der aus Südtirol stammende Sendungsgestalter Claus Gatterer wurde als Nestbeschmutzer diffamiert.[2061] In der Folge druckte die TT einige Leserbriefe ab, deren SchreiberInnen

---

2056 Ebd.
2057 Ebd.
2058 Teleobjektiv vom 16.9.1980, Beitrag „Problemkinder", https://www.youtube.com/watch?v=FfZNnJv63sM (abgerufen am: 29.3.2020).
2059 Interview Madersbacher 2015.
2060 Tiroler Tageszeitung, Prior protestierte, 25.9.1980, S. 5.
2061 Ebd.

vor allem die im Film kritisierten geistlichen Schwestern des St. Josefs-Instituts lobten.[2062] Einer inhaltlichen Auseinandersetzung mit den aufgezeigten Missständen stellte sich die TT auch in der Folge nicht. Dem Reflex, Tirol gegen den „Wiener" ORF zu verteidigen, folgte sogar dessen Innsbrucker Landesstudio und produzierte einen Film, der die Arbeit des St. Josefs-Institut in Mils lobend darstellte.[2063]

In betrifft: Sozialarbeit veröffentlichte in der Folge der Arbeitskreis einen undatierten offenen Brief an Landeshauptmann-Stellvertreter Prior: „Uns ist bekannt, daß die Zustände in Tiroler Heimen tatsächlich so sind, wie im ‚Teleobjektiv' gezeigt wurde, ja teilweise noch schlimmer", hieß es in dem von Madersbacher, Kaslatter und Gerda Thaler unterzeichneten Dokument.[2064] Bemerkenswert ist der Versuch der KritikerInnen, sich selbst als die quasi besseren Tiroler darzustellen:

„Wir Tiroler mit unserer jahrhundertealten demokratischen Tradition werden nicht zuschauen, wie unsere Demokratie von Leuten, die sich schon jetzt als Machthaber aufspielen, untergraben wird! Als Tiroler verlangen wir, daß die Kritik an den Zuständen in Tiroler Heimen ernst genommen wird und entsprechende Maßnahmen ergriffen werden, um diesem schändlichen Zustand in unserem Land ein Ende zu setzen! [...] Als Tiroler verwehren wir uns dagegen, daß unser Land Tirol als Deckmantel für derartige antidemokratische Aktionen gewisser Gruppierungen herangezogen wird, als deren Sprecher Sie sich in diesem Fall betätigt haben. Wenn wir Tiroler schon angeblich ‚schwarz' und ‚heilig' sein sollen, so werden wir uns – von Ausnahmen abgesehen – auf keine Fall als Pharisäer hinstellen lassen!"[2065]

Vier weitere Artikel im selben Heft von betrifft: Sozialarbeit verdeutlichten die Dimension der Konflikte nach Ausstrahlung des Teleobjektiv-Beitrags. Unter anderem wurde der durch die Sendung gelungene Bruch der Tabuisierung der Heimerziehung hervorgehoben, die Bildung eines Arbeitskreises von Betroffenen der Heimerziehung angeregt und eine „demokratische, öffentliche und qualifizierte Kontrolle der Heime" gefordert.[2066] In diese intensive Phase fiel auch eine vom Arbeitskreis initiierte parlamentarische Anfrage des Nationalratsabgeordneten Karl Reinhart (SPÖ) an Justizminister Broda. Diese enthielt unter anderem die Frage, ob Zwangsmaßnahmen wie die Karzerstrafe im Einklang mit der österreichischen Rechtsordnung stünden. Die mit 13. Februar 1981 datierte Antwort des Ministers verwies auf das Jugendwohlfahrtsrecht, wonach öffentliche Erziehungsträger die gleichen Erziehungsrechte hätten wie Eltern. Demnach sei es unzulässig Kinder einer quälenden und menschenunwürdigen Erziehung zu unterwerfen. Ohne explizit auf die Karzerstrafe einzugehen, ließ Broda keinen Zweifel daran, dass deren Anwendung rechtswidrig sei.[2067]

2062 Vgl. Tiroler Tageszeitung, „Teleobjektiv" – so nicht!, 28.9.1980, S. 6; Tiroler Tageszeitung, Zu „Kinder im Schatten", 4.10.1980, S. 7.
2063 Interview Madersbacher 2015.
2064 bS 35 (5/1980), Offener Brief an Landeshauptmannstellvertreter Dr. Prior, S. 5.
2065 Ebd.
2066 bS 35 (5/1980), Trotz vehementer Intervention: Tabu „Heime" durchbrochen, S. 6.
2067 Vgl. Michaela Ralser (Projektleitung), „Ich hasse diesen elenden Zwang" – Das Landeserziehungsheim für Mädchen und junge Frauen St. Martin in Schwaz, Innsbruck 2015, S. 119. www.tirol.gv.at/

Am 21. Jänner 1981 lud der Arbeitskreis zu einer Podiumsdiskussion in die Tiroler Arbeiterkammer. Unter dem nüchternen Titel „Heimerziehung in Tirol" saßen Soziallandesrat Fritz Greiderer, Landesjugendamtsleiter Paul Lechleitner, Ministerialrat Herbert Ent (Justizministerium) sowie der Sozialarbeiter Hans Feigelfeld auf dem Podium. Laut dem Bericht der Tiroler Tageszeitung stieß die Veranstaltung „auf enormes Interesse. [...] Selten sah man einen derart überfüllten Saal."[2068] Bei dieser Podiumsdiskussion erklärte Ministerialrat Ent, seitens des Gesetzgebers gäbe es keinen Auftrag zur Führung geschlossener Anstalten. Der Wohlfahrtsgedanke hieße im Gegenteil „bestmögliche Förderung jedes einzelnen Fürsorgefalles".[2069] Hans Feigelfeld, Leiter des Instituts für Sozialtherapie in Wien, plädierte für offene Heimarbeit und familienunterstützende Maßnahmen. Der Arbeitskreis präsentierte ein Paket mit folgenden Forderungen:

- Öffnung von St. Martin
- Umwidmung der Therapiestation in Kleinvolderberg
- Einflussnahme auf die Konzepte von Privatheimen
- Abschaffung jeglicher Strafisolierung
- Aufbau weiterer Wohngemeinschaften
- mehr Mitbestimmung durch die Öffentlichkeit.[2070]

Drei Monate später widmete die Fachzeitschrift Erziehung heute der Heimerziehung einen Schwerpunkt.[2071] Der Beitrag des Arbeitskreises trug den Titel „dagegen ankämpfen".[2072] Erneut wurde als Ziel formuliert, die Situation für die Kinder und Jugendlichen in den Heimen zu verbessern, Missstände aufzuzeigen und Vorschläge auszuarbeiten. Der Beitrag wies die Vorwürfe, der Arbeitskreis wolle alle Heime sofort abschaffen „und die Erzieher arbeitslos zu machen", explizit als Diffamierung zurück. Gefordert wurden allerdings neben einer Reformierung der bestehenden Heime die Schaffung von mehr Wohngemeinschaften, wie das beispielsweise in Wien bereits geschehen sei. Als Erfolge des Arbeitskreises nannte der Artikel in St. Martin die ersatzlose Streichung des Karzers, die Einrichtung einer Selbstverwaltungsgruppe innerhalb des geschlossenen Heimes. Im seit einigen Jahren als offenem Heim geführten Kleinvolderberg würden die Jugendlichen im Unterschied zu St. Martin außerhalb arbeiten. Unzureichend sei die Reaktion auf die Kritik an der „Therapiestation" mit der Einrichtung einer Beschwerdestelle bei der Landesregierung.[2073]

Zweifelsfrei hat der Arbeitskreis im Ankurbeln der Heimdebatte eine maßgebliche Rolle gespielt und mit seinen fachlich fundierten Vorschlägen und Forderungen zu Verbesserungen in den Heimen wichtige Impulse gesetzt, die in ihrer Wirkung über den regionalen Rahmen hinausreichten.[2074] Erwähnenswert ist ein Aspekt, den der damalige

---

fileadmin/themen/gesellschaft-soziales/opferschutz/Das-landeserziehungsheim-fuer-maedchen-und-junge-frauen-st.-martin-in-schwaz.pdf.
2068 Tiroler Tageszeitung, Heimerziehung: Geht's nur mit Zwang?, 23.1.1981, S. 5.
2069 Helene Sturm: heimmisere; in: e.h. 1/2, Februar 1981, S. 37.
2070 Ebd.
2071 e.h. 3/4, April 1981.
2072 Ebd., dagegen ankämpfen, S. 17–18.
2073 Ebd.
2074 Vgl. Ralser 2015, S. 103; Schreiber 2010, S. 87; Hönigsberger/Karlsson 2013, S. 217–219.

Leiter der Bewährungshilfe und Vorgesetzte Madersbachers, Edmund Pilgram, ins Spiel bringt:

„Ich habe ja auch den Klaus weitgehendst gedeckt, das muss man ja auch dazusagen, der war ja schon, das war die Frage, ob das überhaupt Bewährungshilfearbeit war, das hat er ja immer in der Geschäftsstelle gemacht, diese Aktivitäten, diese Heimgruppe."[2075]

Pilgram spricht damit die Frage des Politischen Mandats der Sozialarbeit an. Dieses Mandat beinhaltet ein Verständnis von Sozialarbeit, die sich nicht auf die Hilfe und Unterstützung von Einzelnen und Gruppen beschränkt, sondern explizit die Veränderung der politischen und gesellschaftlichen Rahmenbedingungen, unter denen KlientInnen leben, als Teil ihrer Aufgabe betrachtet. In den 1970er und 1980er Jahren wuchs die Zahl der SozialarbeiterInnen, die das Politische Mandat der Sozialen Arbeit als Teil ihres eigenen Selbstverständnisses sahen, verbunden mit dem Versuch, dies in ihrem Arbeitsumfeld auch umzusetzen. Die Bewährungshilfe bot in diesen Jahren von sich aus diesen Raum an und war deshalb für politisch (links) orientierte SozialarbeiterInnen ein besonders begehrter Arbeitsplatz.

Der Tiroler Arbeitskreis für Heimerziehung hat zuletzt noch mit einer raren Besonderheit aufzuwarten: Die konstruktive Kritik am Heimsystem wurde zum Ausgangspunkt für ein Projekt, das in der Arbeit mit benachteiligten Kindern und Jugendlichen in den 1980er Jahren eine wichtige Rolle spielen sollte, der Verein für soziale Arbeit (und Pflegefamilien) in Tirol.[2076] Klaus Madersbacher beschreibt einen fließenden Übergang: „Also die ersten Aktivitäten mit der ambulanten Familienbetreuung, das war ja nicht vom Verein aus, weil den hat es damals noch gar nicht gegeben, sondern das haben wir so irgendwie gemacht. Das war glaube ich auch irgendwie das Ende vom Arbeitskreis."[2077]

11.6 Dachverband der Tiroler Sozialprojekte und selbstverwalteten Betriebe (DASS)

1984 ging vom damaligen Leiter des Z6, Franz Hießböck, die Initiative zur Gründung eines Dachverbands der Innsbrucker Sozialprojekte aus. Primäres Ziel war es, mit Hilfe der Arbeitsmarktverwaltung selbstverwaltete Betriebe aufzubauen und zu führen. „Gemeinsames Auftreten soll eine konsequente Arbeitsplatzbeschaffungspolitik garantieren, in der Dauerarbeitsplätze, Überbrückungshilfen und auch überbetriebliche Ausbildungsplätze geschaffen werden."[2078] Im Oktober 1984 wurde der „Dachverband zur Koordinierung und Beratung der Tiroler Sozialprojekte und selbstverwalteten Betriebe – DASS" als gemeinnütziger Verein gegründet, ca. sieben Sozialprojekte waren

---
2075 Interview Pilgram 2015.
2076 Mehr über die Ambulante Betreuung durch den Verein für Soziale Arbeit im Abschnitt 4.5.5, S. 124 ff.
2077 Interview Madersbacher 2015.
2078 Z6-Zeitung, Gemeinsamer Dachverband der Innsbrucker Selbsthilfegruppen, Sozialprojekte und selbstverwaltete Betriebe [sic!], Dezember 1984, S. 4.

von Anfang an dabei. Als Geschäftsführer wurde über die Aktion 8000 Peter Lindenthal angestellt, in der Innsbrucker Herzog-Friedrich-Straße 33 ein Büro angemietet.[2079]

Zwei Jahre später zählte der DASS elf Mitglieder: DOWAS für Frauen, E.V.I., Ho & Ruck, IWO, KUKUK, MOHI, Traumwerkstatt, UNA, WABE, WAMS, Z6.[2080] Als gemeinsamer Nenner war die „Bekämpfung der Arbeitslosigkeit für die sozial am meisten benachteiligten Gruppen der Gesellschaft" definiert.[2081] Zugleich sah sich der Dachverband aber auch offen für Sozialprojekte wie das DOWAS für Frauen und das MOHI, in deren Tätigkeitsprofil die Schaffung von Arbeitsplätzen nicht vorkam.[2082]

Der DASS definierte sich als Interessensvertretung und politische Plattform der in ihm vertretenen Initiativen. Insbesondere ging es um eine „konsequente Arbeitsplatzbeschaffungspolitik, besonders für die Schwächsten der Gesellschaft, in der Dauerarbeitsplätze, Überbrückungshilfen und auch neue und überbetriebliche Ausbildungsmöglichkeiten geschaffen werden".[2083] Als Aufgabenstellung setzte sich der DASS die Beratung der einzelnen Projekte sowie die Erhöhung von deren sozialpädagogischen und wirtschaftlichen Kompetenz u. a. durch Fort- und Weiterbildungsveranstaltungen für deren MitarbeiterInnen.[2084]

Vor Weihnachten 1986 veranstaltete der DASS in der Innsbrucker Innenstadt eine Projektmesse, bei der sich die einzelnen Initiativen präsentieren und ihre Produkte verkaufen konnten.[2085] Gemeinsam mit dem SPAK wandte sich der Dachverband in offenen Briefen gegen Budgetkürzungen im Haushaltsjahr 1987.[2086]

Unterschiedliche Auffassungen über die Aufgaben und Tätigkeiten des DASS führten dazu, dass Lindenthal Mitte 1987 als Geschäftsführer kündigte. Aus der Sicht Lindenthals nutzten die Mitglieder den Dachverband primär nur als Serviceeinrichtung, brachten sich aber inhaltlich zu wenig ein, insbesondere im Bereich der Aus- und Fortbildung der MitarbeiterInnen.[2087] Ein anderer Konfliktpunkt war die von Lindenthal gewünschte Trennung von Geschäftsführungs- und Vorstandsaufgaben. Das galt vor allem für die politische Vertretung des DASS nach außen, aus Sicht Lindenthals primär eine Vorstandsaufgabe, die ihm als Angestellten des Vereins aber meist übertragen wurde.[2088]

Bereits kurz nach Lindenthals Ausscheiden vermietete der Verein DASS sein zwischenzeitlich in die Angerzellgasse 4 übersiedeltes Büro an den Verein IWO.[2089] Die

---

2079 Telefoninterview Hannes Schlosser mit Peter Lindenthal am 27.12.2017.
2080 SIT, Was ist das DASS?, Nr. 1, September 1986, S. 5.
2081 Ebd.
2082 Telefoninterview Lindenthal 2017.
2083 SIT 1, September 1986, S. 5.
2084 Ebd.; Z6-Zeitung, Dachverband zur Koordinierung und Beratung der Tiroler Sozialprojekte und selbstverwalteten Betriebe, November 1986, S. 6.
2085 SPAK-Protokoll vom 20.11.1986, Archiv DOWAS.
2086 Offener Brief von SPAK und DASS gegen geplante Budgetkürzungen im Haushaltsjahr 1987, gerichtet an Abgeordnete zum Tiroler Landtag, Finanzlandesrat und Landeshauptmann vom 1.12.1986, Archiv DOWAS.
2087 Telefoninterview Lindenthal 2017.
2088 Ebd.
2089 SPAK-Protokoll vom 10.9.1987, Archiv DOWAS; Das Kürzel IWO steht für Tiroler Verein Integriertes Wohnen und begleitet Menschen mit Unterstützungsbedarf ab einem Alter von 16 Jahren insbesondere beim Wohnen.

Position des Geschäftsführers wurde nicht nachbesetzt und bei der Generalversammlung am 16. Mai 1988 wurde festgestellt, dass die Aktivitäten des Vereins völlig eingeschlafen waren. Trotzdem blieb er noch bestehen, um zwei Funktionen weiter zu erfüllen: Erstens als Mietvertragspartner in der Angerzellgasse 4 (wo Amnesty Tirol mittlerweile die Räume mietete) und zweitens, um die Idee eines DASS-Solidaritätsfonds realisieren zu können. Mit dem geringen verbliebenen Vermögen des DASS sollten kleinen Sozialprojekten Kredite in der Startphase oder zur dringlichen Überbrückung gewährt werden.[2090] In welchem Umfang dieser Solidaritätsfonds Aktivitäten entfaltete, lässt sich nicht nachvollziehen.

11.7 Sozialpolitischer Arbeitskreis – SPAK

Die Gründung des Sozialpolitischen Arbeitskreises (SPAK) ist mit dem 4. Juni 1985 zu datieren. Für diesen Tag hatten Waltraud Kreidl und Marko Nicolussi (beide Zentralstelle für Haftentlassenenhilfe) sowie Veronika Holzknecht (Bewährungshilfe) MitarbeiterInnen von einem Dutzend anderer Einrichtungen zur Gründung eines sozialpolitischen Arbeitskreises mit dem Schwerpunkt Sozialhilfe eingeladen.[2091] Die Zentralstelle war erst kurz zuvor im März 1985 eröffnet worden. Die Erfahrungen mit dem Innsbrucker Sozialamt wurden dem Einladungsschreiben zu Folge als „eigenartig" und bisweilen im Widerspruch zu den Gesetzen empfunden.[2092]

Die Treffen fanden in der Folge 14-tägig statt. Im Rückblick wird der SPAK als „Wiedergeburt" der AKST angesehen, aber zeitgenössisch galt ein in Salzburg bereits bestehender gleichnamiger SPAK als Vorbild.[2093] Für Innsbruck bzw. Tirol wurde angestrebt, was der Salzburger SPAK schon erwirkt hatte – „sich mittlerweile Gehör bei politisch Verantwortlichen und der Öffentlichkeit verschaffen" zu können. Dazu erachtete der Tiroler SPAK eine Vernetzung der Einrichtungen als ersten Schritt.[2094] „Sozialarbeit ohne kommunalpolitisches Engagement ist eine Selbstbeschneidung der eigenen Kompetenz und Verantwortung", hieß es weiter mit klarem Bekenntnis zu einem politischen Mandat in der Sozialarbeit.[2095]

Wenige Wochen nach seiner Gründung positionierte sich der Tiroler SPAK in einem Arbeitspapier auf unterschiedlichen sozialpolitischen Ebenen.[2096] Verwiesen wurde auf

---

2090 Einladung und Protokoll der Generalversammlung des Vereins DASS am 16.5.1988, Archiv DOWAS
2091 Neben der Zentralstelle und der Bewährungshilfe waren die Adressaten der Einladung: Psychohygiene, Caritas Einzelfallhilfe, Berufsverband, Verein-Pflegefamilie, Jugendamt/Kern, Dowas, Frauenhaus, Bahnhofssozialdienst, Sozialberatung und Mobiler Hilfsdienst. In einer wenig später erstellten Adressliste schienen überdies folgende Organisationen auf: AEP-Familienberatungsstelle, Frauendowas, Mitfahrzentrale, Verein Rettet das Leben, Verein für Sachwalterschaft, die Sozialarbeiterinnen der Unikliniken für Psychiatrie und Innere Medizin, Landesinvalidenamt und KIT-Beratungsstelle, Archiv DOWAS.
2092 Siehe Abschnitt 5.7 über die Zentralstelle für Haftentlassenenhilfe, S. 173 ff.
2093 Protokoll einer Fortbildungsveranstaltung des SPAK 20./21.9.1989, S. 2, Archiv DOWAS.
2094 SIT, spak, Nr. 1, September 1986, S. 7.
2095 Ebd.
2096 Dokument mit dem Titel „in Schlagwörtern einzelne Daten/Forderungen des Sozialpolitischen Arbeitskreises", nicht datiert (zwischen August und Herbst 1985), Archiv DOWAS.

österreichweit sinkende Realeinkommen, eine steigende Diskrepanz bei Männer- und Fraueneinkommen und eine gestiegene Arbeitslosigkeit. Als größte Mängel der sozialen Versorgung in Innsbruck führte das Arbeitspapier den „weitgehenden Mangel an Einrichtungen für die Versorgung von Jugendlichen und jungen Erwachsenen, von Unterstands- und Obdachlosen, von insgesamt sozial Destabilisierten (Arbeitslose, Sozialhilfeempfänger, Behinderte, Haftentlassene, Familien mitgeringen Einkommen [...], Obdachlosen)" an. Begründet wurden diese Versorgungsmängel mit brüchiger gewordenen sozialen Netzen im Bereich der Nachbarschaftshilfe und Familien, während zwischenzeitlich eingerichtete professionelle soziale Dienste die genannten Personengruppen noch kaum erfasst hätten.[2097]

Explizit sah der SPAK Kommunen und Länder in der Pflicht „professionelle soziale Dienstleistungen für diesen Personenkreis zu organisieren" und ein „umfassendes Konzept der psychosozialen Versorgung auf kommunaler Ebene" zu erarbeiten.[2098] Der Stadt Innsbruck warf der SPAK vor, sich in ihrem Bereich für die psychosoziale Versorgung von sozial- und einkommensschwachen Personen nicht zuständig zu fühlen. Damit unterschied sich die Position des SPAK von jener des Sozialforums, welches selbst Versorgungslücken schließen wollte und die öffentlichen Hände aufforderte, entsprechende Projekte lediglich zu finanzieren. Unter den Forderungen des SPAK-Arbeitspapiers befanden sich die Erhöhung der Zahl an Sachbearbeitern am Innsbrucker Sozialamt, die Umwandlung des Obdachlosenasyls in der Hunoldstraße in eine Sozialstation, dezentrale Unterbringungsmöglichkeiten für Obdachlose, die Schaffung einer kommunalen Wohnungsvermittlungsstelle sowie die Errichtung von Volksküchen und Wärmestuben. Im Herbst 1985 gehörten dem SPAK folgende Organisationen an: DOWAS, Zentralstelle für Haftentlassenenhilfe, Bewährungshilfe, Bahnhofssozialdienst, Frauenhaus, DOWAS für Frauen, Sozialberatung, Verein für Sachwalterschaft, Caritas Einzelfallhilfe, Mobiler Hilfsdienst, Verein Rettet das Leben, SozialarbeiterInnen innerhalb der Klinik.[2099]

Von Anfang an verzichtete der SPAK auf explizite formale Strukturen, etwa in Form eines Vereins. Allerdings nahm der Arbeitskreis nur Einrichtungen und keine Einzelpersonen als Mitglieder auf. Die Mitwirkung der KliniksozialarbeiterInnen ist hier als Ausnahme zu sehen. Dennoch war der SPAK immer vom Engagement einzelner Personen abhängig, die zugleich die Zustimmung ihrer Teams bzw. von Vorgesetzten zur Mitwirkung im SPAK durchzusetzen bzw. abzusichern hatten. Dessen Selbstverständnis entsprach es, dass die bei SPAK-Plenarsitzungen oder in einer seiner Untergruppen aufgewendete Stunden als Arbeitszeit in der jeweiligen Einrichtung zu akzeptieren seien. Als 1985/86 Beamte der Sozialabteilung diese geübte Praxis für Landesbedienstete (etwa der Sozialberatung) außer Kraft setzten, führte dies zu einem länger andauernden Konflikt. Letztlich entschied Landesrat Greiderer, dass die Teilnahme an SPAK-Sitzungen (und anderen Arbeitskreisen) für Landesbedienstete als Arbeitszeit zu gelten habe.[2100]

2097 Ebd.
2098 Ebd.
2099 Ebd.; Tiroler Tageszeitung, Sozialpolitischer Arbeitskreis: Bessere Hilfe für Randgruppen, 21.9.1985, S. 5.
2100 SPAK-Protokoll vom 18.3.1986, Archiv DOWAS.

Ob diese Regelung auch für alle MitarbeiterInnen von Vereinen galt, die SPAK-Mitglieder waren, lässt sich nicht nachvollziehen.

Für den Zeitraum bis Anfang der 1990er Jahre gibt es einige konstante inhaltliche Schwerpunkte, die sich im Arbeitspapier von 1985 bereits abzeichneten und sich teilweise auch in der Bildung spezieller Arbeitsgruppen widerspiegelten. Dazu gehörten:
1. Das Thema Sozialhilfe mit dem Fokus auf Gesetzgebung und Praxis des Innsbrucker Sozialamts. Zu den Forderungen zählten personelle und strukturelle Änderungen im Innsbrucker Sozialamt, wozu u. a. mehr und qualifizierteres Personal gefordert wurde. Im Laufe der Jahre konnten diese Ziele teilweise erreicht werden. Wiederholt organisierte der SPAK Gespräche mit leitenden Beamten und verantwortlichen PolitikerInnen mit dem Ziel, willkürliche Vorgangsweisen nicht nur aufzudecken, sondern abzustellen.

Die Beschäftigung mit der Sozialhilfegesetzgebung in anderen Bundesländern mündete auch in der Organisation von Tagungen und schriftlich formulierten Vorschlägen zur Änderung der gesetzlichen Rahmenbedingungen.

Ein spezielles Thema waren Sozialhilfeansprüche von Jugendlichen bzw. das Recht Jugendlicher überhaupt Sozialhilfeanträge zu stellen. Einige Einrichtungen hatten die Erfahrung gemacht, dass Anträge von Jugendlichen auf Sozialhilfe vom Innsbrucker Sozialamt erst gar nicht angenommen worden waren. Bei einer Aussprache des SPAK mit Hermann Schweizer, Leiter der Magistratsabteilung V und damit auch verantwortlich für das Sozialamt, betonte dieser, dass vorab jeweils die Möglichkeit zu prüfen sei, ob Jugendliche nicht im Haushalt der Eltern bleiben könnten. Schweizer stellte aber in Abrede, jemals eine Weisung an das Sozialamt gegeben zu haben, wonach Jugendliche prinzipiell keine Sozialhilfe bekommen könnten.[2101]

Eine weitere Ebene in diesem Bereich war die Aufklärung von SozialhilfebezieherInnen über ihre Rechte, etwa mittels Informationsbroschüren[2102] oder mit einer öffentlichkeitswirksamen mobilen Beschwerdestelle vor dem Eingang des Innsbrucker Sozialamts am Haydnplatz.[2103] Mit derartigen Aktivitäten wollte man auch der Gefahr entgegenwirken, dass zwei Gruppen von SozialhilfebezieherInnen entstanden: Bevorzugt behandelte, weil sie von einer Einrichtung betreut, unterstützt und informiert werden, gegenüber unbetreuten Personen, die schutzlos Willkürakten ausgesetzt sind.[2104]
2. Wohnungs- und Obdachlosigkeit.[2105] Wiederholt hat der SPAK fachlich fundierte Stellungnahmen erarbeitet, die auf die Notwendigkeit von Einrichtungen der Wohnungs- und Obdachlosenhilfe und der Schaffung eines differenzierten Netzes von Wohngemeinschaften bzw. angemieteter Wohnungen abzielten.[2106]

2101 Ebd., 24.9.1985.
2102 SIT, Lei(d)faden für Sozialhilfeantragsteller, Nr. 5, Mai 1987, S. 5.
2103 Tiroler Tageszeitung, SPAK holt Licht ins Dunkel der Sozialhilfe, 26.6.1991, S. 5.
2104 SPAK-Protokoll vom 18.6.1985, Archiv DOWAS.
2105 Im Kapitel 8 ist die Rolle des SPAK zu verschiedenen Aspekten des Themas Wohnungs- und Obdachlosigkeit ausführlich dargestellt, S. 307 ff.
2106 Vgl. Obdachlosigkeit und kommunale Politik, SPAK Arbeitspapier, März 1987; Stellungnahme des Sozialpolitischen Arbeitskreises zum Problem der Obdachlosigkeit in Innsbruck, Februar 1987, Archiv DOWAS.

3. Solidarität mit bedrohten Einrichtungen und Kampf gegen Budgetkürzungen. Kontinuierlich hat der SPAK Einrichtungen, die von (drohenden) Budgetkürzungen betroffen waren, intern beraten und nach außen aktiv unterstützt. Insbesondere war der SPAK an Protesten, die sich an Geldgeber, Medien und eine breitere Öffentlichkeit richteten, federführend beteiligt. Exemplarisch sei hier der intensive Einsatz des SPAK zum Weiterbestand des DOWAS für Frauen erwähnt.[2107] Resolutionen gegen Budgetkürzungen im Sozialbereich beschloss der SPAK teilweise gemeinsam mit dem Dachverband der Sozialprojekte DASS. Diese richteten sich an Bund, Land Tirol und Stadt Innsbruck, wobei die Adressaten sowohl PolitikerInnen der Exekutive (LandesrätInnen, StadträtInnen) als auch der Legislative, also MandatarInnen waren.[2108] Maßgeblich gestaltete der SPAK aktionistische Proteste gegen Budgetkürzungen bei den Einrichtungen, Sozialabbau, Wohnungsnot etc. auf Innsbrucks Straßen und Plätzen mit.[2109] Weiters unterstützte und beteiligte sich der SPAK auch an österreichweiten Protesten gegen Sozialabbau[2110] oder an Aufrufen eines Bündnisses links der SPÖ zu Demonstrationen zum 1. Mai in Innsbruck.[2111]

Im Zeitraum 1985 bis 1990 durchlebte und überstand der SPAK auch mehrere Krisen. Bisweilen kamen zu den Plenarsitzungen nur noch wenige TeilnehmerInnen, wodurch kontinuierliches Arbeiten kaum noch möglich war. Der SPAK drohte einzuschlafen.[2112] Derartigen Flauten wurde mit Aufrufen und Appellen begegnet, meist in Verbindung mit Anregungen zu Grundsatzdiskussionen über die Aufgaben des SPAK und dem Wunsch nach Klärung von persönlichen Verantwortlichkeiten. Tatsächlich fanden immer wieder Klausuren zur Klärung von Grundsatzfragen statt und der Klage über Flauten folgten wiederholt besonders gut besuchten Sitzungen und intensive Arbeitsphasen. Ende 1989

2107 Mehr über das DOWAS für Frauen im Abschnitt 8.4, S. 330 ff.
2108 Vgl. Offener Brief von SPAK und DASS gegen geplante Budgetkürzungen im Haushaltsjahr 1987, gerichtet an Abgeordnete zum Tiroler Landtag, Finanzlandesrat und Landeshauptmann vom 1.12.1986, Archiv DOWAS;
Tiroler Tageszeitung, Sozialeinrichtungen sehen für Zukunft schwarz, 3.3.1987, S. 7; Tiroler Tageszeitung, Mit „Gießkanne" Sozialprobleme nicht zu lösen, 5.3.1987, S. 5; Tiroler Tageszeitung, Für Obdachlose Feuer im Herzen der Stadt, 20.12.1989, S. 7.
2109 So fand am 4. März 1987 eine von einem breiten Bündnis getragene Protestveranstaltung unter dem Motto „Zerreißt das soziale Netz?" am Innsbrucker Landhausplatz statt. Am 14. Oktober 1988 war die Innsbrucker Maria-Theresien-Straße Schauplatz für die Anliegen der Sozialbewegung. AKIN-Sondernummer 19.2.1987, SPAK-Protokoll vom 29.1.1987 und 6.10.1988, Archiv DOWAS sowie Privatarchiv Schlosser.
2110 Vgl. Gesamtösterreichische Demonstration gegen Arbeitslosigkeit, Sozialabbau und Bildungsstopp, für eine offensive Beschäftigungs- und Verstaatlichtenpolitik am 24.10.1987 in Wien, Flugblatt, Beilage zu akin, Nr. 13, 7.10.1987; SPAK-Protokolle vom 10.9.1987, 8.10.1987 und 24.11.1987, Archiv DOWAS. Vgl. ferner zur Großaktion der Österreichischen Sozialbewegung gegen Sozialabbau, für Vollbeschäftigung und Umverteilung, Flugblatt, Privatarchiv Schlosser; SPAK-Protokolle vom 6.10.1988 und 17.10.1988, Archiv DOWAS.
2111 Flugblatt „Gemeinsam am 1. Mai", Beilage zu akin, Nr. 7, 29.4.1987, und Flugblatt „Gemeinsam am 1. Mai", 1988, Privatarchiv Schlosser; SPAK-Protokolle vom 12.3.1987, 28.4.1988 und 13.4.1989, Archiv DOWAS.
2112 Vgl. Brief an die SPAK-Mitglieder vom 11.6.1987, Vermerk vor der SPAK-Sitzung am 31.3.1988, SPAK-Protokoll vom 4.11.1988, Archiv DOWAS.

trafen sich 20 Personen aus 14 Einrichtungen zu einer zweitägigen Fortbildungsveranstaltung. Dabei einigte man sich auf folgendes Selbstverständnis:

„Der Spak ist ein überparteiliches Gremium von in der Sozialarbeit (Sozialpolitik i.w.S.) tätigen Personen, die in konkreten Einrichtungen arbeiten. Im Spak soll eine inhaltliche Diskussion zu soz. pol. Fragen geführt werden, mit dem Anspruch, die Ergebnisse (soweit sinnvoll) an die Öffentlichkeit weiterzugeben. Der Spak soll auch ein Forum sein, der die Meinungsfindung (auch in den einzelnen Einrichtungen) erleichtert – Anregungen bzw. Regulativ f. einzelne Gruppierungen, wobei die Eigenständigkeit selbstverständlich erhalten bleibt. Nicht zuletzt wird der Spak als eine Art Interessensvertretung der einzelnen Institutionen gesehen."[2113]

Eine weitere Krise innerhalb des SPAK lösten Auffassungsunterschiede im Zusammenhang mit der Einrichtung einer Notschlafstelle (NOST) im Winter 1990/91 aus.[2114] Letztlich ging es um den Stellenwert fachlicher Mindeststandards, die in jahrelanger Arbeit innerhalb des SPAK für Einrichtungen der Obdach- und Wohnungslosenarbeit erarbeitet worden waren. Ein Ergebnis dieser Krise war, dass die Zentralstelle für Haftentlassenenhilfe ihre Mitwirkung im SPAK Anfang 1991 einige Zeit aussetzte.[2115]

Im Laufe der Jahre wurde es zur geübten Praxis, zu speziellen Themen hohe Beamte und verantwortliche PolitikerInnen des Landes Tirol bzw. der Stadt Innsbruck zu speziellen SPAK-Sitzungen einzuladen. Meistens ging es darum, konkrete Missstände in den Gesprächen aufzugreifen und widersprüchliche oder (vermeintlich) gesetzeswidrige Vorgangsweisen von Ämtern und Behörden möglichst abzustellen. Ein Beispiel dafür ist eine Besprechung im Sommer 1989 mit Innsbrucks Sozialstadtrat Sprenger und dem Leiter des Sozialamts Peter Brühwasser: Beim Thema Wohnungsanmietung folgte Sprenger der Argumentation des SPAK und Sprenger stellte klar, in welcher Höhe das Sozialamt für Maklergebühren und Kautionszahlungen aufzukommen hätte und wies die Einwände Brühwassers gegen diese Vorgangsweise zurück.[2116]

Der SPAK betrachtete es von Anfang an auch als seine Aufgabe, die organisatorisch/institutionelle Entwicklung des sozialen Netzes zu beobachten und gegebenenfalls politische Verantwortliche und die Öffentlichkeit auf als Fehlentwicklungen empfundene Pläne hinzuweisen. Gemeinsam mit dem Tiroler Berufsverband diplomierter Sozialarbeiter kritisierte der Dachverband 1986 das Sozialsprengelkonzept des Landes, u. a. weil darin Einsparungsziele gegenüber einer verbesserten Qualität im Vordergrund stehen würden. „Die Abschiebung von öffentlichen Aufgaben als Selbstzweck in private Bereiche bringt hier keine Vorteile sondern nur eine Problemverschiebung auf Kosten der Betroffenen", hieß es in einer an sehr viele Institutionen, Personen und Medien versandten Stellungnahme.[2117]

2113 Ebd., Protokoll SPAK-Fortbildungsveranstaltung 20./21.9.1989, S. 3.
2114 Siehe Abschnitt 8.7 über die Notschlafstelle, S. 342 ff.
2115 Brief der Zentralstelle für Haftentlassene an den SPAK vom 2.1.1991, Archiv DOWAS.
2116 Ebd., SPAK-Protokoll vom 20.7.1989.
2117 Ebd., „Soll Sozialsprengel effektive Sozialarbeit ersetzen?", gemeinsame Stellungnahme des Tiroler Berufsverbands diplomierter Sozialarbeiter und des SPAK, 1986 (nicht genauer datiert).

Die Zahl der Mitgliedsorganisationen im SPAK pendelte in den Jahren von der Gründung bis in die frühen 1990er Jahre zwischen 15 und 20. Ende 1991 sah die Liste der im SPAK vertretenen Einrichtungen so aus: AIDS-Hilfe Tirol, Bahnhofsozialdienst der Caritas, Bewährungshilfe, DOWAS, DOWAS für Frauen, Ho & Ruck, Jugendzentrum Z6, Methadonambulanz der Universitätsklinik Innsbruck, Mobiler Hilfsdienst, Sozialberatung für behinderte Menschen, Tiroler Berufsverband diplomierter Sozialarbeiter, Verein für Sachwalterschaft, Verein Mentlgasse, Zentralstelle für Haftentlassenenhilfe.[2118] Der SPAK verfügte nie über ein eigenes Büro. Die Sitzungen fanden abwechselnd in einer der beteiligten Einrichtungen statt, ebenso diente wechselweise eine Einrichtung als Postadresse.

Als im Juli 1991 Walter Hengl (SPÖ) Landesrat für Soziales und Gesundheit wurde, installierte er wenig später ein Sozialparlament, das vor allem kleineren Sozialeinrichtungen die Gelegenheit geben sollte, sich in Konzeptarbeiten und eine von ihm forcierte Sozialplanung einzubringen.[2119] Der SPAK war ein logischer erster Ansprechpartner und begrüßte Hengls Initiative sehr.[2120] Dem Gründungsaufruf folgten rund 150 in Tiroler Sozialeinrichtungen tätige Personen.[2121] Im Sozialparlament waren schließlich über 50 Vereine und Initiativen sowie Einrichtungen des Landes und der Stadt Innsbruck vertreten. Erstmals wurde Konzeptarbeit bezahlt, was die SPAK-Mitglieder freute.[2122] Zugleich blieb die Arbeit in den Gremien ehrenamtlich. Im ersten Jahr seines Bestehens arbeiteten acht Arbeitskreise des Sozialparlaments kontinuierlich. Als Teilerfolg wurde die Einbeziehung in Begutachtungsverfahren gewertet, dazu auch die Entwicklung einer gewissen Selbstständigkeit in der Eigen- und Fremdwahrnehmung.[2123] Die Aufbruchstimmung fand mit der Niederlage der SPÖ und dem Verlust eines Regierungssitzes bei der Landtagswahl am 13. März 1994 ein jähes Ende. Hengl trat zurück und sein Nachfolger Herbert Prock ließ das Sozialparlament einschlafen, die weitere Arbeit an der Sozialplanung scheiterte nicht zuletzt an Budgetkürzungen.[2124]

Der SPAK hingegen ist bis in die Gegenwart als wesentliche sozialpolitische Triebfeder und als Kontroll- und Vernetzungsgremium erhalten geblieben.[2125]

2118 Brief des SPAK an LR Hengl vom 1.10.1991, Archiv DOWAS. Zum Vergleich die Liste der SPAK-Mitglieder im Dezember 2017: Arbeitskreis Kinder- und Jugendhilfe, Aidshilfe Tirol, Chill Out, Diakonie, DOWAS, DOWAS für Frauen, Fluchtpunkt, Ho & Ruck, Jugendwohnstart, Kinder- und Jugendanwaltschaft, KIZ, MOHI, Tiroler Frauenhaus, Verein WAMS, Verein Frauen gegen Vergewaltigung, Sozialberatung der tirol-kliniken, Verein für Obdachlose, VertretungsNetz, ZeMit, Zentrum für Jugendarbeit Z6; vgl. Presseaussendung SPAK-Tirol 1.12.2017.
2119 Tiroler Tageszeitung, Ausbau von Sozialprojekten und der Vorsorgemedizin, 20.12.1991, S. 3.
2120 SPAK-Protokoll über Arbeitssitzung mit LR Hengl, 19.12.1991, Archiv DOWAS.
2121 Wilfried Hanser: Ein Jahr Sozialparlament – was bringt's?, in: SIT 27, März 1993, S. 7.
2122 Ingrid Scherer: Vernetzung, Kooperation, Koordination. Am Beispiel Sozialpolitischer Arbeitskreis Tirol; in: sub 2/95, S. 29–31.
2123 Hanser 1993.
2124 Scherer 1995.
2125 Der SPAK beging sein 33-jähriges Bestehen mit einer Festveranstaltung am 15.2.2018 und stellte dabei das Thema „Konsequenzen und Perspektiven für eine kritische Soziale Arbeit" in den Mittelpunkt. Presseaussendung vom 8.2.2018.

12 Resümee

In den „Gründerzeiten" der 1970er und 1980er Jahre sind eine Reihe von sozialen Einrichtungen zu diversen Problemlagen entstanden. In der vorliegenden Arbeit wurden jene behandelt, die speziell oder implizit für Jugendliche und junge Erwachsene zwischen 14 und 21 Jahren relevant waren und in Verbindung mit Innsbruck standen. Einige der Einrichtungen waren explizit für Jugendliche gegründet und erst später auf die Zielgruppe der Erwachsenen ausgedehnt worden. Die Landschaft an Einrichtungen, die sich in diesen beiden Jahrzehnten entwickelte, war grundlegend für eine Struktur von sozialen Angeboten, die trotz aller Veränderungen bis in die Gegenwart weiterhin maßgeblich ist. Dazu zählen Jugendzentren, Einrichtungen für jugendliche StraftäterInnen, Drogen- und Wohnungsloseneinrichtungen, Arbeitsprojekte zur Wiedereingliederung schwer vermittelbarer Menschen und Fraueneinrichtungen. Charakteristisch ist, dass sie vielfach vernetzt waren und sich in Dachverbänden organisierten, die ihre (politische) Schlagkraft erhöhten. Viele dieser Einrichtungen waren und sind in Innsbruck verortet oder begannen ihre Tätigkeit in der Landeshauptstadt. Sehr wenige Angebote waren bei der Stadtgemeinde selbst angesiedelt. Die vorliegende Arbeit zeigt verschiedene Spannungsfelder auf, die mit der Gründung der behandelten Initiativen und Einrichtungen sowie ihrer Untersuchungsperiode zusammenhängen. Für den Untersuchungsgegenstand charakteristisch ist ein langsamer Wandel, in dem überkommene neben modernen Haltungen, Prinzipien und Angeboten bestanden und die neuen allmählich die früheren großteils überlagerten.

- Spannungsfeld Gesellschaftspolitik

Der Bogen der historischen Periode spannt sich von den Ausläufern der StudentInnenbewegung, die mit der Jugend-, Heim- und Frauenbewegung unmittelbare Impulse für die Veränderungen in den Feldern Jugendbetreuung, Jugendwohlfahrt und Soziale Arbeit lieferten. Es folgte die Reformperiode der 1970er Jahre durch die Regierungen mit Kanzler Bruno Kreisky und die wachsende Orientierung auf neoliberale Konzepte der 1980er-Jahre. Das Ende der Untersuchungsperiode ist vom Fall des Eisernen Vorhangs gekennzeichnet, in dessen Folge die politische Alternative eines Sozialismus diskreditiert wurde. In Tirol war im Untersuchungszeitraum ein Machtverlust von der katholischen Amtskirche und der dominierenden Partei ÖVP zu beobachten.

Schon in den 1960er Jahren forderten vor allem junge Menschen Pluralismus, Demokratisierung, Chancengleichheit und Teilhabe ein. Das zeigt sich in Innsbruck zunächst besonders in den Jugendzentren. Jene, die auf die genannten Werte pochten und Kritik am Kapitalismus übten, trafen auf die VertreterInnen der bürgerlichen Ordnung, die sich auf die in Tirol fest verankerte katholisch-konservative Werthaltung und die etablierten Eliten stützten. Beispiele dafür waren Bischof Paul Rusch und der Landesjugendreferent und Gemeinderat, später Stadtrat, Hermann Girstmair. Rusch, der den Jugendorganisationen grundsätzlich zwar wohlgesonnen war und sie unterstützte, ging aber die Fokussierung auf die Bedürfnisse der Jugendlichen in den beiden katholischen Jugendzentren MK und Z6 entschieden zu weit. Er setzte radikale Schritte, indem er im Fall der MK die Absetzung des Leiters forcierte und im Fall des Z6 dem gesamten Jugendzentrum die Räume entzog. Auch der ausgebildete Lehrer Girstmair war Kindern und Jugendlichen gegenüber sehr aufgeschlossen und setzte gegen viele Widerstände, darunter auch in seiner eigenen Partei, die Etablierung von Jugendzentren durch. Allerdings verfolgte er seine erzieherischen Ziele zum Erhalt einer bürgerlich-humanistischen Ordnung, indem er die politische Reife von Jugendlichen in Frage stellte, die Mitsprache von Jugendorganisationen begrenzte und Jugendzentren als Freizeitorganisationen präferierte. Auf der anderen Seite standen die InitiatorInnen vieler Jugend- und Sozialeinrichtungen. Sie schufen Beteiligungsmöglichkeiten auf den unterschiedlichsten Ebenen wie beispielsweise bei der Adaptierung von Räumen, in Diskussionsforen wie Gesprächsrunden oder Zeitschriften und in Vollversammlungen oder Leitungsgremien sowie in der alltäglichen Zusammenarbeit. Bis Ende der 1980er Jahre entwickelte sich schließlich eine vielfältige, ausdifferenzierte Landschaft an Einrichtungen, in denen die ursprünglichen Forderungen von Selbstorganisation, Selbstverwaltung und flachen Hierarchien jedoch meist sukzessive wieder abgeschwächt bzw. zurückgenommen wurden.

- Spannungsfeld Berufsstand Soziale Arbeit

Der Beruf SozialarbeiterIn befand sich in den 1970er und 1980er Jahren im Wandel. Charakteristisch war die Professionalisierung sowie die Ausdifferenzierung von Ausbildungen und Tätigkeitsfeldern. Ende der 1960er Jahre standen nur wenige Fachkräfte zur Verfügung. Grund dafür war einerseits die mangelnde Attraktivität aufgrund der Rahmenbedingungen. Große zeitliche Belastungen, hohe Betreuungsschlüssel, schlechte Bezahlung und niedriges gesellschaftliches Ansehen waren die Regel. Andererseits fehlte es auch an Ausbildungsplätzen, vor allem in Tirol selbst. Zwar existierte seit 1946 in Innsbruck eine Soziale Frauenschule (ab 1976 Sozialakademie), die aber den Bedarf an Fachkräften nicht decken konnte. Erst Anfang der 1970er Jahre erfolgten entscheidende Veränderungen: Die Soziale Frauenschule erhöhte die Zahl der Ausbildungsplätze auf mehr als das Doppelte, wenige Jahre später eröffnete in Tirol auch eine Bildungsanstalt für Erzieher, was die Situation zusätzlich entspannte. Allerdings entsprach die Qualität der Ausbildungen lange nicht den Erfordernissen der sozialarbeiterischen und sozialpädagogischen Arbeitsfelder, und sie hielt auch einem internationalen Vergleich nicht stand. Jahrelang wurde etwa um eine Verlängerung der bloß zweijährigen Ausbildung in der Sozialakademie gerungen. Alternativ bildete die Bewährungshilfe ihre MitarbeiterInnen in Wien selbst aus, und zunehmend fanden sich auch AbgängerInnen der Institute für Erziehungswissenschaft und für Psychologie der Universität Innsbruck in den Tätigkeitsfeldern der sozialen bzw. sozialpädagogischen Arbeit. Im Berufsverband der SozialarbeiterInnen spiegelte sich diese Veränderung wider, die auch ein Generationenkonflikt war. In der Vorläuferorganisation des Berufsverbandes und nach dessen Vereinsgründung 1976 gaben dort konservative, karitativ motivierte und erzieherisch agierende SozialarbeiterInnen bzw. FürsorgerInnen den Ton an. Als sich KritikerInnen von traditionellen Arbeitsmethoden sowie berufsständischen, gesellschaftlichen und politischen

Bedingungen vermehrt einbrachten, führte das zu Konflikten. Ab den 1980er Jahren war dann aber der Generationenwechsel vollzogen.

- Spannungsfeld Grundprinzipien
Das Fürsorgeprinzip, das die Selbsthilfe dem Eingriff des Staates bzw. der Behörde unterordnet, wurde in den Bereichen Jugendbetreuung, Soziales und Jugendwohlfahrt allmählich von den Prinzipien der Hilfe zur Selbsthilfe, Selbstorganisation, Chancengleichheit und Ermächtigung abgelöst. Während Disziplinierung und korrektive Maßnahmen zum vorherrschenden Repertoire früherer Sozialarbeit zählten, stellten die neuen Prinzipien die Bedürfnisse von Menschen in den Mittelpunkt. Dazu gehörte auch eine „akzeptierende Haltung", die von einem respektvollen Umgang getragen war, bei der die Problemlagen der KlientInnen anerkannt und die Unterstützungsmaßnahmen als Angebot begriffen wurden. Zu den neuen Grundprinzipien gehörten auch eine demokratische Erziehung, das Ausverhandeln von Konflikten und die Ermächtigung von jenen, die keine bzw. wenig Macht besitzen. Das erforderte die verstärkte Berücksichtigung von umwelt- und gesellschaftspolitisch bedingten Faktoren bei diversen Problemlagen. Dazu zählen etwa die Kategorien Herkunft, Milieu, Einkommen, sozialer Status oder Geschlecht. Darüber hinaus setzte sich ein Verständnis von Sozialer Arbeit durch, das die unmittelbare Verbindung zu Politik und Gesellschaft hervorhob. Das „politische Mandat" forderte von SozialarbeiterInnen die Mitgestaltung des Gemeinwesens und die direkte Einmischung in die Politik. Ein Beispiel dafür war die Mitarbeit am und die Stellungnahmen zum bundesweiten bzw. Tiroler Jugendwohlfahrtsgesetz Ende der 1980er Jahre. Zugleich blieben die Rahmenbedingungen, unter denen Soziale Arbeit stattfand, aber auch ihre konzeptuelle Ausrichtung von den stärker werdenden neoliberalen Tendenzen in der zweiten Hälfte der 1980er Jahre nicht unberührt. Die Tendenz, soziale Angebote an betriebswirtschaftlichen Kriterien zu orientieren, führte beispielsweise zur Umstellung von pauschalen Subventionen für Einrichtungen mit Wohnplätzen auf Tagsatzfinanzierung, andernorts zur Erhöhung von Fallzahlen pro MitarbeiterIn und einem erhöhten Legitimationsdruck hinsichtlich der eingesetzten finanziellen Mittel. Emanzipatorische Ansätze in der Sozialen Arbeit mit dem Ziel einer Selbstermächtigung der KlientInnen mussten zunehmend marktkonformen Anpassungsstrategien weichen.

- Spannungsfeld Zweckmäßigkeit von Großheimen
Auf der Basis eines sich verändernden Menschenbildes und einer sich wandelnden Auffassung von Sozialarbeit standen bereits in den 1950er und 1960er Jahren Jugendgerichtsbarkeit und Jugendwohlfahrt in der Kritik. Die österreichweite Bewährungshilfe für jugendliche Straftäter etablierte sich im Laufe der 1960er Jahre, in der Wiener Heimenquete forderten ExpertInnen 1971 konkrete Maßnahmen zur Reform der Großheime, die in der Jugendwohlfahrt dominierten. Der Weg zu einer prinzipiellen Änderung der Haltung von Disziplinierung, Strafe und geschlossenen Systemen hin zu Verständnis, Bedürfniszentrierung und Öffnung war allerdings weit. Zwar reagierte Soziallandesrat Herbert Salcher bereits 1971 mit der Schließung des Landeserziehungsheims in Kramsach-Mariatal und die Stadt Innsbruck schloss 1974 das Jugendheim Holzham-Westendorf. Beide Einrichtungen waren aber von den Jugendwohlfahrtsbehörden kaum mehr beschickt worden, womit deren Wirtschaftlichkeit nicht mehr gegeben war. Die

landeseigenen Fürsorgeerziehungsheime St. Martin und Kleinvolderberg hingegen blieben bis 1990/91 bestehen. Das entsprach tendenziell auch jenen Beharrungskräften, die in so manchen Fällen keine Alternative zu den Großheimen sahen. Aber die jahrelangen Adaptierungen von St. Martin und Kleinvolderberg, die auf Forderungen nach einer Reform des Heimwesens folgten, trugen nicht wesentlich zur Veränderung der dort vorherrschenden Grundhaltung von Disziplinierung und Strafe bei. Letztlich ließ das Land die beiden Großinstitutionen schließen, weil die Zuweisungen aus den Jugendämtern auch hier drastisch zurückgegangen waren und sich diverse Alternativen entwickelt hatten. Dazu gehörten zum Beispiel die vom Land geförderten wohngemeinschaftsähnlichen Pflegefamilien sowie die sozialtherapeutischen Wohngemeinschaften, Einrichtungen von SOS-Kinderdorf oder Internate. Das Heimwesen höhlte sich von innen her aus, während alle SystempartnerInnen das neue Jugendwohlfahrtsgesetz erwarteten. In Innsbruck sah die Situation von vornherein etwas anders aus: Die beiden Kinderheime der Stadtgemeinde waren nie völlig geschlossene Systeme und immer mit Tagesstätten verbunden gewesen. Dennoch nahm auch dort die Zahl der Heimkinder in den 1980er Jahren drastisch ab, während die Zahl der Tageskinder zunahm. Mariahilf wurde 1988 gänzlich in eine Tagesstätte umgewandelt. Am Ende der 1980er Jahre hatte sich in Tirol generell die Unterbringung von Jugendlichen, die nicht zuhause wohnen konnten, in kleineren Einheiten durchgesetzt. Allerdings kehrte das Land Tirol mit dem in Innsbruck-Arzl angesiedelten Jugendland wieder zu einer Großinstitution zurück. Hier befanden sich rund 50 Kinder und Jugendliche in Wohngruppen.

- Spannungsfeld Gründungen
Das primäre Motiv für die Gründung jener Einrichtungen, die die Soziallandschaft in den 1970er und 1980er Jahren bereicherten, war der akute Bedarf. Das zeigt sich etwa an den Gründungen von DOWAS und KIT, mit denen das Z6 Mitte der 1970er Jahre der akuten Wohnungslosigkeit und dem stark ansteigenden Drogenkonsum begegnete. Auch die meisten Arbeitsprojekte reagierten auf die zunehmende Jugendarbeitslosigkeit ab Ende der 1970er Jahre. Andere, bereits bestehende Einrichtungen wie das Aufbauwerk der Jugend suchten sich neue Herausforderungen oder ihnen wurden neue Aufgaben zugewiesen, die dem aktuellen Bedarf entsprachen. Schließlich reagierte die öffentliche Hand, die seltener selbst Initiativen setzte, auf jenen Druck, den ExpertInnen etwa im Heimwesen zum Beispiel durch den Tiroler Arbeitskreis Heimerziehung ausübten. Ein weiteres Motiv für die Gründungen neuer Einrichtungen war der Wunsch nach Gesellschaftsveränderung mit den Mitteln von Sozialarbeit und Kultur, wie etwa im Fall der Traumwerkstatt, in der kulturelle und arbeitsmarktpolitische Anliegen kombiniert wurden. Der Gründungsprozess konnte in vier verschiedenen Varianten erfolgen: Im ersten Fall konstatierten Einzelne, Gruppen oder Einrichtungen ein Angebotsdefizit, entwickelten ein Projekt und erwarteten die Finanzierung durch die öffentliche Hand. Im zweiten Fall wiederum wurde von der öffentlichen Hand erwartet, ein aufgezeigtes Angebotsdefizit selbst zu beheben. Im dritten Fall stellte die öffentliche Hand die Notwendigkeit eines Angebotes fest und delegierte diese Aufgabe an einen Verein. Und im vierten Fall gab sie zwar diese Aufgabe an einen Verein ab, in dem sie aber selbst vertreten war und dort auch die Entscheidungen fällte.
Ein Spannungsfeld ergab sich, weil konservative Kräfte und SubventionsgeberInnen den Bedarf häufig in Frage stellten und etwa unlautere Arbeitsplatzbeschaffung für

SozialarbeiterInnen witterten. So äußerte der Innsbrucker Sozialstadtrat Paul Kummer beispielsweise 1986 despektierlich im Gemeinderat, das DOWAS für Frauen sei hauptsächlich eine Beschäftigungstherapie für stellenlose Absolventen von Sozialschulen. Dem lag einerseits eine Haltung zugrunde, die Sozialarbeit weiterhin in der Nähe einer karitativen Tätigkeit rückte, die (häufig von Frauen) ganz oder teilweise ehrenamtlich erledigt werden sollte. Das garantierte geringe Kosten und stellte die Herrschaftsverhältnisse nicht in Frage. Andererseits reagierte die Politik auch negativ auf den Druck, den Einzelne und Gruppen aufbauten, um den Finanzierungsbedarf von Initiativen, Projekten und Einrichtungen zu decken.

Tatsächlich entwickelten ProponentInnen, Initiativen und Vereine vielfach Konzepte ohne ausreichende Finanzierung. Diese forderten sie in der Folge von der öffentlichen Hand ein. Dabei gingen die InitiatorInnen große Risiken ein, nahmen Selbstausbeutung und zum Teil den mühsamen Weg der Spendenlukrierung auf sich, um bestimmten Angebotslücken und Missständen begegnen zu können. Nicht alle Einrichtungen hielten dem Druck stand. Eine Anerkennung kam, wenn überhaupt, erst spät. Vielfach wurde aber deutlich, dass Politik und Beamtenschaft mit der Auslagerung von sozialen Aufgabenstellungen an Vereine auch aus ihrer Perspektive sehr zufrieden waren. Ohne sich mit den Mühen der alltäglichen Arbeit beschäftigen zu müssen, konnte die eigene Verantwortung als wahrgenommen deklariert werden. Außerdem arbeiten Vereine in der Regel kostengünstiger und meist auch effizienter. Darüber hinaus beruhigte die ExponentInnen der öffentlichen Hand die Gewissheit, über die finanzielle Abhängigkeit der Vereine jederzeit auf deren Tätigkeit Einfluss nehmen zu können, bis hin zur Entscheidung, eine Aufgabe auch selbst wahrzunehmen.

- Spannungsfeld überleben oder scheitern
Wie die vorliegende Arbeit aufzeigt, hatten Projekte, die am Bedarf vorbeigingen, praktisch keine Chance zu überleben. Aber es gab auch andere Gründe, warum Initiativen und Projekte sich nicht längerfristig etablieren konnten. Dazu zählen mangelhafte Konzepte wie im Fall des Arbeitsprojekts WABE, das an den zu hohen Anforderungen an ihre Klienten scheiterte. Andere wie das Mädchenprojekt MIM (Mädchen im Mittelpunkt) konnten nicht umgesetzt werden, weil die Entscheidungsträger die Subventionen verwehrten, obwohl von verschiedenen Seiten ein Bedarf konstatiert wurde. Das Überleben von Einrichtungen war auch daran geknüpft, den Forderungen nach zunehmend marktwirtschaftlich werdenden Vorgaben der Subventionsgeber nachzugeben. Ein weiterer Faktor war die Unterstützung durch SystempartnerInnen, Dachverbände oder von EntscheidungsträgerInnen anderer Gebietskörperschaften. So gelang es dem Verein Frauen gegen Vergewaltigung beispielsweise erst mit der Unterstützung von anderen Fraueneinrichtungen sowie Staatssekretärin Johanna Dohnal, dem Sozialministerium und Landeshauptmann Alois Partl ihre Angebote umzusetzen. Wie aufgezeigt wurde, mussten viele GründerInnen ein hohes Maß an Durchhaltevermögen an den Tag legen und ihre Projekte überlebten nur, weil sie sich auf ehrenamtliche Arbeit stützen konnten oder/und Selbstausbeutung in Kauf nahmen. In Innsbruck war dabei erst Ende der 1980er Jahre eine Haltungsänderung in den politischen Gremien zu bemerken. Im Budgetgemeinderat 1989 lobte der neue Sozialstadtrat Eugen Sprenger die vielen gut funktionierenden Einrichtungen wie den Sozialökonomischen Betrieb Ho & Ruck. Er plädierte für längerfristige Finanzierungszusagen.

- Spannungsfeld InitiatorInnen
Die meisten Initiativen zur Gründung von Projekten und Einrichtungen gingen von Einzelpersonen und Gruppen aus, die diverse Problemlagen für Jugendliche und Erwachsene konstatierten und es für ihre Aufgabe hielten, darauf zu reagieren. Besondere Kristallisationspunkte stellten dabei das Jugendzentrum Z6, die Bewährungshilfe, das DOWAS und der Arbeitskreis Emanzipation und Partnerschaft dar. Die GründerInnen kamen vielfach aus den Bereichen Sozialarbeit, Erziehung und Schule, Gesundheit und Verwaltung. Sie waren auch AbgängerInnen der Universitätsinstitute Erziehungswissenschaft, Psychologie und Theologie. Darüber hinaus waren auch Menschen aus anderen Berufsgruppen wie JuristInnen oder HistorikerInnen beteiligt. Einige waren Laien oder noch in Ausbildung und hatten keine bis wenig Erfahrung. Mehrere engagierten sich als Paare wie die BetreiberInnen von Wohngemeinschaften, etwa das Ehepaar Ringer, das die erste sozialtherapeutische WG innerhalb der Abt. Vb führte. Andere Paare fanden sich am Arbeitsplatz bzw. während ihres Engagements für eine Einrichtung oder eine Sache. Häufig waren die GründerInnen selbst jung. Initiativen kamen auch aus der katholischen Kirche, wie etwa die ersten Jugendzentren in Innsbruck, oder den öffentlichen Gebietskörperschaften. Die Abt. Vb des Landes Tirol gründete und betrieb beispielsweise die Erziehungsberatung, die Alkohol- und Drogenberatungsstelle oder den Verein Jugend und Gesellschaft, der die städtischen Jugendzentren übernahm, bevor sie Anfang der 1990er Jahre in den Verantwortungsbereich der Stadtgemeinde übergingen. Eine weitere Gründung der Landesabteilung Vb war der Verein Arbeitsgemeinschaft für Jugendhilfe, der die sozialtherapeutischen Wohngemeinschaften und pflegeplatzähnlichen Wohngruppen finanzierte. Die Stadt Innsbruck war eher reaktiv. Eigeninitiativen stellten die Einrichtung einer Wohngemeinschaft im Kinderheim Pechegarten für weibliche Jugendliche sowie die Einstellung eines Psychologen im städtischen Psychologischen Dienst dar.

- Spannungsfeld Veränderungsbereitschaft
Auch die Bereitschaft, Veränderungen zu unterstützen, gehörte zu den wesentlichen Faktoren bei der Gründung von Einrichtungen. Das Spannungsfeld erstreckte sich von jenen Faktoren, die den Wandel behinderten, bis hin zu jenen, die diesen beförderten. Als unterstützend erwies sich der Zeitgeist, also die Aufbruchsstimmung, die vor allem am Beginn der Untersuchungsperiode wesentliche Impulse lieferte und auch in den folgenden Jahren wirksam war. Gesetzesänderungen wie die Strafrechtsreform 1974 oder das erst 1989 erfolgte Gewaltverbot Kindern und Jugendlichen gegenüber schafften wesentliche Grundlagen. Neue oder wiederentdeckte therapeutische Methoden trugen ebenfalls zur Veränderung der Haltung gegenüber Jugendlichen und jungen Erwachsenen in verschiedenen Problemlagen sowie zur Etablierung bedarfsgerechter Einrichtungen bei. Hingegen hemmten die Beharrlichkeit überkommener Strukturen, hegemoniale Parteiinteressen und die Versuche einer politischen bzw. behördlichen Einflussnahme auf die Projekte deren Fortkommen. Auch interne Konflikte zwischen MitarbeiterInnen oder zwischen Team und Vorstand bzw. Eigentümervertretern konnten sich negativ auf die Entwicklung einer Einrichtung auswirken. Derartigen Konflikten lagen häufig zu geringe Ressourcen oder unterschiedliche Auffassungen von der Arbeit in Theorie und Praxis zugrunde. Konflikte mit AnrainerInnen von Einrichtungen konnten ebenfalls bremsend wirken, wie es sich etwa bei den Jugendzentren zeigte. Einzelne

Persönlichkeiten konnten unterstützend oder hemmend wirken. Die Rückmeldung der InterviewpartnerInnen zeigt, dass der Einfluss von PolitikerInnen und BeamtInnen sehr unterschiedlich empfunden wurde und es häufig auf den Zusammenhang ankam. So wurden einzelne Bedienstete, in der Stadtgemeinde Innsbruck wie im Land Tirol, als hemmend empfunden, während dieselben Personen von anderen oder in einem anderen Fall für förderlich gehalten wurden. Als unterstützend erwiesen sich für viele Befragten die Vernetzungspartner. Sie standen zur Seite, wenn etwa gegenüber den Geldgebern argumentiert werden musste. Die Mitwirkung in Vernetzungsgremien wurde meist als selbstverständlich betrachtet, wenngleich einzelne Einrichtungen weitgehend darauf verzichteten. Trotz aller Unterstützung gab es innerhalb der Sozialszene aber auch Kritik an der Arbeit bzw. den Methoden Einzelner oder von Einrichtungen.

- **Spannungsfeld Angebote und Methoden**
In allen in der vorliegenden Untersuchung behandelten Teilbereichen bestand eine Forderung nach differenzierten Angeboten für die KlientInnen. Diese Forderung entsprach der Bedürfnisorientierung. Die Spannungsfelder bewegten sich zwischen nieder- und höherschwelligen Angeboten. Sie erstreckten sich vom niederschwelligen Jugendtelefon oder der Drogenberatung im Z6 bis hin zu mit höheren Anforderungen verbundenen Einrichtungen wie dem KIT, das ein Drogenabstinenzprogramm verfolgte. Aufgrund der Diversität der Angebote wurden auch verschiedene Methoden, Handlungsarten und Techniken der Sozialen Arbeit angewandt. Allmählich zog in den 1970er Jahren das Casework auch in Tirol ein, Gruppenarbeit wurde ebenfalls zunehmend üblicher. Psychoanalytisch orientierte Sozialarbeit gewann an Boden. Bei vielen Einrichtungen war Öffentlichkeitsarbeit durchgängiges Prinzip, um die Angebote bekannt zu machen, die gesellschaftspolitische Relevanz einzubringen und/oder den Bedarf gegenüber der öffentlichen Hand zu legitimieren. Die Anwendung verschiedener therapeutischer Methoden nahm im Verlauf der Untersuchungsperiode in den Einrichtungen zu. Die Wahl der jeweiligen Therapierichtung orientierte sich zuweilen mehr an der Zusatzausbildung der Mitarbeitenden als am Bedarf. Beliebt wurde die Etablierung von Beratungsstellen für diverse Problemlagen wie Wohnungssuchende, Drogen- und Erziehungsprobleme sowie Jugend-, Frauen-, Partnerschafts- und Familienangelegenheiten. Derartige Stellen waren nicht selten in bestehende Einrichtungen integriert und sicherten indirekt den Bestand der gesamten Einrichtung, weil für Beratungsstellen Bundesmittel zur Verfügung standen. In diesen Beratungsstellen galten die Prinzipien Freiwilligkeit, Anonymität und Verschwiegenheit, was etwa in den Bereichen Jugendwohlfahrt und Bewährungshilfe eine klare Grenzziehung erforderte, die immer wieder zu Konflikten führte. Relevant und von Mitarbeitenden diverser Einrichtungen sowie dem Berufsverband eingefordert wurden Teamarbeit, Supervision und (Weiter-)Qualifizierung. Dies waren Faktoren für die Erreichung von Qualität, auch wenn vielfach Vorbilder für die Einrichtungen und qualifiziertes Personal fehlten. In Gründungsphasen von Projekten war das Prinzip learning by doing Programm – etwa wenn die KlientInnen den Betreuenden gleichgestellt wurden und die Unterstützung aus dem voneinander Lernen resultieren sollte.

- **Spannungsfeld Organisation**
Die Organisationsformen der sich entwickelnden Einrichtungen bewegten sich im Spannungsfeld von öffentlicher und privater Trägerschaft. Die GründerInnen waren

verschiedener Ansicht, wenn es darum ging, ob die Projekte besser in den Gebietskörperschaften oder in Vereinen anzusiedeln sind. Während die einen darauf pochten soziale Probleme als öffentliche Aufgabe zu verstehen, die innerhalb der Gebietskörperschaften zu bearbeiten sind, sahen andere in einer Vereinskonstruktion den Vorteil, unabhängiger von Politik und Verwaltung Soziale Arbeit anbieten zu können. Innerhalb der österreichweiten Bewährungshilfe war beispielsweise die Debatte Verein versus Öffentlicher Dienst über ein Jahrzehnt lang eine prägende Konstante. Die Gründungsgeneration hatte den Verein lediglich als Provisorium für die Aufbauphase gesehen, das Ziel war zunächst die staatliche Verankerung. Dieser Ansicht war auch der Gesetzgeber gefolgt. Obwohl bereits ein Datum für die Übernahme des Vereins in das Justizministerium feststand, änderte die Vereinsführung in Einklang mit der Mehrzahl der MitarbeiterInnen ihre Meinung. Sie präferierte nunmehr eine dauerhafte Vereinslösung, weil die Prämissen der Sozialarbeit besser gewährleistet und mehr Möglichkeiten für Betreuungsformen gegeben seien, die über die klassische Einzelfallhilfe hinausreichten. Das bei anderen unabhängigen Vereinen immanente Problem der Finanzierung blieb der Bewährungshilfe weitgehend erspart, denn ihr gelang es, eine dauerhafte Finanzierung gesetzlich zu verankern. Allgemein gesprochen war es letztlich wohl auch eine Frage, welche Partei(en) die Regierung stellte(n) und wie die Finanzierung zu gewährleisten war, wenn es um die Entscheidung ging, die Agenden bei der Gebietskörperschaft anzusiedeln oder nicht.

In Tirol entwickelten sich zwischen 1970 und 1990 verschiedene Organisationsformen. Es gab Einrichtungen, die direkt in einer Gebietskörperschaft angesiedelt waren. Dabei zeigten sich auch die Grenzen der Verwaltungsstruktur, wie etwa im Fall der sozialtherapeutischen Wohngemeinschaft Ringer für männliche Jugendliche in der Cranachstraße. Sie wurde direkt in die Landesverwaltung übernommen, hatte aber beispielsweise Schwierigkeiten mit den Arbeitszeitvorgaben, wo Bereitschaftsdienst und Betreuung am Wochenende und über Nacht nicht vorgesehen waren. Einfacher war es da für die Wohngemeinschaft für weibliche Jugendliche im Kinderheim Pechegarten, das über brauchbare Strukturen verfügte. Eine andere Organisationsform wurde für die Jugendzentren der öffentlichen Hand in Innsbruck gewählt. Diese betrieb der vom Landesjugendreferat gegründete und mit VertreterInnen der Gebietskörperschaften besetzte Verein Jugend und Gesellschaft. Das sicherte dem Landesjugendreferat den direkten Einfluss auf Strukturen, Arbeitsmethoden und Personalfragen. Eine andere Variante war ein unabhängiger Verein. Diese Vereine verfügten vielfach über Ehrenamtliche, die mehr oder weniger in die Vereinsaufgaben eingebunden sein konnten, teilweise die finanzielle Verantwortung trugen und als MultiplikatorInnen fungierten. Eine Mischform von öffentlichem und privatem Verein ergab sich dann, wenn in deren Vorstand öffentliche Gebietskörperschaften vertreten waren, wie es etwa beim Jugendland und dem KIT der Fall war. Das konnte für die Vereine sowohl den Vorteil des direkten Kontaktes, als auch eine Einflussnahme bedeuten. Bei Arbeitsprojekten erwies sich die Vereinskonstruktion bald als ungeeignet, weil sie nicht sozialarbeiterische, sondern auch wirtschaftliche Ziele erfüllen mussten. Deshalb entschied das Z6 bereits Mitte der 1980er Jahre, seine Arbeitsprojekte vom Jugendzentrum in einem „Verein II" zu subsummieren, der ab 1990 den Namen „insieme" trug.

12 Resümee

- Spannungsfeld Angebot und Finanzierung
Die Einrichtungen standen auch im Spannungsfeld zwischen Angebot und Finanzierung. Die Situation der Einrichtungen in puncto Ausstattung und finanzieller Absicherung war sehr verschieden, außerdem erweiterten und veränderten sich Angebote im Laufe der Zeit. Einrichtungen der öffentlichen Hand hatten es in Ressourcenfragen in der Regel etwas einfacher. Viele Initiativen von Einzelnen und Gruppen hingegen begannen mit äußerst wenig Budget. Einige mussten oft jahrelang auf Finanzierung und Anerkennung warten. Sparen war im Sozialbereich ohnehin immer eine behördliche und politische Bedingung, aber viele Projekte und Vereine hatten über die Jahre immer wieder mit knappem Budget und Finanzierungskrisen zu kämpfen. Über eine mangelnde Finanzierung konnten die verschiedenen Subventionsgeber einen gewaltigen Druck aufbauen und Einfluss auf Angebote und Betreiber nehmen. Viele Einrichtungen finanzierten sich über einen Subventionsmix von Bund, Land Tirol und Stadt Innsbruck. Häufig teilten sich Land und Stadt ihren Anteil an den Kosten im Verhältnis zwei zu eins auf. Konflikte unter den Subventionsgebern wurden oft auf dem Rücken der Einrichtungen ausgetragen, etwa wenn die eine Gebietskörperschaft die Höhe ihres Beitrages von der entsprechenden Beteiligung einer anderen Gebietskörperschaft abhängig machte. Die finanzielle Gebarung bedeutete für die ProponentInnen, Vereinsvorstände und MitarbeiterInnen von Einrichtungen ein permanentes Risiko. Die Leiterin des DOWAS (für Männer) wurde wegen „Fahrlässiger Krida" sogar vor Gericht gestellt, weil aufgrund ausgebliebener Subventionen Krankenkassenbeiträge nicht mehr bezahlt werden konnten. Hingegen sprang die öffentliche Hand in einzelnen Fällen ein, um einen Konkurs zu vermeiden, wie etwa im Fall des Jugendland. Ein massives Problem blieb aber generell, dass schriftliche und damit verbindliche Zusagen von Subventionen oft erst weit nach Beginn einer neuen Betriebsperiode erfüllt wurden. Auch das stellte ein großes Risiko dar. Spenden spielten bei den meisten untersuchten Einrichtungen vor allem in den Anfangsjahren und in finanziellen Krisen eine größere Rolle. Eine Ausnahme stellten Arbeitsprojekte wie das WAMS dar, die von Sachspenden lebten. Von großer Bedeutung waren in Tirol die katholische Amtskirche oder kirchliche Organisationen wie die Caritas. Sie betrieben eine Reihe von Einrichtungen oder subventionierten mit.

- Spannungsfeld Stadt Innsbruck
Das Bevölkerungswachstum bis 1970 hatte auch eine Erhöhung der Zahl an in Innsbruck lebenden Kindern und Jugendlichen zur Folge. Zudem war die Tiroler Landeshauptstadt ein Magnet für SchülerInnen und Studierende, die hier weiterführende Schulen und die Universität besuchten, sowie für jene, die die Anonymität, bessere Jobmöglichkeiten und Kulturangebote suchten. In der Hauptstadt konzentrierte sich die Aufbruchsstimmung, hier bündelten sich die vor allem jungen kritischen Kräfte, die Pluralismus, Teilhabe und Freizeitmöglichkeiten einforderten. Auf der anderen Seite war Innsbruck mit dem Sitz der katholisch-konservativ dominierten Landesregierung und dem Amtssitz des Bischofs auch ein Ort bewahrender Kräfte, die die bürgerliche Ordnung und die katholisch-konservative Hegemonie aufrechterhalten wollten. Es prallten Welten aufeinander. Das führte zu Konflikten und legte soziale Problemstellungen der modernen Welt offen.
 Die Stadt Innsbruck begegnete diesen Problemstellungen im Wesentlichen selten proaktiv, sondern überwiegend reaktiv. Den wenigen, bereits genannten Veränderungen,

die die Stadtgemeinde selbst tätigte, standen die Reaktionen, die sich auf die Notwendigkeit oder den Druck der Öffentlichkeit, des Bundes oder des Landes ergaben, gegenüber. Das hatte nicht nur mit den Kompetenzverteilungen zwischen den Gebietskörperschaften zu tun, sondern weit mehr mit mangelndem Veränderungswillen. So hatte die Stadtgemeinde in ihrem Bereich der Jugendwohlfahrt, in der sie gegenüber anderen Tiroler Regionen eine Sonderstellung einnahm, einen größeren Gestaltungsraum als sie nutzte. Unterstützung von außen, beispielsweise im Zusammenhang mit den Fürsorgeeinrichtungen, holte sich die Stadt Innsbruck im Gegensatz zum Land Tirol kaum. Angebote wiederum, wie im Bereich der Jugendbeschäftigung, waren zahnlos angesichts eines wenig durchdachten Konzeptes und zu geringer Mittel, die dafür zur Verfügung gestellt wurden. Ein Verständnis für die Notwendigkeit neuer sozialer Angebote entwickelte sich meist erst sehr langsam. Einen Impuls dazu gaben punktuell MandatarInnen im Gemeinderat, die selbst in einem Sozialverein tätig waren – entweder als Beschäftigte oder FunktionsträgerInnen eines Vereins. In der Zusammenarbeit mit Jugend- und Sozialeinrichtungen ging es einerseits um Möglichkeiten der Zuweisung – wie etwa im Fall von Kindern und Jugendlichen im Zusammenhang mit der Jugendwohlfahrt –, um Konflikte – wie beispielsweise zwischen Jugendzentren und AnrainerInnen – und ums Geld. Die Stadt Innsbruck unterstützte Projekte und Einrichtungen meist in geringerem Umfang als das Land Tirol. Diese Unterstützungen konnten auch in Sachleistungen getätigt werden wie durch die Zurverfügungstellung von städtischen Räumen. Auch in Krisenfällen sprang die Stadt Innsbruck wiederholt ein.

Die Subventionen für den laufenden Betrieb gestaltete sich für die Vereine oft schwierig, veranschlagte Budgets wurden meist nicht als Bedarf anerkannt, und die gewährten Subventionssummen fielen überwiegend niedriger aus, als jene, die die Vereine beantragt hatten. Häufig übernahm die Stadtgemeinde nur dann einen Anteil an der Finanzierung, wenn das Land Tirol und/oder eine Bundesstelle bereit waren ebenfalls zu fördern. Diese Praxis erwies sich auch als sinnvoll, weil das Risiko eines Ausfalls geringer war, dennoch verlangte es den Verantwortlichen der Vereine viel Energie und Verhandlungsgeschick ab, um ihre Projekte auf eine finanziell tragfähige Basis zu stellen. Dass der Anteil der Stadt oft im Vergleich gering ausfiel, obwohl ihre EinwohnerInnen überproportional davon profitierten, dass sich viele Angebote in der Landeshauptstadt befanden, zeigte Sozialstadtrat Eugen Sprenger 1989 auf. In Bezug auf Sozialökonomische Projekte kritisierte er, dass die Stadt teilweise nur 12 bis 14 Prozent der Gesamtkosten trage. Nicht nur Sprenger, sondern zunehmend mehr PolitikerInnen und städtische Bedienstete äußerten sich positiv über die Arbeit jener Einrichtungen, die sich in den 1970er und 1980er Jahren entwickelt hatten.

Bis 1990 hatten sich viele der geforderten Angebote in den Bereichen Jugendbetreuung, Jugendwohlfahrt, straffällige Jugendliche, Arbeits- und Wohnungslosigkeit, Drogenproblematik sowie Gewalt gegen Frauen und Mädchen etabliert. Der bereits bestehende, beim Land Tirol angesiedelte Jugendbeirat wurde im Jugendwohlfahrtsgesetz verankert. Die Angebotspalette an Einrichtungen und Projekten war weit ausdifferenziert, wenngleich die Mittel für die Anpassung an aktuelle Verhältnisse sowie am unmittelbaren Bedarf vielfach nicht ausreichend waren. Offen blieben vor allem Einrichtungen für Mädchen in den Bereichen Freizeit, Bildung und Gewalt, Aufenthaltsräume für Drogenkranke sowie Krisenplätze für Jugendliche. Durch die neue Gesetzeslage des Jugendwohlfahrtsgesetzes wurde eine Kinder- und Jugendanwaltschaft notwendig, die sich in Tirol erst spät und mit geringen Vollmachten durchsetzen konnte. Das Sozialparlament, eine Vernetzungsinitiative des nur kurz im Amt verbliebenen Soziallandesrats Walter Hengl, war bald wieder Geschichte. Auch eine vorausschauende Sozialplanung mit dem Ziel einer Bedarfserhebung – eine Aufgabe von Land Tirol und Stadtgemeinde Innsbruck –, blieb in den Kinderschuhen stecken und wurde nicht weiter verfolgt. Damit wurden der Öffentlichkeit und den Einrichtungen Transparenz und Mitsprache bei der weiteren Ausgestaltung des Sozialsystems verweigert.

Die Einrichtungen waren Anfang der 1990er Jahre unter anderem damit beschäftigt, den Bedarf weiterhin gegenüber den Subventionsgebern zu argumentieren, Angebote auf ihren Bedarf hin zu überprüfen und den aktuellen Verhältnissen anzupassen. So entwickelte das Z6 mit dem Streetwork ein Angebot mobiler sozialer Betreuung, vermehrt stellten in Einrichtungen und Projekten nunmehr Migration, später auch Flucht relevante Themen und Problemstellungen in der Sozialen Arbeit, auch mit Jugendlichen und jungen Erwachsenen dar. Innsbruck verfügt schließlich über eine reichhaltige, diversifizierte Angebotspalette für Jugendliche und junge Erwachsene in verschiedenen Problemlagen. Das verdankt die Landeshauptstadt den „Gründerzeiten" in den 1970er und 1980er Jahren.

Quellen- und Literaturverzeichnis

Interviews

Interview Andrea Sommerauer/Hannes Schlosser mit Margret Aull am 4.10.2017.
Interview Andrea Sommerauer/Hannes Schlosser mit Waltraud Bäumel am 4.8.2015.
Interview Hannes Schlosser mit Thomas Egger am 7.5.2015.
Interview Andrea Sommerauer mit Hermann Girstmair am 10.8.2017.
Interview Hannes Schlosser mit Christof Gstrein am 8.9.2015.
Interview Andrea Sommerauer mit Ernst Gutschi am 14.9.2017.
Interview Hannes Schlosser mit Reinhard Halder am 10.6.2015.
Interview Andrea Sommerauer mit Wilfried Hanser am 18.11.2015.
Interview Andrea Sommerauer/Hannes Schlosser mit Monika Hitsch am 17.6.2015.
Schriftliches Interview Hannes Schlosser mit Grete Hoideger am 3.8.2015.
Telefoninterview Hannes Schlosser mit Grete Hoideger am 20.8.2015.
Telefoninterview Hannes Schlosser mit Hubert Katzlinger am 28.8.2018.
Telefoninterview Andrea Sommerauer mit Herrn K. am 15.2.2018.
Interview Hannes Schlosser mit Helmut Kunwald am 3.9.2015.
Telefoninterview Hannes Schlosser mit Peter Lindenthal am 27.12.2017.
Interview Hannes Schlosser mit Klaus Madersbacher am 5.6.2015.
Interview Andrea Sommerauer/Hannes Schlosser mit Sigrid Marinell am 20.10.2015.
Telefoninterview Hannes Schlosser mit Sigrid Marinell am 27.3.2017.
Telefoninterview Hannes Schlosser mit Fritz Melcher am 15.9.2017.
Telefoninterview Andrea Sommerauer mit Dietmar Mutschlechner am 26.3.2018.
Interview Hannes Schlosser mit Helga Oberarzbacher am 31.3.2017.
Interview Andrea Sommerauer mit Elisabeth Parz am 26.2.2018.
Interview Andrea Sommerauer/Hannes Schlosser mit Edmund Pilgram am 15.4.2015.
Interview Andrea Sommerauer mit Elisabeth Ringer am 17.7.2016.
Interview Andrea Sommerauer mit Apollonia Ritzer und Melanie Madlung am 28.10.2015.
Interview Andrea Sommerauer mit Erwin Steinmaurer am 22.2.2018 mit Ergänzungen am 25.2.2018.
Interview Andrea Sommerauer mit Hans Tauscher am 21.8.2018.
Telefoninterview Hannes Schlosser mit Herta Trummer am 22.9.2016.
Telefoninterview Hannes Schlosser mit Gottfried Unterkofler am 13.12.2016.
Interview Andrea Sommerauer/Hannes Schlosser mit Manfred Weber am 11.8.2015.
Interview Andrea Sommerauer/Hannes Schlosser mit Jussuf Windischer am 9.4.2015.
Telefoninterview Hannes Schlosser mit Jussuf Windischer am 15.9.2017.
Interview Andrea Sommerauer mit Heinz Zangerle am 6.7.2015.

Gespräche

Telefongespräch Andrea Sommerauer mit Leopold Bittermann am 11.4.2018.
Telefongespräch Andrea Sommerauer mit Manfred Deiser am 11.7.2017.
Telefongespräch Hannes Schlosser mit Gabriele Ebner-Rangger am 7.7.2017.
Telefongespräch Andrea Sommerauer mit Ulrike Jussel am 20.10.2017.
Gespräch Andrea Sommerauer/Hannes Schlosser mit Waltraud Kreidl und Friedl Tilg am 9.3.2015.
Telefongespräch Andrea Sommerauer mit Helmut Muigg am 26.9.2017.
Telefongespräch Andrea Sommerauer mit Erwin Niederwieser am 28.9.2017.
Telefongespräch Andrea Sommerauer mit H. O. am 20.2.2018.
Telefongespräch Hannes Schlosser mit Martin Ortner am 20.8.2018.
Gespräch Andrea Sommerauer mit Cornelia Puschnik am 26.9.2017.
Gespräch Andrea Sommerauer mit Werner Sieber am 6.3.2015.
Telefongespräch Andrea Sommerauer mit Erwin Steinmaurer am 19.3.2018.
Telefongespräch Andrea Sommerauer mit Friedl Tilg am 26.3.2018.
Telefongespräch Andrea Sommerauer mit Reimar Tomaschek am 8.6.2015.
Telefongespräch Andrea Sommerauer mit Franz Wassermann am 1.9.2017.
Telefongespräch Hannes Schlosser mit Reinhard Wibmer am 9.5.2017.
Gespräch Andrea Sommerauer mit Vroni Windischer am 29.4.2015.

E-Mail-Korrespondenz

E-Mail von Manfred Deiser am 18.7.2017
E-Mail von Bettina Hofer am 19.8.2015
E-Mail von Winfried Hofinger am 29.1.2015
E-Mail von Philipp Mayr am 3.5.2018.
E-Mail von Helmut Soukopf am 26.7.2018

Archive

Archiv der Innsbrucker Immobilien GmbH (IIG)
  Sammelakt StZ 3021 A 10 1968
  StZ. 59 Abs. 10 IV 1953
Archiv Verein Frauen gegen Vergewaltigung
Archiv Verein Jugendland – Organisation zur Betreuung von Kindern und Jugendlichen
Archiv Verein Neustart Wien
Archiv Verein zur Förderung des DOWAS
Bibliothek des Tiroler Landesmuseums Ferdinandeum (FB)
  Verzeichnis der Jugendheime und Internate in Tirol, Stand 1.1.1969.
Diözesanarchiv – Diözese Innsbruck
Material Erziehungsberatungsstelle des Landes Tirol
Material K.
Material Elisabeth Parz
Material Elisabeth Ringer
Material Erwin Steinmaurer
Privatarchiv Klaus Madersbacher
Privatarchiv Helga Oberarzbacher
Privatarchiv Hannes Schlosser
Privatarchiv Andrea Sommerauer
Privatarchiv Friedl Tilg
Privatarchiv Windischer
Privatarchiv Heinz Zangerle
Stadtarchiv Innsbruck
  Jahresberichte und Statistik des städtischen Jugendamts, V/10
  Landesjugendamt, V/28
  Fürsorgerinnen, Fürsorger, Praktikantinnen, Sozialberater, V/29
  Nachschlagebücher der Magistratsabteilung V/F, Fürsorgeamt, 1970–1990
  Protokolle des Innsbrucker Gemeinderates 1970–1991, 2002
Tiroler Landesarchiv – TLA
  Statistik der Erziehungsberatung 1973, Akt 477 e
  Jugendwohlfahrt, Karton 005
  Vereinsakten, SID-Verein
  Stenographische Berichte des Tiroler Landtages 1971, 1990, 1994
  Tiroler Landtag, Landeskontrollamt, Zl. 196/109–1977
Tiroler Landesmuseum Ferdinandeum (FB)
  Verzeichnis der Jugendheime und Internate in Tirol, Stand 1.1.1969

Periodika

20er 2000, 2002
akin – Aktuelle Information 1986–1989
Amtsblatt der Landeshauptstadt Innsbruck 1958, 1959, 1971, 1974
betrifft: Sozialarbeit (bS) 1977–1982
Clubzeitung 1971–1973
Der Standard 1997, 1999, 2000, 2005
ECHO 2011
Erziehung heute (e.h.) 1978–1987
Innsbruck – Offizielles Mitteilungsblatt der Landeshauptstadt 1979
Innsbruck informiert 1996, 1998, 2011
Innsbruck Nachrichten 1983
Innsbrucker Stadtnachrichten 1990, 1991
INTIM, Zeitung des Jugendzentrums MK 1981
Kirche 1982
Kirchenblatt für Tirol 1968, 1970, 1974
Kurier, Blickpunkt Tirol 1975, 1976, 1977, 1978
Kurier, Chronik Tirol 1981, 1984, 1986, 1987, 1989, 1991
Neue Tiroler Zeitung 1976, 1981, 1984, 1986, 1987
Österreichische Richterzeitung 1981
Österreichischer Jugend-Informationsdienst. Nachrichtenblatt des Bundesministeriums für Unterricht (Abt. Jugend) und der Jugendreferate in den Bundesländern 1954, 1956, 1957, 1958
Osttiroler Bote 1979
Sozialarbeit in Österreich (SIÖ) 1978
Sozialarbeit in Tirol (SIT), 1986–1992, 1993, 1994, 2003
Sozialarbeit und Bewährungshilfe (sub) 1979–1987, 1990, 1991, 1995, 1996
Soziale Arbeit in Tirol 1986–1993
Sozialforum 1980
Stattzeitung rotes Dachl 1982, 1984
tip – Innsbrucker Zeitung 1979, 1984, 1988
Tiroler Bauernzeitung 1986, 1995
Tiroler Nachrichten 1968
Tiroler Neue Zeitung 1947
Tiroler Tageszeitung 1958, 1959, 1961, 1964, 1968–1992, 1993, 1994, 2010, 2013, 2016, 2017, 2018, 2019, 2020
Unipress 1979
Unterm Pflaster (upf) 1974–1978
Volksbote 1964, 1968
Volksstimme 1984
WAMS 1st Hand 1995–1999
Z6ische Allgemeine 1980
Z6-Zeitung 1973–1974, 1984–1989
ZOFF – Zeitung für offensive Jugendarbeit 1990–1994

Literatur

Aichhorn, August: Erziehungsberatung und Erziehungshilfe: Zwölf Vorträge über psychoanalytische Pädagogik, aus dem Nachlass herausgegeben von Heinrich Meng, Reinbek bei Hamburg 1972.

Aichhorn, August: Die Verwahrlosung einmal anders gesehen, in: Thomas Aichhorn, August Aichhorn. Pionier der psychoanalytischen Sozialarbeit (Schriftenreihe zur Geschichte der Sozialarbeit und Sozialarbeitsforschung, Bd. 1), Wien 2011.

Alexander, Helmut: Der „rote" Bischof. Paul Rusch und Tirol. Aspekte seines sozialen Engagements und gesellschaftlichen Selbstverständnisses, Innsbruck/Wien/Bozen 2005.

Atzmüller, Roland: Entwicklung der Arbeitsmarktpolitik in Österreich, in: Kurswechsel 4/2009, S. 24–34.

Bauer, Ingrid/Robert Hoffmann/Christina Kubek: Abgestempelt und ausgeliefert. Fürsorgeerziehung und Fremdunterbringung in Salzburg nach 1945. Mit einem Ausblick auf die Wende hin zur Sozialen Kinder- und Jugendarbeit von heute, Innsbruck/Wien/Bozen 2013.

Bertel, Christian: Probleme des Suchtgiftstrafrechts, in: Festschrift für Udo Jesionek zum 65. Geburtstag, herausgegeben von Reinhard Moos zusammen mit Rudolf Machacek/Roland Miklau/Otto F. Müller/Hans Valentin Schroll, Wien/Graz 2002, S. 297–308.

Birsak Johann/Karl Dvorak/Gerhard Grimm/Herbert Leirer/Franz Lingler/Sabine Stadler (Hg.): Betrifft: Bewährungshilfe. Materialien und Berichte aus einem Arbeitsfeld, Wien 1979.

Bischof, Günter/Dieter Stiefel: „80 Dollar". 50 Jahre ERP-Fonds und Marshall-Plan in Österreich 1948–1998, Wien/Frankfurt 1999.

Böhler, Bernhard: Der Weg zum Suchtgiftgesetz und dessen Weiterentwicklung, Diss., Innsbruck 1996.

Brandstaller, Trautl: Sozialpolitik als Gesellschaftsreform – Ein Gespräch mit Elisabeth Schilder, in: Sozialarbeit und Soziale Demokratie – Festschrift für Elisabeth Schilder, herausgegeben von Heinrich Keller/Herbert Leirer/Michael Neider/Heinz Steinert, Wien/München 1979, S. 209–228.

Brosch, Peter: Fürsorgeerziehung. Heimterror und Gegenwehr, Frankfurt am Main 1971.

Bundesministerium für Arbeit, Soziales und Konsumentenschutz (Hg.): Dokumentation aktive Arbeitsmarktpolitik in Österreich 1994–2011. Maßnahmen, Instrumente, Programme und Politiken. Reformschritte – Monitoring – Evaluieren, Wien 2011.

Call, Freiherr F. von: Armenpolizei in Österreich, in: Johannes Conrad/Edgar Loening/Ludwig Elster/Wilhelm Hector/Richard Albrecht Lexis: Handwörterbuch der Staatswissenschaften, Zweiter Band, dritte Auflage, Jena 1909, S. 162–167.

Cohen, Stanley: Folk Devils and Moral Panics, 3. Auflage, London 2004.

Danhofer, Monika: Psychologische Analyse der Erziehungsstruktur der Wohngemeinschaft für Kinder und Jugendliche im Pflegenest Kranebitten, Diss., Innsbruck 1988.

Eisterer, Klaus: Französische Besatzungspolitik. Tirol und Vorarlberg 1945/46 (Innsbrucker Forschungen zur Zeitgeschichte, Bd. 9), Innsbruck 1991.

Fallmann, Rudolf: Die Marianische Kongregation (MK) Innsbruck. Vom Ende der 40er Jahre bis in die frühen 70er Jahre des 20. Jahrhunderts – Streiflichter, Dipl.Arb., Innsbruck 2000.

Fallmann, Rudolf: Episkopat, Priesteramt und katholische Kirche in Tirol. Im Spannungsfeld zwischen Erbe, Anpassung und Fortschritt (1938 bis 1980), Diss., Innsbruck 2003/2004.

Fallmann, Rudolf: Katholische Jugend und Marianische Kongregation in Tirol 1938–1980. Ein Spannungsfeld zwischen Erbe, Anpassung und Fortschritt, Innsbruck/Wien/Bozen 2011.

Feigl, Martin: Die Auswirkungen der österreichischen Drogengesetzgebung auf das Konsumverhalten von Konsumenten sogenannter Freizeitdrogen, Diss., Wien 2010.

Fischbacher, Karin: Jugend in Tirol – Jugendkulturen und Jugendpolitik von den fünfziger Jahren bis zur Gegenwart. Eine historische Untersuchung mit besonderer Berücksichtigung der internationalen Entwicklung von Jugendkulturen, Diss., Innsbruck 1987.

Frühauf, Elfriede Maria: Praxisreflexion in der Ausbildung für Sozialarbeiter/innen. Studentinnen im 2. Semester über ihre Ausbildung an der Sozialakademie Innsbruck, Diss., Innsbruck 1986.

Fuchs, Walter: Zwischen Deskription und Dekonstruktion: Empirische Forschung zur Jugendkriminalität in Österreich von 1968 bis 2005. Eine Literaturstudie, hg. v. Institut für Rechts- und Kriminalsoziologie, Wien 2007.

Gensluckner, Lisa/Christine Regensburger/Verena Schlichtmeier/Helga Treichl/Monika Windisch (Hg.): vielstimmig. mancherorts. Die Neue Frauenbewegung in Tirol seit 1970, Innsbruck 2001.

Gostner, Astrid: An den Rändern der Ordnung, 35 Jahre Z6 Jugendsozial- und Kulturarbeit, in: Horst Schreiber/Lisa Gensluckner/Monika Jarosch/Alexandra Weiss (Hg.): Gaismair-Jahrbuch 2006, Am Rand der Utopie, Innsbruck/Wien/Bozen 2005.

Heitzinger, Klaus: Offene Jugendarbeit in Innsbruck. Eine Standortbestimmung anhand des Beispiels Jugendzentrum Hötting-West, Dipl.Arb., Innsbruck 2004.

Hetfleisch, Gerhard: Geschichte der Arbeitsmigration Tirols 1945–2013, in: Rita Garstenauer/Anne Unterwurzacher (Hg.): Aufbrechen, Arbeiten, Ankommen. Mobilität und Migration im ländlichen Raum seit 1945, Jahrbuch für Geschichte des ländlichen Raums, 11/2014, Innsbruck/St. Pölten 2015, S. 95–125.

Hiltpolt, Christian: Das KOMM. Geschichte einer Subjektivität, Diss., Innsbruck 1984.

Höflinger, Werner: Unser altes Kolpinghaus in der Dreiheiligenstraße. Ein historischer Rückblick, in: Kolpinghaus Innsbruck Hötting-West, hg. v. der Kolpingfamilie Innsbruck, Innsbruck 1988.

Hönigsberger, Georg/Irmtraut Karlsson: Verwaltete Kindheit – Der österreichische Heimskandal, Berndorf 2013.

Hönigschmid, Franz: Gesetzliche Grundlagen, Entwicklung – Erfolge – der Bewährungshilfe, in: Bewährungshilfe, Neue Wege der Rehabilitation junger Rechtsbrecher, Wien 1966.

Hofer, Bettina/Christina Lienhart: Idealistisch und wagemutig, Pionierinnen im SOS-Kinderdorf, Innsbruck 2006.

Huber, Marisa: Bleib doch 548 Tage. Ein Haus für obdachlose Frauen und Kinder; Masterarbeit, Innsbruck 2015.

Jahoda, Marie/Paul F. Lazarsfeld/Hans Zeisel: Die Arbeitslosen von Marienthal. Ein soziographischer Versuch über die Wirkungen langandauernder Arbeitslosigkeit, Leipzig 1933.

John, Michael/Wolfgang Reder (Hg.): Wegscheid. Von der Korrektionsbaracke zur sozialpädagogischen Institution (Begleitpublikation zur Ausstellung), Linz 2007.

Karasek, Heinz: Der Ganove, Wien 1982.

Kennedy-Haus (Hg.): Kasiwai. Ein Bildband des Kennedy-Hauses in Innsbruck, Innsbruck 1970.

Kindler, Waltraud: Untersuchung von Identitätsproblemen Jugendlicher am Beispiel eines Jugendzentrums, Diss., Innsbruck 1997.

Klingseis, Barbara: „Da wär' ich ja gar nie im Frauen-Dowas gelandet" – Ursachensuche mittels biographischer Analysen, Dipl.Arb., Innsbruck 1992.

König, Gabriele: Arbeitskreis kritischer Sozialarbeiter Tirols (1977–82). Ein Beispiel selbstorganisierter beruflicher Weiterbildung und deren praktische und politische Implikationen. Handlungsforschung in einer Berufsgruppe, Diss., Innsbruck 1985.

Kohler, Cornelia: Die Aufgaben der Bewährungshilfe unter Berücksichtigung der Konfliktregelung, Diss., Innsbruck 1988.

Kraler, Helene Maria: Kinder und Jugend in Tirol (1945 – 1980), Dipl.Arb., Innsbruck 2013.

Krenn, Martina: Schmutz – Sex – Drogen. Jugend und das Populäre 1955–1975, Wien 2009.

Kripp, Sigmund: Abschied von morgen. Aus dem Leben in einem Jugendzentrum, Düsseldorf 1973.

Kripp, Sigmund: Hören was die Jungen sagen. Begegnungen im Jugendzentrum, München 1984.

Kulms, Rainer: Österreich, Ausgewählte Probleme aus dem österreichischen Obsorge- und Unterhaltsrecht, in: Peter Dopffel: Kindschaftsrecht im Wandel. Zwölf Länderberichte mit einer vergleichenden Summe, Tübingen 1994.

Kumar, Maurice Munisch: 20 Jahre Z6-Streetwork: straßentauglich arbeiten am Rande der Gesellschaft, in: Martin Haselwanter/Elisabeth Hussl/Lisa Gensluckner/Monika Jarosch/Horst Schreiber (Hg.): Gaismair-Jahrbuch 2013. Blickwechsel, Innsbruck/Wien/Bozen 2012, S. 38–47.

Ladstätter, Verena: Die Jugendherbergen von Innsbruck als Träger des Fremdenverkehrs, Hausarbeit, Innsbruck 1981.

Lechner Ferdinand/Rainer Loidl/Lukas Mitterauer/Walter Reiter/Andreas Riesenfelder: Aktive Arbeitsmarktpolitik im Brennpunkt I: Evaluierung Sozialökonomischer Betriebe, hg. v. Arbeitsmarktservice Österreich, Wien 2000.

Lechner, Ferdinand/Walter Reiter/Petra Wetzel/Barbara Wilsberger: Die Beschäftigungseffekte der experimentellen Arbeitsmarktpolitik der 1980er und 1990er Jahre, Wien 2016.

Lechner, Sieglinde: Die Jugendarbeit in Tirol in der Nachkriegszeit (1945–1955). Aus der Tätigkeit des Landesjugendreferates Tirol, Dipl.Arb., Innsbruck 1997.

Lindenthal, Lisl: Projekt „Mädchen im Mittelpunkt" und „Beratungsstelle für Mädchen in Notsituationen", in: Südtiroler Hochschülerschaft (Hg.): Sozialprojekte für Frauen. Progetti sociali di donne per donne, 1986, S. 49–52.

Linke, Angelika/Joachim Scharloth: Der Zürcher Sommer 1968. Zwischen Krawall, Utopie und Bürgersinn, Zürich 2008.

Lißbauer, Karl: Das Österreichische Jugendgerichtsgesetz vom Jahre 1928, in: Zeitschrift für die gesamte Strafrechtswissenschaft, hg. v. Ed. Kohlrausch und W. Gleispach, Berlin/Leipzig 1930, S. 265–338.

Lugger, Klaus: Wohnbau Sozial. Innsbruck von 1900 bis heute, Innsbruck 1993.

Mair, Christine: Negative Kontrolle und ihre Auswirkungen auf das Erleben verwahrloster weiblicher Jugendlicher in einer geschlossenen Fürsorgeerziehungsanstalt, Diss., Salzburg 1974.

Maiss, Maria (Hg.): Ilse Arlt. Pionierin der wissenschaftlich begründeten Sozialarbeit (Schriftenreihe zur Geschichte der Sozialarbeit und Sozialarbeitsforschung, Bd. 4), Wien 2013.

Madlung, Melanie: Zur gesellschaftlichen und psychischen Problematik von Vergewaltigungen, Diss., Innsbruck 1986.

Mathies, Christian: Immer auf der Seite der Demokratie? – Überlegungen zur Kontroverse um die NS-Vergangenheit von Ferdinand Obenfeldner, in: Lisa Gensluckner/Monika Jarosch/Horst Schreiber/Alexandra Weiss (Hg.): Gaismair-Jahrbuch 2008. Auf der Spur, Innsbruck 2007.

Meinhof, Ulrike Marie: Bambule. Fürsorge – Sorge für wen?, Berlin 1971.

Melcher, Friedrich: Das „Desinfarkt" – eine „Bauhütte Autonomer Jugendkultur". Analyse des Scheiterns eines Innsbrucker Autonomen Jugendclubs, Diss., Innsbruck 1988.

Münchmeier, Richard: Offenheit – Selbstorganisation – Selbstbestimmung. Die Politisierung reformpädagogischer Traditionen durch die Jugendzentrumsbewegung, in: Meike Sophia Baader/Ulrich Herrmann (Hg.): 68 – Engagierte Jugend und kritische Pädagogik. Impulse und Folgen eines kulturellen Umbruchs in der Geschichte der Bundesrepublik, Weinheim und München 2011, S. 52–64.

Müller-Kohlenberg, Hildegard: Alternativen zur Heimerziehung, in: Herbert Colla/Thomas Gabriel/Spencer Millham/Stefan Müller-Teusler/Michael Winkler (Hg.): Handbuch Heimerziehung und Pflegekindwesen in Europa, Heidelberg 1999, S. 129–137.

Munter, Renate: „Wohnen als Helfen". Erfahrungen einer Mitarbeiterin in einer sozialpädagogischen Wohngemeinschaft für arbeits- und obdachlose Jugendliche (Männer), Dipl.Arb., Innsbruck 1989.

Neugebauer, Wolfgang/Peter Schwarz: Der Wille zum aufrechten Gang, Wien 2005.

Niedenzu Hein-Jürgen/Max Preglau: Die demographische und soziökonomische Entwicklung des Bundeslandes Tirol. Von 1918 bis Mitte der achtziger Jahre, in: Anton Pelinka/Andreas Maislinger (Hg.): Handbuch zur Neueren Geschichte Tirols, Bd. 2, Wirtschaft und Kultur, Innsbruck 1993, S. 7–87.

Nicolussi, Marco: Das Olympische Dorf als Lebenswelt. Erfahrungen in einem Jugendhaus und (architektur-)theoretische Untersuchung in einer Stadtrandsiedlung mit besonderer Berücksichtigung des Bedingungszusammenhangs von Außenwelt und subjektiver Wahrnehmung und Deutung, Diss., Innsbruck 1984.

Nussbaumer, Josef: Wirtschaftlicher und sozialer Wandel in Tirol 1945–1996. Ein Skizze, in: Michael Gehler (Hg.), Tirol: „Land im Gebirge". Zwischen Tradition und Moderne (Geschichte der österreichischen Bundesländer, Bd. 6/3), Wien/Köln/Weimar 1999, S. 139–220.

Pichler, Bernhard: Jugendarbeit zwischen Anspruch und Wirklichkeit. Analyse einer Jugendszene und Dokumentation des Entstehungsprozesses eines selbstverwalteten Jugendzentrums unter Berücksichtigung der Jugendpolitik in Tirol, Diss., Innsbruck 1986.

Pilgram, Arno: Jugendfeindlichkeit und Jugendkriminalität, in: Birsak Johann/Karl Dvorak/Gerhard Grimm/Herbert Leirer/Franz Lingler/Sabine Stadler (Hg.): Betrifft: Bewährungshilfe. Materialien und Berichte aus einem Arbeitsfeld, Wien 1979, S. 1–24.

Pilgram, Arno /Mechthild Rotter: Jugendkriminologie in Österreich. Materialien zur Kriminalitätsentwicklung und -theorie. Forschungsbericht, Ludwig Boltzmann Institut für Kriminalsoziologie, Wien 1981.

Pilz, Sigrid: Jugendarbeit in der Arbeiterkultur, Diss., Innsbruck 1984.

Plattner, Irmgard: Kultur und Kulturpolitik, in: Michael Gehler (Hg.): Tirol: „Land im Gebirge". Zwischen Tradition und Moderne (Geschichte der österreichischen Bundesländer, Bd. 6/3), Wien/Köln/Weimar 1999, S. 223–312.

Pölzl, Viktoria: Bewährungshilfe in Österreich. Eine aktuelle Bestandsaufnahme, Wien 2007.

Pongratz, Lieselotte/Hans-Odo Hübner: Lebensbewährung nach öffentlicher Erziehung. Eine Hamburger Untersuchung über das Schicksal aus der Fürsorge-Erziehung und Freiwilligen Erziehungshilfe entlassener Jugendlicher, Darmstadt 1959.

Ralser, Michaela/Anneliese Bechter/Flavia Guerrini: Geschichte der Tiroler und Vorarlberger Erziehungsheime und Fürsorgeerziehungsregime der 2. Republik – Eine Vorstudie, Forschungsbericht Juni 2012, erstellt im Auftrag der Länder Tirol und Vorarlberg.

Ralser, Michaela/Nora Bischoff/Flavia Guerrini/Christine Jost/Ulrich Leitner/Martina Reiterer: Heimkindheiten. Geschichte der Jugendfürsorge und Heimerziehung in Tirol und Vorarlberg, Innsbruck/Wien/Bozen 2017.

Ralser, Michaela/Reinhard Sieder (Hg.): Die Kinder des Staates (Österreichische Zeitschrift für Geschichtswissenschaften 25/2014/1+2), Innsbruck/Wien/Bozen 2014.

Rangger, Gabriele: Das Jugendzentrum im Olympischen Dorf in Innsbruck. Von November 1981 – Mai 1984, Diss., Innsbruck 1987.

Redolfi, Gottfried: Die Entwicklung der Erziehungswissenschaften an der Universität Innsbruck nach 1945, Diss. Phil., Innsbruck 1990.

Rosenberger, Sieglinde/Alexandra Weiss: Frauen – Eine eigene Geschichte, in: Michael Gehler (Hg.): Tirol: „Land im Gebirge". Zwischen Tradition und Moderne (Geschichte der österreichischen Bundesländer, Bd. 6/3), Wien/Köln/Weimar 1999, S. 315–376.

Rosenmayr, Leopold/Hans Strotzka/Hertha Firnberg (Hg.): Gefährdung und Resozialisierung Jugendlicher. Vorträge über Bewährungshilfe, gehalten auf einem Seminar des Soziologischen Instituts der Universität Wien, Wien 1968.

Sander, Uwe/Ralf Vollbrecht: Jugend im 20. Jahrhundert, in: Sander/Vollbrecht (Hg.), Jugend im 20. Jahrhundert. Sichtweisen – Orientierungen – Risiken, Neuwied/Berlin 2000, S. 7–31.
Sanders, Gregor/Martin Haselwanter: Eine (kleine) Innsbrucker Bewegungsgeschichte, in: Alexandra Weiss/Lisa Gensluckner/Martin Haselwanter/Monika Jarosch/Horst Schreiber (Hg.): Gaismair-Jahrbuch 2011. in bewegung, Innsbruck/Wien/Bozen 2010, S. 25–33.
Schiestl, Robert: Probezeit – Geschichte des Vereins für Bewährungshilfe und Soziale Arbeit 1957–1989, hg. v. Herbert Leirer VBSA, Wien 1997.
Schilder, Elisabeth: Strafvollzug in Freiheit. Die Entwicklung der bedingten Verurteilung und der Bewährungshilfe in Österreich unter Berücksichtigung der Entwicklung in Deutschland, in: Michael Neider (Hg.): Festschrift für Christian Broda. Wien 1976. S. 267–299.
Schilder, Elisabeth: Die Entwicklung und Organisation der Bewährungshilfe in Österreich, in: Bewährungshilfe, Neue Wege der Rehabilitation junger Rechtsbrecher, Wien 1966.
Schindler, Sepp: Jugendkriminalität. Strukturen und Trend in Österreich, 1946–1965, hg. v. Österreichischen Institut für Jugendkunde, Wien/München 1968.
Schlosser, Hannes: Was war los im Ziegelstadel?, in: Alexandra Weiss/Lisa Gensluckner/Martin Haselwanter/Monika Jarosch/Horst Schreiber (Hg.): Gaismair-Jahrbuch 2011. in bewegung, Innsbruck/Wien/Bozen 2010, S. 133–149.
Schmid, Tom: Arbeitsmarktpolitische und sozialpolitische Relevanz der sozialökonomischen Betriebe (SÖB) in Tirol, Wien/Innsbruck 1997.
Schmidbauer, Wolfgang: Hilflose Helfer, Reinbek 1977.
Schopper, Johanna: Notruf für vergewaltigte Frauen, Innsbruck, in: Südtiroler Hochschülerschaft (Hg.): Sozialprojekte für Frauen. Progetti sociali di donne per donne 1986, S. 45–48.
Schreiber, Horst: Schule in Tirol und Vorarlberg 1930–1945 (Innsbrucker Forschungen zur Zeitgeschichte, Bd. 14), Innsbruck 1996.
Schreiber, Horst: „Es entspricht der Mentalität des freiheitsliebenden Tiroler, immer klar Farbe zu bekennen." Zur Geschichte, Struktur und Entwicklung der Tiroler Schule 1945–1998, in: Michael Gehler (Hg.): Tirol: „Land im Gebirge". Zwischen Tradition und Moderne (Geschichte der österreichischen Bundesländer, Bd. 6/3), Wien/Köln/Weimar 1999, S. 487–566.
Schreiber, Horst/Wilfried Vyslozil: SOS-Kinderdorf. Die Dynamik der frühen Jahre. Eine Spurensuche jenseits des Klischees, Innsbruck/München 2001.
Schreiber, Horst: „Angesichts des erheblichen Schwachsinns und der (…) psychopathischen Minderwertigkeit ist Sterilisation zu fordern", in: Gaismair-Jahrbuch 2009. Überwältigungen, Innsbruck/Wien/Bozen 2008, S. 99–106.
Schreiber, Horst (Hg.): Im Namen der Ordnung. Heimerziehung in Tirol, Innsbruck/Wien/Bozen 2010.
Schreiber, Horst: Restitution von Würde. Kindheit und Gewalt in Heimen der Stadt Innsbruck, Innsbruck/Bozen/Wien 2015.
Schreyer, Werner: Selbst Ständig Werden. Die Nachbetreuungsstelle des Sozialpädagogischen Instituts des österreichischen SOS-Kinderdorfes. Sozialpädagogisches Institut, Innsbruck 1991.

Schwaiger, Thomas: Die Geschichte der Scheuchenstuel'schen Stiftung. Josefine Scheuchenstuel und ihre Stiftung. Von der Gründung des Waisenhauses (1869) bis zum Abbruch des Mädchenheimgebäudes (1979), Innsbruck 2013.
Sommerauer, Andrea: Gewagte Mission. Der Missionshilfeeinsatz von Jugendlichen aus der Marianischen Kongregation Innsbruck in Rhodesien (1964–1976), Innsbruck 2019.
Soziale Dienste der Kapuziner (Hg.): Von Böse und Gut. Ein Versuch über Gewalt und Missbrauch. Bubenburg 1950–1980, Sonderausgabe des „slw derzeit", Axams 2014.
Stelzer-Orthofer, Christine (Hg.): Arbeitsmarktpolitik in Österreich, Linz 1991.
Steinbacher, Eva: Gewalt gegen Frauen. Ein Ansatz der Veränderung am Beispiel des Frauenhauses Innsbruck, Diss., Innsbruck 1985.
Stemeseder, Heinrich: Der Durchgangsort für Wohnungs- und Arbeitssuchende – Ein Beispiel für selbstorganisierte Sozialpolitik in Tirol, Dipl.Arb., Innsbruck 1991.
Tálos, Emmerich: Das austrofaschistische Herrschaftssystem. Österreich 1933–1938, Berlin 2013.
Tiefenthaler, Paula: Vater Staat und seine Kinder. Die Entwicklung der öffentlichen Jugendwohlfahrt in Österreich von der Amtsvormundschaft zur gewählten Interessensvertretung, Dipl.Arb., Innsbruck 2003.
Unterleitner, Michael „Much": das much-buch. Much's Kompendium der Staatsgewalt, Wien 1979.
Verein MIM – Mädchen im Mittelpunkt (Hg.): Beiträge und Materialien zur feministischen Mädchenarbeit 2, Innsbruck 1989.
Vogl, Christian: Einrichtungen für das „Soziale Forum", Dipl.Arb., Innsbruck 1979.
Vormann, Gernot/Wolfgang Heckmann: Zur Geschichte der therapeutischen Wohngemeinschaften in Deutschland, in: Hilarion Petzold/Gernot Vormann: Therapeutische Wohngemeinschaften. Erfahrungen, Modelle, Supervision, München 1980.
Weber, Angelika: Krise Jung Sein. Bewältigungsformen im Kriseninterventionszentrum für Kinder und Jugendliche in Innsbruck, Dipl.Arb., Innsbruck 2006.
Weiss, Alexandra: Kapitel VI: Sexualität – Klasse – Geschlecht. Sozialhistorisch-feministische Kontextualisierung der Kinderbeobachtungsstation von Maria Nowak-Vogl, in: Elisabeth Dietrich-Daum/Michaela Ralser/Dirk Rupnow: Studie betreffend die Kinderbeobachtungsstation der Maria Nowak-Vogl – interdisziplinäre Zugänge, Innsbruck 2017, S. 314–379.
Wensierski, Peter: Schläge im Namen des Herrn. Die verdrängte Geschichte der Heimkinder in der Bundesrepublik, München 2006.
Wolfgruber, Gudrun: Von der Fürsorge zur Sozialarbeit, Wien 2013.
Zangerle, Heinz: Zur Berufssituation der Erzieher in österreichischen Fürsorgeerziehungsheimen, Diss., Innsbruck 1974.

Namentlich gezeichnete Beiträge in Zeitungen, Zeitschriften, Broschüren und auf Homepages

Aichhorn, Thomas: August Aichhorn. „Der Beginn psychoanalytischer Sozialarbeit", in: Soziales Kapital, wissenschaftliches Journal österreichischer Fachhochschulgänge Soziale Arbeit Nr. 12 (2014), http://soziales-kapital.at/index.php/sozialeskapital/article/view/332/578.

Aschenwald, Erwin: Sprungbrett – Der Schuldenregulierungsverein, in: e.h. 3/89, S. 18–20.

Bechter, Verena/Elfi Nikolussi: dauerbrenner neues jwg, in: SIT 1, September 1986, S. 10.

Bechter, Verena/Gerhard Waibel: Maximilianstraße 41. Unser Schulgebäude und unsere Schule. Blitzlichter zur Geschichte, Innsbruck 2016, http://www.sob-tirol.tsn.at/ueber-uns/unsere-geschichte.

Bogensberger, Wolfgang: Die Diversion in der Praxis des Jugendgerichtsgesetzes, in: sub 3/90, S. 2–9.

Cremer-Schäfer, Helga: Die „gefährliche und gefährdete Jugend". Über öffentliche Debatten und was wir zu beachten haben, wenn sie gerade nicht stattfinden. Erweiterte Fassung eines Vortrages bei der Fachtagung zur 10-Jahres-Feier des KIZ (Kriseninterventionszentrum Hilfe für Kinder und Jugendliche in Not): Ein sozialpädagogisches Jahrhundert. Integration und Ausschließung – Zur Geschichte und Funktion von Jugendwohlfahrt. Abgedruckt in: SIT 63, Oktober 2003, S. 40–54.

Eberharter, Herta/Margit Kaufmann-Mennert: Einige Gedanken zur Obdachlosigkeit von Frauen, in: DOWAS für Frauen 1991, S. 6–9.

Egger, Thomas: Wabe-Tirol muss zusperren oder Der Weg nach Europa, in: SIT 6, September 1987, S. 3 f.

Fatke, Reinhard/Walter Hornstein/Christian Lüders/Michael Winkler (Hg.): Erziehung und sozialer Wandel. Brennpunkte sozialpädagogischer Forschung (Zeitschrift für Pädagogik, 39. Beiheft), Weinheim/Basel 1999.

Filler, Ewald: Vom „archaischen Züchtigungsrecht" zum „absoluten Gewaltverbot", http://www.gewaltinfo.at/betroffene/kinder/gesetzliches_gewaltverbot.php.

Genner, Michael: Ein Rückblick auf die Heimkampagne der Gruppe ‚Heimspartakus', 2.11.2011, http://www.labournetaustria.at/erziehungsheime-aus-asyl-in-not.

Genner, Michael: Wir Achtundsechziger, Artikelreihe, http://www.asyl-in-not.org/php/search.php?search=Wir+Achtundsechziger.

Girstmair, Hermann: Gedanken zur Situation der Jugend, in: Emil Juen (Hg.), Tiroler Almanach Nr. 31, Innsbruck 2001/2002, S. 52–55.

Haller, Petra: „Nothing but blood, sweat and tears, oder ein persönlicher Rückblick einer ehemaligen Obfrau mit Geburtstagswünschen, in: Verein Treffpunkt Werkstatt (Hg.): Fünf Jahre Verein Treffpunkt Werkstatt und neun Jahre sozialökonomisches Beschäftigungsprojekt HO & RUCK, Innsbruck 1993, S. 9.

Hanser, Wilfried: Ein Jahr Sozialparlament – was bringt's?, in: SIT 27, März 1993, S. 7.

Haselbacher, Helmut: Heimerziehung, in: 10 Jahre Bewährungshilfe, herausgegeben vom Verein für Bewährungshilfe und soziale Jugendarbeit, Wien 1974, S. 42–48.

Hauser, Andreas: Die große Familie, in: Echo, o.J., https://catbull.com/kulturraum/geschichte/geschichte-der-mk.html.

Hofinger, Winfried: Begegnungen – persönliche Erinnerungen an 15 bewegte Jahre, in: Verein KIT (Hg.): KIT – 15 Jahre Tiroler Initiative zur Heilung von Drogensucht, Innsbruck 1989, S. 7.
Hofinger, Winfried: Eine wechselvolle Geschichte 40 Jahre KIT, in: Verein KIT (Hg.): Verein KIT 40 Jahre, Innsbruck 2014, S. 26.
Kern, Harald/Sigrid Marinell/Helga Oberarzbacher: schule und suchtgiftgesetznovelle, in: e.h., Nr. 1/2 1982, S. 16 f.
Klingseis, Michael: Verbotener Rausch – nüchtern betrachtet, in: sub 4/96, S. 8.
Koblinger, Norbert/Christoph Kos: Editorial zu sub 2/96 S. 5.
Kreidl, Waltraud: Ten Years after, in: sub 2/95, S. 32.
Kryspin-Exner, Kornelius: Hilfe für Suchtkranke, in: Tiroler Tageszeitung, Beilage Horizont, 29.3.1979, S. 5.
Kufner, Jonathan: Schutzaufsicht – zwischen totem Recht und reiner Kontrollfunktion, in: Soziales Kapital, wissenschaftliches Journal österreichischer Fachhochschulgänge Soziale Arbeit, Nr. 9, 2013, http://soziales-kapital.at/index.php/sozialeskapital/article/view/280/459.
Kumar, Maurice Munisch: Eine vergessene Utopie, in: Mole, Oktober 2012.
Kunst, Günter: Zur Novelle 1980, in: sub 2/81, S. 5–9; Madersbacher, Klaus: Jugendwohlfahrt in Tirol auf dem Weg ins Jahr 2000, in: Soziale Arbeit in Tirol, Nr. 18, August 1990, S. 3–14.
Larcher, Dietmar: Laudatio für Sigmund Kripp, o.D., http://wwwu.uni-klu.ac.at/hstockha/tap/html/ipg-alt/publ/pgk/kripp.htm.
Leirer, Herbert: Die Bewährungs- und Straffälligenhilfe im Spannungsfeld staatlicher Verwaltung und privater Durchführung, in: sub 2/91, S. 4–10.
Leirer, Herbert: Vernehmlassung zur Bewährungshilfe Neu und Chronologie noch laufender Ereignisse, in: sub 4/91.
Leirer, Herbert: „Bewährungshilfe neu" – kursorischer Endbericht über ein Zwischenergebnis, in: sub 3–4/1995.
Mader, Michael: Lust und Frust in der Entwicklung des Z6-Landes, in: Z6-Zeitung, Herbst 1987, S. 3–4.
Madersbacher, Klaus: „Aufgescheuchte Staatsbürger", in: Sozialpolitischer Arbeitskreis (Hg.): 1983–2004, Verein für Soziale Arbeit in Tirol geschlossen, Innsbruck 2004, S. 18–19.
Mann, Paul: Verstaatlichung vertagt, in: betrifft: Sozialarbeit (bS) Nr. 24 (6/78), S. 15–16.
Marinell, Sigrid/Harald Kern/Waltraud Kreidl/Helga Oberarzbacher: Österreichischer Arbeitskreis zur kommunikativen Drogenarbeit – Erfahrungen und Perspektiven aus der Praxis, in: Wiener Zeitschrift für Suchtforschung, Jahrgang 6/1983, Nr. 2/3, S. 53 f.
Miklau, Roland: Bewährungshilfe heute – im Spiegel der Gesetzgebung in: sub 3–4/1995.
Naschberger-Schober, Lydia: 20 Jahre Sozialpädagogik Stams. Entwicklungen – Projekte – Perspektiven, in: ÖKUM 2/2015, S. 12–13, https://www.dibk.at/Themen/Bildung-und-Religion/node_10492/OeKUM-2015-2/node_15208.

Obendorf, Richard: Die Anfänge der Bewährungshilfe in Tirol, in: Verein für Bewährungshilfe und Soziale Arbeit, Geschäftsstelle Innsbruck (Hg.): Bewährungshilfe Tirol – mehr als 25 Jahre, Innsbruck 1983, S. 3–4.
Oetzbrugger, René: Verdiente Ohrfeigen bleiben erlaubt, in: Tiroler Tageszeitung, 2.7.1977, S. 4.
Ostermann, Brigitte: Was kostet (uns) das DOWAS für Frauen, in: 5 Jahre DOWAS für Frauen, 1991, S. 33–40.
Pernhaupt, Günther: „Change" – Beratungsstelle für Drogengefährdete, in: 10 Jahre Bewährungshilfe, herausgegeben vom Verein für Bewährungshilfe und soziale Jugendarbeit, Wien 1974, S. 48–52.
Pilgram, Arno: Gesetz ist Gesetz, in: e.h. Nr. 1/2, Februar 1982, S. 27–30.
Pilgram, Arno: Private Bewährungshilfe. Das Beispiel Österreich in: sub 3–4/1995.
Plasil-Mennert, Margit: DOWAS für Frauen – ein Blick zurück (im Zorn?), in: SIT 11, Dezember 1988, S. 11.
Rauth, Cilli: Konkursmasse Sozialprojekt, in: SIT 6, September 1987, S. 5–8.
Rieder, Franz: Therapieschritte, das Therapiekonzept im KIT, in: Verein KIT (Hg.): KIT – 15 Jahre Tiroler Initiative zur Heilung von Drogensucht, Innsbruck 1989, S. 13.
Scherer, Ingrid: Vernetzung, Kooperation, Koordination. Am Beispiel Sozialpolitischer Arbeitskreis Tirol; in: sub 2/95, S. 29–31.
Schändlinger, Olga/Elisabeth Schilder: Bewährungshilfe am Scheideweg, in: 10 Jahre Bewährungshilfe, herausgegeben vom Verein für Bewährungshilfe und soziale Jugendarbeit, Wien 1974, S. 1–20.
Schilder, Elisabeth: Opfer für Einstimmigkeit, in: sub 2/81, S. 9–12.
Schlechter, Hansjörg: Revolte in der Erziehungsanstalt, Straßenzeitung Augustin, Heft 214, Oktober 2007.
Schlosser, Hannes: Are We the Champions? 25 Jahre – Grund zum Feiern?, in: sub 4/82, S. 32 f.
Schlosser, Hannes: Meilenstein der Drogenpolitik, in: Der Standard, 15.2.1997.
Schlosser, Hannes: Ein Ruheraum für Drogenkonsumenten, in: Der Standard, 22.4.2000, S. 8.
Schnöller, Dieter: Mein Dilemma, die Novelle, in: sub 4/80, S.16.
Schütz, Maya: Ein Haus für das „DOWAS" für Frauen, in: SIT 23, März 1992, S. 14.
Stark, Christian: Wohnungslosigkeit, Mythen und Stigmatisierungsprozesse, in: soziales_kapital wissenschaftliches journal österreichischer fachhochschul-studiengänge soziale arbeit Nr. 8 (2012), http://soziales-kapital.at/index.php/sozialeskapital/article/view/233/381.
Steinert, Heinz: Jugendkriminalität unter den Bedingungen einer anhaltenden Wirtschaftskrise. Disziplinierungsdruck, Ausbruchsversuche, Soziale Reaktion, in: Kriminalsoziologische Bibliographie, Heft 43/44 Tübingen 1984, S. 96–107.
Strauss, Herwig/Otmar Brosch/Karl Amersdorfer: Gegenwart und Zukunft der Amtsvormundschaft, in: Der Österreichische Amtsvormund 9/1977, Folge 43/44, S. 134–139.
Streissler, Agnes: Die Einkommensentwicklung seit 1973 im Spiegel der Einkommensstatistik, in: Wirtschaft und Gesellschaft, 20. Jg. (1994), Heft 2, S. 169–194.
Sturm, Helene: heimmisere; in: e.h. 1/2, Februar 1981, S. 37.

Thurner, Lioba: Über die Drogenberatung des Jugendzentrums Z6, in: Z6-Zeitung, März 1986, S. 4.
Trummer, Herta: Schulden – was tun?, in: SIT 19, Februar 1991, S. 10 f.
Windischer, Jussuf: Notschlafstelle Dreiheiligenst. 9, 22. Dezember bis 30. April 1991, in: SIT 20, Juli 1991, S. 5–7.

Broschüren, Dokumentationen, Gutachten, Projektberichte und Studien

Abschlussbericht Runder Tisch Heimerziehung in den 50er und 60er Jahren, http://www.rundertisch-heimerziehung.de/documents/RTH_Abschlussbericht.pdf.
Amt der Tiroler Landesregierung (ATLR) – Landesjugendreferat (Hg.): Organisationen, Vereine, Institutionen, Ämter usw., Neuauflage, Innsbruck 1981.
Amt der Tiroler Landesregierung, Abteilung Soziales und Gesundheit Österreich Forschung- und Planungs GmbH (Hg.): Tiroler Suchtkonzept 2012, Innsbruck/Wien 2012.
Amt der Tiroler Landesregierung (Hg.): 15 Jahre Sozialberatung, Dokumentation der Sozialberatung für Alkohol- und Drogengefährdete der Abteilung Va des Amtes der Tiroler Landesregierung, Innsbruck 1986.
Amt der Tiroler Landesregierung (ATLR), Abt. Vb (Hg.): Jugendwohlfahrt in Tirol. Hilfe für Kinder, Eltern und Familien, Innsbruck 1994.
Amt der Tiroler Landesregierung, Abt. Vb (Hg.): Wir stellen uns vor ..., Erziehungsberatung. Beratung in Erziehungs- und Schulfragen, Innsbruck 1979.
Amt der Tiroler Landesregierung (ATLR), Abteilung Jugendwohlfahrt in Zusammenarbeit mit dem MCI (Hg.): Geschichte der Tiroler Jugendwohlfahrt. Ergebnis eines Projektunterrichts am Fachhochschulstudiengang Soziale Arbeit unter der Leitung von Waltraud Kreidl, Innsbruck 2006.
Anlaufstelle für Opferschutz des Landes Tirol, Abschlussbericht 2010/2011, http://www.kija-tirol.at/uploads/media/Endbericht_Opferschutz_2010.PDF.
arbeit plus – soziale Unternehmen in Tirol (Hg.): „arbeit plus – soziale Unternehmen in Tirol", Innsbruck 2016.
Autonomes Tiroler Frauenhaus (Hg.): Bewegte Zeiten – begehbare Räume. 15 Jahre Tiroler Frauenhaus für misshandelte Frauen und Kinder. Eine Ausstellung in Buchform, Innsbruck 1996.
Bericht der Steuerungsgruppe „Opferschutz" zur Vorlage an die Tiroler Landesregierung, Juli 2010, http://www.erinnern.at/bundeslaender/tirol/unterrichtsmaterial/heimerziehung-in-tirol/endbericht-pdf.
Biffl, Gudrun: Evaluierung von Instrumenten der experimentellen Arbeitsmarktpolitik. Gutachten im Auftrag des Bundesministeriums für Arbeit und Soziales, Wien 1994.
Caritas Tirol (Hg.): 20 Jahre Drogenarbeit der Caritas Tirol, Innsbruck 2012.
DOWAS für Frauen (Hg.): 5 Jahre DOWAS für Frauen, Innsbruck 1991.
DOWAS für Frauen (Hg.): Dowas für Frauen 1986–1996, Innsbruck 1996.
Erhard, Benedikt: Der Kufsteiner Wühlmaus-Club. Eine Tiroler Jugend-Kultur-Initiative der 1970er Jahre, Dokumentation, Innsbruck o.J. (vermutlich 2006).

Forschungsbericht „Ich hasse diesen elenden Zwang". Das Landeserziehungsheim für Mädchen und junge Frauen St. Martin in Schwaz, Projektleitung: Michaela Ralser, Innsbruck 2015. www.tirol.gv.at/fileadmin/themen/gesellschaft-soziales/opferschutz/Das-landeserziehungsheim-fuer-maedchen-und-junge-frauen-st.-martin-in-schwaz.pdf.

Helige, Barbara/Michael John/Helge Schmucker/Gabriele Wörgötter/Marion Wisinger: Endbericht der Kommission Wilhelminenberg, Juni 2013, http://www.kommission-wilhelminenberg.at/presse/jun2013/Bericht-Wilhelminenberg-web_code.pdf.

Hießböck, Franz: Grüner Apfel. Vorschlag zu einem Neukonzept des Z6 (1989/1990).

Hofer, Bettina/Christina Lienhart: Entwicklungslinien der Pädagogik bei SOS-Kinderdorf zwischen 1949 und 1989, internes Arbeitspapier, Innsbruck 2013.

Kalser, Anni/Adelheid Kraler/Heidi Passerini/Herbert Wessely: Bewährungshilfe, Projektarbeit an der Lehranstalt für gehobene Sozialberufe Innsbruck, Wintersemester 1971/72, Archiv Verein Neustart Wien.

Kammer der Gewerblichen Wirtschaft für Tirol: Arbeitsplätze in Tirol. Diskussionsunterlage zum Problem Jugendbeschäftigung, Innsbruck 1977.

Kulturamt der Stadt Innsbruck, MA V: Broschüre zum Arthur-Haidl-Preis, Innsbruck 2014, www.innsbruck.gv.at/data.cfm?vpath=redaktion/ma_v/kultur/dokumente33/preisestipendien/arthur-haidl-broschuere.

Lindenthal, Elisabeth: Wenn Frauen mit Frauen arbeiten: Welche Motive bewegen uns, welche Fesseln halten uns. Gedanken zur Konzeption von sozialpädagogischen Institutionen von Frauen für Frauen, in: Arbeitskreis Emanzipation und Partnerschaft e. V. (Hg.): Frauen melden sich zu Wort. Kritik – Konflikte – Konsequenzen. 15 Jahre AEP, Innsbruck 1990, S. 210–216.

Linser, Doris: Heile Familie in Tirol. „Vorarbeiten zum Frauenhaus", in: Arbeitskreis Emanzipation und Partnerschaft e.V. (Hg.): Frauen melden sich zu Wort. Kritik – Konflikte – Konsequenzen. 15 Jahre AEP, Innsbruck 1990, S. 25–31.

Medizinische Universität Innsbruck (Hg.): Bericht der Medizin-Historischen Expertenkommission: Die Innsbrucker Kinderbeobachtungsstation von Maria Nowak-Vogl, 11.11.2013.

Müllner, Elisabeth/Maria Taxacher: Ein Frauenporträt aus Tirol, in: Arbeitskreis Emanzipation und Partnerschaft e.V. (Hg.): Frauen melden sich zu Wort. Kritik – Konflikte – Konsequenzen. 15 Jahre AEP, Innsbruck 1990, S. 21–23.

Pilgram, Arno: Wissen über Jugendkriminalität, öffentliche Debatten und Anzeigenentwicklung. Zur Entwirrung eines komplexen Zusammenhangs. Gutachten im Rahmen des KIRAS-Projektes: Peer Delinquency: Wahrnehmung und Bewertung typischer Jugenddelikte aus der Sicht Jugendlicher als Grundlage für Präventionsmaßnahmen, Wien 2015.

Pitscheider, Sabine: Aufbauwerk der Jugend. Das Aufbauwerk der Jugend von der Gründung der Arbeitsgemeinschaft bis Ende der 1980er Jahre: Gründungsgeneration, Vernetzung und Aufgabenbereiche; Studie erstellt im Auftrag des Aufbauwerks der Jugend, Innsbruck 2013.

Ralser, Michaela/Anneliese Bechter/Flavia Guerrini: Regime der Fürsorge: Eine Vorstudie zur Geschichte der Tiroler und Vorarlberger Erziehungsheime und Fürsorgeerziehungssysteme der Zweiten Republik, Innsbruck 2014.

Rupnow, Dirk/Horst Schreiber/Sabine Pitscheider: Studie zu den Sozialehrenzeichenträgern der Stadt Innsbruck P. Magnus Kerner OFMCap. und Hermann Pepeunig, Mai 2013.
Schoibl Heinz/Doris Gödl: Jugendliche mit polytoxikomanem Drogengebrauch und Wohnungslosigkeit. Bedarfserhebung, Salzburg 2004.
Seebacher, Anneliese: Vereinsgeschichtliche Erinnerungen .... wie alles begonnen hat, in: Arbeitskreis Emanzipation und Partnerschaft e.V. (Hg.): Frauen melden sich zu Wort. Kritik – Konflikte – Konsequenzen. 15 Jahre AEP, Innsbruck 1990, S. 7–15.
Sozialpolitischer Arbeitskreis (Hg.): 1983–2004, Verein für Soziale Arbeit in Tirol geschlossen, Innsbruck 2004.
Stadt Innsbruck, Magistratsabteilung V (Hg.), 40 Jahre Kinderheim Pechegarten, o.J., o.S.
Steinbacher-Bielowski, Eva/Margit Drexel: Nach der Eröffnung des Tiroler Frauenhauses im Dezember 1981. Politische und finanzielle Aspekte, in: Arbeitskreis Emanzipation und Partnerschaft e.V. (Hg.): Frauen melden sich zu Wort. Kritik – Konflikte – Konsequenzen. 15 Jahre AEP, Innsbruck 1990, S. 33 –34.
Strüber, Gerhard: Legitimationsmodelle prohibitiver Drogenpolitik – untersucht an den staatlichen Reaktionen auf die sogenannten „Partydrogen" in der Bundesrepublik Deutschland, Berlin 1998, unveröffentlichte Dipl.Arb., in: „EVE & RAVE", Vereinskonzept und Tätigkeitsbericht Berlin, Kassel, Köln, Münster, Schweiz; Ausgabe Januar 2000, https://www.eve-rave.ch/Forum/viewtopic.php?t=45102.
Tabellenband Gerichtliche Kriminalstatistik, Statistik Austria, Wien 2016, http://www.statistik.at/web_de/statistiken/menschen_und_gesellschaft/soziales/kriminalitaet/index.html.
Tiroler Frauenhaus (Hg.), 5 Jahre Tiroler Frauenhaus für mißhandelte Frauen und Kinder, ohne Ort (1986).
Verein Frauen gegen Vergewaltigung (Hg.), 10 Jahre: Frauen gegen VerGEWALTigung. Notruf. Beratung, Innsbruck 1991.
Verein für Bewährungshilfe und Soziale Arbeit, Geschäftsstelle Innsbruck (Hg.): Bewährungshilfe Tirol – mehr als 25 Jahre, Innsbruck 1983.
Verein für Bewährungshilfe und soziale Jugendarbeit (Hg.): 10 Jahre Bewährungshilfe, Wien 1974.
Verein für Obdachlose (Hg.), Informationen für die Besucher/innen der Beratungsstelle und der Teestube Mentlgasse 20, Innsbruck 1989.
Verein KIT (Hg.): Neues vom KIT, Innsbruck 1984.
Verein KIT (Hg.): KIT – 15 Jahre Tiroler Initiative zur Heilung von Drogensucht, Innsbruck 1989.
Verein KIT (Hg.): KIT – 20 Jahre Tiroler Initiative zur Heilung von Drogensucht, Innsbruck 1994.
Verein KIT (Hg.): KIT – 30 Jahre Tiroler Initiative zur Heilung von Drogensucht, Innsbruck 2004.
Verein KIT (Hg.): KIT – 35 Jahre Tiroler Initiative zur Heilung von Drogensucht, Innsbruck 2009.
Verein KIT (Hg.): Verein KIT 40 Jahre, Tiroler Initiative zur Heilung von Drogensucht, Innsbruck 2014.

Verein MIM – Mädchen im Mittelpunkt (Hg.): Beiträge und Materialien zur feministischen Mädchenarbeit 2, Innsbruck 1989.
Verein Treffpunkt Werkstatt (Hg.): Fünf Jahre Verein Treffpunkt Werkstatt und neun Jahre sozialökonomisches Beschäftigungsprojekt HO & RUCK, Innsbruck 1993.
Verein zur Förderung des DOWAS (Hg.): 10 Jahre DOWAS und das sozialpolitische Elend in Tirol, eine Dokumentation, Innsbruck 1985.
Verein zur Förderung des DOWAS (Hg.): Aus so krummem Holze, als woraus der Mensch gemacht ist, kann nichts Gerades gezimmert werden, 30 Jahre DOWAS Innsbruck, Innsbruck 2006.
Verein zur Förderung des Jugendzentrums Z6 (Hg.): 110 Jahre Jugendzentrum Z6. 10 Jahre gegen Gewalt. Eine Dokumentation, Innsbruck 1979.
Verein zur Förderung von Sozial- und Kulturprojekten des Jugendzentrums Z6 (Hg.): Z6. Ein neuer Verein stellt sich vor, Innsbruck o.D. (1984).
Weigl, Marion/Martin Busch: Substitutionsbehandlung opioidabhängiger Personen – Aktuelle Rahmenbedingungen und Studienergebnisse, Gesundheit Österreich GmbH (Hg.), Wien 2013.
Windischer, Josef: Jugend am Rande, 2. verbessertes Manuskript, Oktober 1978, unveröffentlicht.
Z6 Laden, Verkaufskatalog, 20 Seiten o.D. (vermutlich 1981).
Zentralstelle für Haftentlassenenhilfe Innsbruck (Hg.): 5 Jahre Zentralstelle für Haftentlassenenhilfe – Ein Bericht, Innsbruck 1990.

Internetquellen

http://derstandard.at/3366946/Ergebnisse-der-Landtagswahlen-seit-1945
http://tirol.altkatholisch.info/personen.html
http://tirol.orf.at/news/stories/2590496
http://traueranzeigen.tt.com/traueranzeige/2157586-theresa-von-kripp.html
http://www.bawo.at/de/content/wohnungslosigkeit/definitionen.html
http://www.bin-tirol.org/bin_geschichte.htm
http://www.breit.biz/sites/feature.html
http://www.clubwir.at/about
http://www.cranach-wg.at
http://www.demokratiezentrum.org/index.php?id=496
http://www.doew.at/erkennen/rechtsextremismus/neues-von-ganz-rechts/archiv/mai-2003/heimattreue-deutsche-jugend-in-oesterreich
http://www.dowas.org/index.php/home/chill-out
http://www.dowas-fuer-frauen.at/index_de.php
http://www.erziehungshilfe.org
http://www.fhf-tirol.at/page12/page12.html
http://www.hausamseespitz.at/
http://www.hpfamilien.at/contao3/index.php/geschichte.html
http://www.innsbruckinformiert.at/besuch-aranea
http://www.innsbruckinformiert.at/mentlvilla
http://www.irks.at/

http://www.isd.or.at/index.php/jugendzentren
http://www.isd.or.at/index.php/kinderzentren/
http://www.isd.or.at/index.php/suchtpraevention
http://www.isd.or.at/index.php/wohnungslosenhilfe
http://www.ivswg.at/index.php/informationen/5-informationen
http://www.jugendland.at/wp-content/uploads/2014/01/Jugendland.-Jugendhilfe.
 Konzept.pdf
http://www.jugendwohnstart.at/images/Downloads/JWS_Konzept_05-2014_web.pdf
http://www.mittelbayerische.de/region/nuernberg-nachrichten/vom-legendaeren-
 komm-zum-kuenstlerhaus-21503-art1459912.html
http://www.neustart.at/at/de/unsere_angebote/tatausgleich.php
http://www.obdachlose.at/chronik.php
http://www.spattstrasse.at/wir-ueber-uns/geschichte
http://www.tt.com/panorama/gesellschaft/13193617-91/m%C3%A4dchenzentrum-
 in-innsbruck-vor-aus.cs
http://www.uibk.ac.at/iezw/institut/geschichte.html
http://www.wams.at/
http://www.weekender.at
http://www.westwind.or.at/artikel/10-jahre-jugendzentrum-hoetting-west/index.html
http://www.wpv.at/verein/geschichte
https://arbeitplus.at/netzwerk-sozialer-unternehmen/arbeit-plus-in-zahlen/
https://de.wikipedia.org/wiki/B.I.T._Suchtberatung
https://derstandard.at/1310512074943/Uebergriffe-Tirol-schliesst-nach-Missbrauchs-
 vorwuerfen-Kinderheim
https://horuck.at/blog/35-jahre-horuck-das-muss-gefeiert-werden/
https://jesuiten.at/project/rauch
https://portal.tirol.gv.at/LteWeb/public/ggs/ggsDetails.xhtml?id=11656&cid=251535
https://portal.tirol.gv.at/LteWeb/public/person/personDetails.xhtml?idperson=1123&
 mode=details&cid=32483
https://subkulturarchiv.at
https://tirol.orf.at/news/stories/2646125/
https://unicef.at/kinderrechte/die-un-kinderrechtskonvention
https://www.aufbauwerk.com/job_training/telfs
https://www.caritas-tirol.at/hilfe-angebote/menschen-mit-suchterkrankungen/
https://www.familienberatung.gv.at/faqs
https://www.innsbruck.gv.at/data.cfm?vpath=redaktion/ma_i/allgemeine_service-
 dienste/statistik
https://www.innsbruck.gv.at/page.cfm?vpath=verwaltung/statistiken--zahlen/bevoelke-
 rung
https://www.justiz.gv.at/web2013/home/buergerservice/opferhilfe-und-prozessbeglei-
 tung/weiterfuehrende-informationen~2c94848535a081cf0135bdec5753010a.
 de.html
https://www.kolpinghaus-innsbruck.at/kolpingfamilie
https://www.mei-infoeck.at/infoeck/infoeck
https://www.meinbezirk.at/innsbruck/lokales/das-neue-integrationshaus-ist-bisher-
 nur-plan-d2415889.html

https://www.parlament.gv.at/WWER/
https://www.ris.bka.gv.at/Dokumente/BgblPdf/1974_80_0/1974_80_0.pdf
https://www.scheuchenstuel.at
https://www.tirol.gv.at/fileadmin/themen/gesellschaft-soziales/kinder-und-jugendliche/
    jugendwohlfahrt/downloads/Heimver_2007.doc_195.PDF
https://www.tirol.gv.at/gesellschaft-soziales/jugend/jugendbeirat/
https://www.tirol.gv.at/gesellschaft-soziales/kinder-jugendhilfe/
https://www.tirol.gv.at/gesellschaft-soziales/sozialpaedagogisches-zentrum-st-martin
https://www.uibk.ac.at/psychologie/geschichte
https://www.youtube.com/watch?v=FfZNnJv63sM
https://www.z6online.com/history
www.arbeit-wirtschaft.at/servlet/ContentServer?pagename=X03/Page/
    Index&n=X03_999_Suche.a&cid=1193756181872
www.caritas-tirol.at/ueber-uns/geschichte-und-chronik/
www.demokratiezentrum.org/fileadmin/media/pdf/talos_fink_arbeitslosigkeit.pdf
www.tirol.gv.at/fileadmin/landtag/landesrechnungshof/downloads/berichte/2010/
    e2009juff.pdf
www.vfgh.gv.at/downloads/bettelverbote_-_ladenschluss_-_obsorge_presseinfo.pdf

Bildnachweis

akin 13, 7.10.1987: S. 396
Archiv AEP: S. 392
Archiv DOWAS: S. 206, 207, 208 o., 209, 210 o.
Archiv KIT: S. 205 M., u.
Kasiwai, Bildband Kennedy-Haus (Hg.) S. 17: S. 200
Privatarchiv Schumacher, Meinrad: S. 199, 201 o.
Privatarchiv Windischer: S. 201 M., u., 202, 203, 205 o., 389, 390, 391
Schlosser, Hannes: S. 204 o., 210 M., u., 211, 212, 394, 395, 397, 399
Stadtarchiv Innsbruck: S. 197, 198, 204 u., 208 u., 393, 398

Die Karikaturen von Michael „Much" Unterleitner (S. 401–403) wurden den Zeitschriften bS – betrifft: Sozialarbeit 19, S. 11, 30, S. 14–15, und 33, S. 12 sowie SIT – Sozialarbeit in Tirol 1, S. 4, entnommen. Der Abdruck erfolgt mit Genehmigung des Autors.

Covers von Broschüren und Dokumentationen (S. 400)
Amt der Tiroler Landesregierung (Hg.): 15 Jahre Sozialberatung, Dokumentation der Sozialberatung für Alkohol- und Drogengefährdete der Abteilung Va des Amtes der Tiroler Landesregierung, Innsbruck 1986.
Amt der Tiroler Landesregierung, Abt. Vb (Hg.): Wir stellen uns vor ..., Erziehungsberatung. Beratung in Erziehungs- und Schulfragen, Innsbruck 1979.
DOWAS für Frauen (Hg.): Dowas für Frauen 1986–1996, Innsbruck 1996.
Tiroler Frauenhaus (Hg.), 5 Jahre Tiroler Frauenhaus für mißhandelte Frauen und Kinder, ohne Ort (1986).

Verein für Bewährungshilfe und Soziale Arbeit, Geschäftsstelle Innsbruck (Hg.): Bewährungshilfe Tirol – mehr als 25 Jahre, Innsbruck 1983.
Verein KIT (Hg.): KIT – 15 Jahre Tiroler Initiative zur Heilung von Drogensucht, Innsbruck 1989.
Verein Treffpunkt Werkstatt (Hg.): Fünf Jahre Verein Treffpunkt Werkstatt und neun Jahre sozialökonomisches Beschäftigungsprojekt HO & RUCK, Innsbruck 1993.
Zentralstelle für Haftentlassenenhilfe Innsbruck (Hg.): 5 Jahre Zentralstelle für Haftentlassenenhilfe – Ein Bericht, Innsbruck 1990.

Covers von Zeitschriften (S. 404)
akin – Aktuelle Information, Nr. 1, 13.1.1988.
betrifft: Sozialarbeit (bS), Nr. 33 (3/1980).
Erziehung heute (e.h.), Nr. 3, Juni 1986.
Sozialarbeit in Tirol (SIT), Nr. 1, September 1987.
Soziale Arbeit in Tirol, Nr. 1, 1986.
Sozialforum, Nr. 1, Feber 1980.
Unterm Pflaster (upf), Mai 1978.
Z6-Zeitung, Herbst 1989.

Abkürzungen

AAB/ÖAAB	(Österreichischer) Arbeiter- und Angestelltenbund (Teilorganisation der ÖVP)
ABGB	Allgemein Bürgerliches Gesetzbuch
Abs.	Absatz
Abt.	Abteilung
AEP	Arbeitskreis Emanzipation und Partnerschaft
AK	Arbeiterkammer = Kammer für Arbeiter und Angestellte
akin	Aktuelle Information (Zeitschrift)
AKM	Arbeitsgemeinschaft Kritische Medizin
AKS	Arbeitsgemeinschaft kritischer Sozialarbeiter
AKST	Arbeitsgemeinschaft kritischer Sozialarbeiter Tirol
ALI	Alternative Liste Innsbruck
AMFG	Arbeitsmarktförderungsgesetz
AMS	Arbeitsmarktservice
ARD	Arbeitsgemeinschaft der öffentlich-rechtlichen Rundfunkanstalten der Bundesrepublik Deutschland
ARGE	Arbeitsgemeinschaft
ASP	Ambulante Suchtprävention
ATA	Außergerichtlicher Tatausgleich
ATIGF	Verein Föderation der Arbeiter und Jugendlichen aus der Türkei in Österreich
ATIK	Konföderation der Arbeiter aus der Türkei in Europa
ATLR	Amt der Tiroler Landesregierung
B.I.T.	Verein Begleitung-Integration-Toleranz
BAfEB	Bundesanstalt für Erziehungsbedürftige
BARWO	Sozialberatung für Arbeits- und Wohnungssuchende
Bd.	Band
bdv Austria	Bundesdachverband für Soziale Unternehmen
BewHG	Bewährungshilfegesetz
BG	Bezirksgericht
BGBl.	Bundesgesetzblatt
BH	Bezirkshauptmannschaft
BHJ	Bund Heimattreuer Jugend
BIN	Verein Beratung-Information-Nachsorge
BMJ	Bundesministerium für Justiz
BRD	Bundesrepublik Deutschland
bS	Betrifft: Sozialarbeit (Zeitschrift)

BSA	Bund Sozialistischer Akademiker
bzw.	beziehungsweise
CIK	Club im Kennedy-Haus
DASS	Dachverband zur Koordinierung und Beratung der Tiroler Sozialprojekte und selbstverwalteten Betriebe
Dipl.Arb.	Diplomarbeit
Diss.	Dissertation
DOWAS	Durchgangsort für Wohnungs- und Arbeitssuchende
e.h.	Erziehung heute (Zeitschrift)
e.V.	eingetragener Verein
E.V.I.	Erzeuger-Verbraucher-Initiative
EB	Erziehungsberatungsstelle des Landes Tirol
Ebd.	Ebenda
ECDP	Association European Cities on Drug Policy
ErbRÄG	Erbrechtsänderungsgesetz
ERIT	Europäische Föderation von Drogenfachleuten
ERP	European Recovery Programm
ETHOS	Europäische Typologie für Obdachlosigkeit, Wohnungslosigkeit und prekäre Wohnversorgung
EUROSTAT	Statistisches Zentralamt der Europäischen Union
EZA	Entwicklungszusammenarbeit
f.	nächste Seite
FB	Bibliothek des Tiroler Landesmuseum Ferdinandeum
FEANTSA	Europäischer Dachverband der Wohnungslosenhilfe (European Federation of National Organisations Working with the Homeless)
ff.	nächste Seiten
FOCUS	Verein zur Förderung von Kultur und sozialem Engagement
FÖJ	Freie Österreichische Jugend
FPÖ	Freiheitliche Partei Österreichs
G.m.b.H. /GmbH	Gesellschaft mit beschränkter Haftung
GAL	Grün-Alternative Liste
gGmbH	gemeinnützige GmbH
GLI	Grüne Liste Innsbruck
GÖD	Gewerkschaft Öffentlicher Dienst
GP	Gesetzgebungsperiode
GPA	Gewerkschaft der Privatangestellten
GR	Gemeinderat
Hg.	Herausgeber
IIG	Innsbrucker Immobilien GmbH
IMS	Innsbrucker Mittelstand
ISD	Innsbrucker Soziale Dienste
IVHF	International Youth Hostel Federation
IVSWG	Interessensvertretung Sozialpädagogischer Wohngruppen für Kinder und Jugendliche
IWO	Tiroler Verein Integriertes Wohnen

JG	Junge Generation der SPÖ
Jg.	Jahrgang
JGG	Jugendgerichtsgesetz
JUF	Jugend und Familie (Abteilung Land)
JUFF	Abteilung Jugend, Familie, Frauen
JWG	Jugendwohlfahrtsgesetz
KAJ	Katholische Arbeiterjugend
KG	Katastralgemeinde
KHG	Katholische Hochschulgemeinde
KindRÄG	Kindschaftsrecht-Änderungsgesetz
KIT	Kontakt – Information – Therapie (ursprünglich: Kontakt – Information – Tee)
KIZ	Kriseninterventionszentrum
KK	Verein Kultur Kontraste
KOMFÜDRO	Kommunikationszentrum für drogenkranke Menschen
KOZ	Kommunikationszentrum
KPÖ	Kommunistische Partei Österreichs
KUKUK	Verein zur Förderung von Sozial- und Kulturinitiativen des Kultur-, Kunst- und Kommunikationszentrums KUKUK
LG	Landesgericht
LR	Landesrat
MA	Magistratsabteilung
Mag.Abt.	Magistratsabteilung
MCI	Management Center Innsbruck
MIM	Mädchen im Mittelpunkt
MK	Marianische Kongregation
MOHI	Mobiler Hilfsdienst
NOST	Notschlafstelle
NR	Nationalrat
Nr.	Nummer
NSDAP	Nationalsozialistische Deutsche Arbeiterpartei
NSV	Nationalsozialistische Volkswohlfahrt
o.D.	ohne Datum
o.J.	ohne Jahr
ÖAKDA	Österreichischer Arbeitskreis zur kommunikativen Drogenarbeit
OBDS	Österreichischer Berufsverband der Sozialen Arbeit
OEG	offene Erwerbsgesellschaft
ÖGB	Österreichischer Gewerkschaftsbund
ÖH	Österreichische Hochschülerschaft
ORF	Österreichischer Rundfunk
ÖRZ	Österreichische Richterzeitung
ÖVDF	Österreichischer Verein für Drogenfachleute
ÖVP	Österreichische Volkspartei
PD	Psychologischer Dienst
RIS	Rechtsinformationssystem des Bundes
RTH	Runder Tisch Heimerziehung

SchuG	Schulunterrichtsgesetz
SDAP	Sozialdemokratische Arbeiterpartei
SGG	Suchtgiftgesetz
SID	Sicherheitsdirektion
SiÖ	Sozialarbeit in Österreich (Zeitschrift)
SIT	Sozialarbeit in Tirol (Zeitschrift)
slw	Seraphisches Liebeswerk, seit 2012 slw Soziale Dienste der Kapuziner
SMG	Suchtmittelgesetz
SÖBs	Sozialökonomische Betriebe
SOBuP	Soziale Betreuung und Pflege Tirol
SPAK	Sozialpolitischer Arbeitskreis
SPI	Sozialpädagogisches Institut von SOS-Kinderdorf
SPÖ	Sozialistische Partei Österreichs, ab 1991 Sozialdemokratische Partei Österreichs
St.G. 1852	Strafgesetz 1852
StAI	Stadtarchiv Innsbruck
StGB	Strafgesetzbuch
StPO	Strafprozessordnung
StR	Stadtrat
sub	Sozialarbeit und Bewährungshilfe (Zeitschrift)
TAB	Tiroler Arbeitsbund
TBDS	Tiroler Berufsverband Diplomierter Sozialarbeiter
TBG	Tiroler Behindertengesetz
TIGEWOSI	Tiroler gemeinnützige Wohnungsbau- und Siedlungs Ges.m.b.H.
TILAK	Tiroler Landeskrankenanstalten
TJWG	Tiroler Jugendwohlfahrtsgesetz
TLA	Tiroler Landesarchiv
TRG	Tiroler Rehabilitationsgesetz
u. a.	unter anderem/und andere
U. N. A. 84	Umschulung – Nachschulung – Arbeitsbeschaffung
UAI	Universitätsarchiv Innsbruck
UMF	Unbegleitete minderjährige Flüchtlinge
UNESCO	Organisation der Vereinten Nationen für Erziehung, Wissenschaft und Kultur
UNICEF	Kinderhilfswerk der Vereinten Nationen
UNO	Vereinte Nationen
upf	Unterm Pflaster (Zeitschrift)
USA	Vereinigte Staaten von Amerika
UVG	Unterhaltsvorschussgesetz
VBSA	Verein für Bewährungshilfe und Soziale Arbeit
VfGH	Verfassungsgerichtshof
Vgl.	Vergleiche
VsA	Verein für Soziale Arbeit
WABE	Verein für Wohnungs-, Arbeitsbeschaffung und Betreuung
WG	Wohngemeinschaft

WIST	Winterschlafstelle
WPV	Wiener Psychoanalytischen Vereinigung
ZeMiT	Zentrum für MigrantInnen in Tirol
Zi.	Ziffer/Zahl
ZOFF	Zeitung für offensive Jugendarbeit (Zeitschrift)

Personenverzeichnis

Adler, Alfred · 29
Aichhorn, August · 29, 37, 149, 150
Aigner, Josef · 217
Arlt, Ilse · 29, 37
Arrupe, Pedro · 217
Aschenwald, Erwin · 19
Aull, Margret · 113, 114, 130

Bacher, Gerd · 444
Bachmann, Dietmar · 132
Banzer, Marianne · 314, 315
Bassetti, Luis · 120
Bassetti-Bastinelli, Eva · 410
Bauer, Wolfgang · 217
Bäumel, Waltraud · 71, 72, 129, 137
Bechter, Verena · 436
Berger, Heinrich · 247
Berger, Maria · 412
Bertel, Christian · 275, 304
Bibermann, Irmgard · 12, 22
Bielowski, Michael · 218
Braito, Evelyne · 302
Braunegger, Anna Maria · 195
Breit, Bert · 19
Brinning, Yolanda (Jolly) · 210, 319, 325, 326
Broda, Christian · 18, 51, 61, 151, 152, 167, 170, 173, 309, 405, 445
Brühwasser, Peter · 453
Buzas, Herbert · 236, 237

Cammerlander, Herbert · 365
Ciresa, Andrea · 224
Cohen, Stanley · 140
Cremer-Schäfer, Helga · 140, 142

Dallinger, Alfred · 210, 335, 351, 352, 353, 366
Danzl, Hubert · 292
Dietrich, Alfons · 66
Dirscherl, Georg · 285, 288, 289, 315
Dohnal, Johanna · 407, 408, 415, 416, 418, 469
Doleisch, Wolfgang · 153, 154
Dornauer, Kurt · 67, 305
Dörrer, Fridolin · 42, 43
Drexel, Margit · 409
Dubsek-Putzer, Eva · 104
Duregger, Franz · 66
Dworschak, Rosa · 150, 151

Ebenberger, Walter · 270, 288, 310, 328
Egger, Thomas · 217, 381, 382, 383
Ent, Herbert · 446
Eppacher, Anton · 225
Erhard, Benno (Benedikt) · 263 (FN), 285, 288, 289

Federspiel, Marianne · 67, 76, 77
Feigelfeld, Hans · 446
Fill, Sepp · 285, 288, 289, 314, 316, 374, 375, 429
Flach, Paul · 47
Flanagan, Edward · 119
Flöckinger, Hans · 47
Freinet, Célestin · 29
Freud, Anna · 29
Freud, Sigmund · 29

Gamper, Hans · 358, 359
Gangl, Christa · 38 (FN)
Gassner, Rosemarie · 87, 101
Gatterer, Claus · 444

Geyer, Walter · 182
Giner, Maria · 410
Girstmair, Hermann · 36, 39, 40, 42, 43, 44, 193, 194, 195, 196, 229, 236, 240, 241, 242, 246, 252, 322, 327, 367, 439, 456
Gmeiner, Hermann · 16, 102, 103
Grasl, Herta · 407, 410
Greiderer, Fritz · 57, 66, 82, 114, 118, 120, 122, 125, 128, 129, 131, 132, 133, 245, 272, 286, 291, 301, 308, 312, 332, 334, 335, 369, 407, 412, 414, 415, 416, 418, 436, 446, 450
Greiter, Franz · 47
Greiter, Ivo · 288, 289, 291, 294, 295, 369
Grimm, Vroni (verehelicht Windischer) · 221
Gritsch, N. · 442, 443
Grummer, Richard · 47
Grünbacher, Arno · 346
Grünewald, Eduard · 162
Gstrein, Christof · 232
Gut, Kilian · 338
Gutschi, Ernst · 196, 240, 241, 247

Habermann, N. · 147, 153
Habicher, Artur · 232
Hackenberg, Brigitte · 74
Hagenbuchner, Karl · 258
Haidl, Arthur · 38, 39, 40, 41, 42, 43, 45, 46, 47, 286, 358, 359
Haindl, Alfred · 66, 146
Halder, Jakob · 117
Halder, Reinhard · 116, 117, 118, 119, 120, 121, 373
Halhuber-Ahlmann, Michael · 162, 169, 314, 316
Haller, Anton · 46
Hammerer, Pia · 282 (FN), 443
Hanser, Wilfried · 353, 368, 370, 372, 373
Hardinger, Josef (Sepp) · 67
Haring, Olga (siehe auch: Schändlinger) · 151
Heel, Ekkehard · 284

Hengl, Walter · 66, 133, 284, 299, 301, 302, 416, 454, 465
Hetzel, Heinrich · 163
Hetzenauer, Franz · 152
Hießböck, Franz · 228, 231, 233, 365, 447
Hinterhuber, Hartmann · 278, 299
Hitsch, Monika · 223, 224, 263 (FN), 285, 287, 288, 289, 315, 386
Hofer, Franz · 362
Hofinger, Winfried · 288, 289, 290, 291, 292 (FN), 293 (FN), 294, 295
Hoideger, Grete · 109, 110, 112, 113, 130, 136
Holzknecht, Veronika · 449
Hönigschmid, Franz · 151
Höpfl, Dietmar · 229, 328
Höpfl, Frank · 179
Hörtnagl, Maria-Lydia · 409
Hradetzky, Anton · 47
Huber, Christian · 122
Huber, Wilhelm · 278, 332, 334
Hübner, Hans-Odo · 16
Hundegger, Karl · 360
Hurdes, Felix · 30

Ihrenberger, Edith · 417
Inama, Markus · 218
Inama-Sternegg, Hans · 361

Jones, Maxwell · 105
Jordan, Herta · 92, 93, 96
Jungmann, Paula · 98, 102
Jussel, Ulrike · 100, 101

Kapferer, Walter · 47
Karasek, Heinz · 17
Karlinger, Adolf · 219, 220
Kaslatter, Edith Heidi · 443, 445
Kasseroler, Josef · 267, 271, 272, 288, 289, 314
Kathrein, Georg · 179
Katzlinger, Hubert · 340, 341, 374, 376
Kecht, Ekkehard · 43, 67, 82, 83, 109, 118, 129, 166, 167, 442, 443
Kennedy, John F. · 214

Kern, Anton · 384
Kern, Harald · 277, 282 (FN), 284
Kirchschläger, Rudolf · 292
Klaus, Josef · 199
Klasnic, Waltraud · 21
Klecatsky, Hans · 156
Klien, Edwin · 39, 40
Klug, Franz · 122, 333
Knoll, Hermann · 120, 325, 327, 338
Köckeis-Stangl, Eva · 443
Köfler, Gretl · 408
Kohn-Feuermann, Anne · 38
Kolping, Adolph · 99
König, Gabriele · 427, 433
König, Johannes · 217
Kopp, Gabriela · 226
Kreidl, Waltraud · 173, 449
Kreisky, Bruno · 51, 61, 84, 350, 351, 455
Kripp, Baronin Theresa von · 226
Kripp, Sigmund · 190, 213, 214, 215, 216, 217, 218, 219, 220, 225, 251, 259, 260, 261, 263, 274
Kryspin-Exner, Kornelius · 273
Kuderna, Josef · 289
Kummer, Paul · 53, 55, 67, 74, 141, 244, 288, 311, 321, 327, 332, 333, 348, 356, 407, 439, 440, 459
Kunwald, Helmut · 318, 319

Lackner, Josef · 214
Lagger, Helmut · 67
Langbein, Kurt · 19, 167, 444
Lechleitner, Paul · 67, 69, 70, 73, 84, 93, 96, 108, 285, 286, 288, 289, 291, 294, 314, 443, 446
Leirer, Herbert · 176, 183
Lemmerer, Hubert · 47
Lindenthal Elisabeth (Lisl) · 387, 417, 418, 419, 420
Lindenthal Peter · 448
Linser, Doris · 388, 392, 407
Linzmaier, Hermann · 44, 193, 356, 357
Ludescher, Friedl · 245, 247
Lücke-Lindenthal (siehe Lindenthal E.)

Lugger, Alois · 215, 216, 219, 227, 228, 270, 307, 308, 311, 321, 347, 405, 407, 440

Mader, Helmut · 132, 415
Madersbacher, Bonifaz · 442
Madersbacher, Klaus · 124, 125, 126, 127, 128, 166, 282 (FN), 442, 444, 445, 447
Madlung, Melanie · 412
Madritsch, Klaus · 133
Mahlknecht, Johann · 163 (FN), 166, 167, 442, 443
Maier, Hans · 86
Mann, Paul · 172
Marinell, Sigrid · 268, 272, 277, 279, 280, 281, 282 (FN), 284, 428
Massimo, Hermes · 42
Meinhof, Ulrike · 16
Meisinger, Franz · 120, 342, 343
Mitterdorfer, Toni · 442
Montessori, Maria · 29
Moreno, Jakob Levy · 105
Moser, Peter · 305
Mullan, Peter · 20
Müller-Kohlenberg, Hildegard · 136

Nicolussi, Marko · 264 (FN), 449
Niescher, Romuald · 30, 40, 322, 345, 357, 409
Nowak-Vogl, Maria · 20, 22, 69, 74, 78, 433, 442, 444

Obendorf, Richard · 145, 146, 152, 153, 154, 157, 159, 160, 164
Obenfeldner, Ferdinand · 42, 48, 228, 409
Oberarzbacher, Helga · 278, 282 (FN), 284, 300, 301, 302, 305
Oberhammer, Aloys · 66
Oberhauser, Maria · 87, 88, 89, 90, 286, 288, 427, 429, 430
Ortner, Martin · 379

Partl, Alois · 415, 459
Parz, Elisabeth · 110, 112, 136

Patek, Rainer · 123, 327, 328
Paul VI, Papst · 216 (FN)
Paumgartten, Ulrich · 182, 183
Pechlaner, Ernst · 379
Pepeunig, Hermann · 145, 358, 359, 361, 363
Pernhaupt, Günther · 170
Piaget, Jean · 29
Pichler, Bernhard · 188, 439 (FN)
Pilgram, Arno · 139, 140, 144, 176, 298
Pilgram, Edmund · 153, 159, 160, 162, 163, 166, 167, 179, 319, 381, 443, 447
Pilz, Sigrid · 231
Pitscheider, Sabine · 359 (FN)
Plaickner, Richard · 217, 218
Planckh, Ekkehard · 182
Platter, Günther · 21
Platzgummer, N. · 47
Pleifer, Norbert · 33, 426
Pöhl, Ulrich · 166
Pongratz, Lieselotte · 16
Prachensky, Theodor · 46
Prior, Fritz · 31, 33, 40, 44, 227, 405, 444, 445
Prock, Herbert · 133, 180, 284, 301, 379, 454
Prokop, Heinz · 154, 267, 282, 283, 284

Rangger, Gabriele · 245, 246, 247
Rass, Silvia · 284, 302
Rauch, Martin · 218
Redl, Fritz · 168 (FN)
Reheis, Gerhard · 11, 21
Reicher, Manfred · 286, 288, 289, 290, 291, 293, 294, 380, 381
Reifer, Isabella · 417
Reimeir, Walfried · 291
Reinhart, Karl · 445
Reinisch, August · 65
Rettenmoser, Josef · 245, 354, 355
Rieder, Alfred · 103
Rieder, Franz · 277, 293, 294,
Rieder, Henriette (geb. Penker) · 102, 103
Rieser, Johann · 305

Ringer, Elisabeth · 107, 108, 110, 460
Ringer, Walter · 106, 107, 110, 113, 114, 460
Ritzer, Apollonia · 412
Romen, Andrea · 376
Rössler, Heimo · 278
Rotter, Mechthild · 144
Rumpf, Horst · 90
Rusch, Paul · 49, 101, 201 (BU), 213, 215, 216, 217, 220, 225, 251, 286, 316, 456

Salcher, Herbert · 49, 66, 84, 91, 92, 106, 108, 267, 271, 272, 286, 288, 308, 457
Samsinger, Wolfgang · 302
Schändlinger, Olga · 162, 177
Scheuchenstuel, Anton Ambros von · 98
Scheuchenstuel, Josefine · 98
Schilder, Elisabeth · 149, 150, 151, 152, 155, 158, 162, 171, 173, 176, 177
Schindler, Sepp · 143, 144, 148, 149, 151, 176
Schlenck, Günther · 239, 439
Schlosser, Hannes · 428
Schmidbauer, Wolfgang · 231
Schönthaler, Franz · 219
Schreiber, Horst · 21, 22, 88
Schreyer, Werner · 104
Schumacher, Meinrad · 202, 216, 221, 223, 224, 226, 285, 288
Schuschnigg, Kurt · 39
Schuster, Erich · 311
Schuster, Olga · 385
Schützenhuber, Anton · 47, 48, 49
Schwarzl, Uschi · 371
Schweizer, Hermann · 67, 129, 451
Skorpil, Robert · 66 (FN)
Soukopf, Helmut · 351 (FN)
Sparber, Wolfgang · 303 (FN)
Spiel, Walter · 84
Spielmann, Anton Heinrich · 338
Sprenger, Eugen · 67, 74, 75, 123, 129, 133, 134, 302, 303, 327, 334, 335, 339, 341, 342, 344, 348, 357, 367, 415, 453, 459, 464

Stanger, Oswald · 219, 220
Stark, Christian · 312
Steckenbauer, Peter · 369
Steidl, Wilhelm · 310, 311, 328, 347, 408, 409
Steinbacher, Eva · 409
Steinert, Heint · 141 (FN), 144
Steyrer, Kurt · 275
Stoll, Franz · 46
Süß, Heinrich · 46, 47, 49
Sutterlüty, Marlies · 428

Tauscher, Hans · 375, 376
Tenschert, Itta · 189
Tezzele, Hygin · 153, 154, 159, 160
Thaler, Gerda · 445
Thurner, Franz · 47
Thurner, Lio · 387
Tilg, Friedl · 103, 104, 166, 339
Töpfer, Evelyn · 302
Trummer, Herta · 179
Tschiggfrey, Hans · 46, 47
Turek, Walter · 291

Unterleitner, Michael „Much" · 401
Unterkofler, Gottfried · 267, 268, 288
Unterwurzacher, Grete · 333, 410

Vranitzky, Franz · 352

Wallnöfer, Bruno · 321, 328, 330, 333
Wallnöfer, Eduard · 216, 261, 286, 359, 408
Wammes, August · 247
Wanker, Brigitte · 20 (FN)
Warzilek, Rudi · 309, 311, 312
Weber, Karl · 179
Weber, Manfred · 67, 83, 131, 166
Weiskopf, Hermann · 307, 309, 347, 369
Weißgatterer, Alfons · 358
Wibmer, Reinhard · 316
Wiesnet, Eugen · 263 (FN), 285, 289
Willi, Georg · 295
Windischer, Jussuf (Josef) · 32, 169, 222, 223, 224, 225, 226, 227, 230, 233, 255, 261, 262, 263, 265, 266, 302, 303, 314, 316, 363
Wolfgruber, Gudrun · 90
Wötzer, Oskar · 375

Zangerle, Heinz · 85, 93, 96
Zanon, Elisabeth · 284, 301
Zingerle, Anton · 442
Zorzi, Maria · 410

Die Autorin und der Autor

Andrea Sommerauer, geb. 1966, Mag.ª phil, freischaffende Historikerin und Journalistin, Forschungsschwerpunkte: regionale Aspekte der Tiroler Zeitgeschichte, u.a. Nationalsozialismus, gesellschaftliche Entwicklungen und Strukturen v.a. in der zweiten Hälfte des 20 Jahrhunderts sowie Erinnerungskultur u.a. betreffend der NS-„Euthanasie"-Opfer in Tirol. Zuletzt Studie über den Einsatz von Jugendlichen aus dem Innsbrucker Jugendzentrum MK als Missionshelfer in Rhodesien 1964–1976 sowie Mitarbeit am Gedenk- und Informations-Ort im Landes-Krankenhaus Hall zur Erinnerung an die 360 NS-Opfer der Heil- und Pflegeanstalt Hall. Ihr aktuelles Forschungsprojekt ist der Blasmusik in Nordtirol von 1933 bis 1950 gewidmet.

Hannes Schlosser, geb. 1951, hauptamtlicher Bewährungshelfer an der Geschäftsstelle der Bewährungshilfe Innsbruck (1975–1983), Journalist und Fotograf mit den Schwerpunkten: Politik, ökologische/ökonomische Entwicklung des Alpenraums, Medizin, Soziales. Lehrtätigkeit am MCI, Fachhochschule Soziale Arbeit in Innsbruck. Tirol-Korrespondent der Tageszeitung „Der Standard" (1996–2008), Autor und Redakteur der Buchreihe „Alpingeschichte Bergsteigerdörfer" des Österreichischen Alpenvereins.